2017

大余年鉴

大余县人民政府　主办
大余县地方志办公室　　编

方志出版社
Publishing House of Local Records

领导关怀

2016 年 3 月 15 日，省政协副主席、省委宣传部部长姚亚平（右三）一行到大余调研

2016 年 3 月 22 日，以全国政协常委、全国政协文史和学习委员会主任王太华（左四）为组长的全国政协调研组，就“革命老区文化遗址保护和利用”情况在大余开展调研。全国政协委员孙庆聚、陈光林、陈惠丰、励小捷，省领导黄跃金、姚亚平等陪同调研

2016年4月16日，省委常委、市委书记李炳军（左一）到大余考察六大攻坚战工作

2016年5月14日—15日，国家安监总局党组成员、副局长孙华山（前右二）到大余调研

2016 年 6 月 3 日，省委副书记、省人民政府省长刘奇（右二）到大余调研

2016 年 7 月 21 日，省民政厅厅长刘金接（左一）到大余调研

2016年10月17日，省委常委、常务副省长毛伟明（右二）到大余县大龙村乡村旅游扶贫示范点调研

2016年12月1日，国家旅游局党组书记、局长李金早（中）到大余调研旅游扶贫和全域旅游工作

2016 年 1 月 15 日，大余县招商引资、重点项目签约开工投产“三集中”活动在芬琦饰品有限公司举行

2016 年 4 月 18 日，大余县在南方红军三年游击战争纪念馆项目地举行现代服务业攻坚战重大项目集中开工仪式

2016 年 4 月 28 日，在大余县新华工业小区江西千陶新型材料有限公司项目现场，举行赣州市主攻工业攻坚战重大项目集中开工仪式（大余分会场）暨江西千陶新型材料有限公司项目开工仪式

2016 年 5 月 11 日，大余县在深圳市成功举办了 2016 年江西大余（深圳）电子信息等产业招商推介会

2016 年 6 月 20 日，中央电视台著名主持人海霞（中）到大余调研

2016 年 9 月 23 日，大余县第二届旅游节开幕

以上照片由县委报道组供稿

大余县财政局

DA YU XIAN CAI ZHENG JU

县财政局长何华辉（中）组织召开环境整治工作部署会

大余县财政局现有办公室、人事教育科、预算科、国库科、行政政法科、社保科等15个股级内设机构，财政监督检查办公室（财政监督检查局）和国有资产监督管理办公室等2个副科级内设单位，下辖乡镇财政管理局、非税收入征收管理局、会计管理中心、会计核算中心、财会职工学校5个副科级事业单位，政府采购办、信息中心等3个股级事业单位和12个基层财政所，负责管理全县及指导11个乡镇的财政收支工作。

在县委、县政府的正确领导和上级业务部门的关心指导下，全县广大财政干部围绕建设“工业强县、旅游活县、生态立县”发展目标，积极培植壮大财源，不断强化税收征管，努力推进财政改革，调整优化支出结构，自觉服务于经济建设和改革开放的大局，促进了县域经济和社会各项事业又好又快地发展。

举行大余县老城区综合整治提升ppp项目物有所值及财政承受能力论证评审会

2016年，大余县财政总收入完成110261万元，完成调整预算100 %，同比增收4261万元，增长4%。按照省、市统一口径计算（剔除“营改增”减收因素），财政总收入增长8.4%，达到了年初预算8%的增幅。

2017年，大余县财政总收入安排11.69亿元，比2016年决算数增收6619万元，增长6%，经初步统计县1-6月份财政总收入完成6.5亿元，达到预期收入目标。

组织干部职工收看全省财政反腐倡廉建设工作视频会议

参加全市财政系统“财政之歌”合唱比赛

县财政局长何华辉（前）上门帮助贫困户解决问题

县财政局组织干部职工进行环境整治

维护稳定有新成效。大余县公安局把加强情报信息工作作为维稳工作的重中之重，争取工作主动权。2016年共搜集不稳定情报信息139条，上报县维稳办69条。严厉打击邪教组织活动，立侦察专案4起，破获3起。强化反恐和群体性事件预防处置，组织进行了实战演练。强化网络舆情管控，建立了24小时网上巡查制度。强化安全保卫，确保了社会治安大局平稳。

打击犯罪有新战果。攻克大案要案能力进一步提升。全年立刑事案件807起，与2015年同期相比上升12.08%，破获537起，与去年同期相比上升25.17%。现发命案2起，破获3起（年前1起）。发抢劫案1起，破获1起。抓获网上逃犯88名，其中外省市逃犯6人，本县79人，杀人逃犯4人（协外抓获1人）。打击侵财犯罪成效明显。2016年立侵财刑事案件710起，破451起（含2016年以前及各方面协办案件），抓获犯罪嫌疑人70名，刑事拘留64人，打掉犯罪团伙15个，抓获团伙成员43名，为群众挽回经济损失480余万元。打击“黄赌毒”工作扎实有效。共查处涉赌案件22起，抓获违法犯罪嫌疑人86人，其中刑拘21人，治安拘留25人，治安罚款42人，收缴赌资21.62万元；查处涉黄案件15起，抓获违法犯罪嫌疑人46人，刑拘9人，治安拘留25人，罚款16人；查处涉毒案件32起，抓获违法犯罪嫌疑人39人，其中刑事拘留14人，取保候审3人，逮捕10人，移送起诉10人，强制戒毒10人，治安拘留17人。打击经济犯罪稳步推进。受理经济犯罪案件18起，立案17起，破案16起，其中刑拘10人，监视居住1人，取保候审7人，批准逮捕4人，移送起诉案件8起4人，抓获网上逃犯3人，挽回各类经济损失共计2300余万元。

科技强警有新作为。强化后勤保障。共完成无线车载终端、高清智能卡口系统建设等采购项目11个，中标金额423万元。完善了天网系统建设，确保了“天网工程”在打击犯罪和治安防范中发挥作用。完成了三大“包围圈”建设。先后完成100个WiFi热点管控、8个环市和3个环县“包围圈”卡口建设任务，实现了网安准确技术定位目标。

赣州市副市长、公安局长邓忠平（中）到大余县检查指导工作

县委副书记、县长钟旭辉（右二）深入新城派出所指导工作

副县长、县公安局党委书记、局长陈伟生（左一）到县看守所检查指导国庆节监所安全工作

巡逻安保

反恐演练

述职述廉大会

表彰奖励立功人员

大余县人民法院

DA YU XIAN REN MIN FA YUAN

2016年，大余县人民法院共受理各类案件1582件（含旧存165件），其中刑事案件115件（含旧存13件），民商案件1444件（含旧存150件），行政案件23件（含旧存2件）；审结1389件（含旧存），结案率87.8%，调撤率43.5%。收案率同比下降1%，结案率同比下降3%。新收执行案件1227件，实际执结617件，终本3041件，实际执行率50.28%。

审结刑事案件107件，判处罪犯159人。依法严惩故意伤害、抢劫等严重暴力犯罪，审结案件19件，惩治罪犯28人。审结各类民商事案件1259件，涉诉标的37664.50万元。以柔性司法有效化解传统婚姻家庭纠纷，使212起婚姻家庭纠纷得到妥善处理。审理涉金融企业案件166件，妥善处理民间借贷纠纷317件。畅通“民告官”案件受理渠道，审结行政案件22件。判决撤销、确认行政行为违法案件占比达55.56%，9件行政案件经司法协调实现当事人和解撤诉，撤诉率同比上升32.36%。

全面实行立案登记制，对依法应当受理的案件，做到有案必立、有诉必理，99%的案件实现当场立案。坚持案件繁简分流机制，适用简易程序审理的案件占已结案件总数的59.17%。强化诉调对接和诉前调解工作，发放诉调对接函9份，诉讼服务中心调解结案32件。为13件无财产可供执行、申请执行人困难的案件进行了救助，救助金额为44.27万元，为经济困难的当事人减、免、缓诉讼费30.32万元。

深化审判流程、裁判文书、执行信息三大公开平台建设，共公开案件信息1076条、裁判文书716份、执行信息10201条。邀请人民陪审员825人次参与审理542件案件，普通程序案件人民陪审员参审率95.59%。

2016年，大余县人民法院荣获“全省法院人民陪审员工作先进集体”称号；新城人民法庭被江西省高级人民法院表彰为全省优秀法庭；饶豪华被江西省高级人民法院表彰为全省优秀法官。

2016年9月21日，陈剑平在县十八届人民代表大会第一次会议上作县人民法院工作报告

举行法官宣誓活动

组织全院干警在丫山进行登山健身比赛

举行“两学一做”暨争做合格法官主题演讲比赛

市中级人民法院党组书记、院长邬宇平（左二）一行到大余县人民法院调研指导工作

开展对精准扶贫工作

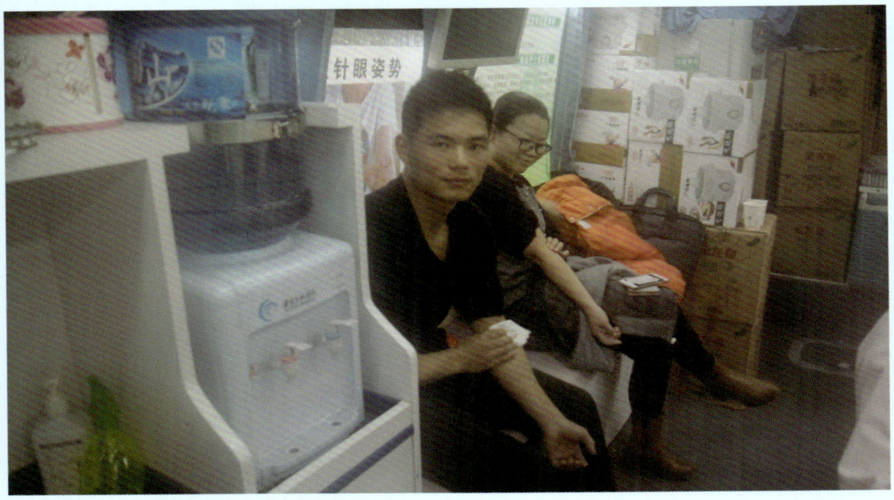

青年志愿者参加义务献血

大余县人民检察院

DA YU XIAN REN MIN JIAN CHA YUAN

2016年9月22日，钟福英在县十八届人民代表大会第一次会议上作县人民检察院工作报告

大余县人民检察院坚持以司法办案为中心，不断强化法律监督、自身监督和队伍建设，忠实履行维护社会大局稳定、促进社会公平正义、保障人民安居乐业的职责使命，为建设智慧、活力、幸福的大余提供有力的司法保障和服务。2016年，获得全县机关事业单位目标管理绩效二类单位、和谐平安先进单位、全县先进基层党组织、精准扶贫工作先进单位、新农村建设工作先进单位等荣誉称号。

召开司法责任制改革动员部署会

抓落实促发展，提供坚强司法保障。严厉打击严重经济犯罪特别是涉众型经济犯罪，提起公诉破坏市场秩序犯罪案件6件6人，维护经济安全和市场环境。积极服务精准扶贫工作，切实保障各项扶贫脱贫措施实施，加强对扶贫资金管理、使用、发放等重点环节的专项监督。严厉打击破坏资源和生态环境犯罪，共批准逮捕、审查起诉盗伐滥伐林木等案件13件18人，推进生态大余建设。加大对各类制售假冒伪劣、有毒有害食品药品行为的打击力度，加强与公安、市场监督管理等部门的协作配合，依法办理制售有毒有害食品等犯罪3件3人，保障人民群众"舌尖上的安全"。

抓履职保民生，全力维护社会稳定。主动回

2016年12月8日，江苏省检察院党组成员、政治部主任杨其江（右三）一行到县检察院开展对口援助工作

应人民群众平安需求，充分履行批捕、起诉等职能，依法打击严重暴力、“两抢一盗”、制贩毒品、电信、网络投资诈骗等影响社会大局稳定，影响人民群众安全感的各类刑事犯罪。2016 年共受理提请批准逮捕案件 94 件 133 人，经审查批准或决定逮捕 91 件 127 人，不捕 3 件 6 人；受理审查起诉案件 108 件 150 人，提起公诉 101 件 137 人，不诉 5 人，移送其他院起诉 7 件 8 人。坚持有贪必肃，有案必办，严肃查办扶贫领域、涉农惠民领域、生态环境领域和能源补贴领域职务犯罪，全年立案侦查各类职务犯罪 5 件 6 人，为国家挽回经济损失 400 余万元。加强预防宣传和警示教育，充分运用释法说理和新媒体等手段，不断提升预防职务犯罪工作的质量和效果，为实现全面同步小康保驾护航。

县人民检察院检察长钟福英（左）走访就业扶贫车间

举办“加强侦查监督，维护司法公正”的检察开放日活动

举办预防职务犯罪警示教育

开展举报宣传周活动

开展法制宣传进校园活动

大余县公安局交通管理大队

DA YU XIAN GONG AN JU JIAO TONG GUAN LI DA DUI

2016 年，大余县公安局交通管理大队以队伍建设为主线，以防控事故、保畅通为核心，以秩序整治、文明城市创建为重点，以规范执法为根本，以科技信息化为支撑，扎实推进“四项建设”，全面推进公安交管队伍建设和全县公安交通管理工作，确保了全县道路的安全畅通，为建设和谐平安大余创造了安全、畅通、有序的道路交通环境。

2016 年，大队时隔 9 年再获全市公安交通管理工作先进单位荣誉称号，并获得全市酒驾查处执法先进单位称号，在全市公安绩效考评中同类部门排名并列第一名，在全市民调评警工作中排名第二名，在全市交通安全村考核评比中排名第一名，在黄标车报废淘汰工作中全市排名第一名；在全县 2016 年度科学发展绩效考评中荣获综合绩效考评优秀单位

2016 年，县交管大队强化全县道路交通秩序管理，共查处现场违法行为 16342 起，非现场交通违法行为 40510 起，其中无证驾驶 2083 起，酒后驾驶 351 起，超速行驶 7998 起，其他违法行为 46420 起。全县 11 个乡镇建立了交管站，105 个行政村建立了劝导站，发展交通安全员 61 名，交通安全协管员 510 名，在全县构建了新的农村道路交通安全防控体系。全县辖区共发生道路交通事故 2133 起，同比上升 50.7%；死亡 29 人，同比下降 14.7%；受伤 1195 人，同比上升 11.7%；经济损失 71600 元，同比上升 64.4%；办理刑事案件 16 起，其中交通肇事案 13 起，危险驾驶案 3 起，破获逃逸案件 12 起，刑事拘留 12 人，取保候审 5 人，逮捕 12 人，移送起诉 16 起；使用救助基金 16 起、18 人次，共计 32 万元。

重温入党誓词，开展“两学一做”学习教育活动

2016 年，县交管大队创新交通安全宣传方法，建立立体化交通安全宣传模式，全面开展交通安全宣传“五进”工作。在国家级媒体上刊登和发布宣传稿件 64 篇，省级稿件 129 篇，总队信息 38 篇。

举办大余县三轮车非法载客专项整治工作调度会

开展“两站、两员”建设交通安全村劝导活动

护送辖区幼儿出行

认真做好旅游文化节交通安保工作

开展查处酒驾统一行动

大余县地方税务局

DA YU XIAN DI FANG SHUI WU JU

县地税局局长沈忠明（右）深入企业进行调研

成立纳税人学堂，大力宣传税收法律法规

成立道德讲堂，宣扬传播凡人善举

2016 年，大余县地方税务局突出“征管改革、信息管税、风险管理、综合治税、纳税服务、队伍建设”六项重点任务，全面推进大余地税“二次创业”新征程。2016 年，累计组织各项税收收入 37381 万元，同比增收 2079 万元，增长 5.89%。另外代征教育费附加 1223 万元。通过一系列措施的实行，确保 “金三”系统在税务局顺利上线。“营改增”全面推行，代征增值税工作平稳有序进行，共发生代征增值税业务 325 笔，代征增值税 652.43 万元。

综合治税取得新进展。2016 年，县地税局主要从县国税局、县公共交易中心等获取第三方信息 74000 条，应用涉税信息增加税收收入 5484 万元，占税收收入的 21%。国地税合作取得新进展。全年累计交换涉税信息 78000 条，联合办理税务登记 3498 户，联合评定信用等级 253 户，联合评估税款 2.12 万元，联合稽查查补税款 168 万元。风险应对工作取得新进展。重点加强对“金三”上线数据的日常审核工作，数据完整率达 100%。《巡察巡管显疑点及时应对化风险》已入选省局优秀案例库。积级贯彻执行西部大开发税收优惠政策，共有 15 户企业获得享受 15% 税收优惠税率的资格，减征享受西部大开发税收优惠政策企业的企业所得税 354.25 万元，减征小型微利企业的企业所得税 26.95 万元。2016 年，全面落实“营改增”政策后，给企业实际让税 5100 万元。

2016 年，大余县地税局通过江西省第十四届文明单位复查；经考评保持省二级档案管理单位；荣获全省地税系统 2016 年基层建设达标单位和 2016 年度全市地税系统落实党风廉政建设责任制先进单位。

推行“便民办税春风行动”

召开税企恳谈会，征求意见及建议

成立雷锋志愿服务队，积极开展扶贫帮困、奉献爱心活动

精准扶贫工作到田间地头

成立税收宣传队，深入社区、企业、矿山宣传税收政策

大余县扶贫和移民办公室

DA YU XIAN FU PIN HE YI MIN BAN GONG SHI

大余县扶贫和移民办公室始终把脱贫攻坚作为头等大事、第一民生工程来抓，坚持“政府引导、户为主体、政策优惠、干部帮扶、社会支持”的原则，强化组织领导，狠抓责任落实，创新方法举措，使2016年各项工作走上一个新的台阶。全县有11个乡镇105个行政村，总人口31万，属非国定贫困县，有贫困村22个；建档立卡扶贫对象7758户22802人，其中扶贫开发户3716户12999人、扶贫低保户878户2881人、纯低保户2528户6188人、五保户636户734人。2014年、2015年，贫困发生率分别为10.1%、7.8%，2016年贫困发生率贫困发生率由2015年底的7.8%降至3.3%，比2014年下降6.8个百分点。2016年实现脱贫3060户9886人，贫困村退出12个。

全县精准扶贫工作会议

产业扶贫，制定出台十一大主导产业扶贫政策，建立新城万亩蔬菜长廊、丫山等特色产业扶贫基地116个。就业扶贫，引导贫困户到大余县内工业园上班、外出务工、自主发展产业等多种就业渠道获取收入。健康扶贫，筑牢“四道保障线”，确保贫困户个人医疗费用控制在10%以内。到2016年末，共向贫困村报账1047人次，总计医药费427.71万元。金融扶贫，向2182户贫困户、13家企业、125个合作社发放贷款18013.9万元。教育扶贫，保障贫困学子顺利就学升学，2016年，全县共资助精准扶贫户2325人，发放资助金517.591万元。还成立了全省首个扶贫和教育慈善基金会，共捐额达1168.94万元。整村推进扶贫，筹集2亿元资金，投入22个贫困村改善基础设施条件，平均每个贫困村投入近千万元。移民扶贫，全年投入移民后扶项目资金369.96万元。社会扶贫，组织120个县级单位定点帮扶105个行政村，实现了单位结对帮扶村双向全覆盖。

丫山乡村旅游扶贫点

整村推进扶贫

全县脱贫攻坚调度大会

爱心捐助社会总动员

易地扶贫搬迁安置点

周屋乡村旅游扶贫点

大余县交通运输局

DA YU XIAN JIAO TONG YUN SHU JU

2016年大余县交通运输局紧紧围绕加快发展、转型发展、跨越发展这条主线，突出项目建设、改革创新两大抓手，各项工作顺利推进。大力发展公交车。2016年底购置了新能源纯电动公交车10辆，公交车数量达34辆。已为65岁老年人办理免费乘车卡6000多张。新能源公交车的投放，已成为公共交通的有效补充和延伸。公路建设规模喜人。完成新建公路建设685.7公里，桥梁9座，完成投资约6.9亿元；正在建设公路176.2公里，总投资17.1亿元，即将开工建设51.1公里，总投资3.1亿元。扶贫电动车助力精准扶贫。县交通运输局为每个行政村配2辆电动车，共计236辆，花费资金613600元。236辆扶贫电动车已全部安排到位。对照“四好农村路”的标准和要求，抓好农村公路样板路的建设。2016年，全县农村公路养护里程211公里，总投资94.95万元。大余县通达汽运有限公司于2016年11月18日开通了接送学生交通车，确保学生零距离乘车回家。赣州市道路运输智能服务平台推广使用现场会在大余圆满召开。县交通运输局开展“扶贫一日行”活动，组织单位干部职工走进帮扶村、走进贫困户产业养殖基地，进行精准扶贫结对帮扶，切实帮助贫困户解决实际困难。

赣州市道路运输智能服务平台推广使用现场会在大余召开

2016年，购置新能源纯电动公交车10辆，公交车数量已达34辆

大余县黄龙镇鸡足滩大桥

10月21日，交通运输局开展“扶贫一日行”活动

大余县交通运输局多举措为企业降低物成本

树立品牌意识，打造公路精品

全县林业工作会议

国家林业局、省林业厅对大余县章江源国家湿地公园申请进行考察评估会议

大余县林业局 DA YU XIAN LIN YE JU

2016 年，大余县林业局紧扣县委“1356”工作总思路，以林业生态建设、保护为抓手，不断推进“生态立县”进程。全县新造林 3.07 万亩，完成省林业厅下达计划数的 153.5%；完成了 2.31 万亩的森林抚育任务；完成低产低效林改造 1000 亩。全年共查破各类案件 68 起，其中森林刑事案件 38 起，采取强制措施刑事拘留 14 人、逮捕 14 人、取保候审 20 人，移送审查起诉 30 起，法院宣判 30 人；查处森林行政案件 30 起，处罚 50 余人次，依法没收木材 150 余立方米，依法收缴省重点保护野生动物 70 余只，挽回国家直接经济损失 20 余万元。

2016 年，完成林权贷款抵押登记 39 户，面积 46566 亩，贷款金额 8250 万元；完成中央林业贷款贴息申报金额 100 万元，发放贴息金额 3 万元。全县完成油茶新造面积 7020 亩，完成低改面积 3600 亩，完成抚育面积 7800 亩。2016 年，改造了 4 万亩毛竹林，分别在浮江乡、黄龙镇等乡镇建立了 10 个毛竹产业扶贫示范基地，基地面积达 1.27 万亩。充分利用全县森林资源丰富的优势，大力发展林下种植、养殖等项目，形成了草珊瑚、香菇、车前草、石蛙等产业齐头并进的发展势头。建设竹产业扶贫示范基地 6 个，面积 0.8 万亩，辐射带动 140 户贫困户经营竹林，其中自主经营户 35 户，经营面积 1156.3 亩；入社入会贫困户 95 户，经营面积 1581 亩；产业劳务脱贫人数为 30 人。建设高产油茶产业扶贫示范基地 6 个，面积 1283 亩；建设低产油茶改造精准脱贫示范基地 2 个，面积 491 亩；在基地建设务工贫困户 56 户，带动 47 户贫困户新造油茶面积 222.7 亩。

县专业森林消防队在景区开展防火巡逻

县专业森林消防队参加全省扑火技能大考核

县林业局在河洞乡开展毛竹虫害防治

县专业森林消防队正在扑灭林火
县林检站现场指导林农进行油茶病虫害防治

大余县民政局 DA YU XIAN MIN ZHENG JU

2016年，大余县民政局紧紧围绕县委、县政府工作大局，切实做好保障基本民生、创新社会治理、支持国防和军队建设、强化社会服务各项工作，为促进县域经济发展发挥了较大作用。2016年，县民政局获得全省社会救助工作优秀县、赣州市第九届文明单位、全市民政工作综合评估达标单位、全市“救急难”综合试点工作优秀单位、创建综合减灾示范县等荣誉称号。

2016年，全县共筹集社会救助资金6800.04万元。全县城市低保保障人数为6668人，保障标准为每人每月480元，月人均补助为320.02元。全县农村低保保障人数为11332人，保障标准为每人每月270元，月人均补助为195.03元。农村五保集中供养标准每人每年4380元，分散供养标准每人每年3480元。城乡医疗救助全年累计救助10365人次，全年累计医疗救助金额845.43万元，其中门诊医疗救助8272人次发放医疗救助资金66.39万元，住院医疗救助2093人次发放医疗救助资金779.04万元。临时救助共救助885人次，发放救助资金269.42万元，人均救助3044元。精减退职老弱残职工生活补助城乡分别为每人每月355元和329元。

城乡低保管理更加规范，基本实现“应保尽保”“应退尽退”。城乡医疗救助，实行同步结算，实行了“看病及时介入、住院主动救助、病后一次结算”的运行机制。救助管理，坚持自愿受助、无偿救助的原则；救灾工作，全年争取省减灾委等部门资金610万元，县级配套220万元，全部下拨各乡镇；社会福利机构设施建设，全县投入1200万元，建设1个综合福利院，5个敬老院项目等；抚恤优待，全年为优抚对象发放定期生活补助金650.1万元；殡葬管理，全县共建火花殡仪馆1座，城市经营性公墓1座，农村公益性公墓（骨灰堂）8个，免费火化遗体982具，补助金额88.21万元。

省民政厅领导到大余进行殡葬工作调研

县民政局局长许自才在全市民政工作暨福利彩票工作会议上作典型发言

副县长陈伟生（左四）在池江中心敬老院检查工作

县民政局领导在河洞乡敬老院指导工作

县民政局局长许自才（中）与征地联挂户谈心

大余县新城镇 XIN CHENG ZHEN

2016年，新城镇紧紧围绕“六大攻坚战”工作，扎实推进，成果丰硕，分别获得党建工作第一名、综治维稳创建工作第一名、人口和计划生育第一名、精准扶贫工作第一名、土地及房屋征收工作第三名、城乡环境综合整治工作先进单位、综合绩效考评良好单位。

重点工程建设。完成塘背上大桥主体建设，新建成一座处理能力500t/d的污水处理厂、城背路片区路网基本完成，新建巷口村至观路村防洪堤3.3公里。

精准扶贫工作。2016年，共脱贫570户1790人，省级贫困村分水坳村实现整村脱贫。通过鼓励贫因户发展产业，为全镇763户贫困户申请了产业补助资金144.1198万元；大力实施就业扶贫，组建了23个扶贫就业车间，实现282名贫困户的就近就业，为64名贫困户安排了村级保洁员等公益性岗位，加强技能培训，全年共安排125次技能培训，培训876人次；完成39个交通、水利等基础设施建设项目，274 名贫困学生享受助学补助32.45万元，98户因病致贫的贫困户享受了医疗理赔。

乡村旅游工作。聘请宁波江北智典江山旅游景观设计有限公司高起点规划，依照AAAA级景区标准对景区进行提档升级。主要提升溪道景观、池塘景观、入口片区景观、村落核心区景观，同时对房屋、田园地块、旅游服务设施等方面进行进一步提升。二期规划总投资1000万元，重点加强水生态文化景观、莲文化景观带以及千亩蔬菜基地观光农业休闲体验。将周屋分散的的景点连接起来，将莲文化与水系生态文化相结合，打造环绕周屋村的水塘溪道。

7月22日，省民政厅厅长刘金接（中）一行到新城镇调研

6月22日，中央电视台著名节目主持人海霞（右三）到周屋村参观调研

全市综治责任单位帮扶基层平安创建工作现场会在新城召开

1月20日，全市乡村旅游务虚会在周屋村举行

新城镇召开庆祝建党95周年暨七一表彰大会

城背路片区路网

精准扶贫开展技能培训，让贫困户掌握一技之长

大余县水利局

DA YU XIAN SHUI LI JU

2016年，大余县水利局围绕全面加快推进“水利改革发展”这一条主线，大力弘扬“献身、负责、求实”的水利行业精神，真抓实干，攻坚克难，较好地完成了各项水利工作任务，并取得了较好成绩。2016年，县水利局被评为全县综合绩效考评良好单位、双争工作全县第一名、招商引资先进单位一等奖、招商引资大项目奖、精准扶贫三等奖、生态建设和环境保护三等奖、和谐平安先进单位、先进基层工会、全县关心下一代工作先进集体。

2016年，县水利局按照“一个中心、三个结合、四个重点、实现五个确保”的工作思路，先后成功防范了“6•15”等7次强降水，科学有效应对了“8•27”洪灾，全力以赴确保了人民群众生命财产安全。投资1055万元组织实施了2016年农村饮水安全巩固提升工程，解决了14个贫困村1205户贫困户3502人的安全饮水问题；投资2112.69万元组织实施了2016年小农水重点县建设项目，整治山塘22座，改造水陂32座、渠道75.39公里，新建渠系建筑物389处，新增果园高效节水灌溉面积0.04万亩；成功争取到了2017年小农水项目县，建成了新城镇防洪工程，启动了长江—南丰堤除险加固工程、官坪里一元龙堤除险加固工程、县第二自来水厂及其相关管网延伸工程、油罗口水库饮用水源地保护工程、农村河道整治工程等水利项目建设；顺利完成了油罗口水电站等5座农村水电增效扩容改造。2016年争取项目资金6.84亿元，创水利双争历史最高纪录。出台了《大余县实施“河长制”管理工作方案》，在章江河及18条支流推行河道管理“河长”负责制。打造了浮江乡双田村、青龙镇元龙村、黄龙镇大合村三个县级水生态文明自主创建村。成功与海尔集团日日顺物联网有限公司签订了战略合作协议，与赣州市海德沥青有限公司签订了投资1.2亿元年产20万吨环氧沥青混配加工及沥青混合料建设项目投资合同。

水法宣传

防汛抢险演练

河长制公示牌

浮江乡防洪工程

彩页照片由录入单位提供

大余县行政区划图

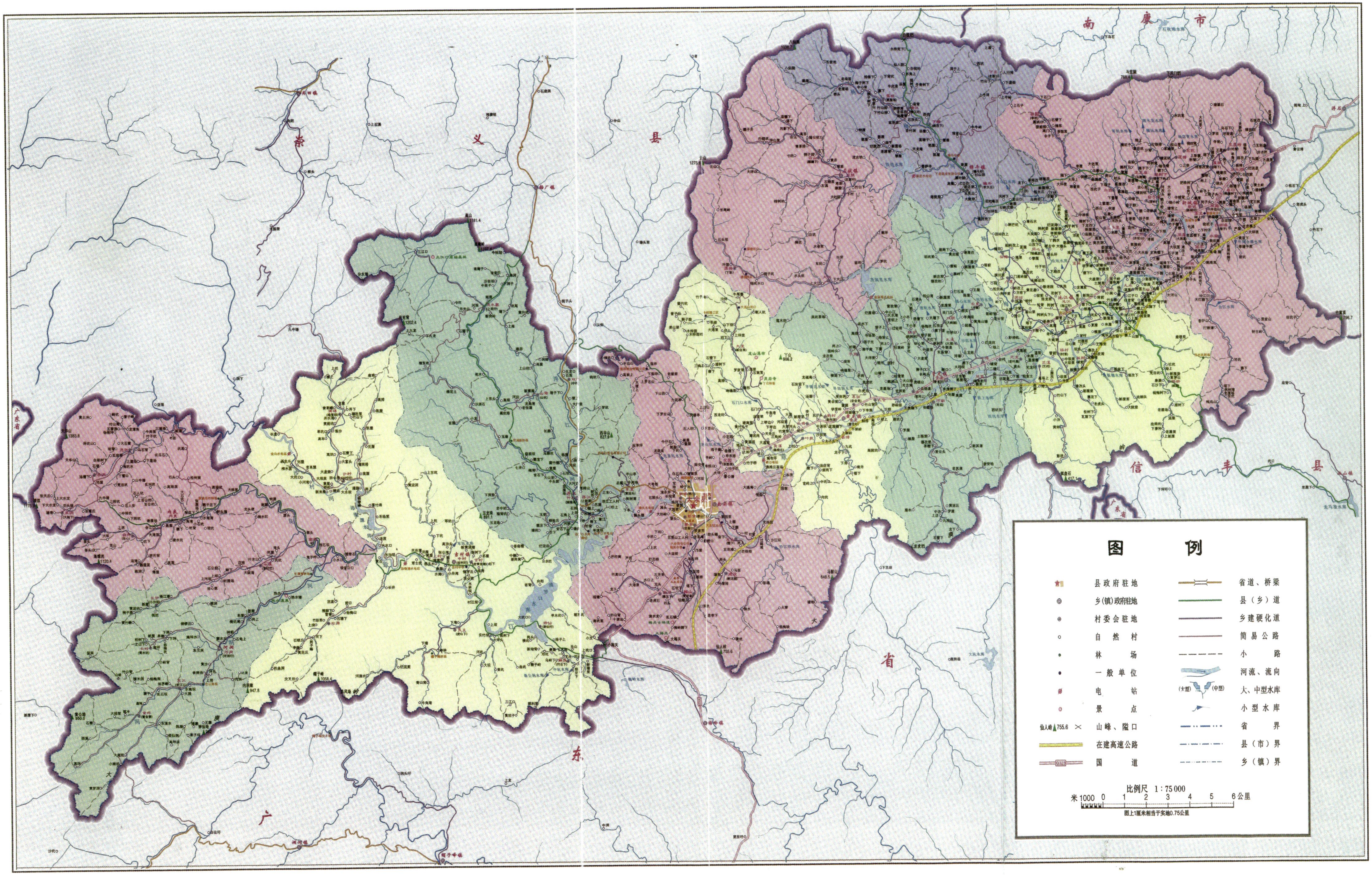

南康市
崇义县
信丰县
广东省
图例
县政府驻地
乡(镇)政府驻地
村委会驻地
自然村
林场
一般单位
电站
景点
山峰、隘口
在建高速公路
国道
省道、桥梁
县(乡)道
乡建硬化道
简易公路
小路
河流、流向
大、中型水库
小型水库
省界
县(市)界
乡(镇)界
比例尺 1:75 000
图上1厘米相当于实地0.75公里

大余县交通图

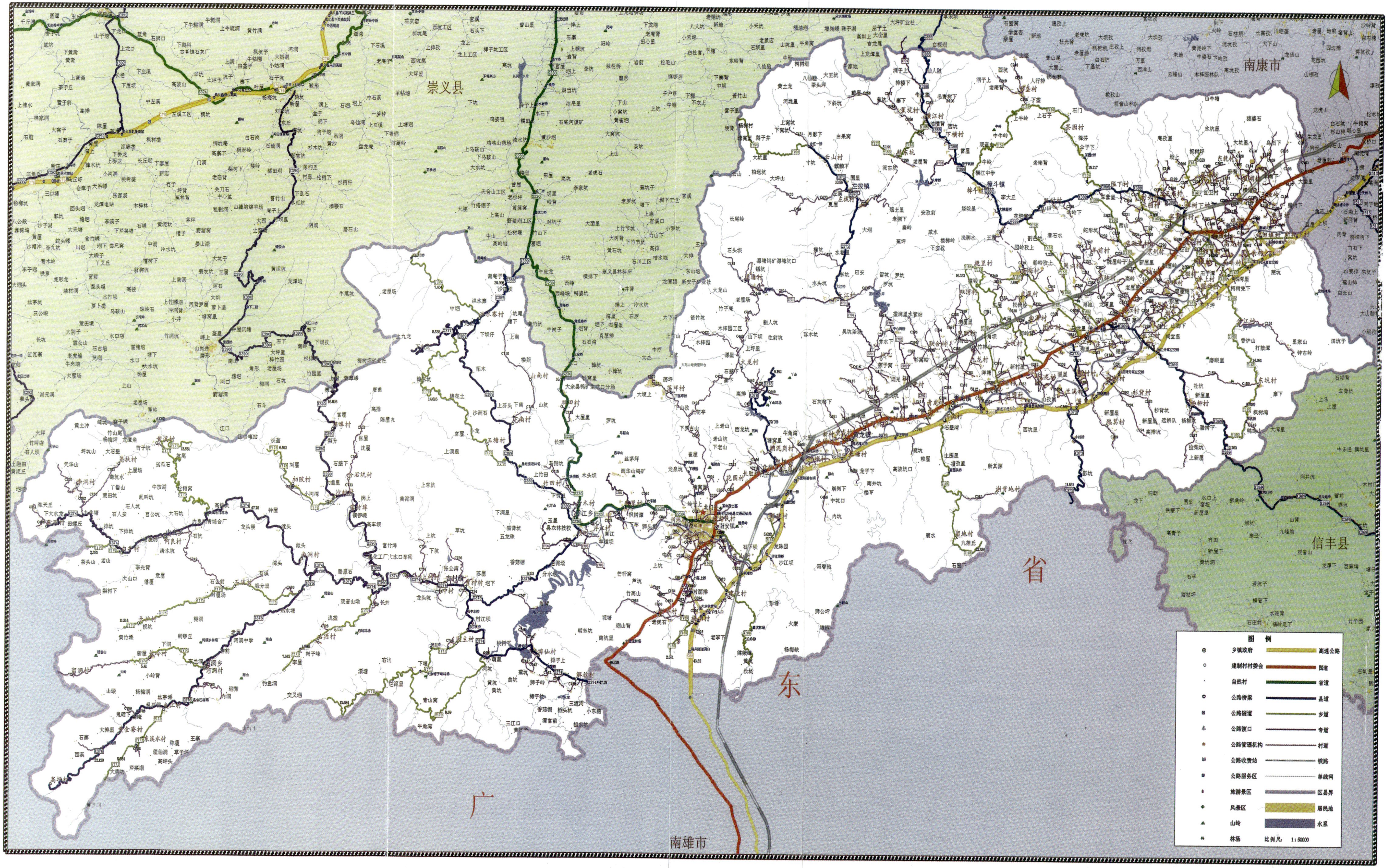

江西省公路管理局信息数据中心编制　　大余县交通运输局监制　　二〇一三年八月

《大余年鉴》编纂委员会

《大余年鉴》编辑部

编辑说明

一、《大余年鉴（2017）》以马克思列宁主义、毛泽东思想、邓小平理论、“三个代表”重要思想、科学发展观、习近平新时代中国特色社会主义思想为指导，坚持辩证唯物主义和历史唯物主义的立场、观点和方法，全面、系统、准确地反映大余县2016年政治、经济、文化和社会各项事业的基本情况，记录全县纵深推进赣南苏区振兴发展和深化改革的新变化、新进展、新成效，充分发挥《大余年鉴（2017）》存史、资政、育人功能，为各界人士宣传、了解、研究、投资大余提供服务，同时为续修地方志储备资料。

二、《大余年鉴（2017）》收录范围，以赣州市大余县现有行政区划为界，以2016年1月1日至12月31日为限；为完整反映某件事物全貌，在彩页和个别条目中有所突破。

三、《大余年鉴（2017）》采用分类编辑法，按类目、分目、条目三个层次设置。条目为基本记述单位，用黑体加“【】”标示。全书共设　　个类目、　　个分目、　　个条目，约80万字。除内文外，设置彩页栏目，以增加直观感，力求做到图文并茂。

四、《大余年鉴（2017）》采用现代语体文记述，力求准确、通畅、简洁。大事记采用编年体，为保持事物完整性，少数大事采用记事本末体或连记法。表格数据力求规范，表内栏目未发生和不详的数据用“—”线表示。单位名称首次出现用全称，其后一般用简称。泛指本县地域用“全县”或“境内”“县内”。

五、《大余年鉴（2017）》稿件由县直（驻县）各部门（单位）、各乡镇和驻县矿山提供，并经各部门（单位）领导审核签字，未提供稿件单位和内容缺载。

六、书中所列数据除统计部门正式公布之外，均由各有关部门、单位和行业提供，并经供稿单位审核。由于来源、统计方法、时间或使用角度不同，不同部门（单位）提供的同项数据可能不尽一致，采用时请予以注意。

七、《大余年鉴（2017）》大事记是大余县地方志办公室根据征集的资料和各单位提供的大事记整理而成，未征集和未提供者缺载。

八、《大余年鉴（2017）》荣誉录记载2016年度全县受省（部）级以上表彰的先进集体和先进个人。人物及荣誉称号资料均由各部门（单位）提供并经核实。未提供资料或依据者缺载。

目录

中国共产党大余县委员会

大余县人民代表大会常务委员会

大余县人民政府

中国人民政治协商会议大余县委员会

中国共产党大余县纪律检查委员会

社会团体

军　事

法　治

农　业

工业和信息化

旅游业

商贸服务业

交　通

金融保险

财政税收

经济管理与监督

城乡建设

水　利

自然观测

环境保护

教　育

科技文化体育

档案与地方志

卫生计生

人力资源和社会保障局

民政和民族宗教

精神文明建设

驻县矿山

乡 镇

荣　誉

特　辑

特　　载

中共大余县委常委会工作报告

——2016年1月21日在县委十三届九次全体（扩大）会议上

县委书记 曹爱珍

一、克难奋进，2015年各项工作取得丰硕成果

2015年，县委常委会在省委、市委的正确领导下，以习近平总书记系列重要讲话特别是“一个着力、三个希望”重要精神为指引，团结带领全县广大党员和干部群众，以赣南苏区振兴发展为总抓手，坚持“1356”工作总思路，总揽全局、解放思想、攻坚克难，圆满完成年初确定的各项目标任务，实现了“十二五”的圆满收官。

一年来，县委常委会主要做了以下工作：

（一）推进转型升级，经济发展活力显著增强。

过去一年，为应对错综复杂的宏观形势和前所未有的经济下行压力，县委把稳增长、促发展放在首位，创造性地贯彻落实中央、省、市决策部署，保持定力、精准发力，从帮扶实体经济、扩大投资规模、激发市场活力等方面及时研究出台实施了一系列政策措施，打好经济发展组合拳。全县经济平稳增长，各项工作取得了显著成绩。全县主要经济指标均保持高速增长。1－11月，全县固定资产投资、社会消费品零售总额等6个指标增幅在全市同比位次前移，特别是财政总收入、公共财政预算收入、实际利用内资、实际利用外资、现汇进资等5个指标增幅较大，排位均进入前5名。主攻工业稳步推进。以企业帮扶解困为着力点，组织领导干部深入企业实行“五同”开展“五个走在前面”活动。用足用活“助保贷”“财园信贷通”“小微信贷通”和企业转贷等政策，制定实施了三年主攻工业、与广州等市对接合作等10个综合政策文件。钨及有色金属产业利润扭亏转盈出现新局面。电子信息、食品药品等产销两旺、逆势上扬。传统产业钨及有色金属产业比重逐步下降，新兴产业和非矿产业比重逐步上升，产业格局由“一矿独大”向“多业并举”转变出现新态势。狠抓工业平台建设。基本完成新华工业小区周边1公里范围内居民区搬迁工作。园区面积大幅增加，新增1500亩，其中省级钨及有色金属精深加工产业基地新增面积500亩，面积达3000余亩，新城工业小区新增熟地近1000亩，总面积达2000亩。园区要素保障不断增强，供电、供排水、道路、土地平整不断完善，提升了园区平台承载功能。南锡科技、旭展硬质合金、芬琦饰品、微晶干粒、德林安防产业园、余商创业园等一大批重大项目顺利落地并开工建设。发挥科技创新引领作用，鼓励企业开展创新，全年申请专利120项，同比增长37.9%，授权专利70项，同比增长25%，其中发明专利4项，实用新型专利38项，外观设计专利28项，高新技术企业新增4家，共有7家，省级企业技术中心1个。现代服务业发展迅猛。以前所未有的力度全面推进乡村旅游工作，每个乡镇都打造了1－3个乡村旅游点，构建了“百花齐放、百景争艳”新格局。全县建成开放景区17个，争创了全省唯一一个AAAAA级乡村旅游点丫山乡村生态园，全市新增5个国家AAA级旅游景区，其中就有我县黄龙花木产业旅游示范园和新城周屋2个。在中央电视台1套、13套并机直播的《朝闻天下》栏目中播放了大余旅游形象宣传片。充分挖掘了丰富的旅游资源，推进了西华山国家矿山公园、南方三年游击战争纪念馆、陈毅隐蔽处景区、梅关古驿道等10多个总投资达亿元的旅游项目建设。大余被评为“中国最美绿色生态旅游名县”“中国最美乡村旅游目的地”，全省乡村旅游提升与旅游扶贫推进工作现场会在我县精彩圆满成功召开，得到了省、市主要领导的高度肯定，引起了省内外的广泛关注，先后接待省内外领导干部组团达58批2800余人次来我县实地考察学习，均给予高度评价。全年旅游接待人数达325万人次，增长69%，旅游总收入达19.3亿元，增长72%。以成功争取国家2015年电子商务进农村综合示范县为契机，大力发展电子商务，电商发展势头迅猛，新增电商企业125家。搭建跨境电商平台，新增20家企业50多个产品销售到20多个国家。金融机构存贷比同比提高6.2个百分点。房地产市场回暖，全年新销售商品房1315套、面积12万平方米，分别增长33%、28%。2015年，全县三产比重同比提高2个百分点。现代农业特色明显。提升了大余“中国花木之乡”品牌影响力，建设黄龙花木产业示范园、温氏畜牧双联种猪场等100多个产业基地。南安板鸭荣获 “中国驰名商标”。新增农民合作社37家、家庭农场56家，总数位列全市前列。

（二）推进项目建设，蓄积强大发展后劲。

县委强调，抓项目、扩投资仍然是拉动经济增长的关键要素，是做大经济总量、提高经济质量的有效抓手。全力推动项目争取。发挥赣南苏区振兴发展和资源枯竭城市转型发展，以及两个国家部委对口支援的政策叠加效应，争取了重金属污染防治、国家重点生态功能区等一批重大项目资金，全年共争取上级无偿资金12.84亿元，增加1.28个亿。大力推进开放招商。县委强调，提升对外开放水平，必须坚持“走出去”与“引进来”双向发力。研究出台了全县招商引资“百日大会战”活动、大力推进创业孵化基地建设鼓励创新创业等7个配套文件，组建了7个招商引资团队、3个招商安商专业小分队，分别赴10多个省（市、区）开展招商引资，成功举办2次百亿招商项目集中签约、集中开工、集中投产“三集中”活动，两批签约招商项目55个、签约资金总额154.36亿元，引进了南锡科技、旭展硬质合金、德林安防、千陶新材料等36个亿元以上大项目，其中超10亿元的3个，超20亿元的2个。全年签约项目个数同比上年增长587.5%，实际利用内资26亿元，增长14.8%，增幅排名全市第5，实际外贸出口总额增长10.9%、实际利用外资增长12.7%、现汇进资增长11%，预计增幅均排名全市前3。着力推进重点工程建设。县委强调，项目落实是真功夫，是真成效。研究制定了县四套班子带头挂点落实机制，完善了调度、督查、考评机制，分工业类、城建类、农业类、旅游类、民生类等类别，共安排了9次项目建设流动现场会。重点突破征地拆迁瓶颈，全年共完成征地近2000亩，征收房屋1221栋，拆迁房屋面积达到21.4万平方米。全县重点工程建设克难奋进、如火如荼，城南出入口、庾岭大道、丫山大道、丫山景区公路、新华1公里房屋拆迁、保障性住房等一大批重点工程征地拆迁强力推进，为破解征地难、拆迁难提供了很好的典范！形成了真干实干良好氛围！今年开展的2次“三集中”活动，开工项目40个，竣工项目30个。全年81个重点工程项目，完成年度投资31.3亿元，重点工程项目开工率、在建率、完工率均创历史新高。

（三）推进环境优化，对外吸引力迅速攀升。

县委高度重视环境优化战略，提出环境是基础、是关键、是生产力。县委认为，优化环境不仅要在生态建设和保护等“硬件”上下功夫，更要在机制体制等“软件”上创造经验。城乡环境焕然一新。从7月份开始，在全县大力度深入持久地开展了城乡卫生环境综合整治，在全省率先成立了乡镇卫生管理办公室，县、镇、村、户“四级联动、分级负责”的农村生活垃圾集中处理运行机制进一步巩固。聘请离退休老干部常态化督查，整治活动取得明显成效。我县新农村建设走在全市前列，荣获“2015中国美丽乡村建设示范县”称号。生态环境明显提质。

深入实施“净空、净水、净土”工程，率先探索建立了“河长负责制”，铁心硬手推进重金属污染治理，连续三年开展章江流域（大余段）专项整治还章江“一江清水”活动。生活饮用水源地和国、省控断面水质均达到国家标准，我县被评为“江西生态文明十佳示范县”。政务环境明显提速。进一步简政放权，企业、群众办事更加顺畅、便利。一年来，大余对外良好的影响力、吸引力迅速提升，越来越多的客商看好大余、投资大余。

（四）推进改革创新，内生动力深度激发。

县委认为，要按照习近平总书记关于“改革面临的矛盾越多、难度越大，越要坚定与时俱进、攻坚克难的信心，越要有进取意识、进取精神、进取毅力，越要有‘明知山有虎，偏向虎山行’的勇气”重要讲话精神，强化责任担当，统筹推进各领域改革。研究出台了政府职能转变和机构改革等一系列深化改革文件。基本完成新一轮县政府职能转变和机构改革，县卫计委、县市场监管局、县旅发委、县不动产登记局已挂牌运作，组建了钨都担保有限公司，成立了林投、城投、旅投、工投等四大建设平台，推荐了14家企业在深圳前海股权交易中心挂牌融资。继续深化农业农村改革，农村土地承包经营权确权登记颁证有序推进，农村集体土地所有权确权登记基本完成。

（五）推进小康提速，人民群众幸福指数大幅上升。

县委强调，要始终把保障和改善民生作为第一追求，让全体人民群众共建共享改革发展成果。县委认为，贯彻落实习近平总书记的重要要求，就是要以时不我待、只争朝夕的精神，把扶贫攻坚作为实现小康的重中之重，抓紧抓实。全年民生支出14.48亿元，增长26.4%，占财政支出的66.7%。精准脱贫扎实推进。组织开展了“十大贫困现状”、12种致贫原因调查分析，研究出台了“1+1+24”政策体系，严格落实责任，安排了2827名干部结对帮扶贫困户，实现了结对帮扶“全覆盖”，实行了“产业扶贫、保障扶贫、安居扶贫”等10大帮扶措施，特别是我县探索的旅游脱贫新模式，得到了省市领导的充分肯定，倍受全省各地、全国多地广泛关注和推崇。同时，探索了“直接帮扶、带动帮扶、投资帮扶”等帮扶模式，召开了全县精准脱贫产业基地流动现场会，打造了109个扶贫农业产业基地。全年共实现4851人（不含纯低保户、五保户）精准脱贫；全面完成了1.6万户农村危旧土坯房改造任务。加大了精准脱贫投入，筹集帮扶资金9300万元；筹建了扶贫和教育慈善基金会，短短三天时间，基金会募集首批捐赠资金1100万元。城镇建设品位提升。县委强调，要坚持以人为核心，扎实推进新型城镇化。以敢于担当、敢于攻坚克难的勇气，顺利启动了城南片区棚户区改造，短短2个多月，全面完成需要征拆的211户、406栋房屋的协议签订和征收任务，难度之大、户数之多、力度之大、进度之快、效果之好，打造了城南拆迁模式，创造了大余拆迁速度，刷新了我县城建项目拆迁工作的纪录，逐步改变了城区出入口破烂不堪的恶劣的环境面貌。高标准、高起点开展了“三园两路一桥”规划设计，庾岭大道、丫山大道、老城区断头路等新老城区路网全线贯通，实现交通“微循环”，城市框架进一步拉开。以和谐秀美乡村建设为抓手，建设了一批集新农村建设、党建、乡村旅游、精准脱贫等为一体的“多点合一”示范点，全面新建改造农村公路330条、178公里，为历年来最多。社会保障体系逐步完善。社会保障和救助体系进一步完善，城乡低保和五保对象以及城镇“三无”人员保障月标准均有提高，医疗救助城乡居民1.22万人次。县综合福利院和新城、池江等乡镇敬老院新建或改扩建工程基本完工，对21个农村幸福院进行改造，我县被评为“全省社会救助工作优秀县”。社会事业快速发展。大力办好人民满意教育，11个乡镇公办幼儿园主体基本竣工，教育质量进一步提高，高考一本上线率排名全市第二，二本以上上线率排名全市第三。全面落实了基本药物制度，药品价格实际下降25.12%。城乡群众精神文化生活日益丰富，在全市第四届运动会上获得金牌总数第3名的历史最好成绩。

（六）推进法治建设，社会保持和谐稳定局面。

县委反复强调，要始终坚持稳定是第一责任，坚持用法治思维和法治方式深化改革、推动发展、化解矛盾、维护稳定，扎实推进依法治县各项工作。法治大余深入推进。及时研究出台法治大余等系列文件。着力建设法治政府，全面推进政务公开，认真贯彻落实行政决策合法性审查制度，全力推行行政执法公示和法律顾问制度。加大普法宣传力度，广泛开展法律“七进”活动。社会治理亮点突出。巩固和提升道路交通事故矛盾纠纷专业调处联动机制，以及村居社会治理“分类考核、动态管理”工作机制，政府购买社会服务调处疑难信访案件成效明显。加强乡镇综治办队伍建设，为全县10个乡镇配齐了副科级专职副主任。积极化解五十年一遇的林盛木业大林权纠纷问题。有效预防和化解了各类矛盾纠纷，实现了法治和发展两推动、两促进。群众安全感显著增强。注重源头防范，全面推行重大决策社会稳定风险评估机制，扎实开展“打黑除恶”和学校周边治安环境、农村治安混乱地区集中整治，依法严厉打击“黄赌毒”、无理缠访闹访、工程项目建设领域和制造假币、发票以及网络传销等各类违法犯罪行为。全县刑事发案、信访总量、安全事故总数同比均呈下降趋势。全县公众安全感名列全省前茅，被评为全市7个“全省社会治安优秀县”之一。

（七）推进党的建设，党的执政根基更加夯实。

县委强调，要始终把抓好党建作为最大政绩，坚持从严治党，为改革振兴发展提供坚强有力的政治组织保证。思想政治建设严实有力。深入学习习近平总书记系列重要讲话精神，按照省委“十六字”方针和市委“解放思想、内外兼修、北上南下”实践路径，积极引导全县党员领导干部，在思想上、政治上、行动上与党中央始终保持高度一致，与省委、市委同心同德。今年以来，共组织24次县委常委会学习，开展12次县委中心组理论学习和12次专题报告学习会。注重学习实效，抓好宣传研究，推动中央和省、市领导重要讲话和各项政策精神深入人心、深入基层。按照中央和省委、市委统一部署，扎实深入开展“三严三实”专题教育，坚持边学边查边改，县委常委会查摆出的16个“不严不实”突出问题已基本整改到位，省委第一巡视组巡视“回头看”反馈的五个方面13个问题，已整改到位11个，2个将坚持长期整改。推进思想大解放。县委认为，千辛万苦，思想解放就不苦；千难万难，思想解放就不难。县委始终注重激活干部这个最关键、最核心、最具潜力的因素，将解放思想置于万事之先。通过开展“大余发展15问”解放思想大调研、大讨论活动，全县掀起了一场“头脑风暴”和“思想革命”，选择15个重大课题，由县四套班子领导领题，分别赴广东、浙江、福建等10多个省（市）的40多个县（市、区），学习取经，广大干部实现思想观念大更新、工作作风大转变、创业动力大激发、攻坚能力大提升，全县形成了干部干事创业、真抓实干的浓厚氛围和良好精气神。干部队伍建设全面加强。县委高度重视领导班子和干部队伍建设，认真贯彻落实《干部选拔任用条例》，严格按照新时期好干部标准，把好干部人选的政治关、品行关、作风关、廉政关。建立了乡镇党委书记抓党建“年初签责任书、年中电视述职、年底考核评议”的“承诺、督诺、评诺”制度。构建了机关上挂学习、县直机关跟班轮训、征地拆迁攻坚、招商引资历练等平台，有效提升了干部队伍综合能力。严格监督管理干部，坚持正确的用人导向，加大在征地拆迁、招商引资、项目建设等急难险重工作一线考察、识别、选拔任用干部力度，有效形成了凭实绩选配干部的良好氛围，全年共调整干部2批251人次。基层基础不断夯实。牢固树立“党建+”理念，实施“党建+精准脱贫”“党建+乡村旅游”“党建+重点工程建设”等模式，打造出具有大余特色的“连心、强基、模范”三大工程品牌。统筹推进各领域基层党组织建设，全面实行村（社区）党支部书记分类管理，选强配优了118个村（社区）班子，落实村干部工资正常增长机制，“一肩挑”书记、主任月工资人均增加560元，书记、主任分别增加300元，一般村干部增加100元。开展了“学模范、当先锋”活动，表彰了一批龚全珍式好干部，我县新城镇王屋岭村叶合生同志被评为全省龚全珍式好干部。党风廉政主体责任深入落实。县委强调，建设风清气正的政治生态，必须逐步建立不敢腐、不能腐、不想腐的有效机制。组织学习《中国共产党巡视工作条例》、《中国共产党纪律处分条例》和《中国共产党廉洁自律准则》，坚持把纪律挺在前面，不断完善落实“两个责任”和“一岗双责”机制，大力开展领导干部违规插手干预工程项目、违规收送“红包”、整治“三种风气”树立“三种意识”、损害群众利益等六项专项治理活动。2015年，对落实“两个责任”不力、失职渎职等21人进行问责，查处违反八项规定问题6起10人。严肃查处损害群众利益等违法违纪案件，全年共立案41件45人，分别同比增长 24.4%、31.1%，增幅在全市排名较前，结案 38 件，给予党纪政纪处分 42 人。

奋斗充满艰辛，成绩来之不易。这得益于中央和省委、市委正确领导，得益于全县上下的共同努力和社会各界的大力支持。回顾一年来的工作，县委深刻地体会到：保持发展定力是前提，加快转型升级是关键，切实改善民生是根本，坚持从严治党是保障。

在肯定成绩的同时，县委常委会也清醒地认识到，发展中还面临不少困难和问题：一是发展不足、投入不足，经济总量不大、发展质量不高，财源基础薄弱。二是实体经济困难重重，工业创新驱动能力不强，工业产品应用市场低迷，人工、物流等生产成本上升。三是结构不优的现状还没有大幅度改变，转型升级任务十分艰巨。四是财政收支矛盾加大，经济运行面临的风险增多等。五是有少数党员干部思想不够解放，作风不实，不作为、乱作为，不能完全适应新常态下改革振兴发展的需要，等等。我们既要看到经济形势的复杂性、严峻性，把困难估计得充分一些，把措施考虑得周全一些，做到未雨绸缪、有效应对，更要看到经济运行的积极变化和有利条件，坚定信心，保持定力。对这些问题，县委常委会将在今后工作中认真加以研究解决。

二、顺时应势，奋力实现率先全面建成小康社会

“十三五”时期，是我县实现跨越发展、全面建成小康社会的决胜阶段。县委提出的关于制定全县国民经济和社会发展第十三个五年规划的建议，是贯彻落实党的十八届五中和省委十三届十二次全会、市委四届七次全会精神的大余篇章。2016 年是“十三五”的开局之年，县委着眼长远，立足当前，在广泛征求意见和调查研究基础上，提出了 2016 年的工作思路、目标任务、具体措施。等会儿，邱凌同志将就县委规划建议进行说明，并提出 2016 年经济工作意见。这里，我就全县“十三五”期间和 2016 年经济社会发展，简单讲四点意见。

（一）准确把握战略态势，坚定加快振兴发展的信心

谋大事必看大势，谋一域须观全局。从战略机遇看，当前，欧美等主要经济体总体延续增长态势，特别是美国经济复苏稳步走强，预计今后五年仍将有亮眼表现。我国仍然处于可以大有作为的重要战略期没有变，经济发展长期向好的基本面没有变，国内经济稳定发展的良好支撑和条件没有变，供给侧结构性改革等系列配套利好政策将相继出台，国家宏观政策和重大战略的实施将为我县发展提供广阔空间。特别是国家稳增长政策力度更大，财政政策更加积极，地方政府一般债券、专项债券规模进一步扩大；稳健的货币政策更加灵活，广义货币、社会融资规模大幅增长，市场流动性将进一步充裕，融资成本显著降低；产业政策更加注重分类指导，新兴产业扶持力度加大。省委、市委先后出台一系列稳增长、扶企业、创新驱动、转型升级的重大政策，有利于我县钨及有色金属、食品等产业深度整合提升，有利于安防科技、新材料、药业、乡村旅游等战略性新兴产业规模化，进而培育成为县域经济几何倍增的爆裂点。特别是《国务院关于支持赣南原中央苏区振兴发展的若干意见》、资源枯竭城市第二轮财力性转移支付县、国家主体功能区示范县、国家生态文明建设示范县、国家电子商务综合示范县等金字招牌，政策含金量高、覆盖面广，等等，这些都是我县振兴发展的重要机遇。从优势潜力看，经过“十二五”期间发展，大余经济社会发展迈上了新台阶，创造了发展新优势。资源优势独特，随着高科技找矿探矿深入开展，境内还有大量采矿潜力。产业优势明显，钨及有色金属产业逐步迈向高端化，现代服务业发展势头迅猛。开放优势明显，德林安防、南锡科技、海创钨业等一大批重大产业项目相继开工建设和竣工投产，经济增长的后劲将显著增强。平台优势明显，省级钨及有色金属产业基地具有无法替代优势，城市新区充满商机，开发空间和潜力都很大。区位优势明显，已纳入赣州都市区，铁路复线、农村公路等路网建设需要大量投资，融入区域经济一体化发展的后发潜力将不断凸显。企业自我革新内生动力增强，我县实体经济在金融危机和下行压力多轮锤炼下，渐趋成熟理性，抗压能力明显提升。由此可见，大余已经步入一个前所未有的黄金发展期。可以预期，今后五年，我县经济发展将呈现低开高走态势。只要我们用好战略机遇，坚定战略自信，不断昂扬斗志，主动适应、把握和引领新常态，进一步树立跨越发展、超常发展的理念，进一步解放思想，用好政策，深挖潜力，苦干实干，就完全可以在今后五年的发展中，开创振兴发展的新局面，率先全面建成小康社会。

（二）牢牢把握战略思路，深刻理解加快振兴发展的总体要求

分析战略新态势，积极适应新常态，立足县情实际，今后五年全县工作的总体要求是：深入学习贯彻党的十八大和十八届三中、四中、五中全会以及习近平总书记系列重要讲话精神，按照“四个全面”战略布局，牢固树立创新、协调、绿色、开放、共享发展理念，认真落实省委“十六字”方针，深入实施《若干意见》，坚持一条实践路径，强化三大保障，纵深推进五县战略，打好九大攻坚战，打造“三区、三基地、五名县”，加快推进振兴发展步伐，努力实现率先全面建成小康社会。

这一总体要求中，率先全面建成小康社会是我县“十三五”时期的总目标；“一条实践路径”，就是市委四届七次全会明确的“解放思想、内外兼修、北上南下”；“三大保障”，就是改革创新、依法治县、加强和改善党的领导，这是实现“十三五”奋斗目标的根本保证；“五县战略”是县委十三届八次全会确立的，并且经过多年实践检验、证明行之有效、必须长期坚持的发展战略；“九大攻坚战”，就是对接开放、主攻工业、精准脱贫、城镇提质扩容、现代农业发展、现代服务业发展、基础设施建设、绿色发展、共建共享，这是全县经济社会发展的工作重点；“三区、三基地、五名县”，就是国家生态文明先行示范区、国家主体功能区示范区、国家资源枯竭城市转型示范区和省级钨及有色金属精深加工产业基地、现代农业生产和特色食品加工基地、文化生态旅游休闲基地，以及生态名县、旅游名县、文化名县、教育名县、体育名县，这是我们发展的主要抓手和重要载体，也是未来五年的发展定位和目标。2016年，是实施“十三五”规划的首战之年，做好这一年的工作，要按照五年工作总要求，纵深推进“一、三、五、六”年度工作总思路，全力建设生态、活力、幸福大余，为“十三五”开好局、起好步和率先全面建成小康社会打下坚实基础。

根据总体要求，今后五年的奋斗目标是：全县地区生产总值年均增长11%左右，财政总收入年均增长10%左右，综合经济实力显著增强；工业实现三年翻番，基本建成全国重要的钨及有色金属精深加工产业基地和钨交易集散地，打造5个总产值超百亿的产业集群即［⑴总产值超100亿的矿业集群；⑵总产值超100亿的林业集群；⑶总产值超100亿的食品产业集群；⑷综合收入超100亿的旅游业；⑸总产值超100亿的现代服务业］；统筹协调城乡一体化进程；脱贫攻坚任务两年完成、三年巩固，全面建成小康社会；实现所有25户以上自然村通水泥路，支持产业基地田间道路建设；全面保障农村电力、饮水、网络等方面的安全稳定；生态质量明显提升，成功创建全国生态文明先行示范区；社会保障体系更加完善，基本公共服务接近或达到全国平均水平；人民生活水平和质量大幅提升；法治政府基本建成，各领域基础性制度体系基本形成。2016年，县委提出“五个100主战场”：100个重点工程项目，固定资产投资100亿元，招商签约项目总投资100亿元，工业园区主营业务收入100亿元，农业产业基地100个。

目标催人奋进，使命重于泰山。只要全县上下万众一心、众志成城，稳打稳扎、艰苦奋斗，敢于担当、勇于胜利，保持坚韧毅力和战略定力，始终朝着目标努力，就一定可以创造时代新辉煌、书写历史新篇章！

（三）切实把握战略重点，集中力量打好九大攻坚战

加快振兴发展、实现率先全面建成小康任务艰巨，要紧扣《若干意见》和县“十三五”规划，抓住主要矛盾，集中力量打好“九大攻坚战”，在重点领域和关键环节率先突破，促进经济社会全面协调发展。

1. 对接开放攻坚战。对接开放是扩大有效投资规模，增加县域经济总量，培植发展新优势的主渠道、主抓手。积极“北上”争项目。深度挖掘《若干意见》等重大政策，争取重大政策更好落地；牢牢把握两个总局对口支援机遇，争取国家部委全方位、多领域对口支援。进一步加强与国家部委和省、市对接，找准切入点，争取更多项目和资金。主动“南下”引项目。积极探索各种专业化市场化招商方式，每年开展百亿招商集中签约、集中开工、集中投产“三集中”活动，全面营造招商引资的浓厚氛围；加大定向招商力度，突出产业招商，突出招大引强，突出珠三角、长三角、闽三角等重点区域进行招商，主攻央企国资、优质民资，力争在引进战略投资者、行业龙头企业和重特大项目方面取得新突破。创新模式挖项目。积极探索PPP模式，出台相关支持政策，围绕城建、环保、基础设施等领域，发布推介一批PPP项目，加快推进PPP项目落地。

2. 主攻工业攻坚战。工业不转型升级就没有出路、就没有未来，转型升级越晚困难越大、难度越大。聚焦“主攻工业、三年翻番”目标，坚持帮扶常态化、产业集群化、企业集团化、园区聚集化思路，坚定不移做大工业总量、提升发展质量。帮扶企业发展。持续开展“五同”“五个走在前面”活动，实施领导干部到企业挂职制度，摸清各类企业底数，疏导无望“僵尸企业”，对有意转型受限的企业、没有转型动力的企业、发展潜力较大的企业，进行分类施策、因企施策，实实在在帮扶企业，全力做好企业在人才、资金、用地、供水供电、信贷、市场、入规上市、办证等方面的帮扶工作，促进企业走稳做好；加大财政对企业科技研发、人才引入、专利申请、参展推广等工作的支持力度。鼓励大余籍人士返乡创业，助力创客创新创业。推动园区升级。加快园区水、电、路等基础设施建设，力争2016年新建标准厂房8万平方米；引导优势资源、要素、企业、产业向园区集中，鼓励园区外企业进驻园区，加快德林安防科技、ECT电子产品等项目开工建设，推动新华、新世纪、新城三个工业小区形成规模效应。加快建设钨及有色金属深加工、钨产品电子交易、钨产品科研和创新、钨产品展示、产品检测、仓储物流等六大平台。打造中小企业孵化基地，建设小微企业创业园，开展“前店后厂”经营模式示范点建设。完善与产业升级发展配套的各类公共服务要素，推进产城融合。培育产业集群。进一步完善产业规划，确定好重点主攻产业，明确好产业发展定位，配置好产业发展的各类要素。实施大企业、大集团培育计划，积极引进战略投资者，借助大企业、大财团，采取多种方式整合矿产资源和矿产企业，促进产业发展高端化，形成钨及有色金属精深加工超百亿级产业集群；整合资源、资金、技术、人才等要素，推动食品、服装等消费性产业向品牌化、集团化、个性化发展，重点鼓励引导以牡丹亭食品和南安板鸭等为代表的食品企业、以润致制衣等为代表的服装企业、以旭光电子等为代表的电子信息企业，有机整合形成一批大型企业集团，在资源、市场、人才、技术、管理等方面互惠互利互补，实现抱团发展、协同发展、强势发展、跨越发展；推动新材料、电子信息、食品药品、机械制造、光伏发电、安防科技、新能源汽车等成长性产业的发展，做大新兴产业规模和层次，形成若干个主营业务收入超10亿元的特色新兴产业集群。实施创新驱动。发挥科技创新在全面创新中的引领作用，创新成果与产业紧密对接，不断创造新供给，释放新需求。主动对接国家《中国制造2025》、“互联网+”等政策，全面整合产业链、价值链、物流链，加大财政对企业创新的支持力度，大力培养和帮助企业引进创新人才，发展科技中介服务，推进工业经济整体转型升级。鼓励大众创业、万众创新，加快完善创新创业服务体系和服务平台，提升企业自主创新能力和水平。

3. 精准脱贫攻坚战。脱贫攻坚是“一号民生工程”，是“十三五”时期必须完成的政治任务。脱贫攻坚没有退路，我们必须打赢这场攻坚战，两年脱贫、三年巩固，确保到2018年现行标准下贫困人口全面脱贫，2020年全面建成小康社会。着力精准施策。大力实施“五个一批”工程（即发展生产脱贫一批，易地搬迁脱贫一批，生态补偿脱贫一批，发展教育脱贫一批，社会保障兜底一批），打好精准脱贫组合拳，实现换穷业、挪穷窝、改穷路、断穷根、兜穷底。加大产业发展扶持力度，重点支持贫困村、贫困户因地制宜发展花卉苗木、生猪、鸭业、乡村旅游、光伏发电、油茶、蔬菜、果业、竹业、蜂业等十大脱贫产业，精准发展一批产业扶贫基地，引导贫困户就业创业；对生产生活条件恶劣地区的贫困人口，加大易地搬迁力度，力争三年内完成1万人口搬迁任务；对贫困群众的孩子，让他们都能接受公平优质的教育，阻断贫困代际传递；对丧失劳动能力的贫困人口，全部纳入低保兜底并逐步提高保障水平。2016年，要进一步落实好“1+1+24”政策，因地制宜，因户施策，全面完成5600人脱贫的年度目标任务。切实压实责任。脱贫攻坚是硬任务，必须强化结对帮扶、定点扶贫，每个贫困村都有驻村工作队，每个贫困户都有帮扶责任人。充分发挥大余县扶贫和教育慈善基金会作用，鼓励各类企业、社会组织、个人积极参与扶贫，形成“大扶贫”格局。统筹推进贫困村基础设施建设。加快贫困村公路建设，实现贫困村所有25户以上自然村通水泥路，符合条件的行政村全部通客车；实施农村饮水巩固提升工程，全面解决贫困人口饮水安全问题；加快贫困村灌溉工程建设，全面解决生产灌溉用水问题；推进农网改造升级，全面解决贫困户生产生活用电问题；完成贫困村农村危房改造，增强农村住房抗震减灾能力。

4.城镇提质扩容攻坚战。城镇化是加快发展的强大引擎。积极融入赣州都市区，深度推进城镇带县战略，加快以人为核心的新型城镇化进程，构建“一核两轴三区”的城镇发展格局。注重规划引领，高起点、高标准完善县城发展战略规划，健全完善乡镇规划，促进“多规合一”，统筹生产、生活、生态空间和交通设施的合理布局。注重项目带动，推动老城区提质，加快城南片区棚户区综合改造、“三园两路一桥”等重点工程建设。推动新城区强体，加快完善新区路网框架，抓紧大余中学新校区、体育中心、丫山大道、庾岭大道、三年游击战争纪念馆和大的环城路等项目建设，启动火车站片区规划建设，加快建设特色综合新区。注重形成特色，加快新城示范镇建设，实施扩权强镇，重点扶持、优先发展一批特色乡镇。做靓做美农村，建设一批基础设施完善、公共服务配套的中心村、社区，打造一批集新农村建设、乡村旅游、精准扶贫、党建等为一体的“多点合一”精品示范点。注重生态宜居，将牡丹亭文化、钨都文化、理学（心学）文化、红色文化等传统文化融入城市建设，保护自然风貌、突出山水记忆，打造美丽乡村“升级版”。注重城镇管理，积极顺应“城管革命”，深入开展城乡环境卫生综合整治和农村垃圾处理，全面推进乡镇污水处理设施建设，创新城市管理体制，全面提升城市形象、品位、品质和品牌。

5.现代农业发展攻坚战。大余是农业大县，农业基础地位改变不了，我们强调主攻工业，但绝不能忽视农业。大力推进农业规模化。坚持以集中连片为重点，以规模开发为目标，推进农村产权流转平台建设，探索土地股份合作、土地托管等经营模式，发展多种形式的适度规模经营。大力发展花卉苗木、脐橙、竹业、油茶、鸭业等特色产业，重点打造一批产业示范基地，比如，发挥好“中国花木之乡”品牌，进一步打造以黄龙花木产业示范园为龙头，辐射带动国省道沿线“百里花卉苗木长廊”建设。大力推进农业经营组织化。建设新型职业农民队伍，扶持龙头企业、专业大户、农民合作社、家庭农场等新型农业经营主体。坚持由“生产导向”向“消费导向”转变，根据市场需求，加快推进农产品深加工，增加市场紧缺和适销对路产品生产，重点推进南安板鸭与牡丹亭食品的强强联合，充分发挥传统食品品牌的带动作用。大力推进农业特色化。大力发展绿色农业、特色农业和品牌农业，推动农业与二、三产业融合。积极培育农村电商、农产品定制等，促进经营方式的创新。大力推进农业科技化。着力解决农村科技人员断层问题，健全农技推广体系，提升农业科技装备水平。加快智慧农业发展，促进农产品电商发展。

6.现代服务业攻坚战。现代服务业是经济增长的爆裂点和经济竞争力提高的助推器。围绕提升现代服务业发展比重，落实国家新兴产业发展规划和“互联网+”行动计划，加快发展旅游、电子商务、金融等新兴服务业，努力形成新的经济增长点。加快旅游业发展。充分挖掘“红、古、绿、黑”资源，做优做特旅游业，着力建设旅游名县。加快丫山、牡丹亭、梅关古驿道、梅山红色旅游区等一批景区建设，力争丫山成为国家级养生养心养老度假示范基地、陈毅隐蔽处列入国家红色旅游精品景区三期名录，积极打造灵秀丫山、千年驿道、爱情圣地、“百里乡村旅游长廊”品牌。持续巩固发展乡村旅游，着力提升丫山、新城周屋、黄龙花木产业园等乡村旅游点建设水平，探索建立经营管理长效机制。大力发展电商物流。坚持以建设国家电子商务进农村综合示范县为抓手，加快发展电子商务和现代物流业，做好跨境电商和农产品电商，打造电子商务孵化基地和电子商务产业园；着力建设集线上线下相结合的电商创业园、网商孵化园等省市级示范基地。加快发展现代物流业，加快大余火车站货场建设，积极引进和培育1－2家较大型现代化物流企业。大力发展金融服务业。创新金融政策机制，完善金融服务体系，积极引进银行、证券公司、保险公司、小额担保贷款公司、基金公司等金融机构入驻我县，加快发展现代金融业，为经济发展提供有力保障。拓展直接融资方式，协助企业做好“新三板”“创业板”

挂牌上市及通过其他平台融资等工作。

7. 基础设施建设攻坚战。振兴发展，基础为先。扎实推进赣韶铁路复线、井冈山至大余至全南的高速公路、赣韶高速黄龙互通连接线、赣南大道延伸到大余段、绕城公路等项目建设，加快构建通畅的交通运输体系。加快建设国省道、县乡道、村道等升级改造和通组道、入户道建设，形成县乡村一体、辐射周边、高效便捷的大交通格局。大力实施一批能源供应、信息网络和水利设施等重大基础性工程，着力构建功能完善、安全高效的现代化基础设施体系，催生一批新的经济增长点。

8. 绿色发展攻坚战。生态是经济发展核心竞争力。注重空间布局一体化。全面落实主体功能区规划，严守生态红线，加强耕地保护，构建起节约集约的生产空间、山清水秀的生态空间和宜居宜游的休闲空间，着力打造生态名县。注重生态治理持续化。铁腕推进重金属污染治理，争取章江源生态补偿试点，健全和完善"河长制"，铁心硬手持续推进还章江"一江清水"整治和"净空、净水、净土"行动，实施原801厂遗留污染场地治理等工程，将生态文明建设列为领导干部年度考核重要内容，实行生态环境损害责任终身追究制度。注重资源利用节约化。切实抓好土地节约集约利用，加大闲置土地处置力度，加快绿色矿山建设，强力推进节能减排，推进全社会节能低碳行动。注重传统产业绿色化。推动传统产业绿色改造升级，抓好贵金属综合利用等项目，着力构建以高新技术为引领，以先进制造业、现代服务业和生态农业为支撑的现代产业体系。注重生态文化特色化。建设西华山国家矿山公园，加快矿冶文化开发利用和绿色矿山建设，把大余打造成记得住工业乡愁的旅游城市。抓好省级森林城市、国家级湿地公园和省级生态文明乡镇、村，以及市级生态文明村的创建工作，打造一批生态文明示范点。

9. 共建共享攻坚战。民生就是最大的政治。优先解决突出民生问题。重视做好贫困家庭子女、农民工等重点弱势群体的就业帮扶工作。大力实施教育兴县战略，改善城乡义务教育薄弱学校和边远艰苦地区办学条件，所有乡镇至少建成一所公办幼儿园，到2018年基本解决城区大班额、农民工子女上学难等问题，着力建设教育名县。围绕建设健康大余，完成县、乡、村三级卫生和计划生育机构机制整合，优化医疗卫生机构布局，持续改善乡镇卫生院、村卫生室设施条件，提高卫生服务水平。新建县人民医院门诊大楼和县妇幼保健院，力争至2020年千人口床位数达到全国平均水平。完善全民健身服务体系，大力发展体育产业，新建一批免费开放的公共体育设施，着力打造体育名县。完善社会保障体系。建立公平可持续的社会保障制度，统筹推进社会保障和社会救助等"兜底"工作，建立以居家为基础、社区为依托、机构为补充的多层次社会化养老服务体系。推进机关事业单位工作人员和失地农民参保，开展乡镇机关事业人员实行乡镇工作补贴等政策，加快建立城乡一体的住房制度，增加面向中低收入者的保障性住房供给。增加群众收入。多渠道增加居民财产性收入。挖掘农业增收潜力，落实惠农政策和扶贫济困的税收政策，完善综合和分类相结合的个人所得税制。保护合法收入，大幅增加低收入劳动者收入，扩大中等收入者比重，缩小收入分配差距。高度重视精神文明建设。开展创建全国文明城市活动，选树身边好人，不断提高市民文明素质和思想道德水平。推动文化资源向基层和农村倾斜，推进乡镇综合文化站、农家书屋、直播卫星和有线电视"户户通"、县级应急广播体系建设等惠民工程，完善县乡村文化活动场所，建设县牡丹亭影剧院，全力实现公共文化服务标准化、均等化，着力建设文化名县。促进社会公平正义。坚持领导干部带头学法用法，不断培养运用法治思维化解社会矛盾的能力。不断创新社会治理方式，妥善处理突发事件、集体争议和群体性事件，运用政府购买社会服务手段调处化解疑难信访案件。注重源头防范，严厉打击各种违法犯罪，切实维护社会稳定，让人民群众生活得更舒适、更体面、更有获得感。

"九大攻坚战"是加快发展的重点工作，我们既要扭住重点，又要统筹兼顾，系统谋划，整体推进改革发展稳定各项工作。这里，需要强调的是，为了确保县委"十三五"规划建议的顺利实施，县政府要抓紧编制"十三五"规划纲要，部门抓紧编制专项规划，特别要注重加强与国家部委、省市对口部门的沟通，主动对接、积极争取，力争有更多的重大产业、重大项目、重大政策、重大平台纳入上级“十三五”规划盘子。具体要把握以下几点：

1. 强化组织领导。成立由县长任组长、相关副县长为副组长、县有关部门和各乡镇主要负责同志为成员的规划纲要实施工作领导小组，统筹负责全县“十三五”规划纲要的制定和实施。各乡镇要成立相应的机构，落实领导责任，层层建立责任机制，细化分解目标任务，确定责任单位和责任人员，推动规划有效实施。

2. 强化规划指引。统筹做好城乡建设、土地利用等专项规划与区域规划和国民经济社会发展总体规划的有效衔接，确保总体目标一致，空间配置和时序安排协调有序，“多规合一”高效融合。按照规划纲要确定的目标和任务，研究制定规划实施的财政、金融、税收、投资、产业、土地、人口、环保等相关配套政策，合理配置公共资源，有效引导社会资源。

3. 强化项目支撑。坚持以项目促进规划落实，全力谋划一批基础设施和产业发展项目，建立“十三五”时期重大项目储备库，未来五年内，每年要安排100个重点工程项目、投资100亿和100个招商项目，五年总投资达1000亿元。要加大前期投入，深化前期论证，集中开发、储备、实施一批事关全县经济社会发展全局的重大项目，并将规划的重大项目具体落实到年度重点项目计划实施，形成项目不断生成、滚动发展、有序推进的长效机制。

4. 强化改革举措。坚持向改革要动力，向市场要活力，着力推进重点领域和关键环节深化改革。充分发挥市场在资源配置中的决定性作用，加快政府职能转变，加快形成有利于创新发展的市场环境、产权制度、投融资体制、分配制度、人才培养引进使用机制，走出一条市场与政府更加有效协调配合的新路。

5. 强化要素保障。优化财政支出结构和政府投资结构，集中财力保证政府投资重大项目的资金需求。充分发挥财政资金的引导作用，鼓励社会投资向支撑规划实施的关键领域聚集。深化政银企合作，引导和鼓励企业上市或到新三板、区域股权交易市场挂牌融资，支持企业发行企业债、短期融资券、中小企业集合债等。科学调控土地供应，优先保证保障性住房、重点发展平台开发、公共服务改善、重大基础设施和高端产业项目建设等方面的土地需求。加快发展新能源，注重需求侧管理和供给保障能力建设，确保能源供应保障到位。

6. 强化监督考评。本规划确定的约束性指标要纳入各乡镇、各部门经济社会发展综合评价和绩效考核，并分解落实到各乡镇、各部门，实行规划目标责任制。要加大规划宣传力度，促使公众了解“十三五”经济社会发展宏伟蓝图，进一步凝聚社会共识，激发发展热情。及时公开规划实施情况，接受社会监督。

三、抓好党建，强化建成全面小康的政治保障

事业发展，关键在党，关键在人。全县各级党组织务必牢固树立“抓好党建就是最大的政绩”的理念，坚决担负起全面从严治党主体责任。

（一）坚持思想建党，着力拧紧总开关。思想上的滑坡是最严重的病变。必须以高度的政治自觉，不断筑牢思想堤坝。更加注重思想引领。思想是品行的根源。始终把深入学习贯彻习近平总书记系列重要讲话精神，作为全县各级党组织和党员干部最首要的政治任务、最基本的学习内容，坚持领导干部率先垂范，带头学深学透，牢牢把握正确的政治方向。更加注重解放思想。越是思想疲软期，越要解放思想；越是改革发展攻坚期，越要解放思想；思想每解放一步，发展就会迈出一大步。持续深入推进解放思想大调研、大讨论活动，进一步搅动干部思想、激发干部活力、推动工作落实，进一步形成鼓励探索、大胆创新、宽容失误的社会氛围。

（二）夯实基层基础，着力创出新特色。牢固树立抓基层、强基础的鲜明导向，推进基层党组织建设强起来、亮起来、活起来。创新工作思路。始终贯彻“党建+”的工作理念，大胆创新和运用“党建+精准脱贫”“党建+乡村旅游”“党建+项目建设”“党建+活力企业”等工作方法和工作机制，切实把“党建+”融入经济社会发展和基层党建的各方面、全过程，着力打造一批“多点合一”的精品党建示范点。丰富工作载体。紧紧围绕深入推进“连心、强基、模范”三大工程建设，不断扩大党建工作有效覆盖，进一步加大软弱涣散基层党组织整顿力度，完善县乡村组四级服务平台，切实强化基层组织政治引领功能，提升服务能力和水平。激发工作活力。党员细胞有生机，党的肌体才有活力。坚持严把党员入口关，加强党员教育管理，推动党员“先锋创绩”，让基层组织的每一个细胞都充满新活力。更加关心关爱基层干部，继续落实村（社区）干部工资正常增长机制，继续开展从优秀村书记、主任中选聘乡镇事业编干部。认真做好县乡换届工作，严把选人用人关，确保选出好干部、配强好班子、换出好风气。

（三）锤炼干部队伍，着力点燃新激情。一支具有铁一般信仰、铁一般信念、铁一般纪律、铁一般担当的干部队伍，是加快振兴发展、率先全面小康的关键。继续坚持锤炼干部作风，打造一支“升级版”的干部队伍。在境界上升级。干不干事，干事用不用心，直接反映一个干部境界高低。始终坚持把加强干部队伍建设作为管根本、管长远的大事来抓，把组织需求、岗位需求和干部个性需求有机结合，突出抓好干部队伍教育管理，引导全县各级党员领导干部牢固树立正确的人生观、价值观和政绩观，提高思想境界，切实把心思和精力用在干事创业上。在平台上升级。更加注重从“工业园区、乡村旅游、精准扶贫、重大项目”四大主战场和信访维稳、征地拆迁等工作一线锻炼、培养和选拔干部，及时发现、储备、使用一批脱颖而出的优秀干部。大力实施“机关干部到乡镇、乡镇干部到机关、机关干部到企业挂职”等“三挂”制度，对党员干部进行全方位锻炼，提升能力。在作风上升级。作风建设是永恒主题、永远在路上。不断巩固拓展和深化教育实践活动、“三严三实”专题教育成果，进一步强化措施、明确时限、落实责任，驰而不息扎实做好“不严不实”突出问题的整改落实。深入开展“三学一做”活动（学讲话、学党章、学党规，做合格共产党员），对“三严三实”专项整治进行“回头看”，在全县切实形成改作风、转作风的新常态。

（四）树立清风正气，着力营造好“生态”。风气正则事业顺。落实从严治党、依规治党要求，进一步形成党风好、政风清、民风淳的美丽生态。从“实”强化责任。认真落实党风廉政建设党委主体责任、纪委监督责任，坚持“一案双查”和公开通报曝光制度，以问责倒逼责任落实。持续落实省委巡视组“回头看”反馈问题整改责任。创新乡镇党委书记、县直单位主要负责人述责述廉方式，推行“双约谈、双报告”制度，探索建立落实“两个责任”考核评价体系，强化考核结果运用。从“细”防控风险。扎实推进廉政风险防控工作，抓好党纪党规教育，建立科级干部廉情档案，开展领导干部廉政谈话、廉政知识测试、新任县管干部任前“考廉”，根植勤政廉政意识，切实从源头上消除腐败隐患。从“严”执纪监督。运用好监督执纪“四种形态”，坚持“把纪律挺在前面”，力度不减、节奏不变，锲而不舍开展执行中央八项规定的监督检查，持之以恒纠正“四风”。持续抓好领导干部违规插手干预工程项目、违规收送“红包”等问题的专项治理。以抓好省委第一巡视组反馈意见的整改工作为契机，加大专项巡查力度，集中力量查处违反八项规定、损害群众利益、落实强农惠农政策、处置集体资金资产资源、征地拆迁等领域的腐败案件。

（五）广泛凝聚共识，着力汇集新合力。同舟共济才能共创辉煌。实现率先全面小康目标，不仅仅是哪个班子、哪个领导、哪个个人的事，而是全县各级组织、党员干部，以及全社会的共同责任和共同事业。科学发挥“一个核心、三个党组”的作用，支持政府依法行政，支持人大、政协依法依章程履行职责。进一步加强舆论引导，坚持多渠道、全方位宣传，讲好大余故事、传播好大余声音，生动反映大余改革振兴发展的新变化、新面貌，进一步弘扬主旋律、传播正能量，为改革振兴发展摇旗呐喊、鼓劲造势。积极引导全社会各层面、各界别、各领域力量，汇聚起谋发展、议发展、抓发展的强大合力，确保各项决策部署落地生根、开花结果。

各位委员、同志们，做好今后五年和2016年的各项工作，任务艰巨、责任重大、使命光荣。让我们更加紧密地团结在以习近平同志为核心的党中央周围，激发昂扬斗志、发扬担当精神、坚持过硬作风，以超常规的思路和举措，全面提升生态、活力、幸福大余建设水平，为实现率先全面建成小康社会而努力奋斗！

政府工作报告

——2017年2月15日在大余县第十八届人民代表大会第二次会议上

县长　钟旭辉

一、2016年工作回顾

2016年，在县委的正确领导下，在县人大、县政协的监督支持下，我们紧紧团结依靠全县人民，深入贯彻落实县第十四次党代会、县委十三届九次全会部署，突出打好六大攻坚战，统筹做好稳增长、调结构、促改革、优生态、惠民生各项工作，较好地完成了各项目标任务，实现了“十三五”良好开局。

——综合实力明显提升。主要经济指标稳中有升，全年实现生产总值100.1亿元，增长9.2%；财政总收入11.03亿元，增长4%，税占比提高5.1个百分点；一般公共预算收入8.33亿元，增长5.3%；规模以上工业增加值29.04亿元，增长9.2%；500万元以上固定资产投资100.47亿元，增长16.3%；社会消费品零售总额27.66亿元，增长12.9%；实际利用外资1亿美元，增长10.3%；出口总额4262万美元，增长81%；城乡居民人均可支配收入分别达到23963元、9664元，分别增长8.3%、11.4%。12个主要经济指标中有9个指标增幅在全市排名前移，4个指标在全市排名靠前。

——产业结构明显优化。三次产业比由2015年的12：50.4：37.6调整为11.9：49：39.1，现代服务业提高1.5个百分点，产业结构更趋优化。新材料、电子信息、食品药品等新兴产业主营业务收入占比上升7个百分点，以钨为主、多业并举、多元支撑的产业新格局加速形成。主攻工业攻坚战奋力推进。科学确定钨及有色金属和废弃矿综合回收循环利用为首位产业，推动年龙辉硬质合金、牛斋钨矿技改、日荣钨业矿资源回收利用等21个重大工业项目竣工投产。大力开展新华工业小区周边1公里卫生防护距离居民搬迁，全面完成291户拆迁协议签订工作。成功争取省政府批准我县2万亩工业园调区扩区，将西华山移交尾矿库区2000亩纳入工业园区建设范围，2016年新增园区面积4200多亩。成功申报低丘缓坡试点项目用地1171亩。生态绿色食品产业园等一批特色产业园加速推进。建成标准厂房12.23万平方米。全年新增入规企业14家；规上企业实现主营业务收入106.04亿元、利税6.25亿元，分别增长18.3%、61.6%；500万元以上工业固投52.29亿元，增长43.2%；工业用电量1.71亿千瓦时，增长12.2%。现代农业攻坚战成果丰硕。以集中连片为重点，发展花卉苗木、蔬菜、鸭业、生猪等农业优势产业，重点打造了豪猪养殖、茶树菇培植、新城三千亩蔬菜核心区等109个特色产业示范基地。新增农民合作社35家、家庭农场89家、规模以上农业龙头企业3家；全县专业种养大户达380户。现代服务业攻坚战亮点纷呈。实施了大龙山特色小镇、陈毅隐蔽处梅山红色旅游景区等10多个亿元以上旅游项目。丫山乡村生态度假村项目入选2016年全国优选旅游项目；6个景区（点）和29家农家乐列入2016年赣州市国家扶贫试验区建设计划。搭建了大余乡村旅游线上线下电商综合服务平台，举办了全国速度赛马大赛、旅游产品展销会、旅游美食节等系列旅游活动。全年接待游客580.6万人次，增长136.2%；旅游总收入达到25.3亿元，增长73.8%。建成农旅电商创业大街和电商孵化园，引进杰夫、京东等电商企业，全县电商企业（含网商）达203家。成功举办全国首届（大余）农旅电商峰会，获评“中国农旅电商示范县”。全年实现电子商务交易额15亿元，增长309%。新增德邦物流、中铁物流等物流企业7家，全县达27家。截至年底，全县银行业存款余额98.02亿元、贷款余额64.19亿元，分别增长12.7%、21%；贷存比达65.5%；新增贷款

11.15亿元，同比增加2.42亿元。

——**城乡面貌明显改观**。新型城镇化攻坚战势头强劲。坚持高起点定位、大手笔谋划、大项目支撑、大投入保障、大规模建设，投资19.98亿元建设了29个项目。城南片区（二期）棚户区改造、“三园两路一桥”等老城区改造项目有序推进；环城路、丫山大道、庾岭大道、火车站货场道路、平宁路等新区路网建设扎实推进；大余中学新校区及新体育中心等一批续建项目持续推进。建成污水、排水管网约24公里。基础设施攻坚战成绩斐然。建设公路225.68公里，改造（重建）桥梁5座。完成了全县25户以上自然村的入户道路浇筑，实现了村道全面硬化，畅通率达到100%，打通了农村道路的“最后一公里”。实施了2016年小农水重点县项目建设，改造山塘22座、水陂32座、渠道75.39公里；启动了新城镇防洪工程（二期）等3个五河治理防洪工程项目。新（改）建10千伏线路143.23公里、低压线路365.59公里、变台161台。城市管理更加高效。运用物联网、云计算等新技术提升城市管理水平的“智慧城管”项目基本完工。严厉打击了“两违”建设行为，共拆除余崇线、323国道沿线等县乡村“两违”建筑15.8万余平方米。顺利通过了省卫生县城复审。创建“全国文明城市”迈出坚实步伐。城乡环境全面提升。持续开展城乡环境卫生综合整治，农村垃圾收运处理率达100%。全面推进47个新农村示范点建设，拆除农村“空心房”11.8万平方米。开展了丫山片区、新城镇等特色小镇建设。启动实施了县城、青龙、新城三个高速公路出入口及国省道沿线绿化美化提升工程，城乡面貌焕然一新，迅速提升了大余对外形象。

——**内生动力明显增强**。全面深化改革。持续推进简政放权，取消行政权力事项29项、行政审批事项2项。出台大余县行政许可项目目录。全面实行不动产统一登记，在全省率先完成不动产登记信息管理平台项目验收。设立企业服务综合受理中心，建立重点项目审批“绿色通道”。推进投融资改革。新组建城市发展集团公司；为实体企业发放“五通一贷”贷款6.91亿元。投资8.1亿元的交通基础设施综合提升、投资5亿元的生态文化旅游基础设施建设两个PPP项目开工建设。稳健推进了各项农业农村改革。全力对接开放。积极“北上”对接，共争取上级资金16.02亿元，增长24.3%，其中争取专项建设基金6.82亿元，增长328.9%。积极“南下”招大引强，开展了3次百亿招商“三集中”活动，全年签约项目81个，签约资金213亿元，目前开工建设20个，基本竣工18个。着力促进创新。鼓励和帮助企业申报国家省市各类科技项目5个。青石钨矿被国家安监总局遴选为“机械化换人、自动化减人”全国典型示范企业。海创钨业“低品位复杂钨矿绿色提取和智能创造示范工程”获2016年江西省科技创新“5511”工程重大研发专项立项，与江西理工大学共同申报项目获国家级科技进步二等奖。新增高新技术企业3家、“江西省知识产权优势示范企业”2家、“江西省博士后创新实验基地”1个。申请专利523件，授权257件，分别增长335.8%、267.1%。

——**民生事业明显进步**。全年民生支出达20.73亿元，增长14.7%，占财政总支出的86.8%。精准扶贫攻坚战成果喜人。整合财政涉农资金7291万元，通过发展产业、实施整村推进等措施，实现9886人脱贫、12个省级贫困村退出。中央电视台二套《对话》栏目对我县探索推广扶贫车间新模式进行了专题报道。代表省市接受国家扶贫开发年度工作考核，得到考核组充分肯定，并表示我县旅游扶贫、扶贫车间等创新做法值得在全国推广。生态建设卓有成效。启动实施“河长制”。浮江河流域被列入国家“十三五”重金属污染综合防治示范流域。9个重金属治理项目和25个企业治理子项目建设基本完成。下垄钨矿第三批国家绿色矿山试点示范获评全省第一名。完成植树造林3.07万亩，改造低质低效林超过1000亩。惠民实事扎实推进。完成城市棚户区改造513户、国有工矿棚户区改造70套，开工建设保障性住房359套；梅关大桥建成通车；县综合福利院、老年大学及老年人活动中心基本完工；投资1055万元组织实施农村饮水安全巩固提升工程，解决了14个贫困村1205户贫困户3502人的安全饮水问题。社会保障全面加强。城镇新增就业人数2769人，转移农村劳动力4448人，免费就业创业培训3224人，发放小额贷款1.5亿元；社会保险、社会救助、医疗保障等财政补助标准持续提高。社会事业持续发展。投资2780万元完善了24所学校基础设施建设，建成11所乡镇公办幼儿园。获中国福利基金会4450万元医疗设备捐赠；县卫生应急指挥中心完成主体工程；完成“二孩”办证1358例。公共文化服务水平不断提升，县图书馆荣获“全省最美基层图书馆”称号；在丫山举行了国家新闻出版广电总局播音主持实践锻炼基地揭牌仪式，举办了赣南等原中央苏区广播电视台播音主持业务培训班；顺利完成《丫山情》《梅岭之恋》2部大余本土特色电影的拍摄；新发展有线电视用户近5000户。万马生态休闲度假区赛马场、丫山自行车越野赛道等一批体育设施建成使用。此外，其他各项事业均取得新的发展。

——自身建设明显加强。县政府系统深入开展“两学一做”学习教育。大力开展“改作风提效率”活动，政务环境进一步优化。自觉接受人大法律监督和政协民主监督，办理人大代表建议118件、政协委员提案205件，办复率达100%。累计公开政务信息22.4万条，位列全市第二。持之以恒纠正“四风”，查处违反八项规定问题18起29人、侵害群众利益的不正之风和腐败问题23件27人，巡察工作实现全覆盖，廉政建设取得新成效。

各位代表，奋斗充满艰辛，成绩来之不易。这是县委统筹全局、科学决策的结果，是县人大和县政协有效监督、鼎力支持的结果，更是全县上下攻坚克难、真抓实干的结果。在此，我代表县人民政府，向各位代表、各位委员，向所有关心、支持和参与大余发展的同志们、朋友们，表示衷心的感谢和崇高的敬意！

在肯定成绩的同时，我们也清醒地看到：大余经济总量、均量仍然偏小；产业层次低，转型升级任务重；企业经营困难，财税增收压力大；基本公共服务供给不足，民生短板依然突出；政府作风建设成果有待进一步巩固提高等等。对此，我们将正视问题、直面困难，勇于担当、履职尽责，决不辜负31万大余人民的期望和重托。

二、2017年工作安排

2017年是贯彻落实县第十四次党代会决策部署的开局之年，是精准脱贫决战之年，也是全面建成小康社会的关键之年。总体来看，经济下行压力仍将持续，发展形势更为严峻。我们要进一步增强发展信心，积极应对挑战。今年政府工作的总体要求是：以党的十八大和十八届三中、四中、五中、六中全会精神为指导，深入贯彻习近平总书记系列重要讲话精神，按照中央、省、市经济工作会议部署，坚持解放思想、内外兼修、北上南下，纵深推进县委“1356”工作总思路，坚定不移打好六大攻坚战，全力以赴抓项目、兴产业、补短板、拓空间、强动力，为振兴发展、率先实现小康不懈奋斗，以优异成绩迎接党的十九大胜利召开。

今年全县经济社会发展的主要预期目标是：地区生产总值增长9.5%；财政总收入和一般公共预算收入分别增长6%和3%；500万元以上固定资产投资增长16%；规模以上工业增加值增长9.6%；社会消费品零售总额增长11.5%；实际利用外资增长8%；出口总额增长2%；城乡居民人均可支配收入分别增长8.8%、11%；确保完成省市下达的节能减排任务。重点抓好九项工作：

（一）努力在打好主攻工业攻坚战上有更大作为

围绕实现工业“三年翻番”目标，深入实施“工业强县”战略，推动大余工业步入快车道、迈上新台阶。

夯实园区平台。精心打造“一园四区”，提升稀金谷有色金属新材料精深加工产业园区建设，全面完成新城工业小区基础设施建设，加快建成生态绿色食品产业园区，进一步提升新世纪电子器件产业园区，全面启动2000亩西华山移交尾矿库区转工业园区建设。新建标准厂房50万平方米，为引进更多新企业提供承载平台。推进融资服务创新，打造金融支撑平台，为企业发展装上新引擎。

培育产业集群。积极培育“一谷三板”。主攻钨及有色金属和废弃矿综合回收循环利用首位产业，推动向高端新材料及应用领域升级；大力发展以明发矿业、日荣钨业等企业为龙头的废弃矿资源综合回收利用产业。抓好牡丹亭食品、奥野板鸭等项目入驻生态绿色食品产业园工作，发展壮大食品产业。发展以无人机整机生产、众能光电、弘盛电子等为龙头的电子信息产业。通过盘活存量企业、培育龙头企业、强链补链引进企业、淘汰落后产能、推动企业技改升级等措施，做强一批本土品牌，提升产业集群的整体水平。积极抓好开工在建、建成投产、挖潜增效、培育上市等各类项目（企业）的推进。继续深化降成本优环境专项行动，精准帮扶企业，让更多的企业成长为“参天大树”，形成产业集聚发展。

支持企业创新。结合首位产业，与中南大学共建全国钨产业集群研发创新基地。积极协助东宏锡业、海创钨业、南安板鸭申报“省级工程技术中心（研发中心）”。大力发展工业设计，实现设计中心与制造业良性互动。充分发挥现有研发平台的作用，为全县有同类需求的企业提供各类科技服务。强化产品质量品牌建设，提高工业产品的性价比。加强人才引进和现代管理方法运用，提升企业生产效益和企业发展竞争力。

（二）努力在打好精准脱贫攻坚战上有更大作为

扎实开展“全面脱贫年”活动，确保完成10个省级贫困村退出、7659人脱贫，全面完成脱贫任务。

压实脱贫责任。把脱贫攻坚作为重大政治任务，严格按照“六个精准”和“五个一批”要求，确保如期全面脱贫。进一步健全扶贫工作责任体系，完善结对帮扶、督查调度等工作机制。实行最严格的考核评估和监督问责，对组织领导不力、工作落实漂浮、不能按要求完成任务，以及搞数字脱贫、表格脱贫等弄虚作假行为的，坚决“军法从事”。

实施整村推进。加大财政投入，全面完成贫困村道路、水渠、饮用水等基础设施建设，把基础设施建设和新农村建设、乡村旅游结合起来，突出特色，打造精品。在22个省级贫困村全面建成标准化村卫生室、综合文化服务中心。抓好乡村保障房建设，实现“零危房住户”。

提高脱贫质量。做好脱贫后续工作，确保扶贫工作的可持续性，重点抓好产业扶贫、就业扶贫、易地搬迁扶贫。完善提升和大力新建各类产业基地，增加贫困户“造血”功能。帮助贫困村发展主导产业、壮大村级集体经济。全面推广“扶贫车间”进村镇，促进贫困户实现稳定就业增收。抓好易地扶贫搬迁安置点建设，加强后续扶持力度，使搬迁移民对象“搬得出、稳得住、能致富”。

整合脱贫资源。统筹财政涉农资金，积极争资争项，加大扶贫投入。大力鼓励引导民营企业、社会组织、志愿者队伍等力量参与扶贫开发，构建政府、社会、市场互为支撑，专项扶贫、行业扶贫、社会扶贫“三位一体”的大扶贫工作格局。

（三）努力在打好新型城镇化攻坚战上有更大作为

深入实施“城镇带县”战略，促进城乡统筹发展，推进以人为核心的新型城镇化。

打造精美城市。做大城市框架。提升规划水平，推进全域规划编制和“多规合一”。围绕城市新区扩容提质、老城区改造提升，做大中心城区。加快城南片区（二期）征地拆迁力度，加速推进环城路、丫山大道、荡坪北路等路网工程建设，抓好梅国北路（二期）、胜利北路等城市道路及小街小巷改造工程，畅通城市“血管”。做精城建项目。树立精品意识，高质量推进县文化艺术中心、人武部新营房、电力调度大楼、城市综合体等重点项目。逐步完善天然气管网、污水管网、农贸市场、公交站台、停车场等设施，不断增强中心城区综合配套功能和环境承载能力。做美城区亮化。启动城市亮化路灯节能改造项目，为城市增光添色，提升城市品位，全面展示优美精致城市形象。

整治城乡环境。协同推进“三城同创”，扎实开展“城乡环境整治年”活动，加速改变城乡环境面貌。建设智慧城市，充分发挥“智慧城管”等子系统功能。着力整治违章建筑、违法用地、农村“空心房”、三轮车载客等突出问题。持续开展城乡环境综合整治，继续提升高速公路出入口、国省道沿线及城区主干道绿化美化工作。重点围绕“三个沿线、三个连片”，实施“整洁美丽、和谐宜居”新农村建设行动。

抓好城镇建设。以新城镇入选全国重点镇、池江镇入选江西省首批省级美丽宜居小镇为契机，重点实施丫山片区、新城镇等特色小镇建设。推进圩镇建设提档升级，着力提升小城镇的服务功能，强化产业支撑，打造一批“设施完善、环境优美、特色鲜明、产业突出、生活便利、就业充分、乡风文明、管理健全”，能承担区域经济社会发展的中心镇，推动小城镇建设协调发展。

（四）努力在打好现代农业攻坚战上有更大作为

坚持用工业化理念引领农业发展，加快转变农业发展方式，促进农业增效、农民增收。

发展规模农业。推进农村土地有序流转，适度发展农业规模经营。重点抓好现代农业示范园、新城镇万亩蔬菜长廊、樟斗镇茶树菇良种培育及繁殖示范园、豪猪养殖基地等100个以上农业基地建设。力争新发展规模以上农业龙头企业2家、农民合作社 15家、家庭农场30家。

推动产业融合。借助南安板鸭、牡丹亭多味花生、金边瑞香等国内外知名品牌，大力发展麻鸭养殖、花卉苗木、有机蔬菜等特色优势产业。推进农业与文化、科技、生态、旅游的融合，增加优质农产品供给，提高农产品附加值，支持以休闲观光农业为带动的一二三产融合发展，争创农村产业融合发展示范县。

夯实农业基础。大力推进土地整治，深入推进高标准农田建设，积极推广农业新技术、新品种、新机具，加快推进农业机械化，推广农业标准化生产，实施农产品品牌战略，不断提升农业综合生产能力。健全农产品“从田头到餐桌”的全过程质量安全监管体系。强化动植物疫病防控工作。加强农业防灾减灾能力建设。

（五）努力在打好现代服务业攻坚战上有更大作为

加快发展生产性服务业，大力提升生活性服务业，培育壮大新兴服务业，打造经济增长新引擎。

发展全域旅游。围绕建设“旅游名县”，创建国家全域旅游示范区。抓好丫山景区、梅关古驿道、牡丹亭公园、南方红军三年游击战争纪念馆、“百里乡村旅游长廊”等景区完善提升工作，力争将陈毅隐蔽处梅山红色旅游景区列入全国红色经典景区三期名录。推进阳明心园、西华山钨矿国家矿山公园、矿物晶体博物馆、旅游集散中心等重大新项目建设。推进丫山景区争创国家级旅游度假区和国家AAAAA级旅游景区。完善大余乡村旅游网和江西乡村旅游网区域性旅游平台建设，举办世界阳明心学研讨会、全国“南方三年游击战争”理论研讨会和第三届旅游节等特色品牌营销活动。力争全年旅游收入占GDP比重达18%以上、就业人口中旅游从业人员达到20%以上。

繁荣新兴业态。大力发展现代金融业。推进中小企业和农村信用体系建设，促进中小企业融资和改善“三农”金融服务。积极发展互联网金融、消费金融等新兴金融业态。力争新引进2家以上银行业金融机构入驻我县。鼓励县内各金融机构扩大信贷规模、创新金融服务，开展存货、应收账款、知识产权（专利商标）等质押业务，支持实体经济发展。协助企业做好“新三板”挂牌及上市工作。集聚发展物流等新兴服务业。新建大余县国际商贸大市场，持续推进农旅电商创业街、电子商务孵化创业园和农旅电商公共服务中心建设。以县稀金谷新材料科技双创金融中心为依托，大力发展总部经济，建设江西省最大的矿产品贸易集散中心。加快建设物流产业园、物流配送中心。加快推进五福居养老康复中心、龙泉山老年公寓、丫山健康养老服务、海欣养老中心等健康养生养老项目，争取早日建成、投入运营。

（六）努力在打好基础设施攻坚战上有更大作为

坚持统筹兼顾、合理布局、适度超前，着力推进城乡基础设施建设，增强经济社会发展支撑保障能力。

完善城乡交通网络。开工建设220国道生龙口至南安段、316省道铜锣湾至池江段、316省道新城至白枧坳3条53.8公里国省道升级改造项目。完成323国道黄龙至新华工业小区一级公路改造。实施县乡村道升级改造160公里。开工建设康大高速黄龙与火车站互通连结线2公里、丫山环山旅游公路12公里。完成红色旅游公路5.7公里建设。

提升能源保障水平。加快天华山风电场项目建设，实施省天然气管网二期（大余支线）建设，加快大余第三批、第四批中心村农网改造升级等能源设施建设，全面完成12个省级贫困村的光伏发电扶贫项目，启动老旧加油站搬迁改造升级，着手谋划充电桩建设，推动能源结构优化升级。

加强水利基础设施建设。启动县城章江河河堤建设。有序推进杨梅河、漂塘河等7条河道整治工程，全面完成官坪里一元龙堤和长江一南丰堤除险加固工程，启动黄龙镇叶墩一头塘防洪工程。抓好2017年小型农田水利项目县建设，确保22个贫困村水利设施通过验收。

（七）努力在推进生态文明建设上有更大作为

围绕打造“生态名县”目标，做好治山理水文章，奋力开创绿色发展新路，打造美丽江西“大余样板”。

坚决守护青山绿水。深入开展“净空、净土、净水”行动。推进省级森林城市创建工作。注重山水林田湖生态保护修复，实施章江流域、油罗口水库等重点区域环境综合整治，抓好章江国家湿地公园试点工作。持续开展还章江“一江清水”专项行动，争取将章江源升格为国家级水资源保护区。实施原801厂重金属遗留污染场地治理工程。抓好农村生活污染、农业面源污染等治理。加快新城、新华工业小区污水处理设施建设，加强企业配套环保设施建设，完善生活垃圾处理设施，保证环保设施高质量、高效率运行。抓好中央环保督察组反馈问题的整改落实。

发展绿色生态产业。将“生态+”理念融入产业发展，大力发展生态旅游、生态林业等绿色产业。完成植树造林2.5万亩，改造低质低效林1.38万亩。继续开展“绿色矿山、清洁矿山、平安矿山”建设活动，打造重金属污染治理、生态旅游和绿色矿山试点示范“大余样板”。推行企业、园区、产业循环化发展，构建绿色现代产业体系。

健全生态文明制度。推进环保管理体制改革，建立领导干部任期生态文明建设问责制，实行生态环境损害责任终身追究，探索开展领导干部自然资源资产离任审计。全面推行“河长制”。推进环境污染第三方治理。用最严格的制度保护生态环境，让大余的天更蓝、地更绿、水更清。

（八）努力在改革创新开放上有更大作为

加速释放改革红利，提升对外开放水平，激发创新创业活力，培育发展新动能。

深化重点改革。持续抓好“三去一降一补”供给侧结构性改革，结合房地产去库存工作，大力推行房屋拆迁货币化安置。持续推进简政放权、放管结合、优化服务。稳步实施农业农村改革，加快农村产权确权登记，推进农民住房财产权抵押贷款试点，盘活农民“沉淀的资产”；加强农村土地流转，促进规模化经营。深化投融资改革，大力推行PPP运作模式。争取国家安监总局、国家新闻广电总局更多改革试点布局大余。

扩大对接开放。主动对接“一带一路”、长江经济带等国家战略，深挖国务院《若干意见》政策潜力，主动“北上”争资争项，确保全年争取上级资金19亿元、力争20亿元；积极“南下”招商引资，突出驻点招商、专业招商、代理招商、以商招商、产业链招商，推进“引资、引技、引智”三位一体招商，深入实施“余商回归”工程。扎实开展“项目落地年”活动，进一步优化招商引资环境，确保项目引得进、建得快。

实施创新驱动。深入推进大众创业万众创新，发展新经济、培育新动能。启动使用县稀金谷新材料科技双创金融中心。积极支持企业开展技改创新、新产品研发，力争新增专利授权200件以上，新认定高新技术企业2家以上，新增省级重点新产品1个以上。

（九）努力在增进民生福祉上有更大作为

坚持新增财力更多倾向民生，让发展成果更多惠及广大群众，提高群众的幸福感和满意度。

办好民生实事。在全面完成上级下达民生指标任务的基础上，重点办好以下民生实事：

（1）开工建设县中西医结合医院门诊综合大楼和大余第三医院，做好县妇幼保健院项目前期工作；

（2）基本建成章江小学，新建新城赤石小学、周屋小学和池江杨梅小学等3所学校附属幼儿园，进一步完善19所贫困村学校基础设施；

（3）推进老城区、城南片区和总窿口3个点的棚户区改造；

（4）推进全县11个乡镇美丽乡村建设项目，完成145个新农村建设点建设；

（5）实施省级贫困村整村推进建设（巩固3个，建设19个）；

（6）推进城南片区、南安镇新珠村塘窝里、黄龙镇灵潭村下琴边等易地扶贫搬迁工程建设；

（7）实施11条国省道、县乡村道改造升级等项目；

（8）启动中大桥改造，完成浮江桥、洪水寨桥、池江镇板棚桥、古下桥等农村危桥改造，建设金莲山大道与伯坚大道交叉口人行天桥；

（9）实施总长约32公里的城区污水管网项目建设；

（10）推进城乡供水一体化建设，开工建设县第二自来水厂及管网延伸工程；

（11）完成2017年小型农田水利项目县建设（含10个省级贫困村水利设施建设）；

（12）实施省天然气管网二期（大余支线）工程，建设大余分输站和池江－黄龙管线；

（13）改造提升北门、桥头等2个以上城区农贸市场，以及内良乡、黄龙镇、青龙镇鸭子垅等3个以上乡镇农贸市场，新建樟斗镇农贸市场；

（14）建设4个以上中心城区停车场；

（15）启动城区环境综合整治提升工程建设，创建国家文明城市，改造提升钨都广场、街心花园、安康广场，以及推进路灯节能改造项目。

发展社会事业。打造教育名县。加快推进“全面改薄”工程、职业教育基础能力建设和教育云工程、名师名校长工程。积极完善全县学校尤其是农村薄弱学校基础设施，续建大余中学新校区，加快蓝天实验幼儿园建设，有效化解“大校额”“大班额”问题。打造体育名县。加快新体育中心场馆建设，争取今年交付使用。结合章江河堤防洪工程建设，启动体育旅游精品线路建设。加快建设丫山国家级全民健身户外基地、青少年户外营地、山地自行车培训基地等运动基地，适时举办全县性篮球、足球、乒乓球、登山、长跑等活动赛事。打造文化名县。做好文化和旅游结合文章，促进文化旅游互促共融。启动大余文化馆、图书馆、博物馆、影剧院等一批文化基础设施建设，抓好《旁牌舞》申报国家级非物质文化遗产工作。推进村级综合文化服务中心建设。复播大余县人民广播电台调频广播。提升医疗卫生服务能力。围绕推进健康大余建设、调整完善生育政策、深化巩固医改三大任务，加快推进公有产权村卫生计生服务室、中央预算内投资项目等建设。

创新社会治理。加强法治大余建设，稳步推进司法体制改革和“七五”普法工作。完善立体化社会治安防控体系，依法惩治各类违法犯罪活动。健全应急管理体制机制，提高突发事件应对处置能力。依法规范改进信访工作，推行阳光信访、责任信访、法治信访。加强基层组织建设，继续提高村（居）干部报酬，进一步推动社会治理重心下移。完善安全生产责任和监督管理制度，坚决遏制较大以上安全事故发生。持续开展食品药品安全专项整治，保障百姓“舌尖上的安全”。加强国防动员和后备力量建设，深入开展双拥共建。

三、加强政府自身建设

各位代表，面对新常态下艰巨繁重的改革发展稳定任务，我们等不起、慢不得，今年的政府工作，我们将进一步改作风提效率，更加突出一个“实”字，一心一意抓落实，全心全意办实事，着力建设人民满意政府。

坚决守规矩、讲法治。不断增强政治意识、大局意识、核心意识、看齐意识，自觉服从县委领导，维护县委权威，做到县委有号召、政府有行动，县委有部署、政府有落实。自觉运用法治思维和法治方式推动工作，做到依法决策、依法办事、依法履职。自觉接受人大法律监督、政协民主监督和社会舆论监督。深入推进政务公开，让权力在阳光下运行。

持续改作风、提效率。做到雷厉风行抓落实，对县委作出的决策部署，立说立行，马上就办、办就办好，确保事事有结果、件件有成效。大力推行一线工作法，完善重大项目领导挂点、重点工作现场办公、重要事项督促检查制度，加强政府绩效管理，努力形成政令通、节奏快、效率高的良好局面。

恪守民为本、干实事。始终不忘初心，树牢以人民为中心的发展思想，把一切工作的出发点和落脚点放在为民服务、为民谋利上，扎实办好每一件为民实事、惠民好事。坚持严谨、务实、理性，靠实干成就事业，用实事造福人民，凭实绩赢得民心。

始终重廉洁、守纪律。坚持全面从严治政，始终把纪律挺在前面，严格落实中央八项规定精神，持续深入反对“四风”。针对重点领域、重点项目、重点资金，全面加强行政监察、审计监督。严控“三公”经费支出，政府自觉过“紧日子”，让群众过上“好日子”。

各位代表，“多少事，从来急；天地转、光阴迫。一万年太久，只争朝夕。”让我们在中共大余县委的坚强领导下，加紧落实，加快落实，加速落实，为率先全面建成小康社会、建设智慧、活力、幸福新大余而努力奋斗！

大事记

2016年

1月

4日　大余县矿物晶体博物馆命名为赣州市科普教育基地。

9日　中国书协副主席、省文联副主席、省书协主席毛国典走进大余开讲“江西省书法公益大讲堂”。县政协主席吴昌星、县人大常委会副主任陈少华到场聆听讲座。

10日　县人民医院成功为一例食管癌患者实施了胸腔腹腔镜联合食管癌根治术。

13日　省发改委副主任宋迪维到大余县调研电子信息、钨和稀土新材料、生物医药等战略性新兴产业发展工作。

15日　大余县扶贫和教育慈善基金会成立，并向社会募集1100多万元善款和价值160余万元的物资，用于帮助贫困群众和贫困学生。

同日　大余县环境推介、招商项目集中签约活动暨扶贫和教育慈善基金会启动仪式在丫山乡村会议中心举行。市人大常委会副主任温会礼，市政府副市长胡聚文，市政协副主席、市委统战部部长李蔚，曹爱珍、李兵、李细妹、吴昌星、肖惜才、杨运武、李志坚、陈晓斌、何国杰、赖定铭等县领导，正威集团矿业部总裁吴乔西、中国德林安防科技产业集团董事局主席黄康华等嘉宾、客商代表出席活动。共20个项目在现场进行了签约，签约总额超过60亿元。16位爱心企业家和爱心人士向大余县扶贫和教育慈善基金会进行了捐赠。

同日　大余县招商引资、重点项目签约开工投产“三集中”活动集中开工仪式在大余县芬琦饰品有限公司举行。市人大常委会副主任温会礼，市政协副主席、市委统战部部长李蔚，曹爱珍、邱凌、李兵、李细妹、吴昌星等县领导，正威集团矿业部总裁吴乔西出席开工仪式。总投资61.9亿元的22个招商引资项目集中签约；总投资20.89亿元的20个招商引资项目集中开工；年总产值约10亿元的20个招商引资项目集中竣工投产。

18日　县十七届人大常委会第二十六次会议在县公务大楼召开。会议以无记名投票方式通过了《县人大常委会主任会议提名邱凌同志为市四届人大代表候选人的议案》，以举手表决方式通过了《关于要求批准大余中学向赣州发展融资租赁有限责任公司进行融资的议案》《关于要求将中江信托集合资金信托计划还款资金列入同期年度财政预算的议案》。

19日　省地质灾害应急中心副主任刘益辉一行对县重要地质灾害隐患点开展省级实地复查。

21日　省关工委专职副主任范斌华一行到大余县走访慰问5名特困离休干部。

22日　全市旅游务虚会在县丫山A哆活动中心召开。

27日　梅关大桥和东风大桥经过精密核算后成功爆破拆除。

2月

1日　市委常委、市委政法委书记马玉福一行到大余走访慰问困难群众。

4日　池江镇被省住房和城乡建设厅确定为首批省级美丽宜居小镇。

同日　由中共大余县委、大余县人民政府主办的大余县首届“十大好人”颁奖晚会在县文化中心会议厅举行。邓世明、赖长斌、刘吉力、肖玉回、王正通、申昌茂、李桭金、蓝功禄、黄重德、阙小东、雷国洪获得大余县首届“十大好人”荣誉称号。

14日 春节后首个工作日，县委书记曹爱珍，县长邱凌，县委常委、副县长何国杰带领县工口负责同志到企业拜年。

17日 中国人民政治协商会议大余县第十三届委员会第六次会议在县公务大楼召开。

18日 大余县第十七届人民代表大会第七次会议在县文化中心会议厅召开。县委副书记、县长邱凌向大会作政府工作报告。

23日 全县三级干部大会暨表彰大会在县文化中心召开。

是月 猴年春节大余县旅游再创新高，共接待游客18.06万人次，同比增长40.21%；旅游总收入9030万元，同比增长34.9%。

3月

11日 江西出入境检验检疫局局长温珍才一行到大余调研。

12－13日 省水利厅小农水重点县绩效考核检查组到县考评2015年小农水建设实施情况。

14日 省政协副主席、省委宣传部长姚亚平一行到大余县开展历史文化遗产和文化产业发展情况调研。

16日 大余县总工会被中华全国总工会经费审查委员会评为“2015年度经审工作先进集体”。

22日 全国政协常委、文史和学习委员会主任王太华一行到大余调研。

23日 省法制办主任谢茂林、一行在县委副书记、县长邱凌陪同下，到大余县展开定点扶贫工作调研。

24日 国家旅游局公布了首批乡村旅游“千千万万”品牌名单，大余县山与山间农家饭庄、狮头棚生态农庄、浮江生态农庄被评为“中国乡村旅游金牌农家乐”；丫山景区负责人唐向阳、新城镇周屋村书记周机生荣获“中国乡村旅游致富带头人”荣誉称号。

26－27日 北京市民俗旅游商会会长刘增会一行赴县考察旅游投资项目。

28日 市人大常委会副主任廖成铭一行到大余县调研少数民族特色产业、特色村寨、特色文化、特色人才的“四特”建设情况。

同日 市政协副主席、市委统战部部长李蔚一行到大余县开展城市管理工作专题调研。

是月 国家安全生产监督管理总局办公厅副处长黄刚到大余县挂职，任县委常委、县政府副县长，国家新闻出版广电总局电影局规划统计处主任科员侯霄到大余挂职，任县政府副县长。

4月

2日 大余县中医院获“二级甲等中医医院”称号。

9日 市委常委、副市长彭业明率市委换届考察组一行进驻大余考察换届工作。

12日 大余县在2015年度市县科学发展综合考核评价“教育发展指数”考评中得分6.98分，排名全省第二、全市第一。

14日 省民宗局局长张勇一行到青龙镇元龙畲族村调研指导少数民族工作，调研组就如何挖掘打造好畲族文化、开发利用好畲族文化、传承保护好畲族文化提出了指导意见。

16日 省委常委、市委书记李炳军一行到大余调研。

18日 大余县在南方红军三年游击战争纪念馆项目地举行现代服务业攻坚战重大项目集中开工仪式。县现代服务业攻坚战重大项目共有20个，其中新建项目17个、续建项目3个，总投资43亿元，计划完成投资27.3亿元，有10个项目已开工。20个重大项目中，有10个列入市级层面调度。

19－21日 市考评组到县考评2015年度精准扶贫工作。县委副书记、县长邱凌出席考评汇报会并介绍了大余县2015年度精准扶贫工作。

21日 市委常委刘建平一行到县检查指导蔬菜产业发展工作。曹爱珍、邱凌等县领导陪同。

25－26日 全市社会救助工作会议在大余召开。

26－27日 全市人大城乡建设环境与资源保护工作座谈会在大余召开。

28日 商务部市场建设司副司长郑书伟到县调研电子商务进农村综合示范工作。

29日 大余县检察院被省委、省政府评为“第十四届文明单位”。

是月 一季度 全县规模以上工业企业实现工业增加值3.75亿元，同比增长10.3%；工业增加值增速位居全市第二位，位次大幅前移。

5月

6日　梅山红色文化旅游区规划设计成果汇报会在县公务大楼召开。县领导曹爱珍、邱凌、李兵、李细妹、杨运武、周红英、何选明、彭民生出席会议。

10日　省委换届巡查组一行到大余督查县乡换届工作。

同日　大余县在深圳举办2016江西大余（深圳）电子信息等产业招商推介会，成功签约17个项目，签约金达51.6亿元。县领导曹爱珍、邱凌、李细妹、吴昌星、肖惜才、杨运武、赖定铭出席招商推介会。

同日　中国科协副主席、党组副书记、书记处书记程东红一行到大余县调研。

13日　国家新闻出版广电总局办公厅主任吴保安一行到大余调研。

14－15日　国家安全监管总局党组成员、副局长孙华山一行到县就对口支援工作开展调研。省安监局党组书记、局长龙卿吉、市副市长刘建萍，县领导曹爱珍、邱凌、李兵、李细妹、吴昌星、邹志华、黄刚、谢海陪同相关调研活动。

19日　江西农业大学党委组织部长郭庆舜和研究生院院长曾志将一行到左拔镇送科技下乡活动。

19日－20日　县委书记曹爱珍，县委副书记、县长邱凌，县委副书记李兵，副县长刘裕裕接待了世界500强企业正威国际集团投资部经理曹伟银及江西理工大学副院长赖朝彬一行，并就投资和资源整合洽谈对接。

20日　省政协党组副书记、副主席姚亚平率督查调研组在大余县就省委政协工作会议和《中共江西省委关于进一步加强政协工作充分发挥人民政协在发展协商民主中重要作用的意见》贯彻落实情况进行督查，省政协提案委主任杨斌，市政协主席曾新方、副主席欧阳世麟，县领导曹爱珍、李兵、吴昌星、邹志华、杨运武、赵海远陪同相关调研活动。

30日　大余章源竹木制品有限公司《利用竹木废料循环制备木塑复合材料的研发与应用》成果获“2015年度赣州市科学技术进步奖三等奖”。县漂塘钨业有限公司参与完成的《低品位复杂难选钨资源综合回收选矿工艺及装备研究》获“2015年度赣州市科技进步奖二等奖”；由下垄钨业有限公司与赣州有色冶金研究所共同完成的《左拔矿区开采地压控制研究》获“2015年度赣州市科技进步奖三等奖”。

同日　市委常委、市委政法委书记马玉福陪同省国税局宣讲团一行到大余宣讲“降成本、优环境”政策。

31日　全市“共筑绿色家园　共建美丽赣州”主题活动启动仪式在新城镇周屋村举行。

是月　大余县成功争取今年第二批专项建设基金项目7个，争取专项建设基金3.35亿元。

是月　在省综治办组织的检察机关群众满意度测评中，大余县人民检察院第一季度群众满意度指数为100%，排名位居全省第五名、全市第一名。

6月

1日　省委副书记刘奇一行到大余调研。

2日　中国开发性金融促进会执行副会长李吉平一行到大余县调研重点项目综合服务情况。县领导曹爱珍、邱凌、邹志华、邓芳琴陪同调研。

3日　省人大常委会原副主任、全国人大制度理论研究会理事朱秉发，武警广西壮族自治区总队原总队长赖建安，省商务厅原巡视员沈运煊一行到大余县调研乡村旅游工作。市人大常委会主任陈晓春、副主任何福洲，县委书记曹爱珍，县委副书记、县长邱凌，县人大常委会主任李细妹、副主任陈贤俊陪同调研。

20－22日　中央电视台著名主持人、中国新闻文化促进会语言文化传播专业委员会主任海霞率团到大余县考察。中国新闻文化促进会语言文化传播专业委员会副主任马玉坤、秘书长李搏一行在县委书记曹爱珍，县委常委、宣传部部长杨运武，副县长侯霄陪同下，先后来到大龙山有关示范点及基地进行考察调研。

22日　福建省政协党组织成员、副主席陈向先一行在大余县黄龙花木产业旅游示范园、丫山景区调研文化生态旅游发展情况，省政协办公厅副巡视员刘海华，市政协副主席胡来知、县领导曹爱珍、邱凌、吴昌星陪同考察。

同日 市委常委、市委政法委书记马玉福率市工信委、市国税局、市卫计委等部门负责同志到大余就服务企业工作进行现场办公。县委书记曹爱珍，副书记、县长邱凌及相关联点帮扶企业县领导参加了会议。

28—30日 由中宣部、国家新闻出版广电总局联合指导创作，中央电视台承制的8集大型文献纪录片《长征》在大余开拍。摄制组一行先后到县梅岭景区、刘伯坚革命烈士陵园、池江陈毅旧居等地取景拍摄。

7月

6日 市人大常委会主任陈晓春一行到青龙镇开展环境整治调研活动。

9日 省委常委、市委书记李炳军到大余县调研“降成本、优环境”工作。市委常委、常务副市长周光华，市委常委、市委秘书长李恭进，县委书记曹爱珍陪同调研。

12日 全县精准扶贫、新农村建设暨清理违章建筑工作三级干部大会在县文化中心召开。

21日 省民政厅厅长刘金接一行到大余调研。

26日 民建江西省委副主委赵波一行赴大余县考察调研乡村旅游工作。

27日 市委常委刘建平深入大余县检查督导现代农业攻坚战工作。

同日 省旅发委副主任丁新权一行到大余调研。

8月

2日 全市第三次农业普查综合试点现场会议在章源宾馆召开。

3日 省卫计委副巡视员汪伟华一行到黄龙镇调研督导“幸福家庭”创建工作。

5日 大余县江西磁姆新材料科技有限公司获批组建“赣州市工程技术研究中心”。

12日 全县领导干部会议在县公务大楼召开。市委常委、副市长彭业明代表市委出席并讲话。经市委研究决定，并报省委组织部备案同意，钟旭辉任中共大余县委委员、常委、副书记，提名为大余县人民政府县长，邱凌不再担任中共大余县委副书记、常委、委员职务，提名免去大余县人民政府县长职务。县委书记曹爱珍主持会议，并代表新一届县委作讲话，钟旭辉在会上作了任职表态发言。

18日 县十七届人大常委会第三十一、三十二次会议在县公务大楼召开。会议以无记名投票方式全票表决通过，任命钟旭辉为大余县人民政府副县长，并颁发了任命书。随后召开的县十七届人大常委会第三十二次会议以举手表决的方式通过了邱凌辞去大余县人民政府县长职务的辞呈。以无记名投票的方式全票表决通过，任命钟旭辉为大余县人民政府代理县长，并颁发了任命书。钟旭辉在会上作了任职表态发言。

22日 市政协副主席胡知一行到青龙镇元龙畲族村走访慰问贫困户。

29—9月2日 全省乡村旅游“百县千人”第二期培训班在大余县举办。省旅发委巡视员屈乾娜，县委书记曹爱珍出席开班仪式。

30日 市委常委、副市长彭业明率党代会督查组一行到大余督查。

31日 中国共产党大余县第十四次代表大会在县文化中心会议厅召开。市委常委、副市长彭业明，市委换届选举第五考察组组长、市纪委副书记陈定宇一行到会指导。

9月

1日 中国共产党大余县第十四届委员会第一次全体会议在县公务大楼召开，会议选举产生了新一届县委领导班子。曹爱珍当选为县委书记，钟旭辉、邓增顺当选为县委副书记，曹爱珍、钟旭辉、邓增顺、包礼斌、廖军、聂为民、温岩松、赖定铭、刘裕裕、何选明当选为县委常委会委员。

同日 中国共产党大余县第十四届纪律检查委员会第一次全体会议在县公务大楼举行。县领导聂为民出席会议。

2日 市人大常委会副主任廖成铭一行到大余县督查指导大余县蔬菜产业发展、现代农业示范园区建设等各项工作。

3日 大余县2016年招商引资项目“三集中”暨第二届旅游节、农旅电商峰会系列活动调度会在县公务大楼召开。县委书记曹爱珍主持召开招商引资项目

“三集中”等一系列活动调度会。

8日 “海上丝绸之路”梅花考察团调研座谈会在章源宾馆召开。北京林业大学副校长、中国花协腊梅分会会长、国家花卉工程中心主任张启翔，国家工程中心执行主任、副研究员程堂仁，北京林业大学园林学院副教授李庆卫，长兴东方梅园有限公司总经理吴晓红一行到大余县考察调研。县领导钟旭辉、何选明、侯霄出席座谈会。

9日 县委书记曹爱珍到部分学校看望慰问教师。

9－10日 中国投资协会投资项目社会评价促进中心主任张宏君一行到大余县考察调研。县领导曹爱珍、钟旭辉、邓增顺、包礼斌、廖军、何选明，江西兆民环保科技有限公司董事长赵莉莉陪同相关考察调研活动。

12－14日 大余县以全省第八赣州市排名第一入选2017年度小型农田水利项目县。

18日 市人大常委会副主任廖成铭率市两会督查组一行到大余督查。

19－21日 中国人民政治协商会议大余县第十四届委员会第一次会议在县公务大楼召开。市人大常委会副主任、瑞金干部学院党委书记廖成铭到会指导。

20－22日 大余县第十八届人民代表大会第一次会议在县文化中心会议厅召开。市人大常委会副主任、瑞金干部学院党委书记廖成铭到会指导。县委副书记、代县长钟旭辉代表县人民政府向大会作工作报告。

大会通过选举，李细妹当选为县十八届人大常委会主任；刘晓明、周红英、陈贤俊、朱晓明、谢海当选为县十八届人大常委会副主任；钟旭辉当选为县人民政府县长；温岩松、彭民生、陈伟生、罗少贵、吴晓慧、邹隆春当选为县人民政府副县长；陈剑平当选为县人民法院院长；钟福英当选为县人民检察院检察长；张升衡等18人当选为县十八届人大常委会委员；曹爱珍等21人为县出席市第五届人民代表大会代表。

23日 大余县2016年招商推介暨重点项目集中签约仪式在丫山乡村会议中心举行。市人大常委会副主任、瑞金干部学院党委书记廖成铭，市政协副主席曾凡，市发改委主任黄明哲，县委书记曹爱珍，县委副书记、县长钟旭辉，市安监局局长龚建明，市商务局党组书记胡竹林等市县领导出席仪式。钟旭辉主持仪式。

同日 大余县在明发矿业公司二期工程项目地举行2016年招商引资重点项目集中开工仪式。县委副书记、县长钟旭辉宣布明发矿业二期贵金属等10个项目集中开工。县领导邓增顺、李细妹、邓金健等出席仪式。

同日 全国首届（大余）农旅电商峰会在丫山A哆乡村旅游活动中心举行，大余县被授予“中国农旅电商示范县”。

24日 大余县公车拍卖会在县文化中心举行，共计289人参与竞拍。拍卖会共拍出92辆车，总成交价达182.1万元 。

25日 2016江西旅游商品大赛获奖名单出炉。县东宏锡制品有限公司参赛的茶具和喜鹊登梅（镇纸）获2016全省铜奖，大余丫山红糖获江西乡村十大旅游美食称号。

10月

1日 市委政法委宣讲团深入精准扶贫结对帮扶的新城镇分水坳村宣讲市第五次党代会精神。

9日 南昌大学科技处王云华、中德食品研究院刘晓华教授一行到大余，对县食品企业开展点对点“专家顾问团精准帮扶”活动。

10日 到赣州市参加首届南北“4+8”地区绿色发展论坛的部分嘉宾到大余县参观考察。市政府党组成员、市振兴办主任赵多仙，县委书记曹爱珍，市旅发委主任李诒芸，县委副书记、县长钟旭辉陪同参观考察。

11－12日 陈元率全国人大外事委员会副主任、中国社会科学院藍迪国际智库项目专家委员会主席赵白鸽，中国开发性金融促进会执行副会长李吉平，中国开发性金融促进会秘书长邢军，国家开发银行江西省分行副行长黄志钢等一行到县考察调研。省政协副主席胡幼桃，市委副书记、代市长曾文明，市政协党组书记刘建平，市政府党组成员、市振兴办主任赵多仙，县委书记曹爱珍，县委副书记、县长钟旭辉等领导陪同考察调研。

15日 江西省矿业联合会副会长李洪昌一行到大余县开展第三批国家级绿色矿山试点单位初审评估。

17日　省委常委、常务副省长毛伟明到县调研经济社会发展特色工作。毛伟明在市委副书记、代市长曾文明，省政府副秘书长涂琼理，市政府秘书长刘建明，县领导曹爱珍、钟旭辉、邓增顺、温岩松、刘裕裕、彭民生的陪同下，到有关扶贫示范点实地调研。

19－20日　省扶贫和移民办主任章康华率省委脱贫攻坚工作督查组大余县督查指导脱贫攻坚工作。县领导邓金健、包礼斌、朱晓明、罗少贵、赵海远陪同督查。

23日　大余县军民融合产业小镇项目签约仪式在县公务大楼举行，项目总投资达50亿元。

同日　市委常委、市委组织部长张圣泽一行6人在县委副书记、县长钟旭辉，县委常委、县委组织部长包礼斌陪同下，到青龙镇元龙畲族村调研。

25－26日　中央纪委原常委、监察部原部长屈万祥一行在大余县大龙山乡村旅游扶贫示范点、陈毅南方三年游击战争隐蔽处、梅关古驿道调研。省监察厅副厅长何建洋、省纪委办公厅副主任叶廷峻、市纪委副书记陈定宇、县委书记曹爱珍、县委副书记邓增顺、县纪委书记聂为民陪同调研。

27日　副市长、市公安局长邓忠平到大余调研非警情处置分流工作。

29日　全县创建全国文明城市暨三轮车非法载客整治、殡葬改革动员大会在县文化中心会议厅召开。县领导曹爱珍、钟旭辉、邓增顺、李细妹、包礼斌、廖军、聂为民、温岩松、刘裕裕出席会议。

同日　青龙镇元龙畲族村蓝屋自然村荣获第二批“中国少数民族特色村寨”称号。

同日　省检察院党组成员、副检察长徐胜平一行在市检察院党组书记、代检察长江阶虎陪同下到大余县检察院调研指导工作。

11月

11日　大余县首部本土电影《梅岭之恋》摄制组在导演胡文冰率领下，开始在大余梅关古驿道拍摄剧本的序幕片段。

同日　市委常委、市委政法委书记马玉福一行到大余调研。

11－12日　国家湿地公园考察组到大余考察评估章江源国家湿地公园规划工作。国家林业局湿地保护管理中心副主任李琰、东北林业大学野生动物资源学院教授于洪贤、中国农科院农业资源与农业区划研究所教授姜文来等参加考察。

16日－17日　以《人民公安报》江西记者站站长陈希为组长的采访组一行到大余县公安局采访报道非警情报警处置分流工作。

23日　省国资委副主任郑高清到大余县调研。

24日　国家新闻出版广电总局播音主持实践锻炼基地正式落户大余县，并举办了第一期赣南等原中央苏区广播电视台播音主持业务培训班。全国政协委员、中央电视台播音指导、中国新闻文化促进会语委会主任海霞，中国传媒大学播音主持艺术学院教授、博士、硕士生导师陈亮，中国新闻文化促进会语委会秘书长李搏，县委书记曹爱珍，副县长侯霄出席开班仪式。

25日　市委常委、副市长张晓宇一行到大余调研。

28日　市政协副主席孔刃非率民主监督组对大余县主攻工业、精准扶贫和民生实事的落实情况进行民主监督。

30日　市委宣讲团党的十八届六中全会精神和省第十四次党代会精神宣讲报告会在县文化中心会议厅举行。县领导曹爱珍，李细妹、邓金健、包礼斌、温岩松、何选明出席报告会。

12月

1日　国家旅游局党组书记、局长李金早到大余县调研旅游扶贫和全域旅游工作。国家旅游局副局长魏洪涛，省政府副秘书长刘晓艺，省旅发委主任丁晓群，市委常委、市委宣传部长胡雪梅，市旅发委主任李诒芸，县领导曹爱珍、钟旭辉、刘裕裕、何选明、彭民生等陪同调研。

2日　大余县与深圳科比特航空科技有限公司在县公务大楼举行签约仪式，首个军民融合科比特军用民用无人机整机生产、研发、销售及培训基地项目正式落户大余。项目总投资约6亿元，预计于2017年7月竣工投产。

3日　市委常委、市委组织部长张圣泽一行到大余调研。

7日　国家教育督导评估组到大余县就义务教育发展基本均衡工作进行评估认定。国家督学有关专家、省教育厅副厅长郭奕珊，副市长郭素芳，县领导钟旭辉、黄刚、何选明、周红英、吴晓慧、廖君侦等出席汇报会并陪同督导。

同日　市委常委、副市长高峰到大余县行政服务中心调研指导工作。

8日　江苏省检察院党组成员、政治部主任杨其江，无锡市检察院党组书记、检察长蒋永良，常州市检察院党组书记、检察长葛志军等一行在市检察院党组书记、检察长江阶虎陪同下到大余检察院开展对口援助工作。

13－14日　国家安全监管总局监管一司副司长薛剑光一行深入大余县就开展遏制重特大事故试点城市工作进展情况进行督导。

同日　台湾伟泰兴业集团董事长陈刚明、澳大利亚外商贾维斯一行到大余县考察红酒项目。

19日　大余县南方红军三年游击战旧址及纪念馆被列入全国红色旅游经典景区名录。

21日　由赣州海创钨业有限公司与章源钨业、江西理工大学共同申报的“铵盐体系白钨绿色冶炼关键技术和装备集成创新及产业化”项目获“国家科学技术进步奖二等奖”。

26日　经省旅游景区质量等级评定委员会认定，新城镇周屋乡村旅游点被评为市级乡村旅游点，黄龙镇被评为省级生态旅游示范乡镇。

31日　全县“六大攻坚战”工作流动现场会召开。

是月　新城镇被评为“2016年全省综合减灾示范乡镇”。

是月　国家林业局批复江西大余章水国家湿地公园开展试点工作。

是月　漂塘矿区通过了第三批国家级绿色矿山验收。

省委常委、市委书记李炳军到大余调研

专 记

六大攻坚战

【主攻工业攻坚战】 紧紧围绕“主攻工业、三年翻番”的目标，着力做强企业、做优产业、做大园区，加快推进项目建设，推动工业经济提质增效。产业不断集聚壮大。加大稀金谷有色金属新材料产业园建设力度，推动钨高端技术、高端人才、高端产业、高端信息和高端金融的集聚，着力建设钨及有色金属精深加工、钨产品电子交易、钨产品科研和创新等六大平台，形成了集采掘、冶炼、加工、应用、贸易、科研、展示于一体的完整产业体系，稀金谷产业基地初具规模。依托日荣钨业、明发矿业等一批资源综合利用企业，打造矿业循环经济，努力培育矿业百亿产业集群，着力打造全国钨及有色金属完整产业链和废弃矿回收利用基地。新材料、电子信息、食品药品等战略新兴产业加速发展，初步构建了以钨为主、多业并举、多元支撑的产业新格局。精准帮扶企业。大力开展降成本、优环境专项行动，出台县100条政策措施，开展了“五同五个走在前面”活动，建立了企业精准帮扶手机APP平台，减轻企业负担约1.27亿元。投入1亿元担保资金，撬动10亿元产业投资基金为企业解决供应链等方面的资金难题。大力开展招商引资。开展了4次“三集中”活动，汽车保修设备制造等53个工业项目成功签约，总投资127.96亿元；明发矿业贵金属综合回收等40个招商引资项目集中开工，总投资约68.8亿元；天盛金属新材料等28个招商引资项目集中竣工投产，年总产值约46.3亿元。夯实园区平台。完善提升了新华、新城、新世纪三个工业小区，食品产业园开工建设，园区规划总面积超1333.34 / 公顷，开发面积近666.67 / 公顷，2016年完成园区基础设施投入5亿元。成功争取将西华山尾矿库纳入园区建设范围，新华一公里卫生防护距离内居民完成搬迁，园区大环评成功获批。加快推进标准厂房建设，全年建成面积超过11万平方米。加快创新升级。推进招院引所、招才引智，与中南大学等高校共建全国钨产业集群研发创新基地。建设了企业科技研发双创金融服务中心。海创钨业、东宏锡业、明发矿业3家企业已通过江西省高新技术企业专家评审。海创钨业铵盐体系白钨绿色冶炼关键技术和装备集成创新及产业化获2016年国家科技进步二等奖。

【精准扶贫攻坚战】 把脱贫攻坚作为最大的政治任务和“第一民生工程”，按照“二年脱贫、三年巩固”的工作思路，全力打好精准扶贫攻坚战。精准施策帮扶。制定了“1+1+29”扶贫政策体系。产业扶贫方面，确定了乡村旅游、油茶、养蜂、生猪、鸭业、花卉苗木、竹业、果业、蔬菜、豪猪等主导产业，建立了109个产业基地。将每个贫困户捆绑到1－5个产业上，实现产业扶贫全覆盖，通过零星发展、入股分红、捆绑发展三种模式，让贫困户获得稳定收益。易地搬迁扶贫方面，2016年－2018年全县规划进城入园安置点5个、乡镇安置点7个，累计为3670名贫困户解决安居问题。就业扶贫方面，引导本县仿藤家具、服装制衣、折花、假发、电子等企业创建就业扶贫车间75家，22个省级贫困村全部建立了扶贫车间，全县贫困户就业人数达543人，人均月收入2000元左右。10月19日，省委督查组在县督查时，对车间扶贫工作给予高度肯定。中央电视台二套《对话》栏目走进大余县对扶贫车间进行了拍摄报道。整村推进方面。重点推进了新城镇周屋村及22个省级贫困村建设，全部项目已开工，已完成投资1.2亿元，占计划投资额的174%。强化结对帮扶。做到“五个全覆盖”。干部结对全覆盖。建立了“县领导联系乡镇分片包村、乡镇领导包村、县直单位定点扶持村、干部结对帮扶贫困户”的全覆盖机制，按照“532”模式结对帮扶贫困户。帮扶内容全覆盖。每位帮扶干部做到“四明确一承诺”（明确分年脱贫计划、明确精准脱贫目标、明确精准脱贫措施、明确精准脱贫责任、公开精准脱贫承诺）。要求工作队围绕“建好村班子、选好产业路子、出好脱贫点子、筹好扶贫票子”为主要内容开展帮扶。《一本通》全覆盖。为每一户贫困户印发了《一本通》政策读本，张贴了联系卡，为农户全面了解扶贫项目有哪些、怎样干、找谁办等问题提供了帮助。交通工具全覆盖。为每个村配备了2部扶贫电瓶车，解决扶贫工作队员下组到户交通不便的问题。感情交流全覆盖。在全县帮扶干部中组织开展了“五个一”（在贫困户家中至少吃上一餐团圆饭、与贫困户劳动一次、做一件好事实事、一起学习一次优惠政策、在传统节日发一次问候信息）活动。强化资金保障。整合第一批财政涉农扶贫资金6331万元。建立了全省首个县级扶贫和教育慈善基金，已认捐1168万元用于教育扶贫。向2211户贫困户、13家企业、111个合作社（基地、家庭农场）发放产业扶贫信贷通贷款1.79亿元，占全年计划100%。

【新型城镇化攻坚战】 坚持把城镇化作为经济社会发展的强大引擎，加快建设宜居宜业宜游的生态文化旅游城市。高起点抓各类规划编制。树立“全域规划”“多规合一”理念，聘请上海建筑设计研究院有限公司、上海交通大学规划建筑设计有限公司、杭州人文园林设计有限公司、杭州赛石园林集团等国内顶级的专业团队进行规划，确保项目建设标准和品质。高标准抓重点项目建设。实施了环城路、城区污水管网、垃圾卫生治理、棚户区改造、城市综合体、城乡面貌提升等新型城镇化攻坚项目29个。其中，环城路项目总长约25公里，估算总投资约7.6亿元，短短两个多月时间完成征地2652亩，占任务数的95.3%，其中道路红线范围内完成99.5%，创造了大余城建项目征拆史上的奇迹。高效率抓旧城改造提升。整体推进棚户区改造，启动城南片区（二期）1100多户、100公顷征地拆迁工作，着力打造大余的“城市客厅”“梦想小镇”。开工建设了“三园两路一桥”项目，大大提升旧城“颜值”。铁心硬手清理违章建筑，共拆除“两违”建筑面积15.866万平方米。高质量抓新区功能完善。扎实推进丫山大道、庾岭大道东延段等新区路网建设，拉开了城市框架，完善了新区水、电、路等基础设施，不断提升新区承载能力。高要求抓城市管理创新。建设了全省唯一的县级智慧城市（城管）项目，运用物联网、云计算等新技术打造“智慧社区”、“智慧路灯”等。高规格抓美丽村镇建设。持续开展城乡卫生环境综合整治工作，创新建立了县、镇、村（社区）、户“四级联动、分级负责”的生活垃圾集中处理机制，农村垃圾收运处理率达95%以上。铁心硬手清理违章建筑，共拆除乡村“两违”建筑面积10.3万平方米。扎实推进47个新农村示范点建设，狠抓农村“空心房”整治，完成拆除11.8万平方米，完成比例248.1%。探索运用PPP模式，着力打造丫山片区、新城镇等特色小镇。

【现代农业攻坚战】 把发展现代农业作为实现农民持续增收的根本保证。抓产业规模壮大。围绕蔬菜、油茶、苗木花卉、鸭业、生猪、果业、竹业、豪猪等农业区域优势产业，打造了109个特色产业示范基地。目前，全县蔬菜种植面积5746.667公顷，苗木花卉种植面积突破6666.67公顷，肉鸭年出笼600多万羽，生猪年出栏30多万头，果树（脐橙）种植面积近4666.67公顷，有毛竹林30多万亩，占全县林地面积的18.4%。其中，豪猪产业项目，拥有全国最大的豪猪养殖基地，豪猪存栏超过1.6万头，年产值近2亿元；新城镇三千亩蔬菜基地项目，规划总面积200公顷，是大余县现代农业蔬菜产业示范基地、精准扶贫示范基地、党建+特色产业发展示范基地。

黄龙现代农业（花卉苗木产业）示范园项目，占地面积5200多亩，园区开放以来，已累计接待游客171.23万人次。抓一、二、三产融合发展。大力发展农产品精深加工，有食品农产品加工企业38家，重点扶持发展南安板鸭、牡丹亭旅游食品、章源竹木制品等一批农产品加工龙头企业。大力发展创意农业、休闲农业、乡村旅游和绿色生态农业，促进一、二、三产业融合发展。抓新型农业经营主体培育。扶持和培育龙头企业、专业大户、农民合作社、家庭农场等新型农业经营主体，积极推广“龙头企业+基地+农户”“龙头企业+合作社+农户”“农场+基地+农户”等生产经营模式。有合作社185家，家庭农场202家。抓农业产业招商。先后赴深圳、上海、杭州、寿光等地就蔬菜产业发展、农产品深加工、休闲农业、农村电商等现代农业项目进行招商。先后引进了瀚霏农业3.5万亩甜高粱甘蔗种植基地和深加工项目、鹭溪农业三千亩蔬菜基地、绿恒生态农业年产18万公斤的茶树菇培植示范园、温氏畜牧公司种猪场建设、富生特种养殖新建年出栏10万头豪猪生态养殖示范基地等一批现代农业项目。

【现代服务业攻坚战】 始终把加快现代服务业发展作为推进转型发展突破口。文化旅游势头迅猛。按照打造国家旅游扶贫试验区及“一核三区”旅游产业发展空间布局，坚持“绿水青山就是金山银山”的发展理念，创新“乡村旅游＋精准扶贫”新模式，打造新型乡村休闲生活综合体，全力推进旅游名县建设。着力打造了“百里乡村旅游长廊”“古文化旅游长廊”“章江流域生态旅游长廊”三个旅游长廊，启动和实施了大龙山特色小镇、南方红军三年游击战争纪念馆、梅山红色旅游区、西华山钨矿国家矿山公园等10多个亿元以上旅游项目，获得“中国最美乡村旅游目的地”“中国最美绿色生态旅游名县”称号。成功承办了全省乡村旅游“百县千人”第二期培训班、江西赣南等原中央苏区广播电视台播音主持业务培训班等。截止目前，全县实现旅游接待观光人数580.6万人次，同比增长136.2%，实现旅游总收入25.3亿元，同比增长73.8%。电子商务态势喜人。打造独具特色的农旅电商创业街和电商孵化园，引进了京东、杰夫电商等一批规模大、实力强的电商企业落户大余，与网来云商信息技术（武汉）有限公司合作，开设了跨境电商（大余）海外专区，共享海外128个国家200多个电商平台资源。建成县级电商运营中心4家，乡镇电商服务中心11家，村级服务站51家，“农家书屋+电商”村级服务站12家。先后被授予“全国电子商务进农村综合示范县”“中国农旅电商示范县”称号，成功举办全国首届农旅电商峰会。截至目前，全县实现电子商务交易额6.88亿元，同比增长83.75%。现代金融步伐稳健。组建了大余城市发展集团公司，建立了林投、城投、旅投、工投、发投、水投等五大融资平台。截至，大余县与九江银行、赣州银行合作设立了“大余县六大攻坚战”投资基金35亿元，与11家金融机构达成融资意向约50亿元，协助金融机构为县内41家企业完成6.48亿元的转贷续贷资金，为企业解决“五贷一通”资金6.14亿元，新增贷款9.67亿元，同比增长18.24%。现代物流提升显著。坚持“以园区发展带动物流业发展，以物流业发展促进园区发展”的思路，大力发展多式联运，为钨等有色金属精深加工园区和县域内工业企业提供第三方物流服务，为大余周边地区生产生活物资提供仓储配送服务。铁路交通物流仓储项目正在招商，物流园项目正在平整土地，2016年新增7家物流运输服务企业。养老服务层次突显。围绕建设国家级养生养老服务基地，投资9.76亿元，实施了县综合福利院、龙泉山老年公寓、五福居养老、丫山健康养老、海欣养老等项目，项目建成后，预计可新增养老床位4500张。

【基础设施建设攻坚战】 按照突破瓶颈、补齐短板、适度超前原则，以抓项目扩投资为重点，充分发挥交通能源在促进国民经济持续快速增长和保障人民生活需要的基础性作用。完善交通枢纽。推进县乡村公路升级改造工程，建设公路（含危桥改造）约225.82公里，总投资12.51亿元，其中，国省道升级改造项目4个，总长约67.12公里，总投资8.48亿元；镇、村、组道路升级改造项目19个，总长158.7公里，总投资4.03亿元，年度通自然村公路、危桥改造计划已全面完成。强化能源保障。全面完成了县域燃气和电网设施专项规划，天然气管网综合利用项目进一步加快。同时，大力发展风能等新能源，天华山风电场项目获得国电电力发展股份公司投资决策会一期2.3亿元投资计划。2016年，35千伏及以下农网建设改造项目已新（改）建10千伏线路143.23公里，新（改）建变台161台，新（改）建低压线路365.59公里。完善水利设施。全面推进了小农水重点县、新城防洪工程（二期）、国家水土保持等重点工程建设。率先启动了饮用水源地（油罗口饮用水源地）保护工程建设，稳步推进城乡供水一体化项目建设。

回顾全年的工作，大余县“六大攻坚战”能够高效有序推进，得益于市委、市政府的坚强领导，得益于各级领导对大余的厚爱关怀和精心指导，得益于全县上下团结协作。总结全年的工作，主要有三点体会：以上率下是关键。县委、县政府主要领导率先垂范，带头解放思想，带头深入一线，协调解决规划设计、征地拆迁、项目融资、力量安排等方面的问题。坚持每月一调度，先后召开党政联席会5次、调度会10余次、大型流动现场会3次。合力攻坚是抓手。坚持实行指挥部作战模式，集中优势力量，下大力气破解资金保障、征地拆迁等方面的问题症结，确保了项目早落地、早见效。比如针对拆迁难题，抽调了一大批善于做群众工作、基层经验丰富的干部，集中攻坚城南片区棚户区改造、新华工业小区1公里防护距离搬迁、乡村旅游点、环城路建设等重点工程项目的征地拆迁工作，完成项目征地12080余亩，拆迁房屋面积32.1万平方米。改作风提效率是保证。在全县持续开展“三落实、三比拼、三英雄”（即综合施策抓落实、比拼重点项目落地、以招商工业项目论英雄；团队攻坚抓落实、比拼征迁工作成效、以项目开工论英雄；重考严督抓落实、比拼每月排名倒逼、以位列三甲论英雄）活动，组建“六大攻坚战”政务微信群，每天实时报情况、“晒”进度、“秀”成效，形成了赛擂台、争先进的浓厚氛围。

电商中心

体制改革

【党的建设制度改革】推进"党建+精准扶贫+乡村旅游"。建立"扶贫工作队+党组织+旅游产业基地（扶贫车间）+贫困户"机制，通过组建乡村旅游产业链党组织、成立专业合作社、设立党员先锋队，新建成开放乡村旅游点17个，其中国家AAAA级景区1个、国家AAA级景区2个、江西省AAAAA级乡村旅游点1个、入选2016全国优选旅游项目1个，辐射带动占比全县45%以上贫困户近万人就业创业脱贫，开发出了一条成本低、稳定性高、生态环保的脱贫新路径。推进"党建+民主协商+村（社区）民情理事会"。建立党组织领导下的村（社区）民情理事会118个，重点打造6个县级民主协商工作示范点（新华村、二塘村、大龙村、卢屋村、樟斗村、南丰村），在强化基层组织建设、完善基础设施、为民增收促经济、创新社区管理、融洽干群关系等方面发挥了积极作用，开展协商482次，协商事项326项，落实134项，落实上级资金476万元。推进"党建+重点项目建设+一线工作法"。选派130多名优秀党员干部到重点项目建设一线，组建临时党支部、设立党员服务队，充分发挥服务引领和先锋模范作用，破解用地难、纠纷调处难、招商难、融资难等问题680多个，强力推进全县"六大攻坚战"122个重点工程项目建设，实现了项目增进度、干部受教育、群众得实惠。开展从"三类人员"中竞争性选拔乡镇领导班子成员人选工作。从乡镇事业干部、优秀村干部、大学生村官中选拔了15名乡镇领导班子成员，进一步拓宽了乡镇领导班子人员来源渠道，有效激发了干部队伍整体活力。探索从事业单位领导干部中调任乡镇领导干部工作。开展了从企事业领导人员中择优调任乡镇领导干部人选工作，经差额推荐、资格审查、差额考察、差额票决，共调任了5名事业领导人员进入乡镇领导班子，进一步优化了乡镇领导班子结构，提高了选人用人的公信度和满意度。推行"党建+作风改进+效能机关"，结合"两学一做"学习教育，坚持多措并举、综合施治，找准发力点，打好组合拳，出重拳、下猛药治愈机关作风顽疾。在27个窗口服务单位设立71个党员示范岗，以党员先锋服务引领改进机关作风，有效提升了机关效能。完善干部考察考核方式方法。制定下发了《大余县机关事业单位工作人员绩效管理考评方案》，将全县干部分为"正科级、副科级和一般干部职工"3个层次、将科级领导班子分一类、二类、三类、四类等4个类别的方式，进行"分层分类"百分制绩效考核。通过工作考评、群众测评、领导评定等方式，对干部个人履行职责、德才素质、日常表现等方面进行量化考核，共对14个一类单位、27个二类单位、38个三类单位进行了通报。扎实推进人才工作改革。紧紧围绕经济社会发展和"六大攻坚战"需要，着力引进和培养一批行业高层次人才和紧缺实用型人才，目前已经完成37名公务员的招录工作和91名事业单位人员招聘招录工作。

【行政体制改革】大余县机构编制委员会办公室扎实推进深化行政管理体制改革牵头工作。推进简政放权，落实"放、管、服"改革工作。落实中央"五个再砍掉一批"的要求，进一步简政放权。2016，县编委办对应国发〔2015〕9号、国发〔2015〕10号文件，下发了《大余县人民政府对应国务院决定取消一批行政权力事项的通知》（余府发〔2016〕154号），取消行政权力事项25项；衔接《国务院关于第一批取消62项中央指定地方实施行政审批事项的决定》（国发〔2015〕57号）和《江西省人民政府关于调整行政许可和其他权力事项目录的通知》（赣府发〔2016〕21号），下发了《大余县人民政府关于衔接国务院决定取消一批行政权力事项的通知》（余府字〔2016〕223号），取消行政权力事项4项；衔接《赣州市人民政府关于精简和调整一批行政审批项目的决定》（赣市府发〔2016〕25号），承接市政府下放行政审批事项34项，委托行政审批事项3项，取消行政审批事项2项。出台大余县行政许可项目目录，"接住、放开、管好"行政审批项目。对取消和下放的行政审批事项加强事中、事后监管，出台加强行政审批事中事后监管办法，下发了《大余县人民政府办公室关于加强行政审批事中事后监管的实施意见》（余府办字〔2016〕74号），防止出现管理空档。截至，全县具有行政审批事项的县直（驻县）部门共46个，涉及行政审批事项266项，所有部门均建立了行政审批事中事后监管办法。对行政权力事项实行目录管理。对行政权力实施动态调整，严格按照《中华人民共和国行政许可法》和行政审批制度改革的有关规定，依法严格控制新设行政许可等行政权力事项，下发了《大余县人民政府办公室关于印发大余县行政权力事项目录清单管理办法的通知》（余府办字〔2016〕73号）。文件规定：今后行政权力事项需增加、取消、下放或变更要素的，由实施行政权力的行政机关向县编委办提出申请，按照规定程序予以调整。并对有以下情形的行政机关进行责令限期改正；拒不改正造成不良后果的，由有权处理机关对负有直接责任的主管人员和其他直接责任人员依法追究责任：（一）行政机关编制行政权力事项清单存在隐瞒或遗漏行政权力事项的；（二）行政权力事项的设定依据已经发生变化，行政机关怠于申请调整，由公民、法人和其他组织提出或者由机构编制部门审查提出的；（三）行政机关违反规定，擅自扩大、缩小、放弃行使行政权力，变相实施已取消下放或转变管理方式的行政权力事项的；（四）其他违反本办法规定应予以处理的行为。进一步精简行政审批事项，优化行政审批流程。对应市政府“关于精简和调整一批行政权力项目等事项的决定”（赣市府发〔2016〕25号），县政府下发了《关于进一步清理行政审批事项优化行政审批流程的通知》（余府办字〔2016〕116号），对大余县的行政审批事项进行再次梳理精简，对行政审批流程作进一步优化。截至，县编委办已对各行政审批部门提出精简意见进行了梳理，拟保留县本级行政许可项目172项，精简102项（其中取消24项，暂停实施57项，转变管理方式21项）。接受上级委托审核3项。驻县单位拟保留许可项目28项。根据《赣州市人民政府关于清理规范市直（驻市）部门行政审批中介服务事项的决定》（赣市府发〔2016〕20号）文件要求，起草并以县政府名义下发了《大余县人民政府关于清理规范县直（驻县）部门行政审批中介服务事项的通知》（余府办字〔2016〕106号），对县直（驻县）46个有行政审批事项部门的行政审批中介服务进行了清理，清理规范后，拟保留13个部门23项行政审批中介服务事项，调整行政审批中介服务事项15项，取消行政审批中介服务事项4项。下发了《大余县人民政府关于清理规范县直（驻县）部门行政审批中介服务事项的决定》（余府发［2016］7号）。根据《中共赣州市委办公厅、赣州市人民政府办公厅关于印发〈赣州市控编减编工作方案〉的通知》（赣市办字〔2015〕63号）文件精神，制定了《大余县控编减编工作方案》（余办发〔2016〕9号）。工作方案明确了机构编制以2012年底年报统计数为基数，实行机构编制总量管理。同时，细化了机构编制控制总量、盘活存量、核减、精简和收回编制的具体措施、单位任务及工作分工，确保完成2017年底实现只减不增的目标任务。根据《关于规范县级人大及其常委会机构设置的通知》（赣市编办（［2016］50号）文件精神，下发余编字〔2016〕4号文件，及时对县人大常委会机构设置进行了调整。农业和环境资源保护工作委员会名称调整为农业和城乡建设环境资源保护工作委员会；内务司法和教育科技文化卫生工作委员会名称调整为教育科技文化卫生工作委员会；备案审查工作委员会名称调整为内务司法和备案审查工作委员会。

县工业和信息化局深化改革工作。江西政务服务网大余县分厅完成建设并上线试运行。根据赣府厅字［2015］74号文件要求，江西政务服务网大余县分厅是在大余县电子政务平台基础上，采用全省统一的页面风格、统一的栏目内容、统一的分类方式升级改造，于2015年12月初完成建设任务并上线试运行。政务服务网分厅包括“个人办事”“法人办事”“行政审批”“便民服务”“阳光政务”等五大类。根据全省政务服务网域名制定规则，江西政务服务网大余县分厅域名是：gzdy.jxzwfww.gov.cn。 网上审批系统完成升级改造。网上审批系统建设是由县行政服务中心管委会牵头实施。系统的升级改造是在原有由浪潮软件公司开发的网上审批系统基础上进行升级改造，截至，系统改造已经初步完成并上线试运行。电子政务统一监察平台和电子政务共享数据统一交换平台由市里统一建设部署。按上级要求，赣州市各县市区的监察平台和数据交换平台统一在市政务云平台建设，各县市区负责基础软件、应用软件建设经费。大余县已经将该经费列入财政预算，现已由市工信局统一完成了招标。深化行政审批制度改革工作。根据大余县人民政府《关于精简和调整一批行政审批项目的决定》（余府字〔2015〕309号文件），工信局保留了8项行政审批事项，分别是企业投资（技改）项目核准、权限内外商投资工业和信息化（技改）项目核准，企业投资（技改）项目备案，汽车生产企业投资项目备，预拌混凝土（砂浆）生产企业的设立，清洁生产审核评估（工信部确定的14个重点行业除外），磷矿肥及年产50万吨以下钾矿肥项目核准，全市稀土、钨、氟盐化工项目建设初审意见，固定资产投资项目节能审查，到至，这八项保留的行政审批事项全部列入江西省统一事项梳理子系统中。保留的投资项目审批事项全部纳入网上审批系统和全省投资项目在线审批监管平台。

县行政服务中心推动行政审批制度改革。按照改善投资环境、减少办事环节、优化审批流程、提高行政效率的原则，将涉及多个部门的行政审批事项，按建设项目全过程分为8个控制节点，由人防办、环保局、工信局、城建局、气象局、房管局、水保局等7个部门牵头，实施并联审批。设立重大项目“绿色通道”审批制度，并设立了企业服务综合受理中心，指定专人负责跟踪协调督办。建立了环节少、效率高、运转协调、行为规范的审批机制，进一步营造良好的经济发展环境，加快县域经济发展。为进一步完善县行政服务中心的服务功能，积极打造便民服务的“政务超市”，县行政服务中心进一步整合办公资源，在现有条件下，专门设立了综合窗口，由中心派专人专职管理，窗口人员负责纳入综合窗口项目的清理、流程的优化、事项办理的联系协调。目前县编办、消防大队、农粮局等19个单位的行政许可和非行政许可事项由综合窗口代理咨询、受理、发证等环节的工作。综合窗口的设立，从根本上解决了一些部门审批事项少、办件量小、人手紧张的问题，为优化行政资源，提速增效发挥了积极作用。

县市场和质量监督管理局落实商事登记，简政放权工作。扎实推进工商登记制度改革，支持企业做大做强。进一步推进“先照后证”的落实，积极落实工商营业执照、组织机构代码证和税务登记证“三证合一、一照一码”登记制度，最大程度地实现便利化，营造宽松平等的准入环境。根据《江西省一照一码登记制度改革实施方案》要求，在2015年10月1日开始企业（含农民专业合作社）全面施行“三证合一、一照一号”登记制度基础上，自2016年10月11日开始施行企业“五证合一”登记制度，12月1日开始实施个体工商户“两证整合”登记工作。认真落实了“先照后证”改革。严格按照赣府厅［2015］9号及市政府办公厅印发了《关于取消我市自行设置工商登记前置审批事项的通知》（赣市府办发〔2014〕43号）文件精神，除保留的39项前置审批项目外，对改为后置的审批项目，不再要求申请人提交相关审批部门的许可文件、证件，市场准入的门槛大幅降低，改“先证后照”为“先照后证”，市场主体取得营业执照，即可从事一般生产经营活动；对从事需要取得许可的生产经营活动，持营业执照和有关材料向主管部门申请许可，有效解决了之前前置审批事项繁多、多部门层层把关而导致的“审批慢”、“准入难”问题。积极推进工商注册制度便利化。通过放宽住所登记条件，取消注册资本最低限制，推行注册资本认缴登记制，切实降低了准入门槛。2016年2月23日下发《关于放宽办理电子商务企业（个体工商户）住所（经营场所）条件的通知》（余市监企字［2016］1号，进一步促进了大余县电子商务企业的注册登记和发展。

县国土资源局继续推进不动产登记登记改革，加强不动产登记信息管理基础平台建设。县政府于2015年6月印发《大余县人民政府关于整合不动产登记职责的通知》（余府字〔2015〕156号），完成登记职责整合；县编办于2015年8月批复同意在县国土资源局加挂县不动产登记局牌子；2015年10月，市编办、县编办先后批复同意设立大余县不动产登记中心，核定全额拨款事业单位编制20名；2015年11月，完成人员配备，并在当月底在县行政服务中心二楼完成了不动产登记中心窗口建设；2016年1月1日起，大余县全面实施不动产统一登记。截至2016年11月30日，县不动产登记中心办理各项登记业务8600余宗，提供信息查询服务1700余人次；2016年12月6日，县不动产登记数据顺利接入国家级信息平台；并邀请江西理工大学、市国土局、县财政局等部门专家，在全省范围内率先完成了不动产登记信息管理平台项目验收。

县发展和改革委员会扎实推进改革各项工作。实施并联审批制度改革，高效运行网上审批系统。出台了大余县行政审批服务并联审批工作制度，并广泛征求了各单位意见，明确了并联审批范围、并联审批责任部门、并联审批原则、并联审批程序、并联审批要求其他要求，建立了并联审批考核监督制度。改进完善招投标制度。废止了监理单位、招标代理机构入闸制；制定了《大余县人民政府办公室关于进一步规范政府投资项目审批程序和招标核准有关事项的通知》，在现已发改委内征求两轮意见，并向有关部门征求了意见，现已呈报县政府；对县招投标有关规范性性文件进行了清理。行政机关及参公事业单位公务用车制度改革。已完成车改前期摸底工作，明确了参改范围、参改人员、参改车辆，出台了《大余县车改2016年计划》，召开了全县参改单位车改工作布置会议，政府常务会通过并上报了《大余县公务用车制度改革工作方案》。4月19日市车改办批复了大余县车改工作方案，25日县里召开了全县车改工作动员会，4月30日，完成了车辆封存工作。6月15日，对全县涉改的单位批复了公务用车制度改革工作方案。至2016，县“三个平台”平稳运行。

【经济体制和生态文明体制改革】 经济体制和生态文明体制改革扎实推进。根据《关于印发〈县委全面深化改革领导小组2016年工作要点〉的通知》精神，及时出台了《大余县深化经济体制和生态文明体制改革领导小组2016年工作要点》，认真执行了深化改革月报制度和销号制度，截至12月底，“进一步完善政府预算体系，实行全口径预算管理”“细化政府预决算公开内容，扩大部门预算公开范围”等38项重点改革事项已完成销号，销号率达100%。出台了《大余县小微企业信用体系建设实施方案》《大余县实施“河长制”管理工作方案》《大余县人民政府办公室关于印发〈关于支持和推广政府和社会资本核准（ppp）模式的若干政策〉》《关于做好2016年部门预算和“三公”经费预算公开工作的通知》等改革相关文件34个；在市级以上媒体刊登县改革工作经验做法32篇。财税体制改革深入推进，预算管理制度日趋完善。

统筹预算综合财力，实现了全口径预算。县财政将公共财政预算、基金预算、财政专户资金及上级提前告知的补助资金统筹纳入预算编制范围，基本实行了综合预算。做到了“四个统一”，即统一预算编制范围、统一人员编制口径、统一公用经费定额标准、统一预所有财政资金。建立跨年度预算平衡机制，启动编制三年滚动中期财政规划。按照江西省财政厅要求，2016年只在设区市开展跨年度预算平衡机制，启动编制三年滚动中期财政规划工作，大余县将在2017年启动该项工作。出台了《关于做好2016年部门预算和“三公”经费预算公开工作的通知》进一步细化了政府预算公开内容，扩大了部门预决算公开范围。2016年政府预算、预算执行情况的报告及其报表，已由县财政部门在县人大批准后20个自然日内各个部门的部门预算全面公开。向县政府提交了“关于恢复大余县预算单位会计核算和财务管理主体地位的请示”。待县政府批复后，将尽快启动恢复预算单位会计核算权、财务管理权相关工作。成立了国库集中支付中心，完善相关配套制度，全面清理预算单位结算账户，着力推进应用支撑平台建设，确保国库集中支付制度改革顺利进行。大余县纳入国库集中支付范围的单位达到196个，截止12月底，全县国库集中支付金额达21.05亿元，资金涵盖了预算内资金、预算外资金、政府性基金等财政性资金和单位自有资金。建立了权责发生制政府综合财务报告制度，按时完成了

2015年度县本级权责发生制政府综合财务报告试编工作。出台了《大余县预算项目绩效目标管理暂行办法》《大余县县级预算绩效管理财政内部工作制度》等制度，绩效管理制度建设日趋完善，绩效评价范围大幅拓展，预算绩效管理工作规范化程度显著提高。 进一步盘活财政存量资金，加大财政资金统筹使用力度。截至12月底，全县清理结余结转2年以上财政存量资金7386万元，并按照“盘活存量，用好增量”的要求，将盘活的存量资金用于民生工程、基本公共服务能力建设等方面，提高了财政资金的使用效率。推进财政涉农资金整合试点。出台了《大余县统筹整合财政涉农扶贫资金实施方案》，截至12月底，已整合财政涉农资金7291万元。正在拟定大余县《政府向社会力量购买服务指导目录》，进一步推进政府向社会力量购买服务工作。并结合实际情况，把工作重点放在教育、卫生、社保、养老、民政等方面。进一步健全政府性债务管理制度，出台了《大余县政府性债务管理办法》和《大余县化解政府性债务风险工作实施方案》，创新了政府性债务管理模式，实行债务归口管理、编制债务收支计划、建立风险预警机制等措施，有效防控了债务风险，债务规模和债务负担均处于可控范围。进一步深化国、地税征管体制和联合办税改革。制定了联合办税工作实施方案，建立了国、地税联席会议制度和涉税信息共享制度。开展了联合办税宣传、培训等，并采取互派人员的行使加强合作，办税效率提高了40%，纳税成本降低30%。截至12月底，国、地税联合办理税务登记1734户、变更登记1567户、注销登记78户。1－11月，国税代地税征税964万元，地税代国税征税938万元。

地方金融改革步伐加快，服务地方经济发展作用不断增强不断加强政府融资平台建设和投融资力度。已完成大余发展投资集团组建工作，进一步理顺和完善了县旅投、林投机制功能，为县域经济发展升级提供融资和担保能力进一步提升。与九江银行、赣州银行合作设立了“大余县六大攻坚战”投资基金35亿元，九江银行前期基金2亿元已到位。大力支持帮助有条件企业挂牌上市。出台了《大余县人民政府印发大余县推进企业挂牌上市工作的实施意见的通知》，设立企业上市培育基金500万元，荐了5家公司为“新三板”上市培育企业，目前，长江证券承销保荐有限公司与江西润泽药业有限公司已达成初步合作协议，并已开展股改等前期工作。

要素市场改革进一步深化，为经济发展提供保障。推进人力资源市场改革。将原“大余县人才交流中心”的职能划入“大余县劳动就业服务管理局”，整合原劳动就业服务管理局和原人才交流中心为“大余县公共就业人才服务局”，建立了统一的服务场所、规章制度、服务标准、信息系统。将原基层人才服务站点并入乡镇劳动保障服务所，形成覆盖城乡、功能齐全、布局合理、方便可及的公共就业和人才服务网络。进一步完善工业用地配置方式。出台了《大余县批而未用土地清理处置工作实施方案》，成立了县“批而未用”土地清理处置工作领导小组，在全县范围内集中清理处置批而未用土地。全面启动了大余县工业园区土地集约利用更新评价工作，着力加快推进标准厂房建设，已完成标准厂房建设8万多平方米，2016年全县超过11万平方米。大力推动工业用地处置改革，积极督促工业企业加快项目建设。组建了小微企业信用服务平台。出台了《大余县小微企业信用体系建设实施方案》文件，成立了大余县小微企业信用体系建设工作领导小组。6月，赣州市小微企业信用体系建设领导小组办公室下发了《中小企业信用体系建设工作进展情况的通报》文件，认定县小微企业信用服务平台已组建完成。截至2016年11月，已经在小微企业信用服务平台为县内中小企业采集信息登记11027户。加快技术市场建设。积极引进具有资质的科技（知识产权）中介机构入驻，提升企业知识产权意识，促进县知识产权交易平台建设。成功引进赣州清能知识产权有限公司等科技咨询服务中介机构入驻大余，已与赣州海创钨业、明发矿业、东宏锡业等13家企业开展合作，已挖掘东宏锡业创新点30多项，申报专利100件，目前已授权63件。加强公共资源交易平台建设。出台了《大余县人民政府办公室关于进一步规范政府投资项目审批程序和招标核准有关事项的通知》，进一步规范了招标核准程序。已完成电子化开标室的改造，网络运行环境得到提升，硬件设备添置完善。房建、市政、交通、水利工程项目及政府采购已进入网上交易系统运行。对县招投标有关规范性性文件进行了清理，废止的招标投标规范性文件1个，废止招标代理机构和监理单位入闱制。政府和社会资本合作（PPP）。印发了《大余县人民政府办公室关于印发〈关于支持和推广政府和社会资本核准（ppp）模式的若干政策〉》，包装并上报PPP项目1个。积极推进价格机制改革。出台了《大余县贯彻落实进一步深化价格管理改革的实施意见》。大余县已全面实行居民用电阶梯电价制度和县级电网全面推行峰谷分时电价政策，承接了总装机容量在500千瓦（含500千瓦）以下小水电的上网电价的审批工作。进一步清理了一批经营服务性收费项目，推进了行政事业性收费、涉企收费、政府性基金项目、政府定价或政府指导价服务性收费目录清单制，最大限度减少了自由裁量权。

深化科技体制改革，为经济发展提供新动能。加强创新平台和载体建设。支持江西磁姆新材料科技有限公司组建的“软磁复合材料工程技术研究中心”成功认定为“赣州市工程技术研究中心”。协助大余县鑫盛钨品有限公司成立了“钨资源高效绿色利用研发中心”。不断强化产学研合作，大余县与中南大学签订了钨产业集群研发创新合作框架协议；海创钨业与江西理工大学成立了江西理工大学研发试验基地，并与章源钨业、江西理工大学共同申报国家级科技进步奖，同时申报了省级博士后工作站，已进入公示阶段；松赢化工与南昌航天航空大学达成了科技成果转化、共建博士后工作站等协议。促进科技金融深度融合。协助江西磁姆新材料科技有限公司、大余隆鑫泰钨业有限公司、大余县东宏锡制品有限公司3家公司申报了“赣州市科技型中小企业信贷风险补偿资金贷款备选企业”，帮助科技型企业融资贷款，缓解企业运营资金问题。实施“互联网+科技成果”。成功组织县域企业参加“赣西经济转型升级在线科技成果对接会”“赣南苏区振兴发展在线科技成果对接会”、“‘互联网+知识产权’专利技术对接会”等科技成果对接会。大余县提交技术需求46项，发布科技成果技术7项，共产生意向21项，达成意向9项，实现技术对接9项。推进开放型经济体制改革，为经济提供新增长点。制定了《大余县2016年推进开放型经济体制改革实施方案》。一方面，坚持引进来。举办招商引资重点项目签约、开工、投产“三集中”活动2次，有效促进了钛文化产业园、汽车保修设备制造等26个招商引资项目成功签约；明发矿业二期贵金属、鹭溪农业产业园等20个招商引资项目集中开工；万马生态休闲度假区项目、年龙辉硬质合金有限公司等招商引资项目集中竣工投产，为全县经济稳增长提供了强力支撑。在5月的深圳招商推介会上，投资4.5亿元的阳明心园建设项目、投资5亿元的年产10吨氚水产业园项目、投资1.2亿元的机器人制造项目等17个项目进行集中签约。另一方面鼓励走出去。鼓励企业“走出去”，上半年，协助大余县企业外出参加展会共10余批次，协助企业兑现外贸发展扶持资金共计18万余元。正在筹建外贸出口退税周转金，扶持企业扩大进出口规模，推动企业“走出去”发展。

深化生态文明制度改革，促进更高质量的发展做好“三品一标”认证申报。支持各类绿色认证，大力发展国家生态原产地产品、地理标志保护产品认证。截至12月底，县共取得了“三品一标”认证9家，其中无公害农产品6家，有机产品3家。完善生态红线管理制度，积极争取章江源生态补偿试点。省环境保护厅初步划定全县生态红线面积为436平方公里，占国土面积的32.1%。2016年，大余县获得生态补偿1868万元。加快推进全国水土保持改革试验区建设。出台了《关于印发〈大余县水土保持重点治理工程项目资金管理办法〉的通知》，并成为全市先行先试典型。按市级评定标准建设了新村水土保持生态园。实施覆盖县、乡、村三级“河长制”。全面落实了“河长制”责任制。出台了《大余县“河长制”试点工作方案》《大余县试点河流章江河试点实施方案》，制定了乡镇级试点方案6个、乡镇级河长制管理制度6个、村级河长制管理制度40个。在试点河流及区域明确了3名县级责任河长，3名乡级河长，18名村级河长，设置了河湖管理巡查员或专管员18人、保洁员18人。在《江西日报》发表了《大余推行“河长制”工作长效机制》推介大余县“河长制”建设经验做法。

建立水生态文明建设工作机制，全面推进水生态文明建设。2016年，经省水利厅验收并批准命名大余县黄龙镇大龙村为“江西省水生态文明村”。同时，县遴选了黄龙镇头塘村作为省级水生态文明建设试点村，并向省水利厅进行了申报，浮江乡双田村、青龙镇元龙村、黄龙镇大合村列为县水生态文明建设自主创建村，现正在向省水利厅申报中。及时上报了2014年大余县新城镇王屋岭村水生态文明试点村验收资料，并通过了省水利厅验收。

加强生态环境监测网络建设根据国家《生态环境监测网络建设方案》的要求和国家相关配套政策，全力配合省、市生态环境监测网络建设。不断加强对辖区内多家重点排污企业污染源例行监测力度。进一步加快空气自动站建设，县环境空气自动监测站建设项目已完成设备安装。积极推进国控及重点企业开展自行监测工作。截至，国控及重点企业自行监测工作开展顺利，自行监测数据公布率达到90%以上。

【民主法制领域改革】 组织建设方面。为确保改革事项的顺利推进，大余县成立了由县委副书记为组长，县政府、县人大、县政协分管领导为副组长，县相关单位法制工作者为成员的民主法制领域改革专项领导小组。高位推动、组织有力、行动迅速，为深化民主法制领域改革提供了坚强保证。具体操作方面，接到上报改革任务的通知后，县政府法制办作为民主法制领域改革专项小组牵头单位，由县政府办分管法制副主任召集县人大办、县政协办、县民政局召开改革要点确定与申报工作会议。会上，各小组成员单位结合业务工作和上级业务或领导部门已确定的改革要点，梳理并确认本单位2016年工作要点、工作任务，并及时上报。根据县委下发的2016年改革工作要点规定的完成时限，县法制办做到每月一调度，按月报进展，现所涉18项改革事项已全部办结。

完善人大工作机制方面。优化乡镇人大机构设置。在2016年的乡镇换届中，乡镇人大设专职主席和1名专职副主席，明确1名专职工作人员，要求人大主席、副主席不参与行政分工，专职从事人大工作。加强了乡镇人大的工作力量，促进人大工作在乡镇的深入开展。积极开展专题调研。就开展工作评议和专题询问，加强人大代表旁听庭审工作，完善常委会主任接待代表、组成人员联系代表、代表联系选民、代表向选民述职等制度，加强人大代表联络站建设，增加基层人大代表列席常委会会议人数，开展代表约见、持证视察等活动等6项工作，分别成立专门工作组开展调研。强化人大机关的职权建设。换届后，县人大常委会已召开2次会议，听取和审议《大余县人民政府关于主攻工业攻坚战情况专项工作报告》、《大余县人民政府关于新农合资金使用和管理情况专项工作报告》等县政府专项工作报告4项，审议通过《大余县人民代表大会常务委员会关于在全县公民中开展法治宣传教育的第七个五年规划（2016—2020年）》的决议，听取并审议县政府呈报的重要议案10项。人大权力机关的地位与作用得到进一步得到巩固提升。

创新协商民主工作方面。提升认识为全面深化改革营造氛围。县政协按照县委的统一部署和要求，深刻认识、准确把握县深化改革的新蓝图、新愿景、新目标，自觉做改革的参与者和促进派，把一切可以团结的力量广泛团结起来，把一切可以调动的积极因素充分调动起来，在深化改革上形成聚焦点，营造拥护改革、支持改革、建言改革、助推改革、促进改革的良好氛围，为全面深化改革注入正能量。同时，从四个方面制定了《县政协深化改革项目进度表》，进一步细化任务，落实责任，确保各项工作落到实处。为确保协商成果的转化落实。资政建言为全面深化改革凝聚智慧。2016年，县政协积极探索县级层面具有“健全县委县政府督查室向政协通报有关协商成果转化落实情况的制度、加强跟踪了解协商结果的采纳、落实情况、加强政党协商”等9项资政性调研活动，制定并下发了《关于切实做好县政协十四届一次会议提案督办工作的通知》（余协办字〔2016〕26号），及时跟踪跟进落实情况；积极开展专题协商、对口协商、界别协商、提案办理协商，开设委员网络协商、网络听证、网络问办等活动，不断拓展协商民主形式，增加协商密度，提高协商实效。同时，积极协助县委、县政府做好宣传政策、释疑解惑，协调关系、理顺情绪，化解矛盾、增进共识，维护稳定、促进和谐等工作，为全面深化改革的有序推进消除疑虑、破除阻碍、增加助力、提供保障。固本强基为全面深化改革提供保障。加强自身建设，提高政协工作科学化水平是助推全面深化改革的重要保障。2016年，县政协健全政协委员联络机构，完善联络委员、服务群众制度，取得了明显进步。宣传工作形成新格局，在报纸上中开设民主·团结专版，做好宣传工作。不断加强专委会对联系委组和界别活动组的指导，进一步做好联系委员、服务群众工作，充分调动委员的积极性、主动性和创造性。

推进社区治理和服务水平方面。对“建立农村社区工作准入制度”“建立社区公共服务事项全程代理和‘一门受理’‘一站式’服务机制”“健全推行社区民主协调工作机制”专项改革工作，召开了专题会议进行研究部署，成立了改革工作调研组，并指定专人负责具体工作。抽调相关人员多次深入各乡镇、村组、社区，通过走访相关人员、发放调查问卷和召开座谈会等形式开展专题调研。根据调研情况及结合上级工作要求，制定并下发了《中共大余县委办公室 大余县人民政府办公室关于加强全县城乡社区的实施意见》（余办发〔2016〕33号）、《中共大余县委组织部 大余县民政局关于印发大余县减轻社区负担的实施意见》（余民字〔2016〕93号）。

制度建设方面。围绕2016年法制办改革五大事项，积极衔接省、市法制部门，探索建立了《大余县人民政府办公室关于全面推进行政机关负责人出庭应诉工作的通知》《大余县人民政府办公室关于完善规范性文件和重大行政决策合法性审查工作机制的通知》《大余县人民政府办公室关于建立重点领域行政执法情况年度报告制度的通知》、《大余县人民政府办公室关于建立行政执法人员以案释法制度的实施意见》《大余县人民政府办公室关于建立和推行重大违法案件公布制度的通知》《大余县人民政府办公室印发关于开展集中整治和查处行政执法不公侵害群众利益专项治理的实施方案的通知》等一系列文件，确保改革事项依规进行。

创新创特方面。11月，县法制办与大余县人民检察院达成一致意见，联合印发了《关于加强行政执法监督工作协作配合的意见》（余检字〔2016〕31号），加强了与公检法系统执法工作的协调联动。

【农业农村体制改革】 构建新型农业经营体系。实施新型职业农民培育工程，已培训150名职业农民。截至12月底，登记注册的农民合作社新增35家，完成任务数的116%，总数达188家；登记注册的家庭农场新增89家，完成任务数的176%，总数达209家。县现代农业示范园在提档升级中已规划，黄龙核心区已基本成型，青龙核心区正在建设，园区的“四区四型”已初步建成，发展了花卉苗木、果业、蔬菜、乡村旅游四大区域特色优势产业。已完成小型水利工程管理体制改革黄龙镇试点工作，经市水利局验收评估，定为良好等级。2016年，全县共抽取上市蔬菜水果345批次、猪尿1170批次、猪肉57批次、淡水产品17批次，蔬菜水果农药残留、猪尿“瘦肉精”、猪肉和淡水产品“环丙沙星”“恩诺沙星”残留检测合格率都为100%。大余县近3年内未发生农产品质量安全事故，未发生因本县生产的农产品造成其他地方发生重大农产品质量安全事故，达到目标要求。完善电子商务进农村物流体系的任务是县邮政分公司建设县城电商三级联动仓储和快件集散中心。仓储物流中心主体工程已完工，设备已购置到位，已投入运营。在深化供销合作社综合改革，以内良乡为试点乡镇，重建黄龙、吉村供销社，并对现有基层社、服务社进行全方位提升改造；牵头注册成立了大余县旺淘电子商务有限公司，获得了“1号店特产中国”和“淘宝特色中国”两个地方馆政府授权独家运营资格，公司已入驻大余县电商街；与旺淘公司和乡镇政府达成共建乡镇电商服务中心和村社区电商服务站合作框架，并在池江、青龙、浮江三个乡镇建起了乡镇运营服务中心试点。改革试点工作方案市里已通过，县里已原则通过。印发了《大余县水土保持重点治理工程项目资金管理办法》，是全市唯一的县级资金管理办法先行先试典型，并按市级评定标准建设了黄龙镇新村水土保持生态园。

健全城乡发展一体化体制机制。全县棚户区改造任务513户，其中南安镇394户（货币安置331户，实物安置63户），黄龙镇119户（货币安置36户，实物安置83户），到为止，已全部签订拆迁补偿协议，货币化安置达72%。2016年，棚改专项建设基金5000万元已下拨至大余县；农发行2016年－2017年城市棚户区（城中村）改造项目4.8亿元，已通过审批并下拨。大余县正以国家重点镇、省百强中心镇新城镇为重点，统筹推进乡镇基础设施建设，各项工作稳步推进。重点抓好新城周屋、青龙元龙、黄龙大合等的品质提升和推进23个一般自然村点建设。积极打造和谐秀美乡村，3个中心村周屋村、元龙村、大合村已如期完成规划，各项建设任务基本完成；23个一般自然村点基本完成“七改三网”工作 。在推进公共租赁住房以购以租代建中，因国家已取消公共租赁住房实物建设计划，大余县也全面推行公共租赁补贴。在精准脱贫工作中，建立了贫困户贫困村进入退出机制、政策扶持机制、协调调度机制、督查通报机制、考核奖惩机制等五项精准脱贫工作机制；完善并落实了“1+1+28”政策文件（新增的方案为：扶贫车间方案、百企帮百村带千户方案、产业扶贫信贷通方案）；实施了“五个一批”工程；打造了精准扶贫示范点10个、产业示范基地109个，培育脱贫示范户1000户；全县2016年已脱贫6363人。

【社会事业体制改革】 深化教育综合改革情况。着力加强义务教育学校标准化建设，努力提升学校品质。加强学校标准化建设。投资了5835.21万元，为学校完善教室、宿舍等基础设施和校舍、校门、围墙、运动场等附属设施。此外还投入4000万元在城区新建章江小学，已完成设计招标、三通一平，正进行地质勘探和施工图设计。加强德育建设。把社会主义核心价值观、中华传统文化尤其是大余红色文化、赣南苏区精神融入学校课程，依托身边的人、事、物，抓住重大特殊节日契机，整合社区教育资源，精心组织开展了德育实践和校园文化建设活动，强化了学生的养成教育。

强化体育美育教学。高度重视村完小学音乐、体育和美术教师专职化问题，采取措施逐步解决村完小紧缺学科配备问题。作出计划招聘专业的音体美教师。2016年，县招聘音体美教师12人充实到农村小学。为村完小培训合格的音体美教师。大余县将村完小音体美教师培训纳入年度培训计划，已培训396人次，为村小教学点输送了合格的音体美教师。减轻学生课业负担。依据《普通中小学校管理规定》，制发了《关于进一步规范义务教育办学行为的若干规定》，对学生休息时间、在校学习（包括自习）时间、体育锻炼时间、在校活动内容和家庭作业等方面作出了科学合理安排和严格要求，彻底整治了义务教育阶段学校假期组织补课的问题。深化考试招生制度改革工作。全面推进义务教育免试就近入学。全面推进农村义务教育免试就近入学。进一步优化农村学校网点布局，恢复或新建了村小、教学点十余所，有效缓解了农村边远地区学生上学难问题。全面推进城区义务教育免试就近入学。严格按照《江西省教育厅关于进一步做好义务教育免试就近入学工作的实施意见》中关于“各市、县（区）必须严格实行义务教育划片招生”的规定，按学生户籍、学区范围对城区适龄学生分三类生源进行管理，对城区三所小学实行了划片招生。改革高中招生制度。根据江西省考试院《关于做好江西省2016年初中毕业生考试与高中招生制度改革工作的通知》（赣考院中〔2016〕1号）和赣州市教育局《关于印发〈赣州市2016年中招规定〉的通知》（赣市教招字〔2016〕4号）精神，大余县中招录取按照中考总＋学科等级＋综合素质评价分师范定向、省重点中学—大余中学、一般高中—梅关中学和新城中学、职业中专四个批次录取，全面推进素质教育。推进高考制度改革。贯彻落实江西省政府印发的《江西省深化考试招生制度改革实施方案》，明确了全面推进高考综合改革的路线图，2016年合并文史、理工类本科第二、第三批次，合称为本科第二批次。在此基础上，探索学生多次选择、被多所高校录取的可行性，增加高校与学生的双向选择机会。加快职业教育人才培养模式改革。县职业中专采取“外引、送培、内培”三项措施，或从企业引进“技师”“师傅”到学校担任专任教师，或在现任的教师中选派有能力、有责任心的教师参加国家、省级专业、转岗培训，或利用双休日、假期组织专业教师到生产一线学习提高，加强了“双师型”教师队伍建设。挂牌大余县农民教育学院，承担了县农业局监管的“阳光工程”培训、县扶贫与移民办监管的“雨露计划”培训、县劳动就业局监管的“企业员工技能提升”培训等任务，以较好的培训效果，收获了良好的社会效益。县职业中专先后被评为全国农村成人教育先进单位、赣州市扶贫系统劳动力转移培训先进基地、大余县扶贫系统劳动力转移培训先进基地。推进城乡教师资源配置制度改革。县高度重视教师队伍建设，采取一系列措施推动教师资源均衡配置工作。在教职工编制标准上对农村学校尤其边远山区学校实行高配。在教师补充上优先考虑农村学校需求，在教师调配上优先考虑农村学校。实施了校长教师交流轮岗制度，加强了城乡学校教师流动。2015年，校长轮岗13人，教师交流31人，占符合交流轮岗校长教师总数的14.2%；2016年，校长轮岗19人，教师交流60人，占符合交流轮岗条件校长教师总数的21.4%。积极扶持鼓励社会力量兴办教学，探索建立扶持民办幼儿园发展机制。积极扶持普惠性幼儿园的健康发展。投入243万元用于55所农村普惠性幼儿园添置保教设备。加强对民办幼儿园的业务指导和师资培训。扎实开展省、市级示范幼儿园“结对帮扶”、示范性教学、送教下乡、课堂开放、民办幼儿园教师跟班学习等活动，帮助民办幼儿园提高管理和保教水平，促进优质教育资源共享；定期对民办幼儿园园长、骨干教师、新入职教师、业务园长进行培训，不断提高民办幼儿教师的科学保教水平。

不断规范民办幼儿园的管理。狠抓民办教育机构安全工作，联同相关部门对全县各级各类幼儿园的房屋安全、交通安全、消防安全、食品卫生安全、集体活动安全、校车安全等进行了拉网式大排查。严格民办教育机构审批，做好民办教育机构年检审核工作。扎实开展防止并纠正幼儿园“小学化”倾向问题主题活动、“健康、快乐、发展”主题活动和学前教育宣传月活动，通过专家讲座、实地参观、观看视频等方式，进一步规范了幼儿园保育教育工作，促进了大余县学前教育良性发展。大余县已有金鑫幼儿园、永康福娃幼儿园、新安幼儿园等三所民办幼儿园被评为市级示范园。

推进医药卫生体制改革情况

深入推进县级公立医院综合改革。取消县级公立医院所有药品（中药饮片除外）加成。县人民医院、妇幼保健院于2015年11月1日起，全面实施了所有药品（中药饮片除外）取消加成，实行“零差率”销售，破除了“以药养医”机制。控制县级公立医院医疗收入增长幅度。2016年县人民医院医疗费用增长幅度控制目标为13%，县妇幼保健院医疗费用增长幅度控制目标为8%。截止11月底，县人民医院医疗费用增长幅度为7.38%，县妇幼保健院医疗费用增长幅度为1.25%。扩大公立医院医保支付覆盖面。积极开展按床日付费、人头付费、单病种限价、各项指标总量控制等复合型付费方式，推进医保支付方式改革。截至11月30日，县人民医院出院病人13255人，其中医保支付方式改革支付病人共11451人，占比86.3%；县妇幼保健院出院病人629人，其中医保支付方式改革支付病人628人，占比99.8%。推进公立医院医疗责任保险统保工作。县卫计委结合“平安医院”建设和赣州市医院协会《关于在全市开展医疗责任保险投保工作的通知》文件精神，积极督促县二级公立医院开展医疗责任保险投保工作。县人民医院、县妇保院按照全市统一要求，完成了全市医疗责任保险统一投保工作，县人民医院已为456名、妇保院已为52名医务人员投保个人医疗责任保险。协同推进深化医改各项工作。大余县充分利用好现有的医疗卫生资源。根据《江西省人民政府办公厅关于推进分级诊疗制度建设的实施意见》等文件要求，制定出台了《大余县以路径管理推进糖尿病分级诊疗试点工作实施方案》《大余县分级诊疗和双向转诊制度实施方案（试行）》。全县所有公立医疗机构以糖尿病病种为突破口，县域内常见病、多发病为主，全面推开分级诊疗和双向转诊工作。进一步明确了患者上转、下转的条件。规定了除危急重症病例外，在县域内应遵循“村卫生室、乡镇卫生院（首诊医疗机构）、二级定点医疗机构、三级定点医疗机构”分级诊疗和转诊程序，制定了转诊流程图和转诊单。实行首诊负责制和转诊办理责任制，县人民医院、县妇幼保健院建立了便捷转诊绿色通道。定期派出医技人员定点服务，协助卫生院开展诊疗和转诊等服务，使上、下级医疗机构转诊“无缝”对接，转诊患者转入医疗机构实行优先就诊、检查、交费、取药等，使患者感受到分级诊疗和双向转诊的优越性和便利性。协同家庭医生签约服务、医疗联合体试点建设合力推进分级诊疗和双向转诊工作。截至到11月底，县上转病人1009例，下转病人721例。加快推进医保城乡统筹，整合城乡居民基本医疗保障管理体制。县政府出台了《关于印发大余县整合城乡居民基本医疗保险制度实施办法的通知》（余府办字〔2016〕146号），明确了整合城乡居民医保的总体要求、基本原则、工作时间安排、工作内容、组织实施和工作要求。县编办、县人社局、县卫计委联合下发了《关于整合大余县城乡居民基本医疗保险职责和机构编制工作方案》（余人社字〔2016〕42号）、《关于整合大余县城乡居民基本医疗保险职责和机构编制的通知》（余人社字〔2016〕43号）和县政府办《关于印发大余县医疗保险事业管理局主要职责内设机构和人员编制规定的通知》》（余府办字〔2016〕0198号），为城乡医保制度整合工作奠定了有力基础。

根据省、市、县的统一部署，县编办牵头有关部门配合，完成了人员、机构、编制划拨工作，出台了整合后的县医疗保险事业管理局“三定”方案。县人社局牵头有关部门配合，下发了《大余县整合城乡居民基本医疗保险移交工作实施方案》（余人社字〔2016〕47号），完成了新农合基金、资产、档案、软件系统、网络系统、硬件系统、参保人员信息数据等整体移交接收工作，将原新农合基金银行账户并入了在农商行开户的城镇居民医保基金账户。

完善创业就业和社会保障制度。加快推进劳动保障监察“两网化”管理。采用全省统一的劳动就业信息系统，已实现与市系统互通，通过“两网化”建设，将劳动保障监察、基本信息管理、投诉立案及综合管理等内容集中录入，实现了“县市纵向通报，多部门横向协作”的动态监管模式。县劳动保障监察 “两网化”的初步建成，对县劳动保障监察执法队伍的体制建设、执法方式、工作方式乃至执法理念产生了深远的影响。今后在信息采集、信息传递、劳动用工投诉、企业年度审查等方面将更加方便快捷；对突发性事件的反映也更加迅速；同时，“网格化”监管使监察队伍更加贴近群众，健全的维权体系更好地维护了劳动者的合法权益。深化养老服务业改革。起草了《关于加快发展养老服务业的实施意见》，正在征求相关部门的意见。打造大余县综合福利院、乡镇敬老院养老服务“两个平台”。县综合福利院项目主体已完工，相关装修工程正在稳步实施当中；池江镇敬老院新建养老大楼1220平方米，总投资157万元，主体已完工；河洞乡敬老院新建养老大楼440平方米，总投资52.6万元，目前主体已完工；黄龙镇、浮江乡、吉村镇、内良乡等乡镇的敬老院改造提升工程已获得县政府批复同意建设，正在办理相关手续。突出社区居家养老、民办养老“二个重点”。建设了“社区老年活动中心”10处，新建社区日间照料中心5家，养老服务志愿者达到232人。大力开展了农村幸福院工作，全县共建成31个农村幸福院，兴办了老年人颐养之家2个，形成了农村社区养老服务的强大推力。积极支持兴办民办养老机构，鼓励社会力量参与到养老服务建设当中，引进了龙泉山老年公寓项目、五福居养老康复中心、丫山健康养老项目、赣州市海欣养老中心等多家民间资本养老项目入驻大余，在养老机构设置了医务室，打造医养结合服务，民办养老机构床位数达到了370张。积极落实床位补助政策：按照1000元每张床位的补助标准，补助了龙泉山老年公寓5万元、梅国老年公寓8万元。积极落实了用地保障政策：县政府无偿划拨9.91亩土地用于建设龙泉山老年公寓，划拨40亩土地用于建设五福居养老康复中心。深化社会组织管理改革。

精简审批环节，实行直接登记。按照行政审批制度改革，简政放权加强服务有关要求，简化了三项行政审批环节，取消所有社会团体筹备成立程序，直接申请成立；取消行业协会商会、科技类、公益慈善类、城乡社区服务类4类社会团体的业务主管单位审批，实行直接登记；取消社会团体分支（代表）机构登记审批，实行备案。截至10月15日，共向136个社会组织颁发赋予统一信用代码的新证，其中民办非企业单位111个。完善社会救助体系，推进“救急难”综合试点。加强组织保障，建立健全救急难工作机制。县高度重视“救急难”工作，2015年1月19日出台了《关于印发大余县开展“救急难”工作试点实施方案的通知》（余府办发［2015］1号）。《方案》确定了新城镇、南安镇、青龙镇为试点乡镇。同时，成立了大余县“救急难”工作领导小组，由分管副县长任组长，县民政、卫计委、教育、房管、人社等单位主要领导为成员。同时，建立了部门主办、分办、转办和协同办理的机制，加强社会救助政策的协调和沟通力度。完善制度建设，搭建救急难工作平台。根据试点工作开展情况，大余县出台了《关于印发大余县开展“救急难”工作实施方案的通知》（余府办字〔2015〕78号）。制定了《社会救助统一受理窗口工作流程》《社会救助统一受理窗口工作人员职责》《“一门受理、协同办理”工作规程》，用于指导全县的“救急难”工作。同时，还建立了“首问负责制”和“转介”工作制度等，加强各部门配合，明确各部门职责及分办、转办流程和办理时限，为遭遇急难问题的群众提供“绿色通道”，切实做到“求助有门”。为解决当前一些群众救助申请困难甚至救助无门的问题，县依托已设立的各乡镇服务大厅的民政救助平台建立了“救急难”求助窗口，建立了“一门受理、协同办理”的县、乡（镇）、村（居）三级救助快速反应网络。大余县共计设立了11个“救急难”受理窗口。由各救助窗口统一受理，统一悬挂社会救助“救急难”受理牌、统一悬挂救助受理工作职责、统一悬挂受理工作流程图、统一公示求助热线电话“12349”“救急难”上岗人员统一徽章标识，方便群众求助，并接受群众监督。夯实工作基础，构筑救急难工作发现通道。针对急难对象遭遇困难的临时性、突发性的特点，完善了“救急难”工作主动发现机制。开通统一求助热线电话“12349”。急难对象只要拨打电话就能及时被发现并得到救助。全县依托精准扶贫工作网络，及时发现困难对象，做到对困难群众情况心中有数，早发现、早救助、早干预，救助及时到位。按照网格化管理要求，精准扶贫干部之外还设立了若干村组联络员，使救急难主动发现报告实现了在社区（村组）的全覆盖。截至，通过主动发现机制办理“救急难”个案14件。强化经费保障，扎实开展救急难工作。为切实帮助遭遇突发贫困的群众解决困难，县积极争取财政支持，加大对社会救助工作经费的保障力度，确保“救助及时”“救助有方”。上级下拨了154万元的“救急难”资金，县财政配套了29万元“救急难”专项资金。在乡镇设立“救急难”应急周转资金。县民政局、县财政局联合发文先后下拨了全县各乡镇“救急难”应急周转资金111.6万元。各乡镇可以直接审批2000元以下的“救急难”资金。卫生部门设立了应急医疗救助资金，帮助突发病患者及时解决医疗困难，确保救治及时。2016年2016年1－11月份，大余县共救助了困难群众846人次，救助金额231.19万元，其中实施急难救助353人次，转办教育救助31人次、住房救助20人次，其他困难救助442人次，有效缓解了急难群众困难，促进了社会和谐稳定。完善救助政策，拓展救急难救助方式。根据救助对象的困难情况，实施分类救助。乡镇“救急难”救助标准，按照申请救助家庭困难程度大小和自救能力强弱分别掌握确定。按照上级统一部署和要求，全面实施县以下机关公务员职务与职级并行，职级与待遇挂钩制度。

根据江西省人力资源和社会保障厅等五部门《关于印发江西

省县以下机关建立公务员职务与职级并行制度的实施意见的通知》（赣人社发〔2015〕37号）精神，报市人力资源和社会保障局等五部门同意后，结合大余县实际印发了《大余县实施公务员职务与职级并行制度实施意见》（余人社字〔2015〕78号），建立了长效晋升职级机制。于2016年4月完成了首批符合晋升条件人员的审批，其中科员级晋升至乡科副职级127人，乡科副职级晋升至乡科正职级117人，乡科正职级晋升至县处级副职级70人，以上314人均按要求兑现了工资待遇。

【文化体制改革】 完善新闻发布制度，加强舆论阵地建设，强化网络舆情监测。依托大余党务公开网、大余县人民政府网、政务微博、政务微信等政务公开平台，建立“网上新闻发布厅”。县委、县政府下发《关于大力运用新媒体开展政务信息服务的意见》，要求各级党政机关、企事业单位和人民团体开通政务微信、微博，打造“网上新闻发布厅”，将党和政府的声音传递到全县每一个角落。截至，县已开通政务微博29个，政务微信56个，新媒体影响力和宣传覆盖面迅速提升。

科学编制文化旅游发展规划，完善与周边县（市）旅游发展沟通协作机制，争取国家新闻出版广电总局和国家安监总局支持，进一步加强旅游对外宣传，加快推进重点旅游项目、精品旅游景点建设。已建立赣州西部联盟，积极做好了文化旅游工作。努力创“优”，打造精品旅游景区。县积极开展旅游品牌创建工作，大余章源生态旅游有限公司被评为第四批江西省服务业龙头企业，山与山间农家饭庄、狮头棚生态农庄、浮江生态农庄被评为“中国乡村旅游金牌农家乐”，丫山景区负责人唐向阳、新城镇周屋村书记周机生荣获“中国乡村旅游致富带头人”荣誉称号。

全面推进国家旅游扶贫试验区建设，协助和指导丫山景区申报省级旅游度假区、三月三景区申报AAA级旅游景区，新城周屋乡村旅游点、黄龙花木产业旅游示范园、青龙元龙畲族特色村申报省AAAA级乡村旅游点。建设了大余县龙山小镇乡村旅游扶贫示范点项目和大余县百里乡村旅游长廊项目。

着力开发文化旅游项目，抓好红色文化旅游、生态文化旅游、工业文化旅游以及乡村旅游等相关景点建设。结合革命历史，建设红色旅游项目。如南方红军三年游击战争旧址及纪念馆项目、大余县梅山红色旅游区（陈毅隐蔽处）和大余县梅关古驿道景区。结合休闲农业，建设生态旅游项目。如大余县万马生态休闲度假项目、大余县丫山自行车山地越野场地项目以及大余县丫山飞龙峡谷漂流项目。结合百年钨业，建设工业旅游项目。打造大余县西华山钨矿国家矿山公园项目，聘请安徽金联地矿科技有限公司编制完成项目一期控制性详规。

加强县、乡、村三级公共文化服务设施网络建设。制定向社会力量购买公共文化服务管理办法，促进公共文化服务社会化。扩大提升图书馆总分馆建设覆盖面和水平，全面启动数字图书馆建设，打造全民阅读示范县。有文化共享工程县级支中心1个，乡镇综合文化站11个，农家书屋及文化共享工程村级服务点各105个，其中有15个点被列为市公共文化服务基层示范点。县、乡、村公共文化服务网络体系基本建成。数字图书馆基本建成。大余县图书馆主动适应新形势的要求，积极建设数字图书馆。根据大余县人民政府办公室《关于印发大余县2016—2017年度本级政府向社会力量购买服务试点方案的通知》要求，局组织力量，并借鉴其他县市区的做法，拟定了《大余县向社会力量购买公共文化服务管理办法》。2016年，共举办各类讲座、展览18期，举办全民阅读推广活动共计42场次。

深入挖掘整理大余深厚的历史文化底蕴，筹备成立古驿道文化、牡丹亭文化、理学（心学）文化研究会，促进旅游与文化深度融合。组织专业人员对全县的文化遗存进行了全面的调查摸底，并将收集整理情况编辑了《大余古代文化遗存辑录》，为全面了解掌握和运用大余深厚的历史文化打下了基础。组织大余文化名人筹建古驿道文化、牡丹亭文化、理学（心学）文化研究会，已正式成立阳明文化研究会，其他研究会也正在报批过程中。结合县旅游事业的发展，局组织专业人员到各乡镇乡村旅游点采风，为21个乡村旅游点创排了民俗表演节目，提升了旅游点的文化品位。

支持县广电新闻中心经营文化产业，同时对《大余新闻》整档栏目重新包装设计，提升《大余新闻》的新颖度、关注度和受众满意度。创新民生、娱乐节目形式，充分运营好“大余广电”微信、微博和大余党政客户端平台，打造形态多样、手段先进、具有竞争实力的新型网络主流媒体。大余县广电新闻中心已出台大余电视台节目改版方案，在《大余新闻》中增加了“外媒看大余”“图片资讯”等版块，增加了民生新闻、社会新闻播出量，增加了节目可视性 。推进政务新媒体建设和“互联网＋宣传工作”。“大余广电”微信公众号和“掌上大余”手机客户端用户达1.5万用户。特别是“大余广电”微信公众号稳居全省新媒体排行榜前50强、全市新媒体综合榜前20强。

加强广播体系建设，组建新的广播电台采编播队伍，打造全新大余人民广播电台。加快实施广播电视村村通、户户通工程。已全面完成直播卫星“户户通”工程。2016年，已完成11060户直播卫星“户户通”安装调试任务，完成率达100%，在全市位居前列。制订了大余人民广播电台复播方案，正在采购安装设备，组建采编播队伍。

推进广播电影电视数字化升级改造和地面数字电视公共覆盖，高标准规划建设好卵岭高山无线发射中继站，打造应急广播体系建设试点县和国家数字音频广播试点县。地面数字电视公共覆盖工程有新突破。加快县广播电视台升级改造步伐。对口支援有新进展。累计从采编播人员中选派6批次8人次到总局研修学院学习进修。经积极争取，总局人事司批准同意在大余设立国家新闻出版广电总局播音主持实践锻炼基地，2016年11月24日至29日在大余举办了首期赣南等原中央苏区播音主持业务培训班。

南安俯视

地　情

自然环境

【地层】　县境内地层发育尚齐全，具有震旦系、寒武系、奥陶系、泥盆系、石炭系、白垩系、第三系、第四系沉积物出露的地层，缺少志留系、二叠系、三叠系、侏罗系的地层。以变质岩、砂页岩、紫色页岩等为主的地层分布面积有1103.12平方公里，占总面积的80.7%，岩浆岩的出露面积有263.88平方公里，占19.3%。分布最广的地层是寒武系，其次是第四系和震旦系。分布最少的地层是石炭系和白垩系。

震旦纪　是出露最老的地层，为次深海环境，分上下两个统，上统称老虎塘组，下统分上施组和下坊组，老虎塘组由变余长石石英砂岩、硅质岩或大理石组成，上施组为深灰色厚层状变余沉凝灰岩，偶夹变余凝灰质砂岩，下坊组主要是一套含砾岩系，局部夹板岩或千枚岩。主要分布在内良的黄溪、吉村的初陂、浮江的玉塘、青龙的留地、池江的路箕和杨柳。与寒武系下统呈整合接触，是一套变质砂岩、板岩、千枚岩、硅质岩为主的海相类复理石建造。

寒武纪　与震旦系呈连续沉积。主要分布在浮江的洪水寨、梅关的荡坪、左拔的漂塘和左拔、樟斗的樟斗和茶园、吉村的吉村和解放、青龙的河南和谢背地，是一套砂岩、板岩、硅质板岩和泥质灰岩为主的地槽相碎屑岩类复理石建造。

奥陶纪　因受风化剥蚀，仅在吉村的民主村存有零星分布，由上而下分为爵山沟组、七溪岭组、龙溪组、韩江组、石口组和蒲陇组，其岩性是一套含大量笔石化石的板岩、硅质板岩及变余砂岩。

泥盆纪　统不整合于奥陶系之上，主要分布在黄龙的丫山和大龙山、左拔的左拔和云山、河洞的合江、吉村的吉村等地，是以砂岩、砂砾岩、砾岩为特征的陆相沉积，岩性坚固。

石炭纪　在吉村的右源、池江的池江和长江等地零星分布，不整合于泥盆系锡矿山组之上，是灰岩、白云岩、页岩、变质页岩为主的海陆相碎屑夹煤沉积建造。

白垩纪　分布出露在新城、池江、青龙等地，呈零星小块状分布，是砖红色砂岩、粉砂岩、泥岩碎屑建造。

第三纪　只见下第三系，是在白垩系砖红色盆地基础上的再沉积，主要分布在池江盆地中，是一套紫红色泥岩、紫芝色砂岩、砂砾岩、砾岩的河流—湖油沉积。

第四纪　为近代冲积层。主要分布在章江两侧，由未成岩的黏土、砂砾、卵石组成，形成河漫滩及一至三级阶地。

【岩体】

1. 变质岩属震旦系、寒武系出露地层的变质岩，岩性以灰色板岩、粉砂质板岩、灰绿色千板岩、变粒岩、变酸性熔岩及变质碎硝岩为主，并有少量片岩、片麻岩及各种混合岩，是全县分布最广的岩性地层。主要分布在吉村至新城500米以上的山地及高丘，分布面积619.55平方公里，占总面积的45.32%，是森林资源的主要产区。

2. 岩浆岩

大余岩浆活动始于早古生代，终于中生代白垩系，加里东、华力西、印支、燕山、喜山等期地质运动均有岩浆侵入并形成岩体，岩体以黑云母、二云母花岗岩为主，其次为花岗闪斑岩和花岗斑岩，主要分布于西部、北部及中部地区，出露面积263.88

平方公里，占总面积 19.3%。

加里东期岩浆岩　有加里东晚期第二阶段花岗岩类，主要分布在县城城南地带。岩体多呈中小型岩基和岩株状产出，受华夏构造控制，岩体侵入震旦系浅变质岩中，热接触变质为角岩化。

华力西期岩浆岩　为花岗岩类侵入岩浆岩。主要分布在漂塘矿区，受北东向压性断裂，北西向张性断裂复合控制，岩体侵入寒武系浅变质岩中，呈瘤状产出，其边缘相为细粒石英闪长岩。

燕山期岩浆岩　燕山期是大余岩浆活动的繁盛时期，喷发—侵入活动频繁而强烈。以内良岩体九龙脑岩体西华山岩体下垄岩体为代表，黑云母花岗岩体分布广泛，受区域北东向新华夏构造与纬向构造带的复合构造控制，岩体多侵入寒武系浅变质岩中，呈岩株和瘤状产出。岩浆活动均为复式侵入岩体，具有多阶段、多期次运动特征，境内钨、锡、铅锌矿等有色金属矿床的形成与燕山期的岩浆岩活动有成因联系，是一次重要的成矿时期。

喜山期岩浆岩　基性岩类，分布在黄龙的大合，受北东新华夏构造控制，岩体侵入于下第三系红色粉砂岩中，呈瘤状产出，接触作用不明显，矿物主要成份是辉石和基性斜长石，其次为角闪石、橄榄石，伴生矿物有磷灰石、钛铁矿、磁铁矿等。

3. 杂色砂页岩

属泥盆系至奥陶系地层的综合体，主要包括灰色砂页岩、紫色页岩、粉砂岩、灰白色砂砾岩及少量煤系地层、火山地层。主要分布在吉村镇的帽子峰—上村、黄龙镇的潮泥岗—丫山—大龙山、新城镇的合江—竹篙顶—池江的长江等地，分布面积 40.02 平方公里，占总面积的 2.93%。

4. 碳酸盐岩

属石炭系中的石灰岩、白灰岩、白云岩，在吉村镇的军坑和池江镇的洋口有零星分布，面积仅有 4.25 平方公里，占总面积的 0.31%。

5. 砖红色砂砾岩

属白垩系的砖红色砾岩、砂砾岩、粉砂岩、页岩。主要分布在黄龙—青龙—池江—新城的章江北岸海拔 500 米以下丘陵地带，分布面积 137.52 平方公里，占总面积的 10.06%。

6. 紫色页岩与泥岩

属白垩系红色岩体的一部份，主要由泥质胶结或钙质泥质胶结的紫色或紫红色泥岩、页岩、粉砂岩及红色砂砾岩组成，易风化。主要分布在黄龙镇的陈边、青龙镇的狮子口、池江镇的杨村、新城镇的排子上等地，分布面积 46.13 平方公里，占总面积的 3.37%。

7. 第四系红壤

属第四系中下更新统河湖相红色粘土，具网纹状蠕虫状的二元结构，覆盖在紫色泥岩上 3～5 米厚的表层沉积物的是组成岗地或高阶地的基本母质。主要分布在青龙镇的平岗—固营—联合—双联—长坑、池江镇的曲潭—卢屋—杨梅—同心—高林—羊前—新江、新城镇的鱼仙—水西—樟树下—上李—灌湖等地，分布面积 88.86 平方公里，占总面积的 6.5%，是县果园经济林的主要产区。

8. 沉积物

主要为现代河流相黏土及砂砾石层及残坡冲积黏土，有数米厚度。主要分布在章江及其支流两岸、残坡积物形成的山麓及山坡凹地，分布面积 166.79 平方公里，占总面积的 12.2%，是粮食、油料、蔬菜的主要产区。

【地质构造】　大余地处南岭纬向构造带，东段与武夷山新华夏系构造带南段复合部位相连，属华南加里东褶皱带隆起区。在经历了地槽、地台和滨太平洋大陆边缘三大阶段的地质运动后，形成大余山字形的地质构造，总体构造为东西向和南北向，南有大庾岭大型复向斜基底褶皱带，中有呈菱形展布的池江盆地，北部属大余—兴国断裂带，从而基本塑造和奠定现代大余千姿百态的地形地貌。

南北构造带　由震旦纪、寒武纪、奥陶纪浅变质岩地层形成一系列倒转复式褶皱，一般较紧密，轴向近南北，按南北向褶皱被泥盆系中统不整合复盖，形成于泥盆系之前，属加里东运动的产物。

华夏构造体系　是中国东南部较发育的构造之一，在大余的体现也明显，主要表现为一系列走向北东的冲断裂、硅化破碎带及挤压带等。冲断层走向为北东 40 度左右，倾向南东或北西，以倾向南东为主，倾角在 60 — 80 度。结构面力学性质显示压扭性，其扭动方向大多呈逆时针方向，北西部往南西方向扭动。大余片麻状花岗岩的原生片理走向为北北东 40 — 60 度，属华夏系构造产物，形成于加里东运动之后，属海西一印支运动产物。

南岭纬向构造带　　主要由近东西走向的挤压破碎带、冲断层、片理带以及受其控制的有关岩体和岩脉组成，形成和发育的时间较长，具有长期性与多期性活动的特点，不仅在古生代地层中发育，并常在新华夏系构造复合作用下共同控制燕山期花岗岩的侵入及含钨石英脉矿床的成矿裂隙中生成，成矿后仍有活动。结构面力学性质表现极为复杂，具有多期次、重叠加的特征，形成于加里东运动之后，在华力西、印支、喜山旋回中均有活动。

新华夏构造　江西省地质地层的主要构造，它切割其它构造，延伸远而影响大。大余以走向北北东、北东向的冲断层地质发育丰富，多数以挤压破碎带的形式出现。其主干构造呈反时钟扭动，北西盘向南西盘扭动。与华夏主干构造有成生关系的两组扭裂隙，即走向北东东的扭压性裂面及走向北北西的扭张裂面有互切现象，前者较发育，往往成组成带出现，成为县内重要的成矿裂隙。

大余北西构造带　　由一系列北西向的褶皱、挤压片麻理、片理和冲断层组成，多呈断零星分布。北西构造在加里东期（主要在奥陶系）有过强烈活动，使震旦一奥陶系组成北西向紧密褶皱和冲断层，到晚第三系北西向构造再次复合，在奥陶系北西向褶皱断带上迭加有斜交轴的北西向压性断裂。

大余山字形构造　由多条断裂和挤压破碎带组成，前弧西翼自浮江下南村起，经竹木花园东延至黄龙的长胜，弧顶对着县城，柱位于崇义县境内。全弧长 23 多公里，东翼破碎带较宽，卷入的地层有寒武系、泥盆系、白垩系。

【地形】　大余全境地处南岭大庾岭北麓，县境总体呈东西长、南北宽的长条形状。地形在长期的地质变化作用下，北部、西部、南部的山地地势崛起，层山叠嶂，中部与东部凹陷，形成西高东低，三面环山，朝东敞开的地貌格局。西部、西南部、西北部为山地，中部、东部为丘陵地带，章江沿岸为岗地平原，构成全县地貌“八山一水一份田园、道路和庄园”的基本特征。

1. 山地

分布在县境西部、西南部、西北部，由震旦系、寒武系、泥盆系、白垩系等地层组成，是在地壳上升条件下，经强烈的侵蚀切割作用形成的地貌形态，面积 1074.07 平方公里，占总面积的 78.57%。西南部中山一般海拔在 500 — 800 米，西部、西北部中山一般海拔在 800 — 1300 米，其中 800 — 1000 米山峰有 46 座、1000 米以上山峰有 26 座，全县最高山峰属内良的天华山，海拔高程为 1383.6 米，山脉走向多呈北北走向，山体挺拔。由于受强烈侵蚀切割作用影响，山顶形成多棱角尖形，山脊呈鱼背状，山坡角在 35 度以上，河谷峡水，多呈“V”字形，水流湍急，落差较大。沙村一横江一下垄一线低山的主体山脉呈北北东或东西偏北东方向，山体连绵，西北部较陡峻，北部较平缓，相对高程在 500 — 800 米，山顶多呈锯齿状，山坡角在 25 — 35 度间，河谷呈“U”字形，谷底宽浅。由于多年树木的枯枝落叶形成的腐殖层使山地土壤肥沃，树木生长茂密，森林覆盖率在 75% 以上。

2. 丘陵

集中分布在南安镇至新城镇的章江两岸地域，由白垩系、白垩系红色岩和第四系红地层浸蚀剥蚀形成，是山地至平原岗地的过度地带，面积 105.68 平方公里，占总面积的 7.73%。海拔高程一般在 200 — 500 米之间，其中低丘高程在 200 — 300 米间、高丘高程在 300 — 500 米间。高丘山势平缓，山岭多呈垅状、垣状或馒头状，山坡角 20 度左右，岩层风化多呈松散状，冲沟发育。低丘地势低缓，多呈缓坡状、垅状，山岭形成平顶山、单面山，流状发育，侵蚀沟成树枝状。

3. 岗地

分布在黄龙镇至新城镇的章江北岸的广阔地域，以黄龙至新城京州的丘陵地带分布最广、最集中，以紫色页岩、泥岩、粉砂岩、红陵砾岩和第四系红土为主，由第四系残坡冲积物地质层形成，面积 26.38 平方公里，占总面积的 1.93%。海拔一般在 150 — 200 米之间，岗地走向为微斜向章江河床，山岭呈馒头状，浸蚀沟成网状，地势平缓。

4. 平原

集中分布在黄龙至新城镇的

章江两岸，章江支流两岸有零星分布，由第四系沉积物形成，面积160.87平方公里，占总面积的11.77%。海拔高程在124－150米之间。池江盆地是境内最大的平原区域，呈菱状展开。新城镇白田埠是县内最低点，海拔124米。

【山脉】 大余境内的山脉以章江为界分南北两组。南部山脉属南岭的大庾岭山脉，与赣、粤、湘三省交界，从内良的天华山起，向南折东延伸绵亘于县境及广东省的仁化县、南雄市至江西省的信丰县边境，西北部与罗霄山脉之聂都山交会，东与武夷山脉九连山相连接，长202.5公里，主要山峰有大庾岭、天华山、横棋、大岭、帽子峰、仙人岭等，内良的天华山是县内最高山峰，海拔1383.6米。北部属诸广山脉，主峰为崇义县的齐云山，入境后折向东，绵亘于崇余边境，主要山峰有月光背、西华山、荡坪岭、丫山、云山、八仙脑等。

大庾岭　系大余与南雄的分水岭，东北一西南走向，延绵200余公里，以梅岭为主峰，系南岭五岭之一。植被有松杉毛竹灌木等，富藏钨矿。岭上有大小梅关，为古今南北交通要道和兵家必争之地，庾岭驿道是古代中原连通岭南及东南亚“海上丝绸之路”的重要陆路通道，是“全国少有，江西仅有”的古驿道。古时大庾岭另有7个别称：塞岭，因秦时为塞上得名。台岭，因峰顶有石平整如台而名。庾岭，因岭形似廪庾（粮仓）而名之；汉武帝时有裨将庾胜兄弟戍守于岭，筑有庾将军城而名庾岭。梅岭，因岭上植种许多梅树而名；秦汉时期越人梅娟在此“奉王而居之”，后率军助汉灭秦，以军功受封“十万户侯”，越人以梅将军名记之。连溪山，《水经注》记：“连溪山即大庾岭”。东峤山，因岭居五岭之东而名。凉热山。岭上有大小山隘，即大小梅关。大梅关是唐开元四年（716年）张九龄奉诏凿通为驿道的关隘，位于县城南面10公里的梅山村。宋嘉佑八年（1063年），江西提刑蔡挺在岭上关隘建梅关关楼，关楼界分江西与广东。

天华山　位于内良乡李洞村，因其山脊形似伐木工使用的扛木，又称为扛木岭，是大余与崇义的县界山，东属大余县，西属崇义县。属罗霄山脉南端，主峰海拔1383.6米，是全县最高山峰。山体面积约10平方公里，其中森林绿地面积约8平方公里，有明显的植物生长垂直分布带，800米以下为原始的阔叶林和毛竹林，郁闭度为80%，800～1000米为灌木林地，品种有紫杜鹃、继木、杨梅、乌钣等，1000米以上为天然草场。

横棋　位于内良乡五洞村西部，处大余、崇义、仁化三县交界之地，东属大余县，西属广东仁化县，北属崇义县，主峰海拔1175.9米。

海螺岗　位于内良乡白井村，紧连天华山，与广东省仁化县交界，因形似海螺而名，主峰1120.4米。

黄连洞坳　位于内良乡五洞村西部，海拔1030米。

茶头坳　位于内良乡白井村西部，主峰海拔800米，是大余与广东仁化的县界山，东属大余县，西属仁化县，有简易乡道相通。

大坳　位于内良乡白井村西南，与海螺岗相对峙，因山有天然坳口而名，是大余与广东仁化的县界山，东属大余县，西属仁化县，主峰海拔660米，有松、杉、杂木等资源。

二十四坳　位于内良乡黄溪村，是大余与崇义的县界山，南属大余县，由崇义聂都沿路上至山顶主峰约10公里山路，须经24个坳口，故名，主峰海拔946.4米。有大余通往崇义的古道通过山口。

廖洞峙　位于内良乡尧扶村东南，主峰海拔793.5米。

高　峙　位于县毛竹林场，主峰海拔808.9米。

高凉寨　位于内良乡石溪村东部，主峰海拔579.2米。

云台山　位于河洞乡长炉村，因常有云气盘结故名，海拔1130米。旧有僧院，清时焚毁。

柯树坳　位于河洞乡东溪水村西面，是大余与广东南雄的县界山，北属大余县，南属广东南雄市，主峰海拔747米，有小路通往广东南雄。

黄公坳　位于河洞乡高坪村西北，因山岗有黄公庙而得名，海拔950米，是大余与广东仁化的县界山，东属大余县，西属广东仁化县。

神仙地　位于河洞乡东溪水村东，传说千余年前有神仙在此下凡，故名。主峰海拔962米，是大余与南雄的县界山，北属大余县，南属广东南雄市。山腰以下山地盛产毛竹、松树及阔叶混交林。

大岭　位于河洞乡长岭村西南，面积45平方公里，因山体高大而名大岭，主峰海拔1034.3米。

观音山　位于河洞乡，是长炉、长岭、留洞三村的交界山，因远看形似观音菩萨而得名，主峰海拔1174.4米，盛产毛竹。

内峒嶂 位于河洞乡、吉村镇与南雄市交界之地，面积11平方公里，顶平如砥，晴日可遥望百余里远，主峰海拔947.8米，是大余与南雄的县界山，北属大余县，南属广东南雄市。产蓼刁竹、细辛、膻草、四季兰等，

帽子峰 位于吉村镇右源村，东北一西南走向，山峰耸立，雾罩顶峰，如峰戴帽，故名。山体纵横数十里，林木葱郁，主峰海拔1058.4米。山北为右源村，山下有帽子峰林场和民主村，是大余与广东南雄的县界山，北属大余县，南属广东南雄市。三年游击战争时期，红军游击队以帽子峰为根据地，建立过中共北山区委。

狮头额　位于吉村镇右源村西北，主峰海拔712米。

耙子窝　位于吉村镇右源村东南，主峰海拔787米。

昌风坳　又名穿风坳，位于吉村镇民主村南部，主峰海拔580米，是大余与广东南雄的县界山，北属大余县，南属广东南雄市。

双童岭　原名三将军岭，位于吉村镇解放村南部，有三峰圆秀挺立，明代南安知府邓应仁以中峰低平，两侧峰高为由改名双童，主峰海拔719米。

樟枫坳　位于吉村镇民主村虎山下南偏西11公里的山上，海拔约400米，有小道通往广东南雄。

五龙珠　位于吉村镇吉村村，山冈有五座山峰蜿蜒而来，俗称五龙珠，主峰海拔891.1米。

仙人岭　位于梅关镇梅山村东南，山顶多茅草，以顿立石峰，矗立奇秀，山半崖石嶙峋，常有云霞盘旋其巅，曾名仙霞岭，相传古时有仙人在岭巅赛宝故名，主峰海拔755.6米，是大余与南雄的县界山，北属大余县，南属广东南雄市。

庄彭岭　俗名扁岭，又名寨埂上，位于青龙镇留地村南面，山体横亘数里，主峰龙形埂，海拔501.1米，是大余与南雄的县界山，有小道经隘口通往南雄。

老虎坳　位于青龙镇留地村西南，因昔时常有老虎出没其间而得名，主峰海拔400米。

棋盘石　位于池江镇弓里村，东西走向，系油山余脉，海拔417.1米，山下的彭坑、小汾等地，三年游击战争时期是红军游击队的主要根据地。

钟鼓岭　位于南丰乡东坑，地接大余、南康、信丰三县，是县境最东地，主峰海拔796.7米。有古道连通信丰、南康。

鸡笼山　位于吉村镇满埠村，绵亘于大余与崇义两县边界，南属大余县，北属崇义县，主峰海拔838.3米。

月光背　位于浮江乡洪水寨村西部，山顶浑圆如月亮，故名月光背，是大余与崇义的县界山，南属大余县，北属崇义县，主峰海拔1202.4米，蕴藏钨、锡矿，植被以灌木为主。

高山　位于浮江乡洪水寨村最北端，因山高而得名，是大余与崇义的县界山，东西北属崇义县，南属大余县，主峰海拔1181.4米，植被有松、杉、竹、灌木、茅草等。

斋庵岭　位于浮江乡洪水寨村北部，昔时山腰有庵，是大余与崇义的县界山，南属大余县，北属崇义县，主峰海拔1197米，岭上木竹资源丰富，产土纸、松脂、明笋、香菇等。

荡坪岭　又名汤瓶岭，位于梅关镇荡坪村北部，因形似汤瓶而名，是大余与崇义的县界山，南属大余县，北属崇义县，主峰海拔1075米，蕴藏钨、锡、铝、锌等矿，植被有毛竹、灌木等，是中国有色金属总公司南昌公司荡坪钨矿矿部所在地，有余崇公路经荡坪与崇义连通。

西华山　位于县城南安镇以西5公里，是举世闻名的“世界钨都”，明清时期满山松杉，瀑布飞流，风景秀丽，山上有西华寺而得名。1908年在此发现钨矿，1918年建矿开采，花岗岩山体，蕴藏钨、钼、铜、锡、铋等有色金属，遍山岩穴，资源枯竭，植被多茅草、灌木。

惜母岭　位于县城南安镇以东2公里，相传道教大师葛洪在此斩蛟，小蛟顾首怜惜母蛟而名，葛洪也在此炼丹修道。岭上有石

灶，岭下有嘉右寺塔。植被以松树灌木为主。

青龙冈　俗称卵岭，位于黄龙镇大合村，古时相传有青龙出现于此，故名。

大龙山　位于黄龙镇大龙村，因形似游龙而得名，山体蜿蜒2公里，蕴藏锡、钼矿，主峰山牛塘海拔1158米。

丫山　又名双秀峰，位于黄龙镇大龙村，距县城12公里，巍峨的峻顶并列着两座山峰，“两峰尖削似马耳”，直刺云霄故名双秀，宋南安知军黄铎更名为丫山。主峰海拔906.2米。山中生长丰富的中亚热带常绿阔叶林带，森林植被复杂，动植物种类繁多，资源丰富，其中植物有660余种，属重点保护树种有南方红豆杉、竹柏、银杏、花榈木、方竹、墨竹等，野生动物有116种，属国家珍稀保护动物有穿山甲、云豹、白颈长尾雉、白鹇等。丫山腹地有佛教灵岩寺，规模宏大，是省级重点文物保护单位，也是县主要风景旅游景区。

雷公陡　位于左拔镇漂塘村与左拔村交界之地，相传经常遭受雷击故名。花岗岩山体，山势陡峭，顶峰悬崖峭壁，主峰海拔1000米，长有少量茅草。

漂塘岭　位于左拔镇漂塘村，蕴藏钨、锡矿，主峰海拔755米，是中国有色金属工业总公司南昌公司漂塘钨矿所在地。植被以毛竹、松树、杂木为主。

云山　位于左拔镇云山村，因其山峰高耸入云而名，是大余与崇义的县界山，东、南属大余县，北、西属崇义县，主峰海拔1275.6米，山体面积约12平方公里。植被以毛竹为主，灌木次之，山上多杜鹃花，枝虬苍劲，经年不衰，春夏时节，漫山遍野，杜鹃盛开，红艳艳似燃烧的火焰。山上有沙参、石猴、石苇、石皮、灵芝、胆草、百合、杜仲、还魂草等药材，盛产云山绿茶。春夏登顶可观云海，云雾绕腾，景色宜人。

鸭子脑　位于左拔镇左拔村南1.5公里，因山顶形似鸭头而名，面积约10平方公里，主峰海拔817.6米，蕴藏钨矿。

山牛塘　位于左拔镇左拔村与漂塘村交界之地，山顶有口水塘，昔时常有山牛到塘玩水，故名。主峰海拔1133.3米。

八仙脑　位于樟斗镇蕉坑村夏屋场西偏北6.5公里，山腰一个大石盘，周围石墩8个，相传八仙在此憩息弈棋，故名。是大余与崇义的县界山，东南属大余县，北西属崇义县，主峰海拔1038.7米，长有油茶、灌木等植物。

白枧岭　位于樟斗镇横江村北6公里，是大余与崇义的县界山，南属大余县，北属崇义县，新城至杨眉寺公路在此通过，主峰海拔450米。

上垄山　位于樟斗镇下垄村北部，是大余与南康的县界山，南属大余县，北东属南康市，主峰海拔673.6米，蕴藏钨铜矿。

斗笠脑　位于新城镇莲塘村北部，因形似斗笠而名，是大余与南康的县界山，南属大余县，北属南康市，主峰海拔768.4米。

上风门坳　原名风门坳，位于京州乡茶园村北部，是大余与南康的县界山，南属大余县，北属南康市，主峰海拔400米，有小道越坳而过。

下风门坳　原名风门坳，位于新城镇东乾村北部，是大余与南康的县界山，南属大余县，北属南康市，主峰海拔490米，植被以松树、灌木为主。

【河流】 大余山峦重叠，丘陵起伏，形成溪水密布，河流纵横。由于地势影响，水系呈树状从北、西、南三向向中部汇聚，形成以章水为主干流的章江水系。章江水系集雨面积有1683.92平方公里，在县流域面积1360.4平方公里，占总面积的99.52%。流域内共有支流530条，其中流域面积大于30平方公里的一级支流有13条、介于20—30平方公里的二级支流有27条、介于10—20平方公里的三级支流有20条、小于10平方公里的四级支流236条、小溪234条，支流总长2007.94公里，河流密度1.52公里/平方公里。山区、上游河流河道纵坡陡，落差大，水流湍急，进入丘陵地带，河道较平坦，水流缓慢。

发源于大余境内而流入邻省邻县的河流有：河洞乡金坪的黄罗洞和内良乡五洞的冷饭坑各有一条溪水流入广东珠江水系，流域面积有6.6平方公里；新城镇王屋岭村的生龙河出境流经南康市浮石乡入章江；左拔镇云山村的云山有小溪出境入崇义县；浮江乡洪水寨村三江口及月光背有小溪出境入崇义县。

章江流域在县内分三个自然环境段：

1. 上游段：包括河洞、内良、吉村、浮江4个乡镇地域，流域面积667.29平方公里，其中县内流域面积558.26平方公里、入境面积11903平方公里。段内自然生态特征是：地势高，森木茂盛，支流多，落差大，水流湍急，水质纯清，灌溉便利，不利通航。主要支流有沙村河、内良河、河洞河、右源河、民主河、河坑河、游仙河、浮江河等。

2. 中游段：包括南安、黄龙2个乡镇地域，流域面积262.4平方公里，其中县内231.8平方公里、崇义县义安入境面积30.6平方公里。段内自然生态特征是：森林植被条件好，矿产资源丰富，河道渐宽，水流变缓，水能丰富，不能通航，水质有一定程度污染。主要支流有北门河、新安河、五羊滩河、东山河、荆南河、亳塘河、上排河、大龙山河等。

3. 下游段：包括左拔、青龙、池江、樟斗、新城5个乡镇地域，流域面积606.35平方公里，其中县内576.93平方公里、从信丰入境面积22.82平方公里、从新城石坑子至生龙里出境南康面积6.6平方公里。段内自然生态特征是：森林植被较好，矿产资源丰富，地势平坦，水流平缓，河道弯曲，河面宽阔，存在一定程度水土流失，河床淤积抬高，不能通航，水质有一定程度污染。主要支流有垄涧河、留地河、小汾河、板棚河、杨柳河、池江河、合江河、窑下河、下垄河、灌湖河、分水坳河、生龙里河等。

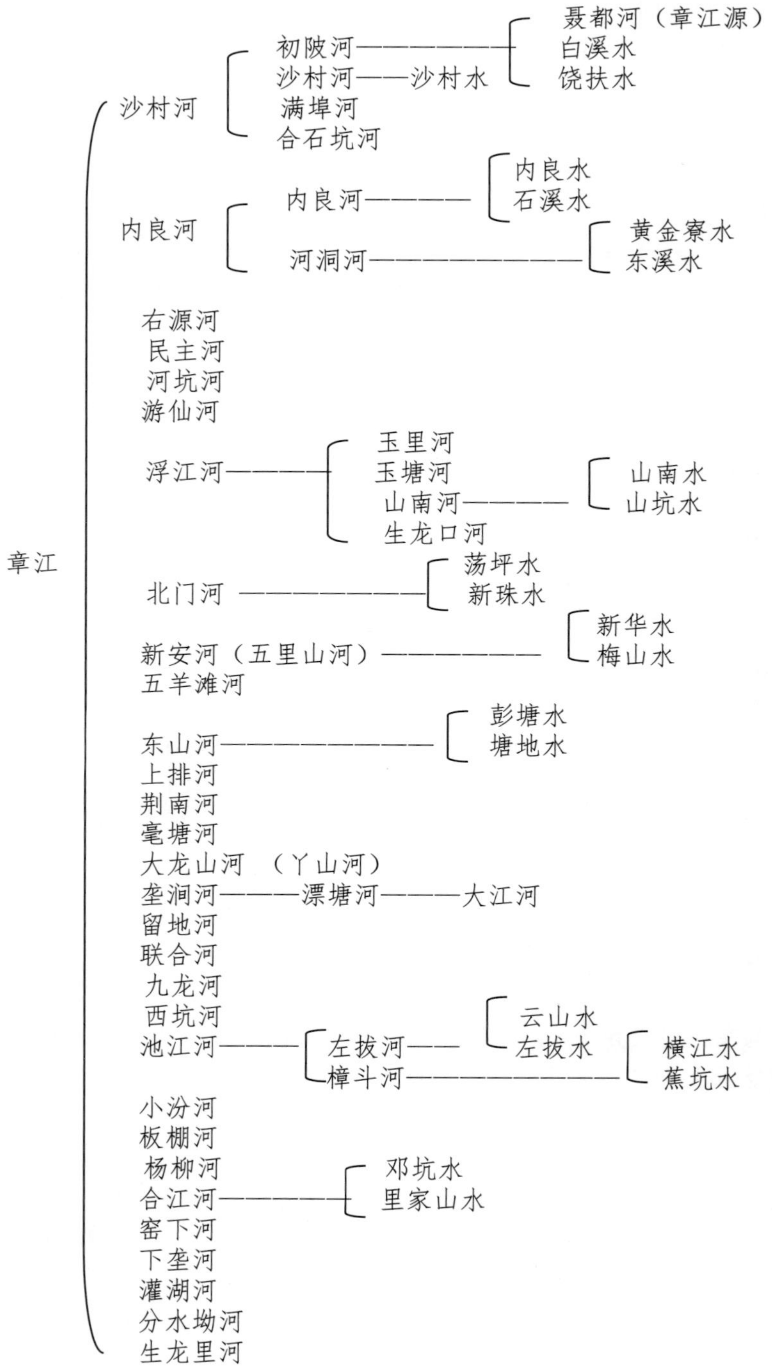

图1 大余章江水系分布情况

大余主要河流：

章江　古称豫章水，属长江流域赣江水系一级支流，源出崇义县聂都山东段的鲤鱼山，流经聂都纳莲塘河后，南流纳白溪水，然后折向东至吉村的沙村纳沙村水、满埠水、合石坑水，向东南流至大水口纳内良水，合流后始称章江。章江自西向东横流全境，沿途流经吉村、浮江、南安、黄龙、青龙、池江、新城7个乡镇。

章江河总长199公里，总落差861米，平均坡度4.33%，自浮江至赣州市河长157公里，落差91米，平均坡度0.58%。河道在大余小水口以上，河面狭窄，坡降大，植被保存好；小水口至浮江，河道弯曲夹有礁石险滩，两岸农田稀少，多为狭谷地带；浮江以下，坡坝较多，水土有一定程度流失，河床逐年抬高，影响农业生产，不能航运。章江总流域面积7696平方公里，其中在江西境内7097平方公里，流域形状近似四方形，地势西南面高，东北面低。流域面积大于100平方公里的支流有内良河、浮江河、杨梅河、朱坊河、龙回河等25条，总长129公里，3－100平方公里的小河70条。章江河道到达赣州市须经过4个近90度的大河弯，流速比较平缓，流经南康至赣州八境台与贡江汇合成赣江。

章江是大余河网水系的主干流，在县境内长77.5公里，占章江总长的43.79%，流域面积1360.4平方公里，占总流域面积的17.7%，占全县土地面积的99.52%，水源充沛，河床落差大，从吉村大水口至新城出境口落差为113.7米，全程坡降0.001174米。

沙村河　原名章凉水，属章江一级支流，发源于崇义聂都东山，自西北向东南流经洋石—黄溪—长垄—沙村圩—大水口，与内良河汇合为章江。因在沙村圩与满埠河、合石坑河汇合而得名，沙村圩流至大水口为沙村河。主河全长28.45公里（县内15.6公里），河口高程226.4米，河床坡降0.075米／米，流域面积213.65平方公里（县内94.66平方公里），最大洪峰流量700.3立方米／秒。

初陂河　属章江二级支流，在江口下游400米处的大余与崇义分界线接聂都水至沙村圩段，呈东南流向，主河道长8.3公里，流域面积126.15平方公里，河口高程246米。

满埠河　属章江二级支流，发源于崇义县聂都龙西，流经龙西垣东桥满埠，在沙村圩入沙村河，主河道长16.35公里（县内11.85公里），流域面积40.75平方公里（县内14.26平方公里），河床坡降0.0276米，河口高程246米。

白溪水　又称红溪河，属章江的三级支流，发源于崇义的白牛坑，与峡州的二条小溪在洋石汇合后流经大水坑—红溪河，在黄溪与饶扶水汇合流入初陂河，是沙村河的上游。主河道长14.35公里（县内河长5.35公里），流域面积61.15平方公里（县内33.65平方公里），河床坡降0.0309米，河口高程272.5米。

饶抚水　属章江的三级支流，发源于内良的天华山，自西南向东北流经李洞－饶扶－黄溪，与白溪水汇合后流入初陂河。主河道长9.25公里，流域面积11.75平方公里，河床坡降0.0479米，河口高程239.2米。

内良河　古称豫水及良（凉）热水。属章江一级支流，发源于内良乡五洞村横棋山麓的坳头排，自西向东流经五洞－内良－枧下－小水口，在大水口与沙村河汇合成章江。主河长26.33公里，流域面积169.06平方公里（县内166.1平方公里）。河床坡降0.0123米，河口高程226.4米。

内良乡五洞村冷饭坑有一小溪南流广东仁化县，出境流域面积3.04平方公里。

石溪水　属章江三级支流，发源于河洞乡长炉村的桐子里，自西南向档北流经小沙坝－竹山下－石溪，在南州的傲头流入内良河，主河道长11.64公里，流域面积5.06平方公里，河床坡降0.0316米，河口高程255米。

河洞河　古称豫章水，又名平政水。属章江二级支流，发源于河洞乡金坪村的黄罗洞与高坪，自西南向东北流经合江－河洞－热水，在小水口流入内良河，主河道长21.7公里，流域面积78.125平方公里，河床坡降0.015米／米，河口高程234米。

黄金寮水　属章江三级支流，发源于河洞乡的高坪，河长8.5公里，流域面积24.1平方公里，河床坡降0.045米，河口高程356.3米。

东溪水　属章江三级支流，发源于河洞乡金坪的黄罗洞，河长8公里，流域面积16.4平方公里，河床坡降0.039米，河口高程356.3米。

右源河　属章江二级支流，

发源于吉村镇右源村的吊鱼洞，自西南向东北流经黄泥丘一右源一长井，在水沟咀流入章江，全长9公里，流域面积25.75平方公里，河床坡降0.034米，河口高程214米。

民主河　又名大门里河、大萌水，属章江一级支流。发源于帽子峰东麓的昌风坳，自西南向东北流经烂泥里一下塘一大萌里，在村江坝的石板潭流入章江，全长10.85公里，流域面积34.8平方公里，其中县内流域面积29.46平方公里，主河道坡降0.029米/米，河口高程203米。

河坑河　古名大明水，属章江二级支流，发源于广东省南雄市横水洞的塘田坳，自西南向东北流经吉村民主的小岭一河坑一黄坑口，在实竹坝流入章江，主河道长7.3公里，流域面积21.5平方公里(县内14.86平方公里)，河床纵坡降0.023米，河口高程201.38米。

游仙河　属章江二级支流，由发源于吉村镇游仙村的芹菜坑和南雄市赵坑的牙狮寨的二条支流在排牙下的中坑水库汇合而成，流经游仙岗头，在罗石坝入油罗口水库，主河道长11.1公里（县内9.1公里），流域面积24.88平方公里(县内19.52平方公里)，河床坡降0.0194米，河口高程200.86米。

浮江河　属章江的第一大支流，发源于崇义县境内的石圳，自东北向西南流经石圳一义安一生龙口一术头坝，在生龙口纳九龙脑云溪水，又接浮江玉塘和玉里的之溪水而成浮江河，在浮江杉树下村吕屋汇入章水，主河道长28.84公里，流域面积227.23平方公里（县内138.33平方公里），河床坡降0.0102米，河口高程177米，最大洪峰流量360.7立米/秒。

玉塘河　属章江二级支流，发源于九龙脑南麓，自西北向东南流经樟东坑一沙州石一玉塘一竹田，在大河边注入浮江河，主河道长15.37公里，流域面积27.375平方公里，河床坡降0.020米/米，河口高程182.98米。

玉里河　属章江二级支流，发源于浮江乡杉树下村的上洞里，自西北向东南流经下洞里一玉里一蜈公丘，在杉树下流入浮江河，主河道长17.23公里，流域面积23.13平方公里，河床坡降0.0183米，河口高程178.9米。

生龙口河　属章江二级支流，是浮江河的上游河流，发源于崇义县义安乡的上石圳，自北向南流经下村一义安一生龙口一双田一木头坝，下游称浮江河。石圳至木头坝的主河道长19.43公里（县内5.7公里），流域面积95.225平方公里（县内16.875平方公里），河床坡降0.0116米，河口高程194米。

山坑河　属章江二级支流，发源于崇义县的关田坳，自西北向东南流经三江口一洪水寨一柘木一下南一山坑，在木头坝流入浮江河，主河道长7.3公里，流域面积11平方公里，河床坡降0.0294米，河口高程229米。

北门河　原名洞山水，又称荡坪水，发源于荡坪岭井水湾，流经梅关镇新珠下东坑的下锣鼓山一董家庙至城西朱屋下流入章江，全长9.95公里，流域面积19.77平方公里，河床坡降0.0305米/米，河口高程174米。

新安河　又名五里山河、梅山河，属章江一级支流，发源于大庾岭，自西南向东北流经梅关镇的寨足下一梅山一五里山，合新华灯芯桥水，又纳东塘坑水后，绕东山北麓汇入章江，主河道长10.8公里，流域面积32.12平方公里，河床坡降0.057米，河口高程170米。

东山河　又称沙江坝河，属章江二级支流，由发源于梅关锅水和塘地的东西二条小溪在金兰庵汇合而成，流经沙江坝，在过路滩与龙珠圆之间流入章江，全长7.8公里，流域面积13.85平方公里，河床坡降0.023米，河口高程157.3米。

双排河　属章江二级支流，发源于黄龙大龙山西南麓的老山坑内的上老山，流经下老山一小花园一黄溪坝，出上排在峡口水库下汇入章江，全长6.59公里，流域面积 14.67平方公里，河床坡降0.0318米，河口高程158米。

荆源河　属章江二级支流，发源于黄龙镇叶敦村的荆源坑阳春地东麓，自南向北流经内坑一官岭上一油店背，在叶敦砂坝里流入章江，全长9.1公里，流域面积15.35平方公里（县内14.51平方公里)，河床坡降0.020米，河口高程156.2米。

毫塘河　又名南井坑水，属章江一级支流，发源于广东省南雄市邓坊的上兰田，自南向北流经下兰田一兰枧坑一九坑，在黄龙豪塘村流入章江，主河道长16.7公里　(县内10.2公里)，流域面积 39.5 平方公里（县内 9.74 平方公里）。河床坡降 0.0105 米，河口高程 154 米。

大龙山河　又名大里水、丫山河，属章江一级支流，发源于黄龙大龙山的老屋场，自西北向东南流经漂塘钨矿大龙山分厂一新店里一石门水库一河坝里，在大里河头流入章江，主河道长 12.65 公里，流域面积 32.81 平方公里，河床坡降 0.025 米，河口高程 156.75 米。

漂塘河　古称小密河，又名垄涧河，属章江一级支流，发源于云山西南麓的长尾岭，自西南向东南流经石头坝一漂塘钨矿矿区一大江一垄涧里水库一固营，出青龙赤江的卵岭桥后流入章江，主河道长 22.04 公里，流域面积 62.72 平方公里（其中垄涧里水库控制集雨面积 55 平方公里），河床坡降 0.0181 米，河口高程 147 米。

留地河　属章江一级支流，发源于大余与信丰交界的油山平田坳，由老虎坳和鹅足湾的两条小溪在留地汇合而成，自南向北流经两管水一麦云头一张屋场，在青龙圩对岸流入章江，主河道长 12.7 公里（县内 11.1 公里），流域面积 34.53 平方公里（县内 22.89 平方公里），河床坡降 0.0136 米，河口高程 145.5 米。

联合河　属章江二级支流，发源于营孜里与石眼头的二条小支流在田心里担水潭汇合而成，流经狮子口，在二塘村三贯桥流入章江，河长 13.5 公里，流域面积 15.34 平方公里，河床坡降 0.0091 米，河口高程 122.95 米。

九水河　属章江二级支流，发源于圳坑里与大塘下的二条小支流在海眼里汇合而成，在二塘圩流入章江，河长 12.8 公里，流域面积 17.65 平方公里，河床坡降 0.0083 米，河口高程 122.63 米。

西坑河　属章江二级支流，发源于广东南雄市的寨背洞，流经同盟村的西坑水库，在贯下的坝里流入章江，河长 9.1 公里，流域面积 11.7 平方公里（县内 10.1 平方公里），河床坡降 0.0113 米，河口高程 122.5 米。

池江河　又名杨梅河，属章江一级支流，发源于樟斗镇焦坑小王坑的八仙脑和左拔镇的云山，左拔水与横江水在跃进水库外坝汇合后称杨梅河，自西向东南流经樟斗一杨梅一曲潭一团口一杨村一庄下，至水塘上流入章江，主河道长 38.82 公里，流域面积 166.88 平方公里（县内 162.56 平方公里），河床坡降 0.00548 米，河口高程 136 米。池江河全程支流 38 条，总长 143.2 公里。

小汾河　属章江一级支流，发源于广东南雄市大兰村的石人咀，自南向北流经大兰一彭坑一小汾一弓里，从兰溪与弓里的交界地流入章江，主河道长 14.98 公里（县内 7.3 公里），流域面积 45.05 平方公里（县内 11.43 平方公里），河床坡降 0.0146 米，河口高程 141.8 米。

同心河　属章江二级支流，发源于樟斗镇花坳的石峡孜里，自西北向东南流经滑石水一杨屋孜一赣州园艺场一新江，在长潭面流入池江河，全长 8.75 公里，流域面积 14.87 平方公里，河床坡降 0.0095 米，河口高程 135.1 米。

板棚河　属章江二级支流，发源于大余与南雄交界的丘婆庵，自东南向西北流经池江瓦屋下一象孜头一板棚下，在板棚肚坊流入章江，主河道长 7.15 公里，流域面积 12.73 平方公里，河床坡降 0.0094 米，河口高程 137.2 米。

杨柳坑河　属章江二级支流，发源于池江镇杨柳坑村的上新屋，自南向北流经老屋场一黄茅山一古脑寨一长江，在洋口汇入章江，主河道长 9.74 公里，流域面积 19.98 平方公里，河床坡降 0.0114 米，河口高程 136.4 米。

南坝河　属章江二级支流，发源于池江镇杉背坑和高排坑的三条小支流在杉皮湾汇合后，流经寨孜上，在长江洋口石灰窑边流入章江，河长 6.75 公里，流域面积 13.73 平方公里，河床坡降 0.0107 米，河口高程 138.9 米。

上下伏河　属章江二级支流，位于樟斗镇的双付村与池江镇的羊前小溪村境内，发源于双伏花坳的老山口，自西北向东南流经下伏一羊前一高岭一小溪，在塘背弯的杨吾棚流入章江，全长 14.95 公里，流域面积 18.05 平方公里，河床坡降 0.0105 米／米，河口高程 132 米。

下垄河　又名水西河，属章江一级支流，发源于樟斗镇下垄村的上垄西坑，自西北向东南流经下垄一石门一茶园一隘下一水西一京州，在沙下坝流入章江，主河道长 27.65 公里，流域面积 42.25 平方公里（县内 41.51 平方公里），河床坡降 0.01 米／米，河口高程 125.69 米。

窑下河　属章江二级支流，发源于大余与南康交界的斗笠脑，自北向南流经庵孜里坳上江孜上窑下，在下村流入章江，河长 7.8 公里，流域面积 13.5 平方公里，河床坡降 0.0095 米，河口高程 125.25 米。

灌湖河　属章江二级支流，发源于大坑安与山牛坑的两条小支流在灌湖塔下汇合后，自西北向东南流经灌湖－岗子头，在鹅公头流入章江，河长 7.1 公里，流域面积 19.73 平方公里，河床坡降 0.0103 米，河口高程 123 米。

分水坳河　属章江二级支流，发源于天香炉（三人寨）、乌石下、石坑子的三条小支流，自北向南流至分水坳的田心里汇合而成，在瓦屋下择岸流入章江，河长 6.9 公里，流域面积 13.5 平方公里，河床坡降 0.0109 米，河口高程 122.8 米。

合江河　属章江一级支流，由发源于邓坑的鸭鸡山与信丰县上乐石坳背的二条支流，分别流经邓坑与里家山在合江口的摇前排汇合而成合江河，自东南向东北流经柯树下－犁头炉下，在高屋流入章江，主河道长 14.7 公里（县内 12.3 公里），流域面积 44.91 平方公里（县内 34.575 平方公里），河床坡降 0.0169 米，河口高程 124 米。

邓坑河　属章江二级支流，发源于信丰县境内的鸭鸡山，自西南向东北流经塔下－邓坑－打鼓潭，在合江口的摇前排与里家山河汇合成合江河，主河道长 10.1 公里，流域面积 18.75 平方公里（县内 15.85 平方公里），河床坡降 0.0183 米，河口高程 152 米。

里家山河　属章江二级支流，发源于信丰县的上乐，自东南向东北流经石坳背钟古岭里家山竹子逆，入合江水库后在合江口的摇前排与里家水汇合成合江河，河长 10.3 公里（县内 6.3 公里），流域面积 22.15 平方公里（县内 14.83 平方公里），河床坡降 0.0279 米，河口高程 152 米。

生龙里河　属章江二级支流，发源于新城镇生龙里，自西北向东南流经生龙里青云埠，在南康市浮石乡高洲的潮泥湾流入章江，是大余出境较长的河流。主河道长 5.9 公里（县内 1.7 公里），流域面积 8.3 平方公里（县内 2.7 平方公里），河床坡降 0.0117 米，河口高程 122.6 米。

【土壤】 大余土壤的水平分异不明显，随地势的高度变化，垂直分布较明显。据 1984 年县土壤普查统计，全县土壤共分水稻土、潮土、紫色土、红壤、山地黄壤、山地草甸土 6 个土类，11 个亚类，49 个土属，111 个土种。

水稻土是县主要的农业土壤，主要分布在平原的高阶地、河谷平原中阶地和丘陵地区。此类土壤土层厚，熟化程度高，是生产能力较高的耕作土壤。分淹育型水稻土、潴育型水稻土、潜育型水稻土、侧渗型水稻土 4 个亚类，28 个土属，73 个土种。面积 170733 亩。

红壤为中亚热带地带性土壤，是分布最广的一个土类，广泛分布在海拔 600 米以下的低山和丘陵地区，一般土层较厚，红色土壤在 1 米以上，发育比较完整，呈中性反应，是发展经济林、果业和经济作物的主要土壤资源。分红壤和山地黄红壤 2 个亚类，13 个土属，22 个土种。面积 1732966.6 亩。

潮土的母质类型为河流冲积物，是经人为耕种熟化形成的一种旱作土壤，分布樟斗、池江、南安、新城等乡镇的河谷阶地，土层较深厚，质地砂壤至轻壤，结构松散，容易耕作，通透性好，适宜薯类、花生、蔬菜等旱作物种植。分灰潮土 1 个亚类，1 个土属，2 个土种。面积 2552.2 亩。

紫色土的母质类型为紫色砂岩类和紫色泥页岩类风化物，分布在南安、黄龙、青龙、樟斗、新城等乡镇的岗地和低丘地区，土壤色泽均一，多为紫色、紫红色、暗紫色或棕色等，一般土层浅薄，发生层次比较完整，适宜花生、薯类等经济作物的种植。分 3 个亚类，6 个土属，8 个土种。面积 78437.67 亩。

山地黄壤只出现在山地垂直带谱中，分布于浮江、吉村、内良、河洞、黄龙、樟斗等乡镇 800 米以上的中低山地区，有效土层中等，土壤呈酸性反应。分山地黄壤 1 个亚类，3 个土属，3 个土种。面积 58737.97 亩。

山地草甸土分布在县境西部和中东部海拔 1000 米以上的山顶缓坡地与山坳处，主要植被是草本，并杂生少量灌木。分山地草甸土 1 个亚类，2 个土属。面积 8166.46 亩。

表 1　　大余土壤分布情况

土壤类型			分布区域	面积	土壤特性
水稻土	淹育型水稻土	麻沙泥田	内良的中低排田与梯田	578.28	1. 土层厚，土壤肥沃； 2. 熟化程度高； 3. 灌溉条件较好，地下水位适中； 4. 具有强烈的还原能力； 5. 耕作历史长。
		黄沙泥田	樟斗、京州的丘陵排田	374.86	
		鳝泥田	吉村、青龙的低排田	599.3	
		黄泥田	池江的低丘与岗地的排田	99	
		潮沙泥田	新城的章江河岸的二级阶地	135.15	
	潴育型水稻土	麻沙泥田	低山与丘陵地区	11976.5	
		黄沙泥田	山区河谷和丘陵地区	14716.63	
		鳝泥田	除新城、河洞乡外，其他乡镇丘陵、山区均有	15906.08	
		酸性紫沙泥田	新城、池江、青龙、黄龙的平原和丘陵	12048.44	
		酸性紫泥田	池江、青龙、黄龙、京州的丘陵和平原	12727.15	
		石灰性紫泥田	京州的丘陵岗地	1033.72	
		黄泥田	黄龙、池江、青龙、赤石、新城、京州的平原岗地	40081.5	
		潮泥沙田	沿章江河及其支流两岸的一级阶地上	38364.6	
		矿毒田	浮江乡的低丘段田	4520	
	潜育型水稻土	麻沙泥田	吉村、内良、河洞、内良、梅关	1700.73	
		黄沙泥田	新城、樟斗、南丰、京州的河谷平原阶地的段田低洼处和低丘垅田、坑田	553.28	
		鳝泥田	池江、吉村、青龙、浮江、左拔的河谷平原低洼地段和低丘坑田、垅田的下部	2857.18	
		黄泥田	黄龙、池江的丘陵垅地	294.75	
		潮泥沙田	梅关、浮江、南丰、青龙的低丘和河谷盆地沿江两岸的段田低洼处，	1053.65	
		矿毒田	黄龙潮泥岗村的排田处与京州乡河谷地阶的段田低洼处	166.28	
	侧渗型水稻土	麻沙泥田	河洞、内良、吉村、赤石、京州的低山丘陵的坑田排田的倾斜部位	2242.65	
		黄沙泥田	池江、樟斗的低丘与河谷盆地的排田、坑田	532.9	
		鳝泥田	吉村、池江、左拔、浮江的低山丘陵的坑田和排田的下部	2378.89	
		紫沙泥田	青龙、黄龙低丘地区垅田排田的中下部	587.95	
		紫泥田	京州的丘陵排田的倾斜部位	139.83	
		黄泥田	池江、南丰、黄龙、青龙的河谷平原	5063.71	

续表 1　　大余土壤分布情况

潮　土		河流的沿岸	2552.2	经人为耕种熟化形成旱作土壤。
紫色土	酸性紫色土	青龙、黄龙、池江、新城、梅关、樟斗	25097.2	一般土层浅薄，多为紫色、紫红色、暗红色或紫棕色。
	石灰性紫色土	池江、青龙、京州的低丘与岗地	26914.87	
红壤	红壤	全县各乡镇海拔600米的低山与丘陵	1404601.98	土壤层较厚，养分贫瘠，自然肥力较低。
	山地黄红壤	浮江、吉村、新城、左拔、黄龙、梅关的低山区	328364.62	
山地黄壤		浮江、内良、河洞、樟斗、黄龙的中山地带	58737.97	表土层的腐殖含量较高，颜色深暗。
山地草甸土		内良、浮江、吉村的中山地区	8166.46	表土层积聚大量腐殖质，并有大量草根盘缠形成草甸。

自然资源

【植被】　大余三面环山，森林资源丰富，植被种类繁多。植物种类有170余科，760余种。地带性植被主要分常绿阔叶林、针叶林、常绿落叶伴生残次林、竹林、杂灌木林5个类型及中山草坡。县境西部及西北部自然植被保存较好，森林茂盛，林木生长旺盛；中东部丘陵河谷平原地，人口密度大，植被有一定程度破坏，树木生长缓慢；中部低山丘陵区，植被保存尚好。

常绿阔叶林　主要树种有壳斗科的青刚、米楮等，樟科的黄樟、大叶钓樟、红叶钓樟等，以及酸枣、木荷、杨梅、红豆杉、罗汉松、黄杨、榆、喜树、米老排等。

针叶树林　主要以天然马尾松林、飞播马尾松和人工营造的马尾松、湿地松、火炬松、杉木为主。

常绿落叶伴生残次林　以木荷、枫香、拟赤杨、盐肤木、黄端木、松、杉为主，其中伴生有小灌木、藤本、芒萁、茅草。

竹林　多数是成片的纯毛竹林，少数与针、阔叶林混交生长，主要分布在内良、河洞、左拔、吉村、浮江几个山区乡镇。

杂灌木林　主要以黄端木、乌饭树、杜鹃并杂有油茶、杉松之类和藤本以及芒萁、茅类杂草等草本。大多分布在人烟较密集的村庄附近。

中山草坡　以草本为主，种类为多金茅和野古草。

【土地资源】　大余县土地总面积1367.6平方公里，占江西省土地总面积的0.82%，占赣州全市土地面积的34.7%。

耕地总面积190308.9亩（合12687.3公顷），占全县土地总面积的10.07%，其中集体耕地187561.9亩、国有耕地2747亩。耕地中有灌溉水田146366.8亩，望天田24458亩，旱地11081.5亩，菜地8402.6亩。各乡镇均有分布。

园地面积9600.2亩，占全县土地总面积的0.5%，其中柑橘园7232.6亩、茶园2341.7亩、桑园5.6亩、其他园地20.3亩。主要分布在323国道沿线乡镇。

林地面积1585133.3亩，占全县土地总面积的79.8%，其中有林地1311402.1亩、灌木林地62968.7亩、疏林地74085.1亩、未成林造林地134934.4亩、迹地1621.4亩、苗圃121.6亩。林地遍布各乡镇，吉村、内良、河洞、浮江、左拔、樟斗、黄龙等乡镇林地占全县林地总面积的74.7%。

居民点及工矿用地面积80147.2亩，占全县土地总面积的4.03%，其中城镇用地3295.9亩、农村居民点用地47973亩、独立工矿用地24260亩、特殊用地（指居民以外的国防、名胜古迹、风景旅游、墓地、陵园等用地）4618亩。

水域面积61083.1亩，占全县土地总面积的3.1%，其中河流水面面积13194.4亩、水库水面面积6329.9亩、坑塘水面面积14262.8亩、滩涂7381.8亩、沟渠19421.1亩、水工建筑物面积493.1亩。

未利用地面积49684.4亩，占全县土地总面积的2.5%，其中荒草地23957.5亩、沼泽地和沙地88.5亩、裸土地728.1亩、裸岩石砾地1099.4亩、田坎21445亩、其他2365.9亩。县内未利用地中，以荒草地、田坎面积所占比重较大，主要分布在耕地面积较大的乡镇和山地海拔较高地区，裸岩石砾地属较难以利用的土地，主要分布在左拔、漂塘等地。

【水资源】 水能　章江河网密布，河床坡度大，水量充沛，地表迳流（P=95%）总来水量为4.78亿立方米，年平均流量22.5立方米/秒，年径流深887.5毫米。年内来水量1－3月为0.57亿立方米，4－6月的地表水为2.22立方米，7－9月为1.37亿立方米，10－12月为0.73亿立方米。县内水利资源较为丰富，经勘测计算，年均水能理论蕴藏量为17.42万瓦（按P=75%的水能蕴藏量为12.4万瓦，可开发量为4.13万瓦），可开发量为5.26万瓦，占总蕴藏量的42.4%，可开发电量1.91亿千瓦时。适宜以章江主干流为中心实行梯级开发水能资源。

地下水　县境内的地下水根据含水层岩性组合及地下水的赋存条件，可分为松散岩类孔隙水、汇层孔隙裂隙水和基岩裂隙水三类。

松散岩类孔隙水沿章江两岸分布，主要集中在池江盆地，含水层以全新流冲洪积层砂砾石为主，厚度一般在地层3.36－8.53米之间，上面覆盖了0.7－8米的黏土，分布面积有180.331平方公里。以章江河床分布的全新冲积层最好，单井涌水量150吨/日以上。上更新流及支流的全新流冲积层次之，单井涌水量50～100吨/日。中更新流冲积层较差，单井涌水量小于11.93吨/日。

汇层孔隙裂隙水主要平湖组下部钙质粉沙质细砂层及菉层砂砾组成的含水层，分布在池江盆地，出露面积39.48平方公里，有中等水量的孔隙裂隙水，含水层厚度46.45米，涌水量187.3吨/日；另有含水量极贫乏的孔隙裂隙水，为白垩系南雄组上部，由含钙细砂岩、砾岩及含砾砂岩组成，平面上峡条状分布盆地两侧，出露面积24.72平方公里，含水层29.25米，单日涌水量4.6吨/日。

基岩裂隙水分布广泛，出露面积1100.57平方公里，分构造裂隙水和风化裂隙水两个亚种，构造包括各类变质岩、沉积岩及岩浆岩裂隙水等，分布面积1076.52平方公里，中等水量的构造裂隙水主要分布在漂塘、西华山、吉村一带及西部边缘的中低山地，含水岩性主要为砂岩、变质岩、花岗岩等断裂构造发育和节理裂隙密集的含水层组内，地下水以泉水或呈散流形式排泄于地表，出露标高350－600米，泉涌量在0.084－0.281升/秒之间；水量贫乏的构造裂隙水分布在内良、樟斗的横江、青龙的同盟西坑里一带，由花岗岩、变质岩及砂岩组成，由于断裂构造相对不发育，构造裂隙多呈闭合状或被子泥质填实，不利于地下水的赋存，泉涌量一般为0.044－0.153升/秒。

温泉　境内山高林密，木竹丛生，水质纯正，山泉遍地。比较有名的山泉有玉池、堪泉、济惠泉、正泉、上泉、霹雳泉、涌水泉、龟泉井、鱼目井等。出露温泉仅在河洞乡河洞村的热水，称热水温泉，标高290米，泉涌量为1.67升/秒，水温45℃，属中温热水。

【矿产资源】 境内以钨锡为主的有色金属矿产资源仍相对丰富，品种多，伴生矿多，小型矿床多，矿点分布广。钨矿床几乎遍布全县，已探明的主要矿床类型有石英脉型钨矿床、花岗岩浸染型钨矿床、云英岩细脉浸染型钨矿床、矽卡岩钨矿床、砂钨矿床及离子相吸附型稀土矿床等，其中大型矿床2处（钨锡矿床与钨钼矿床各1处），中型矿床8处（钨矿床2处、钨锡矿床3处、钨钼矿床2处、稀土矿床1处），有小矿点54个，其中钨矿21个、钨锡矿10个、钨钼矿3个、铅锌矿1个、稀土矿2个、铀矿1个、铸古用玄武岩1个、石灰岩1个、饰面用板岩1个、硅古5个、钴膏1个、瓷土1个、高岭土1个、砚古用泥质岩2个、观赏古1个、矿泉水1个、温泉1个。发现矿种90种，已利用的有钨、锡、钼、铋、铜、铅锌、稀土、钪、钒、铍、白云岩、玄武岩、石灰石等26种，占查明储量矿种数的86%。主要矿种区有40个，已利用矿区数36个，占矿区数的90%。

全县矿产资源分布相对集中，占98%的矿产探明储量集中分布在北西部的大中型矿区中，钨矿床中含锡、钼、铋、铜、铅锌等金属的共生伴生矿较多，综合利用价值量高。

表2　　全县矿产资源分布区域

矿产名称	保有储量（万吨）	品位（‰）	分布区域
黑钨	25.5	0.3－2.3	内良、吉村、浮江、南安、黄龙、左拔、樟斗的北部地区
白钨	0.0.3	44	荡坪、漂塘矿区
锡矿	5.4	1.2	荡坪、洪水寨、左拔、樟斗、下垄
钼矿	0.38	15	漂塘、左拔、荡坪、洪水寨
铅矿	0.84	0.3	荡坪
锌矿	2.12	—	荡坪
铋矿	0.31	0.31	荡坪、漂塘
锂矿	0.09	—	西华山、荡坪
铍矿	0.12	—	西华山、荡坪
钪矿	0.005	—	西华山、荡坪
铜矿	1.6	0.3	漂塘、下垄、樟斗
稀土矿	15	0.36	南安镇

【野生动物资源】 大余尚有较为珍贵的陆生野生动物有16目37科116种，其中鸟类有11目27科65种，兽类有5目10科19种，爬行类有23种。20世纪五六十年代常出没森林的老虎现在渺无踪影。

鸟类　全市有鸟类189种，隶属17目39科，占江西省鸟类总种数（420种）的45%。大余有国家一级重点保护鸟类：黄腹角雉；国家二级重点保护鸟类：鸳鸯、（黑）鸢、赤腹鹰、雀鹰、松雀鹰、鹰雕、鹊鹞、游隼、燕隼、褐翅鸦鹃、草鸮（猴面鹰）、领角鸮、领鸺留、白鹇；省级重点保护鸟类：小辟（普通）、鸬鹚、草鹭、池鹭、牛背鹭、白鹭、黑、（中华）鸬鹚、灰胸竹鸡、环颈雉、山斑鸠、珠颈斑鸠、小鸦鹃、普通翠鸟、蓝翡翠、家燕、棕背伯劳、红嘴蓝鹃、画眉、大山雀；其他鸟类有：斑啄木鸟、黄腹柳莺、红头咬鹃、白头、八哥、苍鹭、黄苇开、栗苇开、黑开、苍鹰、小鸦鹃、白机令、橙腹叶、黑卷尾、松鸦、灰树鹊、达乌里寒鸦、红胁蓝尾鸲、鹊鸲、北红尾鸲、紫啸鸫、乌鸫、锈脸钩嘴鹛、棕颈钩嘴鹛、黑领噪鹛、灰眶雀鹛、白腹凤鹛、褐头鹪莺、白腰文鸟、三道眉草巫等。在鸟类中斑啄木鸟和黄腹柳莺属江西新记录鸟种。

兽类　全市有兽类55种，隶属7目19科，占江西省兽类总种数（105种）的52.38%。大余有国家重点保护兽类：云豹、豹子、穿山甲、小灵猫、水鹿（山牛）、苏门羚；省级重点保护兽类：黄鼬、鼬獾、花面狸、毛冠鹿、黄麂；其他兽类有赣南野猪、赤麂、果子狸、豹猫、黄腹鼬、獐、赤狐、斑灵狸、食蟹蒙、花松鼠、赤腹松鼠、中华竹鼠、猪獾、褐家鼠、狗獾、华南兔、隐纹花松鼠、鬣羚等。家畜家禽动物有牛、猪、羊、猫、犬、山羊、鸡、鸭、鹅等。

两栖类　全市有两栖动物26种及亚种，隶属2目7科，占江西省两栖动物类总种数（40种）的65%。大余有国家二级重点保护两栖动物虎纹蛙1种，且存数较多；有省级重点保护两栖动物：肥螈、中华蟾蜍、黑斑蛙、棘胸蛙；其他两栖动物有弹琴蛙、沼蛙、泽蛙、日本林蛙、大泛树蛙、石蛙、青蛙等。

爬行类　全市有爬行动物56种，隶属3目13科，占江西省爬行动物类总种数（91种）的61.54%。大余有国家一级重点保护爬行动物蟒蛇1种，且存数稀少；有省级重点保护爬行动物：平胸龟、鳖、王锦蛇、滑鼠蛇、灰鼠蛇、乌梢蛇、银环蛇、眼镜蛇；其他爬行动物有石龙子、北草蜥、赤链蛇、草游蛇、水赤链游蛇、中国水蛇、金环蛇、眼镜王蛇、黑背白环蛇、尖嘴腹、渔游蛇等。

鱼类　主要有鲢鱼、草鱼、鲭鱼、鲤鱼、鲫鱼、鳙鱼、黄鳝、泥鳅、鳗鱼、弹瑟鱼、鲶鱼、鳜婆鱼（猪婆鱼）、娃娃鱼、石鳞鱼、扁鱼、石斑鱼、塘虱鱼、痣花鱼等。

昆虫类　主要有蚯蚓、蜘蛛、蝴蝶、螳螂、蜜蜂、蚕、蜥蜴、蝙蝠、蝉、蟋蟀、蜻蜓、斑蝥、蜈蚣、萤、鼠妇、水蛭、壁虎、蝇虎、螽斯、蝇、蚊、蚂蚁、蠹、土蚕、黄蜂、蝗虫、螟虫、毛虫、臭虫、虱子、跳蚤等。

介类　主要有田螺、福寿螺、河蚌、河蟹、虾等。

【野生植物资源】　大余地处南岭山地，属常绿阔叶林生物气候带，适宜各类植物的繁衍生长，野生植物资源丰富，种类有170余科760余种，大致可分为林木、竹、花草、药用植物等类。

林木　正常分布、面积较大的树种有杉、松、樟、楠、荷、枫香、酸枣、拟赤杨、青刚栎、米槠、甜槠、泡桐、榆树、野柿、乌桕、油桐、枫杨、重阳、喜树、桉树、苦楝。优良珍贵的乡土树种有南方红豆杉（水杉树）、红豆树、白克木（大果马蹄荷）、观光木、光皮桦、油葫芦；引进优良树种有意大利杨树、美国湿地松、雪松、龙柏等；供美化环境的观赏树种有银华、桂花、茶花、法国梧桐等。1986～2000年通过果业开发发展的果树树种有柑桔、脐橙、柚子、三花李、奈李、金桔、猕猴桃等。其他树种有山苍子、黄樟、大叶钓樟、红叶钓樟、柏、白乌柏、桧、椿、楮、檀、柽、杜仲、柳、桑、槐、栎、柞、椃、黄扬、榆、漆、冬青、黄榉、苦楝、石楠、皂、荚、棕榈、甘棠、柘、榕、荆、楮、杞、水石松、山桃、蜡树、罗汉松、铁芭蕉、牛筋木、羊角木、木梓、杨梅、毛栗、棠梨、野荔枝、橡子、橄榄、橘纽、野枇杷等。

竹类　以毛竹分布面广，蓄量丰富，其他竹种有苦竹、紫竹、黄竹、斑竹、木竹、石竹、苗竹、慈竹、方竹、扁竹、芦竹、水竹、湾竹、凤尾竹、观音竹、人面竹、箬竹、泥竹等。

花草藤类　以梅花和金边瑞香最为珍贵，大余是江南梅花开得最早之地，是“金边瑞香之乡”。品种有虎舌红、墨兰、君子兰、百日红、木芙蓉、月月红、乌饭子、芍药、七姐妹、玉兰花、西施花、交枝花、川茶、木笔、照殿、午时莲、金银花、独占春、雪球、山丹、石榴、无花果、岁兰、灯笼花、银蝴蝶、紫薇、紫荆、荷花、木槿、葡萄、海棠、秋海棠、金孔雀、洛阳锦、木兰、栀子、天竺葵、万年青、杜鹃、茉莉花、一丈红、汉宫春、锦棠春、蔷薇、玫瑰、胭脂花、夹竹桃、向日莲、素馨、玉印、凌霄、剑兰、金菊、百合、菊花、鹿葱、凤仙花、鸡冠花、青莲、水仙花、文竹、玉娇娥、珠兰、山茶、扁豆花、马缨花、仙人球、仙人掌、夜合、扶桑、长春、山桃、金钱花、牵牛花、茶蓼、黄茅、芸草、香草、暑菊、古蓼、菅茅、芒草、薜荔、灯芯草、酸浆草、雁来红、昙花、一枝香、芝、葛、莱、珍珠斗、金丝荷叶、鱼鳞草、缺灯盏、马齿苋、马兰、乌兰、茱萸、卷耳、铃兰、木刺、辣芒、龙须、百香果、美人蕉、鱼子兰等。

药用植物　全县野生药用植物有400余种，主要有菖蒲、茯苓、何首乌、金樱子、山栀子、薄荷、苍耳、香薷、荆芥、紫苏、女贞子、天门冬、使君子、枸杞、花椒、蛇床子、蓖麻、篛荅草、甘菊、枫香、艾草、益母草、香附子、骨碎补、松香、竹沥、淡竹、马鞭草、六月雪、旱莲草、荆沥、乌梅、石斛、桑螵蛸、金银花、谷精草、巴豆、决明、桑白皮、桑寄生、大枫子、木鳖、瓜蒌、黄精、枇杷叶、石钻子、钻山龙、鹿卸草、百合、浮萍、红花、黄药子、蒲黄、宁根、青黛、木通、茵陈、青蒿、侧柏、皂角、藕节、仙茅、南星、枳壳、前胡、三棱、蓼刁竹、五加皮、地骨皮、桃仁、龙胆草、夜明砂、夏枯草、黄芩、牛膝、当归、七叶一枝花、田七、车前草等。

【旅游资源】　大余地处章水之滨，五岭之首，素有“南控百粤，北扼三江”之称。自秦始皇经略百越，开辟驰道，到唐代张九龄奉旨凿辟驿道，变拔地千仞，危崖百丈的梅岭山隘为“坦坦而方五轨，阗阗而走四通”，逐渐成为“海上丝绸之路”的重要通道。大余是赣江漕运的终点，是江西的南大门，从唐至明清，南来北往的官车、富豪商贾的货物，在东山大码头集结转运；海外诸国的贡使，文人名士与达官贬臣在南安府城逗留，使大余延续了千余年“商贾如云，货物如雨，万足践履，冬无寒土”的繁盛，亦为大余积淀了斑斓的文化与灿烂的文明。宋之问、苏东坡、文天祥、张九龄、汤显祖、戚继光、毛泽东、朱德、陈毅等历代名人在大余的活动，造就了独特的人文景观。境内气候温暖，四季分明，树木苍翠，山水清澈，形成了许多风景秀丽的自然景观，是江西省24个旅游重点县之一。

全县拥有地文景观类、水域风光类、生物景观类、古迹与建筑类、消闲求知健身类、市场与购物类六大类旅游资源，共有43种基本类型128处旅游景点，其中自然旅游资源13种49处占38.2%，人文旅游资源30种79处占61.8%。全县旅游资源的特征是：古道战迹，千古传名；人文荟萃，渊远流长；世界钨都，风景独异；林幽瀑美，梅香四溢。

地文景观类　名山有梅岭、西华山、丫山、天华山、锣鼓山；蚀余景观有庾岭雅丹、西华山钨矿、下锣鼓山巨型花岗岩石体；奇特山石有丫山灵岩寺飞云石、龙山瀑布神龟听瀑、大龙山猿猴石；沙地风景有梅岭庾岭雅丹；小型岛屿有油罗口水库大鹰浦；洞穴有丫山斋公洞、西华山总窿口230中段巷道。

水域风光类　风景河段有三江口洪水寨河河段、荡坪河锣鼓山河段；瀑布有锣鼓山调羹浣水、龙山瀑布群子母瀑布、仙公瀑布、灵岩瀑布、乌鸡瀑布、丫形瀑布、三江口瀑布、洪水寨瀑布、锣鼓山瀑布；泉井有河洞温泉、内良温泉、梅岭梅关泉、丫山飞云泉；湖泊有油罗口水库、石门水库、龙涧里水库、乱石铺水库。

生物景观类　树林有东山森林公园、三江口原始森林、丫山森林公园、梅岭梅林、内良竹林、烂泥迳林场、油罗口橘园；古树木有灵岩寺千年铁树、灵岩寺千年罗汉松、梅岭驿道千年古枫、梅岭云封寺枫树（2株）；野生动物栖息地有三江口原始森林、丫山森林公园。

古迹与建筑类　社会经济文化遗址有梅岭古驿道、南安古码头；军事遗址有池江彭坑陈毅旧居、南安毛泽东召开干部会议旧址、梅岭陈毅元帅隐蔽处、梅关斋坑游击洞；古城遗址有南安水城、杨梅土城、南安水城古城墙；宗教建筑和礼制建筑有丫山灵岩寺、东山真觉寺、梅岭云封寺、南安兴教寺、新城周氏宗祠；殿（厅）堂有灵岩寺大雄宝殿、天王殿、梅岭庾将军祠；楼阁有梅关关楼、梅岭望梅阁、牡丹亭舒啸阁；古塔有嘉祐寺塔、水口塔；牌坊有梅岭古驿道入口牌坊及梅关风景区牌坊；碑有梅岭碑、梅岭“重来梅国”碑、梅岭“偷渡梅关”碑、梅岭“登大庾岭”碑、梅岭诗碑林、南安古码头“禁碑”；建筑小品有梅岭憩云亭、牡丹亭公园绿荫亭、焦龙亭、梳妆台、玉池精舍、芍药栏、梅花观；景观建筑有牡丹亭、梅岭望梅阁、梅岭驿站；桥有梅关大桥、梅岭接岭桥、梅岭广大桥、南安横浦桥、南安靖安桥、丫山狮子桥；陵园有大余革命烈士陵园；墓有刘伯坚烈士墓、丽娘冢；水工建筑有油罗口电站。农果场有青龙长坑万亩果林、金边瑞香观赏园、池江良种场万亩果园；特色城镇与村落有南安镇、梅山乱石埠；港口有南安东山古码头、水门头码头；广场有县城街心花园、二十一世纪广场；乡土建筑有左拔曹氏围屋、南安清代民居群；纪念地有青龙王阳明落星亭、梅岭陈毅隐蔽地；观景地有惜母岭观景地、梅岭观景地。

休闲求知健身类　科学教育文化设施有文化馆、图书馆、博物馆、西华山钨矿展览室、西华山钨矿地质陈列馆；公园有丫山森林公园、东山公园、牡丹亭公园、东湖公园；运动场馆有县城体育场；娱乐场所有电影院、南安影都、体协老年活动中心。

市场与购物类　市场有南安商贸城、县城农贸市场及323国道沿线乡镇集贸市；选购物品有钨、锡、铜、钼等有色金属矿产品，南安板鸭、美味鸡、多味花生等食品，羽绒衣、羽绒服、羽绒被等羽绒制品，金边瑞香、虎舌红、富贵籽等花卉苗木及大余奇石、根雕、盆景等。

历史沿革

大余县原名大庾，因居五岭之首的大庾岭横亘县境而得县名。早在新石器时代境内就有人类活动。隋开皇十年（590年），安远郡改称大庾县，大余始建县，至今已有1426年历史。

夏商西周　天下分九州，大余属古扬州域。

东周春秋时先属楚，后属吴。战国周元王三年（前473年），越灭吴，大余归越。周显王三十五年（前334年）楚灭越，大余复属楚。楚在国内推行郡县制，在赣南置南野县（县治在今大余县池江镇的章江南岸），大余属南野县地。

秦　始皇帝二十六年（前221年）统一六国，建立大一统中国，分全国为36郡，大余属九江郡南野县。始皇帝三十三年（前214年），秦王派武将屠睢率50万戍徒征伐百越，其中“一军守南野之界”（今大庾岭），并在岭上置横浦关。

西汉　高祖元年(前206年)，楚项羽立英布（即京布）为九江王，大余仍属南野县。高祖四年(前203年)，九江郡改称淮南国，南野属之。高祖五年(前202年)，汉灭楚，南野县始属汉。高祖六年（前201年），分淮南地置豫章郡，领赣县、于都县、南野县等18县，大余属南野县地。王莽建国元年（9年），改豫章郡为九江郡，南野属之，大余属南野县地。

东汉　光武帝建武元（25年），九江郡复名豫章郡，南野改称南野，大余属南野县地。献帝兴平元年（194年），孙策分豫章郡置庐陵郡，领吉水、南野等县，大余属南野县地。

三国　吴嘉禾五年(236年)，分庐陵郡地置庐陵南部都尉（治今于都县），分南野县地置南安县（今南康市），大余仍属南野县地。

西晋　太康三年（282年）废庐陵南部都尉立南康郡，治于都，领赣、于都、宁都、平固、揭阳、南康、南野7个县，大余属南野县地。

南北朝　宋永初元年（420年）改南康郡为南康国，治于都，领赣、于都、宁都、平固、揭阳、虔化、南康、南野8县，大余属南野县地。齐永明元年(483年)，南康国复名为南康郡，仍领8县。梁大宝元年（550年），南康郡南野县地大余转属广东东衡州始兴郡。陈太建十三年（581年），东衡州始兴郡分置安远郡，大余属安远郡地。

隋　开皇九年（589年），灭陈，南野县并入南康县。南康郡改名虔州，治今赣州市，隶洪州总管府，领赣、于都、南康、宁都4个县。开皇十年（590年），改安远郡为大庾县，隶广州总管府始兴郡，大余立县始于此。开皇十六年（596年），始兴改郡为县，大庾亦由县改为镇，并以地处大庾岭北部复入虔州南康县。大业元年（605年），虔州改为南康郡，仍领4个县，大余属南康县地。

唐　武德五年（622年），南康郡复名虔州，治所及领县如隋。神龙元年（705年）大庾由镇复名为县，属虔州。

五代十六国　后梁开平四年（910年）年大庾属虔州百胜军。南唐升元元年（937年）改百胜军为昭信军，以军统县，大庾属之。

宋　淳化元年（990年）置南安军，军治大庾，辖大庾、南康、上犹3个县，隶江南西道。

元　至元十四年（1277年），

南安军改为南安路总管府，府治大庾，辖大庾、南康、上犹3个县。至正二十五年（1365年）改南安路为南安府。

明　洪武十八年（1385年）府上设道，大庾县属岭北道南安府。正德十二年（1517年）析大庾、南康、上犹部分地建崇义县，南安府辖大庾、南康、上犹、崇义4县，府治大庾。

清　建置沿明制，大庾隶南安府。康熙二十一年（1682年），废岭北道，设吉赣南道，南安府属之。

中华民国　民国元年（1912年），废除府级建置，大庾县直属江西省。民国2年（1913年）省、县之间设道，大庾属赣南道。民国15年废道，大庾县直隶省。民国21年，全省分13个行政区，大庾属第十一行政区。民国22年，成立赣南政务专员公署，大庾县属之。民国23年，大庾县属第九行政专员公署。民国24年，大庾属第四区行政督察专员公署。

中华人民共和国　1949年8月16日大庾解放，同年8月26日成立县人民政府，属赣州分区行政督察专员公署，11月属赣西南行政公署。1951年6月，属赣州区专员公署。1954年5月，属赣南行政公署。1957年5月1日，经国务院批准，“大庾县”改称“大余县”。1964年，大余县属赣州专员公署。1968年，属赣州专区革命委员会。1971年1月，属赣州地区革命委员会。1978年5月，属赣州地区行政公署。1999年7月，属赣州市人民政府。

行政区划

【位置面积】　大余县位于江西省西南边缘，居章江上游，大庾岭北麓，地处东经114°0’～144°44’，北纬25°15’～25°37’。东北与南康市相连，东南与信丰县接壤，西北与崇义县毗邻，南界广东省南雄市，西界广东省仁化县。全境东西长约127.5公里，南北宽约25公里，总面积1376平方公里。县治地南安镇距京九铁路赣州站82公里，距民航赣州机场88公里，距江西省南昌市508公里，距广东省广州市458公里。

【行政区划】　大余县辖8镇3乡，新城镇、樟斗镇、池江镇、青龙镇、左拔镇、黄龙镇、南安镇、浮江乡、吉村镇、河洞乡、内良乡。105个村，13个居委会。

表3　　2016年全县行政区划情况

乡镇名称	区域面积（平方千米）	行政村及居委会个数名称	村民小组
南安镇	141.56	行政村9个：新民、花园、新珠、新余、新安、东山、梅山、新华 居委会6个：余东、余西、建桂、东山、石桥下、北门河	159
新城镇	158.94	行政村23个：新城、茶园、东乾、王屋岭、莲塘、龙王庙、樟树下、灌湖、水西、窑孜前、分水坳、观路、巷口、店子里、高龙、京州、白田埠、周屋、水南、鱼仙、南丰、桥西、合江 居委会1个：新城街	252
池江镇	120.81	行政村15个：池江、庄下、杨村、同心、杨梅、卢屋、团结、兰溪、杨柳、长江、板鹏、九水、新江、高林、杨柳 居委会1个：池江街	259

樟斗镇	89.23	行政村 6 个：樟斗、双伏、下横、横江、蕉坑、下垄	49
青龙镇	108.19	行政村 11 个：青龙、双联、联合、九龙、元龙、二塘、平岗、长里、同盟、赤江、河南	194
黄龙镇	91.95	行政村 10 个：黄龙、大龙、旱田、大合、新村、头塘、叶敦、豪塘、灵潭、长胜	102
左拔镇	99.76	行政村 4 个：左拔、云山、大江、漂塘	51
吉村镇	218.23	行政村 9 个：吉村、中村、满埠、沙村、上村、右源、民主、游仙、解放	117
浮江乡	131.8	行政村 6 个：浮江、洪水寨、山南、双田、竹木、车里	65
内良乡	114.82	行政村 7 个：尧扶、李洞、五洞、白井、南洲、石溪	83
河洞乡	92.34	行政村 5 个：河洞、长炉、长岭、东江、金坪	40
合计	1367.63	行政村 105 个、居委会 8 个	1371

【县界勘定】 大余县域周边共分 2 段省界线、3 段县界线，全长 345.8 公里（水平面长度）。

东与南康市的县界线长 49.1 公里，由北至南相邻的乡镇，南康市属地有赤土乡、浮石乡，大余县属地有樟斗镇、新城镇。靠近县界线的村子有：上垄、铁仓寨（樟斗镇境内），庵子里、山牛塘、生龙里、分水坳、大垄里、黄土岭、腊树下、龙王陂、安坑口、安背、大窝尾（新城镇境内）。

东南与信丰县界线长 28.4 公里，由东至南相邻的乡镇，信丰县属地有大阿乡，大余县属地有新城镇、池江镇，靠近县界线的村子有：钟古岭、东坑（新城镇境内）、老屋里、上新屋（池江镇境内）。

北与崇义县界线长 117.6 公里，由东至南相邻的乡镇，崇义县属地有杨眉寺乡，大余县属地有樟斗镇、左拔镇、南安镇、浮江乡、吉村镇、内良乡，靠近县界线的村子有：木梓兜下、洞子上、梅子树下、千家地、柯树坳（樟斗镇境内）、鹅子井、云山、柏远坑、长尾坑、石头坝（左拔镇境内）、上庵、箭竹坑、曾子丘（黄龙镇境内）、南岭、上竹山、樟坑、香菇棚下（南安镇境内）、洞脑、黄竹坑、牛牯脑、三江口、上九龙（浮江乡境内）、唐甫、寨上、长垄（吉村镇境内）、黄溪、寮子嵊、黄土冲、天华山、张天丘（内良乡境内）。

南与广东省南雄市的省界线长 119 公里，由东至南相邻的乡镇，南雄市属地有梅岭镇，大余县属地有池江镇、青龙镇、黄龙镇、南安镇、吉村镇，靠近县界线的村子有：彭坑（池江镇境内）、谢背地、龙下、石壁下（青龙镇境内）、楼下（黄龙镇境内）、塘地、火寮、杨梅缺、，长坑、乱石铺、小艾（南安镇境内）、新塘里、三角坳、大窝里、牙狮寨、黄坑子、牛角湾、樟坑、交叉坳（吉村镇境内）。

西南与广东省仁化县的省界线长37．2公里，相邻的乡镇属仁化县的有长江乡，属大余县的有河洞乡，靠近县界线的村子有：内洞、王寨、高坪头、芹菜湖、小南坑、黄罗洞、高坪、西溪、石寨、留坑、桐子里。

经勘定后，5段省县界中埋设界桩1 5枚，其中：大理石质材省界双面桩3枚，分别立于河洞乡留洞村的三板桥、帽子峰林场的长坑和吉村镇解放村的上杭；钢筋水泥浇制质材三面县界桩2枚，分别立于樟斗镇下垄村的草坪里和新城镇合江村的竹篙山；钢筋水泥浇制质材双面到界桩1 0枚，分别立于内良乡黄溪村的黄溪坳、吉村镇满埠村的下黄草乘、浮江乡洪水寨村的大丘坳、左拨镇云山村的野猪坳、樟斗镇横江村的城墙边、新城镇分水坳村的分水坳、新城镇新棚下村的安坑口、池江镇扬柳村池油公路的养道班旁。勘定三县（市）交会点有5个（即南康、大余、崇义交会点，南康、信丰、大余交会点，信丰、大余、南雄交汇点，大余、南雄、仁化交会点，大余、崇义、仁化交会点）。

人口

2016年大余县总人口313585人，同比增长0.3%，总户数115584户，同比增长0.2%，城镇人口142393人，同比增长6.1%，乡村人口171192人，同比下降4.1%，人口出生率12.24%，自然增长率12.24‰，计划生育率86.65%，人口城镇化率48.37%。

气候

【气候特征】 2016年度气温偏高，降水偏多，日照偏少。2014年9月开始的超强厄尔尼诺事件于2016年5月结束，受其影响，2016年大余县气温异常偏高，夏季高温日数偏多；降雨异常偏多，春季春雨多、入汛早、有降雨集中期而且强对流频发；日照时数偏少，秋季阳光稀罕，11月出现罕见“回南天”，不利于脐橙采摘贮存。

【温度概况】 2016年，年平均气温为19.6℃，较常年同期值（18.6℃）偏高1.0℃，年极端最高气温为38.1℃，出现在7月25日，年极端最低气温为-2.6℃，出现在1月25日。2月、8月，月平均气温低于历年平均气温，其余月份均高于历年平均温度。1月上旬平均气温13.5℃，10月平均气温22.6℃，11月中旬平均气温20.2℃，均超历年同期最高值。

表4 每月平均温度与历年平均温度比较表（单位℃）

时间	1月	2月	3月	4月	5月	6月	7月	8月	9月	10月	11月	12月	全年
月平均	8.8	9.4	14.0	21.2	23.7	27.3	28.5	27.0	25.1	22.6	15.8	11.8	19.6
历年平均	8.1	10.1	13.5	19.0	22.9	25.8	27.6	27.1	24.6	20.3	14.8	9.6	18.6
差值	0.7	-0.7	0.5	2.2	0.8	1.5	0.9	-0.1	0.5	2.3	1.0	2.2	1.0

【降雨概况】2016年总降水量为2189.5 毫米，比历年同期值（1583.9毫米）多605.6毫米。偏多38%，属偏多年份，其中2、7、9、12月份降水均偏少，7月份偏少73.6毫米，为全年偏少最高的月份；其余月份均偏多，1月份偏多163.4毫米，为全年偏多最大月份；3月20－21日出现连续性暴雨、大暴雨降水过程，20日日雨量142.3毫米，超历年同期（3月）24小时最大值（超35.6毫米）；8月26日受冷空气南下影响，26日20时一27日05时大余县普降暴雨，局部大暴雨，最大雨量出现在左拔168.9毫米，平均雨量为78.2毫米，县城雨量为34.3毫米。

汛期（4－6月）降水量为827.1毫米，比历年同期值（655.1毫米）偏多172.0毫米，属偏多年份。其中4月降水量305.4毫米，比历年同期值（204.7毫米）偏多100.7毫米，多49%。

2016年，县城出现7次暴雨过程，分别出现在1月28日、3月21日、4月17日、5月20日、5月21日、6月16日、11月20日。1次大暴雨过程3月20日。全县11个乡镇年总降雨量以左拔2663.6毫米为最多，青龙1891.8毫米最少。

表5　　每月降水量与历年平均降水量比较表（单位毫米）

时间	1月	2月	3月	4月	5月	6月	7月	8月	9月	10月	11月	12月	全年
降水	232.9	67.7	329.3	305.4	290.7	231.0	70.8	256.4	103.5	118.0	164.9	18.9	2189.5
历年平均	69.5	110.6	183.7	204.7	225.3	225.1	144.4	157.1	118.5	56.6	50.7	37.7	1583.9
差值	163.4	-42.9	145.6	100.7	65.4	5.9	-73.6	99.3	-15.0	61.4	114.2	-18.8	605.6

【日照概况】2016年，日照时数为1502.9小时，较历年平均值少129.5小时。2月、3月、6月为偏多月份，其余月份均偏少，其中2月偏多55.7小时，是全年偏多最多月份；10月偏少89小时，是全年偏少月份之最。

表6　　每月日照时数与历年平均日照时数比较表（单位小时）

时间	1月	2月	3月	4月	5月	6月	7月	8月	9月	10月	11月	12月	全年
日照	53.0	122.9	93.0	65.4	108.6	185.6	228.7	180.1	157.8	75.3	94.5	138.0	1502.9
历年平均	87.9	67.2	63.8	85.8	119.4	143.7	233.0	212.7	167.1	164.3	144.9	142.6	1632.4
差值	-34.9	55.7	29.2	-20.4	-10.8	41.9	-4.3	-32.6	-9.3	-89.0	-50.4	-4.6	-129.5

风景名胜区

【梅关古驿道】 梅关古驿道，秦汉时期开始开凿并通行，迄今2200多年，唐开元四年（716年）张九龄奉诏扩展，现存长1874米，是古代连接长江水系和珠江水系最近的陆路通道，被称为“海上丝绸之路”的陆路地标。梅岭，又称大庾岭，史称“居五岭之首，为江广之冲”，是国家森林公园，面积392公顷，森林覆盖率82.3%，为赣粤两省的天然屏障。现存古驿道所在的梅岭以梅为著，为旧南安十景之最，有“南枝花落、北枝始开”独特景观。自古以来，张九龄、宋之问、苏轼、文天祥、汤显祖、戚继光、王阳明等无数过往贤达，驻足赏梅，留下咏梅诗词200余首、故事100多个，大余又被誉为“梅花诗国”。项英、陈毅、陈丕显等在梅岭一带坚持了三年艰苦卓绝的游击战争，取得了“弥天风火举红旗”的光辉业绩，留下了《梅岭三章》《偷渡梅关》等名篇。梅关和古驿道被列为国家重点文物保护单位，也是省级爱国主义教育基地。近年来，大余县按照省委、省政府打造美丽中国“江西样板”的决策部署和市委、市政府争当全省生态文明试验区建设排头兵的目标要求，在保护中开发、在开发中保护，启动了梅关古驿道生态景区建设项目，建设庾岭史馆、驿道古街、生态梅园等。2015年8月开始，利用短短四个月时间，就打造了一个梅花生态大观园，种植各类梅树1.1万余株。

【大龙村】 大龙村辖22平方公里，304户1112人，其中建档立卡贫困户54户163人。近年来，大龙村按照省委打造美丽中国“江西样板”的决策部署，做好治山理水、显山露水的文章，走出了一条绿色发展、生态发展、共享发展的路子。绿色生态促崛起。大龙村森林覆盖率达到92.6%，负氧离子含量达19万/立方厘米。乡村旅游记乡愁。累计投资近5亿元，建设了A哆乡村、水上乐园、乡村旅游观赏园等乡村旅游项目56个。每年接待游客300—350万人次以上，2016年仅门票收入1600多万元。旅游扶贫促共享。采取“景区+党组织+基地+旅游合作社+贫困户”模式，辐射大龙村及周边乡村3000多户农户（其中800多户贫困户）提供了全新、稳定的收入来源，村民人均分红3200元以上。近年来脱贫45户144人，人均年收入达1.3万元。全国政协副主席陈元来大余考察时充分肯定大龙村旅游扶贫模式，国家旅游局长李金早盛赞大龙村是中国乡村版“迪士尼”。特色小镇扬美名。建设了13公里环山健康骑行健走步道、10公里登山道、UTV全地形越野等设施，举办了全国山地马拉松、环鄱阳湖国际自行车大赛等20多闪国际、全国或省市级高水准品牌赛事。先后被评为“中国最美休闲乡村”、中国乡村旅游模范村等称号，成功创建为江西省首家AAAAA级乡村旅游点。

【丫山风景区】 丫山风景区位于黄龙镇大龙山村，距县城9.5公里，为国家AAAA级旅游景区、省级重点风景名胜区、江西省十大新旅游景区、江西省首批乡村休闲文化旅游示范点，是全国全民健身户外活动基地、国家登山基地。2015年8月，丫山乡村生态园被评为“江西省AAAAA级乡村旅游点”。2007年8月，大余县引进章源生态旅游有限公司对景区进行全面开发和规划建设，总规划面积344.8/公顷，其中游览区面积208.5/公顷，旅游服务区面积136.3/公顷。短短数年，公司累计投入3.6亿元，将景区打造成为一处集健身、娱乐、休闲、探险、观光、度假、养生、修身为一体的综合性生态休闲场所。景区充分发挥生态优势，发展生态产业，围绕原生态的秀美景色和“乡、土、野”的乡村风情突出五个主题（生态饮食、生态憩息、生态养生、生态健身、生态观光），打造五个基地（生态种养基地、生态加工基地、生态运动基地、生态休闲基地、生态文化基地），营造五种氛围（孝敬父母的养生氛围、家庭和谐的休闲氛围、真诚欢乐的交友氛围、温存浪漫的恋爱氛围、马到成功的会议氛围），走出了一条生态保护与旅游产业发展良性循环之路。丫山景区已建有卧龙谷瀑布群、无公害蔬菜基地群、传统养殖基地群、农特产品加工基地、特色农家乐餐馆及乡村旅游观赏园和百果园、百亩高山茶园、千亩观赏林、万亩竹林、安国书院、九成山舍等生态产业项目。正在筹备建设丫山国际生态酒店、水上乐园、免疫养生研究院、竹林球场、摄影基地等项目。近年，先后承办《寻宝》《美丽乡村快乐行》等中央电视台节目及第六届环鄱阳湖国际自行车大赛暨“爱在中国·为爱骑行”公益慈善体育活动等大型活动，极大提升了景区的知名度。

【周屋景区】 新城镇位于大余县东北部，是大余县的“东大门”。明正德年间（1506-1521），王阳明在此筑峰山城，清乾隆年间（1736-1796）建通衢风雨亭，后名新城。周屋文化古村位于该镇中部，全村辖地9.8平方公里，共有14个村小组，1120户4109人，有耕地161.3/公顷，山地655.67/公顷，主导产业为水稻、甜玉米、蔬菜、芋荷、花生。

依托宗祠建筑，弘扬理学文化。周屋素有“理学名宗”之称，村民以“理学鼻祖”周敦颐的后人为荣，崇理尚义，民风淳朴。现存有周氏宗祠六座，其中以惇叙堂为代表，该祠堂始建于明朝建文年间，有600年的历史，历代几经修葺，建造坚固，雄浑古朴，凝重厚实，至今完整地保存了明清的建筑风格和鲜明的宗祠建筑特色。祠堂内部突出围绕宣扬理学思想进行装饰装点，建筑中的砖雕、木雕、石雕、砖塑、泥塑、水墨画、油彩画、漆画、油画、神龛、灯笼、碑刻、铭文、牌匾、诗词、进士柱等陈设，宣扬伦理道德，记载历史故事、历史人物，核心在于贯彻“忠孝节廉”的理学思想，同时将家族对后人的教育有机融入祠堂文化中，通过二耕而优则商、商而优则学、学而优则仕、仕而优则祠的社会及家庭教育循环，用标榜、启发、教育、奖励等措施，激励后人以圣贤为榜样，追求一种完美的人生境界。宗祠内古壁画、诗词、对联等历史文化瑰宝，至今规范着全体村民的言行。宗祠外建有荷花池，以“出淤泥而不染”来激励村民洁身自律，奋发向上。祠堂是整个周屋景区的核心元素，除了吸引广大群众来游玩外，还引来了众多专家学者来此探索理学的真谛。

重现十大古法技艺，突出乡愁主题。近年来，周屋村以大余县实施“旅游活县”战略为契机，突出“望得见山，看得见水，记得住乡愁”这个主题，在景区沿线上点缀着一个个精巧的小铺子小作坊，邀请久已不现市面的老手艺人，重新拾掇起现在的青少年从未见识过的工具，让这些传统手工手艺重现生机。篾匠、木匠、打铁、弹棉花、磨豆腐、酿酒、烫皮、打米果、做芋荷、爆米花、荷包肉、竹罾打鱼等十余项赣南民间古法技艺，除了能品尝到爆米花、酸芋荷、荷包肉等乡愁食品外，游客还可以亲自体验打米果、磨豆腐、竹罾打鱼等传统乡土生活活动，将周屋打造成唤醒都市人内心最深处乡愁体验景区。

“乡村旅游＋精准扶贫”，打造脱贫示范村。周屋通过“乡村旅游＋精准扶贫”的模式，推动全民参与、全民创业、全民受益、全民共享，在建设景区的软硬件时充分考虑到了群众就业和增收。如在荷塘边打造仿古门楼荷塘醉月，在惇睦堂古树下打造以公社食堂为主题的农家乐，打造精品景观，吸引众多游客在此拍照和消费；在农家乐集中的地段新增扩大硬化地面积，解决了日后农家乐经营中车辆停放问题；在主要景点周边，免费提供风格统一、车便结实的景区流动小吃车十辆，方便群众向前来游玩的游客售卖农产品和特色乡愁小吃。到目前，新增农家乐和流动小吃摊就业人数36人，为当地农副产品拓宽了销售渠道，增加了当地群众收入。

周屋在做好理学文章的同时，积极推进人居环境综合治理，创新农村社会管理，配套完善公共服务，加快发展现代农业，实现物质精神双脱贫。

2016年国民经济和社会发展状况

2016年，大余县全面落实党的中央经济工作会议精神，按照中央“四个全面”战略布局，牢固树立创新、协调、绿色、开放、共享发展理念，深入推进省委、省政府“去库存”“降成本、优环境”等政策措施，进一步做好“稳增长、促改革、调结构、抓创新、优生态、惠民生”等各项工作，以赣南苏区振兴发展为总抓手，纵深推进“1356”工作总思路，着力打造“三区”“三基地”和“五名县”，努力打好“六大攻坚战”，积极建设活力、生态、幸福大余，全县经济保持了稳中有进，积极向好的发展态势，实现了“十三五”规划良好开局，各项社会事业取得新成就，人民生活水平得到新提高。

【综合】 全年地区生产总值1001062万元，按可比价格计算，比上年增长9.2%。其中，第一产业增加值118863万元，增长4.2%；第二产业增加值491074万元，增长8.4%；第三产业增加值391125万元，增长11.8%。产业结构进一步优化，一、二、三产业增加值占地区生产总值的比重由上年的12：50.4：37.6调整为11.9：49：39.1。非公有制经济快速发展，实现增加值626483万元，增长9.4%，占GDP的比重62.6%。

全年居民消费价格指数为102.3%，涨幅同比上涨0.4个百分点。其中，食品类价格下降0.3%，衣着类价格上涨1.1%，家庭设备用品及维修服务价格上涨0.7%，居住类价格上涨1.6%，医疗保健及个人用品类价格上涨0.3%，娱乐教育文化用品及服务类价格与上年同期持平，交通和通信类价格下降1.1%，烟酒及用品类上涨1.9%。

全县财政总收入110261.3万元，比上年增长4.0%，人均财政收入3521元，比上年增长3.8%。一般公共预算收入83305.1万元，比上年增长5.3%。全县财政总收入占GDP的比重为11 %，比上年下降0.65个百分点。全年财政支出238999.2万元，比上年增长10.6%。其中文化体育与传媒支出2041.4万元，增长12.6%；教育支出45835.2万元，增长15.1%；社会保障和就业支出47676.1万元，增长6.8%；医疗卫生支出30766.2万元，增长33.6%；住房保障支出5028.9万元，下降55.2%。

【农业】 全县农作物总播种面积26130.54 / 公顷，与上年基本持平。其中粮食作物播种面积16699.74 / 公顷，经济作物播种面积7280.67 / 公顷，其他作物播种面积2404.27 / 公顷。在农作物播种面积中，早稻面积5625.87 / 公顷，增加18亩；二季晚稻面积6530.27 / 公顷，减少3.74 / 公顷；花生面积18063 / 公顷，减少51亩；蔬菜面积86587亩，增加283.2 / 公顷；果用瓜面积261 / 公顷，增加2亩。年末实有茶园面积62.8 / 公顷，减少15.5%；果园面积5033.67 / 公顷，增长9.1%，其中脐橙面积31552亩，增加426.8 / 公顷，增长25.5%。

表6

主要农、林产品产量

产品名称	单位	产量	比上年增长（%）
粮食	吨	91994	1.3
#稻谷	吨	85284	1.3
玉米	吨	1911	-0.05
油料	吨	3639	0.4
#花生	吨	3639	0.4
甘蔗	吨	1171	-1.2
果用瓜	吨	7672	0.2
蔬菜	吨	147600	3.5
茶叶	吨	11	-15.4
水果	吨	31670	0.1

#柑橘类	吨	28188	-0.2
#脐橙	吨	20982	-0.2
木材采伐	万立方米	7.7	24.2
竹材采伐	万根	286	78.6

全年生猪出栏252730头，比上年增长7.5%；家禽出笼856.66万只，增长5.1%。年末生猪存栏149511头，增长17.2%；家禽存笼128.56万只，下降47.6%。全年肉类总产量33991吨，比上年增长6.5%；水产品产量11499吨，增长3.5%。

表7　　主要畜牧、水产品产量

产品名称	单位	产量	比上年增长%
肉类总产量	吨	33991	6.5
#猪　肉	吨	20755.4	7.5
当年肉猪出栏	头	252730	7.5
当年家禽出笼	万只	856.66	5.1
年末生猪存栏	头	149511	17.2
年末耕牛存栏	头	9856	28.4
水产品产量	吨	11499	3.5
#特种水产品	吨	3862	5.7

年末全县拥有农业机械总动力197988千瓦，比上年减少5.3%。其中运输机械743台，减少373台；农用排灌动力机械3105台，增加120台；农用水泵1517台，增加58台。年末已有大型水库1座，中型水库3座，小型水库36座，机电灌溉面积14800公顷，全年有效灌溉面积12140公顷，机耕面积14300公顷。全年农村用电量3791万千瓦时，增长0.5%；化肥使用量（折纯量）7570吨。

全年农林牧渔业总产值200499万元，按可比价格计算，比上年增长4.4%。

【工业和建筑业】 全县规模以上工业总产值1038161.1万元，比上年增长18.3%，其中地方规模以上工业总产值1004794万元，同比增长18.7%。在地方规模以上工业中，钨产业集群总产值801512万元，增长8.2%；新材料产业集群总产值12731.6万元，增长19.5%；电子信息产业集群总产值35767.1万元，增长32%；食品药品产业集群总产值95633.7万元，增长559%。

全县规模以上工业增加值290382万元，按可比价格计算，比上年增长9.2%。

全县规模以上工业主营业务收入1060351万元，增长18.3%；实现利税总额62512.9万元，增长61.6%，实现利润总额33150.4万元，增长234.1%。

年末工业园区实际开发面积4.03平方公里，入园投产企业66户，增加13户，全年园区累计完成基础设施投入12300万元，增长9.2%；全年园区招商实际到位资金108867万元，增长0.4%；园区内工业企业实现工业增加值173641万元，增长10%。

表 8

主要工业产品产量

产品名称	单位	产量	比上年增长%
稀有稀土金属矿	吨	23886	18.29
#钨精矿	吨	23784	18.76
光电子器件	万只	158837	6.44
#发光二极管	万只	158837	6.44
水　泥	吨	144075	17.04
服　装	万件	23.39	-28.14

全县工业增加值427540万元，按可比价格计算，比上年增长8.1%，工业拉动全县经济增长3.6个百分点，对经济增长的贡献率为38.9%。工业增加值占全县生产总值的比重为42.7%。

全年全社会建筑业增加值63534万元，按可比价格计算，比上年增长10.7%。

【固定资产投资】 全年全社会固定资产投资1085600万元，比上年增长5.8%，其中500万元以上投资1004733万元，增长16.3%。在500万元以上投资中，工业投资522858万元，增长43.2%；房地产开发投资12347万元，下降18.2%。

【城乡建设】 全年市政公共基础设施建设投入资金380万元。年末县城建成区面积12.06平方公里，城区拥有公厕23座、垃圾中转站4座。全年新增城镇绿地面积17.04万平方米，人均公园绿地面积13.6平方米，绿地率达42.2%。全县乡村公路建设总投资3496.4万元，比上年减少67.6%。全县105个行政村通水泥路，通村率100%。

【国内贸易】 全社会消费品零售总额276635.6万元，比上年增长12.9%。其中，城镇消费品零售额227968.0万元，增长12.3%，乡村消费品零售额48667.6万元，增长15.6%；按行业分类，批发业零售额56679.0万元，增长13.2%；零售业零售额175260.0万元，增长12.9%；住宿业零售额3354.8万元，增长33.4%；餐饮业零售额41341.8万元，增长11.1%。

【交通、邮电和旅游】 全县公路通车里程1497.45公里，其中高速公路通车里程42.18公里，国道46.53公里，省道16.72公里，县道223.77公里，专用道18.67公里，乡村公路1191.76公里。年末拥有载客汽车67辆，载货汽车365辆。全年货物周转量53417万吨公里，旅客周转量5651万人公里。

全年邮政业务收入2215.80万元，比上年增长12.7%，电信业务收入3882.36万元，比上年增长2.9%。年末全县固定电话用户35568户，移动电话用户228140户，新增8043户。电话普及率达到84.22部/百人（含移动电话），年末互联网用户数达到52587户。

全年接待旅游观光人数300.47万人次，比上年增长34.9%。其中，境外旅游人数11.974万人次，增长23.5%；国内旅游人数288.496万人次，增长35.5%。旅游创汇收入1787.2万美元，比上年增长23.5%，国内旅游收入175478.57万元，增长32.8%。

【对外经济和横向经济联合】 全年新签外资合同个数7个，新签外资合同金额20980万美元，增长116.3%，实际引进外资10001万美元，增长10.3%。新签内联合同个数 18 个，新签内联合同金额 495900 万元，增长 14.2%，实际引进内联资金 291700 万元，比上年增长 12.2%。全年外贸出口总值 4262 万美元，比上年增长 81.0%。

【金融和保险业】 年末，全县金融机构各项存款余额 980184 万元，比年初增加 110136 万元，增长 12.7%，其中，城乡居民储蓄存款余额 747766 万元，比年初增加 96754 万元，增长 14.9%。全县金融机构各项贷款余额 641899 万元，比年初增加 111499 万元，增长 21.0%。其中，短期贷款余额 394856 万元，比年初增加 21372 万元，中长期贷款余额 236956 万元，比年初增加 90031 万元。

全年保险机构保费收入 11070 万元，比上年增长 7.9%。其中财产险保费收入 4903 万元，增长 14.9%；人身险保费收入 6167 万元，增长 3.0%。全年支付各类赔款及给付 6247.62 万元，其中财产险赔款支出 2113.47 万元，人身险各类给付支出 4134.15 万元。

【教育、文化和卫生】 年末全县共有普通中学 15 所，普通中学招生 5815 人，比上年增加 496 人，在校学生 16270 人，比上年增长 3.1%，毕业生 5069 人，增长 3.9%；中等职业学校 2 所，招生数 781 人，减少 15.6%，在校学生 2251 人，减少 2.64%，毕业生 678 人，增长 27.4%；小学 91 所，招生数 4217 人，比上年减少 2.2%，在校学生 28808 人，减少 0.8%，毕业生数 4571 人，比上年增长 9.7%。小学适龄儿童入学率 100%。幼儿园在园人数 12170 人，比上年减少 11.3%。

全县有艺术表演团体 1 个，全年演出 100 场；文化馆 1 个；公共图书馆 1 个，藏书 178 千册；博物馆 1 个，文物藏品 1557 件；全县有线电视用户数 49206 户，比上年增加 5094 户，其中有线数字电视用户数 48603 户，比上年增加 6991 户。

年末全县共有各类卫生医疗机构 29 个，其中医院 9 个，卫生院 11 个，皮肤病防治所 1 个，疾病预防控制中心 1 个，乡镇中心防保站 5 个，妇幼保健院 1 个，卫生监督所 1 个。各类卫生技术人员 1022 人；医院实有病床位 1204 床。

【人口和人民生活】 年末全县总人口 313585 人，其中乡村人口 171192 人，城镇人口 142393 人。人口出生率 12.24‰，比上年下降 1.16 个千分点，自然增长率 7.44‰，比上年上升 0.05 个千分点。

全年城镇居民人均可支配收入 23963 元，比上年增加 1840 元，增长 8.3%；农村居民人均可支配收入 9664 元，比上年增加 987 元，增长 11.4%；全县城镇单位在岗职工年平均工资 53925 元，比上年增加 5027 元，增长 10.3%。年末城乡居民人均储蓄存款余额 23846 元，比年初增加 3025 元。城乡居民人均住房建筑面积分别达到 52.8 平方米和 53.8 平方米。

【就业与社会保障】 年末全县从业人员 179939 人，比上年增加 5308 人，其中城镇从业人员 54247 人，乡村从业人员 125692 人。年末城镇登记失业率为 3.38%。

年末，全县参加城镇职工基本养老保险人数（含离退休人员）46425 人，参加失业保险人数 18900 人；城镇职工基本医疗保险参保人数 33071 人，城镇居民参加合作医疗人数 57206 人，农民参加新型合作医疗人数 220378 人。城镇居民养老保险参保人数 13510 人，农村居民养老保险参保人数 129718 人。

年末，全县领取失业保险金人数 760 人，城镇低保人数 6668 人，农村低保人数 11332 人。

【资源和环境】 全县年末耕地面积 12950.49 公顷，园地面积 2852.5 公顷，林地面积 102737.1 公顷。全年森林活立木蓄积量 476.9 万立方米，毛竹蓄积量 4322.7 万根，森林覆盖率为 72.56%。

全县空气质量为二级，饮用水源水质为Ⅱ类，主要河流断面优质水率为 92%，城镇噪声达标率 100%。

【居民收入】 城镇居民人均可支配收入。2016 年全县城镇居民人均可支配收入 23963 元，比 2015 年增长 8.3%。其中，工资性收入 18872.2 元，比 2015 年增长 9.8%；经营性收入 1180.6 元，比 2015 年增长 8.5%；财产净收入 1881.7 元，比 2015 年下降4.7%；转移净收入2028.5元，比2015年增长了8.8%。

农村居民人均可支配收入。2016年，大余全县农村居民人均可支配收入9664元，比2015年增长11.4%。其中，工资性收入4909.5元，比2015年增长5.8%；经营净收入3561.9元，比2015年增长15.6%；财产净收入139.5元，比2015年增长10.7%；转移净收入1053.1元，比2015年增长27.2%。

城乡居民收入比。2016年城乡居民收入比（以农村居民为1）为2.48，比2015年下降0.07。

【居民消费情况】 城镇居民人均消费支出。2016年大余县城镇居民人均消费支出15066元，比2015年增长8%。其中，食品烟酒支出5130.7元，比2015年增长7.8%；衣着支出1507.6元，比2015年增长22.8%；居住支出4483.7元，比2015年增长5.1%；生活用品及服务支出726.7元，比2015年增长18.1%；交通通信支出1054.6元，比2015年下降3.2%；教育文化娱乐支出1556.2元，比2015年增长3.2%；医疗保健支出343.1元，比2015年下降2.2%；其他用品和服务支出263.6元，比2015年增长102.7%。

农村居民人均消费支出。2016年，大余县农村居民人均消费支出7956.6元，比2015年增长了9.2%。其中，食品烟酒支出2968.7元，比2015年增长8.4%；衣着支出261.4元，比2015年增长2.7%；居住支出1986.6元，比2015年下降1.9%；生活用品及服务支出405.9元，比2015年增长2.6%；交通通信支出832.1元，比2015年增长30.3%；教育文化娱乐支出788.2元，比2015年增长17.4%；医疗保健支出682.4元，比2015年增长35%；其他用品和服务支出31.4元，比2015年下降45.3%。

说明：

1. 本文所列数据为初步统计数。

2. 地区生产总值和各产业增加值指标按当年价格计算，增长速度按可比价格计算。

3. 规模以上工业为主营业务收入2000万元及以上的工业法人企业。

4. 总人口为公安部门统计数据，人口出生率、自然增长率按计划生育部门统计数据。

浪漫花海，别墅新村

中国共产党大余县委员会

【县委常委会议和党政联席会】

1月18日，县委书记曹爱珍主持召开县委常委会第92次会议，邱凌、李兵、邹志华、肖惜才、杨运武、陈晓斌、黄文发、何国杰、赖定铭等出席会议。会议讨论研究县委十三届九次全体（扩大）会议有关文稿以及县政府党组提交的《关于将中江信托集合资金信托计划还款资金列入同期年度财政预算的报告》《关于乡镇机关事业单位工作人员实行乡镇工作补贴的报告》《大余县工业园区标准厂房建设工作方案》等议题。最后会议对近期工作做了布置。

1月30日，县委书记曹爱珍主持召开县委常委会第93次会议，邱凌、李兵、邹志华、杨运武、李志坚、陈晓斌、黄文发、何国杰、赖定铭等参加。会议传达学习了省委《关于落实把纪律挺在前面要求的意见》和市纪委、市监察局《关于2015年查处县处级领导干部违纪违法典型案件的通报》、全省村（社区）民主协商工作现场观摩培训推进会和全省“党建+”工作推进落实会议精神；讨论研究了县十七届人民代表大会第七次会议、政协大余县第十三届委员会第六次会议相关事宜、县政府党组提交的《大余县2015年度机关事业单位目标管理绩效考核方案》《大余县实施“河长制”管理工作方案》、《大余县县级公立医院综合改革实施方案》和《大余县妇幼保健和计划生育技术服务资源整合工作实施方案》等议题、县委组织部提交的《大余县2016年公开选拔科级领导干部实施方案》。

2月14日，县委书记曹爱珍主持召开县委常委会第94次会议，邱凌、李兵、邹志华、肖惜才、杨运武、李志坚、陈晓斌、黄文发、何国杰、赖定铭等同志参加。会议传达学习了省委《关于认真学习贯彻习近平总书记在江西考察工作时重要讲话的通知》、市委《关于认真学习贯彻习近平总书记在江西视察调研时的重要讲话精神的通知》；讨论研究了县政府党组提交的《大余县国民经济和社会发展第十三个五年规划纲要》《2016年重点工程项目投资计划》、2016年财政预算情况（草案）》；县委办、县政府办提交的《2015年度各项工作考评结果》；县编委提交的《关于撤销大余县驻南昌办事处等4个驻外办事处的请示》等议题。

2月28日，县委书记曹爱珍同志主持召开县委常委会第95会议，邱凌、李兵、邹志华、肖惜才、杨运武、李志坚、陈晓斌、黄文发、何国杰、赖定铭等同志参加，会议传达学习了《强卫同志在省十二届人大五次会议赣州代表团联组审议时的讲话》、全省组织部长会议和全省县乡领导班子换届工作会议精神；讨论研究了县政府党组提交的《大余县“产业扶贫信贷通”实施方案（暂行）》《大余县2016年开放型经济工作实施方案》、县委办提交的《县委十三届九次全体（扩大）会议、全县三级干部大会暨表彰大会精神和县委常委会2016年工作要点任务分工方案（讨论稿）》、县委组织部提交的《大余县从乡镇事业编干部、优秀村干部、大学生村官中竞争性选拔乡镇领导班子成员人选的实施方案》议题、县纪委提交的案件等议题。

3月26日，县委书记曹爱珍主持召开县委常委会第96次会议，邱凌、邹志华、肖惜才、杨运武、李志坚、陈晓斌、黄文发、赖定铭等参加，会议传达学习了全省大众创业万众创新现场推进会、全省扶贫和移民工作暨搬迁移民扶贫现场推进会议、市委统战工作会议、全市政法工作会议、全市党管武装工作会议、全市公务用车制度改革工作动员大会等会议精神；讨论研究了县政府党组提交的《关于要求对庾岭大道道路及10KV、35KV电力线路改迁项目进行调整有关事项的报告》《大余县电子商务进农村综合示范工作实施方案》，县委组织部提交的《大余县乡镇领导班子换届工作方案》《大余县乡镇领导班子换届推荐工作方案》、《大余县乡镇领导班子换届考察工作方案》，县委政法委提交的《关于全县社会治安防控体系建设需要解决的几个问题》等议题。最后会议布置了近期相关工作。

4月11日，县委书记曹爱珍主持召开县委常委会第97会议，邱凌、李兵、邹志华、肖惜才、杨运武、黄文发、赖定铭、黄刚等参加，会议讨论研究了召开中国共产党大余县第十四次代表大会的有关事宜、县委组织部提交的《大余县乡镇党委换届选举工作实施方案》，通报了县委组织部、大余县人社局组织开展的县公务员晋升职级工作有关情况。

4月22日，县委书记曹爱珍主持召开县委常委会第97次会议，邱凌、李兵、邹志华、肖惜才、杨运武、陈晓斌、黄文发、赖定铭等参加，会议传达学习了全省“两学一做”学习教育动员部署会精神、2016年市生态文明先行示范区建设领导小组会议暨市级总河长第一次会议、市委全面深化改革领导小组第五次全体（扩大）会议精神；讨论研究了县政府党组提交的《大余县生态建设与环境保护工作目标管理考核办法》、县纪委提交的《关于表彰2015年度落实党风廉政建设责任制优秀单位的决定》、县政府党组提交的有关融资的报告。

6月7日，县委书记曹爱珍主持召开县委常委会第100次会议，邱凌、李兵、邹志华、肖惜才、陈晓斌、黄文发、赖定铭等参加。会议传达学习了市委《关于深入学习贯彻省委书记强卫同志对赣州工作要求的意见》、中共中央办公厅《关于部分党员领导干部在谈话函询中不如实向组织说明情况典型案件及其教训的通报》和市纪委监察局《关于3起违反中央八项规定精神问题的通报》《关于2起违反组织纪律和廉洁纪律问题的通报》；讨论研究了县纪委提交的《关于召开县纪委十三届六次全会的请示》、县人大常委会党组提交的《关于做好县乡两级人民代表大会换届选举工作的意见》、县政府党组提交的《大余县2016年“双争”工作实施意见》、县委政法委提交的《关于规范建设县乡综治中心需要解决的几个问题》等议题。

7月18日，县委书记曹爱珍主持召开县委常委会第102次会议，邱凌、肖惜才、杨运武、李志坚、陈晓斌、黄文发、赖定铭等参加。会议讨论研究了县政府党组提交《关于大余县工投公司标准厂房项目向赣州银行大余支行融资有关事项的报告》、县政府党组提交《关于核拨2015年度信访“三无”县相关工作人员一个月工资资金的报告》《关于编制大余县全域规划有关事项的报告》、《关于给予董小平开除公职处分的报告》以及县纪委提交的案件议题。

7月29日，县委书记曹爱珍主持召开县委常委会第103次会议，邱凌、李兵、邹志华、肖惜才、李志坚、陈晓斌、黄文发、赖定铭、黄刚等参加。会议传达学习了全市查违拆违控违工作动员大会精神，研究了大余县的贯彻落实意见讨论研究了《关于收回江西金辉玻璃制品有限公司项目地表建筑物（含基础工程）等有关事项的报告》《关于认真做好迎接2016年度科学发展综合考核评价工作的通知（讨论稿）》《关于做好第十四届县政协换届工作的请示》《关于中共大余县第十四届委员会委员、候补委员候选人预备人选的建议》等议题。

8月8日，县委书记曹爱珍主持召开县委常委会第104次会议，李兵、邹志华、肖惜才、杨运武、李志坚、陈晓斌、黄文发、赖定铭、黄刚等参加。会议传达学习了《中共赣州市委办公厅关于严肃县（市、区）领导班子换届有关纪律的紧急通知》，讨论研究了《关于要求同意对接九江银行成立城市建设发展基金有关事项的报告》《关于要求同意将县城投公司与九江银行赣州分行成立的城市建设发展基金纳入财政预算的报告》及TWSF1高产量新能源甘蔗种植、大余县钛城及钛文化产业园、新建北京大学大余新材料高等专科学校等三个招商引资重大项目。会议最后还研究了县处级领导党代表在基层党委选举有关事宜。

8月14日，县委书记曹爱珍主持召开县委常委会第105次会议，钟旭辉、邓增顺、聂为民、温岩松、包礼斌、何选明、廖军、赖定铭、黄刚、刘裕裕等参加。会议传达学习了省委常委、市委书记李炳军与新一届县（市、区）党政正职集体谈话会议精神、省纪委《关于重申严禁党员干部出入私人会所、违规接受吃请纪律的通知》、市纪委监察局《关于6起违反中央“八项规定”精神问题的通报》、全市换届和换届风气监督工作推进会议精神，会议讨论研究了县委常委工作分工和县领导挂点乡镇安排、大余县出席市第五次党代会代表候选人推荐人选名单、县纪委第十四届委员会委员候选人初步人选名单、《关于大余县机关事务管理局升格及增加编制的请示》、县“六大攻坚战”重点工程项目调整等事宜。

8月19日，县委书记曹爱珍主持召开县委常委会第106次会议，钟旭辉、邓增顺、包礼斌、聂为民、温岩松、赖定铭、黄刚、刘裕裕、何选明等参加。会议讨论研究了中国共产党大余县第十四次代表大会有关筹备工作、《关于召开大余县第十八届人民代表大会第一次会议的请示》、大余县第十八届人民代表大会代表初步候选人名单、《关于召开政协大余县第十四届委员会第一次会议的请示》《关于召开共青团大余县第二十次代表大会的请示》、开放型经济工作等有关调整等事项。

8月23日，县委书记曹爱珍主持召开县委常委会第107次会议，会议传达学习了《中国共产党问责条例》和市委办《关于认真学习贯彻〈中国共产党问责条例〉的通知》，讨论研究了中国共产党大余县第十四次代表大会有关筹备工作。

9月11日，县委书记曹爱珍主持召开十四届县委常委会第1次会议暨第2次党政联席会议，钟旭辉、邓增顺、廖军、聂为民、何选明、侯霄、陈伟生、罗少贵、吴晓慧、邹隆春等参加。会议传达学习了《市委关于认真学习贯彻李克强总理在赣州考察指导时重要讲话精神的通知》、《鹿心社同志在第147次省委常委会会议上关于经济形势的讲话》、《市委关于深入学习贯彻〈中共中央关于辽宁拉票贿选案查处情况及其教训警示的通报〉精神的通知》等文件精神，听取了全省非公经济和社会组织“两学一做”学习教育暨党建工作推进会会议主要精神汇报、讨论研究了《中国共产党大余县第十四次代表大会工作报告要点任务分工方案（讨论稿）》《大余县第十八届人民代表大会第一次会议主席团及秘书长名单（草案）》《县政府工作报告（征求意见稿）》《西华山钨矿五里山尾矿库所有权整体移交框架协议书》。

10月21日，县委书记曹爱珍同志主持召开十四届县委常委会第2次会议暨第3次党政联席会议，钟旭辉、邓增顺、包礼斌、廖军、聂为民、温岩松、赖定铭、黄刚、刘裕裕、何选明、黄丰盛、侯霄、吴晓慧、邹隆春等参加。会议讨论研究了《关于调整大余县开放型经济工作领导小组成员的通知》《大余县开放型经济工作领导小组议事规则和工作程序》《大余县再创江西省文明城市 争创全国文明城市工作实施方案》《大余县三轮车非法载客专项整治工作方案》《关于开展城区违法丧事活动整治工作的实施方案》《关于对县城周边、全县主要交通干道两侧及风景区内坟墓进行专项整治的工作方案》《大余县中心城区控制性详细规划（2011-2030）》。

11月23日，县委书记曹爱珍主持召开县委常委会第3次会议，钟旭辉、邓增顺、包礼斌、廖军、聂为民、赖定铭、黄刚、刘裕裕、何选明等参加。会议书面传达学习了《全市党委办公室主任会议精神（秘密）》，讨论研究了县纪委提交的《中共大余县委关于落实把纪律挺在前面要求的实施办法（审议稿）》、县政府党组提交的《关于要求成立大余县水利发展投资有限责任公司的请示》《土地房屋征收补偿安置公告》《江西省大余中学向赣州发展融资租赁有限责任公司设备租赁融资的请示》、《江西省大余中学向北京银行南昌分行融资的请示》等融资议题。

12月5日，县委书记曹爱珍主持县党政联席会第4次会议，钟旭辉、邓增顺、包礼斌、廖军、温岩松、赖定铭、黄刚、刘裕裕、何选明、彭民生、侯霄、邓芳琴、陈伟生、罗少贵、吴晓慧、邹隆春等同志参加。会议中各党政领导汇报了近期工作进展情况和需要解决的问题以及下一步工作打算，讨论研究了《大余县深入推进农村承包土地的经营权和农民住房财产权抵押贷款试点工作实施方案》《关于要求同意收取城区垃圾处理费的请示》《关于明确县委网络安全和信息化领导小组办公室为正科级事业单位的请示》智慧党建、智慧扶贫、智慧社区（乡村）建设工作等议题。

12月18日，县委书记曹爱珍主持召开县委常委会第5次会议暨第5次党政联席会议，钟旭辉、邓增顺、包礼斌、廖军、聂为民、温岩松、赖定铭、黄刚、刘裕裕、何选明、彭民生、邓芳琴、罗少贵、吴晓慧、邹隆春等参加。会议书面传达了省、市《关于进一步严肃会风会纪的通知》、市委全面深化改革领导小组第七次全体（扩大）会议精神、全市改作风提效率动员部署会精神，讨论研究了县委办、县纪委、县委组织部提交的《关于改进工作作风提高工作效率的意见（审议稿）》《大余县推进干事创业实行容错减责免责的办法（试行）（审议稿）》《大余县领导干部“为官不为”问责办法（试行）（审议稿）》《深入开展整治“三种风气”树立“三种意识”专项活动实施方案（审议稿）》，县委组织部提交的《关于做好县第十四次党代会代表提案提议办理工作的通知》，县“六大攻坚战”指挥部办公室提交的《2017年“六大攻坚战”重点工程项目投资计划》、县政府党组提交的《大余县教育事业发展“十三五”规划》《大余县燃气专项规划（2013—2030）》《大余县电网设施专项规划（2015—2030）》等议题。

【县委全体会议】 1月21日，县委书记曹爱珍主持召开县委十三届九次全体（扩大）会议，参加会议的有县委委员、候补委员，县人武部政委、副部长，县人大常委会、县政府、县政协副县级以上领导，各乡镇党委书记、乡镇长，县纪委委员，各纪工委书记，县委各部门、县直（驻县）各单位、各人民团体主要负责同志。会议书面传达学习了中央经济工作会议、中央扶贫开发工作会议、中央农村工作会议和省委十三届十二次全会、全省经济工作会议、全省扶贫开发工作会议、全省农村工作会议，以及市委四届七次全会、全市经济工作会议暨扶贫开发工作会议精神；县委书记曹爱珍代表县委常委会报告2015年工作和“十三五”期间以及2016年工作；县委副书记、县政府县长邱凌代表县委常委会报告经济工作，并就《中共大余县委关于制定全县国民经济和社会发展第十三个五年规划的建议（审议稿）》作说明；分组讨论、审议曹爱珍同志工作报告、邱凌同志关于经济工作的报告，以及《中共大余县委关于制定全县国民经济和社会发展第十三个五年规划的建议（审议稿）》《县委常委会2015年工作报告（审议稿）》《县委常委会2016年工作要点（审议稿）》；召开县委常委会听取分组讨论情况汇报；套开全县精准脱贫工作会议。

4月29日，县委书记曹爱珍主持召开县委十四届十次全体会议，参加会议的有十三届县委委员、候补委员。会议宣读了《关于召开中国共产党大余县第十四次代表大会的决议（草案）》、对《关于召开中国共产党大余县第十四次代表大会的决议（草案）》作简要说明以及表决《关于召开中国共产党大余县第十四次代表大会的决议（草案）》。

8月17日，县委书记曹爱珍主持召开县委全体会议。参会的人员有县委委员、候补委员。县委常委、组织部部长包礼斌对大余县出席赣州市第五次党代会代表候选人初步人选名单进行说明，全体参会人员表决确定大余县出席赣州市第五次党代会代表候选人预备人选名单。

【全县三级干部大会】 2月23日，全县三级干部大会暨表彰大会召开。参加会议的有县四套班子领导，县人武部政委、副部长，县法检“两长”、各乡镇党委书记、乡镇长，县委各部门、县直（驻县）各单位、各人民团体主要负责人，各村（居）党支部书记、主任，县属规模以上企业代表以及邀请驻县四大矿山及三个矿区管委会主要负责人。会议深入贯彻落实中央和省、市系列会议，县委全会以及县“两会”精神，总结“十二五”及2015年工作，表彰先进，部署“十三五”特别是2016年工作。

7月12日，全县三级干部大会召开，参加会议的有县四套班子领导，县人武部政委、副部长，县法检“两长”、各乡镇党委书记、乡镇长，县委各部门、县直（驻县）各单位、各人民团体主要负责人，各村（居）党支部书记、主任，老干部代表。会议中县委副书记、县政府县长邱凌传达全市精准扶贫暨新农村建设工作会议精神，部署大余县相关工作；相关责任单位就新农村建设（含农村环境卫生整治）工作、精准扶贫工作、打击违章建筑工作做了交流发言，县委书记曹爱珍作动员部署讲话。

10月29日，大余县召开创建全国文明城市暨三轮车非法载客整治、殡葬改革动员大会，参加会议的有县四套班子领导，县人武部政委，县法检“两长”，各乡镇党委书记、第一书记和分管领导，县委各部门，县直（驻县）各单位、各人民团体主要负责人，各村（社区）党组织书记。会上县委副书记邓增顺宣读《大余县再创省级文明城市、争创全国文明城市工作实施方案》《大余县再创省级文明城市、争创全国文明城市工作问责办法（试行）》、县委常委、县委政法委书记廖军宣读《大余县整治三轮车非法运营实施方案》《大余县整治三轮车非法运营实施方案》、相关单位顺序作表态发言、县委书记曹爱珍作重要讲话。

12月21日，召开全县改作风提效率动员部署会议，参加会议的有县四套班子领导，县人武部政委，县法检“两长”，各乡镇党政正职，县纪委委员、各纪工委书记，县委各部门、县直（驻县）各单位、各人民团体主要负责同志，各村（社区）党支部书记、主任。会议县委副书记邓增顺宣读《关于改进工作作风提高工作效率的意见》，县委常委、组织部部长包礼斌宣读《大余县领导干部“为官不为”问责办法（试行）》，县委常委、纪委书记聂为民宣读《大余县推进干事创业实行容错减责免责的办法（试行）》《深入开展整治“三种风气”树立“三种意识”专项活动实施方案》县委书记曹爱珍作动员部署讲话。

【县委中心组理论学习会】 6月14日，县委书记曹爱珍主持召开县委中心组理论学习会，参加的会议人员有县四套班子领导，县人武部政委、副部长，县法检“两长”等。会议围绕两学一做“坚定执着追理想”学习专题学习和结合工作实际作交流发言，肖惜才领学《中共江西省委关于深入学习贯彻落实习近平总书记对江西工作要求的决定》等文件精神；杨运武领学《强卫、鹿心社同志在全省市厅级主要领导干部学习贯彻党的十八届五中全会精神专题研讨班上的讲话》等文件精神；陈晓斌同志领学《中共中央办公厅关于部分党员领导干部在谈话函询中不如实向组织说明情况典型案件及其教训的通报》等文件精神。

7月18日，县委书记曹爱珍主持召开县委中心组理论学习会，参会的人员有县四套班子领导，县人武部政委等。会议围绕两学一做“带头解放思想，勇于担当”学习专题学习和结合工作实际作交流发言，肖惜才领学李炳军7月5日在市委中心组专题学习会上的讲话等文件精神；陈晓斌领学《江西省推进领导干部能上能下实施细则（试行）》等文件精神；黄文发同志领学《习近平总书记在庆祝中国共产党成立95周年大会上的讲话》等文件精神。

10月13日，县委书记曹爱珍主持召开县委中心组理论学习会，参加的会议人员有县四套班子领导，县人武部政委、副部长，县法检“两长”等。会议围绕两学一做“实事求是闯新路”学习专题学习和结合工作实际作交流发言，钟旭辉传达市第五次党代会精神，邓增顺同志领学《中共中央关于辽宁拉票贿选案查处情况及其教训警示的通报》等文件精神；包礼斌领学《李克强同志会见江西省及南昌市四套班子成员时的讲话、李克强同志会见赣州市四套班子成员时的讲话、鹿心社在154次省委常委会会议上关于学习贯彻李克强总理视察江西重要讲话精神的讲话》；廖军领学《刘延东同志在江西考察时的讲话精神传达提纲》；聂为民领学《中纪委关于五起执纪审查中发现的中管干部违反中央“八项规定”精神问题的通报》等文件精神。

11月18日，县委书记曹爱珍主持召开县委中心组理论学习会，参加的会议人员有县四套班子领导，县人武部政委、副部长，县法检“两长”等。会议围绕两学一做“依靠群众求胜利”学习专题学习和结合工作实际作交流发言，邓增顺传达十八届六中全会精神（《公报》及《鹿心社在全省领导干部会议上的讲话》；包礼斌同志传达省第十四次党代会精神（《省第十四党代会精神传达提纲》。

【机构设置】 县委行政机关12个：县纪委（党风政风监督室、纪检监察一室、纪检监察二室，第一纪工委、第二纪工委、第三纪工委、第四纪工委、第五纪工委，巡察办）、县委办［机要局、政研室（改革办）、保密局、督查室，党务公开网管理办公室］、组织部（组织员办公室、农村基层组织建设办公室、非公有制经济工作委员会、党代表联络办公室、县委人才工作科）、宣传部、直属机关工作委员会、政法委（社会治安综合治理委员会办公室、维护稳定领导小组办公室、“610”办公室，国家安全工作领导小组办公室、矛盾纠纷排查调处办公室）、统战部、信访局（人民来访接待中心）、编委办（事业单位登记管理中心）、农工部（新村办）、老干局、台办。

县委直属事业单位4个：党校、党史办、接待办、机关事务管理局。

【县委领导名单】

书记 曹爱珍（女）

副书记 邱 凌（8月免）
钟旭辉（8月任）
朱新秋（2月免）
车壮丽（女，2月免）
李 兵（8月免）
邓增顺（8月任）

常 委 何国杰（3月免）
邹志华（8月免）
肖惜才（8月免）
杨运武（8月免）
李志坚（8月免）
陈晓斌（8月免）
黄文华（8月免）
黄 刚（3月任）
包礼斌（8月任）
廖 军（8月任）
聂为民（8月任）
温岩松（8月任）
刘裕裕（女，8月任）
何选明（8月任）
赖定铭

【县委领导工作分工】

换届前：

曹爱珍 主持县委全面工作。

邱 凌 分管全县经济和社会发展、改革开放以及编制、监察和审计工作；主持县政府全面工作。

朱新秋 分管统战、对台、外事、民族宗教、群众团体工作。

车壮丽 分管文化和广播电影电视、旅游工作。

李 兵 协助县委书记处理县委日常工作，分管党的基层组织建设、信访稳定、开放型经济工作，分管县委办公室（含机要局、政研室、保密局）、直属机关工委、党史工作；联系县人大、县政协工作。

邹志华 协助县长处理县政府日常工作，协助县长分管经济和社会发展、改革开放等方面的工作；分管新型城镇化、城市建设与管理工作、接待工作。

肖惜才 分管政法（包括检察院、法院、公安、司法、国家安全、社会治理）、社会稳定、信访工作；主持县委政法委全面工作。

杨运武 分管意识形态（包括宣传、教育、卫生、文化和广播电影电视、体育、科技）和旅游工作；主持县委宣传部全面工作。

李志坚 协助分管农业农村工作。

陈晓斌 主持县纪委全面工作，分管纪检、监察、党风廉政建设和机关效能建设工作。

黄文发 分管干部人事、党的基层组织建设、农业农村工作；分管老干部、党校工作；主持县委组织部全面工作。

何国杰 分管工业和信息化、工业园区建设工作。

赖定铭 负责党管武装工作。

换届后：

曹爱珍 主持全面工作。

钟旭辉 分管全县经济和社会发展、改革开放以及编制、监察、审计、国防动员工作；主持县政府全面工作。

邓增顺 协助县委书记主持县委日常工作，分管党的基层组织建设、干部人事、农业农村、政法、信访稳定工作，分管县委办公室（含机要局、政研室〈改革办〉、保密局）、党校、群众团体工作，分管重点工程项目、农村环境综合整治、农村面貌提升、打击农村“两违”建筑、农民建房规划建设、空心房整治、农村国土管理、林投公司、水投公司、民政（含殡葬改革）、督查、机关事务、接待等工作；负责“六大攻坚战”抓总、现代农业攻坚战、文化名县建设工作；联系人大工作。

包礼斌 分管党的基层组织建设、干部人事及管理工作，分管老干部、直属机关工委、党史工作，负责精准扶贫攻坚战工作；主持县委组织部全面工作。

廖　军 分管政法（含公安、法院、检察院、司法、国家安全）、社会治理、信访稳定、体育、整治载客三轮摩托车等工作，负责体育名县建设工作；主持县委政法委全面工作。

聂为民 主持县纪委全面工作，分管纪检、监察、党风廉政建设和机关效能建设等工作，协助分管工业和信息化、主攻工业攻坚战工作。

温岩松 协助县长主持县政府日常工作，分管县政府办公室、发展改革（含振兴发展、资源枯竭城市转型、物价）、人力资源和社会保障、统计、行政服务中心、财税、金融保险、交通（含公路分局）、政务公开、医保、接待、机关事务、应急管理、兵役和民兵预备役建设、住房公积金管理、督查等方面的工作，负责基础设施攻坚战工作。

赖定铭 负责党管武装、军民融合、国防教育工作，负责生态名县建设工作，协助分管农业农村、现代农业攻坚战工作。

黄　刚 分管工业和信息化、工业园区建设、安全生产、环境保护、市场和质量监督管理、供电、科技、创新创业、工投公司工作，负责主攻工业攻坚战工作。

刘裕裕 分管统战、对台、外事、工商联、民族宗教和开放型经济、旅游、旅投公司等工作，负责现代服务业攻坚战、旅游名县建设工作；主持县委统战部全面工作；联系政协工作。

何选明 分管意识形态、宣传、教育、卫生计生、文化和广播电影电视工作，分管城乡规划建设、城市管理、创建全国文明城市、房管、城区国土管理、人防、防震减灾、通讯、管线、征地拆迁、城市发展集团、城投公司、发投公司等工作，负责新型城镇化攻坚战、教育名县建设工作；主持县委宣传部全面工作。

县委办公室工作

【概况】 2016年，县委办公室在县委的正确领导下，坚持以中共十八大和十八届三中、四中、五中、六中全会精神为指引，深入学习贯彻习近平总书记系列重要讲话精神，特别是习近平总书记对江西工作提出的“新的希望、三个着力、四个坚持”重要要求以及全国、全省党委秘书长会议精神要求，紧紧围绕服务苏区振兴发展大局，高水平谋事、高效率办事，积极主动开展服务，扎扎实实抓好工作，充分发挥参谋助手、督导检查、综合协调、机要保密和保障服务作用，圆满完成了县委、县政府下达和县委领导交办的各项工作任务。

县委办公室内设秘书科、综合调研科、信息科、督查室、行政事务科、机要局、保密局、政策研究室、党务公开网站管理办公室，核定县委办公室编制42个，其中行政编制25个，事业编制9个（其中党务公开网站管理办6个，内网办3个），工勤编制8个。

【秘书工作】 建立健全了OA办公自动化系统，进一步规范了公文运转程序，改进和完善了公文的报送、处理和审批制度，督促《党政机关公文处理工作条例》得到了有效落实。全年共办理收文1092份，其中密级文件193份，共发文499份。文件管理办理做到了规范、及时、准确、无错发、无遗失，严格把好了公文格式关。特别是在2016年5月份，秘书科代表大余县党办系统接受了省委办公厅文件管理办理工作检查组对公文制发、文件流转办理、密级文件管理等工作内容的检查，并获得了检查组的高度肯定。制定和完善了会议工作流程，始终坚持办会精细管理。全年共组织大中小型会务300余次，落实各类会议通知400余次。强化服务意识，充分发挥好办公室工作承上启下、联系左右、协调各方的中心枢纽作用，努力提升服务领导、服务基层、服务群众工作水平。全年共接待上访群众40余批次。

【综合调研工作】 大兴调查研究之风，围绕县域经济社会发展存在的重大战略性问题以及领导关注、群众关心的热点难点问题，组织开展专题调研。2次组织办公室政务人员外出到先进发达地区考察学习，围绕打好六大攻坚战、建设五个名县等课题，组织撰写了26篇高质量的调研、考察报告，其中21篇转化为县委、县政府的决策。《打造乡旅新标

杆 开辟富民强县新路径—大余县乡村旅游助推精准扶贫的探索与实践》《车间设在家门口 就业脱贫好帮手》等文章发表在省、市刊物。认真抓好公文起草工作，全年起草讲话稿50余篇，编印《余办通报》25期，整理《会议纪要》33期。完成县第十四党代会、全市六大攻坚战流动现场会等重大会议文稿起草，以及精准扶贫迎国检，全国政协副主席、中国开发性金融促进会会长陈元及南北“4+8”地区绿色发展座谈会暨论坛与会人员，时任省委副书记刘奇，国家旅游局局长李金早，省委常委、赣州市委书记李炳军，省委常委、常务副省长毛伟明，国家安全监管总局党组成员、副局长孙华山等领导莅临大余调研等各类接待汇报材料28个。深化改革纵深推进。组织召开了县委全面深化改革领导小组第四次、第五次会议。加强县委改革办与县委各改革专项小组之间的联系沟通，强化统筹协调，完善改革考核评价机制，围绕年度141项重点改革事项，凝聚各部门、各单位力量，稳步推进全县各项改革，督促改革工作落到实处，促成农业农村、民主法治等九大改革领域实施了系列改革举措，改革关键环节取得了重要突破。

【信息工作】 紧贴县委中心工作，围绕热点、难点问题，积极报送反映大余特色的工作信息，全年共上报446条，实现市办刊用排名明显前移，省办刊用创历史新高；时刻绷紧紧急重大信息这根弦，认真做好编写和报送工作，全年报送紧急信息230条，一批重大信息得到市委主要领导关注并批示；持之以恒地关注网络舆情，全年上报网络舆情信息4108条，办理市委办公厅《网络舆情抄告单》33件；积极关注民生，全年办理省委总值班室核办件2件，省委《民声通道》分流交办件2件，县委《民声通道》2件，大余县《民声通道》工作做法和2个案例被编入全省《民声通道》工作册。狠抓应急值班工作，进一步完善“一中枢、两平台、三班岗、四条线”工作机制，通过应急值班及时发现和解决了一批紧急重大问题，为全县大局稳定作出了贡献。在9月省委办公厅总值班室到余检查工作时，陈海峰副主任对大余县工作明确表示肯定并提出表扬。

【督查工作】 扎实抓好督促检查工作，突出督查重点，有针对性地围绕县委、县政府重大决策部署开展专项督查，采取现场督查、暗访督查为主，电话督查、书面督查为辅的督查方式，确保县委、县政府重大决策落地生根；进一步健全完善“销号督查”工作机制，在全县重点工程项目建设、精准扶贫、环境整治、民生实事等工作上加大了督查力度，进行专项查办，做到事事有落实，件件有回音。2016年，县委督查室呈报督查专报20期，下发督查通报12次、督办函47次，督办领导批示件20件，现场督办200余次、电话督办400余次。

【机要工作】 紧紧围绕习近平总书记“两个确保”和“两个必须”和“三个不动摇”重要指示精神，立足县委、县政府工作大局，机要密码工作服务水平大幅提升。县委机要局首次被省委密码工作领导小组评为2016年度全省优秀单位，并获得县委主要领导批示充分肯定。一是电子政务内网建设全面完成。2016年8月中旬，电子政务内网机房和涉密视频会议室全面竣工并投入使用，县编委批准设立了“大余县电子政务内网管理办公室”，给全额拨款事业编3个。8月12日，省委机要局费先志局长赴我县调研电子政务内网建设等工作情况，高度评价了县的电子政务内网建设工作。二是密码通信保障更加有力。坚持24小时值班制度，严格做到“人不离密，密不离人”，认真及时做好各类电报文件的收发、登记、办理、送阅、保管工作，全年共收发明传715份，收发密电495份，未出现一起差错和涉密责任事故，保证了各类电报的快速、安全、准确办理。三是机要电话系统升级改造全面完成。开通了机要电话11部，并于12月底完成机要电话线路改造、扩容工作。四是加强机要密码干部队伍建设。派机要干部参加上级业务部门组织的培训班5人次。彭玉英因从事密码工作20多年，获中办机要局表彰奖励。四是办公环境明显改善。县委机要局值班室增设了独立卫生间，添置和更新了一系列办公设施设备。

【保密工作】 贯彻落实中央、

省、市及县委、县政府关于保密工作的方针、政策、决定、指示，严格落实保密工作责任制，依法履行保密行政管理职能，组织开展全县保密工作，把保密工作各项要求落到实处，维护党和国家秘密安全。进一步完善保密制度，规范对要害部门、要害部位的管理；监督、指导各乡镇、各部门、各单位依法保守国家秘密；强化定密、涉密计算机及其网络和涉密人员管理；创新思路加强保密人才队伍建设；制订本县保密宣传教育计划并组织实施开展多种形式的保密宣传教育；加大对机关、单位保密自查、自评工作的检查力度，组织或参与对失泄密事件的查处工作；加大对互联网泄密的检查力度，从源头上治理规范互联网办公自动化系统（OA）文件管理，建立保密工作长效机制；制订本县保密技术发展规划，推广应用保密技术设备。年内未发生重大泄密事件。

【领导名单】

主任　何华辉
主任科员　赖华飞
　李永盛
副主任、县委机要局局长
　沈宜军
政研室主任　黄心圣
国家保密局局长　钟勇刚
副主任、接待办主任　曾伟利
副主任　黄彩云

组织工作

【概况】　中共大余县委组织部为财政全额拨款正科级行政单位，是县委的职能部门，机关内设办公室、组织科、干部科、干部监督科4个职能科室，归口管理县委组织员办公室、县委农村基层组织建设办公室、县委非公经济党工委等3个正科级行政单位。2016年底，在职公务员16人。并归口管理县委人才科、县党代表联络办公室共2个全额拨款正科级事业单位。2016年，末有财政全额拨款事业编制干部5名。赣州海创钨业有限公司被省委组织部、省人社厅批准建立“博士后创新实践基地”，与江西理工大学共同研发的“铵盐体系白钨绿色冶炼关键技术和装备集成创新及产业化”项目荣获2016年国家科技进步二等奖、“低品位复杂钨矿绿色提取和智能制造示范工程”入围江西省科技创新“5511”工程重大研发项目。江西悦安超细金属有限公司研发中心主任邹海平同志评为赣州市第四届青年科技奖获得者。

【乡镇换届】　坚持把党的领导贯穿换届全过程，充分发挥党委领导和把关作用，坚持重德行、重基层、重公认、重实绩，注重在“六大攻坚战”一线考察识别干部，选优配强了乡镇党政正职和其他班子成员，通过“一推荐、两考察、三听取”，从县直单位择优选拔乡镇领导班子成员17名、从“三类”人员中竞争性选拔乡镇领导班子成员15名、从事业单位调任乡镇领导班子成员5名。同时，加强了对乡镇干部的人文关怀，对长期在乡镇埋头苦干、家庭确有困难、身体健康状况不佳等合理诉求的，在人事安排时优先予以了考虑。

【严肃换届工作纪律】　通过实地查看、个别谈话、走访了解、受理信访等方式，对全县乡镇开展换届风气专项巡察。通过落实“九个一”进行严肃换届纪律教育。开通“12380”手机短信举报平台（15070712380），实行干部信访举报电话和短信24小时专人值守。换届期间未发生违反换届纪律规定的行为。通过短信、电话提醒、会议布置、挂点领导督查等方式，对交流、提拔、换岗的干部，确保做到不接受吃请（包括自掏腰包、自带酒水等各种形式的吃请行为）、不搞辞行仪式、不接受任何礼品礼金、不带身边工作人员；确保到新岗位任职报到轻车简从，不搞迎来送往，严格遵守中央八项规定和廉洁自律规定；确保离任人员要及时做好工作交接、财物交接等工作。

【科级干部配备】　严格执行《党政领导干部选拔任用工作条例》及其监督制度，树立了凭实绩用干部的正确导向，营造了风清气正的用人环境。树立正确的选人用人导向，注重德行，注重基层，注重公认，注重实绩，2016年，共从重点工作、精准扶贫、征地拆迁、招商引资等基层一线提拔科级干部31名。通过“分层分类提名、拓展推荐范围、开展公绩公示、五听取五征求、干部任免票决”等方式，严格把好“提名、推荐、考察、酝酿、决定”等五道关口，不断扩大干部工作民主，推进干部选拔任用工作规范化建设。2016年，共票决任免干部309人次；共对114名拟提拔对象进行实绩公示和任前公示。深化干部人事制度改革，完善干部考察考核方式方法，进一步加强了科级领导班子和科级领导干部绩效考核。

【干部教育培训】 注重加强乡镇换届后新提任科级领导干部的培训，共举办新提任科级领导干部、新录用公务员等主体培训班次11期，培训干部1700多人次，对全县科级干部学习习近平总书记系列重要讲话精神进行了集中轮训。注重年轻干部能力提升，共选派了106名年轻干部到招商引资、征地拆迁等基层一线进行实践锻炼，选送了1名正科领导干部到省级金融机构挂职锻炼。注重现场教学和在线学习，打造升级了新城周屋国学教育、革命遗址红色教育、牡丹亭文化教育等干部教育培训现场教学点，共接待市县两级干部培训主体班18次，组织2565名干部参加江西干部网络学院在线培训学习。加大了干部教育培训考核成果运用，共有11名干部因培训不合格被取消年度评先评优资格。

【专项整治工作】 加强干部日常监督管理，认真抓好改作风提效率工作的落实，建立健全了对精准扶贫村第一书记和驻村工作队长在岗履职情况巡查制度，组织开展了党员领导干部未经批准在企业、事业单位、社会团体、中介机构兼职或兼职取酬问题专项整治活动。通过到龄退休、提前退休、职务调整、乡镇机关设置科级非领导职数，已消化超配科级领导职数22名，消化科级非领导职数81名。

【干部人事档案专项审核】 抓好了干部人事档案审核工作，全面完成全县1359卷公务员、参照管理人员和事业单位科级干部人事档案审核、归档工作。重点审核干部的“三龄两历一身份”和家庭主要成员、重要社会关系等重要信息，对信息记载不一致的，严格按照政策予以认定。在干部人事档案专项审核中没有发现档案造假情况。

【创新人才工作】 灵活引才方式。实施“红土地”人才集聚工程，招录37名公务员、91名事业编制工作人员，回流大余籍在外人才15人，有效缓解了党政人才紧缺矛盾。柔性引才借智，利用“专家大余行”“专家顾问团精准帮扶”活动，聘请了中组部第八批“千人计划”入选者李小毛、江西理工大学万林生教授等一批国内外专家人才到县讲座授课和技术指导。大力实施“人才回归”工程，成功引进大余籍人才卢致辉创办江西科比特航空科技公司。因地制宜培养乡土人才，依托乡村旅游产业，培育了一批导游、民俗演艺、茶艺、蔬菜种植能手等农村实用人才。搭建工作平台。积极服务“主攻工业”战略，向全县54家重点工业企业选派了45名人才服务专员。打造了海创钨业、江西悦安超细、新城蔬菜基地等人才示范点。优化人才环境。兑现了高层次人才生活津贴政策，推选各类专业技术人才评优评先、参政议政，2016年大余县推荐的省、市、县党代表中，专业技术人才占25.2%。建立了大余籍在外人才信息库，每逢节假日向在外人才发送慰问短信，提供人文关怀。

【党内统计】 2016年底，全县共有18个基层党（工）委，25个党总支，449个党支部，党员10642名。其中，乡镇党委11个，110个村党（总）支部，15个社区党支部，农村党员4935人。有驻外流动党组织7个，纳入管理流动党员135人。

【县乡党委换届选举】 严格按照《中国共产党章程》《中国共产党地方党委工作条例》以及省、市有关要求，坚持高位推动、精心组织，认真筹备、强化监督，圆满顺利完成了县乡党委换届选举工作，实现写好报告、选好代表、树好风气、开好党代会、配好班子“五个好”目标。

8月30日—9月1日，召开了中国共产党大余县第十四次代表大会，选举产生了县委委员37名、候补委员8名、纪委委员23名、大余县出席赣州市第五次党代会代表21名。

9月1日下午，召开了中共大余县第十四届委员会第一次全体会议，曹爱珍（女）、钟旭辉、邓增顺、包礼斌、廖军、聂为民、温岩松、赖定铭、刘裕裕（女）、何选明等10人当选为中共大余县第十四届委员会常务委员会委员；曹爱珍（女）同志当选为中共大余县委书记，钟旭辉、邓增顺2名当选为中共大余县委副书记。

在中国共产党赣州市第五次代表大会上，曹爱珍、肖岚两名当选赣州市出席江西省第十四次党代会代表。

【基层党建七项重点任务】 不折不扣地完成了中央部署的基层党建七项重点任务，并建立了长效机制。抓好党员组织关系集中排查，52名“失联”党员全部取得联系并纳入组织管理；扎实推进党代会代表和党员违纪违法未给予相应处理情况排查清理；认真做好基层党组织按期换届检查工作，19个未按期换届基层党组织全部完成换届；稳妥开展党费收缴工作专项检查，进一步规范了党费收缴管理使用工作；创新“1333”工作机制，成立106个非公和社会组织党组织，实现了“两个覆盖”；深入推进抓党建促脱贫攻坚工作，精准选派105支扶贫工作队、105名第一书记和2586名党员结对帮扶7758户贫困户，落实“5+1”结对帮扶整顿完成10个软弱涣散村；抓严抓实领导机关党员干部学习教育。

【“连心、强基、模范”三大工程】以“党建+”理念引领“三大工程”建设，扎实推进“四进四联”“五星创评”“先锋创绩”等工作。选派118支“连心”小分队，结对帮扶联系105个村、13个社区；组织97名省、市、县党代表和2400多名在职党员到社区报到开展志愿服务活动。开展基层党组织按期换届检查工作，整顿了农村、社区、机关、非公经济组织、社会组织等各领域18个软弱涣散党组织。结合“两学一做”学习教育，在全体党员中开展“四带头作表率”“大余十大好人评选”等系列活动，选树、宣传了罗开福等一大批先进模范，形成了强大正能量。

【“党建+”工作】 牢固树立“党建+”理念，找准党建工作与各项中心工作的结合点、切入点，突出以党建引领“六大攻坚战”，紧密推进全域化党建，实现党建与发展融合共赢，重点抓实了“党建+精准扶贫+重点项目建设+社会治理、+开放招商、+征地拆迁”等工作。其中，大力实施“党建+旅游扶贫+产业扶贫+车间扶贫”，12个村被列入2016年全国乡村旅游扶贫重点村，打造了23个乡村旅游点、83个扶贫车间、109个产业基地，辐射带动45%以上贫困户1万余人脱贫，“党建+旅游扶贫”典型故事推荐到省组推广。

【解放思想主题教育活动】 扎实推进解放思想主题教育活动，积极搭建活动载体，将活动细化为组织外出学习考察、实施青年干部“创新成长”工程等16项子活动，进一步推动干部解放思想、凝心聚力抓发展。纪实电教片《老文的日记》获全市解放思想主题教育活动宣传教育片一等奖。

【庾岭党建“十张名片”】 通过组织推动、典型带动、督导促动、投入拉动，创新了“三诺”压责任、智慧党建、党建有形化、“党建+”、园区党建“四位一体”、情景教育锤炼党员、流动党员“三联三建”、入党积极分子积分制管理、顺向培养农村干部、人才示范工程等十张党建“名片”，打造了大余党建品牌。

【农村干部队伍建设】 健全落实了村干部基本报酬正常增长机制，2016年所有村干部月人均增加200元。开展了从“三类人员”中竞争性选拔乡镇领导班子成员人选工作，有3名村书记、3名大学生村官录取为乡镇副科领导。加强了“名誉村书记”和第一书记管理考核，县委年底表彰优秀村书记32名、第一书记10名、名誉村书记5名。严格落实了大学生村官“3+1”结对帮扶措施和“包组联户”工作机制，新选聘4名大学生村官，统一为在岗大学生村官办理了“四险一金”。推行“见习村干部”制度，选聘了30名见习村干部，落实了每月至少1000元的工作补贴。推荐黄龙镇旱田村党支部书记郭少明为县委候补委员，推荐青龙镇元龙村党支部书记蓝胜平为市党代表，推荐新城镇周屋村党支部书记周机生为市人大代表。采取推荐外出培训、县级专题培训、乡镇全面轮训的方式，培训村干部88期6061人次，选送12人次参加市以上村书记主任示范班培训。

【村（社区）组织活动场所建设】 2016年，投入建设和维修改造资金365.8万元，新建村（社区）组织活动场所6个、维修整治30个，彻底消除了村级组织活动场所"空白村"。

【党员发展、教育、管理、服务】 全面推行发展党员和党员管理"双严双优"制度，继续实行"一村（企）一名入党积极分子"县级重点培养机制，全年新发展党员175名。推广流动党员"双联双管"机制，新组建大余流动党员北京支部、广东佛山支部。认真做好关爱困难党员和老党员，全县享受困难党员"一卡通"政策的有420人，全年发放困难党员、老党员慰问金74万余元；452名50年党龄农民党员享受100元/月生活补助，发放补助金54万余元。全年，培训基层党组织书记2100多人次，培训各领域党员8000多人次。

【"两学一做"学习教育】 成立了县"两学一做"学习教育协调小组，印发了《关于在全县党员中开展"学党章党规、学系列讲话，做合格党员"学习教育实施方案》，全县449个支部制定了学习计划；围绕"坚定执着追理想"等四个专题，建立了专家导学、微信助学、挂点辅学、督导督学、典型促学、考试验学"六学"机制，党员县领导联系42个支部辅导学，党员领导带头上党课2200余次，专家学者巡回宣讲600余场次，各党支部集中学习2500余次，微信推送党员教育资源1700余篇次；深化争做合格党员载体，搭建"四带头作表率""党员活动日""党员志愿服务"等党员活动平台，开展了"身边的表率"专题片拍摄及评选；组织党员对照四个主题查摆并解决党员存在突出问题78个，结合"两学一做"学习教育对侵害群众利益不正之风和腐败问题开展集中整治，乡科级及以下党员自查问题1578个、单位自查问题131个，全部整改到位；各级党组织召开专题组织生活会及民主评议党员，共评议优秀党员1589人、合格党员8975人、基本合格党员65人、不合格党员13人。"两学一做"学习教育取得良好成效，"三会一课"、民主生活会、组织生活会、民主评议党员等党内组织生活制度得到有效落实，广大党员的党员身份意识和先锋模范作用更加突显。

【"两新"组织党建工作】 开展"两新"组织党建工作调查摸底，将123家非公企业和48家社会组织列入党建工作基数台账，按照"强化组织领导、区分三个领域、创新三种方式、落实三项保障"的"1333"工作机制扎实"两个覆盖"攻坚计划，新组建"两新"组织党支部57个，全县"两新"党组织达到106个，覆盖123家非公企业、48家社会组织和385家个体工商户。选优配强"两新"组织党组织书记及党建指导员，建立党组织书记及党建指导员考核管理机制。以园区党群活动服务中心为载体，探索建立园区党建"四位一体"共建机制，推进了"两新"组织党建工作从"有形覆盖"向"有效覆盖"转变。

【农村党员干部现代远程教育】 广泛开展"选学积分制""三服务三促进""五创五争""远程教育终端+IP广播"学用模式等形式多样的学用活动。拍摄制作了《老文的日记》《大龙村之变》《"织郎"的扶贫梦》《攀登》《等待》等一批优秀电教片，组织、协助拍摄制作一批地方戏曲、地方舞蹈、地方歌曲。在新城镇王屋岭村、青龙镇二塘村、黄龙镇大合村、吉村镇民主村、吉村镇沙村村、吉村镇解放村安装了IP广播，并制定了相应的制度和机制。

【领导名单】

部长　黄文发（8月免）
　　　包礼斌（8月任）
副部长（正科级）　邓　莅
副部长、正科级组织员　肖　媛（女）
县委人才科科长　邱铠宝
县党联办主任　张祥敏
县委组织员办主任　黄瑞善
县委村建办主任　邹昌健
县委非公经济党工委书记　平升起
主任科员　张　红
县委村建办副主任　李荣芳
县党联办副主任　董　英

宣传工作

【内宣工作】 2016年以来，县委宣传部认真贯彻落实县委、县政府“1356”工作总思路，弘扬主旋律，传播正能量，围绕中心做好对内宣传，凸显特色加大对外宣传，为加快大余振兴发展提供强有力的舆论支持。

【外宣工作】 围绕打好六大攻坚战、经济转型等中心工作和重点工作，认真准备、精心策划，采写了一批时效性强、针对性强、宣传效果好的时政新闻。同时，坚持关注民生、服务百姓、做群众贴心人的原则，加大对民生新闻的策划和报道力度，对外宣传效果更加突出。2016年在《人民日报》、《光明日报》、《经济日报》等国家级三大报台用稿15篇，创历史新高；《江西日报》用稿68篇，《赣南日报》用稿230多篇。同时，积极配合县里做好中央广播电台军事频道重走长征路、省委宣传部“学讲话、走基层、出精品、强队伍”主题实践活动等重大活动和会议的接待工作。

【专题报道】 配合全县中心工作和阶段性重点工作，围绕全县2016年“招商引资三集中”活动、打好六大攻坚战等重点工作、重大活动和市两会、市党代会等重大会议，制作了《庾岭春行早 发展起大步》《大余华丽转身 腾飞崛起》《加快打造“三区三基地五名县” 建设智慧活力幸福新大余》《生态大余入画来》《城乡镶美景 处处映诗画》《最美乡村游 悠然往大余》等一批有特色、有深度、有影响的专题稿件，在《江西日报》《赣南日报》等主流媒体刊发，从各个视角展示了大余六大攻坚战和城市转型等中心工作的成就。

【弘扬正能量】 把选好、宣传好先进典型作为宣传思想工作的一大品牌来抓，着力构建发掘、培养、宣传的典型宣传联动机制，形成先进典型作引领、辐射带动齐争先的良好格局。将镜头和焦点对准基层，大力宣传平民善举，在《赣南日报》、新华网等省市主流媒体宣传了爱岗敬业先进典型国始顺、孝亲敬老好媳妇易云莲、创新创业大学生刘安、客家文化优秀传承者黎林生等一批来自群众身边示范性强、带动作用大的先进典型，扩大了大余的影响力和知名度。联合《大余报》、“大余宣传”微信公众号、广电新闻中心等媒体平台，多方联动，立体宣传，进一步弘扬了文明新风尚，传递了社会正能量，营造了人人争做“大余好人”的浓厚氛围，为推动大余社会经济发展凝聚了强大精神动力。

【理论武装】 理论学习。推动县委中心组成员做到了“五个带头”，着力推动全县三级党委（党组）中心组加强学习，完善学习考勤、学习请假、学习辅导、中心发言、个人自学、信息反馈、学习考核、学习档案、学习通报、经验交流10项制度，促进三级党委（党组）中心组在理论学习上不断创新和进步。

理论研究。县委、县政府主要领导带头研究“纵深推进‘1356’工作总思路，打造三区、三基地、五名县，奋力实现率先全面建成小康社会”重大课题，其他班子成员也围绕分管工作进行专题研，在《大余论坛》刊登理论文章和调研报告66篇，在市以上理论刊物上刊载理论调研文章12篇。理论研究成果为积极推动大余经济和社会发展提供有力的决策依据和智力支持。

理论宣传。采取“集中培训备课，认真开展调研，分级组织宣讲，县、乡镇、村（居）三级联动”的新举措，对中共十八届五中和六中全会、省第十四次党代会、市第五次党代会、县第十四次党代会精神宣讲活动，形成分级组织、上下联动、一级带动一级、一级推动一级的宣讲格局和良好氛围。

【网信工作】 成立了以县委书记任组长，县委副书记、县长任常务副组长，县委常委、宣传部长任副组长的网信工作领导小组。明确将网信办升格为正科级单位，领导职数一正两副，8个事业编制。出台了《县委网络安全和信息化领导小组2016年工作要点》、《大余县网信工作联席会议制度》和《大余县互联网宣传管理联席会议制度》，制定《大余县网信工作考核细则》，并将网信工作纳入乡镇和县级部门（单位）党建目标考核。

新媒体建设。建立了政府网

站，“掌上大余”客户端，江西手机报（大余版），开通“大余宣传”“大余广电”“平安大余”等政务微博29个，政务微信56个，打造政务微信微博等新媒体集群。利用“大余宣传”政务微信平台，策划了“大余好人”“最美校园”“打好六大攻坚战”等10余个宣传专题，共推送正面宣传图文稿件1124条。在全县范围内遴选出40余人组成微信、微博、微视频“三微”创作团队，积极创作本土短小微故事，弘扬大余正能量。举办首届“短小微”作品创作暨年度十佳作品评选活动，获奖短文章《客家文化守望者》被选送参加江西省第一届“短小微”作品创作暨年度十佳作品评选。

网络舆情处置。共收集涉及大余敏感网络舆情196条，编发简报86期，妥善处置《大余一洗水厂排放“蓝色水”》等网络舆情事件86起。全年未发生重大负面舆情。重点培养5名核心网评员，建设了61人的外围网评员队伍，组织全市网评员跟帖评论2675条，撰写网评文章23篇。开展网络安全大检查，在县人民政府网设立互联网违法和不良信息举报入口，已接到不良信息举报12起，约谈自媒体运营人2次。

【领导名单】

部　长　　杨运武（8月免）
　　　　　何选明（8月任）
副部长、县文联主席
　　　　　刘存鸣（3月免）
　　　　　刘颂俊（3月任）
副部长　　李　鸣（女，3月任）
主任科员　　黄学文（8月任）
县委报道组组长　叶兰青（女）
副主任科员　　赵东燕（8月任）

统战工作

【概况】 2016年，全县统一战线工作认真贯彻落实中央统战工作会议及《中国共产党统一战线工作条例》精神，夯实统一战线共同思想基础；发挥统一战线独特优势，强化服务，加强协调，推动非公经济健康发展；创新平台，培养推荐，党外干部工作上新台阶；积极引导，创建和谐，民族宗教工作稳步推进；团结联谊，增进感情，海外统战迈出新步伐；抓基础求发展，自身建设不断强化，全县统战工作开创新局面。2016年，县委统战部被县委评为全县综合绩效考评工作优秀单位、党建工作第三名、综治创建维稳工作第三名、招商引资工作一等奖、精准扶贫工作三等奖；县委统战部调研报告《大余县把好“选、育、用、树”关，推进党外干部培养使用取得新突破》被评为2016年度全市统战工作实践创新优秀成果，被省委统统战部评为2016年全省统战工作实践创新成果。县委统一战线工作部为县委工作部门，内设4个职能股室，办公室、党外人士股、经济统战股、外事侨务股。年末在职人员总数为8人。

【党外代表人士工作】 党外代表人士培养选拔工作进一步加强。强化了党外后备干部队伍建设。县委办公室下发了《关于做好党外后备干部推荐选拔工作的通知》，建立了一支数量充足科学合理的党外科级干部后备队伍（县党外后备干部48名），并实行动态化管理。加强了党外代表人士的能力建设，将党外干部教育培训列入了全县干部培训计划，2016年选派了3名正科级党外干部参加第5期全市党外中青年干部政治理论培训班学习。同时，先后抽调6名党外干部到招商引资、征地拆迁、信访维稳等重点难点工作岗位进行锻炼，提升了党外代表人士的综合素质。党外干部交流使用力度进一步加大。开展了党外干部使用情况调研分析，形成了《关于全县党外干部培养安排情况汇报》，“点名”推荐优秀党外干部人选。建立了“三定一优先”（定比例、定职位、定职数，优先选）的党外干部选拔任用工作机制，更加重视党外干部的选拔任用，党外干部使用年年都有新突破。2016年，有3名党外干部提拔为副处级，按要求配齐了党外政协副主席，解决了多年来大余县党外政协副主席缺配的问题。1名党外干部提拔为正科级，10名党外干部提拔为副科级。10月，广州市天河区委统战部就党外干部发展课题与大余县进行了专门的调研座谈。

【非公经济统战工作】 在助推非公经济发展上有新举措。把党员县领导与党外代表人士的联系制度和县领导对非公企业的挂钩帮扶制度相结合，在确定联系对象和帮扶对象时做到一并考虑，使党员县领导在联系非公经济代表人士中加强帮扶，在帮扶中加强联系，既做好统战工作，又帮助非公企业解决实际问题，使统战工作显成效。深入开展统战干部帮扶非公企业解难题促发展活动。2016年，财园通和小微信贷通扶持金额4亿多元，扶持企业100多家。有力地缓解了非公企业资金紧张的问题。在统一战线参与扶贫开发上取得新进展。争取县扶贫办、水利局等部门项目资金100余万元，对县委统战部挂点的石溪村修建水陂3座，硬化水渠3000多米。把精准扶贫、发展乡村旅游和加强民族特色村（寨）建设工作紧密结合起来。鼓励非公人士积极参与到精准扶贫活动中来。举办非公经济人士捐赠商品义卖活动，共筹集善款近2万元，既创新了扶贫济困工作的方式方法，也为非公经济爱心人士搭建了新的公益平台。据不完全统计，非公经济代表人士为贫困学生捐资助学5万元，解决下岗职工就业120余人，结对帮扶15户贫困户。

【侨联工作】 2016年，县侨联坚持“围绕中心、服务大局，以侨为本、为侨服务”宗旨，较好的完成全年工作任务。做好海外联谊工作。继续拓展以“三情”（亲情、乡情、友情）和“三缘”（血缘、地缘、业缘）为纽带的海外联谊。县侨联主要负责同志参加了澳门第21届缅华泼水节。以侨为本，做好维护侨益工作。2016年开展了全县性的侨资企业调查工作，向上级反映侨资企业基本情况及发展中存在的困难和问题。县侨联会同外侨办等有关部门开展各种形式侨法宣传活动，力所能及地为归侨侨眷李慰、魏群、钟礼宏等解决一些实际困难。围绕中心，竭诚为县域经济发展服务。继续做好贫困生的助学工作。县侨联通过努力，争取到广州乐助会为县100多名高中贫困学生解决学杂费10多万元。做好扶贫敬老工作。抓好贫难侨的救济扶助是县侨联系统长期关注的工作，切实解决归侨侨眷中的热点难点问题。春节前夕，县侨联积极协调资金并认真做好归侨侨眷及侨资企业的走访慰问，共慰问20多户，发放慰问品及慰问金1万元，把党和政府的温暖送到了归侨侨眷的心中。

【领导名单】

部长　刘安荣（8月免）
　　　刘裕裕（女，9月任）
副部长　廖达东
副部长、县侨联主席
　　　田　芳（女）
副部长　尹民忠
副部长、县工商联党组书记
　　　李小沪

农村工作

【农村工作】 加快发展新型农业经营主体。全县年产值500万元以上的农业龙头企业新增3家，总数达27家，5000万元以上的6家，1亿元以上的2家，其中省级农业龙头企业3家，市级农业龙头企业7家。农民合作社全年新增35家，达到188家，其中国家级示范社、省级示范社、市级示范社分别达到2家、6家和11家；家庭农场新增89家，达到209家；全县专业种养大户达380户。

不断扩大“财政惠农信贷通”试点工作，组织新型农业经营主体融资贷款，通过县农行、农商行、邮储行、赣州银行，向县内农民合作社、家庭农场、种养大户等135户新型农业经营主体发放1年期贷款9203万元，贷款余额8683万元。

纵深推进农业农村改革情况。组建了县、乡（镇）两级农村产权流转交易平台。农村土地确权登记颁证工作、农村集体产权股份制度改革试点工作已完成县级层面工作；城乡建设用地增减挂钩试点工作、农村集体土地所有权确权登记发证工作已全面完成；集体建设用地和宅基地使用权确权登记发证工作进度走在全市前面。大余县作为全市唯一的全国水土保持改革试验区县级资金管理办法先行先试典型，顺利完成试点任务。全县集体林权制度改革进一步推进，完成林地流转登记面积35万亩，林地规模经营得到适度发展。供销合作社综合改革已开启。农村金融服务综合改革向前推进，乡镇金融网点和行政村金融服务实现全覆盖；金融信贷服务新型农业经营主体工作中，“财政惠农信贷通”“产业扶贫信贷通”“林权抵押贷款”发放贷款进一步增多。《大余县推进农村承包土地的经营权和农民住房财产权抵押贷款试点工作方案》已经第4次党政联席会讨论通过。

继续实施“一村一名大学生工程”。根据省委办公厅、省政府办公厅《关于在全省实施“一村一名大学生工程”的通知》(赣办字〔2011〕44号通知)及省市“一村一名大学生工程”相关文件要求，自开展“一村一名大学生工程”以来，大余县共招收270名大学生，其中2012级39名学员全部拿到了合格毕业证(其中函授班3人，远程教育班36人)。现有在校学员231人。2016年，计划招生57名，实际录取58人，其中函授班33人(大专普通班12人，大专高级班4人，专升本班17人)，远程教育班25人。

【社会主义新农村建设工作】 2016年全县共开展了47个新农村建设点建设，其中安排有新城镇周屋中心村、青龙镇元龙中心村、黄龙镇大合中心村，3个中心村共24个省扶点已完成“七改三网”和“8+4”建设，共1291户完成改水1291户，改水率达100%，改厕1291户，改厕率达100%；修建道路12.41公里；拆除低矮破旧险房4.47万平方米；修建排水沟7944米；种植树木4140株；新建了休闲广场、篮球场、停车场。新城镇周屋、青龙镇元龙中心村紧密结合乡村旅游，已建成为乡村旅游点。23个一般自然村点共有1267户，所有建设点均成立了理事会，已完成基础设施、公共环境和文体活动场所建设等工作。已完成改水1216户，改厕1209户，修建道路40.4公里，修建排水沟22.904公里，新建沼气池34个，使用太阳能442户，使用宽带网户数358户，在农户庭院、村内道路两旁、村旁空地种植绿化苗木11563株。

党校工作

【概况】 2016年，县委党校(行政学校)坚决按照县委、县政府和上级党校的工作部署及要求，坚持以邓小平理论、“三个代表”重要思想、科学发展观和习总书记系列讲话精神为指导，深入贯彻十八届五中和六中全会精神，紧紧围绕县中心工作，结合县干部培训实际，积极主动开展干部培训工作，全面完成年初目标任务。坚决完成县中心工作，取得较好成绩。换届之年，一名校领导当选为县党代表，一名校领导当选为县政协委员。在县委、县政府的关心支持下，县财政安排了17万元经费，对党校(行校)陈旧落后的教学、生活设施进行改造。改造完成后，初步改善住宿条件，为干部培训提供有力的后勤支持。

县委党校为全额拨款参公管理事业单位，内设办公室、组教室、教研室3个机构，核定编制17名，年末在职13人。

【内部管理】 加强校领导班子建设。坚持和完善领导班子带头学习制度，切实增强学理论、学知识、学技能、学先进的自觉意识和责任意识，不断提高领导干部的思想素质和执政能力水平。坚持和完善民主集中制，增强班子的整体合力，努力使校领导班子成为带领全校教职工不断创新发展的坚强领导核心。牢记宗旨，廉洁勤政，班子成员密切联系群众，关心群众，严格遵守党风廉政建设的规定，扎实做好廉政风险防范管理工作，落实好党风廉政建设责任制，严于律己，严格要求。

切实加强党员队伍建设。按照“两学一做” 学习教育总体部署要求，严格落实“三会一课”制度，遵守和维护党章、党规、党纪，遵守和维护国家的法律法规，做好表率作用；在教职员工中经常进行党校姓党的教育，建设学习型党校。围绕校风、教风、学风建设和管理工作，全面加强思想、组织、作风建设，开展形式多样的党员教育活动，增强党组织的凝聚力和战斗力，发挥共产党员的先锋模范作用。加强职业道德建设，发扬信念坚定、务实开拓、精诚团结、敬业爱岗的党校人精神，全面提高党校工作水平。

不断加强干部职工管理。建章立制，落实“每周一例会、每月一小结、每季一督查、每年一考评”的管理模式，实现管理工作的常态化、制度化、规范化、人性化。严格执行上下班签到制度。对无故迟到、早退、旷工的教职工，依纪、依规处理。严格请销假制度。对违反规定的人和事坚决查处。严明工作职责。根据教职工特长，合理分工，用人所长；利用例会，组织教职工学习工作职责；经民主讨论，建立健全教职工考核管理制度，完善奖惩办法和激励机制，努力实现“责、权、利”的统一，充分调动全体教职工的工作积极性、主动性和创造性。按照上级相关部门的要求，结合学校实际，制定好各项工作计划，明确分管领导和工作人员职责，狠抓工作落实，创造性地开展工作，力争各项工作形成自己的特色，努力使党校成为县委、县政府决策的“智囊团”、政策的吹鼓手、理论宣传的排头兵。

切实加强教师队伍建设。优化教师结构，2016年新录用了1名具有较高专业素质的教师，优化党校教师结构。加大培训力度，选派教师外出进修，提高专业教师理论素养、教学能力和科研水平以及理论联系实际的能力。实施“青篮工程”，采取新老教师结对子形式，充分发挥骨干教师的“传、帮、带”作用，加速青年教师的成长，推动党校教师队伍整体素质的提升，形成教师队伍梯队式发展的良好态势。树立大师资观念，调整充实党校（行校）师资库，加大外聘教师、特别是县级领导、企业家来校授课工作力度，增强培训工作针对性、实效性，建设一支专兼结合的教师队伍。

【教育培训】 全年共举办主体班12期，培训总人次2006人，培训班次和人次明显增多，培训对象涵盖科级领导干部、科级以下干部、村（社区、居）干部、入党积极分子流动党员、精准扶贫户和创业人员等，主体班培训调训范围广、培训渗透率高。建立主体班领导干部专职带班制，每期主体班除常务副校长一线督导协调，还指派一名副校长全程负责、一名教师专职跟班，理顺了培训管理机制。保障校领导班子宏观上掌控培训全局，提升上下联动的培训管理效率，为党校姓党筑强组织根基。建立主体班分类登记存档制度，将各个班次的重要文件、班级概况、培训资料、学员档案、经费使用和办班总结等进行分门别类的专项登记，并在校领导班子、办公室、组教室分别存档。

【中心工作】 围绕县委、县政府的中心工作，校认真组织教职工积极开展党风廉政、党建、计生和综治创建维稳、信访等工作，圆满完成环境卫生整治工作。在校人员紧缺的情况下，校还专门派出了5名职工参与新华工业小区周边一公里及城南二期征地拆迁工作，立下军令状，按时顺利完成征地拆迁任务。

【领导名单】

党校校长	邓增顺
行政学校校长	温岩松
常务副校长	邱李芳
副校长	皮建文
	李　桃
主任科员	谢翰文

机关党的建设

【概况】 2016年，以推进全面从严治党为主线，以深化“三大工程”为抓手，深入开展“两学一做”学习教育，紧紧围绕县委打好“六大攻坚战”，打造“三区、三基地、五名县”战略部署，不断强化机关党的各项建设，提升机关党建工作科学化水平，为加快推进振兴发展步伐，努力实现全面建成小康社会提供坚强的组织保证。机关工委为党群单位，属县委工作部门，内设职能股室2个，即：党政办公室、团直工委。机关工委编制6个，其中公务员编制3个、全额拨款事业编制（县直机关工委党员教育管理中心）3个，荣获2016年末在职人员4人。其中，公务员编制4个。2016年度党建工作三类县直单位第三名；2016年度和谐平安先进单位；2016年度招商引资先进单位等荣誉。

【基层组织】 截至12月底，县直机关工委直属党组织共有171个，其中：机关党总支22个（下辖113个支部），直属党支部36个。

【党员发展】 举办县直机关入党积极分子培训班2期，培训入党积极分子120名。全年共审批发展党员21名，预备党员转正22名。发展党员总数中，男13人，女8人；35岁及以下15人，36-59岁5人，60岁以上1人。本科及以上学历13人，大专学历4人，中专学历2人，高中及以下学历1人。截至2016年底，机关党员共2181名。

【党建工作】 抓紧“两学一做”学习教育，使经常性成为常态。坚持问题导向，牢牢服务大局，149个基层党支部完成专题学习1195次、上党课566次。重点是开展“四个一”活动深化“两学一做”。观看一次红色电影；举办一次专题讲座。邀请中央党校教授张荣臣作“做‘四讲四有’合格党员”专题讲座；开展一次送党课进支部活动，深入50多个基层党支部做辅导；开展一次支部主题（专题）党日活动，组织开展手抄党章100天活动，评选、上送手抄党章书法作品。135个支部结合落实“三会一课”制度，加强社会主义核心价值观教育、革命传统教育、理想信念教育，在梅岭、刘伯坚烈士陵园、陈毅旧居、长岭会议旧址等爱国主义教育基地或精准扶贫点开展一次形式多样的主题（专题）党日活动。

抓牢思想基础，强化理论武装。把深入学习贯彻习近平总书记系列重要讲话精神作为首要政治任务，引导党员干部进一步坚定道路自信、理论自信、制度自信和文化自信。认真贯彻落实《2014－2018年全国党员教育培训工作规划》。开办了“机关大讲堂”，共举办“党组织书记培训班”“基层党务干部培训班”等各类培训班8期，培训1660人次。

落实意识形态责任制，加强文化宣传工作。组织机关党员干部深入学习贯彻《关于培育和践行社会主义核心价值观的实施意见》。综合运用先进事迹报告会、专题报道、微信微博等形式，广泛凝聚促进大余改革发展的正能量，选树先进典型，弘扬正气，唱响主旋律，营造良好的氛围。微电影《老文的日记》获全市一等奖、精准扶贫题材微电影《时间去哪儿了》获全市二等奖。《远方的家—大余县探索流动党员“双联双管”机制纪实》在《赣南日报》二版头条报道。加强了机关党组织文化建设工作，活跃党员氛围。开展了全县机关“实施‘三大行动’、聚力振兴发展”“四个一”演讲比赛、书法比赛、摄影比赛、征文比赛活动，联合县体育局举办了全县羽毛球、篮球比赛。走访慰问生活困难党员、离退休老党员120人次，注重人文关怀和心理疏导相结合，尽力帮助解决实际困难。

积极服务和参与各项中心工作。组织和号召机关党组织和共产党员在推进精准扶贫、新农村建设、农村垃圾治理、清理违章建筑、农村精神文明建设等重点工作中开展“四带头作表率”活动。

抓常作风建设，推进党风廉政建设。认真履职，组织50多个党支部参观县检察院廉政警示教育基地、170个党组织收看廉政警示教育片和学习《廉洁自律准则和纪律处分条例》等党纪党规。主持编印并发放了2000册《〈问责条例〉教育读本》、200册《中国共产党党员常用党内法规学习汇编》，并举办了《问责条例》专题培训班。处理不作为、慢作为、乱作为的机关党员干部3人。

认真开展7项专项清理排查工作。开展了党员组织关系、党代会代表和党员违纪违法未给予相应处理情况、基层党组织按期换届、党费收缴工作、非公有制企业和社会组织“两个覆盖”、抓党建促脱贫攻坚工作、抓严抓实领导机关党员干部学习教育等7项专项清理排查工作，共排查出失联党员13名，12名已取得联系，另1名正按程序除名；20名党员补缴党费12.14万元，69个党组织已完成换届，组建“两新”党组织6个、规范3个，建立了领导机关党员干部学习教育长效机制。

【领导名单】

书记　　刘清平

副书记　　刘经猛

机构编制

【概况】 大余县机构编制委员会办公室是大余县机构编制委员会常设办事机构，系县委工作部门，加挂大余县事业单位登记局的牌子。全年认真贯彻执行党和国家有关行政管理体制和机构改革以及机构编制管理的方针、政策。拟定全县行政管理体制和机构改革以及机构编制管理的实施办法，建立健全机构编制管理的规章制度；统一管理全县各级党政机关、人大、政协机关，检察院、法院机关，各民主党派、人民团体机关的机构编制；贯彻落实中央、省、市关于深化行政审批制度改革的部署要求，推进全县行政审批制度改革工作。

机构编制委员会办公室下设4个职能股室，分别为综合股、机构编制管理股、事业单位管理登记股、行政审批制度改革股，年末在职人员为6人。县事业单位登记管理中心为其下属的副科级全额拨款事业单位，年末在职人员为2人。

【行政体制改革】 牵头制定了县行政体制改革专项小组2016年工作计划和工作举措，确定了12项重点工作，取消行政权力事项29项，承接市政府下放行政审批事项34项，委托行政审批事项3项，取消行政审批事项2项；截至，全县具有行政审批事项的县直（驻县）部门共46个，涉及行政审批事项266项，对县直（驻县）46个有行政审批事项部门的行政审批中介服务进行了清理，清理规范后，保留13个部门23项行政审批中介服务事项，调整行政审批中介服务事项15项，取消行政审批中介服务事项4项，并已在政务网公布。

【减编控编】 制订了《大余县控编减编工作方案》，工作方案明确了机构编制以2012年底年报统计数为基数，实现党政机关行政编制精简3%，事业单位空编数的15%纳入统筹管理。对于历史遗留的工勤编制72名及现有的38名工勤人员，县利用公车改革的契机，通过公务用车平台聘用，内部转岗、提前离岗、自然减员等多种形式消化现有工勤人员。

【核发代码证】 自3月起，向全县事业单位全面启动核发统一社会信用代码证；5月起，向全县机关群团全面启动核发统一社会信用代码证。至7月底，大余县事业单位赋码发证工作已完成262个、机关群团已完成45个，为全县社会信用体系的建设奠定了坚实基础。

【日常管理】 完成各类人员上下编工作，全年陆续为各单位涉及人员调整人数达920余人次；完成各类核编工作，对全县各单位参加养老保险在编在岗人员核编人数5800余人次，核对退休人员人数2800余人次，对全县各学校学生数进行核实，并根据相应情况对学校教职工编制数进行动态管理，对公车改革涉及的行政机关、群众团体及参照公务员管理单位的人员进行核编人数1300余人次。

【领导名单】

主任

刘国宁（4月被县检察院以涉嫌贪污罪立案侦查）

副主任　　曾照陆

事业单位登记中心主任

刘爱东

信访工作

【概况】 2016年，信访局积极打造“阳光信访”“责任信访”“法治信访”，基本完成提出的全年信访工作目标任务。大余县已连续3年获全省“三无县”称号，获赣州市2015年信访先进工作县称号。信访局归口县委办公室管理，为县委、县政府负责信访工作的工作机构。内设办公室、接访股、督查室和“省（市）长手机、信箱”和“网上信访”办公室4个职能股室，1个二级机构（人民来访接待中心）。机关行政编制7名，事业编制3名。年末在职人员8人，中心窗口9个。

2016年，获得江西省信访工作联席会议表彰的全年无进京重复非正常上访、无来省非正常集体上访、无超期办结中央和省交办信访案件的“三无”县称号；获得赣州市信访工作联席会议表彰的全市综合先进县称号；被评为全县综治创建维稳工作三类单位第一名。

【信访工作】 2016年，信访局共接待群众来访813批2859人次，其中集体访172批2145人次，县人民来访接待中心各窗口共受理199批923人次，受理来信28件，非传统渠道受理309件；共计有59批127人次越级上访；县“网上信访”系统覆盖率为100%，全年共受理各级信访件379件，及时受理368件，及时受理率97%；全年共按期办结364件，按期办结率96%；群众参评率55%；群众满意率98%。县领导现场接访群众249批（件）信访批示交办件，已全部办结，办结率达100%。其中，除重信重访外，182件已停访息诉，停访息诉率达73%。

为做好网上信访工作，成立了网上信访办公室并安排有2名专职网上信访管理员。6月中旬起，开通了网上信访平台，将原由政府办负责办理的县长信箱纳入局的网上信访平台中予以转交办。10月，通过政府采购了一台3.2万元的信访自助机，信访人只需扫描身份证即可录入诉求、查询和打印答复件等，真正地实现了方便、快捷。

2016年，向各级刊物和网站投稿40余条。上半年，《大余报》《经济日报》分别刊登了展示信访干部形象的图文报道。7月18日，《赣南日报》头版刊登了《大余用政府购买服务化解信访难题》一文，介绍了县信访工作的特色与成效。

县对重点重复访案件、重大疑难上访案件和信访积案的调处化解工作纳入“一案一补”范围，实行以奖代补。列入政府购买社会服务的第一批26件信访积案已经由15名律师和法律工作者认领，正在开展调处工作。截至2016年6月底，通过购买社会服务，已成功调处2起“重大疑难”信访积案，三起三跨三分离的“涉外”劳务纠纷案，共计从政府购买社会服务基金中支付40500元服务费。

2016年，大余县人民政府表彰了黄龙镇人民调解委员会等6个、医疗纠纷和道路交通事故调解中心等2个专业调解委员会，分别奖励了1万元。新城镇谢开明等42个调解员被评为优秀人民调解员，每人奖励500元，共计从政府购买社会服务基金中发放奖励资金101000元。此举极大调动了基层调解员和各专业调解委员会的积极性。

大余县充分利用信访救助这个救济渠道，分别对新城镇蔡启建等在全县有一定影响的信访积案实施适度救济，从而确保信访人停访息诉，减少社会不稳定因素。经统计，相关乡镇和县直单位申报特殊疑难信访救助金救助案件共13个，申报金额共计271.6万元。经讨论，符合救助案件共9个，同意发放救助金额共计29.7万元。

【典型案例】 5月11日，黄某等12名上访人赴县信访局反映他们住处楼下的阿兵烧烤店每天营业至深夜，客人大声喧哗，吵闹，严重影响了周边居民的正常生活，还存在占道经营等违规行为，要求有关部门责成烧烤店整改。县委、县政府高度重视，接访的县政协主席吴昌星立即要求县工商局、县城管局和县环保局主要领导马上到县信访局一同接待信访群众，当面听取反映，当面厘清各个单位职责。之后吴昌星主席批示要求由工商局牵头，汇同县城管局和县环保局到现场处理。在工商局县工商局、县城管局和县环保局3个部门领导的协调下，上访人代表和烧烤店老板一同在店里商谈解决办法。该烧烤店已另择址营业，居民表示处理结果满意。

【领导名单】

局长	李子荣
副局长	蓝功锋
主任科员	尹福安（女）
	王　旭

老干部工作

【概况】2016年，县委老干部局以紧紧围绕县委“1356”工作总思路，坚持“让党组织放心，让老干部满意”的工作理念，以实现“老有所养，老有所医，老有所学，老有所乐，老有所为”为目标，切实从政治上尊重、思想上关心、生活上照顾老干部，着力解决新形势下老干部工作遇到的热点、难点问题。

县委老干部局为财政全额拨款行政单位，归口县委组织部管理，内设办公室、离退休干部管理、关工委办公室3个股室机构，2016年8月增设老干部活动中心（加挂“大余县老年大学”牌子）为下属股级全额拨款事业单位。2016年末，实有在职人员7人。

【离退休干部基本情况】 截至2016年12月31日，全县离退休干部共计2941人，其中，离休30人，正县级13人，副县级24人，科级及以下退休2876人。（条管单位未统计入内）

【落实“两项待遇”】 2016年，举行老干部情况通报会1次；组织副县级以上老干部赴县“六大攻坚战”项目现场及赣州五龙客家风情园参观考察各1次；组织老干部代表参加县有关会议13次共计56人次；为每位离退休干部订阅一份《老友》杂志；三个机制运行良好：离休费发放及时、医药费保障到位、财政支持到位；坚持老干部生日和节假日走访探望制度，年内走访慰问共计285人次；组织离休及副县级以上退休干部体检一次；规范了离退休干部住院探望或逝世吊唁活动，年内住院走访21人次，指导和参加吊唁3次；对有特殊困难的老干部发放特困补助共计27人次；累计为6名生活完全不能自理的离休干部办理了护理费提标事宜；没有发生老干部不满意而上访的事件。

【“两个阵地”建设】 2016年，大余县老年大学及老年人活动中心综合大楼项目主体工程已竣工，正在进行装修工程。项目总投资600万元，占地面积1151.2平方米，建筑面积2853.5平方米。老年大学开设6个专业，11个班级，有授课老师16名，学员316人。积极选送节目参加全省社区100广场舞争霸赛并获最佳精神风貌奖。组织举办了以“金秋重阳欢歌起舞颂盛世，老有所为不忘初心感党恩”为主题的汇报演出、全县机关离退休干部门球赛等活动，取得良好的社会反响。

【关心下一代工作】 深入开展基层“五好”“三级联创”活动；积极开展“大手握小手，听党话，跟党走，‘双万’工程”活动，组织576名“五老”人员、223名扶贫工作队员、234名社会志愿者和爱心人士结对帮扶帮教1126名在校贫困留守学生；县、乡关爱报告团走乡镇、进学校开展形式多样的“三史”教育活动；采取分组包干方式加强网吧监管工作，开展巡查100多人次。

【发挥老干部作用】 在离退休干部中深入开展“为党和人民事业增添正能量”活动，引导广大老干部“展示阳光心态、体验美好生活、畅谈发展变化”；挖掘县老科协作为“发挥老干部正能量”示范点；引导老干部积极为县委、县政府建言献策。

【领导名单】

局长　　　　叶郁梅（女）
副局长　　　邓万英（女）
副局长、关工委办主任
　　　　　　蓝远生（畲族）
副主任科员　张齐霖

党史工作

【概况】 2016年，中国共产党大余县委员会党史工作办公室（以下简称县委党史办）在中共大余县委的正确领导下，立足岗位和自身特点，认真开展党史研究，参与各项中心工作，服务地方经济社会发展，起到了较好的效果。县委党史办在编人数4人，其中：行政编制3人、事业编制1人。

【党史研究】 《中国共产党大余县历史（1921—2002）》第一卷已经完成招标，第二卷完成了初稿，召开了专家评审会，第三卷正在编写中。湘鄂赣苏区学术研讨会，党史办一篇论文入选，并邀请参会。

【领导专家视察】 2016年，先后有省政协副主席姚亚平、全国政协常委王太华、耿飚之女耿焱、朱德侄外孙女刘克明、福建省政协副主席陈向先、全国政协副主席陈元及原中央纪律检查委员会常委、监察部副部长屈万祥等领导和革命后代到大余县视察指导工作，办参与讲解，较好的展示了大余县的光辉革命历史。

【宣传工作】 参与接待中央电视台电视专题片《向前向前向前》拍摄组、上海电视台《理想照耀中国》拍摄组、中央电视台纪念长征80周年节目组等，办参与拍摄刘伯坚事迹在10月4日中央电视台《朝闻天下》播放。办人员多次到单位讲党课，较好地发挥了党史的宣传教育作用。

【项目建设】 在南方三年游击战争纪念馆、陈毅隐蔽处等县重点红色项目建设中，办多次参与实地调研，积极建言献策，主动和上级党史部门联络。

【中心工作】 精准扶贫挂点新民村，参与贫困村退出项目编写规划，挂点的贫困户每户都捆绑到了一项产业上，完成征地拆迁任务2户，各项工作严格按照县委县政府要求完成任务。

【领导名单】

主任　　曾红江（女）
副主任　朱　常

对台工作

【概况】 2016年，县对台办认真贯彻执行党的对台工作方针政策，紧紧围绕县委“1356”工作总思路，积极开展对台经济、联络接待、宣传等方面工作，并取得了一定成绩。对台办为正科级单设机构，配备行政编制3名，工勤编制1名。既是县委的工作机构，又是县人民政府的办事机构，实行两块牌子、一套人马。2016年末在职人员5人，行政编制5人。

【经济工作】 继续做好已落户台资企业的稳定发展暨安商、护商工作。进一步充分发挥台商投诉协调网络作用，强化台商投诉协调工作，依法保障台商合法权益。健全完善与台商日常沟通联系制度，及时了解掌握其思想、生产、经营和生活情况，主动帮助、协调解决实际困难和问题。用“诚心”，力求对台经济有新发展。通过在赴台人员和在大余眷属中开展捎一套画册、代一声问候、说一下家乡、发一张邀请、提一条信息、招一家企业“六个一”活动，加强与岛内亲友、团体、企业的沟通联系；“借口发声”宣传推介大余县，引导大余籍台胞回余投资创业；同时，借助赣台经贸洽谈会的平台，抓住台资企业向内地转移的难得机遇，采取“主动策划、主动邀商、主动服务”的招商策略，邀请台湾客商来余参观考察，扩大对台经济交流成果。目前止，大余县台资台属企业已达7家，投资总额超亿元。积极组织人员参加2016赣台经贸会。

【宣传工作】 春节前走访慰问了台资企业和台胞台属以及在县已定居的台胞，向他们送去党和政府的问候。不定期走访看望台胞台属300余人，发放台胞台属慰问金1万余元。做好对台宣传工作。积极向上级报刊、电台组发稿件，向《华厦经纬网》《台湾工作通讯》《江西对台工作》等投稿10篇。

【精准服务台企】 加强领导，明确分工。成立了以朱书俊主任为组长的精准服务台企活动领导小组，制订了活动实施方案，实行挂点联系服务企业制度，明确了活动责任及任务分工，切实做到“一企一人”；精心组织，抓好落实。在台资企业宣讲中共十八届六中全会精神、习近平总书记关于两岸关系发展六点意见、省第十四次党代会和市第五次党代会精神，宣传大余县优越的投资环境和对台招商引资相关优惠政策，帮助企业学习理解重要讲话和会议精神；深入台企了解企业当前最迫切需要解决的问题，并建立企业帮扶台账，切实做到了“一企一档”；部门联动，为台企排忧解难。通过走访调研，不但全面了解到台资企业所有人、负责人、台干、生产规模、经营状况等基本情况，而且掌握了企业当前最需要解决的问题，针对存在的问题，协调相关部门研究问题，会商对策，切实做到了“一企一策”。本次精准服务台企活动中，共收集到意见建议7条，其中涉及企业用电问题1条，涉及企业员工社保缴费问题1条，涉及扶持资金问题1条，涉及企业用工难的问题4条。对照省80条、市90条、县100条等优惠政策，纬格电子科技有限公司享受了省第44条，市第36条，裕盛电子享受了“两免三减半”地方税优惠政策；针对旭光电子提出的企业用电问题，建议企业搞好生产调度，错开高峰期用电，多安排低谷时间生产，在征得大多数工业企业同意的前提下，再报上级发改委批复，修改峰谷分时电价的适用范围；针对旭光电子提出的企业员工社保缴费问题，已协调县人社局第一时间到企业进行调查，根据赣财社［2012］71号文件要求，与企业沟通，符合条件者可到县人社局申请社会保险补贴；针对扶持资金问题：已协调县工信局、县财政局等部门，待政府研究后确定；针对台资企业普遍存在的用工难问题，台办在做好问题记录的同时，及时向就业局、人事局反映，并和相关单位和乡镇达成共识，在来年春节后通过组织本地招聘会的形式帮组企业招聘员工，解决用工难问题；精准服务，共促两岸和平发展。通过建立健全“一企一人”“一企一档”“一企一策”工作机制，让服务台企工作精准到每家企业，精准到每个问题，精准到每条对策，精准到每位人员；通过加强涉台法律服务室建设，进一步完善涉台法律援助机制，依法保护台资企业合法权益，依法为台资企业做好精准服务。

【领导名单】

主任　　朱书俊

副主任　　何　平（女）

副科级干部　　肖书勇
副主任科员　　郑秀英（女）

接待工作

【概况】县接待办为县委直属正科级事业单位，下设股级单位接待中心。2016年，有工作人员3名。

【接待工作】全年共接待来宾356批次，近4000人。其中接待副国级领导1批次，省部级领导14批次，地厅级领导42批次，全国各地乡村旅游考察团55批次，大型招商活动4批次，市专项审计组3批次，市委专项巡察组1批次。

【接待活动】1月15日，举行大余县招商引资、重点项目集中签约、集中开工、集中投产活动。22日，全市旅游务虚会在大余召开。2月1日，市委常委、政法委书记马玉福一行4人，到大余走访慰问困难群众。20日，市政府主要领导一行21人，到大余调研钨产业发展。3月11日，江西出入境检验检疫局局长温珍才一行12人，到大余调研。14日，时任省委常委、宣传部部长姚亚平一行18人，到大余调研。22日，全国政协常委、文史和学习委员会主任王太华一行43人，到大余调研。4月9日，时任市委常委、副市长彭业明率市委换届考察组一行13人，进驻大余考察换届工作（第一阶段）。13日，省民宗局局长张勇一行14人，到大余调研。16日，省委常委、市委书记李炳军一行9人，到大余调研。25-26日，全市社会救助工作会议在大余召开。26-27日，全市人大城乡建设环境与资源保护工作座谈会在大余召开。5月10日，省委换届巡查组一行6人，到大余督查县乡换届工作。11日，中国标准化协会理事长纪正昆一行6人，到大余调研。同日，中国科协副主席程东红一行12人，到大余调研。13日，国家新闻出版广电总局办公厅主任吴保安一行6人，到大余调研。同日，国家安全生产监督管理总局副局长孙华山一行25人，到大余调研。19日，省政协副主席姚亚平一行25人，到大余调研。24日，市委换届考察组一行11人，进驻大余考察换届工作（第二阶段）。30日，市委常委、政法委书记马玉福陪同省国税局宣讲团一行17人，到大余宣讲“降成本、优环境”政策。6月1日，时任省委副书记刘奇一行19人，到大余调研。3日，省人大常委会原副主任、全国人大制度理论研究会理事朱秉发一行10人，到大余调研。20日，中央电视台著名主持人、中国新闻文化促进会语言文化传播专业委员会主任海霞一行6人，到大余考察调研。22日，福建省政协副主席陈向先一行27人，到大余调研。28日，中央电视台摄制组一行21人，到大余拍摄《长征》纪录片。7月6日，市人大常委会主任陈晓春率检查采访组一行21人，到大余开展环保章江行活动。9日，省委常委、市委书记李炳军一行25人，到大余调研。21日，省民政厅厅长刘金接一行12人，到大余调研。27日，省旅发委副主任丁新权一行8人，到大余调研。8月30日，时任市委常委、副市长彭业明率党代会督查组一行6人，到大余督查。9月18日，市人大常委会副主任廖成铭率市两会督查组一行8人，到大余督查。22－24日，举行大余县2016年招商引资项目“三集中”暨第二届旅游节、农旅电商峰会系列活动。10月11日，全国政协副主席、中国开发性金融促进会会长陈元一行到大余县考察，并出席南北“4+8”地区绿色发展座谈会暨论坛有关活动。16日，省委常委、常务副省长毛伟明一行15人，到大余调研。19日，省扶贫和移民办主任章康华一行9人，到大余督查脱贫攻坚工作。25日，中央纪委原常委、监察部原副部长屈万祥一行10人，到大余调研。11月1日，赣州市县（区）公共文明指数工作推进会在大余召开。2日，市关工委主任赖义金一行79人，到大余参观考察。11日，市委常委、政法委书记马玉福一行6人，到大余调研。25日，市委常委、副市长张晓宁一行4人，到大余调研。28日，市政协副主席孔刃非一行9人，到大余督查。12月1日，国家旅游局局长李金早一行31人，到大余调研。3日，市委常委、组织部部长张圣泽一行50人，到大余调研。8日，江苏省人民检察院政治部主任杨其江一行14人，到大余考察对口援助项目。

【领导名单】
主任　　　曾伟利

机关事务管理

【概况】 2016年，县机关事务管理局紧紧围绕全县中心工作，贯彻落实中央“八项规定”，扎实开展服务大局，切实抓好公务用车管理、办公用房清理整改、公共机构节能、公务大楼机关干部食堂、机关干部综合楼管理以及精准扶贫、乡村旅游、环境整治及信访接待等工作任务，认真履行公务大楼的管理、保障和服务职能，努力实现思想观念的提升、保障能力的提升、工作效能的提升、服务质量的提升和队伍素质的提升。机关事务管理局为县委县政府直属的副科级全额拨款事业单位，现有编制10个（其中在职编制人员5人），借调人员1人（其编制在县委办），现有临聘人员93人，其中局办公室4人、公车平台51人，食堂15人，物管23人。内设职能机构5个，即办公室、节能科、公车管理平台、食堂、物管等。2016年，获全县公共机构节能优秀单位。

【办公用房管理】 作为全县办公用房管理部门，局始终严格按照上级政策要求，严格按照县委办、政府办、县纪委的有关文件精神，不断加强办公用房使用管理。大余县于2016年1月、7月下发整治、腾退办公用房的通知，并成立由县委办牵头，县纪委、县机关事务管理局参与的督查小组，对单位办公用房使用多次进行抽查，对超标使用办公用房的，立即发函要求其在规定时间内进行整改，整改可以采取隔断、合并办公、调剂等形式进行。整改后，办公室面积［（包括接待室、卫生间、会议室、休息室（值班室）］达到规定使用面积。逾期未整改到位的，由县纪委按有关规定追究相关负责人责任。全县各级党政机关公务用车、办公用房管理更加规范，杜绝了公车私用、超标使用办公用房等现象。

【公务用车改革】 参改车辆封存情况。2016年4月29－30日，全县完成取消车辆的移交和封存停驶工作，共计封存车辆210辆。在取消车辆中调剂60辆构建县公务用车平台，其余150辆为处置车辆，其中拟拍卖车辆92辆，拟报废车辆58辆（黄标车29辆、老旧车19辆）。

车辆保留情况。县按规定共保留207辆，其中县公务用车平台60辆、实物保障车24辆、特种专业技术用车23辆；公、检、法等部门保留一般执法执勤车辆100辆。县下发了《关于我县保留车辆统一过户、更换车辆专门号段的通知》，明确了需要辆统一使用赣B7301G-赣B7700G的号段并过户的车辆147台，各单位车辆过户换牌工作已基本全部完成。

车辆处置情况。大余县成立了县机关事务管理局牵头，县财政局、县纪委、县公安局、县交管大队的车辆处置领导小组。在开展车辆封存的同时，向县政府请示购买车辆评估、拍卖、报废回收中介机构。大余县于9月20日下发了《车辆取消拍卖会工作方案》，在24日完成92辆涉改车辆的拍卖工作。

公务用车平台建设情况。县公务用车平台共有车辆60辆，其中县级应急调研接待平台20辆，跨部门综合执法平台18辆，一般公务用车平台22辆（含四套班子办公室机要通信8辆）。县车改办下发了3个平台管理试行办法，对保留车辆的使用条件和范围作出了明确要求。县公务用车平台由县机关事务管理局统一管理，分管副局长1名为平台负责人，负责平台的日常管理和调度指挥，另配备平台车队队长（兼中巴司机）1名，平台调度2名。县机关事务管理局制定了平台车辆管理制度、驾驶员管理办法及驾驶员日常考核细则、平台车辆维修管理办法，县公务用车平台运行良好。

成立公车管理督查小组，加强公务用车使用管理。县分别于2016年1月、4月、7月下发了加强公务用车管理的通知，严禁公车私用、占用下属单位车辆等情况。县成立督察组对全县车辆进行不定期现场督察，尤其加强节假日期间的督察力度，及时发现和纠正问题，严格落实问责，确保公务用车专项治理活动不走过场、不留死角、不打折扣。

【综合管理】 为了服务好机关干部，使公务接待更为规范，对食堂各岗位加强了管理，制定了卫生、安全、物资采购、服务等规章制度，对食品原材料严格把好验收和质量关，确保机关干部住得安心、吃得放心，食堂人员餐饮服务保障能力不断得到了提高。

【公共机构节能】县先后制定了覆盖全县所有县直单位和乡镇的各项节能工作制度，如《关于印发大余县公共机构节能工作考核评价办法的通知》《大余县2016年公共机构节约能源资源工作实施方案》《大余县实施公共机构能源资源消费统计制度》等，这些制度的贯彻执行，有效保障和指导了全县公共机构节能工作的顺利进行。

县下发了《关于开展大余县2016年节能宣传周活动的通知》（余公节字〔2016〕6号），围绕“节能领跑，绿色发展”的活动主题，以《节约能源法》的宣传贯彻为主线，以节电、节水、节油等为重点，开展形式多样的活动。据统计，在公共机构节能宣传周期间，全县各公共机构共制作了20多幅宣传横幅和100多块宣传展板，电子屏幕10多幅，印制了2000份节能降耗宣传单。各乡镇、各单位也根据实际，设立了废旧电子回收点，组织所属工作人员踊跃参加节能知识有奖答题。县电视台对在节能宣传周期间积极开展宣传活动的单位进行了拍摄并在大余电视台黄金时间播出；对部分对节能宣传工作不重视，敷衍塞责，宣传工作不重视、节能工作做的不实的单位，及时进行了公开曝光。

为全面推进节水型社会建设，根据省、市水利局的文件精神，结合大余县工作实际，由大余县水利局和机关事务管理局联合下发了《关于开展节水型单位创建活动的通知》，在全县范围内开展节水型单位建设工作。已有县行政服务中心、县市场和质量监督管理局、县城乡规划建设局3个单位递交了节水型单位申报书。为降低行政成本，推进节能减排，在全县党政机关实行公务用车优先配备使用国产自主品牌汽车，政府优先采购新能源汽车、对配备新能源汽车的公务用车实行享受财政补助等优惠政策。积极参加市里组织的各项节能知识培训和知识竞赛活动。2016年4月和6月，分别派出人员到南昌市参加全省机关事务管理暨公共机构节能管理工作会议、到赣州市参加全市公共机构能源资源统计及数据会审培训会，切实提高工作人员对公共机构能源资源统计工作的业务水平。

【廉政建设】认真贯彻落实中央“八项规定”和省、县关于加强作风建设若干规定，坚持标本兼治、综合治理、惩防并举、注重预防的原则，通过思想教育、案例警示、感染熏陶，不断提高党员领导干部和广大职工党风廉政和风险防范意识，认真履行领导干部“一岗双责”的政治责任。加强教育，筑牢防线。多次召开局务会，传达学习有关要求，特别是重大节日的廉政教育，强化节日期间制止公款请客送礼等不正之风的意识。建立制度，健全体系。查找岗位潜在的廉政风险点，细化廉政风险防范措施。积极开展会员卡、小金库等专项清退活动。对工程、采购等一律进行公开招投标。并对食堂大宗物资供应商实行公示制度。

【提升素质】扎实开展党的群众路线教育实践活动。根据县委的统一部署，局参加县委办公室的教育实践活动，在“学习教育、听取意见”环节，坚持学习教育环环相扣。通过召开座谈会、设立意见箱、发放意见表、个别谈话等形式，征求对机关事务工作的意见和建议，收集梳理各方意见共计10多条。组织召开领导班子专题民主生活会，班子成员之间坦诚开展批评与自我批评，领导班子制定整改方案，召开民主生活会情况通报会。在“整改落实、建章立制”环节，坚持落实整改步步到位。在即知即改的基础上，根据查摆出的问题，制订工作计划。通过上党课、专家授课、参观调研等形式和途径，准确把握、深刻理解党在新时期的路线方针政策和重大决策部署，全面提升党员领导干部的理论素养和政治水平。加强作风建设。到“三送”挂点村开展了节能宣传、走访慰问、清扫环境卫生等志愿服务。

【领导名单】

局长　　赖华飞

大余县人民代表大会常务委员会

【概况】 2016年，是实施“十三五”规划的开局之年，是县乡两级人大换届之年。全年，在县委的正确领导下，常委会认真学习贯彻中共十八大和十八届三中、四中、五中、六中全会精神，深入学习贯彻习近平总书记系列重要讲话精神，紧跟核心、紧扣中心、紧贴民心，务实担当、敢于履职、精准发力，为建设智慧、活力、幸福新大余作出了积极贡献。全年共召开常委会会议10次，主任会议38次，听取和审议“一府两院”工作报告9个，提出审议意见46条，做出决议、决定28项，开展执法检查、视察、调研活动8次，配合省、市人大开展调研、执法检查活动6次。

县人大常委会属行政机关，内设办公室、教科文卫工委、内务司法工委、财经工委、选任联工委、农业农村工委，年末在职人员总数28人。乡镇设人大主席团，设专职人大主席和副主席，部分乡镇由党委书记兼任人大主席。

【大余县十七届人民代表大会第七次会议】 2016年2月17日至19日，大余县十七届人民代表大会第七次会议在县文化中心召开。会议听取和审议县人民政府、县人大常委会、县人民法院、县人民检察院工作报告。审查和批准大余县国民经济和社会发展第十三个五年规划纲要（书面）。审议大余县2015年国民经济和社会发展计划执行情况及2016年计划草案的报告（书面）。审查和批准2015年国民经济和社会发展计划执行情况的报告与2016年国民经济和社会发展计划。审议大余县2015年财政预算执行情况和大余县2016年预算草案的报告（书面）。审查和批准2015年财政预算执行情况的报告和2016年县本级财政预算及其他。

【大余县十八届人民代表大会第一次会议】 2016年9月19日至22日，大余县十八届人民代表大会第一次会议在县文化中心召开。会议听取和审议大余县人民政府、县人大常委会、县人民法院、县人民检察院工作报告。选举大余县第十八届人民代表大会常务委员会主任、副主任、委员。选举大余县人民政府县长、副县长。选举大余县人民法院院长。选举大余县人民检察院检察长。选举大余县出席赣州市第五届人民代表大会的代表。审议大余县第十八届人民代表大会第一次会议关于设立大余县人民代表大会法制委员会、财政经济委员会的决定草案。审议通过大余县第十八届人民代表大会法制委员会、财政经济委员会组成人员人选名单草案及其他。

【常委会会议】 2016年1月8日，召开十七届人大常委会第26次会议，补选市四届人大代表，听取和审议县政府有关议案。

2016年1月29日，召开十七届人大常委会第27次会议，讨论通过关于召开县十七届人民代表大会第七次会议有关事宜等。

2016年3月8日，召开十七届人大常委会第28次会议，通过人事任免、《大余县人大常委会2016年工作要点》等事宜。

2016年6月2日，召开十七届人大常委会第29次会议，通过人事任免，听取和审议县政府部分议案。

2016年8月11日，召开十七届人大常委会第30次会议，通过人事任免，听取和审议“一府两院”半年工作报告、2016年上半年国民经济和社会发展计划执行情况的报告、2016年上半年财政预算执行情况的报告，2015

年县级预算执行和其他财政收支情况的审计工作报告及县政府部分议案。

2016 年 8 月 18 日，召开十七届人大常委会第 31、32 次会议，通过人事任免。

2016 年 9 月 10 日，召开十七届人大常委会第 33、34 次会议，通过人事任免、县十八届人民代表大会第一次会议有关事宜。

2016 年 11 月 29 日，召开十八届人大常委会第 1 次会议，颁发第十八届人大常委会委员证书，传达学习十八届六中全会精神及省第十四次党代会精神，审议通过《关于在全县公民中开展法治宣传教育的第七个五年规划纲要（2016－2020 年）的决议》（草案），听取和审议县政府部分专项工作报告及议案。

2016 年 12 月 28 日，召开十八届人大常委会第 2 次会议，通过人事任免，听取和审议县人民政府关于调整 2016 年财政收支预算方案（草案）的报告及部分专项工作报告。

【人大常委会主任会议】 2016 年 1 月 6 日，召开十七届人大常委会第 57 次主任会议，布置召开民主生活会工作，讨论关于大余县人民检察院监所检察工作情况的专题调研报告。

2016 年 2 月 4 日，召开十七届人大常委会第 58 次主任会议，讨论召开第十七届人民代表大会第七次会议相关准备事宜。

2016 年 2 月 15 日，召开十七届人大常委会第 59 次主任会议，讨论大余县 2016 年政府预算和部门预算草案。

2016 年 3 月 2 日，召开十七届人大常委会第 60 次主任会议，布置常委会会议相关准备工作。

2016 年 4 月 6 日，召开十七届人大常委会第 61 次主任会议，布置当前重点工作。

2016 年 5 月 13 日，召开十七届人大常委会第 62 次主任会议，传达学习全省县乡两级人大换届选举工作电视电话会议精神。

2016 年 5 月 16 日，召开十七届人大常委会第 63 次主任会议，讨论关于县乡两级人民代表大会换届选举相关事宜。

2016 年 5 月 27 日，召开十七届人大常委会第 64 次主任会议，布置常委会相关事宜。

2016 年 7 月 25 日，召开十七届人大常委会第 65 次主任会议，讨论 2016 年度机关干部职工绩效管理考核考评方案，布置近期重点工作。

2016 年 8 月 8 日，召开十七届人大常委会第 66 次主任会议，布置常委会相关事宜。

2016 年 8 月 12 日，召开十七届人大常委会第 67 次主任会议，讨论人大换届选举工作。

2016 年 8 月 15 日，召开十七届人大常委会第 68 次主任会议，布置人大换届选举及第常委会相关事宜。

2016 年 8 月 17 日，召开十七届人大常委会第 69 次主任会议，讨论研究新一届人大常委会相关事宜。

2016 年 8 月 20 日，召开十七届人大常委会第 70 次主任会议，调度县乡人大换届选举指导组工作。

2016 年 8 月 25 日，召开十七届人大常委会第 71 次主任会议，研究大余县第十八届人民代表大会第一次会议相关事宜。

2016 年 9 月 2 日，召开十七届人大常委会第 72 次主任会议，研究常委会会议、人代会相关事宜。

2016 年 10 月 8 日，召开十七届人大常委会第 73 次主任会议，总结换届选举工作。

2016 年 10 月 23 日，召开十八届人大常委会第 1 次主任会议，布置近期重点工作。

2016 年 11 月 7 日，召开十八届人大常委会第 2 次主任会议，传达市五届人大一次会议、市委巡视组专项巡查大余扶贫工作等会议精神。

2016 年 11 月 22 日，召开十八届人大常委会第 3 次主任会议，集中学习，审议调研报告。

2016 年 12 月 22 日，召开十八届人大常委会第 4 次主任会议，传达省市《关于进一步严肃会风会纪的通知》等会议精神，讨论《大余县人大常委会 2016 年工作总结》和《大余县人大常委会 2017 年工作要点》等，审议部分调研报告。

【审议决定重大事项】 坚持议大事、促发展，围绕全局性、长远性、根本性的重大事项，作出决议决定，主动把县委的主张和意图，通过法定程序变为全县人民的自觉行动。全年，依法对《大余县国民经济和社会发展第十三个五年规划纲要（草案）》、设立大余县“六大攻坚战”投资基金、

PPP项目等28项大事作出决议、决定和审议意见。

【代表工作】 完善常委会组成人员联系乡镇人大工作、乡镇人大负责人列席常委会会议制度，坚持人大常委会领导接待日制度，实行“三级联创”机制：即人大常委会领导联系常委会组成人员，组成人员联系人大代表，人大代表联系选民，使人大工作接地气、有人气。精心组织闭会期间的代表活动，坚持邀请代表参加常委会会议，支持代表参与“一府两院”工作。充分发动人大代表积极助推精准扶贫，实现代表履职与脱贫攻坚深度融合。去年以来，共邀请基层人大代表列席常委会50人次，组织代表参加视察、调研、执法检查等活动110余人次，召开专题座谈会45次，参加人数比往年有明显增加。

【建议、意见办理】 把办好人大代表意见建议作为保障代表权利的重要手段，实行“集中交办、重点督办、跟踪落实”机制，加大代表建议批评意见办理力度。在县十八届人大一次会议期间，人大代表在审议讨论时提出了66件建议意见，议案审查委员会梳理分类，及时交政府办理，落实了具体承办单位，保证了人大代表建议意见件件有着落，事事有回音。

【人事任免】 坚持党管干部和人大依法任免相统一，规范人事任免程序，严格任职资格审查、任前法律知识考试、拟任职表态、颁发任命书、宪法宣誓等制度，依法做好选举任免工作，顺利实现了县委人事安排意图，保证了地方国家机关正常运转。全年，共依法任免国家工作人员29人次。

【换届选举工作】 面对最严格、最复杂的县乡人大换届选举工作，常委会在县委的正确领导下，深刻汲取湖南衡阳破坏选举案、四川南充拉票贿选案和辽宁拉票贿选案的教训，严把法律程序、政策法纪、时间节点、投票选举、业务督导关口，精心组织部署，广泛宣传发动，充分发扬民主，严格依法办事，共选举产生了县人大代表180名、乡镇人大代表629名，选举产生了新一届县乡两级人大、政府领导班子及县法、检两长，选举产生了我县出席赣州市第五届人民代表大会代表21名。与上届相比，代表年龄、知识结构得到优化，妇女代表比例上升幅度较大，充分体现了广泛性、代表性和先进性相统一，实现了换届选举风清气正、结果人民满意。

【调研视察】 主动适应新常态，听取县政府半年工作汇报，督促政府完善政策措施，加快结构调整，扩大有效投资，提高经济质量。听取和审议了2016年上半年全县计划预算执行情况、2015年县级预算执行和财政收支的审计报告。针对存在的问题，常委会从产业转型升级、振兴实体经济、财源税源培植、惠民政策落实等方面提出了有针对性的对策建议。县政府相关部门认真整改，推进了全县经济稳中有进、稳中提质、稳中向好。

为强力推进主攻工业攻坚战，常委会组成调研组，对全县主攻工业攻坚战情况开展调研，针对主导产业疲软、新型产业项目缺乏、建设项目用地紧张、企业融资贷款困难等问题，提出了改造提升现有企业、加快园区建设、提高服务意识、化解“三要素”等5条建议意见。政府及相关部门积极整改，工业经济实现了企稳回升。

为打好现代服务业攻坚战，推进旅游名县建设，常委会组成视察组，采取外出考察、实地视察、座谈讨论三种形式，对全县旅游产业发展情况进行视察，为旅游产业发展“把脉问诊”。听取县政府关于全县旅游产业发展情况汇报，作出了抓规划、抓建设、抓要素、抓营销、抓改革的审议意见，及时交政府研究处理。同时，对全县电子商务发展情况进行专题调研，提出的4条建议意见，均得到县政府有效落实。

为了让老百姓享有更优质的教育，切实解决城区小学“大班额”“大校额”问题，常委会将教育工作作为审议政府工作的重要内容之一，以“钉钉子”精神，连续五年跟踪问效城区“大班额”问题，督促政府认真实施。全年，常委会听取和审议了县政府关于《大余县消除义务教育学校“大班额”问题专项规划》等议案，并作出决议，推动政府改善办学条件、均衡配置资源、优化网点布局，助推义务教育优质均衡发展。

饮用水安全关系人民群众身体健康和生命安全。一年来，常委会凝神聚力，持续督查，组成专题视察组，实地视察全县饮用水源地保护及农村垃圾处理工作，召开座谈会，听取各方意见建议，形成专题调研报告，及时交政府研究处理。听取和审议了县政府《关于生态环境保护工作的专题报告》，作出审议意见，督促政府及有关部门解决工作职责不清、综合执法不强、源头管控不严等问题，全力推进生态文明建设。

为了让老百姓获得更可靠的社会保障，常委会调研了农村土地确权颁证、妇女儿童权益保障、新农合基金使用和管理情况等工作，推动了人民群众实惠性、便利性、公平性的提高。如，针对新农合信息化建设滞后、部门信息共享不足、政策宣传不够到位等方面存在的问题，常委会组成调研组进行专题调研，提出加快信息融合、加强队伍建设、加大宣传力度、完善制度建设4条审议意见，推动了新农合管理服务上水平。

常委会突出法治引领，全面总结“六五”普法工作，作出了《在全县公民中开展法治宣传教育的第七个五年规划的决议》。听取县人民法院、县人民检察院半年工作情况报告，支持积极稳妥推进司法体制改革。大力推动法律实施，对《中华人民共和国道路交通安全法》实施情况进行调研，形成专题报告交县政府研究处理，督促有关方面解决问题、改进工作。

【自身建设】 抓实专题教育，加强思想政治建设。以开展“两学一做”学习教育为重点，按照学习教育各阶段工作安排开展活动，强化学习，剖析问题，撰写心得，加强整改。组织学习《中华人民共和国宪法》《中华人民共和国组织法》《中华人民共和国选举法》《中国共产党纪律处分条例》《中国共产党问责条例》等，组织观看《永远在路上》《镜鉴》等宣传教育片，坚定了政治定力，干部精气神得到有效提振。抓实贯彻执行，加强县乡人大建设。以去年县乡人大换届选举工作为契机，争取县委高度重视、大力支持县乡人大建设。优化常委会组成人员结构，专职组成人员比例提高到60%以上。规范常委会机构设置，依法成立了法制委员会、财政经济委员会，依法设置了备案审查工作委员会、预算审查工作委员会。配齐配强乡镇人大班子，每个乡镇均设置了人大主席或专职副主席，确保了有机构、有人员、能干事，长期困扰基层人大的许多困难得到有效解决。抓实制度建设，加强干部作风建设。适应全面从严治党新常态，把纪律和规矩挺在前面，严格落实“两个责任”。一年来，人大机关干部知敬畏、明法纪、守规矩、改作风、提效率。挂点左拔村的精准扶贫工作顺利通过省第三方评估和国检，县委分配的招商引资、土地及房屋征迁、环境综合整治、文明指数测评等中心工作取得优异成绩，树立了人大干部忠诚、干净、担当的新形象。

【县人大领导名单】

主任	李细妹（女）
副主任	刘晓明
	周红英（女）
	陈贤俊
	朱晓明
	谢　海
副县级干部	陈少华

工委工作

【内司工委】 大余县人大内务司法工委以贯彻《中华人民共和国人大常委会监督法》为契机，依法履行职责，把促进改善民生和维护社会公平正义作为监督工作的重点，切实加强内务司法监督，为促进“一府两院”依法行政、公正司法、促进经济、社会和谐发展发挥了积极的作用。人大常委会内务司法工委，行政机关2人。

2016年7月27日，配合市人大常委会内司工委开展《江西省社会治安综合治理条例》实施情况调研。实地走访了新建的大余县综治中心，召开了由县综治办、县公安局等县直单位和部分具有代表性的乡镇、村参加的座谈会。座谈会上，参会人员积极发言，献言献策，向调研组一行详细汇报了近几年大余县在贯彻落实《江西省社会治安综合治理条例》所取得的成绩以及存在的问题与困难，提出了有针对性、符合大余实际情况的建议和对策。

2016年10月21日，由内司工委牵头，组织调研组围绕

《中华人民共和国道路交通安全法》在县的贯彻实施情况，开展了对县《中华人民共和国道路交通安全法》实施情况的专题调研。调研组围绕县交通管理法制知识的宣传、违法行为整顿治理、机动车及驾驶人监管、交通事故矛盾纠纷化解等方面详细了解了县交通管理工作的基本情况，针对县交通管理工作存在的部分问题，调研组提出了进一步重视宣传教育，增强安全意识、进一步健全联动机制，强化统一协作、进一步加强队伍建设，规范执法行为、进一步优化城区规划，完善配套设施、进一步加大力度，坚决打击三轮车违法行为等意见和建议。县政府高度重视，成立了县三轮车非法载客整治领导小组，各乡镇也出台了相关的文件，组建了相应的机构，其他措施也陆续跟进当中，有效地推动了我县交通安全管理工作健康有序开展。

2016年11月10日，由内司工委牵头，组织开展了对县妇女儿童权益保障情况的专题调研。调研组围绕《妇女儿童权益保护法》宣传情况；政府及相关部门、企事业单位妇女儿童权益保障工作职责的落实情况；妇女儿童权益保障机构、机制建设情况；打击侵害妇女儿童合法权益执法力度情况等方面详细了解了全县妇女儿童权益保障工作的基本情况。针对调研中发现的部分问题，调研组提出了进一步加大宣传力度，营造全社会都关心妇女儿童权益保障的良好氛围、进一步强化资金保障，切实增强工作力量、进一步强化部门联动，确保履职到位等意见和建议。通过调研，着力解决了制约县妇女儿童权益保障工作存在的问题，维护了妇女儿童合法权益，促进了大余县妇女儿童权益保障工作全面、协调开展。

【农业农村工委】 2016年度，县人大农工委认真贯彻执行中共十八届三中、四中、五中、六中全会精神和习近平总书记系列重要讲话精神，按照2016年县人大常委会工作安排，坚持在依法监督中履行工作职责，在履行职责中依法监督，着力在视察专项工作和调研等方面做好监督工作。

2016年11月，组织了调研组对大余县农村土地承包经营权确权工作情况进行专项工作调研，调研采取“看”“听”“议”等形式进行，全县农村土地权确权工作，政府通过精心组织、细心谋划、广泛宣传、科学准测，群众积极参与、经费保障有力，强化组织领导等举措，全县农村土地承包经营权确权登记颁证工作按省、市时间节点顺利全面实施，11个乡镇、107个村、1303个村民小组，48931户农户进行农村土地承包经营权确权工作，颁证率达到97%，目前正在申报市级验收。调研过程中，不回避矛盾问题，中肯提出相关建设性意见，形成了《调研报告》。通过人大常委会议已供县委、县政府参考决策。

2016年10月，组织部分人大代表视察了全县饮用水源地保护和农村垃圾处理工作，此项视察活动。政府高度重视，部门协调配合有力，代表责任感强烈。全县饮用水源地保护和农村垃圾处理工作，县各级部门和组织认识上高度统一，源头管理上动了真格、整治工作中形成组合拳，实施工作有新招，对今后工作中有新谋划。视察过程中提出的问题有中肯、积极、有见地、针对性、操作都很强。此项视察工作影响力、感召力强，推进县生态文明先行示范建设中发挥了主人翁精神。

积极配合市人大工作，2016年市人大环资工委年度工作座谈会在大余县召开，县人大高度重视，精心组织，密切配合，座谈会工作得到顺利召开；2016年7月积极参与市人大开展环保章江行活动，认真做好新城兴农农场、温氏种猪养殖场和城区垃圾填埋场 点上的工作情况介绍和全县开展相关活动的工作情况筹备，得到上级部门的充分肯定。

【财经工委】 2016年，县人大财经工委深入贯彻中共十八大和十八届三中、四中、五中和六中全会精神，认真履行宪法和法律赋予的职责，围绕发展大局，突出重点，抓住热点，以县人大2016年工作要点为主线，深入调研，加强监督，较好地完成了全年工作任务。

认真做好计划草案的审查工作。对2015年全县国民经济和社会发展计划执行情况与2016年全县国民经济和社会发展计划草案进行了初步审查。县第十七届人大七次会议期间，召开“计划和财政预决算委员会”会议，结合各代表团的审议意见，对计划草案进行了审查，并向大会主席团报告了审查情况，指出2015年面对国际国内复杂而严峻的宏观经济形势，全县人民在县委的坚强领导下，主动适应和把握经济新常态，全县经济和社会发展计划执行情况总体向好。工业转型升级有新突破、农业产业步伐加快、旅游发展明显增强、民生改善大大提升、改革创新和社会事业发展取得新进展、生态文明发展取得了新成效。同时，指出了全县经济社会发展仍然存在一些风险和挑战，如生产总值、规模以上工业增加值增长不快、经济发展动能不足、改革创新和改善民生任务还很繁重等意见。为做好2016年我县国民经济和社会发展计划，提出了要搅动思想观念，提振发展信心等8项建议，大会主席团听取和审议通过了审查报告。

加强了计划执行的监督。为做好常委会听取和审议2016年全县国民经济和社会发展计划上半年执行情况报告的相关工作，财经工委对落实县十七届人大七次会议有关计划决议的情况进行了跟踪了解情况，找准问题，剖析原因。在2016年8月11日，县第十七届人大常委会第三十次会议上提出初审意见，指出上半年我大余县面对经济下行压力，积极应对各种困难和挑战，全县经济平稳运行，工业经济呈新亮点，农业和服务业持续向好，生态文明建设持续加强，社会民生进一步得到改善等。同时指出经济运行中还存在一些问题和困难。如财政收支矛盾加大、经济转型升级有待加快、社会投资后劲不足、农村居民可支配收入增长不快、消费增长乏力等问题。提出要稳定经济增长、坚持项目驱动、加快项目建设、着力深化改革、抓民生保障等6个方面的意见建议。

扎实做好预算审查监督工作。为认真做好县十七届人大七次会议审查2015年预算执行情况和2016年预算草案的相关工作，财经工委与县政府财政部门加强联系协调，要求财政部门在代表大会前将预算草案的主要内容提交财经工委初步审查。财经工委初步审查后，在代表大会期间召开的“计划和财政预决算委员会”会议上，结合各代表团的审议意见，形成预算草案的审查报告，向大会主席团报告了审查情况。审查报告肯定了预算执行和财政运行所取得的成绩，并提出，2016年是实施“十三五”规划的开局之年，财税部门要认真贯彻落实习近平总书记视察江西“一个新希望、四个坚持”的更高要求，纵深推进县委“1356”工作总思路，着力打造“三区”、“三基地”和“五名县”，依法组织收入，提高收入质量等六个方面的意见建议。

扎实做好预算执行的监督工作。在2016年8月11日，县第十七届人大常委会第三十次会议上，为做好常委会听取和审议2016年全县财政预算上半年执行情况报告的相关工作，财经工委提出审议意见，指出上半年县预算执行工作虽然取得了一定的成绩，但财政收入面临的形势十分严峻。从总体上看，宏观经济放缓影响税收增长，骨干企业税收减收严重，矿产品价格和交易双低迷影响主要税种收入增长乏力；部分建成项目形成税收还有一个过程，效益暂时难以显现；收入质量不高；财政刚性支出不断增加，收支矛盾更加突出，针对存在的问题，建议采取进一步强化税收征管，提高收入质量等三方面的措施，确保全年预算任务的完成。

支持审计部门更好地发挥职能作用。本工委结合人大常委会听取和审议2015年度财政预算执行和其他财政收支的审计工作报告之际，对2015年度财政预算执行和其他财政收支的审计工作报告进行初审，同时综合县第十七届人大常委会第三十次会议上常委会组成人员的审议意见，指出县审计局认真履行审计监督职责，对2015年度县级预算执行和其他财政收支的审计工作，坚持依法审计，加大对重点领域、重点项目的审计监督力度，有效发挥了审计监督职能作用，促进了依法行政和公共财政建设，为促进县经济社会健康发展和廉政建设做了大量卓有成效的工作。审计工作报告反映的问题客观公正，提出的意见切实可行，为加强对财政预算执行审查监督提供了依据，要求有关部门针对审计工作报告反映的突出问题切实加强整改，较好地支持了审计部门的工作。

县第十七届人大七次会议期间，工委对县政府提出的《大余县国民经济和社会发展第十三个五年规划纲要（草案）》进行初审，代拟了大会计划和财政预决算审查委员会的审查报告草案和决议草案，指出《纲要（草案）》全面体现了《中共大余县委关于制定全县国民经济和社会发展第十三个五年规划的建议》精神，经过了多层次、多群体广泛征求意见，凝聚了全社会的共识，提出的主要发展指标符合我县现阶段发展的要求，建议批准县政府提出的《纲要（草案）》。并建议政府按照规划纲要的要求，制订好专项规划、年度计划及其实施方案，完善规划实施的评价考核体系，强化责任落实，加快推进振兴发展步伐，努力完成“十三五”规划的目标任务，全面建成小康社会。

为配合县人大常委会开展的听取和审议县政府主攻工业攻坚战开展情况的专项工作报告。工委于10月下旬，由县人大常委会副主任陈贤俊带领专题调研组先行对县政府主攻工业攻坚战开展情况进行了调研，听取了县工信局关于主攻工业攻坚战开展情况工作汇报，召开了由县工信局、县工业园管委会等部门参加的座谈会，并深入到明发矿业、海创钨业等企业实地调研。形成了调研报告，并代拟了县人大常委会听取和审议县政府主攻工业攻坚战开展情况的专项工作报告的审议意见，通过调研和人大常委会听取和审议该项工作，我们认为，今年以来，县委、县政府紧紧围绕“主攻工业、三年翻番”重大决策部署，咬定目标，坚定信心，全力以赴打好主攻工业攻坚战，奋力开创县工业经济发展新局面。虽然县主攻工业攻坚战，取得了明显成效，但也存在一些问题，主要有：传统钨及制品主导产业疲软、新型重点项目缺乏、园区基础设施滞后、建设项目用地紧张、企业融资贷款困难等。并提出打好主攻工业攻坚战，需要进一步加大项目引进建设力度，构建工业发展新引擎；需要进一步改造提升现有企业，形成工业增长新动力；需要进一步加快园区建设，构筑工业发展大平台；需要进一步提高服务意识，形成工业发展良好环境；需要进一步化解“三要素”，建立破解项目瓶颈新机制等五项审议意见。

根据常委会2016年的工作安排，为进一步加强大余县电子商务发展，11月30日，县人大常委会陈贤俊副主任带领专题调研组对县电子商务发展情况进行了调研。调研组听取了县商务综合行政执法大队关于大余县电子商务发展情况报告，并召开了由县商务综合行政执法大队、财政局、发改委、商务局、市场监督管理局、农粮局、供销社、工信局和邮政分公司等相关部门参加的座谈会，深入农旅电商创业街、电商三级联运仓储快件集散中心、池江镇和新城镇村级服务站点等实地走访。形成了调研报告，肯定了成绩，指出了存在的问题，并将调研报告转政府作决策参考。

【教科文卫工委】 2016年，教科文卫工委认真贯彻中共十八大及习近平系列讲话精神，紧紧围绕县委“1356”工作思路，打造“三区、三基地、五名县”奋力率先实现全面建成小康社会目标，认真履行宪法和法律赋予的法定职责，为促进全县教科文卫事业的发展积极开展了调研，视察和听取专项报告工作，圆满完成了各项工作任务。

依法听取和审议了县人民政府《关于全县新农合基金管理和使用的专项工作报告》，根据县人大常委会2016年工作安排，为了认真听取和审议全县新农合基金管理和使用情况专项报告，10月13日，县人大常委会副主任周红英带领调研组对县新农合基金管理个使用情况进行了专题调研。调研组听取了县卫计委的情况汇报，召开了由县民政局、财政局、审计局、扶贫和移民办、人社局、金融工作局、农医中心、人寿保险公司、人保财险公司等相关部门的座谈会，征求相关意见和建议，还深入县人民医院、中医院、青龙镇卫生院、青龙镇元龙村计生服务室、青龙镇平异医院、青龙镇联合村卢致祥卫生所等新农合定点医疗机构实地了解情况，听取了情况介绍，并走访了部分患者及患者家属。调研组形成了专题调研报告，由主任会议通过。11月29日，县十八届人大常委会第一次会议听取并审议了县人民政府《关于全县新农合基金管理及使用情况的专项工作报告》和县人大常委会专题调研组《关于全县新农合基金管理和使用情况的调研报告》，会议通过了这两个报告。常委会认为，近年来，大余县认真贯彻执行国家和省市新农合各项政策，以健康扶贫工作为突破口，以紧抓新农合基金监管、紧管定点医疗机构服务行为、紧跟便民为民补偿工作为重点，通过加强政策宣传，创新工作模式等方式方法，努力解决农民群众尤其是贫困户因病致病、因病返贫的问题，构筑了新型医村合作医疗、新型农村合作医疗大病保险、农村贫困人口医疗商业补充保险和民政城乡医疗救助“四道防线”，我县新农合管理和服务水平不断得到提高，有效缓解了农民“看病难、看病贵”的问题。针对新农合信息化建设滞后、部门信息共享不足、队伍建设薄弱、政策宣传不够到位、制度建设欠完善等方面存在的问题，常委会提出了审议意见：加快信息融合，创新部门联动机制；加强队伍建设，提高服务水平；加大宣传力度，提高政策知晓率；完善制度建设，强化监督考核。常委会将审议意见已报县人民政府研究处理，并将处理情况2个月内书面报告县人大常委会。

深入开展视察，为常委会和主任会议听取和审议工作提供依据。为进一步做大做强全县旅游产业，着力打造“旅游名县”切实推进全县旅游产业的发展，根据县人大常委会2016年的工作安排，县人大常委会于2016年11月15日－16日组织部分县人大代表视察了全县旅游产业发展工作。视察组由县人大常委会主任李细妹同志亲自带队，视察了梅山红色旅游景区、陈毅隐蔽处、牡丹亭文化景区、三月三景区、池江陈毅旧居、黄龙花木产业旅游示范园、丫山景区等多个全县具有代表性的景区。召开了由全体视察组成员、县旅发委、财政局、国土局、矿管局、文管局、林业局、扶贫和移民办、城投公司、体育局、城乡规划建设局、新城镇、黄龙镇、青龙镇、内良乡、章源生态旅游发展有限公司等单位和乡镇参加的座谈会，重点听取了各单位和乡镇对当前我县旅游产业发展的意见和建议。通过视察和召开座谈会，视察组了解了县旅游产业发展的基本情况，主要做法和成效、存在的问题及下一步的工作思路。近年来，县旅游产业按照全面推进赣南苏区振兴发展的要求，围绕把大余建设成为“旅游名县”的目标，积极深化旅游事业体制机制改革，加大基础设施建设投入，加强旅游景区提升，创新宣传营销手段，全县旅游产业呈现出良好发展态势，初步形成了世界钨都、灵秀丫山、千年驿道、爱情圣地、理学摇篮等特色旅游品牌。在取得成绩的基础上，通过视察，认为全县旅游产业发展也存在一些困难和问题：旅游资源有待进一步开发建设；旅游配套设施和基础设施薄弱；多数景区经营管理主体不明确；旅游专业人才缺乏；旅游产业发展政策支撑不足。针对以上问题，视察组提出了几点意见和建议：要突出规划引领，加快推进旅游资源的整合；要突出多措并举，加快旅游品质和基础设施建设；要突出金融运作，积极引进社会资本激发市场活力；要突出综合运营，加快旅游推广和人才培养；要突出精准扶贫，强化旅游产业发展的政策扶持。

配合上级人大在全县开展的各项检查调研工作。6月6日，配合市人大常委会在县开展了健康扶贫专题调研工作。8月18日，配合省人大常委会组织县市场监督管理局对《江西省食品生产加工小作坊餐饮和食品摊贩监督管理条例》（讨论稿）进行征求意见，结合县实际，提出了反馈意见。配合市人大常委会开展了《文物保护法》执法检查工作，并把县执行《文物保护法》的情况，存在的主要问题及相关建议形成了书面执法检查报告上报了市人大常委会。

【选任联工委】 2016年，选任联工委紧紧围绕常委会2016年工作部署，切实做好选举工作、人事任免工作和代表工作，较好地完成了各项工作任务。

认真做好县乡人大同步换届选举工作。根据省、市人大常委会的部署，县的县乡同步换届选举于2016年6月至9月底圆满完成。按照省、市人大常委会的部署和选举法的规定，工委做了以下几方面的工作：及时贯彻落实省人大关于县乡换届电视电话会议精神，5月10日，全省县乡人大换届选举电视电话会后，认真研究县乡换届选举工作，于8月16日召开县乡人大换届选举工作会议；及时印制了选民证、选民登记表、代表推荐表等有关选举表格并分发到各选区；起草了县人大常委会党组《关于做好全县县、乡两级人大换届选举工作的意见》和日程安排及《关于设立县选举委员会的决定》《县十八届人大代表选举办法》等一系列文件；按照每一代表所代表的城乡人口数相同的原则分配了县代表名额；依法确定了各乡镇人大代表名额。完成了两次县乡换届选举工作会议的材料起草工作，并会同县委办、组织部一道较好完成了会务工作；会同县委组织部、计生、纪检部门，依法审议各选区报送的人大代表候选候选人的考察工作，起草了《关于提名市五届人大代表候选人的请示》，及时上报了市五届人大代表候选人的有关表格资料和县十八届人大一次会议选举结果；及时完成了县人大代表初步候选人和正式候选人、选举结果的审查工作，并及时予以了批复；对乡镇人镇党委书记、组织委员、宣传委员、人大主席、副主席进行了换届选举工作培训；指导各乡镇、各选区做好县、乡人大代表的选举工作，及时答复各乡镇选举委员会关于县、乡代表选举工作的咨询，及时妥善处理了选民关于县乡人大代表选举的来信来访工作；起草了《县选举委员会关于选举县十七届人大代表情况的报告》和《县人大常委会代表资格审查委员会关于县十八届人大代表资格的审查报告》，依法公告了当选代表名单。及时完成了县乡同步换届选举有关数据的统计及资料整理归档工作。

加强培训、密切联系，不断提高代表履职能力。工委始终把密切与代表联系、为代表学习创造条件，拓宽代表知情知政渠道，不断提高代表履职能力，作为充分发挥代表作用的一项基础性工作来扎实做好。加强与代表联系工作。县人大常委会组成人员根据制度规定到各乡镇走访县人大代表，了解代表在工作和生活中存在的问题和困难，加强了与代表的联系。并注重帮助代表搞好学习，提高代表综合素质。坚持向每位人大代表订阅《时代主人》《中国人大》等人大刊物，切实加强人大代表经常性地学习，提高人大代表业务素质。坚持发放《大余人大信息》，及时报道县人大常委会的工作情况和工作计划，使代表了解常委会的工作，为今后提出建议更有针对性和实效性。协助做好代表发挥作用的宣传，借助县电视台、《大余报》、《大余人大信息》等新闻媒体和刊物，大力宣传人大代表履行职责，发挥表率作用，立足本职岗位建功产业等代表先进事迹，进一步营造全社会支持，理解人大代表行权履职的良好氛围。

改进工作方式，不断提高代表建议办理水平。切实做好代表建议办理工作。办理好人大代表建议是有关单位和部门的法定责任，也是工委的一项重要工作。县十七届人大七次会议期间收到议案建议94件，县十八届人大一次会议期间共收到代表意见建议127件。会后，工委在法定时间内对会议期间收集的议案和建议进行分类整理，及时转交县政府办公室，督促县政府办公室尽快召开交办工作会议，落实具体办理单位和办理时间。在各承办单位办理过程中，我委经常深入有关承办单位，采取专项检查与随机抽查相结合，电话督查与现场督查相结合的方式，了解办理情况，掌握办理进度，对办理中遇到的困难和问题，主动参与，协调解决。

切实加强乡镇人大工作的指导。切实加强乡镇人大干部的培训。坚持邀请乡镇人大主席、副主席列席县人大常委会会议制度，通过列席县人大常委会会议，使他们从中学习人大工作的程序和方法了解每个时期县人大常委会的工作重点，使各乡镇人大工作都能与县人大常委会的工作相衔接，形成“共振”效应。同时加强了对乡镇人大的业务指导。特别是今年换届选举期间，组织了乡镇人大主席、副主席、宣传委员、人大干事参加了换届选举培训会，工委按省市要求征订100多套《人大选举工作教程》，翻印了120多份《江西省各级人民代表大会代表选举实施细则》和《如何做好县乡人大换届选举工作》等培训资料。在换届期间，我委能及时联系和指导镇人大工作。指导各镇人大依法做好县乡人大同步换届选举工作；指导各乡镇人大依照《地方组织法》和《乡镇人大工作条例》的规定，开好新一届乡镇人大一次会议；起草了县领导在新一届乡镇人大一次会议上的讲话材料；根据常委会会议议题，邀请部分乡镇人大主席列席县人大常委会会议。

【领导名单】

办公室主任　张升衡
副主任　刘　芳（女）
主任科员　王北南
温观生
蔡余生
邱声林
教科文卫工委主任　江思蓉（女）
内务司法工委主任　刘兴红
副主任　余　水
选任联工委主任　郭海英（女）
财经工委主任　李北生
农业农村工委主任　王建球
副主任　曹人哲
主任科员　邓家富

林海琴韵

大余县人民政府

【概况】 2016年，大余县人民政府认真学习贯彻中共十八大和十八届三中、四中、五中、六中全会精神，特别是习近平总书记对江西工作提出的“新的希望、三个着力、四个坚持”重要要求，全力落实省第十四次党代会、市第五次党代会、县第十四次党代会决策部署，牢固树立新发展理念，坚持“解放思想、内外兼修、北上南下”的实践路径，纵深推进县委“1356”工作总思路，突出打好“六大攻坚战”，统筹做好稳增长、调结构、促改革、优生态、惠民生各项工作，较好地完成了各项目标任务，实现了“十三五”良好开局。获评“全国电子商务进农村综合示范县”“中国农旅电商示范县”“全省专利工作进步十强县”“全市主攻工业先进县”“全市‘六五’普法先进县”。

【机构设置】 2016年，县政府共有工作部门24个，均为正科级，即县政府办公室、县发展和改革委员会、县工业和信息化局、县民族宗教事务局、县公安局、县监察局、县民政局、县司法局、县财政局、县人力资源和社会保障局、县国土资源局、县环境保护局、县城乡规划建设局、县交通运输局、县农业和粮食局、县林业局、县水利局、县商务局、县旅游局、县审计局、县统计局、县安全生产监督管理局、县教育局、县卫生和人口计划生育委员会、县市场监督管理局。

直属事业单位16个，即县档案局、县志办、县农业开发办、县科技局、县扶贫和移民办、县体育局、县文化和广播电影电视局、县房产局、县城市管理局、县供销社、县防震减灾局、县人防办、县赣南苏区振兴办、县金融工作局、县行政服务中心管委会、县工业园区管委会：

重要会议

【县政府第61次常务会议】 1月20日召开，会议讨论并原则通过了《2016年重点工程项目投资计划安排》《大余县电子商务产业发展扶持办法》《大余县公共机构节能工作考核评价办法》《2015年村镇规划建设和土地管理工作考评方案》《大余县2015年农村土地承包经营权确权登记颁证工作考核办法》《大余县2015年度柑橘黄龙病防控考评工作方案》《大余县2015年新农村建设工作年度考评方案》《大余县2015年度精准扶贫工作考评办法》《大余县2015年度机关事业单位目标管理绩效考核方案》。

【县政府第62次常务会议】 1月25日召开，会议讨论并原则通过了《大余发展投资有限责任公司组建实施方案》《大余县法治大余建设考核评价办法（试行）》《2015年县直单位法治大余建设考核评分标准》《2015年乡镇法治建设考核评分标准》《2015年企业、学校、医院法治大余建设考核评分标准》《大余县实施“河长制”管理工作方案》《关于要求拨付征收陈毅旧居房屋及土地补偿款的请示》《关于开展60亩以下土地开发项目有关事项的请示》《关于推荐大余县洞脑矿业有限公司等7家新增纳入“财园信贷通”和大余县东升钼酸铵有限公司等9家企业提高“财园信贷通”额度的请示》《关于推荐大余明发矿业有限公司提高800万元“助保贷”贷款额度的请示》《关于恳请同意我县2016年招聘教师有关事项的请示》。

【县政府第63次常务会议】 1月28日召开，会议讨论并原则通过了《关于大余县2015年财政预算执行情况和2016年财政预算

（草案）报告（征求意见稿）》《关于大余县2015年国民经济和社会发展计划执行情况及2016年计划（草案）报告（征求意见稿）》《政府工作报告（征求意见稿）》《关于江西南安板鸭有限公司麻鸭养殖、板鸭加工、销售一体化项目有关事项的批复》。

【县政府第64次常务会议】 2月5日召开，会议讨论并原则通过了《大余县国民经济和社会发展第十三个五年规划纲要（修改稿）》。

【县政府第65次常务会议】 2月14日召开，会议讨论并原则通过了《2016年财政收支预算》。

【县政府第66次常务会议】 3月7日召开，会议集中学习了《习近平总书记在江西省考察工作结束时的讲话》《强卫同志关于学习贯彻习近平总书记在江西视察时的重要讲话精神的讲话》《强卫同志在省十二届人大五次会议赣州代表团联组审议时的讲话》《李炳军同志在市四届人大七次会议闭幕式上的讲话》，讨论并原则通过了《关于对丫山大道南延、北延新建工程北延段路面进行拓宽有关事项的请示》《关于增加人员工作经费的请示》《关于要求对庾岭大道道路及10KV、35KV电力线路改迁项目进行调整有关事宜的请示》《关于西门标准化农贸市场合作开发建设的请示》《关于要求批准对新世纪工业小区榄菊有限公司西侧规划范围内的土地进行征地拆迁的请示》《关于要求批准新建新城镇公办中心幼儿园教师周转房等建设项目的请示》《关于要求对新城镇水南村等1个镇2个村土地整理项目规划设计编制单位进行公开招标的请示》《关于要求拨付大余县2015年争取项目资金工作奖励的请示》。

【县政府第67次常务会议】 4月14日召开，会议学习了《强卫同志在全省领导干部会议上的讲话》《江西省人民政府办公厅关于省养老服务中心项目进展拖期问题的通报》《中共江西省委关于深入学习贯彻落实习近平总书记对江西工作要求的决定》《鹿心社同志在省政府第四次廉政工作会议上的讲话》和《冷新生同志在市政府第五次廉政工作会议上的讲话》，讨论并原则通过了《关于呈报大余县生态休闲度假项目及环氧沥青混配加工及沥青混合料项目投资协议书的请示》《关于2016年第一批"财政惠农信贷通"新增拟放贷对象及规模的请示》《关于推荐大余县第三期"财园信贷通"新增和提高额度企业名单的请示》《关于大余县人民政府与赣州银行、九江银行签署战略合作协议设立大余县"六大攻坚战"投资基金有关事项的请示》《关于要求批准〈大余县2016年度土地储备计划〉的请示》《关于审批第三批"小微信贷通"及第一批"创业信贷通"新贷名单的请示》。

【县政府第68次常务会议】 6月1日召开，会议讨论并原则通过了《关于要求回收赣州钰铖新材料有限公司项目宗地的请示》《关于要求回收江西省科泰化学工业有限公司厂房、办公楼、公租房及其周边闲置土地用于建设大余县小微企业孵化基地和大余县工业园区企业服务中心的请示》《关于收购江西逸泉水科技有限公司宗地及厂房等设施的请示》《关于编制大余县全域规划有关事项的请示》《关于落实我县2016年消防工作目标任务的请示》《关于给予董小平开除公职处分的请示》。

【县政府第69次常务会议】 7月25日召开，会议学习了鹿心社同志在第147次省委常委会会议上关于经济形势的讲话，讨论并原则通过了《中节能六合天融环保科技有限公司原赣州钴钨有限责任公司大余冶炼厂遗留污染场地治理工程代行治理合同》《关于贯彻落实省市乡村教师支持计划（2015－2020）实施方案》《关于要求批准新建新城工业小区自来水厂的请示》《关于认真做好迎接2016年度科学发展综合考核评价工作的通知》。

【县政府第一次常务会议】 9月30日召开，会议传达学习了市第五次党代会精神，学习了《赣州市考核评价工作领导小组办公室关于印发〈2016年度县（市、区）科学发展综合考核评价指标解释〉的通知》《江西省人民政府关于进一步落实中央"八项规定"精神有关事项的通知》，学习了冷新生在全市"六大攻坚战"

项目推进会上的讲话，讨论并原则通过了《大余县人民政府工作规则》《关于要求批复〈大余县中心城区控制性详细规划〉的请示》《关于批准实施大余县花卉电子商务项目的请示》《关于要求成立大余县水利发展投资有限责任公司的请示》《关于审定我县2016年定向培养农村教师和选调教师名单的请示》《关于审定我县2016年新聘教师等名单的请示》。

【县政府第二次常务会议】 10月17日召开，会议讨论并原则通过了《关于规范国有划拨土地上安置房和自建房补办出让手续工作的暂行规定》《关于要求明确易地扶贫搬迁安置点选址等有关事项的请示》《大余县开展房地产开发市场清理整治实施方案》《大余县推进医疗卫生与养老服务融合发展工作实施方案》《关于要求批准与赣州发展供应链管理有限责任公司共同合作设立大余县钨产业基金的请示》《关于江西润泽药业有限公司要求享受企业上市股改过程纳税奖励的请示》《关于给予黄小平开除公职处分的请示》《关于给予彭为栋行政记大过处分的请示》《关于给予龙良华行政记大过处分的请示》《关于给予伍弟伟行政警告处分的请示》。

【县政府第三次常务会议】10月29日召开，会议学习了中共十八届六中全会精神，学习了《刘奇同志在第68次省政府常务会议上的讲话》，讨论并原则通过了《南安镇新华工业小区周边1公里卫生防护距离范围内居民搬迁暨棚户区改造房屋补偿与安置方案》《南安镇新华工业小区周边1公里卫生防护距离范围内居民搬迁暨棚户区改造任务分配方案》《关于要求批准大余县城投公司向浦发银行赣州分行融资贷款的请示》《关于要求批准大余中学向赣州发展融资租赁有限责任公司设备租赁融资的请示》《关于要求批准大余中学向北京银行南昌分行融资的请示》《关于要求批准通过政府购买服务项目向农业银行大余县支行融资贷款的请示》《关于要求批准与赣南苏区振兴发展产业投资基金共同合作设立赣南苏区（大余）城市基础设施投资中心（有限合伙）的请示》《关于县人民医院向工商银行大余县支行流动资金贷款的请示》《关于进一步规范政府投资项目审批和招标核准有关事项的通知》《关于全面推进政务公开工作的实施意见》《大余县2016年推进简政放权放管结合优化服务改革工作实施方案》。

【县政府第四次常务会议】 11月21日召开，会议讨论并原则通过了《大余县推进农村承包土地的经营权和农民住房财产抵押贷款试点工作的实施方案》《关于要求同意组建大余建设投资发展集团有限公司的请示》《关于批准实施大余县城市人防专项规划（2015－2030）的请示》《关于呈报大余县消除义务教育学校大班额专项规划（2016－2020年）的报告》《关于要求同意采取政府购买服务方式实施大余县县城部分路段提升改造工程的请示》《关于2016年易地扶贫搬迁回购商品房的请示》《关于大余县嘉福国际北侧宗地等30宗土地出让有关事项的请示》《关于要求同意收取城区垃圾处理费的请示》《关于请求拨付中国社会福利基金会科技健康公益管委会基层医疗机构能力提升项目县级配套资金的请示》《关于2016年度第三批“产业扶贫信贷通”风险缓释金分配建议的请示》《关于申请大余县“财政惠农信贷通”风险补偿资金的请示》《关于要求收回大余县萤通工贸有限公司宗地厂房等设施的请示》。

【县政府第五次常务会议】 12月5日召开，会议学习了《曾文明同志在市政府全体会议上的讲话》，讨论并原则通过了《关于恳请审定并印发〈大余县教育事业发展“十三五”规划〉的请示》《关于要求批复〈大余县电网设施专项规划（2015－2030）〉的请示》《关于要求批复〈大余县燃气专项规划（2013－2030）〉的请示》《关于要求批准以环城路项目向赣州银行贷款融资的请示》《关于要求批准通过政府购买服务项目向建设银行大余县支行融资贷款的请示》《关于要求融资用于建设标准厂房的请示》《关于批准2017－2020年大余县基层国土专业技术人员定向培养计划的请示》《关于确定2017年度基层林业技术人员定向培养名额的请示》《关于要求批准环城路河沙路段道路与绿化等4个项目用地办理划拨供地手续的请示》《关于要求审核批准〈大余县电子商务进农村综合示范工作实施方案（调整稿）〉的请示》《关于大余鑫源矿业有限公司“小微信贷通”违约贷款启动代偿的请示》。

【县政府第六次常务会议】 12月13日召开，会议讨论并原则通过了《关于报请审批〈江西省大余县左拔镇云山村传统村落保护发展规划（2015－2030年）〉的请示》《关于要求批复〈大余县中心城区消防专业规划（2014-2030年）〉的请示》《关于大余县生态文化旅游项目采用PPP模式运作的请示》《关于大余县交通基础设施综合提升PPP项目关键点问题的请示》《大余县城镇职工基本养老保险助保贷款实施办法》《大余县2016年金融支持县域经济发展考核奖励办法》《关于呈报原赣州钴钨有限责任公司大余冶炼厂遗留污染场地治理工程修复技术方案和组织实施方案的请示》《关于要求补办划拨黄龙供电所扩建土地的请示》《关于要求同意增加新华工业小区污水管网建设项目工程造价的请示》《关于丫山大道南延、北延新建工程标后核对有关事项的请示》《关于确定2016年易地扶贫搬迁回购商品房套数和价格的请示》《关于推荐大余县伟翔制衣有限公司和大余县恒利石材有限公司纳入“助保贷”续贷范围的请示》《关于大余县赣源医药有限公司申请纳入“财园信贷通”新增范围的请示》《关于赣州海创钨业有限公司增加“财园信贷通”200万元的请示》《关于江西省金顺工贸有限公司申请纳入“财园信贷通”新增范围的请示》《关于江西岳龙科技有限公司“财园信贷通”贷款提高额度的请示》《关于推荐江西众能光电科技有限公司纳入第三期“财园信贷通”回收再贷企业的请示》《关于需召集“财园信贷通”领导小组成员单位拟定大余县第三期“财园信贷通”第三批新增和提高额度企业名单的请示》《关于需召集“财园信贷通”领导小组成员单位拟定第三期“财园信贷通”回收再贷第四批企业的请示》《关于要求审批“小微信贷通”第三批续贷名单的请示》《关于要求审批“小微信贷通”第四批续贷名单的请示》《关于要求审批第二批“创业信贷通”新贷名单的请示》。

【县政府第七次常务会议】 12月19日召开，会议传达了全市改作风、提效率动员部署会会议精神，学习了《中共赣州市委、赣州市人民政府关于改进工作作风提高工作效率的意见》《省委办公厅、省政府办公厅关于进一步严肃会风会纪的通知》，讨论并原则通过了《关于要求对〈新城镇北区棚户区（城中村）改造土地和房屋征收补偿安置实施方案（试点实施方案）〉进行批复的请示》《关于要求兴建公墓用于新城圩镇规划区内谢屋组坟墓搬迁安置的请示》《关于要求批准〈大余县新城镇总体规划（2011-2030）实施评估报告〉的请示》《关于申请黄龙镇总体规划修编的请示》《关于要求批准左拔镇总体规划修编的请示》《关于要求批准〈青龙镇总体规划（2016-2030年）〉的请示》《大余县推进绿色生态农业十大行动实施方案》《大余县省属国有企业社区移交属地管理工作实施方案》《关于审批〈大余县深化供销合作社综合改革试点实施方案〉（草案）的请示》。

【第一次县长办公会】 1月4日召开，会议讨论并通过了《大余县积极发展农民股份合作赋予农民对集体资产股份权能改革试点实施方案》《关于要求审定〈大余县“产业扶贫信贷通”实施方案（暂行）〉的请示》《关于要求印发〈关于乡镇机关事业单位工作人员实行乡镇工作补贴的通知〉的请示》《大余县市容环境治理专项资金管理办法》《关于建立我县离岗民办教师退养费正常增资机制的请示》《关于要求变更池江镇敬老院宿舍楼饰面的请示》《关于要求批准县法院审判法庭工程增加工程量的请示》《关于要求对党政机关会议定点场所进行招投标采购工作的请示》《关于申请江西品威传媒有限公司奖励资金的请示》《关于申请江西美安建筑安装有限公司奖励政策的请示》。

【第二次县长办公会】 1月20日召开，会议讨论并通过了《关于要求批准庾岭大道北门河段调整线形有关事宜的请示》《关于要求同意春节前市容环境专项治理相关事项的请示》《关于县城区主要路段节点种植（摆设）草花相关事宜的请示》《关于“三园两路一桥”项目用地划拨的请示》《关于要求拨付资金清理樟左公路(樟斗段)塌方的请示》《关于要求扩征大余中油燃气LNG气化站用地的请示》《关于办理置换用地相关手续的请示》《关于请求为邓椿站、邓华东房屋重建办证的请示》《关于要求批准〈大余县新城镇小康新村北侧宗地国有建设用地使用权出让方案〉的请示》《关于建议启动对大余县鑫隆钼业有限公司“助保贷”贷款进行代偿的请示》《关于建议对大余县欣荣有限公司、大余县新华金属有限公司、赣州森本源达有限公司“财园信贷通”违约贷款启动代偿的请示》《关于调整大余中学新校区项目进度款支付比例的请示》《关于要求同意新城镇城背路片区路网工程河涌改道设计变更的请示》。

【第三次县长办公会】 2月14日召开，会议讨论并通过了《关于要求解决新珠塘窝里安居小区新建配套设施工程费用的请示》《关于要求解决新珠塘窝里安居小区后续配套设施新建工程费用的请示》《关于要求奖励大余县和锋电子有限公司建设资金的请示》《关于要求确认乡道升级改造需要增加工程量的请示》《关于县资产经营有限公司收购固定资产有关事项的请示》《关于县润泽医药公司购买原盛达电子公司房地产有关事项的请示》《关于江西省天盛广告传媒有限公司等三家公司享受我县广告传媒产业扶持政策的请示》《关于呈报大余县天然气（LNG）销售价格的请示》《关于在元宵节期间举办即开型体育彩票大卖场活动的请示》《关于要求批准新建新城镇赤石小学综合楼等建设项目的请示》《关于大余县五福居养老康复中心项目有关事项的批复》。

【第四次县长办公会】 2月25日召开，会议讨论并通过了《大余县2016年开放型经济工作实施方案》《关于对〈大余县下垄矿区矿山地质环境治理项目（含续作项目）清算报告〉给予批复的请示》《大余县烟草公司南侧宗地国有建设用地使用权出让方案》。

【第五次县长办公会】 3月28日召开，会议讨论并通过了《关于要求拨付浮江乡、吉村镇垃圾压缩站附属设施工程项目资金的请示》《大余县人民政府办公室关于印发大余县生态建设与环境保护工作目标管理考核办法的通知》《关于要求同意县原801厂棚户区改造工程增加供电主线路、供水主管道有关事项的请示》《关于江西超弦光电科技有限公司要求享受县财政工业发展专项资金奖励的请示》《关于将县资产经营有限公司部分房地产和未纳入集中管理部分国有资产进行公开挂牌处置的请示》《关于拨付2015年1月1日—12月31日外购矿产品经营企业贷款贴息补助的审核意见》《关于拨付2015年1-12月外购矿产品经营企业引进县外资源补助资金的审核意见》《关于要求给予大余县天盛金属新材料有限公司开展废旧金属物资收回利用业务扶持奖励的请示》《关于将办案用房、用地等相关产权划拨至县纪委的请示》《大余县行政权力事项目录清单管理办法》《关于加强行政审批事中事后监管的实施意见》《关于县纪委监察局、县委办、县政府办等单位2015年度中心工作和绩效管理考核奖金发放标准的请示》《关于推荐第三期“财园信贷通”回收再贷第二批企业名单的请示》。

【第六次县长办公会】 4月14日召开，会议讨论并通过了《关于兴建门诊综合大楼的请示》《关于恳请将大余县中医院北侧宗地划拨用于建设大余县五福居养老康复中心的请示》《关于明确农村环境综合整治项目实施主体的请示》《关于对大余县工业园漂塘路延伸工程变更事项的请示》《关于要求2015年花园村保障性安居工程±0.000以上自拌砼变更为预拌砼的请示》《关于县公安局交管大队执法及业务用房建设项目划拨土地的请示》《关于县公安局交管大队梅关中队搬迁重建项目划拨土地的请示》《关于要求拨付赣韶铁路税收纳税贡献奖的请示》。

【第七次县长办公会】 4月25日召开，会议学习了《炳军同志对〈省委办公厅关于以苏荣“造绿工程”为反面教材进一步树立正确政绩观的通知〉的批示》《强卫同志在全省“两学一做”学习教育动员部署会上的讲话》，书面学习了2016年市生态文明先行示范区建设领导小组会议暨市级总河长第一次会议、市委全面深化改革领导小组第五次全体（扩大）会议精神，以及《强卫、鹿心社同志在全省大众创业万众创新现场推进会上的讲话》，讨论并通过了《关于建议对大余蓝略高新科技100万元雄峰竹木业有限公司30万元“小微信贷通”违约贷款启动代偿的请示》《关于明确要求由县公共资源交易中心承担政府集中采购机构职能的请示》《大余县2016年“双争”工作实施意见》。

【第八次县长办公会】 5月3日召开，会议学习了《习近平同志在中央政治局常委会会议审议“两学一做”学习教育方案时的讲话（节选）》《刘云山、赵乐际同志在“两学一做”学习教育工作座谈会上的讲话》《关于黄新东顶风违纪插手干预工程项目问题的通报》，书面学习了《鹿心社同志在江西省参与“一带一路”建设和推进长江经济带发展领导小组第一次会议上的讲话》《强卫同志在赣南等原中央苏区振兴发展工作领导小组第五次会议上的讲话》《鹿心社同志在全省扶贫开发工作领导小组会议上的讲话》《鹿心社同志在第58次省政府常务会议上的讲话》，讨论并通过了《关于要求把乡镇卫生院在编在岗职工津补贴列入财政预算的请示》《关于将大余县环境监测执法业务用房和综合档案馆大楼主体建设中人防、消防、部分装饰工程等费用列入主体工程预算款的请示》《大余县新城工业小区余商创业园西侧宗地国有建设用地使用权出让方案》《关于核拨2015年度信访“三无”县相关工作人员一个月工资奖金的请示》。

【第九次县长办公会】 5月16日召开，会议讨论并通过了《关于县专业森林消防队营房建设用地划拨事宜的请示》《关于要求划拨城南片区三条道路项目建设用地的请示》《关于要求批准拆除重建大余中学莹竹楼的请示》《关于要求拨付“迎国检”专项资金的请示》《关于恳请追加南安小学和新余小学教学综合楼建设资金的请示》《关于吉村镇要求同意创建吉村镇桃树下精品农村社区的意见》《关于大余县海欣养老中心项目有关事项的批复》《关于大余县农村河道整治工程项目有关事项的批复》《关于大余县章水防洪工程项目有关事项的批复》《关于大余县城镇排水设施建设项目有关事项的批复》《关于大余县梅关景区建设项目有关事项的批复》《关于大余县章江河河道整治建设项目有关事项的批复》《关于大余县2016年棚户区改造项目有关事项的批复》《关于组建乡镇治安巡防专业队伍的请示》《关于要求开展2016年度大余县开发区（工业园区）土地集约利用更新评价工作的请示》。

【第十次县长办公会】 5月16日召开，会议学习了《赣州市人民政府办公厅关于深入学习贯彻省委书记强卫在调研农业工作时的重要讲话精神的通知》（赣市府办字〔2016〕57号），会议讨论并通过了《关于建议对大余安奕工贸有限公司“财园信贷通”违约启动代偿的请示》《关于使用政府风险补偿金代偿大余安奕工贸有限公司“助保贷”贷款的请示》《关于对省公路路政管理总队有偿转让原大余交通稽查征费所和大余贷款路通行费征收站土地使用权的审核意见》《大余县2016年农村贫困人口疾病医疗商业补充保险实施方案》，会议还对近期降低企业负担、优化发展环境、“六大攻坚战”等工作进行了研究部署。

【第十一次县长办公会】 6月1日召开，会议讨论并通过了《关于要求奖励江西芬琦时尚饰品有限公司建设资金的请示》《关于要求免除江西润泽药业有限公司二期项目用地招拍挂违约金的请示》《关于要求免除大余章源竹木制品有限公司土地交易逾期滞纳金的请示》《大余县教育教学质量奖励办法》《关于对梅岭—丫山风景名胜区总体规划相关工作事宜的请示》《关于要求重建吉村镇沙村村初陂、大水坝两座水毁桥梁的请示》《关于购置磁共振影像设备的请示》《关于解决环市“包围圈”建设经费的请示》。

【第十二次县长办公会】 6月12日召开，会议学习了《中共赣州市委关于深入学习贯彻省委书记强卫同志对赣州工作要求的意见》、中共中央办公厅《关于部分党员领导干部在谈话函询中不如实向组织说明情况典型案件及其教训的通报》、市纪委监察局《关于3起违反中央八项规定精神问题的通报》及《关于2起违反组织纪律和廉洁纪律问题的通报》，讨论并通过了《关于提高两参人员公益性岗位工资的请示》《关于实施好大余县2015年度重金属污染防治重点区域示范资金项目的有关请示》《关于县城电商三级联动仓储、快件集散中心项目建设的请示》《关于要求明确大余县X103合江至黄龙公路合江至大江路段县道升级改造工程项目业主等有关事项的请示》《要求更名原赣州供电分公司五里山办公楼所有权人的函》《关于解决县乡综治中心建设场所和经费的请示》《关于要求租用方正机械厂用于建设大余县电商孵化创业园的请示》《关于要求对全县涉改车辆进行处置的请示》。

【第十三次县长办公会】 6月24日召开，会议学习了《李炳军同志在市委中心组“坚定执着追理想”专题学习会上的讲话》，讨论并通过了《关于江西弘盛电子科技有限公司要求享受工业发展专项资金补助的请示》《关于要求收回新华工业小区江西金辉玻璃制品有限公司项目宗地的请示》《关于请求批准我司向赣州银行大余支行标准厂房项目融资的请示》《关于呈报大余县车保设备制造项目投资协议书的请示》《关于申请设立外贸企业出口退税周转金的请示》《关于大余明发矿业有限公司恳请奖励建设资金的请示》《关于要求启动池江中心敬老院项目征地工作的请示》《大余县电子商务专项资金使用管理办法》《关于要求开展2015年度大余县耕地质量等别年度更新评价及2016年度耕地质量等别监测评价工作的请示》《大余县五星加油站北侧宗地国有建设用地使用权出让方案》《大余县新城镇余商创业园北侧宗地国有建设用地使用权出让方案》《大余县新城镇新城中学西北侧2号宗地国有建设用地使用权出让方案》《关于兴建大余县中西结合医院门诊综合大楼的请示》《大余县人民政府与江西鹭溪农业发展有限公司合作协议书》。

【第十四次县长办公会】 7月4日召开，会议讨论并通过了《关于推进我县现代物流产业发展的工作意见》《江西省大余县左拔镇云山村传统村落保护发展规划（2015－2030）》《关于请求解决吉村镇游仙村因大中型水库建设淹地不淹房失地农民生活困难的请示》《关于2016年“6•16”洪水冲毁公路紧急抢修的请示》《关于要求将大余县公安局交通管理大队梅关中队房地产划拨大余县工业发展投资有限公司的请示》《关于大余县宏达矿业有限责任公司要求享受工业发展专项资金奖励的请示》《关于要求出台我县执行峰谷电价政策后减轻企业用电成本优惠政策的请示》《关于要求同意大余县北门农贸市场升级改造事项的请示》《大余县2016年企业引进县外矿产品资源补助办法》《关于物流企业纳税奖励有关事项的请示》《关于推进企业挂牌上市工作的实施意见》。

【第十五次县长办公会】 7月25日召开，会议讨论并通过了《大余县新城工业小区工业四路南侧宗地国有建设用地使用权出让方案》《关于要求收回大余县新城工业小区1号、4号宗地的请示》《关于提高我县公务员医疗保险筹资标准和划入个人账户标准的请示》《关于恳请同意选调县外在编在岗正式教师到我县学校任教的请示》《关于城区学校公开选调教师的请示》《关于要求对2016年转业士官进行工作安排的请示》《关于梅关足球场项目建设有关事项的请示》《关于我县农村贫困人口疾病医疗商业补充保险招标采取竞争性磋商的请示》《关于要求选择江西省五河治理防洪工程大余县项目勘测设计单位的请示》《关于请求批准组织实施长江南丰堤除险加固工程的请示》《关于请求批准组织实施大余县油罗口水库饮用水源地保护工程的请示》。

【第十六次县长办公会】 8月3日召开，会议学习了《刘奇同志在省政府党组会议上的讲话》《省委办公厅关于认真学习贯彻〈中国共产党问责条例〉的通知》《李炳军、冷新生同志在全市大众创业万众创新现场推进会上的讲话》，讨论并通过了《关于新华工业小区物流产业园用地土方平整及挡土墙建设工程的请示》《关于对下垄矿区地质环境治理项目工程量价款增加部分进行批复的请示》《关于开展旱地改水田项目有关事项的请示》《关于要求同意对接九江银行成立城市建设发展基金有关事项的请示》《关于要求同意将城投公司与九江银行赣州分行成立的城市建设发展基金纳入财政预算的请示》《关于要求将超弦光电公司整体出让后缴纳的税费奖励给众能公司用于第二期基础设施建设的请示》《关于同意新建内良九年制学校教学综合楼等项目有关事项的批复》《关于要求解决2016年“天网”工程建设经费进行政府采购的请示》。

【第十七次县长办公会】 9月30日召开，会议讨论并通过了《关于江西润泽药业有限公司申请借用2000万元中小企业转贷资金的请示》《关于要求划拨土地用于东山村规划建设拆迁安置点的请示》《关于要求划拨项目建设用地的请示》（县城投公司）《关于移建县城自来水取水口的建议》《关于要求减免大余县龙泉山老年公寓项目建设有关税费的请示》《关于要求提高全县敬老院工作人员工资标准的通知》《关于要求同意大余县中心城区北门河路、陶园路污水处理管网建设工程增加工程量的请示》《关于进一步完善2016年企业引进县外矿产品资源扶持政策的请示》《大余县新城工业小区工业五路南侧宗地国有建设用地使用权出让方案》《大余县新城工业小区工业一路西侧宗地国有建设用地使用权出让方案》。

【第十八次县长办公会】 10月8日召开，会议讨论并通过了《大余县第十八届人民代表大会第一次会议〈政府工作报告〉目标任务分解落实方案》，研究部署了工程项目建设管理、“黑驾校”和临时用地的清理整顿、房地产开发公司清理整顿、征地拆迁等工作。

【第十九次县长办公会】 10月17日召开，会议讨论并通过了《关于对原采茶剧团退休职工遗留问题的处理意见的请示》《关于要求公开招聘专业演员的请示》《关于小五线小梅关至三角塘路段改建工程造价变更情况的请示》《关于拨付新城千亩蔬菜基地现代高档观光型玻璃温室大棚建设补贴资金的请示》。

【第二十次县长办公会】 10月24日召开，会议传达学习了《习近平在纪念红军长征胜利80周年大会上的讲话》，研究部署了融资、项目建设、用地管理、经济运行、“双争”、招商引资、精准扶贫、稀土矿开采、打击违法抢种苗木、县综合应急救援训练指挥中心和章江小学建设、自来水厂收购、高新电子产业园优惠政策问题、工业园区规范用地、城南片区城市综合体建设等工作。

【第二十一次县长办公会】 10月29日召开，会议讨论并通过了《关于要求解决新建农贸市场用地指标的请示》《关于开展中国福利彩票“赣南苏区·荣光”即开型专项彩票销售暨“福利公益行·走进大余”活动的请示》《关于建议对大余东升钼酸铵有限公司“财园信贷通”贷款800万元违约启动代偿的请示》《关于建议对大余顺发钼业有限公司“财园信贷通”贷款500万元违约启动代偿的请示》《关于转呈大余鑫盛钨品有限公司〈关于增加“财园信贷通”贷款额度的申请〉的请示》《关于恳请编制西华山钨矿国家矿山公园（一期）专项规划工作的请示》《关于要求撤销大余县三江口县级自然保护区的请示》《关于要求采购流动治超执法检测车的请示》。

【第二十二次县长办公会】 11月7日召开，会议传达学习了市“两会”精神、李炳军同志在新一届市政府全体会议上的讲话、市委第四轮巡察工作动员部署会精神，研究部署了各类领导小组调整、精准扶贫、“六大攻坚战”、招商引资、“三项整治”、科学发展综合考评、抓好已部署工作落实、明年思路谋划等工作。

【第二十三次县长办公会】 11月14日召开，会议就加强政府系统作风建设进行了强调，研究部署了省级卫生县城复审准备、PPP项目落实、低质低效林改造、招商引资、城乡环境综合整治、工业园区建设、“五个名县”建设工作、农房抵押贷款试点等工作。

【第二十四次县长办公会】 11月28日召开，会议研究部署了安全生产、项目建设、科学发展综合考评以及年终收尾等工作，明确了县交通基础设施综合提升PPP项目建设、易地搬迁扶贫回购商品房、松材线虫病防治、生态功能区复审涉及污水处理厂整改问题、禁毒教育基地选址问题等相关事项。

【第二十五次县长办公会】 12月12日召开，会议调度了2016年《政府工作报告》承诺的20件民生实事落实情况、科学发展综合考评、城乡环境综合整治、项目建设和资金拨付、融资、六大攻坚战流动现场会准备、财税等工作。

【第二十六次县长办公会】 12月26日召开，会议讨论并通过了《关于发展总部经济有关扶持政策的请示》《关于调整执收执罚经费返拨期限和使用范围的请示》《关于要求同意市政维修的请示》《关于要求拨付创建全国文明城市专项经费的请示》，讨论研究了“五名县”建设实施意见及需政府层面解决的问题，调度了全市“六大攻坚战”流动现场会大余参观点筹备、科学发展综合考评、城乡环境综合整治、财税、殡葬改革、安全生产和工程建设领域规范化管理等工作。

主要成效

【经济运行稳中有进】 认真贯彻落实中央、省、市稳增长促发展的一系列政策措施，全年实现生产总值100.1亿元，增长9.2%；财政总收入11.03亿元，增长4%，税占比提高5.1个百分点；一般公共预算收入8.33亿元，增长5.3%；规模以上工业增加值29.04亿元，增长9.2%；500万元以上固定资产投资100.47亿元，增长16.3%；社会消费品零售总额27.66亿元，增长12.9%；实际利用外资1亿美元，增长10.3%；出口总额4262万美元，增长81%；城乡居民人均可支配收入分别达到23963元、9664元，分别增长8.3%、11.4%。12个主要经济指标中有9个指标增幅在全市排名前移，4个指标在全市排名靠前。

【产业结构明显优化】 三次产业比由2015年的12：50.4：37.6调整为11.9：49：39.1，现代服务业提高1.5个百分点，产业结构更趋优化。新材料、电子信息、食品药品等新兴产业主营业务收入占比上升7个百分点，以钨为主、多业并举、多元支撑的产业新格局加速形成。

【主攻工业成效显著】 科学确定钨及有色金属和废弃矿综合回收循环利用为首位产业，推动年龙辉硬质合金、牛斋钨矿技改、日荣钨业矿资源回收利用等21个重大工业项目竣工投产。大力开展新华工业小区周边1公里卫生防护距离居民搬迁，全面完成291户拆迁协议签订工作。成功争取省政府批准大余县2万亩工业园调区扩区，将西华山移交尾矿库区2000亩纳入工业园区建设范围，2016年新增园区面积4200多亩。成功申报低丘缓坡试点项目用地1171亩。生态绿色食品产业园等一批特色产业园加速推进。建成标准厂房12.23万平方米。全年新增入规企业14家；规上企业实现主营业务收入106.04亿元、利税6.25亿元，分别增长18.3%、61.6%；500万元以上工业固投52.29亿元，增长43.2%；工业用电量1.71亿千瓦时，增长12.2%。

【现代农业提质增效】 以集中连片为重点，发展花卉苗木、蔬菜、鸭业、生猪等农业优势产业，重点打造了豪猪养殖、茶树菇培植、新城三千亩蔬菜核心区等109个特色产业示范基地。肉鸭年出笼628万羽，生猪年出栏近30万头。全县花卉苗木种植面积突破10万亩，果树(脐橙)种植面积近7(3.5)万亩，有毛竹林30多万亩，占全县林地面积的18.4%。新增农民合作社35家、家庭农场89家、规模以上农业龙头企业3家；全县专业种养大户达380户。

【现代服务业亮点纷呈】 实施了大龙山特色小镇、陈毅隐蔽处梅山红色旅游景区等10多个亿元以上旅游项目。丫山乡村生态度假村项目入选2016年全国优选旅游项目；6个景区（点）和29家农家乐列入2016年赣州市国家扶贫试验区建设计划。搭建了大余乡村旅游线上线下电商综合服务平台，举办了全国速度赛马大赛、旅游产品展销会、旅游美食节等系列旅游活动。全年接待游客580.6万人次，增长136.2%；旅游总收入达到25.3亿元，增长73.8%。建成农旅电商创业大街和电商孵化园，引进杰夫、京东等电商企业，全县电商企业（含网商）达203家。成功举办全国首届（大余）农旅电商峰会，获评“中国农旅电商示范县”。全年实现电子商务交易额15亿元，增长309%。新增德邦物流、中铁物流等物流企业7家，全县达27家。截至年底，全县银行业存款余额98.02亿元、贷款余额64.19亿元，分别增长12.7%、21%；贷存比达65.5%；新增贷款11.15亿元，同比增加2.42亿元。

【新型城镇化势头强劲】 坚持高起点定位、大手笔谋划、大项目支撑、大投入保障、大规模建设，投资19.98亿元建设了29个项目。城南片区（二期）棚户区改造、“三园两路一桥”等老城区改造项目有序推进；环城路、丫山大道、庾岭大道、火车站货场道路、平宁路等新区路网建设扎实推进；大余中学新校区及新体育中心等一批续建项目持续推进。建成污水、排水管网约24公里。

【基础设施逐步完善】 建设公路225.68公里，改造（重建）桥梁5座。完成了全县25户以上自然村的入户道路浇筑，实现了村道全面硬化，畅通率达到100%，打通了农村道路的“最后一公里”。实施了2016年小农水重点县项目建设，改造山塘22座、水陂32座、渠道75.39公里；启动了新城镇防洪工程（二期）等3个五河治理防洪工程项目。新（改）建10千伏线路143.23公里、低压线路365.59公里、变台161台。

【城市管理更加高效】 运用物联网、云计算等新技术提升城市管理水平的“智慧城管”项目基本完工。严厉打击了“两违”建设行为，共拆除余崇线、323国道沿线等县乡村“两违”建筑15.8万余平方米。顺利通过了省卫生县城复审。创建“全国文明城市”迈出坚实步伐。

【城乡环境全面提升】 持续开展城乡环境卫生综合整治，农村垃圾收运处理率达100%。全面推进47个新农村示范点建设，拆除农村“空心房”11.8万平方米。开展了丫山片区、新城镇等特色小镇建设。启动实施了县城、青龙、新城三个高速公路出入口及国省道沿线绿化美化提升工程，城乡面貌焕然一新，迅速提升了大余对外形象。

【各项改革持续深化】 持续推进简政放权，取消行政权力事项29项、行政审批事项2项。出台大余县行政许可项目目录。全面实行不动产统一登记，在全省率先完成不动产登记信息管理平台项目验收。设立企业服务综合受理中心，建立重点项目审批“绿色通道”。推进投融资改革。新组建城市发展集团公司；为实体企业发放“五通一贷”贷款6.91亿元。投资8.1亿元的交通基础设施综合提升、投资5亿元的生态文化旅游基础设施建设两个PPP项目开工建设。稳健推进了各项农业农村改革。

【对接开放再上台阶】 积极“北上”对接，共争取上级资金16.02亿元，增长24.3%，其中争取专项建设基金6.82亿元，增长328.9%。积极“南下”招大引强，开展了3次百亿招商“三集中”活动，全年签约项目81个，签约资金213亿元，开工建设20个，基本竣工18个。

【创新驱动取得突破】 鼓励和帮助企业申报国家省市各类科技项目5个。青石钨矿被国家安监总局遴选为“机械化换人、自动化减人”全国典型示范企业。海创钨业“低品位复杂钨矿绿色提取和智能创造示范工程”获2016年江西省科技创新“5511”工程重大研发专项立项，与江西理工大学共同申报项目获国家级科技进步二等奖。新增高新技术企业3家、“江西省知识产权优势示范企业”2家、“江西省博士后创新实验基地”1个。申请专利523件，授权257件，分别增长335.8%、267.1%。

【精准扶贫成果喜人】 整合财政涉农资金7291万元，通过发展产业、实施整村推进等措施，实现9886人脱贫、12个省级贫困村退出。中央电视台二套《对话》栏目对大余县探索推广扶贫车间新模式进行了专题报道。代表省市接受国家扶贫开发年度工作考核，得到考核组充分肯定，并表示大余县旅游扶贫、扶贫车间等创新做法值得在全国推广。

【生态建设卓有成效】启动实施“河长制”。浮江河流域被列入国家“十三五”时期重金属污染综合防治示范流域。9个重金属治理项目和25个企业治理子项目建设基本完成。下垄钨矿第三批国家绿色矿山试点示范获评全省第一名。完成植树造林3.07万亩，改造低质低效林超过1000亩。

【惠民实事扎实推进】全年民生支出达20.73亿元，增长14.7%，占财政总支出的86.8%。实现城镇新增就业人数2769人，转移农村劳动力4448人，免费就业创业培训3224人，发放小额贷款1.5亿元；社会保险、社会救助、医疗保障等财政补助标准持续提高。完成城市棚户区改造513户、国有工矿棚户区改造70套，开工建设保障性住房359套；梅关大桥建成通车；县综合福利院、老年大学及老年人活动中心基本完工；投资1055万元组织实施农村饮水安全巩固提升工程，解决了14个贫困村1205户贫困户3502人的安全饮水问题。

【社会事业持续发展】投资2780万元完善了24所学校基础设施建设，建成11所乡镇公办幼儿园。获中国福利基金会4450万元医疗设备捐赠；县卫生应急指挥中心完成主体工程；完成“二孩”办证1358例。公共文化服务水平不断提升，县图书馆荣获“全省最美基层图书馆”称号；在丫山举行了国家新闻出版广电总局播音主持实践锻炼基地揭牌仪式，举办了赣南等原中央苏区广播电视台播音主持业务培训班；顺利完成《丫山情》《梅岭之恋》2部大余本土特色电影的拍摄；新发展有线电视用户近5000户。万马生态休闲度假区赛马场、丫山自行车越野赛道等一批体育设施建成使用。此外，其它各项事业均取得新的发展。

【自身建设不断加强】县政府系统深入开展“两学一做”学习教育。大力开展“改作风提效率”活动，政务环境进一步优化。自觉接受人大法律监督和政协民主监督，办理人大代表建议118件、政协委员提案205件，办复率达100%。累计公开政务信息22.4万条，位列全市第二。持之以恒纠正“四风”，查处违反八项规定问题18起29人、侵害群众利益的不正之风和腐败问题23件27人，巡察工作实现全覆盖，廉政建设取得新成效。

【县政府领导名单】

2016年1月至2016年8月

县委副书记、县长　邱　凌
县委常委、常务副县长　邹志华
县委常委、副县长　李志坚
县委常委、副县长　何国杰　（3月免）
县委常委、副县长　黄　刚（3月挂职）
副县长　肖桂西
副县长　刘裕裕（女）
副县长　廖君侦
副县长　何选明
副县长　侯　霄（3月挂职）
副县长　邓芳琴（女，5月挂职）

2016年8月至2016年12月

县委副书记、县长　钟旭辉
县委常委、常务副县长　温岩松
县委常委、副县长　黄　刚
副县长　彭民生
副县长　侯　霄
副县长　邓芳琴（女）
副县长　陈伟生
副县长　罗少贵
副县长　吴晓慧（女）
副县长　邹隆春

【县政府领导分工】

2016年1月至8月：

县长邱凌：主持县政府全面工作，兼管编制、审计、监察工作。

县委常委、副县长邹志华：协助县长主持县政府日常工作，并协助县长分管县政府办公室，分管发展和改革（改革振兴发展、资源枯竭转型、重点工程、项目建设）、物价、人力资源和社会保障、统计、行政服务中心、机关效能、财政、工商、税务、金融、国有资产管理、政务公开、医保、机关事务、保险、住房公积金管理、应急管理等方面的工作。负责联系县人大的工作。

县委常委、副县长李志坚：分管农业农村工作、林业、果业、水利、水保、农粮、粮食流通服务中心、水文、气象、国土、人口与计划生育、供销、农机、农业开发、扶贫和移民等方面的工作。

县委常委、副县长何国杰：分管工业和信息化、工业园区建设、安全生产、环境保护、民营企业、矿管、科技、质量技术监督等方面的工作。

副县长肖桂西：分管公安（交管）、司法、消防、武警、突发事件、信访、社会稳定等方面的工作。负责联系县人武部、县法院、县检察院的工作。

副县长廖君侦：分管教育、卫生（爱国卫生）、医药管理、食品和药品监督、体育、县志、民族宗教事务、关心下一代等方面的工作。

副县长刘裕裕：分管商务、商务综合行政执法、招商引资、旅游、对台、老龄、档案等方面的工作。协助分管工业和信息化、工业园区建设、安全生产、环境保护、民营企业、矿管、科技、质量技术监督等方面的工作。

副县长何选明：分管城乡规划建设、城市管理、房产、三城同建、人防、民政、交通、防震减灾、供电、公路、支铁等方面工作。

2016年8月至12月：

县长钟旭辉：主持县政府全面工作，兼管编制、监察和审计工作。

县委常委、常务副县长温岩松：协助县长主持县政府日常工作，协助县长分管政府办工作，分管发展改革（含振兴发展、资源枯竭城市转型、物价）、人力资源和社会保障、统计、行政服务中心、机关效能、督查、财税、市场和质量监督管理、创新创业、金融保险、国有资产管理及国资监管企业、政务公开、科技、医保、接待、机关事务、应急管理、住房公积金管理等方面的工作，分管工业口工作。负责联系人大工作。

县委常委、副县长黄刚：协助分管工业和信息化、工业园区建设、安全生产、环境保护工作，协助分管教育、体育工作。

副县长彭民生：分管工业和信息化、工业园区建设、民营企业、矿管、市场和质量监督管理、商务、商务综合行政执法、招商引资、旅游、物流、邮政等方面的工作。负责联系政协工作。

副县长侯霄：协助分管文化、广播电影电视（新闻出版）、广播电视新闻中心、广电网络、旅游营销、烟草、石油等方面工作。负责联系科协、侨联、工商联、残联工作。

副县长邓芳琴：协助分管招商引资、金融保险、农业农村等方面工作。负责联系团县委、妇联、总工会工作。

副县长陈伟生：分管公安（交管）、司法、森林公安、消防、武警、处理突发事件、信访稳定、人防、防震减灾、城管、“三城同创”、民政（含殡葬改革）、交通管理（含整治载客三轮摩托车）、安全生产、环境保护、生态文明建设等工作。负责联系县人武部、县法院、县检察院工作。

副县长罗少贵：分管农业农村（包括林业、果业、水利、水保、农粮、粮食流通服务中心、水文、气象、国土、供销、农机、农业开发、扶贫和移民）等方面工作。

副县长吴晓慧：分管城乡规划建设、房管、教育、卫生计生、文化、广播电影电视（新闻出版）、广播电视新闻中心、广电网络、旅游、供电、通讯、杆线迁移等方面工作。

副县长邹隆春：分管交通（运输）、支铁办、体育、县志、对台、外事侨务、老龄、档案、民族宗教事务、关心下一代、烟草、石油、盐务等方面工作，协助分管司法工作。

县政府办公室工作

【概况】 大余县人民政府办公室属于行政单位，下设秘书科、综合科、县政府督查室、信息调研科、行政事务科、县政府法制办公室、县应急管理办公室、县无线电管理办公室、县失地农民安置办公室等四科五室，实有人数39人。围绕“上传下达，办文办会服务”两大工作重点，按照“快速精准，科学高效”的要求，严肃工作纪律，细化工作流程，创新工作模式，加强沟通协调，保证了上传下达及时高效，办文办会符合“八项规定”要求。一年来共办理机要文件、明传电报、领导传阅件2054份，编发县政府和县政府办公室文件736份，下发文字材料200余期，接待、协调上访群众56多批，接待群众150余人，组织各类会议40余次。

【督查工作】 坚持围绕中心、服务大局，突出抓好贯彻党的路线、方针、政策以及上级重点督查事项、县委重大决策部署、县政府重大政策措施、县政府常务会、县长办公会决策部署、领导批示督办事项和人大代表建议、政协委员提案办理件，采取明察与暗访相结合、全面督查与重点督查相结合、督查与巡查相结合、督查与督办相结合、现场督查与电子督查相结合等方式，开展经常性的跟踪督办，逐项逐件抓落实。全年累计开展督查活动116次，其中各阶段中心工作督查22次，大型或重要督查20次，累计下发交办单82个，督查通报40个，政务督查专报9期。

【应急管理】 进一步完善相关制度。根据省、市相关文件结合大余实际，及时制定印发了《大余县2016年应急管理工作要点》，先后修订完善了《大余县突发环境事件应急预案（修订稿）》等五个专项预案。认真落实应急值守和信息报送制度。严格落实领导带班和24小时值班制度。坚持每月参加全市政府系统应急值班视频点名工作，同时每月开展县应急平台和3G单兵调试工作。广泛开展应急宣教和培训。举办了县政府应急平台培训班，开展了大余县2016年防灾减灾日集中宣传活动、大型灭火救援综合应急演练、鼠疫防控卫生应急培训演练等活动。加强应急队伍建设。组建了一支50人的县应急处突大队，组建了女民警维稳队，县林业局、县水利局、县卫计委、县农粮局、县安监局等部门分别组建了人数在20－30人之间的专业应急救援队伍，县矿管局联合各乡镇组建了一支193人的乡镇地质灾害群测群防队伍，各乡镇均组建了10－30人的专业应急队伍。高效应对各类突发事件。与周边县市南康区、信丰县、崇义县及广东省南雄市、仁化县签订了《应急联动合作协议》。

【法治建设】2016年，在县委、县政府的正确领导和市法制办的精心指导下，县法制办认真贯彻落实中共十八大及十八届二中、三中、四中、五中、六中全会精神，紧紧围绕依法行政这个目标，当好政府参谋、推行依法行政、化解行政争议、开展行政检查、落实改革事项，奋力开创大余县法制工作新局面。

当好政府参谋助手。2016年，共处理各类重大涉法事务9件，审查修改合同96份，合同标的额达40多亿元。在涉法事务的处理中，始终围绕县委、县政府的中心工作，主动融入经济社会发展大局，充分发挥政府法律顾问的作用，通过合法性审查，列席县政府常务会、县长办公会，开展法律论证和法律咨询等形式，为县政府重大决策、重大民商事行为等经济社会活动提供有效的法律支持。此外，会同县司法局等有关单位推进普遍建立法律顾问制度工作，进一步厘清职责分工、严格遴选条件、细化服务范围、明确解聘情形及规范使用管理等内容。

全面推进依法行政。进一步明确工作职责，强化保障措施，分解落实法治政府建设目标任务，加快推进法治政府建设。贯彻落实领导干部学法制度，组织县政府常务会议学法活动2次，切实提升领导干部运用法治思维和法治方式解决实际问题的能力；组织行政执法人员学习《中华人民共和国立法法》《中华人民共和国行政诉讼法》《中华人民共和国行政处罚法》等内容，进一步提高行政执法人员依法行政能力和水平。强化法治政府建设考核评价机制，提升考评标准，完善考评方式，加大考评力度，将法治政府建设考评结果与各乡镇、各部门的绩效考核挂钩。

积极化解行政争议。深入推进行政复议委员会试点改革，创新办案方式，加大实地调查、公开审理力度，实行“阳光复议”，进一步提高行政复议公信力。2016年，县本级共收到行政复议申请16件，已受理并办结13件，其中维持原处理决定9件，撤销原决定1件，经调解后当事人主动撤销申请3件。进一步完善行政调解工作机制，建立人民调解、行政调解、司法调解的协调联动机制，推动信息互通、工作联动、矛盾联调、优势互补，形成化解争议纠纷合力。2016年，全县共处理各类矛盾纠纷4643件，调解成功3755件，成功率80.9%，其中行政纠纷调解成功率79.4%，民事纠纷调解成功率82.3%。

开展行政执法检查。积极开展了基层行政执法不公侵害群众利益专项整治活动，全面推行“双随机一公开”监管工作，2016年全县26个行政执法单位逐步建立了“一单两库一细则”，切实加大了对执法工作的监督。进一步落实行政执法人员持证上岗制度，分批次对全县930多名申领行政执法资格证的人员进行法律知识培训和执法资格考试，严格把好新进执法人员资格准入关，进一步提升行政执法人员的法律素养和依法履职能力。

深化民主法制改革。根据2016年深化民主法制领域改革有关事项，一是与大余县检察院联合印发《关于加强行政执法监督工作协作配合的意见》（余检字〔2016〕31号），成立了行政执法与刑事司法衔接工作领导小组，加强了与公检法系统执法工作的协调联动；二是完善了规范性文件和重大行政决策合法性审查工作、重点领域行政执法情况年度报告、行政执法人员以案释法等相关制度。

【失地农民管理】 2016年3月16日出台了《大余县人民政府关于印发大余县被征地农民参加基本养老保险实施细则的通知》（余府发〔2016〕1号）文件等一系列政策法规，通过实施征地补偿，劳动就业，生活保障，建房购房，就学就医户籍管理等优惠政策，让失地农民在生活上得到实惠，从而推动全民和谐创业，促进了县域经济的可持续发展。

【办理人大代表建议政协委员提案】 县十七届人大七次会议和县政协十三届六次会议闭幕后，县政府办收到县人大常委会选任联工委转来的人大代表建议52件、县政协提案委转来的政协提案80件。县十八届人大一次会议和县政协十四届一次会议闭幕后，县政府办收到县人大常委会选任联工委转来的人大代表建议127件梳理为66件、县政协提案委转来的政协提案125件。县政府办根据建议、提案的内容，对照各部门、各单位的工作职能，及时将这些建议、提案的办理任务分配给相关单位和部门，并要求创新方法，提升质量，限时办结。全年，累计办理人大代表建议118件、政协委员提案205件，办复率100%，满意率100%。

【领导名单】

主任　　邱荣念

副主任　　陈玉林

　　　　廖国华

外事侨务工作

【概况】 2016年，大余县外事侨务工作认真贯彻执行党的外事侨务方针政策，秉承围绕中心、服务大局，以侨为本、为侨服务的宗旨，结合县外侨工作的实际和特点，紧紧围绕县委1356工作总思路和县委、县政府中心工作，切实加强外事和因公出国（境）工作管理，较好完成全年各项工作。大余县人民政府外事侨务办公室原由县委统战部管理，2013年经县委同意调整为归口大余县人民政府办公室管理的正科级行政单位，核定行政编制3名。

【加强管理】 2016年，办积极按照上级有关会议和文件精神，进一步建立健全出国（境）计划报批制度，及时报送年度出国（境）计划。

【严格审批】 按照权限范围，积极主动为领导干部因公出国（境）上报审核审批时做好应做的各项服务工作，同时，强调审核报批时应注意把握的一些问题， 全年在县外侨办审核备案因公出境1批次3人次。

【侨务活动】 不定期对县的侨企、归侨、侨属、侨眷进行走访，通过与他们的沟通交流，了解企业发展及个人生活中存在的困难，及时向有关部门反映，为他们实实在在的解决生产生活中的难题。走访慰问老年归国华侨8户，发放生活补助9600元，棉衣20件；争取上级侨务部门支持，新增省级侨务扶贫资金3000元并发放到位。

【领导名单】

主任　　赵英吉（女）

副主任　　吴旭华

行政服务

【概况】 大余县行政服务中心属县政府派出机构，正科级事业单位，内设人秘股、监管股、信息股，编制10人（参照公务员管理），现有在编人数6人，下设公共资源交易中心，编制9人（现有在编人数5人）。入驻中心的窗口单位共有46个，窗口工作人员81人，另外设了8个专业办事大厅。2016年，承接下放的审批事项有37项，取消行政审批事项29项，减少各类证明15项，在网上审批系统中共办理各类事项23405项，其中行政许可办件数

23110项，收费累计1.024亿元。2016年，被评为赣州市第九届文明单位。

【审批流程】 没有法律、法规依据的行政审批事项，一律取消；虽有法定依据，但与现实管理要求不相适应、达不到管理目的的行政审批事项应予以取消或调整；行政机关以批代管，或通过事后监督、日常监督可以实现管理效果的行政审批事项应予以调整。调整后，保留县本级行政许可项目172项，精简102项（其中取消24项，暂停实施57项，转变管理方式21项）。接受委托审核3项。驻县单位保留许可项目28项。

【"三集中、三到位"】 进一步明确各审批服务事项除特殊情况经县政府批准外，一律在县政务服务中心大厅或窗口集中受理、办理，所有环节必须统一在窗口完成。抓住省政府出台《江西省人民政府关于印发2016年推进简政放权放管结合优化服务改革工作方案的通知》（赣府字［2016］54号）的契机，迅速召开会议进行部署，对入驻单位和部门的行政许可、非行政许可、服务事项进行新一轮的审查、规范，同时积极协调和督促全县具有审批职能的部门将分散在各股室的行政许可、审批事项向一个股室集中，成立行政审批股，行政审批股向行政服务中心集中；行政审批项目向电子政务平台集中，协调督促部门窗口授权到位，行政审批事项入驻中心到位、人员到位。

【并联审批】 按照政务公开要求，将本部门办理事项、办理程序、申诉材料、承办时限、收费标准等印制成《服务指南》、示范性文本，并主动接受监督。把并联审批情况作为中心窗口和窗口人员绩效考评的内容。对审批人员违反并联审批制度，不依法行政、延缓审批时间、以权谋私、违反工作纪律和规章制度的，依照有关规定追究当事人及部门领导的责任。凡纳入并联审批网络的审批部门，按照政务公开要求，将本部门办理事项、办理程序、申诉材料、承办时限、收费标准等印制成《服务指南》、示范性文本，并主动接受监督。把并联审批情况作为中心窗口和窗口人员绩效考评的内容。中心分管领导和相关股室及时组织协调并联审批工作中存在的有关问题，督促各相关审批窗口部门对并联审批项目必须严格按照承诺时限和办理流程，及时办结，实时跟踪和反馈审批意见。

【交易市场建设】 规范公共资源交易活动，加强日常监督管理，提升工作实效，充分发挥法律监督、纪检监察监督和社会综合监督的作用，构建一整套自上而下、内外共管、全方位、多层次、合理有效的多元化公共资源交易监督管理体系和运行机制。对每项公共资源交易活动均严格按照项目批文、监察部门项目告知意见等进行统一编号登记、统一信息发布、统一结果公示，确保所有交易项目真正进场，杜绝了交易项目"场外交易"现象。

【"互联网＋政务服务"】 至2016年底已经完成政务服务网大余厅建设并与省市联网运行。政务服务网按照"统一导航、统一认证、统一申报、统一办理、统一查询、统一互动和统一评价"的"七个统一"要求，可实现省、市、县三级政务服务网联动运行。政务服务网平台实现了与网上审批系统、电子监察平台的无缝对接，具备网上咨询、申报、预审、查询和全过程实时监察等功能。同时大余县行政服务中心管委会还开通了微信公众号"大余县行政服务中心"方便群众咨询办事。

【产权交易中心】 大余县农村产权流转交易中心于2016年10月挂牌成立。收集、统一发布本辖区内农村土地、林地、集体建设用地使用权、水域承包经营权及各类农村产权的供求信息及交易结果。为农村产权流转交易提供场所、设施和法律、法规及政策咨询服务，对农村产权流转交易行为进行鉴证，出具《农村产权流转交易成交鉴证书》。中心负责有关农村产权流转交易制度、规程的起草、拟定工作；负责对乡镇农村产权流转交易中心的指导和培训工作；负责对各项产权交易合同的审核、产权交易档案的归档、整理及移交、备案工作；负责建立县农村产权流转交易信誉评价体系；负责向相关监管机构报告农村产权交易工作进展情况及农村产权流转交易结果有关报表的统计上报工作。

【企业服务中心】 大余县企业服

务中心于2016年12月挂牌成立。企业服务中心按照“便民、高效、公开、廉洁”的原则，专职于企业联络和服务，并在大厅设置了14个窗口。大余县企业服务中心由县行政服务中心管委会牵头，成员包括：工业园、市场质量和监督管理局、规划建设局、地税局、国税局、发改委、环保局、民营企业管理局、工信局、科技局、国土局、社保局、就业局、金融局等15个与企业密切相关的单位。入驻事项78项，其中行政许可59项，代办事项19项。同时，企业服务中心还设立了金融保险工作室，现已有由工商银行、农业银行、中国银行、建设银行、农商银行、赣州银行、邮储银行、银座村镇银行等8家银行及3家保险公司，一家担保公司入驻，为企业提供“五通一贷”等业务。企业服务中心为提高办事效率，建立健全了《首问责任制》《一次性告知制度》《限时办结制》和《企业投资手续办理流程图》等13项制度，为优化投资环境提供制度保障。

【服务水平】 制定下发《大余县行政服务中心管理制度》等13项工作制度，《大余县行政服务中心窗口及其工作人员考核办法》，要求全体工作人员挂牌上岗，严格遵守行政审批和考勤管理各项规章制度，切实做到言行规范、服务规范。大力倡导、积极推行微笑服务、延时服务、上门服务、预约服务等。制定了晋星（降星）标准和评分细则，将竞赛活动与各项业务工作紧密结合，通过定期考核，根据工作考核情况进行累计积分晋星（降星）或直接晋星（降星），在各窗口工作人员中全面开展“星级服务”竞赛活动。同时，将工作人员的服务星级展示在岗位牌上，接受群众监督。通过设立“党员示范岗”“巾帼文明示范岗”“学雷锋志愿服务岗”等形式，从服务内容、效率时限、礼仪文明、工作纪律以及服务标准等5个方面对工作人员进行规范，在服务过程中做到“来有迎声、问有答声、走有送声”，为办事群众提供优质服务。

【领导名单】

主任　　李光辉（3月任）

副主任　　蓝师晖

　　　　刘萍华（女）

主任科员　　王雪生

南粤雄关

中国人民政治协商会议大余县委员会

【概况】 2016年，是换届之年，县政协在中共大余县委的坚强领导和市政协的精心指导下，严格规范程序，顺利完成换届工作。全年，召开全体会议2次，其间委员们紧扣发展要务，围绕中心工作，积极议政协商，提出196条意见建议；深入开展调查研究，开展专题调研视察7次，提出针对性、操作性强的意见建议83条，得到县委、县政府的高度重视；充分发挥提案主渠道作用，征集提案210件，立案205件，办复192件，办复率达93.66%；切实关注民生民情，收集反映社情民意信息35条，编发《社情民意专刊》7期；加强对外联络宣传工作，全年接待全国政协、省（市）内兄弟县（市、区）政协考察团15批200余人次，在《人民政协报》《光华时报》等媒体发表新闻信息稿件117篇，理论文章5篇，县政协连续15年评为全市宣传信息工作先进单位。建立健全工作制度，制定了《大余县政协重点提案督办制度》《大余县政协委员履行职能情况考核细则》《关于加强县政协机关工作作风建设的规定》等规章制度。政协大余县委员会设政协办公室、提案委员会、经济科技委员会、法制社团委员会、教文卫体委员会和人口资源环境委员会等“一办五专委”，2016年末在职总人数为21人。

重要会议

【十三届六次会议】 2月16日至2月18日，政协大余县第十三届委员会第六次会议在大余县城召开，县政协十三届委员会全体委员参加会议，县四套班子领导出席会议，在县的赣州市政协委员、各乡镇宣传统战委员列席会议，会议还邀请了部分离退休县级领导到会指导，县委书记曹爱珍在会上作了重要讲话。会议听取和审议了政协大余县第十三届委员会常务委员会工作报告和政协大余县第十三届委员会第五次会议以来提案工作情况的报告。听取并协商讨论了《政府工作报告》《大余县2015年国民经济和社会发展计划执行情况与2016年计划（草案）报告》《关于大余县2015年预算执行情况和2016年财政预算（草案）的报告》。会议对2015年优秀县政协委员、优秀提案、优秀社情民意、优秀委员活动小组进行了表彰奖励。委员们列席了大余县第十七届人民代表大会第七次会议，通过了政协大余县第十三届委员会第六次会议决议。

【十四届一次会议】 9月18日至9月21日，政协大余县第十四届委员会第一次会议在大余县城召开，县政协十四届委员会全体委员参加会议，县四套班子领导出席会议，在县的赣州市政协委员、各乡镇宣传统战委员列席会议，会议还邀请了部分离退休县级领导到会指导，县委书记曹爱珍在会上作了重要讲话。会议听取和审议了政协大余县第十三届委员会常务委员会工作报告和政协大余县第十三届委员会常务委员会关于提案工作情况的报告。听取并协商讨论了《政府工作报告》。 选举了政协大余县第十四届委员会主席、副主席、秘书长、常务委员。通过了政协大余县第十四届委员会第一次会议决议。

【常委会议】 2月20日，县政协十三届二十五次常委会议在县政协常委会议室召开，县政协全体常委参加会议，县政府办公室主任邱荣金列席会议，会议协商讨论了《政府工作报告》，审议通过了召开县政协十三届六次会议相关事项。

7月15日，县政协十三届二十六次常委会议在县政协常委会议室召开，县政协全体常委参加会议，会议集中学习了习近平总书记“七一”重要讲话，协商讨论了《关于鼓励和支持政协委员自主开展履职活动的实施办法》。

9月13日，县政协十三届二十七次常委会议在县政协常委会议室召开，县政协全体常委参加会议，县政府办公室主任邱荣金列席会议，会议协商讨论了《政府工作报告》，审议通过了政协十四届委员会委员建议名单和十四届一次会议主席成员建议名单，审议通过了召开县政协十四届一次会议相关事项。

12月20日，县政协十四届一次常委会议在县政协常委会议室召开，县政协全体常委参加会议，会议学习了中共江西省委第十四次代表大会精神传达提纲和中国人民政治协商会议江西省委员会反映社情民意信息工作条例，协商讨论了各专委会调研视察报告。

【大余县政协领导名单】

党组书记、主席　吴昌星（9月免）

党组书记、主席　邓金健（9月任）

党组副书记、副主席

刘安荣（9月免）

党组副书记、副主席

赵海远（9月任）

副主席　邱昌河（9月免）

彭民生（9月免）

廖君侦（9月任）

周凤来（9月任）

刘传福（9月任）

李　武（9月任）

曾　毅（女，9月任）

秘书长、办公室主任　徐永涛

专委会工作

【经济科技委员会】开展了推进县食品工业产业集群发展情况的专题调研，带领县政协经科界部分委员，赴河南省漯河市召陵区和新乡市延津县、辉县市考察学习食品工业产业集群发展先进经验，并形成了专题调研报告；开展《关于加快我县食品加工园区建设的几点建议》重点提案督办；开展委员小组活动4次，召开社情民意座谈会2次，编发社情民意专刊1期；协助赣州市政协到我县开展关于主攻工业、精准扶贫、民生实事专题民主监督和生物制药及相关产业发展情况等调研活动。

【教文卫体委员会】组织本活动小组委员活动4次；积极参政议政，开展专题调研、视察工作，组织部分政协常委、委员到省内、省外考察学习2次，形成了《大余县优化城区学校网点布局考察调研报告》《大余县工业园平台建设调研报告》；编发《社情民意》1期；协助赣州市政协到我县开展调研和民主监督共2次；做好文史工作，发挥“存史、资政、团结、育人”作用，组织编印了《大余客家姓氏》（第二集），完成了《赣州文化大观·大余卷》的编写工作。

【人口资源环境委员会】开展集中走访本组委员活动2次，组织委员专题学习十八届六中全会精神，视察我县脐橙产业发展情况等4次活动；围绕县域经济发展，组织委员开展了《关于我县钨及有色金属产业转型升级的调研》，形成专题调研报告供县委、县政府决策参考；完成重点提案《关于以清理添锦潭水库垃圾为突破口，健全保护饮用水源安全的长效机制的建议》督办，取得了良好成效；编发社情民意专刊1期。

【法治社团委员会】完成2016年度民主法治领域3个改革事项：健全县委、县政府督查室向政协通报有关协商成果转化落实情况的制度；加强跟踪了解协商结果的采纳、落实情况；加强政党协商；围绕县域经济发展，组织委员开展了《关于我县民营经济发展情况的考察调研报告》，形成专题调研报告供县委、县政府决策参考；主动贴近委员，服务委员，积极走访新一届小组委员，指导委员积极履职。组织委员开展专题学习十八届六中全会精神，视察扶贫产业发展情况等4次活动；完成重点提案《关于进一点加强“摩的”规范管理的建议》督办，取得了良好成效；编辑《社情民意》1期；协助江西省政协常委周文在大余县开展了赣江源头环境资源考察活动。

【提案委员会】开展委员走访

活动4次；组织委员开展专题学习十八届六中全会精神、视察我县乡村旅游等小组活动4次；围绕县域经济发展，组织开展了《关于我县培育现代农业特色产业情况的调研》，赴浙江杭州、广东顺德等地学习考察，并形成专题调研报告；做好提案办理和督办工作，两次全会提案及时交办，会同县政府办督查室开展提案办理专项督查3次，完成重点提案《关于加强对政府已征收但尚未使用土地管理的建议》督办，取得了良好成效，全年评选出优秀提案20件；编发社情民意专刊1期。

【领导名单】

办公室副主任　　朱金金(女)
经济科技委员会主任　　张俊兵
教文卫体委员会主任　　梅卓运
人口资源环境委员会主任　　肖前敏
法制社团委员会主任：　　肖乐平

魁星塔

中国共产党大余县纪律检查委员会

【概况】 2016年，县纪委监察局在市纪委和县委、县政府的正确领导下，全县各级纪检监察机关始终坚持把纪律挺在前面，坚守职责定位，从严监督执纪、从严追责问责、从严正风反腐、从严锤炼队伍，全县党风政风持续好转、新风正气持续上扬、发展环境持续优化、政治生态持续向好，为建设智慧、活力、幸福新大余积聚了强大正能量，提供了坚强纪律保障。2016年，全县纪检监察机关受理信访举报293件，同比上升61.8%，处置问题线索149件，立案45件48人，同比增长9.8%，其中科级干部10人；审结40件，给予党纪政纪处分42人，其中，给予重处分5人，移送司法机关4人。大余县纪律检查委员会（以下简称"县纪委"）与大余县监察局（以下简称"县监察局"）合署办公，实行一套工作机构、两个机关名称的体制，履行党的纪律检查和政府行政监察职能。县纪委列党委工作部门序列，县监察局列政府工作部门序列。县纪委监察局含内设机构8个：办公室、组织宣传部、党风政风监督室、信访室、第一纪检监察室、第二纪检监察室、案件监督管理室、案件审理室，派出机构5个：第一、二、三、四、五纪工委、监察分局，下属机构1个：大余县委专项巡察工作领导小组办公室。2016年年末在职总人数为51人。

【重要会议】 2016年6月8日，召开中共大余县第十三届纪律检查委员会第六次全体会议，县委常委、纪委书记陈晓斌向全会作题为《坚持全面从严治党 认真落实"挺纪在前"为加快建设生态、活力、幸福大余提供政治保障》工作报告，县委书记曹爱珍作重要讲话。会后，县政府工作部门4名主要负责人和3名乡镇党委书记向大会进行口头述责述廉并进行民主测评。

2016年8月30日至8月31日，召开中共大余县委第十四次党代会，8月31日，聂为民代表代表中共大余县第十三届纪律检查委员会向大会作题为《坚持挺纪在前 强化责任担当 为大余全面建成小康社会提供坚强纪律保障》的工作报告。8月31日，召开中共大余县第十四届纪律检查委员会第一次全体会议，选举产生了新一届县纪委领导班子，聂为民当选县纪委书记，刘友贵、曹福华、邓永健（新当选）当选县纪委副书记，夏永艳（女）、杨国平（新当选）、肖先操当选县纪委常委。

2016年11月6日，市委第二巡察组在县文化中心会议厅召开扶贫领域专项巡察工作动员部署会，进驻大余县开展为期一个月（11月6日至12月7日）的专项巡察工作。

【廉政建设】 2016年，县紧紧围绕全面从严治党新要求，聚焦监督执纪问责，坚持把纪律挺在前面，全面践行"四种形态"，继续保持惩腐高压态势，切实解决发生在群众身边的不正之风和腐败问题，全县党风廉政建设和反腐败斗争取得了阶段性成效。创新举措，层层压实"两个责任"。把"责任落实"作为"牛鼻子"工程来抓，制定下发了《县委主体责任清单和县纪委监督责任清单》，明确了县委领导班子、主要负责人、班子其他成员和县纪委领导班子的责任。在全县率先实行"双约谈、双报告"等制度，全年，县党政领导已约谈乡镇、单位主要负责人116人次。坚持"一案双查"，每查处一起案件均明确提出了"两个责任"审查意见，以追责倒逼责任落实，全县查处落实“两个责任”不力问题15人，其中纪律处分6人，诫勉谈话9人，释放了有责必问的强烈信号，唤醒了各级党组织的责任担当。健全机制，坚决落实“挺纪在前”。出台县委《关于落实把纪律挺在前面要求的实施办法》，调整县反腐败工作协调小组，建立健全“挺纪在前”协调保障机制，形成抓纪律建设合力。发挥大余纪检监察网、“廉洁大余”微信公众号、《大余手机报》“庾岭清风”明纪专栏、廉政宣传长廊等廉政宣传教育主阵地，积极营造学纪遵纪守纪良好氛围。结合“两学一做”学习教育，狠抓《准则》《条例》的学习，在入党积极分子培训班等县委党校主体培训班次上安排廉政党课，引导广大党员干部自觉尊崇党章，严格执行《准则》《条例》。坚持把严明党的政治纪律放在首位，紧扣精准扶贫、主攻工业、项目建设、征地拆迁、生态文明建设等重大决策部署开展监督检查，特别是抓住关键节点严明换届纪律，开展换届风气专项巡察，严把“党风廉政意见回复关”，作出影响提拔使用2人的结论性意见，用铁的纪律保障换届风清气正。2016年，共对19名党员干部实行了问责处理，其中给予纪律处分7人。吉常结合，持之以恒纠正“四风”。始终把落实中央八项规定精神作为加强作风建设的首要任务，以永远在路上的恒心和韧劲，在坚持中深化、在深化中坚持。开展违反中央八项规定精神及“吃空饷”问题专项整治，发现并纠正问题41个，清退超标准发放防寒费、重复发放津补贴500余万元。紧盯元旦、春节、端午及暑期“升学宴”高峰期等重要时间节点，坚持节前提醒、节中督查、节后通报，共发出廉洁提醒短信50次，组织明察暗访44批次，查处违反中央八项规定精神问题17件29人，其中给予党纪政纪处分20人，组织处理9人，通报典型案例6期11件23人，持续释放越往后执纪越严的强烈信号。张弛有度，努力践行“四种形态”。坚持力度不减、节奏不变、尺度不松，在持续保持惩治腐败高压态势的同时，准确把握运用监督执纪“四种形态”，扩大谈话、函询、诫勉范围，让有反映的党员干部讲清问题，认识错误，及时改正。2016年，运用“第一种形态”处理88人，其中：谈话函询47人、约谈23人、诫勉谈话18人；运用“第二种形态”处理40人，其中：轻处分36人、组织处理4人；运用“第三种形态”处理2人，其中：重处分2人；运用“第四种形态”处理3人。同时，积极探索建立容错减责免责机制，营造了鼓励改革创新、勇于担当作为、宽容工作失误的良好氛围和鲜明导向，及时为37名举报失实的干部澄清事实。开展集中整治，维护群众利益。始终把维护和发展群众利益作为所有工作的出发点和落脚点，开展集中整治和查处基层侵害群众利益不正之风和腐败问题。组织各职能部门对扶贫、涉农惠民项目资金管理使用情况进行排查，查找问题3960个，已经整改3683个，有5名干部主动清退资金15.9万元。梳理侵害群众利益的不正之风和腐败问题线索41个，立案查处23件27人，下发通报3期，对浮江乡村干部彭北生骗取土坯房改造补助、河洞乡长岭村原书记杨春华骗取公益林补助等6起典型案例进行了通报，形成强大震慑。聚焦难点热点，开展专项巡察。紧紧围绕党风廉政建设和反腐败工作，以换届风气巡察为工作主题，把“发现问题、形成震慑”作为主要任务，夯实基础，适时“亮剑”，共开展巡察2轮，派出巡察组6个，发现问题83个，移交问题线索10条，立案16件16人，收缴违规违纪金额16.86万元。

【制度建设】 2016年度，大余县在深化实践中不断建立健全、细化完善制度，扎紧制度的笼子，在原有制度基础上，先后新增制定完善了《中共大余县委关于落实把纪律挺在前面要求的实施办法》《中共大余县委履行党风廉政建设主体责任清单》《中共大余县纪委履行党风廉政建设监督责任清单》《关于实行“双约谈、双报告”制度的通知》《大余县村级财务管理制度（试行）》等5项重要性制度。

【各纪工委监察分局工作】 2016年，各纪工委监察分局工作在县纪委监察局的领导下，对各自对口联系的乡镇和县直单位开展监督、执纪、问责等工作。

第一纪工委监察分局负责联系监督南安、浮江2个乡镇和县政府办等19个部门单位，全年对联系单位监督12人次，办理信访件7件，自办立案件1件，诫勉谈话3人次，参与党风廉政建设和换届风气两轮专项巡察，发现问题83个，移交问题线索4条，立案2件3人，收缴违规违纪金额16.86万元。

第二纪工委监察分局负责联系监督池江、青龙2个镇和县人大办等22个部门单位，全年对联系单位监督19人次，办理信访件3件，参与推进县房地产市场清理整治工作，完成九宗地的个人无资质开发整治，收缴无资质罚款27.36万元，未批先建罚款7.15万元，补交土地出让金0.75万元，补缴税费104.70万元，共计139.95万元。

第三纪工委监察分局负责联系监督黄龙、左拔2个镇和县委办等23个部门单位，全年对联系单位监督14人次，办理信访件8件，自办立案件1件，诫勉谈话5人次，收缴违纪款2.6万元。

第四纪工委监察分局负责联系监督吉村、内良、河洞3个乡镇和县农工部等16个部门单位，全年对联系单位监督16人次，指导联系乡镇办理信访案件9件次，办理信访举件6件，函询2件，诫勉谈话 11人，立案6起，收缴违纪资金24.9万元。

第五纪工委监察分局负责联系监督新城、樟斗2个镇和县民政局等19个部门单位，全年对联系单位监督14人次，办理信访件9件，自办立案件2件，诫勉谈话5人次，收缴违纪款14万元。

【领导名单】

书记　　陈晓斌（8月免）
　　　　聂为民（8月任）
副书记　　刘友贵
副书记、监察局长
　　　　曹福华
副书记　　邓永健
常委　　夏永艳（女）
　　　　杨国平
　　　　肖先操

村民舞狮

社会团体

大余县总工会

【概况】 2016年，大余县总工会纵深推进县委“1356”工作总思路，以打好六大攻坚战，打造“三区、三基地、五名县”为中心，着力服务发展、服务基层、服务职工，进一步加强基层工会组建、职工维权与帮扶、劳动竞赛与文体活动等，做到依法建会、依法管会、依法履职和依法维权，带领全县广大职工为建设生态、活力、幸福大余建功立业。县总工会机关参照执行公务员制度，核定行政编制6名。县总工会内设办公室、组织宣传基层民管部、经济技术与法律工作部、财务保障女工部、经费审查与互助保障办公室5个职能部室。下设大余县职工学校为自收自支事业单位，人员编制10名。

【弘扬劳模精神】 2016年“五一”前夕，组织新当选劳模召开了座谈会，传经验、谈想法，共话大余经济发展，为提升生态、活力、幸福大余建设水平献计献策；在《大余报》设立了“劳模事迹”专版，大力宣传劳动模范等先进典型事迹。2016年，赣州海创钨业有限公司被授予赣州市“五一”劳动奖状，大余县水城幼儿园肖岚、国网江西大余供电公司朱定飞被授予赣州市“五一”劳动奖章，国网江西大余供电有限责任公司池江供电所被授予赣州市工人先锋号。

【开展竞赛活动】 2016年，紧紧围绕县委“1356”工作总思路，紧扣“六大攻坚战、同步奔小康”这一中心，立足本职，争当主力。举办“学规范、塑师德、展风采”教师演讲比赛、“中国梦·劳动美”中医药知识竞赛、企业技能大赛、幼教骨干教师培训、工会知识宣讲等，参与职工达13000余人次。大余菲尔雪蛋糕店蒋瑜参加全市劳动竞赛获三等奖。

【“两个普遍”建设】 2016年，成立了大余县工业园区工会联合会，设立了园区工会工作站及“三师”工作室（即法律援助律师、健康工程师、工资集体协商指导师），并聘请法律援助律师2名、集体协商指导师2名、健康工程师3名，定期与不定期在园区为企业职工开展服务。注重将把厂（政）务公开与加强企（事）业党的建设、领导班子建设、职工队伍建设有机结合起来，国有企业、事业单位厂（政）务公开建制率达到100%，已建工会的非公有制企业职代会、厂务公开建制率达到93%。公司制企业职工董事、职工监事建制率达到92%。在2016年省市“100佳”园区非公企业工会评选中，赣州海创钨业公司工会及江西榄菊日化有限公司工会分别获得省、市“园区先进企业工会”称号。

【法律服务】 积极组织全县广大职工参与省、市职工学法用法竞赛，全县60余个单位5100余名职工踊跃参加，大余县总工会是全市被评为省级“优秀组织奖”的唯一县级工会，17人次被评为省、市优胜者。2016年，会同工业园工会及“三师”工作人员，妥善处置了世纪恒发、民生保险等公司劳资纠纷事件。积极参与了联兴建材公司等3起安全事故调查，有效维护了职工的合法权益。

【职工帮扶】 实施了“321”结对帮扶工程，推动困难职工精准扶贫和帮扶工作到点到人。2016年，“冬送温暖”走访慰问困难职工（农民工）500人，发放慰问金35万元；走访省劳模28人，发放春节慰问金2.8万元，走访市劳模26人，发放春节慰问金1.56万元；“夏送清凉”走访企业6家，为企业送上清凉物资0.6万元；发放大病救助金18.45万元，慰问151人；发放生活救助金19.28万元，慰问269人；发放女职工大病救助金1.5万元，慰问10人；“金秋助学”为70名困难职工子女发放助学金10.5万元。2016年推行了工会会员普惠服务，共发放普惠卡1286张。

【文体活动】 2016年，开展了庆“五一”暨“中国梦·劳动美”职工书法摄影展，共展出书法作品61幅，摄影作品60幅，共评出一、二、三等奖作品18幅、优秀奖10幅。组织职工积极参与网上艺术节活动。在赣州市首届职工网上艺术节活动中，《油坊放歌》获歌唱类二等奖，《大山之光（山村教师）》获美术类三等奖，《感到幸福拍拍手》获舞蹈类三等奖， 南安童谣《蛤鲃鲶子嫁老公》获人气奖。

【领导名单】

主席　刘晓明

党支部书记、常务副主席　陈　辉

副主席　于　堃

共青团大余县委员会

【概况】 2016年，团县委在县委的正确领导以及上级团委的关心指导下，结合青年成长成才实际需要，团结带领全县广大团员青年，找准服务青年、服务大局、服务社会的切入点和着力点，充分发挥组织青年、引导青年、服务青年、维护青少年合法权益四项职能，团建基础切实加强，引领青年成效显现，服务大局能力提高，推动团的各项事业不断提速提质提效，团的工作取得新发展。

2016年，单位年末行政编制4名，其中团县委书记1名，副书记1名，副主任科员1名，办公室主任1人。

【中心工作】 精准扶贫：委结合县委、县政府相关文件精神和要求制定了委扶贫工作计划，建立了帮扶长效机制。积极到挂点的樟斗村深入调研，竭诚为农户排忧解难。2016年，委在经费紧张的情况下，仍投入近2万元用于资助村部建设、基础设施建设。除此之外，委还不断创新工作思路，拓宽工作方法和渠道，尽全力争取和推动各项捐资助学和慈善项目在大余县落地生根，使困难群众切实得到帮助。暑期，委通过与各类助学慈善组织合作，帮助数十名学生申请到助学金，圆了他们的读书梦，金额达3万余元。主动与赣南师范大学外国语学院团委对接，联合下文开展“青春圆梦微心愿”活动，帮助县280名农村留守儿童圆梦“微心愿”。11月，委联合县扶贫和移民办、县人民医院联合下发了《关于建立大余县贫困白内障患者免费手术复明希望工程常态化工作机制的通知》，推动各单位以志愿者的角色加入针对贫困户白内障患者的入户家访工作中来，大大促进了大余县的青年志愿者队伍建设。

重点项目工程方面：根据县委、县政府统一安排，2016年委在单位人员缺乏的情况下，提前完成了新华一公里、城南片区2户征地拆迁任务。

【基层团建】 向全县中学、职高下发了《关于做好2016年全县团员发展调控工作的通知》（余团字〔2016〕10号），对各基层团委、学校团组织发展新团员数量做出调控，对发展新团员质量提高要求，对新团员入团程序进行规范，进一步落实从严治团要求，提升团员队伍先进性。

按照上级安排和要求，组织各级团干部、少先队辅导员分赴北京、井冈山、南昌等地参加各类培训共计15人（次），相关团干部、少先队辅导员业务素质不断得到提高。

支持和鼓励各乡镇团委开展丰富多彩的青年文体活动，积极争取各乡镇党委对团委工作的支持，对乡镇团委活动经费做到了及时拨付，如支持黄龙镇团委赴兴国、瑞金学习考察，支持浮江乡团委到井冈山参观学习，支持青龙镇团委建设乡镇青年活动中心等。

支持新城镇利用当地环境、文化资源优势，申报并打造“清莲周屋”“美丽王屋岭”2个共青团生态文明示范村，其中“清莲周屋”—新城镇周屋共青团生态文明示范村，获得了5万元全省共青团基层团组织建设经费支持。

针对暑期青少年溺水事件频发的问题，为全县所有乡镇制作、发放防溺水宣传横幅共计11条，为所有行政村（居委会）制作、发放防溺水警示牌共计116块，并组织志愿者自制防溺水公益视频，在委微信公众号上推送播放，获得广泛好评。

【青年活动】 2016年，共组织开展大小各类活动30余次，进一步扩大了共青团在全县范围内的影响力，增强了共青团对青少年的凝聚力。

结合重大节日开展活动。春节期间，举办了“幸福大余 我的春节故事”主题有奖征文比赛。弘扬了社会主义核心价值观和中华民族传统文化，激发广大中小学生热爱家乡、热爱祖国、热爱人民的情怀，同时激励他们刻苦学习、健康成长，早日成为对国家和社会有用的人。

“五四”青年节当天，组织各乡镇、单位副科级后备干部（优秀青年干部）召开了“凝心聚力打好‘六大攻坚战’老干部与青年干部话成长”主题座谈会，邀请了三位离退休副处级以上县领导到场为青年干部分享自己的人生经历和宝贵经验，传递了老领导对青年干部的殷切期望，激励全县广大青年努力为打好“六大攻坚战”贡献力量。

“六一”期间，与大余电视台联合摄制了大余县史上首支少先队员纪念MV、建党95周年献礼MV—《我们是共产主义接班人》，充分展现了少先队员朝气蓬勃的精神面貌，一经播出便在全县范围内掀起了转发热潮，获得了各级领导的高度肯定和广大市民的一致好评。

为纪念中国人民解放军建军89周年，7月31日全天，团委与县公安消防大队联合举办了“同庆建军佳节，共叙鱼水深情”大型公益活动，活动包括消防安全知识宣传、军民联谊包饺子、走访慰问敬老院、军民联欢晚会，向消防官兵送去节日的问候，加强了军民团结，歌颂了“人民军队爱人民、人民军队人民爱”的鱼水深情。

立足青少年需求开展活动。先后举行了青年干部象棋比赛决赛、青年党员干部“手抄党章”硬笔书法比赛决赛、县公务大楼青年干部登山比赛和青年干部定点投篮计时跑篮比赛，丰富青年干部业余生活，引导他们培养健康兴趣爱好。

在江西省AAAAA级乡村旅游点丫山景区成功举办了“年轻的朋友来相会”单身青年交流联谊活动。活动经过精心策划，为50对、100位来自全县各乡镇、单位（系统）的优秀单身男女青年搭建了健康、文明、活泼的交友平台，帮助广大单身青年拓宽了交友渠道，帮助现场部分单身男女青年找到了心仪的另一半，为广大青年人才扎根大余并为大余经济社会发展做出贡献营造了良好氛围。

联合县检察院在南安中学上了一堂主题为“抵制毒品侵害 珍惜美好年华”的法制课。通过图文的形式，讲述大量富有教育意义的典型案例，加强了中学生的禁毒常识教育，引导他们学法、懂法、守法，培养了他们辨别是非和自我保护的能力。

开展了“童年光影 守望成长”农村留守儿童公益观影活动，组织来自新城镇的66名留守儿童到县祥和国际影城免费观看日本著名热血动漫《航海王》，通过活动进一步关爱农村留守儿童健康成长，丰富留守儿童课余文化生活，拓展留守儿童视野，帮助留守儿童树立自信、学会感恩。

积极配合各级团组织开展活动。与市青基会接待了香港“苗圃行动”工作组一行，陪同工作组成员对县3所村小援建项目进行了考察。6月，工作组从香港反馈消息，同意对县新城镇白田埠小学、青龙镇双联小学进行援建，预计港方援建资金额将达到2所小学总工程款的50%。该项目积极推进完成。

与江西省外高校赣籍学子团工委对接，7月15日，团工委派出的20名来自清华、北大等名牌高校的大学生志愿者，赴县大余中学针对200名高一新生开展了为期15天的暑期夏令营支教活动。

主动联系对接国家、省、市各级“青年文明号”参与精准扶贫工作。邀请了省级“青年文明号”赣州市财政局国库支付中心到大余县新城镇分水坳村调研“青年文明号”助力脱贫攻坚工作，并为该村争取到3万元扶贫资金。

【新媒体工作】 聘请专人负责新媒体工作，积极建设“微邦”“青年之声”“团干部联系青年1+100”等共青团青年交流互动平台系统。严格按照上级要求，组建相关专家团队，录入平台系统。大余县“青年之声”共进驻专家300余名，在线帮助青年解答各类问题1600余个，点击量突破200万次；“团干部联系青年1+100”系统中，县联系青年1800余名，录入线上、线下联系青年活动380余场，精华分享和基层感悟共计500多篇，上传照片3000余张，获得评论和点赞共27000余个。

注重线上线下活动有机融合。10月以来，委将南安镇石桥下社区青年空间作为线下联系青年阵地，根据青年实际需求，先后举办了3期“青年沙龙”活动（第1期《材料是怎样炼成的》、第2期《如何正确学习书法》、第3期《村官那些事儿》），做到了线上线下的互动，受到了广大青年的一致好评。

加强微信公众号建设。着力打造了官方微信公众号“大余县共青团”，作为发布县共青团新闻、活动通知等信息的重要平台，并加大了对微信小编的培训力度，在内容筛选和编辑中注重增添趣味性，使微信消息不仅内容丰富接地气，而且样式新颖吸引眼球。经过近一年的努力，官方微信公众号涨粉700余人，推送消息460余条，累计阅读量达到47000余人次。

【志愿服务】 加强志愿服务队伍和阵地建设。先后整合多支民间志愿服务队，组建了大余县余晖志愿服务队，县青年志愿者队伍不断壮大。下半年，委先后组织赴韶关市曲江区、南康区、于都县等地就志愿服务工作开展学习考察，认真学习了先进县（市、区）在社区服务、关爱留守儿童、扶贫助困、环境保护等方面的先进经验。

与南安镇石桥下居委会正式签订协议，租用其二楼闲置房屋作为大余县青年志愿者协会（筹）、大余县余晖志愿服务队的办公场所，并添置和制作了统一的T恤、马夹、工作证和徽章等志愿者装备，相关培训和学习制度也在逐步完善，县青年志愿服务工作正朝着运行常态化、队伍管理规范化的目标稳步前进。

开展各类志愿服务活动。开展“学雷锋 献爱心”志愿服务系列活动。3月，开展“红领巾”旧物义卖活动，现场共筹集爱心善款1625.7元，并全部捐赠给大余县扶贫和教育慈善基金会；组织青年志愿者到浮江乡敬老院开展“关爱老年人 青年在行动”慰问活动，为老人免费理发、照证件照，弘扬中华民族敬老爱老优良传统。4月，组织20名池江镇贫困户留守儿童赴金莲山烈士墓开展“留守儿童心向党 缅怀先烈寄哀思”清明祭扫活动，引导青少年儿童缅怀革命先烈的丰功伟绩，加强青少年爱国主义教育。之后，前往浮江乡双田村“三月三”景区春游，并现场发放了《学生规范字典》和励志书签，勉励他们刻苦学习、自立自强，争取早日成长成才。10月，开展了“九九重阳节”贫困白内障患者义诊活动，宣传了玉清慈善复明希望工程贫困白内障患者免费治疗项目，弘扬了敬老爱老的中华民族传统美德。

成功举办了5台公益晚会。4月21日，举办了全国肿瘤防治周—关注白血病防治公益晚会，通过公益视频、嘉宾访谈等节目形式宣传白血病防治常识，呼吁广大市民关注白血病防治，提高生活及生存质量；6月5日，举办了“城市因您而美”关爱环卫工人公益晚会，进一步弘扬环卫工人艰苦奋斗、乐于奉献的精神，引导广大市民更加理解和尊重环卫工人的劳动成果，养成良好生活习惯；7月31日，举办“同庆建军佳节，共叙鱼水深情”公益晚会，歌颂“最可爱的人”保家卫国、不畏牺牲、艰苦奋斗的革命精神，唱响拥军爱民的时代主旋律；8月31日，举办大余县首届“青年之声”杯青年业余歌手大赛决赛暨防溺水安全知识宣传公益晚会，展示青年人朝气蓬勃的精神面貌，同时，加强青少年防溺水安全知识宣传，增强青少年的自我防范意识；11月27日，举办了纪念红军长征胜利80周年大型公益晚会，弘扬了长征精神，激励广大青少年发扬优良传统、铭记革命历史，不忘初心，继续前进。

组建“心防”工程志愿服务团队。参照团市委做法，4月，委向我县11家重点单位下发了“心防”成员招募函，对成员条件、名额等提出具体要求，成立了一支45人的“心防”工程志愿服务团队，同时，建立了70人的团队后备人员库。6月，召开了大余县“心防”工程志愿服务团队赠书仪式暨第一次培训会，向全体成员赠送了自主出资购买的《社会主义核心价值观与青年志愿者行动》《心理学入门》等培训书籍。

9月，与赣南师范大学心理咨询和健康教育中心共建的首个县级青少年心理辅导站在大余县南安镇石桥下居委会挂牌成立，双方签署了《青少年心理辅导站合作共建协议书》。赣南师范大学心理咨询和健康教育中心将定期组织心理辅导老师和相关专业的本科生、研究生免费为大余县青少年提供心理健康宣传活动，同时安排拥有国家三级及以上心理咨询师证书的专业心理咨询师通过电话咨询、QQ咨询以及电子邮件咨询等方式，为青少年提供免费心理咨询服务。

【主要成效】 捐资助学：开展捐资助学活动，通过与各类助学慈善组织合作，10余名学生申请到助学金，圆了他们的读书梦，金额达3万余元。主动与赣南师范大学外国语学院团委对接，联合下文开展“青春圆梦微心愿”活动，帮助县280名农村留守儿童圆梦“微心愿”。争取到香港“苗圃行动”基金会对县新城镇白田埠小学、青龙镇双联小学进行项目援建。

志愿服务：组建余晖志愿服务队和大余县“心防”工程志愿服务团队，开展各类志愿服务活动10余场，成功举办大型公益晚会5台，完善了青年志愿服务阵地建设，推动大余县青年志愿服务工作向专业化、正规化、常态化发展。

联系青年：2016年全年组织开展大小各类青少年活动30余次，其中，“青年沙龙”系列活动与“团干部联系青年1+100”交流平台的完美结合，实现了线上线下联系青年“零距离”。

【领导名单】

书　记　　张智维

副书记　　罗慧敏（女）

大余县妇女联合会

【概况】 2016年，县妇联在县委、县政府的正确领导和市妇联的精心指导下，解放思想，争资争项改善民生，促进妇女就业创业，抓好妇女维权维稳，推进“两规划”实施，加强基层妇女组织建设，围绕大局，服务中心，切实为妇女群众办好事解难事，把基层妇联组织建设得更加充满活力、更加坚强有力，团结引领全县广大妇女在打好“六大攻坚战”和着力建设智慧、活力、幸福新大余发挥了“半边天”作用。县妇联为群众团体，根据工作职责，内设3个职能股室，分别为办公室、维权部，组织宣传、儿童部，城乡工作部。核定行政编制人数5人，其中主席1人，副主席1人。年末在职人数4人，均为行政编制人员。3月，樟斗镇政府刘帆、原县旅发委钟洪霞等2人被评为“赣州市三八红旗手”，县公安局妇委会被评为“赣州市三八红旗集体”，大余中学英语教研组、县人民检察院妇委会等2个单位被评为“赣州市巾帼文明岗”，县会计中心黄青妹、县法院李琳、浮江乡谢祯琳、池江镇张美娟等4人被评为“赣州市巾帼建功标兵”；5月，青龙镇二塘村寨下组邓国艳家庭荣获全国“最美家庭”荣誉称号； 9月，政协原副主席胡仕芬被江西省评为“第三届感动江西优秀母亲”。

【妇女儿童民生项目】 2016年，县以推进改善民生为重点，争资金争项目，着力解决了一批妇女儿童最现实、最直接、最关心的利益问题：救助贫困妇女。一年来，救助了农村贫困妇女88名，其中，农村贫困“两癌”妇女有32人得到了全国基金会的救助，每人1万元。创建省级妇女之家示范点。在各级组织的关心支持下，新创建了8个乡镇省级妇女之家示范点，实现了100%乡镇省级妇女之家全覆盖。实施“春蕾计划”。大力倡议社会各界人士献爱心资助“春蕾女童”，筹集资金18.16万元，资助460人。关爱女童。组织3名贫困女童代表江西省，到北京参加中国儿基会举办的夏令营，联合国教科文组织促进女童和妇女教育特使，彭丽媛出席开营仪式，并为夏令营授营旗，勉励春蕾女童迎难而进，努力学习，早日成才，并与女童合影留念，参加的女童大受鼓舞。

【乡风文明建设】 精神文明创建活动不断，内容丰富、形式新颖，营造携手互助、传递大爱的社会文明环境氛围。打造节日品牌活动。举办了庆“三八”“美丽大余 幸福新女性”广场舞大赛，全县25支代表队，600余名选手参加了比赛，并举行颁奖晚会，表彰了一批先进典型，县领导亲自为受表彰人员进行颁奖牌，晚会形式灵活多样，内容丰富多彩，展现了当代大余女性巾帼不让须眉的风采。庆“三八”节广场舞是历年来参赛人员最多、规模最大的一次赛事活动，表彰大会档次高、规模大，活动得到了各级领导的好评和群众的交口称赞。推先评优活动结硕果。联合县委宣传部、县文明办在全县开展了优秀母亲的评选和寻找“最美家庭”活动。通过征集优秀家规家训，张贴家规家训动漫画，发放“争创最美家庭，共享幸福生活”倡议书300份，举办“献给母亲的爱”、家庭故事会、文艺表演等主题活动，经过层层推荐、筛选、寻找，再通过电视、微信等平台宣传候选人事迹，最终，县政协原副主席胡仕芬被江西省评为“第三届感动江西优秀母亲”，青龙镇二塘村寨下组邓国艳家庭荣获全国“最美家庭”荣誉称号。身边优秀母亲、“最美家庭”的感人故事，引导县妇女和家庭学习先进、崇尚文明，践行社会主义核心价值观。创建绿色家园。为进一步改善农村卫生环境，县以农村家庭保洁工作为切入点，以宣传农村家庭保洁、垃圾分类知识为主要内容，为创建洁净、文明、和谐的人居环境发挥了妇女“半边天”作用。县代表全市举行了“共筑绿色家园·共建美丽赣州”主题活动启动仪式。制作了5块环保宣传展板，发放宣传资料2000余份；发放环保购物袋1000个、围裙500条。组织小学生现场开展了绿色环保知识竞赛，树立起讲卫生、美环境的新意识。

【维权维稳】 在全县开展“法制大余 巾帼在行动”维权服务进社区、进家庭、进身边系列活动。做好“三八”维权周宣传。“三八”期间，联合司法、法院、公安、检察院等4家开展了“恒爱巾帼志愿者服务在行动”法律知识宣传、咨询活动，接待咨询800余人次，发放宣传资料2000余份，引导家庭成员尊法、学法、守法、用法。加大来信来访工作力度。全年，接待来信来访64件，调处率达98%，切实做到信访工作“件件有交代、事事有回复”，切实以法治思维维护妇女合法权益。加强婚姻家庭邻里纠纷调解。成立了由县婚姻家庭邻里调解委员会，制定了人民调解员工作制度，明确了工作职责和调解流程，逐步建立和完善了县、乡、村三级妇联维权服务网络，使妇女群众有了家庭困惑、感情难题，处处可找到“娘家人”。维护妇女合法权益得到了关注。历年来，县人大第一次以维护妇女合法权益为主题，组织公安局、法院、人社局、卫计委、教育局、民政、县妇女儿童法律援助中心等各成员单位开展调研，并明确相关单位各尽其职、形成合力，共同推进维权工作。

【助推六大攻坚战】 创业富民是一个永恒的民生话题。县妇联发挥自身职能，为妇女群众架起创业致富的“桥梁”，助力六大攻坚战。加大扶持力度。联合县就业局等部门联合抓好妇女小额贴息贷款工作。通过召开妇女小额贷款工作推进会、现场发放会等，广泛宣传政策，为创业妇女开通了小额贴息贷款的绿色通道。2016年，帮助164名妇女提供1682万的贴息贷款，帮助妇女实现自谋职业和自主创业。培育新型女农民。建立巾帼科技示范基地。联合县人劳局和商务局。对有创业意愿者实施免费创业培训，2016年，举办创业培训班22期，家政服务培训221人，创业培训648人，电商培训385人。建立了一批巾帼创业绿色生态基地，扶持一批“妇”字号龙头企业，组建一批新型妇女组织。大余县蒙蒙果树种植专业合作社荣膺“江西省巾帼现代农业科技示范基地”。扎实做好精准扶贫工作。扶持创业女性打造精准扶贫基地，在帮助打造扶贫基地的过程中注重培育创业能力强、潜力大和积极性高致富女带头人，确保更好地发挥示范和辐射作用。2016年，积极打造了新城镇南丰村巾帼创业扶贫基地，基地主要产品为仿藤家具，解决就业人员268人，其中贫困妇女155人，实现了广大妇女在家门口就业、“长流水”式脱贫。在该基地的示范引领下，县扶贫车间已遍地开花，形成了培育一批、带动一片、致富一方的良好效应。

【基础建设】依托村级活动中心，整合资源，使妇女儿童在家门口享受教育培训、亲子沟通、健康娱乐等服务，打造了“坚强阵地”和“温暖之家”。打造“妇女温暖家园”。2016年，全县新增8个省级妇女之家示范点，实现了全县100%的乡镇妇女之家示范点全覆盖。全县“妇女之家”依托村级活动中心，结合综治工作，完善社会化妇女维权格局，开通维权热线，建立妇女维权站、妇女信访咨询室和妇女法律援助中心。组织巾帼志愿者，开展“三八”维权周普法活动，与县综治办进行为期一周的《反家庭暴力法》宣传，发放宣传资料1000多份，大大提高了人们的法律意识，有效地遏制了农村家暴的现象，进一步维护了基层社会和谐稳定。为彰显的活力，“妇女之家”成立了巾帼文艺宣传队、腰鼓队，在“三八妇女”节 、“六一”儿童节、“九九”重阳节、国庆节等重大节日中，大力开展移风易俗、寓教于乐、本地特色活动，并表彰一批“敬老爱老家庭”“好婆媳”“好女儿”“好孩子”“好大嫂”等先进典型。营造了家庭和谐、邻里和睦、尊老爱幼、互助互爱的良好社会风尚。打造“儿童快乐家园”。为优化儿童健康成长环境，县在新城镇屋岭村新建了，首所由全国妇联和儿基会出资建立的“儿童快乐家园”公益项目，配有10万元娱乐、益智玩具、电脑、电子琴、投影仪等设备，开设了活动室、放映室和谈心室，开通了亲情电话，安装了电脑视频。“儿童快乐家园”建立以来，当地妇联组织能认真履职，充分发挥好家园的资源，开展助学辅导、谈心谈话等活动。组织巾帼志愿者开展“大手拉小手”结对活动。暑期，开展“读一本好书”活动，组织孩子们读好书、写读后感、谈体会，对所有参与活动的儿童都奖励一本新华字典，对获一、二、三等奖的儿童再奖励文具、书籍，激励孩子们读好书，让孩子们平安快乐地度过一个充实、有意义的暑假。春节期间，在“儿童快乐家园”，举办了由务工返乡家长参与的《陪伴的力量》主题亲子教育活动，通过讲教育经、述成长史、玩亲子游戏等方式解决家庭教育困惑、引导留守儿童健康成长。县创建的妇女之家和儿童家园，不但夯实基层妇女组织，而且展示了女性风采，同时教会儿童懂得感恩和奉献，成为了广大妇女儿童的“温暖之家”。2016年，新城镇王屋岭村和周屋村多次代表全县迎接省、市各部门的检查，并得到了上级组织的好评。

【儿童活动】 6月，在南安小学举行“TCL集团关爱乡村留守儿童中国行”活动，为150名贫困留守儿童发放了书包，为留守儿童亲情家园捐赠了2台洗衣机，并为贫困家庭发放了价值60万元的扶贫惠民基金卡1200张。7月，组织3名贫困女童代表江西省，到北京参加中国儿童基金会举办的夏令营，联合国教科文组织促进女童和妇女教育特使彭丽媛出席开营仪式，并为夏令营授营旗，勉励春蕾女童迎难而上，努力学习，早日成才，并与女童合影留念，使参加的女童大受鼓舞。9月，为新城中学200名春蕾女生每人发放了600元的春蕾资助金，合计12万元。11月，为优化儿童健康成长环境，县在新城镇屋岭村新建了首所由全国妇联和儿童基金会出资建立的“儿童快乐家园”公益项目，配有10万元娱乐、益智玩具、电脑、电子琴、投影仪等设备，开设了活动室、放映室和谈心室，开通了亲情电话，安装了电脑视频。儿童快乐家园建立以来，妇联认真履职，开展活动，引导留守儿童健康成长。该家园多次代表全县迎接省、市各部门的检查，并得到了上级组织的好评。

【培训调研】 12月14日—15日，在大余中学会议室举办了三级妇女干部培训班。培训内容有：婚姻家庭邻里纠纷调解、反家庭暴力法宣传、艾滋病防治知识、中国花艺入门及电子商务等。县政府副县长邓芳琴出席了开班仪式，并作了重要讲话。12月15日—16日，在县世纪广场举办了和谐秀美乡村巾帼文艺宣传队培训班，11个乡镇党的文艺骨干、70余名妇女参加了培训。提高了农村巾帼文艺宣传队的政策宣传能力和健身知识的传播水平，丰富了群众的文化生活，进一步推进了乡风文明建设。12月27日，市妇联组织大余片区（大余县、崇义县、上犹县）到县开展基层妇女群众工作专题调研。上午，在新城镇就周屋村妇女之家建设情况、南丰村巾帼扶贫基地情况以及王屋岭村儿童快乐家园进行调研，同时，走访慰问了3户贫困妇女。下午，在县公务大楼三楼视频会议室召开座谈会。

【领导名单】

主席　　许　英（女）
主任科员　刘　芳（女）

大余县科学技术协会

【概况】 2016年，科学技术协会在县委、县政府的领导和市科协的指导下，紧密团结和依靠广大科技工作者，改革创新精神统筹推进各项工作，努力推动科协事业取得新进步，圆满完成了工作目标和任务并取得一定成效。县科协是县委系统下的群团组织。2016年末，在编在职人数4人。

【科普项目申报】争取校园科技馆项目。为东门小学争取资金15万元，并积极跟踪服务，于6月建成东门小学校园数字科技馆并开馆，参展学生达4000余人。积极申报农村应用技术培训及科普报告会项目，年初通过调研走访，综合情况，认真申报了省农函大农村实用技术培训班6期。主要内容有养殖、蔬菜种植、大棚西瓜、葡萄等，培训各类农村科技人员达680人。同时，结合科技周开展“百场科普报告进社区”活动，邀请县疾控中心专家在新城周屋开展健康方面科普报告会，周屋社区居民80余人参加，受到群众的一致好评。

【送科技下乡】2016年3月，县科协联合县科技局等部门、乡镇在全县多个乡镇开展送科技下乡活动，受到现场广大群众的热烈欢迎。活动期间，工作人员为居民进行现场咨询指导，科普画板展示，免费发放了多种实用技术材料，其中涵盖了花卉种植、鸡鸭养殖、蔬菜种植及柑橘病防治、光伏发电等宣传资料，向广大群众宣传了科普知识，并耐心细致地解答群众的技术难题。通过送科技下乡活动让科技成果惠及广大百姓，助推“讲科学、爱科学、学科学、用科学”的社会风尚的形成，努力提升公众的科学素质。

【科普业务】在主攻工业热潮中，县科协积极融入。2016年7月8日，联合县科技局、县企业家协会邀请赣州清能知识产权公司董事长曾宇举办全县企业知识产权培训班，全县企业家协会会员企业和非会员企业负责50余人参加了培训。7月中旬选送悦安超细、海创钨业章源木塑有限公司等企业技术人员参加市科协举办的专利信息应用培训班，为企业输送科技信息，并做好服务工作。通过培训，县已有伟良钨业、华宏新能源、东宏锡制品、磁姆新材料等10家公司注册了专利信息服务。

为深入实施科普惠农计划，进一步发挥先进典型的辐射带动、示范引领作用，服务于县城经济发展，积极选送上报了一批市优秀科普示范基地如浮江乡双田村“三月三”科普示范基地、安和蔬菜基地和优秀农村科普带头人大余添翼养蜂专业合作社黄常敏。

为有效发挥财政资金在促进农业科技进步和农业发展方面的积极作用，县科协联合县邮储银行进行调查摸底，为符合条件的科普示范基地申报“银会合作”奖补资金，大余县安和蔬菜基地、罗氏林场、鑫业种猪场及桂森农林综合开发有限公司等四家基地获得奖补资金4万元。

【科普日活动】为切实增强青少年学生科学素质，联合县教育局在9月18日启动了全国科普日暨科普大篷车进校园巡展活动。巡展活动持续一个多月，共安排全县25所中小学参展。科普大篷车是一个小型的“流动科技馆”，主要面向中小学生展示科学知识和宣传科普理念，让中小学生动手动脑，在娱乐中接受科学的熏陶，培养科学兴趣，增强创新意识和实践能力，同时展出节能减排、生物的多样性、食品与健康等内容展板40余块。并组织初中学生及小学五、六年级学生开展“我与科普大篷车”征文活动。并在全县分年级评出一等奖1篇，二等奖2篇，三等奖3篇，优秀奖5篇，并对获奖作者给予了一定的奖励。此次“科普大篷车进校园”活动，让广大青少年能近距离感受到“流动科技馆”带来的神奇体验，进一步培养青少年爱科学、学科学、用科学的良好习惯，在广大青少年学生中取得了较好的反响。

【第二届美食节】2016年10月，县委、县政府举办了“县第二届美食节”。县科协与县老科协、县餐饮协会一道积极参加“县第二届美食节”的各项筹备工作，制定了美食节活动方案、美食节食品展示方案、美食节评优方案等有关美食节工作方案。此次美食节力求全面、具体，方方面面地考虑到美食节展示期间的各种问题，及时做好预备措施。充分展示大余传统小吃、客家美食，带给大家一个不一样的“味蕾上的大余”。

【精准扶贫】根据县委的安排，县科协挂点联系池江镇杨村村开展精准扶贫工作。2016年以来，县科协紧紧围绕县委的工作部署和要求，全面落实精准扶贫工作机制。在“六一”儿童节到来之际，县科协积极联系爱心人士特别为你化妆品店，为杨村小学127名学生送上价值8000余元的书包及学习用品，同时，县科协也赠送了2000余元科普图书300册。2016年10月17日是第三个全国

"扶贫日"，县科协特组织本单位干部职工开展驻村帮扶活动，并认领了一名"留守儿童"，资助给他500元生活补贴，对他的学业、生活进行关心。同时与挂点村积极争取基础设施项目，完成龙蔻头至庄下西瓜种植基地路面硬化，排上组大棚西瓜扶贫产业基地道路硬化，及杨村中坝至大坝总水渠浇筑工程。接着还安装了大坝里太阳能路灯46盏。

【中心工作】 为加大"六大攻坚战"工作力度，加快县经济发展，县委、县政府研究成立了大余县2016专业招商总队，并组建了主攻工业等7个专业招商分队。单位在资金非常紧张的情况下，也及时做好了3000元经费的上缴工作。同时协会也积极做好池江及县城所分配的包干区环境整治工作。

【领导名单】

主席　　李　娟（女）
副主席　曹人智

大余县工商业联合会

【概况】 2016年，县工商联紧紧围绕全县中心工作，纵深推进县委"1356"工作总思路，牢牢把握"两个健康"工作主题，以争创"五好"县级工商联为目标，以服务会员、服务发展为己任，切实加强基层商会组织建设和工商联自身建设，有效履行工作职能，为全县民营企业鼓劲造势，为民营企业的发展壮大营造良好氛围，引导与促进全县非公有制经济健康可持续发展。

县工商联机构编制设置：正科级行政机构，核定行政编制3名，主席1名，副主席1名。

【思想建设】 县工商联始终把学习放在首位，切实加强自身建设，着力提升综合素质和服务非公经济发展的能力。积极学习宣传，为全县非公经济的持续、健康发展打下了良好的思想基础；学习党的方针政策和国家的法律、法规，研究和探索新时期工商联工作方法和发展思路，确保个体工商户、私营企业能在党和政府相关政策的指导下稳健发展，在国家法律法规及地方性相关法规的约束下守法、诚信生产经营。解放思想，积极发挥职能作用，通过政协提案、调研报告、工作汇报等形式，及时向县委、县政府汇报全县非公经济发展情况、存在问题和非公经济人士的合理化建议，既促进了县委、县政府决策的科学化、民主化，又维护了广大会员和非公经济人士的合法权益。同时，指导工商界的人大代表和政协委员围绕社会关心的难点和热点问题，开展调查研究，积极建言献策。

【"百企帮百村"】 为了进一步推进"百企帮百村"精准扶贫行动向广度、深度发展，团结凝聚更多的非公有制经济人士在"百企帮百村"精准扶贫行动中受教育、尽责任、显身手、做贡献。县工商联在年初召开了民营企业和非公经济人士关于"百企帮百村"精准扶贫行动推进会，动员和组织广大非公有经济人士积极参与脱贫攻坚行动，进一步认清脱贫攻坚是国家战略，是中共十八大以来，党中央国务院把扶贫开发提升到事关全面建成小康社会，实现第一个百年奋斗目标的高度，提升到实施"四个全面"和贯彻"五个发展理念"的高度进行决策部署。县工商联成立了由县主席李武为组长的扶贫攻坚领导小组，切实加强扶贫工作的领导、督促，做到扶贫工作有领导、有组织、有宣传动员、有参与此项工作的机制和方案。主席、副主席人员经常深入本单位挂点的池江镇居委会，与村委干部一起到群众家中开展座谈走访，及时掌握了解情况，研究扶贫对策措施，现场解答疑惑问题，千方百计解决扶贫攻坚工作遇到的实际困难，克服单位工作人员少、经费紧，多做好事实事，全力推进扶贫开发工作，争取尽快让群众早日摆脱贫困，坚决不落下一个贫困人口。此外，县工商联还针对"百企帮百村"的活动开展成立了扶贫攻坚责任制，实行主席、副主席、会员企业分片包村负责制，与12个贫困村签订了扶贫责任书，与1052贫困户实施了结对帮扶，将扶贫攻坚的目标任务进行捆绑考核，做到月有任务、季有检查，年终有总结评比，确保"百企帮百村"精准扶贫工作有组织领导和制度保障。

在"百企帮百村"活动中，紧紧围绕"企业对接，互利共赢"目标。如大余章源生态旅游有限公司所开发建设的丫山景区位于大余县黄龙镇大龙村，全村304户1104人口，由于地处山区，人均耕地少，土地贫瘠，一直以来都是典型的贫困村，2013年以前人均收入不足1500元。自从开展“百企帮百村”以来，大余章源生态旅游有限公司扶持和带动大龙山村民发展梅乡农家乐、农特产品加工业等实现了脱贫致富。2016年全村人均收入达到5560元，户均年收入都在3万元以上，彻底扔掉了贫困村的标签。让山区农民享补贴、得实惠、创产业，落实精准扶贫。又如大余县食品商会在“百企帮百村”精准扶贫活动中，重点抓公益扶贫，捐助贫困学生26名，为每名学生各捐赠了1000元现金，共计捐赠现金26000元。为响应政府号召，发扬尊老爱幼的优良传统，食品行业商会在重阳节当天开展慰问敬老院活动，特备了雨伞、猪肉等价值近3000元的物质。食品行业商会春节年前走访慰问了扶贫点的贫困户，不仅拉家常了解贫困户的实际情况，还为让贫困户早日脱贫出点子，谋出路。食品行业商会特备慰问金3100元发放了6户贫困户，让贫困户也能过个开心祥和的新年。为方便扶贫点农民出行，捐赠水泥10吨用于乡村道路建设。还捐赠了2000元用于水渠建设，为农民引水灌溉提供了便利，得到了农民朋友的一致好评。同时，县工商联在“百企帮百村”活动中，注重关心支持社会公益事业、热心教育扶贫工作，据不完全统计，在企业中，自活动开展以来，组织向贫困学生和贫困村民资助、慰问孤寡老人和退伍老战士、结对帮扶留守儿童和空巢老人等累计投入社会公益资金超过百万元。

【爱心慈善事业】 县工商联在10月21日组织开展“捐商品、献爱心”精准扶贫大型义卖活动。发动执委以上会员企业和社会热心人士，筹得善款13000多元。截至10月底止，发动民营企业和非公有制经济人士共捐款26.8万元。

【领导名单】

主席	李武（8月免）
副主席	刘娇凤（女）
党组书记	李小沪

大余县文学艺术界联合会

【概况】 2016年，在市文联等各级部门的重视支持指导下，县文联围绕培养文艺人才，繁荣文艺创作，纵深推进“1356”工作总思路，打造“三区、三基地、五名县”，奋力实现率先全面建成小康社会，着力建设智慧、活力、幸福新大余，配合中心工作等方面开展工作，圆满完成年度目标，取得较好成绩。

县文联是县委系统下的群团组织。2016年末，在编在职人数2人。

【活动成果】 **书画：** 成功开办了由中书协会员主讲的大余县首届书法篆刻艺术班；聘请了中书协会员、多次入展西岭印社篆刻作品展的兴国籍刘自坤老师等在大余开班学习；会同县总工会联合在县文化中心举办了“章江毓秀、书画大余”为主题的庆祝五一国际劳动节书法作品展，在社会上营造了较好的学习传统文化的氛围；在省书协书法培训中心的大力支持下，成功在县总工会开办了“省书法培训中心大余高研班”，2016年内，大余高研班学员有5人次在全国性书法作品展入展，有2人次在省书法培训中心全国巡回展中入展；邀请了中书协副主席、省文联副主席、省书法家协会主席毛国典到大余文化中心开办了书法公益大讲堂，参加学习的有县领导、书法爱好者、中小学生等近300人。极大地提高了全县热爱传统书法的热情，涌现了一大批中小学生书法爱好者。

摄影： 5月，与县总工会联合举办了庆五一“中国梦劳动美”摄影大赛；6月上旬，与县环保局联合举办环保摄影大赛； 6月下旬，与县农工部联合举办了乡村旅游摄影比赛；7月，与县组织部联合举办了火红七月摄影比赛；全年在省市报刊发表摄影作品30余幅；会员刘照志的新闻图片“希望的田野”于10月19日《人民日报》发表，4幅作品在全市纪念红军长征80周年摄影展中获奖入选，“深山藏书院”入选江西省群艺馆画册；会员韩磊、刘照志各有2幅作品入选赣州市文化精品工程大型画册《风景这边独好》。

音乐舞蹈： 组织骨干会员对南安童谣、客家山歌进行精心收集和整理，共收集整理南安童谣78首，大庾山歌181首；参与、协助了全县庆“七一”歌咏大赛、《梁汝球优秀学生汇报演出》《九拍丫山器乐演奏会》等业余音乐工作；在大余东门小学免费教授南安客家童谣、南安客家山歌课程，让南安客家音乐代代相传；由县音协主席黎林生作词作曲的大余客家山歌《老妹工夫实在多》，收录在广东省文化厅主编的《全国优秀新编客家山歌集》一书 6月，组织会员精心编排《再唱山歌给党听》《爵士春秋》《雪域恋歌》《簸箕舞》参加江西卫视广场舞争霸赛，在总决赛中获得银奖；8 月，组织全县少儿舞学生参加中国舞考级，获得省市专家好评；9 月，协助东门小学编排歌舞《送给你》，参演县旅游文化节的明星演唱会；10 月，协助会员编排的《向天歌》获市“英东杯”中小学生文艺调演高中组银奖；11 月，协助举办“嘉福国际”全县少儿艺术才艺大赛。

戏剧：3 月初，协助县妇联成功举办了全县采茶广场舞大赛。结合县老年大学的开学，开设了“我来学采茶歌曲”声乐班，并聘请了原采茶剧团张海波老师上课。10 月中旬，由戏剧家协会副主席吴忠北，带领会员付小花、邓雅娟等，赴赣州参加全市“我来演采茶”大赛初赛，邓雅娟表演的采茶戏《上广东》、付小花表演的《到死也要唱山歌》等一起进入复赛和决赛。11 月，组织专业人员协助拍摄电影《梅岭之恋》的协调工作。

文学：协助县文化馆编辑出版 4 期《梅国文艺》；协助县作家、诗人出版个人文学专著 7 部：陈家清自印诗集《清风吟草》，欧阳雄飞文集《梅岭雄风》，朱少尧自印诗集《桑梓牧歌》，钟定祺自印诗集《梅羊诗词》，吴德文短篇小说集《拯救》；主编出版对联集《大余古今对联集》；协助南安中学编辑出版校园文学集《梅姿莲韵》；组织文学采风活动六次，举办校园文学培训活动 3 次，组织举办诗歌活动 3 次；在市级以上报刊发表文学作品 37 篇、全国各大型文学网站发表各类文学作品 200 余篇（首），其中胡燕锋的民俗论文《客家汤皮》在香港《凤凰周刊》发表、卢致明的散文《又见白云生处的村庄》发表在广西《红豆》杂志发表；筹备微电影剧本《娘亲》《舌尖上的乡愁》（微电影）。

诗词楹联：全年，发展新会员 16 名。共组织采风活动 3 次：5 月 20 日，到青龙镇赤江村王阳明落星亭进行“弘扬王阳明心学思想”采风活动； 8 月 28 日，组织部分骨干会员 12 人到吉村镇游仙村南酸枣基地进行“深入生活·扎根人民”采风活动； 9 月 26 日，组织部分会员 15 人到广东省南雄县坪田车营寨进行“金秋”采风活动。共组织征文活动 2 次：4 月 24 日与县文化馆、大余中学诗教基地联合举办“诗人的谷雨”征文活动，共收新、古体诗作品 360 余首，参会人员 200 余人，评选出一等奖四名、二等奖 8 名、三等奖 12 名； 9 月 10 日在全县范围内发出举办 2016 年第五届“梅国诗会”征文通知，拟在 12 中旬举办。共组织诗词研讨会 4 次： 3 月 10 日上午，在县文化馆诗联活动室举办“陈家清诗联作品”研讨会，参会人员 20 余人； 6 月 5 日上午，在邱国政家里举办“邱国政诗词作品”研讨会，参会人员 12 人；7 月 22 日上午，在县文化馆诗联活动室举办“刘增福诗联作品”研讨会，参会人员 22 人；9 月 18 日上午，在吉村镇中坑水库举办“农民诗人袁久禄诗歌作品”研讨会。出版诗歌集共 4 本：搜集整理出版对联集《大余古今对联》；陈家清出版诗联作品集《清风吟草》；朱少尧出版诗集《桑梓牧歌》；钟定祺出版诗词集《梅羊诗词》；在省、市、县三级报刊杂志约发表诗词作品 590 百余首、对联作品 100 余幅：其中，省级报刊发表诗歌 30 余首、对联作品 20 余幅；市级报刊发表诗歌 60 余首、对联作品 80 余幅；县级报刊发表诗歌作品 300 余首，对联 100 余幅。

【文艺交流】 以“请进来、走出去”的形式，积极开展异地文艺交流，通过纵向和横向双重出击，努力拓宽文艺交流形式。积极发挥组联作用，对接异地文联组织，通过举办主题展览、联合展览、联合采风等有效形式，展示大余县文艺创作新成就、新局面。积极架构跨区域文艺协作网络，支持和接纳异地文艺家和文艺组织到县开展文艺创作交流，通过举办讲座、展览等形式，促进文艺繁荣。

【文艺创作】 围绕“出精品、出人才”这一主线，千方百计搭建平台，鼓励创作，提高大余文艺的整体水平。继续对重点文艺作品的创作予以扶持。文联本级积极策划举办文艺赛事，帮助会员举办展览、作品研讨会，邀请名家举办讲座，组织会员开展创作采风活动等，挖掘新人、鼓舞士气、切磋求进、开阔思路、拓展视野。同时积极参与县内的文艺赛事，力避门户之见，共谋繁荣大余区域文化。

【领导名单】

主席　　　　刘颂俊（兼）

专职副主席　赖德洪

大余县哲学社会科学学会联合会

【概况】 2016年，县社会科学界联合会发挥党和政府联系广大社科工作者的桥梁纽带作用，反映社科工作者的愿望与要求，维护社科工作者的正当权益；组织协调学术研究活动，开展学术交流、社科咨询工作，促进社科理论研究成果社会化；宣传普及社科知识和研究成果；编辑出版学术书刊和资料；奖励和表彰社科优秀成果、社科优秀学会团体和社科优秀工作者。

【理论研究】 成立了以彭承礼为课题负责人的《努力将大余打造成为中国理学文化和阳明文化的重要节点》课题组，成立了以胡光华为课题负责人的《加快金融创新步伐，破解实体经济融资困境》课题组，两课题组于年底顺利结题。

【理论宣讲】 积极组织省、市相关专家教授到县进行辅导讲座，举行了“习近平总书记在江西代表团重要讲话精神”宣讲报告会，覆盖人数5800余人；通过集中学习、交流心得、专题研讨等方式，引导全县各级党员干部原原本本、联系实际地学习贯彻中共十八届六中全会、省第十四次党代会、市第五次党代会精神，准确把握中央、省、市会议精神实质，切实用中央、省、市会议精神武装头脑、指导实践。

【编印刊发《大余论坛》】 刊发了66期《大余论坛》。对发表的社科理论文章开展评比，获奖文章按每篇中央、省、市级5000元、3000元、1000元的奖励办法奖励。年度奖励金达26000元。

【主办大余讲坛】 在县电视台开设了《大余讲坛》专栏，以“红色故事”为主题，深入挖掘、广泛宣传大余红色旅游资源。

【成立研究会】 2016年12月6日，成立大余县太极拳研究会；2016年12月20日，成立大余县阳明文化研究会。

【举办活动周】 2016年11月4日起至11月11日，由县委宣传部、县社联科联主办，县科技局、教育局、共青团、工会、妇联、科协、环保局、司法局、消防、卫计委等单位承办的社会科学普及周在县钨都广场举行。活动周以“普及社科知识、拓展社科服务”为主要内容，以“弘扬科学精神、构建和谐社会”为主题。

【领导名单】

主席　蓝光诚

大余县计划生育协会

【概况】 2016年，县计生协会工作以计划生育政策宣传为重点，以实施生育关怀行动为主线，继续抓好特殊家庭帮扶项目等工作，以开展优质服务为抓手，开拓创新，勤奋工作，完成了年度内的各项工作任务。县计生协会单位性质为群众团体，无内设机构，年末在职人员5人。

【资金落实】 2016年实施的主要利益导向有：开展了“生育关怀爱心救助”活动，全县救助了93人，发放了9.3万元的慰问金；开展爱心保险投保工作，全县5142人参加，共投入15.426万元。开展农村独生子女及二女户家庭成员“伤病残”救助工作，全县救助426人，救助资金25.56万元；完成了全县的中考加分工作，2016年全县中考加分人数294人。

【生育关怀】 为更好的发挥计生协会的作用，在全县范围内开展了多种形式的“5.29”纪念活动，对全县的特殊困难家庭开展了“生育关怀爱心救助”活动，发放了9.3万元的慰问金。

【领导名单】

会长　胡辛明（2月任）

大余县残联人联合会

【概况】 大余县残联紧扣县委县

政府和上级残联的决策部署，以开展“两学一做”学习教育为契机，以实施民生工程项目为抓手，认真履职、务实肯干，全面推动工作落在实处。残联组织建设不断加强，康复工作全面推进，教育就业、扶贫工作力度空前加大，残疾人平等参与社会生活的条件不断改善。2016年，大余县残联荣获县“和谐平安先进单位”称号。

县残联始终不折不扣地履行“代表、服务、管理”职能，按照“把握重点、攻克难点、突出亮点”的工作思路，加强残疾人组织规范化建设，充实调整乡镇残疾人专职委员1名，坚持“抓示范、强队伍、促发展”，不断强化残联机关自身建设，树立依法行政，始终为残疾人服务意识，以制度管人，积极参与上级组织的学习培训，切实提高队伍素质，有力促进残联在落实项目建设、民生工程、征地拆迁、扶贫攻坚、残疾人维稳等各项重点工作如期完成，同时切实组织了城市环境整治和自愿服务等多种形式的扶残、助残活动，拓宽了残疾人工作领域，优化了残疾人参与社会生活的环境。

【康复服务】 全面推进“人人享有康复服务”为目标，结合残疾人信息数据动态更新工作，询问残疾人的各种康复需求，并对550名残疾人填写了康复需求档案。安装假肢和矫形器作为肢体残疾人康复工作的一项重点工作，帮助肢体残疾人正常生活和工作，鼓励肢体残疾人进行假肢和矫形器装配，共选24名贫困残疾人到省、市假肢中心进行假肢和矫形器装配。发放残疾人辅助器具108件，其中拐杖30付，轮椅68辆，坐便器和助行器各10件，极大地方便了残疾人日常生活和工作，得到了残疾人和社会的广泛认可。

【就业服务】 根据市场需求，结合残疾人自身条件开展残疾人实用技术培训，从而提高残疾人就业残疾人就业核心竞争力。通过聘请专家集中授课的形式，在县委党校为73名残疾人开展了一期残疾人实用种养技术培训班。加大残疾人自主创业扶持力度，做好带头示范作用。通过资金帮扶、技术支持等措施，帮扶残疾人自主创业大户，为他们提供资金、技术等方面的帮助。让他们的事业发展得更快。

【换发证工作】 县残联正确树立为残疾人服务的思想，深入开展“为民便民、服务到家”活动。2016年，在互联网第二代残疾人证管理系统中录入了767名残疾人基本信息，并换发新证，共计办理残疾人证6386本。共为28名残疾人免费上门进行了残疾等级评定。

【信访工作】 认真做好信访维稳工作，严格执行信访工作制度，成立了以理事长为组长的信访维稳工作领导小组，专人负责，每月定期召开一次信访维稳专题会议，排查不稳定因素，按时上报信访报告和法律救助情况，全年共接待残疾人来访20人次，法律咨询及服务12人次，依法、合理、及时解决出来信访相关问题，对残疾人反映的有关问题认真做好接待、登记、处理工作，将矛盾化解在萌芽状态。

【补贴费发放】 自2016年1月起全面实施“两项补贴”制度，凡具有本县户籍，持有第二代残疾人证且残疾等级为一、二级的残疾人可申请重度残疾人护理补贴；同时符合以上两个条件的残疾人可以同时申请两项补贴。经过摸底调查、初审、复审等工作，生活补贴2621人，发放金额188.25万元，护理补贴3168人，发放金额222.38万元。

【精准扶贫】 2016年，县残联对大余县所有持证残疾人共5804人纳入国务院扶贫开发系统的情况进行调查核实，确保符合条件的残疾人纳入系统。同时，深入开展残疾人自强创业行动，鼓励农村贫困残疾人发展种养殖业，农副产品加工业，帮助残疾人实现创业梦。帮扶残疾人共4户，帮助其改善居住条件和生活环境，切实增加残疾人收入。

【建设项目】 2016年，县残联完成了大余县残疾人康复综合大楼建设。《国务院关于支持赣南等原中央苏区振兴发展的若干意见》实施以来，县残联积极争取中央彩票公益金项目资金324万元，并经县政府第29次常务会议同意在南安镇花园村兴建大余县残疾人康复综合大楼，列为大余县赣南苏区振兴发展第一批38个重大项目之一。建筑占地面积5.3

亩，建筑面积2296平方米，项目建成后可改善残疾人现状，增强为残疾人服务功能，为残疾人提供全面、高效的康复服务，促进社会和谐。

【法律救助站】 残疾人法律救助工作有较大的发展，公开招录一名事业编制工作人员，有固定的办公地点，购买办公电脑一台，配备专职人员开展有关残疾人救助工作。使残疾人的合法权益将得到有效维护。

【宣传文体】 2016年，大余县残联在省、市残联网站和其他媒体上报道残疾人事业的宣传消息6则，尤其是在11月的《大余报》上登载残联工作纪实的专题报道，着重宣传项目建设、民生实事、助残日活动、残疾人就业、残保金征收有关政策等中心工作，9月，残疾人罗圣华林场报批成为市级"阳光助残"创业就业示范基地，11月在残疾人《三月风》杂志上还报道了残疾大学生刘安"独守深山当鸡倌"的创业故事，大力宣传了县扶残助残和自强模范的事迹。

【领导名单】
理事长　方　浚（女）

大余县红十字会

【概况】 大余县红十字会大力弘扬"人道、博爱、奉献"红十字会精神，主动作为，积极服务赣南苏区，较好的完成各项工作任务。红十字会列群团系列，正科级，定全额拨款事业编制4名，现有红十字会基层组织23个，红十字会会员663人。

【传播红十字精神】 弘扬"人道、博爱、奉献"，红十字会与县卫生计生委合编宣传册10000册，宣传红十字精神，利用"5•8"博爱周、开展红十字博爱宣传活动。5月17日，县组织志愿者在县城街心广场宣传红十字精神，开展献血知识和造血干细胞宣传，2016年完成37例造血干细胞入库。开展博爱募捐活动，县2016年接受红十字博爱募捐款3.26万元，全部上缴市基金会；在乡村旅游景区设置了红十字博爱募捐箱，为红会助困增加筹资渠道，2016年有7位求助人员领取了救助款3万元；对部分贫困家庭发放了棉被20床；8月发放上级红会救助物资婴儿配方奶粉35箱，计5.838万元，共有9个乡镇，95户家庭得到了实物救助。做好小天使基金申报工作，大余县共有3人成功申请，将得到中国红基会的资助，发挥基层红会的作用，完成了32位白血病患者的调查摸底工作。成功申报中国红基会公益基金受赠学校2所，池江镇同心小学、板棚小学分别得到了价值2万元码洋的书籍书架。

【领导名单】
会长　　郑　森
副会长　谢海民

军事

中国人民解放军大余县人民武装部

【概况】 2016年，大余县人武部以强军目标为牵引，紧紧围绕学习贯彻十八大精神，抓实“两学一做”学习教育、改革强军主题教育，深化“三严三实”专题教育成果，改进作风，稳住心神。瞄准强军目标，强势推进作战准备，努力提高战备、军事训练水平，高质量地完成了民兵训练、整组、潜力调查、征兵等各项工作任务。人武部全面建设呈现稳步上升、协调发展的良好势头。县人民武装部为正团级单位，隶属赣州军分区和中共大余县委双重管理。机关设军事科、政工科、后勤科，1名部领导任县委常委，县委书记兼任县人民武装部党委第一书记，并管理县民兵军事训练基地。2016年末，在职总人数为15人。

【干部队伍建设】 党委一班人始终以事业为重，以昂扬的精神状态，鼓足干劲干事业，一心一意谋发展。两名主官政治上互相关心，生活上互相帮助，工作上经常沟通，带头搞好团结，以主官的团结促进班子的团结。书记与副书记之间、委员之间一个声音，步调一致，落实上级指示坚决，涉及征兵、专武干部调配、本级和基层奖励奖惩、大项经费开支等大项任务、敏感问题上都做到了党委集体研究决定，从不搞“一言堂”。2016年转业2名干部，补充了1名干部，又时值调整改革关键期，人少事多，但都能以大局为重，精力集中，干劲不减，整体呈现积极上进、求知作为的昂扬干劲。

【思想政治建设】 始终把思想政治建设摆在首位，抓好思想政治工作有效落实。开展思想作风整治凝聚人心。抓好“两学一做”、十八届六中全会精神学习和军队调整改革教育，坚决肃清郭、徐案件流毒影响，不断夯实党员干部思想作风建设。“两学一做”学习教育中，以问题为导向，坚持以党委为核，党员为依，群众为基，以推动单位建设全面发展为目标，压实党委责任，夯实规定动作，落实配合活动。收集机关干部、职工和基层专武干部对部党委班子的意见5条、班子成员的意见建议11条. 严把专题民主生活会质量关，以上率下深挖作风、用权、品行方面存在的问题，敢于触及要害，见人见事见思想，开展了严肃的批评与自我批评，大家红了脸、出了汗，一班人更加团结和谐。6月份以后把各类整改问题责任到科室和具体人抓落实，11月完成了整改。开展“三抓三比”提升精气神。深化“三抓三比”活动，坚持教育与训练同步，活动与“两学一做”同轨，引导党员大力弘扬苏区精神，稳定思想、振奋精神、争先创优、比出境界、比出干劲，心无旁骛地抓建设。6月参加县纪念建党95周年歌咏比赛，人武部全体党员和专武干部排练的《没有共产党就没有新中国》曲目获得了二等奖；8月人武部5名同志全身心投入“竹篮青青盛忠心”微广播制作，该作品被表彰为全国国防动员系统改革强军优秀军营微课制作二等奖。开展活动深化教育成果。积极参与大余红军南方三年游击战纪念馆（2016年5月开工）建馆工作。协调争取展品、资料。利用民兵训练整组、国防教育日、学生军训和征集兵员等时机，联合县委宣传部广泛开展全民国防教育。组织国动委成员参加“八一军事日”活动，增强地方领导的国防观念；组织党员参加军分区组织的瑞金中革军委总动员武装部旧址重温入党誓词活动，寻根溯源；徒步9公里、16公里分别到南安梅岭陈毅战斗地、池江陈毅旧居学习革命历史。利用现地资源，在大余金莲山公园开展革命烈士日纪念活动，通过系列活动激励了干部职工干劲。

【战备训练】 紧盯如期形成作战能力，制定完善了战备方案（1个总案、5个分案、14个子案）和应急维稳、森林灭火等6类非战争军事行动预案；组织了8次战备演练，强化了全体人员的战备观念；注重战备常态化保持，严格落实战备值班制度，正规值班秩序，人武部轻武器完好率达100%，指挥车辆完好率达100% 。2月份，组织了部机关军事理论、轻武器操作、体能等基础性课目训练，干部职工平均考核成绩达到良好以上；3月份组织了全县120名专武干部和部分民兵营连长在县党校进行5天的全封闭集训，进行了“四会”教学考核比武，并完成了350名民兵的训练任务，成绩优良率达到85%。4月份，以来，先后选送了48名民兵专业骨干参加上级通信、森林灭火、应急维稳等6类集训；4月份组织了为期5天的民兵舟艇分队集训，在黄龙大合水库开展了1次抗洪抢险综合演练。9月份，组织情报信息员集训，整合优化了情报信息队伍，投入9万元更换手机终端。按照上级赋予县民兵整组任务，扎实做好调查摸底，详细拟制计划方案，编实编强应急、支援两类人的基干民兵队伍，兵种和技术岗位专业对口率均达到85% 以上，党团员比例达到100%。在征兵工作中以“五率”为目标，提高大学生应征比例为重点，全面统筹征兵工作，加大宣传力度，2月底在钨都广场开展国防教育和光荣军属牌发放活动。3月，在县3所高中开展了国防教育和征兵宣传进校园活动，宣传国防教育和征兵政策建立严格的奖惩机制，严肃廉洁征兵纪律，签订廉洁征兵责任状，征兵期间和征兵结束组织了问卷调查，圆满完成了上级赋予县征兵任务。

【综合保障】 进一步对营院进行了美化、绿化。8月份完成营院柏油路整修，添置花草树石，与政治氛围交相辉映，形成了颇具特色的军营文化，同时继续推进营院置换和民兵训练基地修缮工作。结合年度民兵组织调整，编实建强了3支共180人的县级后勤综合保障大队；与国光超市大余店、大余通达运输公司、大余石油公司等5家地方相关单位签订了储备主副食协议、应急车辆征用合同、油料供应等10份协议。10月，组织与地方有资质的维修企业签订军选民用车辆维修保障协议。有偿服务终止项目推进顺利，10月，提前完成农副业生产基地租赁项目搬迁交接。按照固定资产清查要求，高标准完成了资产清查核对录入工作。积极开展节能减排、规范车辆管理等活动，有效节省了开支，提高了资源保障效益。

【党管武装】 人武部的建设发展离不开地方党委政府的关心支持。县主要领导和分管武装工作领导经常到人武部现场办公，征兵、整组、训练等重大活动亲自到场检查指导，积极为武装工作办实事、解难题。县党建工作考评拿出6.3万元用于基层武装工作表彰，县财政投入24万元加强了征兵体检网络信息化建设，投入38万元购置4艘冲锋舟等抢险救灾装备；调整更替了9名基层武装部长，为专武干部队伍输送了新鲜血液；出台政策优先安置22名转业复员士官工作，为3名驻地军属安置工作；关心关爱驻县部队和驻训部队，慰问人武部和驻地部队，看望新城场站驻训基地部队，浓厚了拥军氛围。除此之外，县委、县政府在征兵经费、人武部营区建设等开支上都提高了标准，充分显示了对武装工作支持的力度。自觉坚持双重领导制度，主动当好县委、县政府党管武装的参谋和助手，做到重大行动及时汇报、大项工作主动请示、中心工作大力配合、紧急任务积极请战，积极参加地方重大事件讨论研究，为大余经济建设出谋出力。积极参加帮扶县钨制品有限公司等4家重点企业，为企业发展出谋划策；参与县城南片和庾岭大道沿线拆迁工作；投入200人次、资金2万元参与县市容市貌和丫山路口路段整治；协调8万元为河洞乡东江村建立医疗室；投入1.3万元购买水泥支援东江村建设，挂点14名贫困户，帮助其中9户产业致富提供政策支持和协调，目前已有6户脱贫，为42户农户家庭购买综治保险，为2名贫困学生资助学费6000元。积极当好县急难险重任务的先锋队，8月份，青龙镇遭遇洪涝灾害，部长赖定铭亲自指挥，后勤科长李星辉、职工胡琮上舟冲锋在前，带领民兵安全转移群众213人，体现了重大考验面前新四有革命军人的本色。

【安全管理】 2016年省军区系统面临调整改革实质展开之际，部党委认真贯彻省军区安全预防工作会议精神，开展百日安全竞赛活动，经常性基础性安全管理工作得到较好落实。认真组织“条令学习月”活动。2月，在机关开展了条令学习月活动，学习文件，观看录像，组织训练，查找问题，开展讨论，分析形势，制定措施，通过“学查训整”，强化了条令法规意识，严整了军风军纪，正规了四个秩序，为安全工作奠定了坚实的基础。进行经常性安全教育。坚持了每月一次安全形势分析制度，利用交班会、组织生活、战备教育、干部职工大会和专项治理等时机，组织干部职工反复学习上级安全保密工作指示精神，学习事故案件通报，扎实开展经常性“四反”和安全教育，抓好安全知识授课学习，认真落实安全管理责任，签订了家庭上国际互联网和车辆安全管理责任状，营造了人人讲安全、处处讲保密的良好氛围。扎实开展安全隐患排查。成立了“安全隐患排查”领导小组，对保密员、武器保管员和驾驶员等六类人员进行了政治审查，对每个部位、每个房间、每个柜子、每个抽屉进行了翻箱倒柜、地毯式排查及时堵塞了漏洞。同时，还加强对涉密载体的管控，在文印室集中打印、传真和处理各类涉密文件，并投入了3万元经费升级改造集中打印保密系统、安装密码指纹门禁系统、购置2个手机存放柜，购置4台碎纸机完善安全设施。另外，在营院管理上，门卫室合同兵认真履职，严格对外来人员、车辆的盘问和出入登记；人武部定期组织营门防暴恐袭击应急处突演练，时刻保持警惕。

【技能抗洪训练】 3月，大余县人武部组织全县11个乡（镇）专武干部、民兵营连长在县委党校进行集训。此次集训以专武干部和民兵骨干基础法规、组织指挥、技能操作、“四会”教学和情报信息业务等内容为重点，采取集中训练、集中食宿、军事化管理的方法，组织了相关技能和科目的训练考核，进一步强化全体参训人员的军事基础素质、业务技能和作风养成，为开展基层武装工作打牢了坚实的基础。

3月，县人武部组织机关干部职工、专武干部、民兵应急连，共计，进行50公里战斗体能训练活动。队伍沿着县人武部机关－南安大道－庾岭大道－323国道－石门口水库－丫山行进路线，然后沿原路折返回县人武部营区，全程大约50公里。战斗体能训练活动中设置了紧急出动、快速集结、行军拉练、快速疏散隐蔽、判断站立点、长途奔袭等训练内容，锤炼了干部职工、专武干部和民兵的意志，提高了应急处突能力。动用人武部应急指挥车1台、地方医院救护车1辆伴随保障。

4月，为进一步做好“防大汛、抢大险、救大灾”的准备，大余县人武部联合县防汛办、县消防大队，出动6艘冲锋舟拉到黄龙大合水坝，进行为期6天的舟艇操作手集训和防汛抗洪抢险演练，县人武部干部职工和公安消防大队、民兵抗洪抢险分队等44人，参加了包括水上编队与指挥、水上救护与情况处置、简易信号传递等科目的训练，着力提高舟艇操作手的救援技能和遂行抗洪抢险应急任务的能力，组织了抢险救援综合演练与考核，为遂行各类抢险救灾任务做好充分准备。

【“两学一做”学习教育】 “两学一做”学习教育开展以来，大余县人武部坚持以党委为核，党员为依，群众为基，以推动单位建设全面发展为目标，坚持高起点谋划、高标准定位、高质量推进，依托精心设计载体、丰富教育内容、采取有力措施等抓手，实现了在提高认识中统一思想、在稳步推进中完善提升、在工作实践中增强自觉的良好初衷，使“两学一做”学习教育取得了成效。

设定载体“实”字为纲。坚持大事大抓，科学筹划，精心组织，务求实效。压实党委责任。省军区、军分区“两学一做”学习教育动员部署会议召开之后，县人武部党委及时召开会议，全面传达会议精神，对学习教育进行了专题研究，班子成员字斟句酌，在几次讨论之后，形成了“两学一做”学习教育实施方案。学习中立身为旗，认真带学，建章立制，规范领学，做好表率。夯实规定动作。党委一班人带头征询群众意见，以普通党员身份参加党小组会、支部会，查摆问题，带头整改。撰写对照检查，制定整改措施，确保了6月党委民主生活会有质有量。7月，政委、部长和当年“七一”表彰的优秀共产党员、优秀职工胡琮，精心准备党课，现身说法，给党员进行了一次生动的教育。8月召开党员大会公开进行党员承诺践诺，支部对党员承诺践诺情况进行监督，实打实地解决问题。落实配合活动。仪式活动激励，组织党员参加军分区组织的瑞金中革军委总动员武装部旧址重温入党誓词活动，寻根溯源；利用现地资源，在大余金莲山公园开展革命烈士日纪念活动；在鸽都广场开展国防教育和光荣军属牌发放活动；徒步9公里、16公里分别到南安梅岭陈毅战斗地、池江陈毅旧居学习革命历史。开展党日活动，集中观看廉政教育影片，组织到县纪检大楼观看廉政警示教育展板，警醒警示党员；擦亮党员身份，每月戴带党徽到黄龙镇丫山路口段义务劳动，清理道路垃圾。氛围营造，充分运用微信公众平台、宣传横幅、展示橱窗、led屏幕等进行宣传，大力营造了教育氛围。积极参加地方“两学一做”教育活动，“七一”县里开展新《党章》网上知识竞赛，人武部党员参加了知识答题，职工党员韩晖获得了第四名的成绩。

学习教育“笃”字为本。为了确保基础打牢，人武部开展了“笃学帮学”活动。人武部人少事多，部分党员读原著、学原文、悟原理感觉吃力，在省军区、军分区集中授课教育、专家辅导后不消化，为了让他们原汁原味学好领会好，党委班子成员、党支部成员实行一帮一结对子，随时随地面对面解难释疑。理论学习中突出三个结合：学和记相结合。党支部统筹将每周二下午定为“党员学习日”，每周五雷打不动过党组织生活，时间不少于2小时。为了便于工学转换，编印制作了“口袋书”，方便了携带。学习以领学辅导、自学领悟方式进行，原原本本学，原原本本抄，抄记情况每月进行一次检查，学习成果公示展示并装入学习档案。学和议相结合。党委委员、党支部成员结合“两学一做”专题阶段、自身实际定期开展“坚定理想信念、明确政治方向”“投身改革强军、交出合格答卷”“爱岗位、出点子、做奉献”等主题、专题讨论，起到互动、交流、启发的效果。学和“互联网+”相结合。为方便党员查阅资料、及时补餐，3月份在学习室和各科办室共设置了15台军内联网电脑；4月份建立了大余人武部公共微信平台。通过上传经典文章、典型事迹，让党员能用手机、电脑随时随地看到强军事迹、长征故事等，学习典型，对照自己，洗涤灵魂。

统筹安排“融”字为章。教育期间，注重三个融合，融合强军风采系列。与强军风采、纪念建党95周年、长征胜利80周年活动结合起来。参加大余县纪念建党95周年歌咏比赛，人武部全体党员和专武干部精心排练的《没有共产党就没有新中国》曲目获得了三等奖；挖掘、宣传身边典型，以林业局武装部长叶小安事迹为蓝本，人武部5名干部全身心投入“竹篮青青盛忠心”微广播制作，经过反复修改最后成型，该作品被表彰为国防动员系统改革强军优秀军营微课制作二等奖。通过系列活动激励了干劲，凝聚了人心。融合赣南红色传统。赣南是革命的摇篮，有着丰富的红色底蕴。“赣南三整”大庾整编、陈毅旧居等这些红色教育资源被充分利用发挥。通过积极参与大余红军南方三年游击战纪念馆（2016年5月开工）建馆工作，重读陈毅故事，观看于都《雄关漫道——纪念长征胜利80周年》宣传教育录像及纪念红军长征胜利80周年大会电视直播等活动，重拾这片红色热土革命事迹，有种把红色基因融入了精神家园的感悟。融合“三抓三比”活动。以深化军分区在各人武部和干休所开展的“三抓三比”活动为抓手，广泛开展“抓学习比素质、抓纪律比党性、抓落实比贡献”活动，坚持教育与训练同步，活动与“两学一做”同轨，引导党员大力弘扬苏区精神，稳定思想、振奋精神、争先创优、比出境界、比出干劲，心无旁骛地抓建设，在支援老区建设和精准扶贫中成效明显，做到精准对接、精准施策、精准用力、精准落地，全年先后协调8万元为河洞乡东江村建立医疗室，35万元为东江村天井洞至黄龙洞修建了水泥路，帮助5名贫困户摆脱了贫困。

以学促做“效”字为重。两

学一做，基础在“学”，关键在“做”，在“学”字上出效果。通过学习教育，使党内教育从“关键少数”向广大党员拓展、从集中性教育向经常性教育延伸。全体党员增强了看齐意识，使命意识；强化了党性观念，摒除了私心杂念，强化了责任感，干工作亮出党员“第一身份”，焕发了党员的精气神。一些党员发挥所长，才尽其用，2名职工党员协调宣传部，依据军分区下发素材制作了18块国防教育宣传展板，在大余钨都广场、县政府公务大楼、县文化活动中心及大余3所城区中学展示了1个月，10月11日协调县文化馆精心编排举办了心系国防文艺演出，在干部群众中反响很大。1名职工党员主动承担起军事年鉴的编撰任务，收集素材、协调地方、整理归类，为人武部节省8000元的开支。在“做”字上见实劲。改革强军期间，党员稳住心神，履职尽责，干好手中事，确保了征兵工作、抢险救灾、国防潜力数据调查等工作的安全圆满完成。5月，着眼年度征兵工作新的形势任务，开展系列征兵宣传活动，通过发放“光荣军属牌”和开展国防教育进学校等活动，浓厚了征兵工作氛围，2016年，征集大学生兵员比例达51%，“五率”全部达标，走在了全区前列；8月，青龙镇遭遇洪涝灾害，部长赖定铭、后勤科长李星辉、职工胡琮亲自上舟冲锋在前，带领职工安全转移群众213人，体现了重大考验面前新四有革命军人的本色。

【地方工作】 8月27日，接县应急防汛指挥部通知，大余县青龙镇元龙村发生洪涝村民被困，县人武部党委高度重视，积极参与救援，迅速集结15名干部职、应急分队人员（2名干部、4名应急分队操舟手、9名职工），动用2艘冲锋舟、1台运输车、2台指挥车，于9时00分奔赴洪涝灾区实施救援转移群众。部长赖定铭亲自指挥，后勤科长李星辉、职工胡琮上舟冲锋在前，截至当日12时00分，应急救援分队共转移受灾群众50余户，共219人，物资器材完好无损。

2016年，大余县人武部按照“找准定位、量力而行、主动融入、积极作为”的思路，把精准扶贫作为一项重要年度政治工作抓紧抓实，做到主动融入、真心扶贫。与河洞乡东江村挂钩结对扶贫，摸清掌握底数，对14户特困家庭确立为帮扶重点，建立台账，分析致贫原因，帮助制定脱贫方案。帮助其中9户产业致富提供政策支持和协调，已有6户脱贫，积极开展上户送温暖活动，为人武部挂点的10户贫困户送去油米等慰问品，为42户农户家庭购买综治保险，为2名贫困学生资助学费6000元和书包、书籍等文具用品。充分发挥好人武部桥梁纽带作用。

【部队工作】 “三严三实”专题教育整顿活动开展以来，部党委坚决贯彻省军区、军分区党委决策部署，围绕“四个更加扎实有效”和“三严三实”要求，重温我党我军优良传统和作风，贯彻落实整风整改要求，紧密联系人武部实际，着力在提高思想、理清思路、找准抓手、纠治问题上下功夫，为推进人武部建设全面发展提供了坚强政治保证。坚持党委领导，确保教育整顿活动扎实开展。强化组织领导。部党委成立了由政委黄丰盛、部长赖定铭为组长的“三严三实”专题教育整顿领导小组。认真制定方案。4月16日，组织召开专题党委会，紧密联系军分区计划，结合人武部实际，研究制定了《“三严三实”专题教育整顿实施方案》。认真组织动员。与军分区同步展开学习教育的同时，分别在2月底和3月中旬召开了2次专题教育整顿动员大会，传达学习了党中央、中央军委、军区、省军区、军分区各级关于开展专题教育整顿的一系列重要指示精神，深刻阐述了开展专题教育整顿的重大意义。加强示范引领，确保干部职工积极参与。深入开展理论学习。部长政委带头深入学习《习近平关于国防和军队建设重要论述选编》《习主席关于国防和军队建设重要论述读本》、习主席视察南京军区时的重要讲话精神和全军政治工作会议精神。抓好十八届五中全会精神学习和军队调整改革教育，用理论学习来深化教育成效，肃清了郭、徐案件的恶劣影响，不断夯实党员干部思想作风建设。抓好体会撰写和讨论交流，干部职工每人完成了4篇心得体会。深入开展思想交流。6月份，部首长认真组织党员干部进行党课辅导，分析了“不严不实”的具体表现和严重危害，为更好地学习指明了方向。党委正副书记逐个找机关干部、职工谈心交心，面对面听取意见建议。部党委委员，分片挂点到11个乡（镇）和13个设有武装部的行业系统征求专武干部、民兵干部、普通民兵的意见建议。深入开展配合活动。充分发挥红色资源的教育导向，突出强军文化建设，积极参加上级开展的故事会、演讲比赛和篮球赛（获得第三名）等强军风采系列活动，提升了集体荣誉感和使命感。广泛听取意见，确保民兵生活会有质量。广泛征求意见建议。4月－5月份，通过设立意见箱、热线电话、发问卷函、上门听、个别谈等方式收集机关干部、职工和基层专武干部对部党委班子的意见建议；党委班子成员之间进行了开诚布公的交流，互相提醒，重点指出思想作风、廉洁用权、道德品行等方面的问题；三个部领导还专门结合县里的“三严三实”教育整顿与县委县政府的部分领导进行交心谈心，收集对人武部和对个人的意见建议。共收集到对人武部单位的意见3条，对班子成员的意见建议11条。认真撰写对照检查材料。部党委组织干部职工对党委成员进行了民主评议，党委委员个人对照“六个说清楚”， 如实填报《军队领导干部个人有关事项报告表》和《参加党的组织生活情况调查表》，人人交出“明白账”。认真查找剖析党委班子和个人存在的问题及原因、撰写对照检查材料，并进行公示，接受群众监督，逐条找差距，逐项列问题，深挖问题根源，制定整改措施，明确努力方向。严肃认真开展批评和自我批评。6月份，军分区后勤部长欧阳安民到人武部指导召开了专题民主生活会，会上每名党委委员进行了认真的自我剖析，开展了严肃批评与自我批评。自我批评开门见山、直奔问题，大家红了脸、出了汗；相互批评真刀真枪、见筋见骨，一班人更加团结，受到了后勤部长欧阳安民好评。

部党委对照查找出来的问题，制定整改计划，明确责任人，建立时间表，坚持同步学、同步查、同步改，对问题不等不靠、立行立改，大家普遍感到，专题教育整顿的开展，使党员干部深受教育，突出问题得到切实解决，效果作用明显。至12月，比较好地解决了一些制约单位发展的突出问题，圆满地完成了各项大项任务，干部职工的凝聚力战斗力不断增强。

2月，元宵节刚过，县人武部协调地方政府在县城人员最集中的世纪广场，举行的2016年度征兵宣传暨光荣军属牌匾发放仪式正式启动。把征兵宣传和发放“光荣军属”牌匾两项活动结合起来，在给全县160名军属发放“光荣军属”牌的同时，抓住时机对广大适龄青年进行了征兵宣传。通过为现役军人家庭统一发放“光荣军属”牌活动，对提高军属的社会地位、增强军属家庭的政治荣誉感、激发现役军人在部队建功立业起着重要的作用，同时也提升了全县人民的国防观念和拥军优属意识，对鼓励更多地有志青年参军入伍，具有重要的意义。近年来，县人武部从组织千名群众送兵活动、召开退伍军人转业安置协调会到春节慰问现役干部和困难战士家庭，件件实事和创新之举助推军人军属社会地位提升。

【征兵宣传】 3月，大余县人武部组织开展“国防教育暨征兵宣传进校园”活动，派出征兵工作人员走进县大余中学、新城中学、梅关中学等三所高中，通过主题演讲、现场咨询、散发资料等方式动员广大高中应届毕业生响应国家号召，积极报名应征入伍。在活动现场，县人武部部长赖定铭 亲自作“当兵报国无上光荣”的征兵主题演讲，通过悬挂宣传标语、设立征兵咨询台、发放征兵政策宣传资料以及现场解答征兵问题等形式，发放了3000份政策宣传单、制作了8块宣传展板，向学生宣传2016年征兵政策，众多在校学生认真阅读宣传资料，积极咨询了解今年征兵政策规定，征兵工作人员向学生们耐心解答了大家普遍关心的入伍条件、服役待遇、退伍补偿及以后在学业、择业上的优惠政策，进一步激发他们的强军梦、国防梦、人生梦，引导广大学子携笔从戎、报效祖国，营造征兵工作的良好氛围，激发了广大学生报国从军的热情。

【缅怀先烈】 清明，大余县人武部组织机关干部职工、专武干部、民兵应急连，着装整齐列队到金莲山烈士纪念馆，庄严献上花篮，怀着沉重的心情向先烈们默哀三分钟，用心感受革命先烈在枪林弹雨中英勇献身的画面。在瞻仰烈士纪念馆期间，全体官兵用心灵重踏革命先烈足迹，在革命先烈们的见证下重温入党誓词，县人武部号召全体官兵学习革命先烈百折不挠的革命精神和勇往直前、顽强拼搏的英雄气概，坚定信念、忠于使命，立足本职，无私奉献，用自己的实际行动切实履行好职责。祭奠活动让大家接受了一次生动的爱国主义教育，受到了革命传统教育的精神洗礼。

【营院整治】 为把营区绿化美化工作抓好抓实，部党委高度重视，将营院绿化美化工作作为人武部正规化建设的一项重点工作来抓，及早筹划，精心部署，走访园林所，聘请地方园林专业人员研究制定营院绿化美化方案，全面展开绿化美化工作。实现了“春有花、夏有荫、秋有果、冬有青”的绿化及浓郁的军营文化交相辉映的效果。同时，为进一步规范营院建设，商请路政部门对营院进行了规划设置，标注各类线路标示和停车区域，达到整齐划一。

【领导名单】

党委副书记、部长　赖定铭
党委书记、政治委员　黄丰盛
纪委副书记、政工科科长　郑　伟
党委委员、后勤科科长　李星辉

中国人民解放军武警大余县中队

【概况】 2016年，武警大余县中队在地方党委的大力支持和支队党委的精准帮建下，深入学习党的创新理论及习主席关于强军目标的系列讲话精神，党支部“一班人”按照年初制定的“弥补弱项打基础，力求突破争上游”的工作思路，狠抓了人员思想及工作落实，部队各项工作得到了稳步提升，圆满实现了“两个确保”。在一年的工作、训练、执勤过程中，中队也涌现了一批表现优秀、工作积极的先进个人，其中7名义务兵被支队表彰为“优秀义务兵”，3名士官被支队表彰为“优秀士官”。

【思想建设】 2016年，中队结合实际、紧贴任务大力开展思想政治教育，为加强中队全面建设打牢了扎实的思想基础。认真开展主题教育。中队2016年紧紧围绕改革强军这个主题，扎实开展思想政治教育。在主题教育中，严格落实思想政治教育制度，坚持科学筹划、严密组织，干部能带头参加支队组织的专题辅导授课，中队在每个大专题课后都会展开充分讨论并进行小课串讲，同时还利用黑板报和观看影视录像等多种形式，增进官兵对专题授课内容的消化理解。扎实开展“两学一做”教育活动。支部认真制定中队活动方案，科学制定每月党日活动计划表，将“两学一做”活动与党日活动完全融合，通过学习主席讲话增强党员的政治意识，通过佩戴党徽活动提高党员队伍的党员意识，通过设置党员示范岗和党员责任区发挥党员队伍的先锋旗帜作用。深入学习习近平“七一”重要讲话精神，撰写心得体会，寻找当兵入伍的初心，发掘继续前进的动力，确保党员队伍绝对忠诚、绝对纯洁、绝对可靠，党支部战斗堡垒作用进一步增加。细致做好特殊时期的思想稳定工作。新兵下队和老兵退伍期间，战士思想波动比较大，容易出现安全隐患。中队及时进行心理疏导，开展心理健康教育，同时严格落实谈心制度，开展经常性的谈心交心活动，帮助他们化解压力，舒畅心情，使他们能够在部队安心服役，为社会的安全稳定敬献自己的一份薄力。

【遂行能力】 为了圆满完成维护社会稳定和确保目标绝对安全的任务，中队在军事训练上牢固树立练为战的思想，激发练武热潮。大力开展苦练军事技能活动，引导战士用强军信念和战斗精神来武装磨砺自己，克服怕苦怕累思想，变要我练为我要练，充分利用中队新修训练场地开展各项技能训练，官兵的训练热情比较高涨，战斗力提升明显。尤其是突出抓好中队应急力量训练，积极研究处置涉暴涉恐战法，苦练一枪毙敌和快速抓捕本领，确保一声令下能够拉得出、打得赢。特别是2015年在县委县政府的大力支持下，为中队训练场地搭建了挡雨棚，实现了全天候无差别训练条件，另外支队为中队配备了一辆防暴车，实行以车代库，大大增强了机动性和突击性。在全队高涨的训练热情下，5月—6月，中队分三批参加支队组织的勤训轮换，军事考核总成绩为全市第三。

【中心任务】 2016年，中队党支部始终坚持执勤工作的中心地位不动摇，牢固树立中心意识。在日常教育中经常“灌输执勤是饭碗工程”“执勤出问题就是打了败仗”的理念，打牢官兵“站一哨一哨安全，守一地一地平安”的思想。中队干部骨干也对执勤工作中出现的常见病、多发病常抓不懈，坚持每日交班，及时纠正问题，严格每周安排半天勤务训练，强化哨兵情况处置能力，同时每周进行一次执勤隐患排查，及时与看守所目标单位沟通协调，共同排除安全隐患；每月落实议勤制度，认真分析执勤形势，有力把准执勤工作的方向。尤其是AB门监门哨上哨以后，中队加大了对AB 门的管控和出入凭证的规范，确保了看守所人员进出不出任何问题。另外，中队配备了一条德国牧羊犬，增设了“犬防”这道防护手段，形成“人防、物防、技防、联防、犬防”五防一体化的体制，促进了中队圆满完成中心工作任务。

【后勤保障】 中队后勤工作紧紧围绕“保障有力”的总目标，按照“加强管理、提高效益、服务中心”的工作思路，按照伙食管理精细严要求，主要开展了以下几项工作：落实各项管理制度，组织后勤人员开展“学制度、用制度”的活动，重点学习伙食管理五项制度，并要求严格落实到位。特别是对新任司务长，坚持手把手帮带，帮助其最快速度履行好新职责。科学调剂官兵伙食，俗话说吃光用光、身体健康，中队把订菜权全部下放给经济民主组，只要价钱不超标，怎么吃都由战士说了算，制定菜谱时收集战士的合理意见，中队官兵对伙食的满意度得到较大提高。

【领导名单】

政治指导员 林 松

中队长 曾凯纬

人民防空

【概况】 2016年，大余县人防办全面贯彻落实中共十八大，十八届三中、四中、五中、六中全会精神和习近平总书记系列重要讲话精神，按照“长期准备、重点建设、平战结合” 的方针，积极推进人防工作实现新的发展。县人防办为县政府直属正科级全额拨款事业单位。内设机构秘书股、指挥股、综合股。2016年末在职人数3人。

【宣传教育】 继续拓展宣传教育渠道。县人防办充分利用网络、报刊等宣传媒体，广泛宣传人防法律法规。加强了人防信息宣传报道工作。2016年，在江西省人防网用稿76篇，江西人民防空杂志用稿1篇，赣州人民防空杂志用稿2篇。

结合“3·1”国际民防日、“5·12”全国防灾减灾日，开展人防宣传教育活动，让广大市民掌握防空防灾应急避险的常识，从而不断增强人防民防意识，不断提高自救互救能力。结合开展“党建+”活动，积极推进人防“进社区”。向南安中学学生发放《中学生防空防灾知识》教材1500册，使广大学生提高自我防护能力。

【工程建设】 与省人防工程设计科研院合作，完成了县城市人防专项规划编制工作，并经县政府批准实施。制定了《大余县人防“十三五”发展规划》。经常组织对全县人防工程维护管理工作进行安全检查，防患于未然。建立了工程管理制度，加强了安全隐患的排查工作。

【行政执法】 认真贯彻落实第七次全国人民防空会议精神及省、市人防办主任会议精神，进一步抓好县人防结建审批工作。加强人防执法和易地建设费征收。做到应收尽收、应建尽建。严格遵循易地建设费的征收标准，维护国家人防法规政策的有效落实。积极推行“三单一网”建设，编制了责任清单和权力清单。为了做到公开透明，严格依法行政，在行政服务中心人防窗口放置了《人防行政审批服务指南》，并在江西省政务服务网公开了行政许可事项、内容和程序。规范了行政服务中心人防窗口的运行程序，严格落实“一单清”，把好人防前置审批关，窗口服务水平不断提高，多次受到行政服务中心的肯定和表扬。

【指挥通信建设】 抓好电声防空警报器的维护管理工作。指定专人定期对电声警报器进行检测保养工作，确保了“九一八”警报试鸣成功。抓好视频系统建设。

为解决视频系统故障问题，更换了复合电话光端机，确保了和省、市视频系统互联互接。落实军用短波通信网建设。投入 96000 元购置了军用短波电台。抓好 3G 系统调试训练。积极参加市办组织的 3G 系统培训。并按照市办要求，及时准确地进行 3G 系统调试对接工作。

【领导名单】

主任　　陈军豪（3 月免）

副主任　　廖达中（3 月主持工作）

大余风光

法 治

政法和综治工作

【概况】 县委政法委紧紧围绕县委“1356”工作总思路，主动服务“六大攻坚战”，尽心尽责，全力推进平安大余、法治大余、过硬政法队伍建设，维护社会稳定，促进公平正义，保障人民安居乐业。县委政法委为党委行政机关，内设县综治办、维稳办、610办、国安办、法学会、执法监督室、矛盾纠纷排查调处办公室等科室，在职人数15人。2016年12月27日，中共赣州市委、赣州市人民政府授予大余县2015年度平安赣州建设活动目标管理先进县。

【政法工作】 政法系统牢固树立大局意识，主动服从服务经济社会建设。县公安局立经济类犯罪案件17起、破案16起、刑拘10人，挽回经济损失2300余万元。县检察院起诉破坏市场秩序犯罪嫌疑人5件5人。县法院有效执行涉金融案件63件，特别是依法审理了涉案金额特别巨大（100万元）的林天虹合同诈骗案，社会反响良好。县法院依法审理涉企纠纷522件、涉诉标的达28842.48万元。检察机关全年发出检察建议4份，立案侦查各类职务犯罪5件6人，其中贪污贿赂犯罪3件4人、渎职侵权犯罪2件2人，为国家挽回经济损失750余万元。县森林公安局全年共查破森林刑事案件38起、调处涉林矛盾纠纷30余起、查处森林行政案件30起，县法院审理7件10人，县检察院依法受理生态检察案件13件18人。集中整治交通秩序，排查上报道路安全隐患152处，完成横标车、老旧车淘汰报废任务112.83%，现场查处交通违法行为16301起。强力助推法院执行工作，先后开展“夏日风暴”和“秋季行动”等集中执行行动，不定时发布“诚信红黑榜”，采取拘传、拘留、强制搜查等强制措施，使315件案件得到有效执行。开展国家司法救助，13件无财产可供执行、申请执行人困难案件，金额达44.07万元，为经济困难的当事人减免缓诉讼费31.07万元。完成了三大“包围圈”建设，完成100个WiFi热点管理、8个环市和3个环县“包围圈”卡口建设，基本实现对县城主要道路线路网状覆盖，大大提升了队伍实时管控能力。围绕提升公众安全感与政法部门群众满意度，扎实开展了法治宣传教育活动。开展执法监督工作，2016年已评查案件10个，对执法办案中苗头性问题及时提醒纠正。

【综治工作】 扎实开展综治中心、网格化、信息化三项建设，完成了各项阶段性任务。顺利打造了县综治中心和南安镇、池江镇、新城镇3个重点乡镇综治中心。完成了11个乡镇、118个村居以及48个县直单位的网格平台开通和运行，11个乡镇已完成天网监控视频接入；三维图像绑定率达71.8%，实有人口录入率达100%，七类特殊人群（除艾滋病人）信息录入率达94.09%；信息采集量达2329条，办结量1910条，完成率达82.01%。将全县117841户划分为585个网格，为每个网格配备了网格员和手机终端，为全县118个村居配备专用电脑。落实中央、省、市政法会议精神，创新工作机制，加强社会治安防控体系建设。采取政府购买服务模式，由运营商建设维护、政府租用，整体规划、分期推进开展“天网”工程建设。组建了一支治安巡防队伍专业队伍，2016年招聘40人已落实到位，2017年拟招聘20人。创建了非警情报警处置分流机制，截至11月30日，共分流交办非警情报警案件715件，已结案销号648件、销号率达90.63%。此项工作得到上级主管部门的充分认可，经验做法在《赣南日报》、人民网、《人民公安报》宣传报道，并在全市推广。坚持走访随访，完善精神障碍患者救治救助监护工作。经全面排查，今年全县共有精神障碍患者1216人，其中肇事肇祸患者108人（上半年死亡3人），比上年增加了8人，均签订有奖监护协议，落实了监护责任人和救治救助监护措施。加强社会治安特殊人群“心防”工程建设，组建了专家服务团队、志愿服务团队、专业服务团队三支队伍，明确县卫计委、团县委、综治办要经常组织三支队伍开展服务，在县人民医院开通了热线服务电话。将县6个涉法涉诉重点案件纳入全市重点要抓好信访重点人员个案服务工作范畴，采取“七包一”方式，开展停访息诉工作。开展赣州第十一中学招生工作，完成招生20名，完成比例居全市第一。开展社会治安保险工作，全县实现保费签约达102万元，列全市第一。扎实开展寄递物流集中整治，组织公安、交通运输、市场和质量监督及邮政等单位，深入开展排查整治工作，全县寄递企业11家经营网点38个、物流企业11家经营网点7个，普遍落实了实名寄收、开箱验视等规定。开展成品油市场集中整治，全县共摸排出成品油市场违规建设点12个，督促消除隐患14处，下发整改通知书11份，取得了阶段性成果。12月26日，在大余县召开全市非警情报警处置分流工作现场会和在新城镇召开全市综治责任单位帮扶基层平安创建工作现场会。

【维稳工作】 开展社会稳定风险评估项目21件，向市委维稳办推荐了3件参加全市精品案例评选。特别是章江小学建设、城南片改造、天华山风电等重大建设项目以及招商引资“三集中”等系列重大活动均扎实开展了风险评估，有效排查化解风险点。维稳办通过乡镇、县直有关单位、社会信息员等多种渠道收集各类涉稳信息235条，获取涉军、早期民办代课教师等群体重大内幕信息30余条。在全国“两会”、杭州“二十国集团峰会”及省、市重大活动前夕，以县委办、县政府办联合发文形式交办案件2次，以综治办、维稳办、信访局联合发文形式交办案件3次。对较大涉稳隐患案件，即时以《涉稳情况交办函》形式向有关单位交办，今年共交办案件86件。2016年国家、省、市、县大事喜事多，二十国集团峰会、中共的十八届六中全会，全国综治“南昌会议”、省十四次党代会、县招商引资“三集中”等重大系列活动一个接一个。为保障这些重大活动的顺利召开，共9次（合计58天时间）启动安保维稳机制，成了县应急处突指挥工作组，每日坚持值班会商研判。在启动安保维稳机制期间，各乡镇各部门各单位坚持每天24小时值班、两次“零报告”制度，扎实开展隐患大排查化解工作。对重点人员实行每天24小时人盯人稳控措施，确实将人员全部吸附在本县，以大余的平安稳定，支持了国家、省、市的平安稳定。积极化解涉稳隐患，成功将新城镇“7·6”学生溺水、池江镇“7·8”村民溺水、黄龙镇绿林沙场驾驶员意外死亡、县移动公司劳务工意外死亡、e租宝非法集资等情况复杂、涉及人员众多的一批重大矛盾解决在县内。不断加强维稳“三支队伍”建设，认真组织县应急处突特巡警大队进行业务培训，开展实战演练，实战能力得到提升，用好用足原籍干部与妇女干部维稳队伍，新城镇、池江镇发生人员溺水案件后，及时征调原籍干部维稳队员，深入村组，上户做好家属工作；县林盛木业公司帽子峰林场部分山场经营合同到期后合同续签工作中，充分发挥吉村镇原籍干部维稳作用，确保了合同续签期间林区稳定。县委、县政府制定下发了《大余县深入推进防范处置邪教工作意见》，发挥县乡村三级干部作用，依靠群众防范处置邪教，使全县防范处置邪教工作走上综合治理、标本兼治的正常轨道。加大对“法轮功”和其他邪教组织防范打击力度，对仅存的一名邪教“法轮功”顽固人员进行了治安拘留，并督促相关单位严格落实教育转化及管控措施。2016年1月，新城镇被评为“全国无邪教创建示范镇”，浮江乡竹木村、青龙镇二塘村、南安镇北门社区分别被评为“全国无邪教创建示范村（社区）”。

【领导名单】

书 记	廖　军（8月任）
	肖惜才（8月免）
副书记	傅义生
610办主任	梁长运
维稳办主任	廖达红

公 安

【概况】 2016年，大余县公安局在县委、县政府和市公安局的正确领导下，认真贯彻落实中共十八届四中、五中全会、六中全会和习近平总书记系列讲话精神以及全国、全省、全市公安局长会议精神，按照“转方式、补短板、防风险、争先进”的思路，牢牢把握“一条主线”（国家安全和社会稳定），做好“两篇文章”（打击和防范），推进“四项建设”（基础信息化、警务实战化、执法规范化、队伍正规化），实现“四个提升”（提升人民群众安全感、提升人民群众满意度、提升公安执法公信力、提升队伍战斗力），不断提高全县公安机关依法履职能力和水平，为“平安大余”建设创造和谐稳定的社会治安环境。县局内设机构有18个科（室）、大队：办公室、指挥中心、政工监督室、宣教科、监察室、督察大队、交管大队、刑侦大队、国保大队、经侦大队、治安大队、禁毒大队、网安大队、法制大队、应急处突大队、警务保障室、户政科、看守所。派出机构有15个派出所：南安派出所、新城派出所、下垄派出所、樟斗派出所、池江派出所、青龙派出所、黄龙派出所、左拔派出所、大江派出所、大龙派出所、西华山派出所、浮江派出所、吉村派出所、内良派出所、河洞派出所。年末，在职人数总数276人（含交管大队）。

【110接处警】 全年共接有效警情9329起，分流非警务警情919起。其中刑事警情928起，治安警情1643起，交通事故2316起，火警45起，纠纷求助4022起，举报投诉207起。

大情报系统建设年内整合各类社会资源数据50万余条，成功预警、劝还涉访涉稳人员6人次，签收反馈红色、橙色、黄色、蓝色四色预警信息3028条，通过红色预警抓获网上在逃人员9人。

天网工程建设　加强了“天网”工程各项设备的管理维护，签订了2016－2018年三年“天网”维保服务合同，确保“天网”监控的各类设备和平台能够得及时的维护和保养，确保了“天网工程”在打击犯罪和治安防范中发挥作用。全年，共利用“天网”工程发现线索98条，破获各类案件198起，其中刑事案件173起，治安案件25起，抓获违法犯罪嫌疑人50名，处理交通事故38起，发现并处置各类警情20起，为社会提供查询258起，挽回经济损失105.43万元。

【国保工作】 以确保国家政治安全为中心，以深化主动进攻为主线，以加强专业能力建设为支撑，全面推进情报信息、专案侦察、基层基础三个体系建设，及时发现处置各类影响社会政治稳定因素和群体性事件，切实做好了国保、反恐怖各项工作。全年共排查出突出矛盾纠纷88起，各类重点人员113人，其中立国保重点人5人，　2人为“法轮功”邪教人员，3人为涉军群体人员；搜集上报网络信息692条，市局采用426条，省厅采用123条；搜集不稳定情报信息135条，上报县维稳办67条，上报市局国保支队21篇；立侦察专案4起，查破案件3起，摸排出“全能神”邪教人员90余人，长期流窜在外传教的“全能神”邪教人员11名，登记流入大余县务工新疆籍人员6人。

【刑侦工作】 2016年以来，先后掀起了“冬季严打整治专项行动”、“打击盗抢骗专项行动”、“打击治理电信网络新型违法犯罪专项行动”“捕狼专项行动”“平安1号冬季打防专项行动”等一波波攻势，取得了不俗的成绩。1－12月，大余县公安局共立刑事案件807起，破获537起，其中命案立2起（故意杀人案1起，故意伤害致死案1起），破获3起（含年前1起），连续6年实现命案全破，同时还抓获了一名潜逃10年之久的命案逃犯高某，破获2006年命案积案1起。

【治安管理】 以维护社会治安稳定为中心，坚持“打防并举、以防为主”，切实落实“打、防、管、建、控”各项工作，全力开展“扫黄禁赌”“打四黑除四害”“缉枪治爆”等各类专项行动，扎实推进各项治安管理工作开展，切实提升全县人民群众安全感和满意度。

安保警卫。先后圆满完成了国家安监总局、省委等领导来余调研，梅关大桥、东风桥爆破拆除，全县纪念中国共产党成立95周年表彰大会暨红歌合唱比赛、2016

年“三集中”系列活动、“南北”经济论坛嘉宾领导来余考察等30余项安保任务。

重点行业管理。重点加大了对民爆物品、烟花爆竹、剧毒化学品等行业领域的监管检查工作力度，全年举办爆破员培训班3期，开展对各行业领域监管检查60余次，下达整改通知书35（份）次。

特种行业及公共娱乐场管理。召开了全县旅馆业治安管理工作会议，对全县72家旅馆、13家KTV建立了微信工作群，整改旅馆10家，查处不如实登记旅馆2家，通过旅馆业系统抓获网上逃犯4名；对全县42家废品收购企业、45家物流寄递企业、13家娱乐服务场所进行了摸底，并逐一登记建档，切实做到底数清、情况明；加大了对物流寄递企业的安全监管，通过不定期明察暗访及开展业务培训等措施，督促物流寄递企业落实“三个100％”开包验视制度。

专项整治行动。组织牵头和大力开展了“扫黄禁赌”“打四黑除四害”“ 缉枪治爆”“夏季治安攻势”等治安整治专项行动，严格依法查办各类违法犯罪案件。共查处卖淫嫖娼案6起，治安拘留27人，治安罚款3人，刑事拘留4人；查处赌博案5起，治安拘留24人，刑事拘留21人，其中办理地下“六合彩”赌博案一起，涉案金额达140余万元，刑事拘留2人；侦办生产销售有毒有害食品案2起，刑拘2人，逮捕2人，移送起诉2人。

群体性事件及非正常上访事件预防处置。参与处置各类矛盾纠纷引发的群体性事件3起，治安拘留10人，刑事拘留2人。查处赴京非访、闹访等扰乱单位秩序案件2起，治安拘留2人次。

重点人员管控。全年，共摸排肇事肇祸精神病人101人，送治精神病人65人，摸排涉稳治安重点人员165人，并逐一建档，全部纳入管控。

【打击经济犯罪】 全年共受理经济犯罪案件18起，立案查处刑事案件17起，破案16起，其中刑拘10人，拘传4人，监视居住1人，取保候审7人，批准逮捕4人，移送起诉案件8起4人，抓获网上逃犯3人，挽回各类经济损失共计2300余万元。

【禁毒工作】 共查处行政案件23起，其中行政拘留28日，强制戒毒10人，破获刑事案件14起，其中刑事拘留14人，取保候审3人，逮捕人10人，移送起诉10人，完成市局下放任务的65%，收缴制毒原料1000多公斤，缴获毒品冰毒20余克。

【应急处突】 年内抓获现行违法犯罪嫌疑人 3人，3人均被刑事拘留，带破各类案件百余起，查处违反治安管理人员25人，缴获管制刀具20余把，各类违禁物品50余件；处置群体性事件15次，受命设卡38次，完成各项保卫任务41次，应急待命33次，应急演练及其他演练12次，协助禁毒、刑侦、治安、各辖区派出所抓捕嫌疑人及看守嫌疑人232次。

卡点盘查。2016年，梅关公安检查站共检查车辆4658 辆次，检查人员10273人次，接到指挥中心指令设卡任务 38次，抓获盗窃摩托车嫌疑人 2名，缴获被盗摩托车2 辆，截获一辆涉嫌偷盗汽柴油车辆。

巡逻防控。全年，投入警力10680人次，出动车辆5728辆次，抓获现行违法犯罪嫌疑人1人，查处违反治安管理人员25人，缴获管制刀具20余把，各类违禁物品50余件，有力的震慑了街面违法犯罪，维护了城区的社会治安稳定。

【公安法制】 严格审核各类刑事案件，重点狠抓了对案件及采取刑事强制措施的审核把关工作，尽量把执法中的各种问题纠正于作出决定之前，全年共审核办理刑事案件122起，拘留196人，直接取保10人，提请检察院批准逮捕136人；共移送起诉136人。加强执法场所管理，进一步规范执法办案录音录像设备、民警执法现场记录仪和单警装备等执法执勤装备的使用管理，严格落实执法办案场所使用管理制度，切实做到“四个一律”，真正实现执法办案场所标准化、流程化、精细化管理使用。

【公安信访】 接待群众来信45件（其中初信32件）、来访76批112人次（其中初访56批87人次），共办理信访件76件，办结73件，查结率96%，停访73件，息诉率达96%。

【网络监管】 扎实开展互联网舆情信息监控引导，强化互联网有害信息巡查处置，加大对本地网络谣言信息落地查处力度，严防网上恶意炒作和有害信息传播，严厉打击网络散布谣言、网上淫秽色情等违法活动，完成一期100个网安卡口点位建设，发现本地负面信息53条，落地处置35条信息，利用网监技术手段协助其他办案部门办理案件5起，开展网络协查12起，利用电子取证实验室为办案单位开展电子数据取证，全年共收到办案单位委托电子勘验委托书12份，出具报告书8份。为各办案部门提供电子数据取证报告2份。

【户政管理】 2016年，户政部门创新工作思路，转变工作方式，以促进经济发展为出发点，进一步深化户籍制度改革，出台了一揽子便民利民措施，简化办事程序，提高了办事效率。全年，共办理投资、经商、务工、购房、引进人才等各类户口991人。为群众办理户籍变更主项事项825人次，补录户口422人，审核办理二代身份证22483份，办理临时身份证5658份。

户口整顿。全面清理了人口信息系统数据，全面复核了往年户口卷宗材料，共查实纠正双重户口236人，删除空挂户12人，摸排出应销未销人员56人。

全国异地证受理及无户口人员户口登记。从7月1日开始启动居民身份证异地受理工作，共设立挂失申报和丢失招领窗口13个，全省异地身份证受理窗口13个，全国异地身份证受理窗口1个，累计办理异地证27张，身份证挂失602份，审核县居民在外地办证48份；着力解决8类无户口人员的户口问题，共解决无户口人员户口登记49人。

流动人口管理。组建了全县流动人口工作小组，进一步加强和规范全县流动人口服务管理工作，全年共登记暂住人口9253人，其中办理居住证697人，登记出租屋285户。

【出入境管理】 全年共受理各类出入境证件10434件，其中护照3490件，往来港澳通行证6526件，大陆证418件，前往港澳通行证5件，档案归档9785份，双备库录入国家工作人员112人、法定不准出境人员72人，指导宾馆旅店录入外国人住宿登记89人次，查询出入境记录96人次。

【狱政管理】 2016年，看守所收押刑事犯罪人员216人，拘留所共收拘被拘留人员186人（其中女性39人），期末在拘2人。扎实有效开展监管各项工作，设置建成了接待大厅，接待大厅内设置了座椅、储物柜、饮水机、老花镜等必要的服务设施，配备了电子触摸屏用于警务公开、办事指南；建设了封闭透视提审通道，在提审、会见楼与监墙之间加装建成了封闭透视提审通道，削除了执勤安全隐患。

【纪检监察】 加大执法公开力度，新购置了16台触摸屏查询机，方便群众查询到案件办理情况、办事指南、部门职能、公安法规；强化监督制约，重新聘请了24名警风警纪监督员，调整了30名内设纪检信息员和预警信息员；严格案件查办，共受理查办各类投诉件11件，其中县纪检、信访批转5件，县局信访室批转2件，其他部门批转4件。

【警务督察】 全年出动督察警力450余人次，开展各类明察暗访活动209次，开展专项督察行动30人次，下发督察整改通知书20份，受理检举控告、群众投诉件14件。

【领导名单】

党委书记、局长 肖桂西（8月免）
陈伟生（8月任）
党委副书记 谢科华
黄素华
副局长、交管大队长
麦光明（3月免）
党委委员、交管大队长
魏国强（3月任）
党委委员、纪委书记 刘正春
党委委员、副局长 高雪峰
吴至优
党委委员、指挥中心主任 叶支金
副局长、南安派出所所长 李启源
党委委员、副政委 张 洪
党委委员、政工监督室主任 张永国
党委委员、出入境管理大队长
彭俊才
党委委员 朱可发
邱庆林
副局长、新城派出所所长 肖振东

公安交管

【概况】大余县公安局交通管理大队是道路交通安全管理部门，受赣州市公安局交通警察支队和县公安局双重领导。2016年底，共有在职在岗民警、职工46人，协管员79人。2016年，交通管理大队所属科、室、中心、中队12个，设办公室、财务科、信息中心、秩序科、宣教科、车管科、违法处理中心、城区中队、新城中队、事故处理中队、新华中队、浮江中队。2016年，大队以队伍建设为主线，以防控事故、保畅通为核心，以秩序整治、文明城市创建为重点，以规范执法为根本，以科技信息化为支撑，扎实推进“四项建设”（基础信息化、警务实战化、执法规范化、队伍正规化），以正警风、提素质、树形象、强管理、保安全、保畅通、站前列、争一流为目标，全面推进公安交管队伍建设和全县公安交通管理工作，大力提升保安全、保畅通和服务群众的能力和水平，为县纵深推进五县战略，打好九大攻坚战，打造“三区、三基地、五名县”，加快推进振兴发展步伐，努力实现率先全面建成小康社会提供了良好交通环境。确保了全县道路的安全畅通，为建设和谐平安大余创造了安全、畅通、有序的道路交通环境。

2016年，大队时隔九年再获全市公安交通管理工作先进单位，并获得全市酒驾查处执法先进单位，在全市公安绩效考评中同类部门排名并列第一名，在全市民调评警工作中排名第二名，在全市交通安全村考核评比中排名第一名，在黄标车报废淘汰工作中全市排名第一名；在全县2016年度科学发展绩效考评中荣获综合绩效考评优秀单位，并获得综治工作第三名、信访工作二等奖、精准扶贫工作二等奖、土地及房屋征收工作二等奖、法治大余建设第三名、招商引资工作先进单位；新城中队被县局授予先进单位称号；城区中队被县评为先进基层政法单位；郭昌飞被省交管局评为2016年全省春运工作先进个人、被市公安局评为2015－2016年度卷烟打假先进个人；余开彪被市公安局交警支队评为2016年全市公安交通管理工作优秀民警；李兰、蔡平被市公安局交警支队评为2016年全市公安交通管理工作优秀辅警；魏国强、刘桂湖、韩宇、谭景亮、方学池、曹鑫被县评为2016年度优秀公务员；温盛明、许曙光、钟英雄被县评为2016年度优秀工作人员；李忠勇被县评为2016年度信访工作先进个人；刘小勇被县评为2016年“十佳”政法干警；谭景亮被县局评为2016年“十佳”民警；温盛明、谢代斌被县局评为2016年先进工作者；张健、王龙梅、曾麟秀被县局评为2016年优秀辅警。

【驾驶人管理】截至2016年，全县共有机动驾驶人92368人。2016年，共依法办理驾驶人业务16556人。其中，驾驶人初次申领5614人，年度体检136人，审验1240人，补换证业务8814人，满分学习247人，注销登记157人，恢复驾驶资格348人。

【车辆管理】截至2016年，全县机动车保有量52876辆。2016年，共依法办理机动车业务40199辆。其中，注册登记4131辆（小车2010辆，五小车辆2121辆），转移登记883辆，变更登记191辆，抵押登记325辆，注销登记4418辆，转入业务2辆，车辆年检30239辆，其他业务10辆。

【秩序管理】2016年，强化全县道路交通秩序管理，扎实推进公安交通管理执法规范化建设。春运期间，共出动警力1200余人次，出动警车300余辆次，梅关春运服务站检查登记7座以上客运车辆1100余辆次，查处超速行驶770余起，无牌无证50余起，酒后驾驶14起，城区乱停乱放918起；酒驾醉驾专项整治行动，共查处酒驾351起，严厉打击了酒驾违法行为，预防和减少了涉酒道路交通事故的发生。开展道路交通安全隐患排查，上报整改隐患路段152处。2016年3月份起开展了电动二、三轮车无证驾驶专项整治。加强了交通秩序的维护、组织和疏导。合理调整勤务，采取高峰站点，平峰巡查的模式，加强了城区主次干道的交通疏导和管理，确保了大余县城乡交通秩序、清明、“五一”、国庆等重要节假日及各类交通安保工作的道路通畅。10月起按照县委、县政府的部署安排，扎实开展了三轮车非法载客专项整治工作。联合教育等部门开展了校车专项整治，强化客车、大货车、危化品运输车、三轮摩托车的管理，确保重点车辆管理不失控。在东门小学、金鑫幼儿园、水城小学、水城幼儿园等学校路口设立了“护学岗”，增派了机关人员站高峰岗，加强对校园周边道路交通秩序的维护，切实保障中小学生和幼儿上下学期间交通安全。

2016年，共查处现场违法行为16342起，非现场交通违法行为40510起。其中，无证驾驶2083起，酒后驾驶351起，超速行驶7998起，其它违法行为46420起。

【“两站”“两员”工作】 采取先国省道沿线试点、后全县推广的原则，深入推进农村道路交通安全工作“两站”“两员”建设。2016年，全县11个乡镇建立了交管站，105个行政村建立了劝导站，发展交通安全员61名，交通安全协管员510名，大大增强了农村交通管理力量，在全县构建了新的农村道路交通安全防控体系。进一步提升了农村群众的遵章、安全、文明出行意识，有效预防和减少了农村道路交通事故的发生。

【科技信息】 加快推进公路交通安全防控体系建设，完成国、省道路面卡口建设12个。加强对交通违法行为的非现场抓拍，利用GPS监控平台，加强对客运、危化车辆的监管，及时发现和查处违法行为。全力开展全国机动车缉查布控系统应用工作，2016年，共签收系统预警1463条，其中人工布控145辆，布控拦截303辆，成功拦截51辆，拦截车辆属于违法车辆率为100%。加强官方微信、微博等“自媒体”建设，增强自主发布信息的能力。2016年发布路况信息15000多条、安全提示信息51000多条。积极做好交通管理互联网应用平台的注册应用工作，截至，共注册个人用户7817个、单位用户185个，切实方便群众，为群众办实事。

【事故处理】 加强事故预防，积极推行道路交通事故处理应急联动机制工作，规范道路交通事故分析研判，全面提升事故预防工作。加强全警情录入管理，建立健全道路交通事故研判机制，建立交通事故办案质量定期抽查和交通事故信访错案责任追究制度，力争避免发生交通事故信访案件。2016年，大余县辖区共发生道路交通事故2133起，同比上升50.7%；死亡29人，同比下降14.7%；受伤1195人，同比上升11.7%；经济损失71600元，同比上升64.4%；办理刑事案件16起，其中交通肇事案13起，危险驾驶案3起，破获逃逸案件12起，刑事拘留12人，取保候审5人，逮捕12人，移送起诉16起；使用救助基金16起、18人次，共计32万元。

【安全教育】 2016年，大队创新交通安全宣传方法，建立立体化交通安全宣传模式，全面开展交通安全宣传“五进”工作。在国家级媒体（电视、电台、报纸、网络）上刊登和发布宣传稿件64篇，省级稿件129篇，总队信息38篇，张贴、悬挂标语和横幅132条，上交通安全课96场次，通过县有线电视台制作交通安全宣传专题篇《大余红绿灯》共11期，编发《交通安全简报》11期，编发了185条微信、微博；在今日头条（网站）发布信息70条，开展大型宣传活动21次，派发宣传单7万份。

【工程建设】 2016年5月1日大余县公安局交通管理大队梅关中队搬迁重建工程顺利开工，8月1日大余县公安局交通管理大队执法及业务用房工程顺利开工，梅关中队搬迁重建和大队执法及业务用房现已办理好《建设用地规划许可书》《建设工程规划许可书》《建设用地批准书》相关法定手续。工程造价正在财政基建科审预中，建设用地基本完成平整。梅关中队搬迁重建工地1.0千伏电线杆迁移工作已完工。

【精准扶贫】 2016年来，大队在精准扶贫和新农村建设工作中，为村民解决实际困难上百余件，收集群众对交通安全管理意见数十条，发放各类交通安全宣传单上万余份，共帮扶15户贫困户脱贫。

【领导名单】

大队长	魏国强
教导员	董　磊
副教导员	肖厚伟
	卢江斌
副大队长	廖　剑
	李　建

公安消防

【概况】 2016年，大余县公安消防大队深入贯彻落实全军和公安现役部队政治工作会议精神，以“保方向、保打赢、保本色”为总体目标，在总队、支队党委的正确领导下，紧紧围绕支队党委提出的工作思路，严格落实年度消防工作目标任务，坚持以战斗力为根本标准，以确保部队安全稳定为主线，坚持打基础、练精兵、保稳定、促发展、求实效，以财务大清查工作为契机，认真做好财务管理工作，紧紧围绕火灾形势稳定总目标，深化社会消防安全“防火墙”工程建设，健全消防安全治理体系，持续推动火灾防控更好地发展，确保了各项工作任务的圆满完成。

县消防大队为武警编制，军队性质，下辖1个现役消防中队，2个政府专职队，共有官兵60人。

【政治工作】 建设学习型党委班子，全面加强领导班子能力建设。按照建设学习型党委班子要求，加强和改进党委中心组理论学习，组织班子成员学理论、学政策、学法规，集中研究部队建设新情况新问题，不断提高党委班子驾驭全局的能力。大队深入开展创先争优活动，获得总队2015年“三争优”活动先进大队、中队、江西省第十四届文明单位，大队有2名被列为党员发展对象，2名同志加入中国共青团，2名同志被总队荣记三等功，1名同志被总队评为“优秀党务工作者”，1名同志获得“全省优秀党员”，1名同志获得“市优秀党员”，同时大队还取得了支队“振兴杯”篮球赛第六名的好成绩。较好地发挥了党委班子模范带头作用。夯实政治教育基础，狠抓特色文艺队伍建设。为了拓宽教育渠道，提高官兵的学习兴趣，丰富官兵的教育文化，大队投资3万余元积极建设网络思想政治教育平台，并利用网络开展教育，投资30余万元建成3D影院和大型强军广告牌，丰富了官兵文化生活和教育设施。大队在开展基础教育上注重对照实际找差距，着眼官兵的素质能力建设，注重形象启迪，引导官兵感知崭新变化；营造政治环境，校正官兵文化思想。同时，狠抓特色文艺队伍建设，发掘极具特点的客家民俗“板凳龙舞”，充分融合大余红色革命优良传统和铁军精神。挖掘消防吃苦耐劳、坚忍不拔的精神，与大余红色革命优良传统和当前消防铁军所具备的精神紧密结合起来，打造警营文化建设亮点，大队积极组织人员编排表演节目，并参加支队文艺会演。深入落实年度政治教育计划，完成主题教育和基础教育。大队深入学习中共十八届四中、五中、六中全会精神和习近平总书记系列重要讲话精神，始终坚持用党的创新理论武装官兵头脑。深入开展改革强警主题教育和“两学一做”学习教育，不断坚定官兵理想信念、强化官兵使命担当，抓好了学习教育，开好专题民主生活会。开展了专项清理整治，大队扎实开展财务大清查等工作，深化执法腐败问题集中整治和官兵关系教育整顿以及执法回访活动。大队积极开展基础教育和经常性思想教育，建立了以老士官为主体的经常性思想工作骨干队伍，着力解决好部队倾向性思想问题和官兵现实思想问题，切实消除事故案件隐患，确保队伍安全稳定。大队深入开展形势政策教育和反腐倡廉教育，有针对性地搞好教育引导和释疑解惑，使广大官兵从灵魂上受到触动、思想上得到警醒，切实筑牢拒腐防变的思想防线。切实坚定官兵理想信念，大力培育官兵战斗精神。大队紧贴改革进程抓好思想教育和政策宣传，汇聚支持拥护改革正能量，充分利用大余驻地红色资源开展红色教育，大队组织官兵参观烈士陵园、梅岭陈毅隐蔽处，同时前往武警中队、看守所等地接受警示教育，引导官兵传承红色基因和革命血脉，大力培育官兵“一不怕苦，二不怕死”的战斗精神，切实增强部队当兵打仗、练兵打仗、带兵打仗的浓厚氛围。着力增强党组织原则性、战斗性，不断加强部队作风建设。大队深入落实改革强警主题教育和“两学一做”学习教育实践活动，着眼把党性原则牢固立起来，严格遵守党内政治生活准则。大队强化基层党组织功能，继续深入开展“帮建支部、帮带干部、帮抓骨干”和“公安消防党旗红”创先争优活动，不断提高基层党组织建设水平，大队狠抓党员队伍建设，通过学习党的性质宗旨、重温入党誓词、手抄党章、党规，亲手缴纳党费等途径，强化爱党、忧党、兴党、护党的意识，2016 年大队培养发展党员发展对象 2 人，发展团员 2 人。加强审计监督工作，扎实推进廉政消防建设。大队严格领导干部经济责任审计，全面规范部队经济运行秩序，严格经费管理使用，加大对预算执行和公务支出的管理力度，着力清理“账外账”“假发票”等问题。2016 年大队配合支队完成了审计工作，对审计提出的问题全部进行了整改。大队巩固集中整治消防执法腐败、领导干部工作生活待遇、超标准接待和公款请吃等专项整治成果，进一步健全完善相关制度规定，确保廉政建设取得成效。狠抓警营文化建设和警民共建工作，抓实推进争先创优和达标创建活动。大队按照俱乐部建设标准，更新完善基本文化设施，新增图书 1000 余册，建立了文化长廊，新建了多媒体教育，配备了学习电脑，更新了宣传展板，使官兵在潜移默化中受到教育。大队不断加强文化队伍建设，组建了文艺小分队，确立了文艺骨干，为统一官兵思想打下了良好的基础。大队积极做好警民共建工作，2016 年以来累计捐款 3000 余元，献血 2000 毫升。2016 年以来，大队多次组织共建单位参与消防站开放活动，积极参与今年的各项消防安保工作，得到了群众和当地政府的高度评价。坚持以战斗力标准加强和改进政治工作，全力推动政治工作创新发展。大队党委定期议训、议教、议廉、议执法，重点研究实战训练、组织指挥、政策导向和综合保障等部队战斗力建设，使党委工作向战斗力聚焦。大队广泛开展战斗力标准大讨论活动，引导官兵把心思聚焦到能打仗、打胜仗上来。坚持用战斗力衡量工作绩效，结合完成防火灭火、应急救援、重大安保等急难险重任务，检验官兵实战本领、考核干部指挥水平、衡量党委决策能力，用强有力的工作落实推动政治工作创新发展。

【部队管理】 发扬钨都铁军精神，提升部队管理水平。大队依据瑞金“全省正规化现场会”学习，不断加强部队经常性管理，严格落实一日生活、请销假、晚点名、查铺查哨和营门出入登记等制度，保持了部队的正规秩序；根据支队《全市消防部队“创五无、保平安”活动实施方案》《全市消防部队夏季百日安全防事故大检查活动实施方案》《全市消防部队车辆运行安全管理专项整治活动方案》精神。强化部队实战练兵，提升灭火作战能力。大队狠抓日常训练，在支队举办的大型比赛中取得了多项比赛得冠军。在 2016 年上半年举行的队列比赛中，大队官兵秉着有荣誉就扛的精神，在支队 20 个队伍中勇获第三名的好成绩。在 2016 年上半年支队举行的岗位练兵比武竞赛中，大队全体官兵奋勇拼搏，勇于争先，在多个比赛项目中斩获多个优秀的名次，最终取得了支队比武竞赛团体总分第二名的好成绩。大队狠抓中队日常训练，苦练精兵，随时做好灭大火，打恶战的思想准备。为确保辖区火灾形势稳定，大力提升部队灭火和应急救援实战能力，本着从实战出发的特点，大队开展了“大练兵、大熟悉、大演练、大测试、大整治”百日攻坚战专项行动和水源普查、防排烟装备实际测试活动，定期组织官兵开展危化品处置、水上救援、高空救援、石油化工演练等专业训练，对辖区 47 家重点单位逐一开展实地熟悉，并制定了六熟悉卡，特别是今年大队分别在大余县人民医院和水城小学开展了两次大型的灭火演练，通过演练达到了预期效果，进一步提升了中队对辖区重点单位的熟悉同时也增强了中队协同作战和指挥员的临战指挥能力，与此同时中队对辖区水源分布情况、市政消火栓完好使用情况、执勤空气呼吸器防护能力等情况进行了熟悉和测试，为驻地灭火救援任务做好了扎实准备，切实提高了部队初战控制和攻坚打赢能力。截至 11 月 16 日，消防队伍共接警 66 起，出动 65 次（含增援），出动消防车 106 辆次，消防人员 720 人次，抢救被困人员 18 人，疏散人员 244 人， 抢救财产价值 365.4 万元。同比上年，接警起数上升了 26.92% ，出动次数上升了 26.92% ，出动车辆数上升了 63.08% ，出动消防人员数上升了 65.9% ，疏散人员数上升了 136.89% ，抢救财产价值上升了 58.11% 。火灾中无人员伤亡记录，为保一方平安做出了重要贡献，受到了县委、县政府的高度肯定。狠抓骨干队伍建设，提升综合素质能力。大队通过多次对班长、士官、骨干的德、能、勤、绩等方面进行考评，对有能力、有经验、有责任心、会管、敢管的士官放在班长岗位上，充分发挥他们的能动性和积极性。中队严格执行《士兵行政管理量化考评实施细则》，每周将考评成绩予以公布，作为本年度评功评奖、入党入学、学技术的重要条件，使骨干队伍真正起到了“领头羊”的作用，骨干队伍的综合素质能力有了明显提高，部队管理进一步正规化。有序推进应急救援队伍工作。大队根据年初任务目标，积极与县政府沟通，统筹协调在各级部门和领导关心支持下，大队在原有10名合同制消防员的基础上，在今年八月，大队再次向社会征召了十名合同制消防员，合同制消防员已正式投入执勤。大队在总队、支队的相关要求下，在政府大力支持下完成了池江应急救援建设任务，建立了池江专职消防队，池江政府专职消防队的建立，标志着大余县应急救援能力再上一个新台阶，有效地缓解了“远水救不了近火”的尴尬局面。2016年，经过大队与政府沟通汇报，完成了新增25个消火栓任务，有效地加强了县城辖区供水能力，为今后的灭火救援工作打下了重要基础。完善软件资料工作，加快业务基础建设进程。对业务基础软件资料按照总队要求进行了重新调整和建立，新修订了30份灭火救援数字化预案，开展了责任区水源道路熟悉，并修改了水源道路手册和六熟悉手册。大队积极做好档案建设，进一步规范和完善了各种档案资料，战训业务基础资料全部录入了电脑管理，完成了档案建设三级达标创建的工作目标。

【防火监督】 大余县委、县政府对消防工作一向高度重视。上半年县政府先后召开2次政府常委会，专题讨论落实消防工作目标任务和合同制消防员征召工作，并对消防工作2次专门批复，就县综合应急救援训练指挥中心建设工作，分管副县长组织召开现场办公会多达5次。春节、元宵、清明重大节庆、夏季消防安全检查、冬春火灾防控工作期间，大余县县长、分管副县长多次带队深入商场超市、矿山车站、工业园区企业开展消防安全检查。3月3日，大余县召开全县消防工作会，分管副县长肖桂西出席并讲话。3月23日，副县长刘裕裕亲自主持全县工业生产消防安全工作调度会，副县长肖桂西出席并讲话。5月28日，副县长肖桂西出席夏季消防检查动员部署会作动员部署，并带队开展夏季消防检查。11月16日，大余县副县长兼公安局局长陈伟生、公安局副局长吴至优带领公安、消防等相关部门负责人一行深入劳动密集场所开展消防安全检查。在政府领导层面重视的影响下，各行业部门、消委会成员单位、乡镇人民政府均对消防工作高度重视，签订了消防工作责任状，乡镇、街道、社区、村落逐级落实消防安全责任制，广泛开展网格化管理和消防安全宣传、建设微型消防站，形成了横向到边，纵向到底的消防安全责任制体系。规范执法，执法质量水平稳步提升。大队进一步夯实执法规范化建设基础工作，在确保完成执法量的同时，规范执法程序，提高执法质量。大队荣获2015年度全省公安机关消防机构执法规范化建设“先进基层单位”。大队在支队第一季度网上评查成绩第二名。执法记录仪使用及电子证据管理系统录入排名：1月、2月均第二，3月、6月第六，4月、5月、7月、9月均第一。六月，采购了2台警翼v7执法记录仪，总数达到6台，超1：1配置。大队新征召了2名合同制消防文员，比例达到1：1。所有执法文书均有互联网及微信公开。整治有力，专项治理工作扎实有效。根据上级的有关要求，大队推动县公安局下发了《2016年全县公安机关今冬明春火灾防控工作方案》（余公字［2016］97号），消委会下发了《2016年全县冬明春火灾防控工作方案》（余消委字［2016］6号），2016年，扎实开展了今冬明春火灾防控工作、夏季消防检查、合用场所专项治理等专项工作。大队共检查社会单位630家次，发现火灾隐患348处，督促整改火灾隐患251处，下发《责令改正通知书》293份，罚款11.27万余元，处罚社会单位30家、三停11家、临时查封12家。在大队的推动下，全县公安派出所开展消防安全检查录入，出动检查警力8438人次，检查社会单位场所3975家次，发现并整改火灾隐患221处，下发责令改正通知书76份。通过扎实开展火灾隐患整治和各专项行动，促使全县全年火灾“四项指标”稳步下降。强化管理，社会火灾防控能力夯实（标准化、微型站、消防规划、各征求意见）方面，2016年，全县消防专业规划编制工作通过市级评审并实施，60%以上建制镇编制了消防规划专篇。在《大余县中心城区控制性详细规划》《大余县左拔镇云山村传统村落保护发展规划》、《江西大余工业园化工产业集中区安全发展规划（2016－2020）》《江西省大余县“十三五”能源发展规划》《江西省大余县中心城区消防专业规划（2014－2030）》《大余县主攻工业标准厂房建设实施方案》均征求大队意见。联合行业部门推进行业消防安全标准化管理，7月21日大队联合卫计委在人民医院召开了 消防安全标准化管理现场会暨微型消防站建设现场会。大余县政府根据消防专业规划，投入40余万元增设维护市政消火栓共计110投入使用，满足全县消防供水要求。微型站、联防队建设方面，大队依托群防群治力量和现有消防组织，明确标准，执法督导，在8个社区和15个重点单位建立了微型站，建立了联防队伍体系，积极探索“联合检查、联动演练、联勤出动”的机制，实现了有人员、有器材、有制度、有联动。全民宣传，全民消防安全素质加强。我县通过大余报、大余手机报和县有线电视台、互联网站等经常性的宣传消防知识和消防公益广告，在县电视台开设《消防之窗》专栏，黄金时间播放消防常识宣传片，消防宣传月期间，大队与移动公司联合开展了“关注送流量”“答题送电影票”等活动，参与学生家庭数达7000余个，关注人数达到14945人，同时联合教育局对消防宣传活动组织得力的学校及个人通报表彰。大队全年组织开展消防安全管理人、专兼职消防民警各类消防安全培训班，共培训人员5600余人次，发放各类宣传资料30000余份。县消防大队利用消防宣传车和巡逻自行车，下乡进行20余次巡回消防宣传，并配合全市首个“生命通道体验帐篷”对行业系统、公众聚集场所进行16次消防安全宣传和体验，参加人数约8000余人。邮政局利用投递员投送报纸杂志机会，将消防常识手册一并投递到群众手中，这些措施都有效地提高了群众的消防安全意识，增强了抗御火灾的能力。同时，与大余县广播电视台续签了《消防之窗》协议采购了一顶最新型逃生帐篷采购一台最新式大疆无人机，购置了600余辆云梯消防车模型用于学校宣传，联合县教育局印制6000册《中小学消防安全教育读本》，大队联合县教育局下发《关于开展全县学校消防安全主题征文活动的通知》，8月26日，大队走进大余中学开展消防安全进军训活动，高一入学新生共3000余人齐学消防知识，4月20日下午，大余县东门小学三（2）班开展了以消防安全为主题的班会教育活动。由排长赵用新、蔡定进带队、合同制消防员配合开展消防宣传培训演练，深入南安古商城、工业园炜格电子、章源宾馆3.25、水城小学、水城幼儿园、东门小学、丫山景区、南安中学、池江中学等单位开展消防宣传培训演练32次。自1月1日截至至2016年，大余消防警营开放共15次。4月27日，大余大队深入县东门小学，为师生发放消防宣传资料。4月28日，大余大队深入黄龙镇开展消防安全宣传活动。5月5日，大余大队走上街头，向过往群众宣传消防知识，发放宣传资料。大队“双管齐下”开展电动车火灾防范宣传提醒，11月1日下午，大余大队走进新城中学开展消防安全知识培训活动，全校2000余名师生们齐享“安全大餐”，另有万份《致家长的一封信》助力家庭消防安全。狠抓社会面消防安全管控。全面推进“网格化”管理，进一步明确了“网格”责任主体、职责任务和专管人员，2016年，全县乡镇、村、社区、全部落实“网格化”管理。同时，狠抓“四个能力”达标建设，重点单位、人员密集场所的一般单位全部达标。大队督促社会单位落实消防安全自评、消防安全责任人管理人变更、建筑消防设施维护保养“三项申报备案”制度。大余县户籍化管理系统三色预警合格率达百分之90%，处全市前列。

【领导名单】

大队长	汪华兵
教导员	张克辉
参谋	王 渊
中队长	林 舟
指导员	陈宏愿（1月任）
排长	赵用新
	蔡定进

森林公安

【概况】 2016年，县森林公安分局紧扣护航南方地区重要生态屏障建设、赣南苏区振兴发展和县委主攻“六大攻坚战”这一主线，围绕深化公安改革，服务林业建设两大主题，夯实警务保障、治安防控、信息支撑三项基础，突出严打整治、队伍建设、规范执法、警务实战四项重点，破解派出所“收支、负担、待遇、违纪、信访”五大难题，全县森林公安工作取得了一定成效，得到了上级的肯定，被省森林公安局评为全省严打整治先进基层单位。全年，共查破各类案件68起，其中森林刑事案件38起，采取强制措施刑事拘留14人、逮捕14人、取保候审20人，移送审查起诉30起，法院宣判30人；调处涉林矛盾纠纷30余起，查处森林行政案件30起，处罚50余人次，依法没收木材150余立方米，依法收缴省重点保护野生动物70余只，挽回国家直接经济损失20余万元。森林分局是县财政全额拨款行政单位，实行公务员管理。内设办公室、政工科、法制大队、刑事侦查大队、治安管理大队和警务督察大队等6个内设机构。下属有吉村、烂泥迳、青龙、新城等4个派出所。年末，有在编正式民警27人，工勤人员1名，共计28人。2016年大余县森林分局被省森林公安局评为“全省严打整治先进单位”。刘勇被赣州市森林公安局予以嘉奖一次。

【“严打”整治】 认真组织开展“严厉整治四乱、服务绿色崛起”专项行动。有力开展打击破坏野生动物资源违法犯罪专项行动。精心组织开展“净网行动”实施方案。扎实开展严厉打击非法占用林地等涉林违法犯罪专项行动。

【队伍管理】 年初，分局为推动全县广大森林公安民警和干部职工进一步解放思想，凝聚谋发展、保稳定、促和谐的精气神，在全县森林公安机关深入开展了为期一个月的解放思想主题教育活动。通过专题集中学习、开设解放思想大讲堂、举办座谈交流会、查摆整改问题以及建立长效机制等方法措施，进一步深化了“三严三实”专题教育整改活动，切实解决了当前森林公安民警和干部职工中存在的精神状态不佳、工作作风不实、担当意识不够、创新意识不强、能力水平不足等突出问题，从而推动了森林公安工作和队伍建设迈上新台阶、取得新突破、开创新局面，更好地为大余林业振兴发展保驾护航。

根据上级统一部署，分局从2016年5月开始，开展了“学党章党规、学系列讲话，做合格党员”学习教育活动。分局及时召开了支委会和党员大会，认真学习了《十八届六中全会公报》《党内监督条例》《党内政治生活的若干准则》和《榜样的力量》及上级有关文件和习近平总书记系列讲话精神，制定了详细的实施方案，成立了“两学一做”领导小组。主要是通过以“三会一课”形式按每两个月一个专题开展，每个专题列出至少两个主题来组织学习；扎实推进党员“先锋创绩”，用日常工作和生活的实际行动做合格共产党员；开好专题组织生活会；认真开展民主评议党员工作；聚焦问题抓好整改和选树典型抓示范等方法进行。已组织专题学习5次，已观看《咬定青山不放松》和《永远在路上》等电视教育片，各项工作活动正有序进行。

为进一步深化“红包”问题治理，不断巩固和扩大治理成果，厚植风清气正的政治生态，局组织开展了“红包”治理工作。认真组织学习上级有关文件。组织全体民警认真学习省纪委赣纪字〔2016〕11号《关于进一步深化全省“红包”治理工作的通知》，以及省纪委近年来有关违规收送“红包”问题的通报。全体民警签订了拒收、拒送“红包”公开承诺书。承诺认真落实中央“八项规定”精神，严格执行廉洁自律各项规定，坚决抵制收送“红包”歪风。组织收看拒腐防变警示教育片—《警钟》《红包·炸药包》《守住第一次》引以为戒，做到警钟长鸣。强化责任担当和监督责任。特别是股、所、队负责人能以身作则，管理好本单位民警和协警，同时加强监督和接受群众社会监督，从而确保了队伍建设的稳定。

全年，局除继续开展执行中央“八项规定”和省、市、县若干规定情况督察工作外，还开展了侵害群众利益不正之风和腐败问题集中整治。中央“八项规定”出台后，局多次组织学习，确保了局及下属单位都能很好地自觉遵守，同时接受上级纪检、监察部门的检查和监督，未出现违规接待、公车私用现象。同时，还开展了遵守“三项纪律”、省局32条铁规铁纪和市局现场督察办法等政令、禁令情况督察工作。特别是为了进一步加强森林公安队伍建设，转变工作作风，局加大警务督察工作力度，制定操作可行的现场督察办法，坚持每月至少督察一次，将督察情况在网上公开予以通报，编辑《督察通报》10篇。在集中整治侵害群众利益不正之风和腐败问题工作中，每个民警进行了自查自纠，规定分管领导和各科、所、大队负责人，对其分管部门人员负责，并承担连带责任等一系列方法措施，确保整治工作落实到位。通过集中整治，使民警在思想上又一次得到了升华，时刻绷紧“遵章守纪”这根弦，做到不碰“高压线”、不触“红线”，进一步加强了森林公安队伍建设。

2016年，局领导非常重视森林公安宣传报道工作，加大宣传报道工作力度，采取有力有效措施予以确保。成立由宣传报道领导小组，由局长负总责，确定由政委分管，并确定了专门责任人。广开门路，积极协调沟通有关部门，在多种媒体宣传报道，取得了较大的效果。截至11月15日，局在《新法制报》采用稿4篇、中国江西网1篇，编辑情况反映10期，上报信息市局网站采用100余篇。特别是从2016年6月起至年底，在县电视台“法治大余”专栏开设的“绿色卫士”专题新闻，采用每月一期，多角度、多层次地宣传了森林公安，从而进一步树立了森林公安良好形象。

【法制监督】 2016年，局对法制工作较为重视，健全完善了法制工作制度，开展理论知识的业务培训和执法检查，严格按照林业行政、治安、刑事案件新样板卷的标准，明确各单位执法质量工作责任，加强工作责任心，实行错案责任追究制，全面规范森林公安的执法行为。全年，为全面提升全县森林公安干警、协警的执法水平和警务实践技能，进一步增强综合素质。结合局实际，组织举办了2次法制培训班学习。主要学习法律法规、询（讯）问笔录和法律文书制作、执法办案场所的使用与管理以及观看廉政教育视频等等。另外，参加省局举办的警务实战培训学习4期17人次，其他培训学习4人次。今年，市局法制执法检查组还对局2起林政案件和3起刑事案件进行了执法质量检查，并对局全面推行网上办公和网上办理刑案件等较为满意。通过抓学习培训和开展执法检查，不断提高了案件执法质量。

经过几年的努力，局“三基”工作和派出所园林化、规范化建设取得了较为喜人的成绩。局在县林业局主管局的关心支持下，局机关拥有一栋相对独立的办公业务用房。机关执法办案中心和青龙、新城派出所执法办案场所，按高标准、严要求建设，各项硬件基础设施到位，运行正常。局4个派出所已全部进行了绿化，且全部安装了监控和防雷设施，避免了执法工作的盲区和办公装备的损坏。在软件方建设方面，2016年局继续完善了执法办案场所基础实施，确定了法制大队为责任单位，建立健全了《执法办案场所使用情况登记表》《涉案人员随身财物代为保管登记表》和《人身安全检查登记表》等相关台账，并能严格很好执行。

特别是在省、市局提出全力化解森林公安派出所“五难”问题方面，局领导班子非常重视，专门召开会议研究部署落实。采取办案、办公经费实行实报实销制；招聘了20名协警充实到基层第一线；坚持从严治警与从优待警相结合，且从关怀、关心民警入手，每年挤出资金给每位民警进行体检、民警子女升学奖励、送生日蛋糕和花篮，对因病住院的民警或家属进行慰问等一系列方法措施，致使多年来一直困扰派出所“五难”瓶颈问题，在局得到了很好的破解，取得了较大的成效，得到了省局、市局领导的认可，局被评为全省“三个基本建设”先进单位，市局2016年5月全市化解派出所“五难”问题现场会在大余召开。

【中心工作】 2016年，根据县委、县政府的统一部署，局积极完成了一系列县里中心工作。积极开展好“精准扶贫”工作。局在挂点的内良乡内良村，采取举办法制讲座、及时调解山林纠纷、挤出资金维修公路、走访慰问困难群众、帮助村民搞好养殖业等一系列实实在在的措施，确保林区维稳工作取得实效。全年局共计联系内良乡内良村、五洞村32户重点户，捐赠1台电脑、1台打印机和30张办公凳等实物折款计2万余元，另外还捐助资金2万元协助兴建水泥桥1座和水泥路1条、抢修水灾被毁村道1条等基础设施，调处或参与调处了涉林矛盾纠纷30多起。积极做好征地拆迁和街道环境整治工作。全年，局派出2名民警长期专人协助县里搞好征地拆迁工作，积极做好青龙323国道包干路段的环境整治工作。同时，负责做好新华、城南片区和塘坑里征地拆迁户计11户的包干相关工作。全力投入招商引资工作。2016年，局主要领导广开门路，拓宽人脉资源，牵头引进6家深圳电子工业和江西翰霏生态种植业等近40亿元投资项目，得到了县委、县政府领导的充分肯定。

【机构调整】 调整变更后，大余县森林公安局有6个内设机构（股级），10名股级领导职数。即：办公室（主任1名）、政工科（科长1名）、刑事侦查大队（大队长、指导员各1名）、治安管理大队（大队长、指导员各1名）、法制大队（大队长、指导员各1名）、警务督察大队（大队长、指导员各1名）。“政工股”更名为“政工科” “法制股”更名为“法制大队”“警务督察队”更名为“警务督察大队”“刑侦治安队”细分为两个内设机构：“刑事侦查大队”“治安管理大队”。

【领导名单】

局长	刘　勇
政委	周忠健
副局长	张冬生
	刘炜峰
副政委	彭　涛

检　察

【概况】 2016年，大余县检察院按照“四个全面”战略布局要求，牢固树立五大发展理念，认真落实县委“1356”工作总思路和上级检察机关工作部署，坚持以司法办案为中心，忠实履行宪法和法律赋予的职责，规范司法行为，促进司法公正，建设过硬队伍，为打造“三区、三基地、五名县”，实现“十三五”规划良好开局提供有力的司法保障。

【打击刑事犯罪】 准确把握社会治安的新形势和刑事犯罪的新动向，顺应人民群众新期待，共受理提请批准逮捕案件94件133人，经审查批准或决定逮捕91件127人，不捕3件6人；受理审查起诉案件108件150人，提起公诉101件137人，不诉5人，移送其他院起诉7件8人。依法严厉打击严重暴力犯罪、涉黄涉赌涉毒等刑事犯罪22件34人，严惩入户盗窃、危险驾驶等群众反映强烈的犯罪8件12人，有力维护人民群众的生命财产安全。

【化解矛盾】 坚持把化解矛盾贯穿司法办案始终，健全检察环节依法维权和化解纠纷机制。深化检察长接访、带案下访巡访等工作，加强信访接待软硬件建设，实现了远程视频接访三级联通。共受理来信来访21件，依法妥善解决实际问题，做到事事有着落，件件有回音。积极推进涉法涉诉信访改革，探索完善刑事申诉案件公开审查、第三方参与化解矛盾等机制，积极促成轻微刑事案件、民事行政申诉案件当事人和解。

【维护市场秩序】 切实维护市场秩序。依法惩治传销、合同诈骗等经济犯罪，提起公诉破坏市场秩序犯罪案件6件6人。强化平等保护理念，依法打击侵犯非公有制企业合法权益犯罪。在办理骗取贷款相关案件后，通过召开联席会议，帮助完善信贷审批程序，维护金融秩序，减少信贷风险。充分发挥行贿犯罪档案查询作用，共受理申请查询53次，查询涉及单位55家、个人77人，出具行贿犯罪档案查询结果告知函53份，有效促进了市场监管和诚信建设。

【保障民生民利】 加强对生态环境的司法保护，服务绿色崛起，共批准逮捕、审查起诉盗伐滥伐林木等案件12件16人，移送法院后均作出了有罪判决。注重保障食品药品安全，依法办理制售有毒有害食品等犯罪3件3人，针对袁某某生产、销售有毒、有害食品案中被告人屡教不改，其主观恶性较大的情节，向法庭提出建议对袁某某不予适用缓刑的公诉意见，得到采纳。

【参与社会治理】 参与禁毒、

禁赌、扫黄打非等专项治理工作，促进创新社会治安防控体系。坚持检察官以案释法制度，结合办理的典型案例，深入机关、乡镇、企业、社区、学校组织开展形式多样的法制宣传活动，推动社会树立法治意识。强化对涉罪未成年人的保护和帮教，坚持“教育、感化、挽救”方针和“少捕慎诉、注重预防”原则，严格落实未成年人犯罪案件保护、犯罪记录封存等制度，对3名犯罪情节轻微且有悔罪表现的未成年人，依法作出不起诉决定。

【查办职务犯罪】 坚持有贪必肃，有案必办，主动适应反腐新常态。认真落实“集中整治和加强预防扶贫领域职务犯罪”专项工作要求，严肃查办扶贫领域、涉农惠民领域职务犯罪。立案侦查各类职务犯罪5件6人（正科级干部2人），为国家挽回经济损失400余万元。注重办案方式效果，加强对办案过程的监督，严格执行全程同步录音录像制度，依法适用拘留、逮捕、取保候审等强制措施，慎重扣押涉案款物，切实保障犯罪嫌疑人的合法权利。强化与纪检监察、行政执法、审计等部门的配合，健全工作机制，形成反腐败整体合力。

【职务犯罪预防】 积极开展预防职务犯罪教育活动，共开展法制讲座、庭审观摩等警示教育活动8次，筑牢防腐拒变思想防线。注重案后预防工作，共开展案后预防4件，发出检察建议4份，帮助有关单位建立健全工作制度。积极开展扶贫领域预防职务犯罪专项活动，与县移民和扶贫办建立专项预防活动联席会议制度，在新城镇京州村建立扶贫开发预防职务犯罪示范村，与全县49个省、市级贫困村的村书记签订检察联络员聘任书，深入推进扶贫开发领域反腐倡廉建设。

【诉讼监督】 加强立案监督和证据审查工作，共立案监督4件4人，对侦查活动和刑事审判中的违法情形提出纠正意见2件次。发出应当逮捕犯罪嫌疑人意见书15份，纠正漏捕9人，纠正漏诉3人，现已追捕8人。进一步加强行政执法与刑事司法衔接工作，与县市场监督管理局建立重大行政案件抄送及移送案件备案审查制度，建议移送公安机关立案侦查案件2件。加强民事行政监督，办理不支持监督申请决定案件1件，息诉9件，非诉执行监督及督促履职案件2件。加强刑事执行监督，坚持把维护正常的监管秩序和保障人权统一起来，对不需要继续羁押的12名犯罪嫌疑人建议变更强制措施，均被采纳。积极开展“4·16”保障在押人合法权益专项活动，会同公安机关召开驻所检察室、看守所联席会议，监督纠正刑罚执行和监管活动中的问题隐患15件次，维护了监管场所安全稳定。加强社区矫正法律监督，严格落实《社区矫正实施办法》，积极探索，建立完善社区矫正罪犯数据库，实行动态监管，未出现脱管、漏管。

【接受监督制约】 坚持在县委领导下开展工作，始终把检察权置于广泛监督之下，坚持向县人大、县政协通报检察工作情况，主动接受监督，积极争取支持。注重加强代表、委员联络工作，通过上门走访、邀请视察、发送联络专报等方式，真心实意听取意见建议。主动接受人民法院、公安机关和司法行政机关的监督制约，结合规范司法行为专项整治工作，认真征求意见建议，不断改进自身工作。充分发挥案件信息公开平台作用，公开程序性信息157条，法律文书113条，重大案件信息26条。通过组织开展“举报宣传周”“检察开放日”和开通“大余检察”两微一端等方式，及时传播法治建设“正能量”和大余检察“好声音”，群众满意度得到稳步提升。

【精准脱贫工作】 为新城镇京州村128户贫困群众办理了社会治安综合保险。积极争取项目资金445万元，完成高标准农田改造500余亩，硬化道路1400米。深化产业扶贫与就业扶贫相结合的帮扶方式，引导22户贫困户入股新城京州阳光葡萄园，2016年每户获得首批分红2800元。率先创办就业扶贫车间，与32位贫困户签订劳务合同，实现在“家门口就业”，务工人均年收入增加5000余元。通过实施一系列帮扶举措，挂点帮扶的27户贫困户均已实现脱贫。

【领导名单】

党组书记、检察长

郭复彬 （8月免）

钟福英（女、8月任）
党组成员、副检察长 段宝泉
李福生（1月免反贪局局长）
兰生富(畲族,1月任反贪局局长)
纪检组长 刘庆丰
技术科科长 肖 冰(女)

审 判

【概况】 2016年，大余县人民法院坚持司法为民、公正司法为工作主线，忠诚履职，服务大局，为建设智慧、活力、幸福新大余提供了强有力的司法保障。全院共受理各类案件1582件（含旧存165件），其中刑事案件115件（含旧存13件），民商案件1444件（含旧存150件），行政案件23件（含旧存2件）；审结1389件(含旧存)，结案率87.8%，调撤率43.5%。收案率同比下降1%，结案率同比下降3%。新收执行案件1227件，实际执结617件，终本3041件，实际执行率50.28%。县人民法院内设11个职能机构：办公室、政工科、立案庭、刑事审判庭、民事审判第一庭、民事审判第二庭、行政审判庭、审判监督庭、执行局、司法警察大队、司法技术室。2016年12月29日，设立大余县人民法院执行局法警中队，为执行局股级内设机构，增设大余县人民法院旅游法庭（与大余县人民法院民事审判第一庭合署办公，实行“两块牌子，一套人员”），增设大余县人民法院审判管理办公室（与大余县人民法院审判监督庭合署办公，实行“两块牌子，一套人员”）。2016年5月3日，县人民法院荣获“全省法院人民陪审员工作先进集体”称号，2016年7月6日，新城人民法庭被江西省高级人民法院表彰为“全省优秀人民法庭”，饶豪华被江西省高级人民法院表彰为全省优秀法官。

【打击刑事犯罪】 审结刑事案件107件，判处罪犯159人。依法严惩故意伤害、抢劫等严重暴力犯罪，切实增强人民群众安全感，审结案件19件，惩治罪犯28人。有力打击盗窃、抢夺、诈骗等多发侵财性犯罪，审结案件31件，惩治罪犯45人，其中对诈骗数额特别巨大（100万元）的林天虹合同诈骗案被告人判处有期徒刑十年零六个月，并处以罚金20万元，维护了正常的社会经济秩序。加大对毒品犯罪的打击力度，坚决遏制制毒贩毒蔓延势头，审结案件8件，惩治罪犯 9人。依法惩处交通肇事犯罪和危险驾驶犯罪，维护公共交通安全，审结案件 18件，惩治罪犯18人，对被告人蓝福林危险驾驶处以拘役三个半月，有力打击了醉驾行为。严厉惩处生产有毒有害食品犯罪，对3起在米果、烫皮中添加硼砂等有毒有害物质的犯罪行为依法判决，维护广大群众的食品安全。加大环境司法保护力度，审理滥伐林木犯罪3件、盗伐林木犯罪5件、非法收购、非法采伐及非法毁坏国家重点保护植物犯罪各1件，共惩治罪犯15人。

【化解纠纷】 审结各类民商事案件1259件，涉诉标的37664.50万元。以柔性司法有效化解传统婚姻家庭纠纷，使212起婚姻家庭纠纷得到妥善处理。审理涉金融企业案件166件，涉案标的15350.31万元，妥善处理民间借贷纠纷317件，全面审查借贷关系的合法性，保护合法的民间借贷，谨防虚假诉讼。稳妥做好45件物业服务合同纠纷的沟通协调工作，维护住宅小区的物业秩序及业主与物业公司之间的良性互动关系。依法审理土地承包经营权等物权纠纷52件，开通诉讼绿色通道，及时审理拖欠农民工工资、劳动争议、交通事故等涉民生案件 141件，涉诉标的达1698.41万元，依法保护劳动者等弱势群体的合法权益。

【依法行政】 畅通“民告官”案件受理渠道，审结行政案件22件。注重行政审判为地方经济发展服务，为重点工程建设服务，妥善审理涉及土地、社会保障、政府不履行法定职责等行政案件，判决撤销、确认行政行为违法案件占比达55.56%，同比上升22.23%，有力地保护了公民、法人和其他组织的合法权益。努力促成协调和解，9件行政案件经司法协调实现当事人和解撤诉，撤诉率同比上升32.36%，促进了行政争议的实质性化解。加强非诉行政案件的审查与执行工作，依法审查征收社会抚养费、城市土地规划管理、工商行政管理等非诉行政执行案件85件，涉案标的471万元。

【攻坚“执行难”】 用好执行强

制措施，2016年移送拒裁罪案件1人次，拘传48人次，司法拘留13人次，强制搜查58人次，限制出境25人次，使322件案件得到有效执行，如对被执行人为江某的14件执行案件，通过采取扣划工资、拍卖房产等强制措施，并由县电视台直击执行现场，使260万元涉案标的款得以执行。加大信用惩戒力度，将1524人纳入失信被执行人名单库，张贴省高院一号、二号和失信被执行人曝光公告三期，对86名“老赖”进行了曝光，曝光后有15名失信被执行人立即履行了义务，执结标的52.59万元；院还与县文明办联合下发《关于将人民法院执行工作纳入文明城市、文明村镇和文明单位测评体系有关事项的通知》文件，加强信用联合惩戒，逐步构建“一处失信，处处受限”的信用惩戒工作机制。积极开展执行积案的清理工作，该项工作已顺利完成；从2016年7月开始，陆续开展了“夏日风暴”“秋季行动”“冬日融冰” 等集中执行行动，在大余电视台、大余报等发布执行公告，鼓励群众积极提供执行线索，使73件涉金融案件得到有效执行，执行标的达1500万元；还为46名劳动者追回共计52万元的经济补偿，并一次性发放到位，赣州电视台对此进行了跟踪报道，受到了社会各界的广泛好评。

【涉诉信访】 坚持诉访分离，对与审判有关、司法程序未完成的诉求纳入“诉”的范围，依法予以立案受理，并在诉讼中依托风险评估机制，及时排查并化解潜在风险。对于与案件有关、司法程序已完结的事项纳入“访”的范围，由立案庭进行接待、登记，并对事实及法律适用问题进行复查，如确实存在相关问题的，则报请审判委员会讨论并由院长决定再审，如未发现相关问题，则耐心引导当事人理性接受裁判结果，或者与县信访局、综治办联动，将其纳入社会综合治理范畴，以及时化解矛盾纠纷、实现息诉息访。通过诉访分离，既保障合理合法诉求依照法律规定和程序得到维护，也有利于提高涉诉信访处置效果。

【综合治理】 建立社会调查报告制度，将未成年被告人的成长经历、家庭情况、犯罪动因及群众评价等要素引入量刑评价机制，积极引导未成年人改过自新。积极参与社区矫正工作，指派资深法官参与社区矫正对象的帮教管理，促使其尽早回归社会。会同县社会治安综合治理委员会办公室、县司法局、县政府法制办初步制定了《关于开展涉诉纠纷委派调解工作的实施方案》，积极探索涉诉纠纷的多元解决机制。加强专业调解指导，先后成立了交通事故速裁庭、医患纠纷调处中心等专门机构，并举办人民调解员培训班，提高人民调解水平。

【精准扶贫】 结合自身工作职能，通过严厉打击入室盗窃、赌博、侵占涉农资金等侵农害农违法犯罪，妥善处理好农业生产、农村土地承包、新农村建设中发生的各类民事纠纷，最大限度地运用法治思维和法治手段实施精准扶贫，切实为精准扶贫户办好事、做实事、解难事。2016年人民法院协调扶贫办为新珠村下车坝立项筹建了生态养殖基地，并筹措3万元资金对新珠村朱屋下雨水冲毁的坡道进行维修，还为全部挂点对象申报购买社会综治保险41份，防患于未然。结合“敬老爱老、全民行动”为主题的全国“敬老月”，对老年精准扶贫对象开展走访慰问活动，向他们发放水壶、棉被等生活用品。

【涉企服务】 制定了《关于服务和保障工业发展的实施意见》，积极开展涉企服务工作：向县内各企业印发了《降低企业成本优化发展环境文件汇编》《企业风险防范与建议》等资料；对园区重点工程项目、重点企业，实行一个项目、一家企业、一名法官对接服务。工作开展以来，共解答企业咨询79件次，收集到合理化意见建议17条。依托工业园区巡回法庭 ，开通涉企案件处理绿色通道，审理涉企纠纷542件，涉诉标的达29901.59万元，执行涉企案件41件，为企业挽回经济损失1670余万元。此外还建立了涉工业企业案件风险评估机制，对企业涉诉可能引发职工群体事件、引起行业震荡或者企业管理风险的案件，主动帮助企业制订风险防范措施，提出有针对性的司法建议。

【优化诉讼】 全面实行立案登记制，对依法应当受理的案件，做到有案必立、有诉必理，99%的案件实现当场立案。对不属于法院受案范围的请求耐心做好解释、疏导工作，较好地解决了立案难问题。在全市法院率先的设立诉讼服务中心提供法律咨询、诉讼引导、立案登记、费用缴纳、风险提示、诉调对接、信访接待等“一站式”司法服务，满足人民群众日益增长的多元司法需求。探索纠纷化解新模式，对土地权属、相邻、赔偿、婚姻家庭等纠纷实行诉前调解、委派调解。整合社会资源，引入律师、心理医生、社会志愿者等专业力量，为群众提供立案咨询、心理疏导、矛盾化解、代理申诉等服务，让更多纠纷在诉讼之外得到有效化解。

【便民举措】 开启“连心模式”，向群众、企业发放诉讼服务连心卡，公布法官的联系电话及投诉电话，方便当事人随时求助咨询。坚持案件繁简分流机制，适用简易程序审理的案件占已结案件总数的59.17%。强化诉调对接和诉前调解工作，发放诉调对接函9份，诉讼服务中心调解结案32件。加强巡回审判，对老、弱、病、残、边远乡村的当事人实行上门立案、开庭，对社会影响较大的案件巡回开庭，方便当事人参与诉讼。加强人民法庭工作，坚持驻庭制度，方便农村群众诉讼，密切与镇、村调解组织的沟通与协作，群策群力，为农村群众提供快捷、有效的司法服务。加大司法救助力度，为13件无财产可供执行、申请执行人困难的案件进行了救助，救助金额为44.27万元，为经济困难的当事人减、免、缓诉讼费30.32万元，彰显了司法人文关怀。

【法制宣传】 在“平安大余”创建活动及“3·15”国际消费者权益日、“五四”青年节及乡镇圩日等，积极组织全院干警到各个乡镇开展法治宣传，共发放普法资料3000余份、并主动提供法律咨询，有效营造了平安大余、法治大余建设的良好社会氛围。在县城人流较为密集的地方发布典型刑事案件布告，起到良好的普法宣传与预防犯罪作用。在大余电视台播出《法官说法》节目，2016播出4期，反响良好。在大余手机报开设《大家看法》专栏，坚持每日发布典型案例。开设微信公众号和微博等新媒体平台，采用群众喜闻乐见的方式解读法律。会同司法局、公安局和检察院开展“双提升”走访宣传活动，提升群众对司法工作的知晓度与参与度。

【阳光司法】 深化审判流程、裁判文书、执行信息三大公开平台建设，通过宣传册、电子显示屏、大余法院网、微信公众号、手机短信等载体公开审判流程信息，共公开案件信息1076条、裁判文书716份、执行信息10201条。依托江西庭审公开网，实现典型案件庭审的同步网络直播。密切与人大代表和政协委员的联络，定期报送《人大代表联络专报》和《政协委员联络专报》，并积极听取代表委员对法院工作的意见建议。充分挖掘和发挥人民陪审员作为参谋员、调解员、监督员的作用，主动邀请人民陪审员参与送达、调解、执行、信访接待等工作，邀请人民陪审员825人次参与审理542件案件，普通程序案件人民陪审员参审率95.59%，2016年被评为“全省法院人民陪审员工作先进集体”。对社会影响重大的案件，邀请社会各界人士旁听庭审，如邀请部分人大代表、政协委员旁听被告人杨某、汤某贪污犯罪庭审，以公开促公正。

【严把质量】 及时完善法官审判业绩评价体系，促进审判执行工作的全面提升。推进网上办案系统改造升级，新收案件全部在数字业务系统中流转。及时分析案件收、结、存情况，促进均衡结案。加强案件审限管理，严格审批程序，杜绝超审限结案。对所有审结案件进行质量评查，并对评查结果、案件审限和干警业绩实行月通报，落实整改责任。对改判、发回重审案件由纪检组进行专项评查，未因案件质量问题引发当事人信访投诉。

【规范司法】 实行庭审全程同步录音录像，促进庭审活动规范化，着力纠正庭审中举止不端庄、言行不规范等司法礼仪问题。开展庭审评比和裁判文书评比活动，有效提升法官庭审驾驭能力和文书写作水平。向每位案件当事人发放廉政监督卡，以监督促廉洁。

【改革措施】全面落实量刑规范化，严格按照相关步骤计算量刑幅度，制作量刑规范化计算表，做到一人一表，签发判决时应当附量刑表，使量刑更加公正均衡。坚持院长、庭长办案制度，推动院、庭长从办公室回到审判席，变审批案件为审理案件，2016 年，院、庭长共审理案件 587 件，占同期全院审结案件总数的 42.26%。做好法官入额摸底和法官业绩综合考评工作，为迎接司法责任制改革做好准备。

【“两学一做”】 创新“两学一做”活动载体，不仅采取常态化学习手段抓好对党章党规和习近平总书记系列讲话精神的学习贯彻，还充分利用法院现有的电教设施组织全体党员干警集中学习、共同观看《咬定青山不放松》等专题片，引领广大干警做到思想政治行动上始终与党中央保持高度一致。坚持中心组学习制度，开好党组民主生活会和支部组织生活会，切实增强干警政治意识、大局意识、核心意识、看齐意识，争做信念坚定、司法为民、敢于担当、清正廉洁的好党员和好法官，以自己的实际行动获得群众对法院工作的认可，提升司法的公信力。

【反腐倡廉】 全面贯彻落实党要管党、从严治院的要求，狠抓党风廉政建设的主体责任和监督责任，制定责任追究办法。严格执行《关于新形势下党内政治生活的若干准则》和《中国共产党党内监督条例》，认真落实好《领导干部干预司法活动、插手具体案件处理的记录、通报和责任追究规定》《司法机关内部人员过问案件的记录和责任追究规定》，确保落实从严治党、公正司法。严格落实中央“八项规定”，坚决反对“四风”，切实执行“一岗双责”，对尚未违纪但有苗头性、倾向性的党员干部及时提醒，杜绝“微腐败”，不断强化干警的纪律意识。

【司法建设】 2016 年，共派出 35 人参加县委及上级法院举办的各类现场培训，并积极组织以业务知识讲座、各种会议精神传达为主题的视频培训。组织干警加强新颁布法律的学习、新类型案例的研究和新裁判文书格式的写作，邀请中级人民法院专家型法官授课，开展理论研究、示范庭审、精品案例评选。召开“坚持弘扬井冈山精神，争创一流工作业绩”动员大会，年底又进行再动员再部署，通过宣传发动，解放思想，广大干警的争创意识和争创活力显著提升。重视在宣传、调研中总结提高业务素质，一年以来，院干警在各类新闻媒体公开发表文章 571 篇。

【文化建设】 年初举行全院法官向宪法宣誓活动，进一步增强了法官责任感和使命感。年底积极筹备并参加上级法院开展的“法官文化周”活动，并荣获优秀组织奖。开展 “两学一做”暨“争做合格法官”主题演讲比赛、举办了庆“五一”登山健身比赛，并积极参加义务劳动、义务献血、志愿者服务、慈善一日捐等社会公益活动，全院干警的使命意识和服务意识得到进一步增强。

【领导名单】
党组书记、院长　伍振海（8 月免）
　　　　　　　　陈剑平（8 月任）
党组成员、副院长　李皋彬
党组成员、纪检组长　邹隆华

司法行政

【概况】 大余县司法局为主管全县司法行政工作的县政府工作部门，认真贯彻执行国家司法行政工作的方针、政策和法律、法规，指导全县司法行政系统的队伍建设和思想政治工作，负责局机关和乡镇司法所得人事工作，协助管理乡镇司法所领导干部；承办县政府交办的其他工作。围绕中心、服务大局，发挥司法行政职能。全年，全县司法各项工作取得较好的成绩。

内设办公室、公证律师股、基层工作股、法治宣传教育股、县社区矫正监管中心、县法律援助中心、11 个乡镇基层司法所，在编在岗 32 人。

【法治宣传】 突出重点，全面推动“谁执法、谁普法”责任制落实。制定下发了《大余县 2016 年法治宣传教育工作要点》等文件，明确 2016 年普法主要工作。发挥各成员单位在普法教育中的职能作用，共同做好领导干部、青少年、企业经营者、进城务工人员、农民等重点对象的法治宣传教育工作。在全县各学校开展法治宣传活动，举办各类法治课（讲座）28 场次，受教育学生达万人次。

不断创新普法形式，利用新媒体开展法治宣传。县司法局根据“十三五”规划要求，推进互联网与法治宣传的深度融合，采取“互联网+”法治宣传模式，微博、微信、门户网站、户外LED成为全县法治宣传教育的主阵地，提高了群众法律素质。突出抓好以案说法、以案释法，营造浓厚法治氛围。扎实开展“送法下乡”、深化“法律七进”等活动。以11个乡镇、117个村(居)委会为中心，以学校、商店、卫生所、路口为主阵地，开展常态化“送法下乡”等活动40余次，张贴《大余县司法局便民服务公示牌》2万张，发放《珍惜一生血汗、远离非法集资》《图说〈人民调解法〉》等普法资料4万份，接受群众咨询3000余人次，人民群众参与达2万余人。2016年大余县被评为2011—2015年全市法治宣传教育工作先进县，县浮江乡、南安镇等3个乡镇，县检察院、县民政局等5个县直单位和全县6名普法工作人员被评为赣州市“六五”普法先进单位和先进个人。与移动、电信、联通等签订了短信发送协议，定期不定期向全县手机用户发送工作动态，提高群众知晓度。

【人民调解】 坚持传统调解组织与专业、行业性调解组织两手抓。建立健全县、乡（镇）、村（居）三级调解网络，做到全县调解组织全覆盖。组建以县信访局为依托，县综治、司法行政部门配合的县人民调解委员会，推进信访案件分流办理、重大纠纷指派督办、构建全县重大纠纷处置化解工作机制。强化医疗纠纷、道交纠纷调委会建设，新建婚姻家庭邻里纠纷、旅游纠纷、工商纠纷等领域调解组织，发挥专业优势处置化解专业纠纷。构建“1334”调解体系，加强规范化建设。将人民调解委员会规范化建设作为基层基础工作重点来抓，做到了“一形成、三完善三提升、四规范”。即一个包含县、乡、村、组四级调解组织的网格体系，完善“四有”“六统一”标准化人民调解室建设，提升调解形象；完善调解管理机制，提升调解效率；完善纠纷排查、回访、文书档案管理等制度，提升群众满意度。加强基层调解组织基础建设，加大软硬件建设和经费投入。2016年4月，青龙镇青龙村人民调解委员会规范化建设经市司法局验收合格。及时召开全县人民调解工作现场交流会，充分发挥示范引领作用，以点带面，积极推进大余县基层调解组织规范化建设。抓好矛盾纠纷排查及化解工作。围绕县委、县政府涉及层面多、牵涉范围广的重大工作部署、群体性事件高发领域，发挥人民调解优势，提前预防，提前介入，抓早、抓小、抓矛头，把矛盾纠纷化解在基层，消灭在萌芽状态。2016年，全县共受理调解案件总数1067件，调解成功992件，为当事人挽回经济损失1632万元，排查纠纷573次，预防纠纷1002次，防止民转刑纠纷23件128人，防止群体性上访28件681人，防止群体性械斗11件671人。县委、县政府通报表彰了8个先进人民调解委员会和42名优秀人民调解员，并给予表彰奖励资金共计人民币10余万元。同时，大力推行“以案奖补”“一案一补”政策。

【法律服务】 高标准严要求开展法律援助工作。县委、县政府高度重视法律服务中心建设，将法律服务中心和综治中心合并建设，设立了中心区、受理区、功能区等三大模块，为群众提供法律宣传、法律咨询、法律援助、人民调解、公证等“组团式”服务。坚持“应援尽援，便民利民”的工作原则，深入开展法律援助便民服务主题实践活动。通过上门服务、下移初审权、即办制等措施，深化“一小时法律援助服务圈”建设。大力推进法律援助民生工程，强化弱势群体法律援助保障，确保全县城乡困难群体法律援助民生工程落到实处。2016年，县法律援助中心共办理法律援助案件250件（其中刑事5件、民事245件），接待群众来访870人次，举办法律援助宣传6场次，发放法律援助宣传资料5000余份。加大法律援助宣传力度，采用多种形式，在各乡镇、村（居）开展法律援助下乡入户活动，发放法律援助便民联系卡、《法律援助小常识》等1万余份。联合有关单位在钨都广场等人流量大的地方进行法律援助民生工程宣传活动，现场解答群众疑问，发放宣传材料，实现零距离一对一交流。切实加强公证业务规范化建设。严格按照省司法厅有关要求，认真录入公证机构、公证员信息采集表。采购高速扫描仪、二代身份证读卡器、图像高拍仪等设备，为安装和试运行“江西省公证业务系统”做好准备。继续开展“公证服务提升年”活动，切实增强了便民惠民意识，不断提升县公证处的凝聚力、影响力和整体实力。2016 年，大余县公证处累计办理公证业务 480 件，其中国内经济民事公证 367 件（含法律援助 87 件），办理涉台公证 12 件，未发现错、假证，业务收费 129400 元。加大了公证法律援助的力度，极大地减轻了当事人的负担。深入推进司法鉴定“质量建设年”活动。对照省司法厅“十评十查”的要求，正兴司法鉴定中心做了深入地整改，搬迁并扩大了办公场所，而且一次性通过了省级资质认定。严格规范了司法鉴定执业操作，加强了司法鉴定人执业道德建设，极大提高了县司法鉴定行业规范化水平。充分发挥法律服务工作者法律服务职能优势作用。不断深化法律服务行业管理，积极开展队伍职业道德和执业纪律教育活动。严格执行“双百”量化考核制度和履职自律评议制度。积极安排律师、基层法律服务工作者参与信访接待值班工作，极大地提高了“将信访纳入法治化”轨道进程，使信访事项分流、转交办的程序达到了精准、有序的目的，获得了信访群众与相关单位的一致好评。推进律师、基层法律服务工作者担任法律顾问工作，努力为法律顾问工作创造条件、搭建平台。截至 2016 年 12 月底，全县 39 家党政机关单位、6 家国有企事业单位、4 个人民团体、11 个乡镇党委政府、117 个村（居）委会聘请了法律顾问。按照市、县政法委关于律师参与化解和代理涉法涉诉信访案件的精神，组织大余县优秀律师参与化解和代理涉法涉诉信访案件。

【社区矫正】 建立健全特殊人员管理工作机制。严格按照省、市有关要求，对社区矫正监管中心实施了搬迁改造，切实强化基础设施标准化建设。建立提醒、督查、通报及保障等四项制度，每月将各乡镇特殊人员管理工作情况通报给乡镇党委、政府和司法所，督促落实整改。加大社区服刑人员监管措施的落实。通过社区矫正信息平台建立社区服刑人员电子档案，切实做好信息规范，数据查询“一目了然”。运用手机 GPS 定位监管技术，实现对社区服刑人员“全天候覆盖”监管，切实增强社区矫正监管质效。强化“指纹考勤”制度，如实反映社区服刑人员报到、学习、劳动等有关情况，确保社区服刑人员不脱管、漏管、虚管，杜绝重新违法犯罪现象的发生。切实加强社区矫正工作队伍建设。2016 年 5 月，组建了一支由 22 名律师、基层法律服务工作者和司法行政干部组成的特殊人群“心防”工程志愿者队伍。组织社区矫正工作人员、司法所所长参加省、市举办的社区矫正业务培训班。结合全县社区矫正工作会议，对从事社区矫正工作的司法助理员进行业务培训，提高执法水平，规范执法行为。2016 年，全县共入矫 54 人，期满解除 36 人；接收社区服刑人员 49 人，解除社区矫正 32 人，现有在册在矫人员 79 人，其中缓刑 68 人、假释 4 人、暂予监外执行 2 人、管制 5 人。强化刑释人员安置帮教工作。做好对刑满释放人员的衔接管理教育帮扶工作，最大限度地预防和减少刑满释放人员重新违法犯罪。积极推动远程帮教会见系统建设，提高远程会见系统应用效率。2016 年监狱出监人员无缝对接 44 人，衔接率、帮教率、安置率均为 100%；远程会见 133 批次，372 人次参加会见，申请率、登记率均达 100%。无一人脱管、漏管和重新犯罪，搬入社区矫正监管中心，有力地推进了社区矫正规范化、信息化建设。县司法局 2 名干部被评为赣州市安置帮教无缝对接工作先进个人。

【领导名单】

党组书记、局长　　苏健林

党组成员、副局长　蓝和祥

农 业

农业和粮食

【概况】 2016年，全县农业生产总体平稳，特色产业保持稳定增长。2016年，全县实现农林牧渔业总产值20.2737亿元，按可比价计算同比增长5.88%；实现农林牧渔业增加值13.0153亿元，按可比价同比增长5.9%；农村居民人均可支配收入9390元，同比增长10.5%。县农业和粮食局为财政全额拨款单位，机关内设办公室、市场信息与科教股、计划财务股、粮食行业管理股、农业行政执法股、监督检查股7个职能股室，并管理大余县粮食流通服务中心、农业机械局、果业局、花卉发展办公室、能源建设领导小组办公室、农业技术推广站、经济作物技术指导站、植保值检站、种子管理站、土壤肥料工作站、农村经营管理站、动物防疫检疫站（动物卫生监督所）、畜禽品种改良站、水产管理站、农情信息站、农产品质量检验检测站，2016年末在岗人数51人。

【畜牧业】 畜牧业生产快速发展。2016年生猪出栏30万头，同比增长14.84%；肉牛出栏0.889万头，同比增长4.8%；家禽出笼844.4万羽，同比增长3.6%，其中肉鸭出笼628万羽，同比增长4.9%。

【蔬菜产业】 蔬菜播种面积5746.67/公顷，增加260/公顷，同比增长4.69%。3.34/公顷以上规模蔬菜基地建设发展势头好，新（扩）建50亩以上规模化蔬菜基地12个，种植面积达147.47/公顷，占任务数的737.33%。大棚等设施栽培有较大突破，在新城镇新建成了一个662/公顷以上相对集中连片的大棚蔬菜基地。基地规划总面积200/公顷，分两期建设总投资3.5亿元，2016年建成面积100/公顷，投资1.3亿元，基地集新品种新技术引进、实验展示、集约化育苗、蔬菜种植、标准化生产、冷库储藏、分拣检测、电商物流为一体，打造现代农业蔬菜产业园区。蔬菜基地标准化建设进展较好，全年整合农业、水利、农业综合开发、扶贫等项目资金近4000余万元开展蔬菜基地基础设施建设，高标准蔬菜示范基地共规划面积233.34/公顷，其中年内建成面积128.06/公顷，基地建设标准高、质量好。

【种植业】 2016年，全县农作物总播种面积26133.34/公顷，与上年基本持平，保持稳定。其中粮食作物播种面积16699.74/公顷，与上年基本持平，粮食总产量9.19万吨，比上年增加0.11万吨，增加1.2%；经济作物播种面积6961.87/公顷，同比增长0.6%，其中，油料作物播种面积1.8228万亩，同比增长0.96%；蔬菜播种面积5746.67/公顷，增加260/公顷，同比增长4.69%。

【示范与推广】 水稻抛秧栽培技术。2016年，全县早、中、晚稻共推广抛秧栽培面积16.6万亩，占全县水稻总播种面积的72.2%；水稻免少耕抛秧栽培技术。全县早、中、晚稻共推广面积8133.34/公顷，占全县水稻总播种面积的53.15%。“多用一斤种，增收百斤粮”示范工程。全县示范推广面积7333.34/公顷，占全县水稻总播种面积的47.9%；超级稻栽培技术推广。2016年，全县推广超级稻11733.34/公顷，占全县水稻总播种面积的76.4%，主要推广的品种是：新丰优22、淦鑫203、中浙优1号、两优培九、五丰优T025、五优308，五优华占，天优华占、天优998等。

【休闲农业】 2016年黄龙镇大龙村招商引资入选中国美丽休闲

乡村；黄龙镇旱田村入选江西省休闲农业示范点；黄龙镇大合村绿世界园艺公司入选赣台农业合作示范基地。2016江西休闲农业乡土美食推介活动，大余县参展的产品获得三项大奖：黄焖豪猪获十大江西传统农家菜；多味花生获十大江西风味休闲食品；桑叶烫皮获十大江西传统农家小吃。

【安全监管】 2016年，全市农产品质量安全突发事件应急演练在大余县成功召开。全年，开展了禁限用农药和假劣农药专项整治行动、兽用抗菌药专项整治行动、“三鱼两药”专项整治行动、生鲜乳专项整治行动、生猪屠宰专项整治行动和“扫雷”行动、饲料质量安全专项整治行动、农资打假专项治理行动等七大专项整治行动，查处立案53起，有效保证了农产品质量安全。全县农产品质量安全水平进一步提高，没有发生一起农产品质量安全事故。

【新型主体培育】 2016年，全县新增农民合作社32家，总数达到合作社有185家，其中市级示范社11家、省级示范社6家、国家级示范社2家，2016年新增82家家庭农场，总数达到202家，其中市级示范农场2家、省级示范家庭农场2家。同时，还培育了150名新型农业经营主体带头人和青年农场主。

【领导名单】

局长 朱明路
党总支书记、副局长：彭　军
副局长： 黄　歆
陈福生
副科级干部 钟宝萍
花卉办主任 谢余龙
世行项目办主任 温世荣
能源办主任 赖　涛

林　业

【概况】 2016年，大余县林业局紧紧围绕县委、县委政府重大决策部署和县“生态立县”的战略目标，深化改革创新，加强资源培育，强化生态保护，发展绿色产业，增强发展后劲，努力推动林业现代化建设。

县林业局为财政全额拨款单位，机关内设办公室、林政资源管理股、营林股、生产经营股、财务审计股、产权交易中心6个职能股室，有行政编制15名，工勤编制1名。其中，领导职数：局长1名，副局长3名，2016年末，在职公务员15人。并管理县人民政府调处山林权属争议办公室、县绿化委员会办公室、县世行贷款造林项目办公室、县林政管理稽查大队、县森林防火指挥部办公室、县林业技术推广站、县林业调查设计队、县林业有害生物防治检疫站、县专业森林消防队、新城林业站、池江林业站、樟斗林业站、青龙林业站、左拔林业站、黄龙林业站、梅关林业站、浮江林业站、吉村林业站、河洞林业站、内良林业站、小梅关木材检查站、浮江护林站、吉村木材检查站、县生态林场共24个全额拨款事业单位和1个财政差额拨款单位县白石寺森林苗圃。共有全额拨款事业编制166个，差额拨款事业编制16名，2016年末拥有财政全额拨款在职人员123名，财政差额拨款在职人员1名。

【产业扶贫】 在产业扶贫方面：建设竹产业扶贫示范基地6个，面积533.34/公顷，辐射带动140户贫困户经营竹林，其中自主经营户35户，经营面积77.09/公顷；入社入会贫困户95户，经营面积105.4/公顷；产业劳务脱贫人数为30人。建设高产油茶产业扶贫示范基地6个，面积85.84/公顷；建设低产油茶改造精准脱贫示范基地2个，面积32.74/公顷；在基地建设务工贫困户目前有56户，带动 47户贫困户新造油茶面积14.85/公顷。在干部帮扶方面：48名机关干部对新城南丰村、周屋村、池江庄下村112户贫困户实施结对帮扶帮助贫困户发展产业、落实相关政策、搞好环境卫生，2016年，县林业局帮扶的贫困户脱贫46户。

【生态建设】 造林绿化任务完成好。2016年全县新造林2043.67/公顷，完成省林业厅下达计划数的153.5%；完成了2.31万亩的森林抚育任务；完成低产低效林改造任务1000亩；2014年度3500亩储备林建设任务通过上级验收；在新城镇南丰村、浮江乡双田村，南安镇新余村共种植风景绿化树5000多株，较好的完成了乡村风景林建设任务。林业生态工程项目启动多。为摸清县生物多样性资源状况，聘请中国科学院地理科学与资源研究所在三江口原始林区开展了森林生物多样性调查。章水国家湿地公园通过国家林业局评估，已正式下达批复开展建设。开展了森林风景资源调查与评价工作。全面启动了低质低效林改造提升工作，2016－2017年低质低效林改造任务920/公顷已落实山头地块，建立示范基地18个。

【资源管理】 强化了林政资源管理。开展了第九次全国森林资源清查和2016年度林地变更调查暨森林资源数据更新工作，启动了天然林保护工作。2016年，共查破各类案件68起，其中森林刑事案件38起，采取强制措施刑事拘留14人、逮捕14人、取保候审20人，移送审查起诉30起，法院宣判30人；查处森林行政案件30起，处罚50余人次，依法没收木材150余立方米，依法收缴省重点保护野生动物70余只，挽回国家直接经济损失20余万元。积极调处山林纠纷。2016年，受理林权争议案件26起，协议调解1起，行政处理10起，其余15起已启动调处程序，参加市行政复议3起，行政诉讼3起。森林防火工作切实加强。按照属地管理原则，严格落实森林防火行政首长负责制和分片包干责任制，完善专职护林员岗位责任制，充分发挥村级护林员和村干部作用，落实巡山护林责任，加强森林防火宣传，强化野外火源管理，加大对野外违法用火和森林火灾案件的查处力度。新建专业森林消队营房。强化林业有害生物防治。全面落实了2015－2017年防治目标责任，签订了目标责任书。组织专业除治队伍对枯死松木进行了全面清理。加强了林地、湿地保护管理。建立了森林资源保护管理长效机制，划定了林地保护红线，落实了项目使用林地预审、使用林地拨交等制度，开展了打击了毁林开垦、非法占用林地等专项整治行动。进一步强化了对自然湿地开发利用和湿地水资源管理，确保了湿地资源安全。

【深化改革】 加快推动了林权抵押贷款、森林保险等配套改革。积极开办林权抵押贷款、林农小额信用贷款等业务，2016年完成林权贷款抵押登记39 户，面积3104.4/公顷，贷款金额8250万元；完成中央林业贷款贴息申报金额100万元，发放贴息金额3万元；加大林业保险支持力度，完善了生态公益林保险，推进了商品林政策性保险，提高了森林保险覆盖面。

【产业发展】 2016年，油茶产业、竹产业被列为县现代农业攻坚战重点项目。油茶建设力度加大。2016年，全县完成油茶新造面积468/公顷，完成低改面积240/公顷，完成近四年新造油茶抚育面积520/公顷，其中新造油茶任务超过了近五年面积的总和。在全省现代农业油茶示范项目绩效评价中，大余县排名第三。大力改造毛竹林。2016年，改造了2666.67/公顷毛竹林，总投资1200万元，其中利用竹产业项目发展资金200万元，实施低改155.61/公顷，笋竹两用林垦复35.534/公顷。分别在浮江乡、黄龙镇、内良乡、吉村镇、左拔等乡镇建立了10个毛竹产业扶贫示范基地，基地面积达846.67/公顷。林下经济发展多元化。充分利用全县森林资源丰富的优势，大力发展林下种植、养殖等项目，形成了草珊瑚、香菇、车前草、豪猪、石蛙等产业齐头并进的发展势头。

【领导名单】

局长　　　　刘传福（7月免）
　　　　　　刘文涛（11月任）
党委副书记、副局长
　　　　　　廖达强
副局长　　　李永明（11月任）
　　　　　　郭明志
党委宣传委员　郭庭铣
党委纪委委员　刘典文

农业综合开发

【概况】 2016－大余县农业综合开发办公室深入贯彻落实科学发展观，按照县委“1356”的总工作思路，以赣南苏区振兴发展为契机，掌握好农业综合开发政策，努力向上申报项目、争取资金投入县农业基础设施建设，加快高标准农田建设，为确保县粮食安全提供了有力保障。同时，积极扶持农业产业化项目，加快农业发展方式转变，有效提高农产品市场竞争力。将农业综合开发工作与社会主义新农村建设有力结合，配套推进新农村基础设施建设，加快城乡一体化建设步伐，促进现代化农业发展。紧密结合各项中心工作、经常性工作，采取有效措施，确保各项工作取得了较好成效。

县农业综合开发办公室属政府部门参照公务员管理的全额拨款事业单位，内设职能股室 2 个，即：项目管理股和计划财务股，现有人员编制 10 个，领导职数一正一副，在职人员 9 人，其中：主任 1 名，副主任 1 名，副主任科员 2 名，副科级干部 1 名，科员及以下 4 名。

【农田建设】 2016 年大余县农业综合开发办开展了以水西、店子里、鱼仙、桥西及黄龙等村为主的高标准农田项目建设，项目涉及新城、池江、黄龙 3 个乡镇的 9 个行政村，共有子项目 16 个，总投资 867.03 万元，治理高标准农田面积 506.76 / 公顷。计划完成工程建设任务：灌渠衬护 28.1 公里，新建改造机耕路 26 公里，新建山塘 1 座、水陂 1 座，土地平整修田埂 2.9 公里。为抓好项目建设，办成立了专门的工程监管小组，与监理单位一起不定期下到各项目工地监督检查，狠抓工程质量及进度。通过项目建设，共打造沟渠相通、田块成方的高标准农田 5 块，完成土地平整约 72 / 公顷。高标准农田建成后很快受外来企业家的青睐。其中：桥西村高标准农田为千亩蔬菜基地完善了通路、通水、平整土地等搭建大棚前期基础设施工作，较好的吸引了外商企业及老板入股入园投资蔬菜种植，解决 400 人的务工问题，同时带动周边村庄 63 户近 260 名贫困人员脱贫，户均年可增加收入 12000 元。新城镇水西村在田块建设的同时村组实行了土地流转，田块一建好便直接成包给蔬菜种植老板，180 亩的高标准农田现已变成一片绿油油的蔬菜，老板已摘采蔬菜 2 季，产量约达 2500 公斤，直接实现产出效益 2 万余元。田块所属的农户也及为受益，把土地租给老板的同时直接在蔬菜基地务工就业，实现老板农户双收效益，真正实现了农业综合开发促进现代农业发展，提升农业综合效益的目标。

【产业化建设】 2016 年，大余县农业综合开发办重点扶持了白鸭养殖和板鸭加工企业。具体扶持的企业为江西南安板鸭有限公司年产 2000 吨熟食鸭加工新建项目、大余县新城顺发白鸭养殖专业合作社年产 100 羽白鸭生态养殖示范扩建项目，投入财政扶持资金 219.8 万元。通过扶持，企业扩大了鸭业养殖及板鸭加工生产规模，带动了农民就业，实现了企业社会双增效益。

【现代农业攻坚战项目建设】 为扎实开展好现代农业攻坚战项目建设，配合县打好“六大攻坚战”，办计划建设农业综合开发土地治理高标准农田项目 2.3 万亩，在新城、池江、黄龙、青龙等国道沿线乡镇建设田块相连、沟渠相通的标准化农田，以提高农村土地利用率和产出率，为县步入现代化农业打基础。

在开展县“六大攻坚战”项目建设中，开发办除安排工作小组负责监督实施高标准农田建设等现代农业攻坚战项目，还安排了工作人员专门负责跟踪主攻工业攻坚战项目建设。对江西千陶新型材料有限公司年产 8 万吨微晶干粒项目进展进行跟踪和服务，帮助企业解决各建设环节遇到的实际困难和问题。该项目计划今年投资 1 亿元，2016 年以来，在县委政府的关心支持下，以及在相关责任单位的通力配合下，该项目年内先后完成了土地平整、项目用地招拍挂、砌围墙建堡坎、地勘、通水通电、厂区道路平整及厂房基础设施建设工作。

【领导名单】

主任	张寿令
副主任	蒋　群（女）
副主任科员	朱林生
	谢海英（女）
副科级干部	廖永美

果 业

【概况】 大余县果业局主要职责为根据农村经济的发展战略，研究制订全县果业的发展规划和年度计划，并负责组织实施和督促检查；重点抓好赣南脐橙产业和其他柑橘类产业发展工作。果业局内设办公室、发展规划股、市场信息股 3 个职能股（室）；下属有果树技术指导站、果树植保植检站两个股级全额拨款事业单位。

【创建生态果园】 2016 年县“六

大攻坚战”高标准生态果园建设项目由黄龙镇华顺脐橙场、龙福庵蜜柚场、靠椅山橙柚基地，王圣蜜柚场、徐平脐橙基地等五个基地组成。园区面积近4000亩，根据“山顶戴帽、山腰种果、山脚穿鞋”的生态要求建园，按照“适度密植，高干低冠，宽行窄株”的栽培模式，以“合作社+基地+果农+贫困户”的模式进行标准生态果园建设，实行统一规划，统一建设基地内的水、电、路等基础设施，该项目的建设起着积极的示范效应，极大提升了全县产业管理水平。

【病树防控】 柑橘黄龙病防控工作，继续按照“彻底清除病株、及时防除木虱、杜绝带病种苗、建立防控机制”的总体要求，进一步加强组织领导，强化技术措施，加大病树普查与清理力度，建立健全长效防控机制，遵循砍除病树、防除木虱、种无毒苗的总体技术路线，全面落实各项防控技术措施，确保了县柑橘黄龙病防控工作稳步推进，防控成效进一步显现，产业发展呈现出良好局面。

【市场营销】 开展在果树上使用不明成分药剂专项整治行动，通过交谈座谈、查台账、看柜台、询仓库等方式进行检查，对生产、销售国家明令禁止和“三无”'农资产品的有关人员进行严厉查处，杜绝不明成分药剂注入生产环节，确保赣南脐橙产业安全；着力推进大余赣南脐橙质量安全追溯体系建设，规范使用赣南脐橙地理标志，逐步建立赣南脐橙质量安全追溯体系，树立诚信意识、表率意识、服务意识，切实维护赣南脐橙品牌声誉，合力打造赣南脐橙品牌。

【领导名单】

局长	刘盛平
副局长	谢文云
	杨定财
主任科员	叶兰香（女）
副主任科员	黄有琼
	黄声平

扶贫开发和移民

【概况】 大余县地处赣、粤、湘三省交汇处，是江西的“南大门”，有11个乡镇105个行政村，总人口31万，属非国定贫困县，有贫困村22个；建档立卡扶贫对象7758户22802人，其中扶贫开发户3716户12999人、扶贫低保户878户2881人、纯低保户2528户6188人、五保户636户734人。2014年、2015年贫困发生率分别为10.1%、7.8%，2016年贫困发生率3.3%，比2014年下降6.8个百分点。2016年，实现脱贫3060户9886人，贫困村退出12个，其中通过产业发展脱贫2894户8683人，保障脱贫3164户6922人，易地搬迁脱贫251户860人，就业扶贫脱贫1051户3164人，教育扶贫脱贫145户521人。贫困发生率由2015年底的7.8%降至3.3%。

大余县扶贫和移民办是县政府直属参公事业单位，内设综合股、规划监测股、项目管理股3个股室，设置编制9个，2016年，末在编在岗人员6个，其中主任1名、副主任2名、副主任科员1名。

【产业扶贫】 确定了一批主导产业。分别制定出台了乡村旅游、油茶、养蜂、生猪、豪猪、鸭业、花卉苗木、竹业、果业、光伏业、蔬菜业等十一大主导产业扶贫政策子方案，确保每个乡镇都有特色产业，贫困户都能捆绑到1—5个产业上。 建立了一批产业基地。根据十一大脱贫主导产业的特色和优势，全县已建立基地116个，有5380户贫困户（有的跨多个产业）捆绑在产业上（其中入股龙头企业、合作社、家庭农场贫困户达1300户，零星自行发展产业2629户），在产业基地务工达1451人。尤其在乡村旅游产业方面，已成功打造旅游扶贫示范点23处，带动800多户贫困户脱贫。着力在22个省级贫困村全部打造一个乡村旅游扶贫点，2016年10月，有12个贫困村已被列入国家级乡村旅游扶贫工程。创新脱贫模式。主要有三种模式：自主发展，政府按补助政策给予相应的产业补助资金，获取产业收益，2015－2016年来，大余县补助零星发展产业贫困户2629户1909万元； 龙头带动，通过龙头企业、合作社、基地流转贫困户土地、山场，吸纳贫困户就业获得稳定收益；入股分红，通过资产、资金、技术、劳力入股龙头企业、合作社、基地获得利益分红，主要是通过蔬菜、豪猪等产业扶贫信贷通5万元贷款资金入股分红，每年可分红 3100 元至 3600 元。

【就业扶贫】 大余县制定了《大余县就业创业扶贫工作实施方案》，推动贫困户通过就业增加收入。分类指导推荐就业。一方面，引导有较强劳动能力的贫困户，通过就业平台推荐到本县内工业园或外出务工获取收入；另一方面，大力发展劳动密集型、劳动强度不高、技能水平低的手工行业，在村一级建立就业扶贫车间，不能出远门务工就业的贫困户在家门口就可就业，实现一人就业、全家脱贫的目标。建立村级扶贫车间。引导本县仿藤家具、服装制衣、折花、假发生产、电子、工艺品加工、农产品加工等企业在村一级创建就业扶贫车间（加工点），组织扶贫对象进车间务工。全县村一级扶贫车间达 83 家，22 个省级贫困村全部建立了扶贫车间，共有 765 名贫困户在扶贫车间就业，人均收入达 1500 元以上。车间扶贫的创新做法得到省市领导的高度肯定，中央二套《对话》栏目走进大余县对扶贫车间进行了拍摄报道。开发一批公益性岗位。对于无法实现到企业就业而又有一定劳动能力的贫困户，通过乡镇新增的城管、园林、农村公路养护、保洁、治安巡逻、文化管理员等政府公益性岗位，扶持他们就业，贫困户公益性岗位就业 297 户。

【安居扶贫】 科学制定方案。积极落实安居扶贫政策，制定了《大余县易地扶贫搬迁集中安置工程项目实施方案》《大余县危旧房改造工作实施方案》，出台政策大力改善贫困户住房条件。确定搬迁计划。2016 — 2018 年全县规划进城入园安置点 6 个、乡镇安置点 9 个，2016 年搬迁贫困户 2360 人，其中贫困户 860 人。加快工程项目建设。目前所有安置点已动工建设，其中浮江乡娘娘庙安置点、黄龙大龙安置点、南安新珠安置点建设进展较快，2016 年完成省市下达大余县搬迁安置指导数 860 人。

【医疗扶贫】 由财政购买医疗保险。积极落实医疗健康救助，县财政为所有贫困户购买了农村合作医疗保险和商业医疗保险。通过新农合补助、大病医疗补助、商业保险、民政补助“四道防线”，确保贫困户个人医疗费用控制在 10% 以内，从根本上解决因病致贫返贫现象。建立了一站式医疗报账中心。在县人民医院大门外建立了一个集农医中心、保险公司、医院为一体的集中一站式服务平台，方便贫困户快捷办理报账事项。科学筛选出了患病贫困户名单。已为 470 名贫困户进行了医疗商业保险报账，报账金额达 200 万元。同时，在对农村贫困人口全面落实大病救助、临时救助的基础上，积极探索建立贫困户健康档案，增强疾病预防控制水平。

【政策扶贫】 2016 年大余县主抓三个方面工作：严格确定兜底保障人员。严格按照低保户评选标准和程序确定低保户人员，原则上新列入为低保户的对象一律在建档立卡贫困户中筛选，对因灾、因病特殊情况造成致贫的按程序列入，民政部门与扶贫部门有效对接，对达到低保标准的农村低保对象、符合五保标准的农村五保对象，全部纳入低保、五保范围。提高补助标准。2016 年的农村低保由原来的每月 240 元提高到 270 元，农村五保集中供养标准由原来的 3120 元 / 人 • 年、提高到 4380 元 / 人 • 年，分散供养标准由 3120 元 / 人 • 年，提高到 3480 元 / 人 • 年。大余县还将探索由县级财政再对低保户适当提高补助标准，确保政府兜底对象能兜得住，略高于省、市标准。探索贫困户单亲联姻。创新探索贫困户单亲家庭联姻婚配活动，促进部分单亲贫困户家庭既重建新家庭又能脱贫。

【教育扶贫】 建立了贫困学生结对档案。对所有贫困户家庭的贫困学生全部进行调查摸底、建立档案，对所有的贫困学生全部实行“一对一”助学帮扶。落实教育扶助政策。通过寄宿生补助、“雨露计划”、高考一次性奖补、生源地贷款和贫困户子女就读大余高中降低 20 分标准线等措施，保障贫困学子顺利升学，通过教育阻断贫困户代际传递。2016，全县已享受生源地贷款 2122 人，贫困大学生补助 180 人，降低分数线就读大余高中 13 人，减免贫困户寄宿生费 3115 人次，雨露计划资助贫困学生 139 人，职业学历教育申报 390 人，还在审核中。建立了扶贫和教育慈善基金。

2016年1月，大余县建立了全省首个县级扶贫和教育慈善基金，已有57个企业46位知名人士认捐了1168万元，专门资助特困学生和贫困村学校建设。

【生态扶贫】 开发了一批生态公益岗位。做好“生态+”扶贫文章，积极探索“生态+公益性岗位”扶贫模式，加大贫困村生态保护修复力度，增加重点生态功能区转移支付，让有劳动能力的贫困人口就地转成护林员、山区公路养路员等生态保护人员，目前已开发200个生态补偿岗位。重点推进生态旅游扶贫。充分贯彻南北“4+8”地区绿色发展论坛会议精神，大力推行“生态+旅游”扶贫模式，利用大余县良好的生态资源，走出了一条生态旅游扶贫的新路子，2016年在每个乡镇重点打造了一个以上的旅游扶贫点，重点打造了新城周屋、池江兰溪、青龙元龙、黄龙大龙山、浮江三月三等一批村级生态旅游扶贫点。2016年，全国政协副主席陈元到大余县视察调研时高度评价了县的旅游扶贫模式，国家旅游总局局长李金早称赞大余县旅游扶贫是可复制的扶贫模式。

【金融扶贫】 着力争取扩大放贷规模。全年计划放贷1.79亿元，已向2182户贫困户、13家企业、125个合作社（基地、家庭农场）发放贷款18013.9万元，占全年计划的100.64%，有力支持了贫困户自主发展产业，以及龙头企业（大户）带动贫困户发展产业。注重优化放贷模式。主要有二种模式：对有发展产业意愿的贫困户，鼓励引导他们用好“产业扶贫信贷通”政策，向银行贷款5万元自行发展产业，达到脱贫目标；对无劳动能力又无产业项目的贫困户，鼓励引导他们与龙头企业、合作社、基地、工业园区标准厂房捆绑，将贷款资金入股龙头企业、合作社、基地或工投公司（城投公司），每年获取固定分红利益。这种“公司+贫困户”信贷模式，使近900户自身无法贷款（主要是失去劳动力、年龄稍大无法自己发展产业或无产业项目贷款等）的贫困户，通过入股到章源集团、水龙集团、南安板鸭厂、鹭溪农业公司、富生特种养殖公司、工投公司等龙头企业，每年可获得3100－3600元的稳定分红受益。特别是大余县实施的贫困户“产业扶贫信贷通”贷款资金入股扶贫标准厂房模式，由政府委托工投公司通过新建标准厂房的方式，使1200多户贫困户每年可增加3600元收入。

【整治扶贫】 按照贫困村退出的“十个标准”，整合涉农资金、项目，筹集1.2亿元资金投入22个贫困村改善基础设施条件，着力改善全县22个省级贫困村道路、水渠、饮用水、闭路电视、宽带、电话、卫生室、文化活动室、体育活动场地等基础设施。

【领导名单】

主任	方仕萍
副主任	涂书平
	李小彦
副主任科员	王拥军

工业和信息化

工 业

【概况】 2016年，县工业和信息化局紧紧围绕县委、县政府“1356”工作总思路，坚持工业强县战略目标，面对复杂的国内外经济形势，主动适应经济新常态，坚持目标导向，解放思想，大胆探索，着力破解瓶颈、补齐短板、蓄积动力、增添后劲，科学规划产业布局，强力推进项目建设，全力帮扶企业发展，加快推进园区平台建设，全县工业各项经济指标保持了平稳运行的发展态势，为实现“主攻工业、三年翻番”良好开局奠定了坚实的基础。

县工业和信息化局是县政府组成部门，是行政机关单位，主管全县工业经济和信息化工作，内设6个股室和归口管理1个二级事业单位，即办公室、产业政策与信息化股、投资规划股、节能和资源综合利用股、经济运行与指导协调股、行政审批股6个股室和县经济信息中心。年底有在编人员19人，临聘人员3人。

【工业工作】 2016年，全县规模以上工业增加值实现29.04亿元，同比增长9.2%；实现主营业务收入106.04亿元，同比增长18.3%；实现利税6.25亿元，同比增长61.56%；全县新增规模以上工业企业12家。全县500万元以上工业固定资产投资额累计52.3亿元，同比增长43.2%。2016年全县纳入规模以上统计范围的工业企业53户，规模以上工业企业实现工业总产值103.82亿元，同比增长18.3%；实现工业增加值29.04亿元，同比增长9.2%；实现主营业务收入106.04亿元，同比增长18.3%；实现利税6.25亿元，同比增长61.56%。全县工业售电量为1.71亿千瓦时，同比增长12.15%；全年全县上缴工业增值税1.81亿元，同比减少10%；全县工业固定资产投资额累计52.29亿元，同比增长43.2%。2016年纳入县属统计范围的工业企业92户，实现工业总产值121.3亿元，同比增长16.1%；实现主营业务收入121.63亿元，同比增长21%；实现利税8.08亿元，同比增长56.35%。全部工业完成增加值42.75亿元，比上年增长8.1%，占GDP的比重为42.7%。

【企业帮扶】 结合开展降低企业成本、优化发展环境专项行动。出台了100条惠企政策措施，汇编惠企文件225篇，深入开展“五同”“五个走在前面”活动，解决了75户企业反映的132个问题，其中省级层面问题17个、市级层面问题5个、县级层面问题110个，共为企业减负1.27亿元。截至2016年12月底，通过转贷资金为42家企业完成99笔资金转贷，累计6.59亿元；实施“助保贷”“财园信贷通”“小微信贷通”“创业信贷通”等融资贷款项目，“财园信贷通”累计为57户发放贷款2.84亿元，“小微信贷通”累计为70户发放贷款0.76亿元，“创业信贷通”为38户企业累计发放贷款0.15亿元。积极帮助企业技改创新，全年新增了高新技术企业3家，今年全县共申请专利252件，较2015年全年增长342.9%，获得授权专利115件，其中发明专利2件，实用新型专利36件，外观设计78件。

【项目引进】 围绕强链、补链、延链着力开展招商引资。分别于2016年1月、5月、6月、9月开展了招商引资项目签约开工投产“三集中”活动、2016江西大余（深圳）电子信息等产业招商推介会、2016年长三角招商考察活动等系列活动。全年共引进中田汽保、海德沥青等53个工业项目，项目全部投产达标后，预计项目年主营业务收入超过300亿元，年税收15亿元以上。

【项目攻坚】 全县31个主攻工业类项目总投资162.68亿元，2016年计划完成投资19.62亿元。其中列入市重点调度的10大项目，总投资25.76亿元，2016年计划投资13.5亿元。在狠抓项目建设工作的同时，大余县进一步理清思路，重点抓好挖潜扩能、开工在建、招大引强、企业入规四大类项目的推进。

【融资对接】 2016年3月1日大余县成功举办中小微型企业融资对接签约活动。仪式上，50家企业与8家商业银行签约，签约金额达4.49亿。此次成功举办中小微型企业融资对接签约活动，极大促进了大余县中小微型企业的信息交流和项目推介，有效缓解了大余县中小微型企业的融资需求，为大余县工业发展注入了新的活力。

【矿业产量】 目前大余县现有矿山21个（钨矿山20个、铜矿山1个），开采矿区26个（包括省属钨矿），钨精矿的年产量：省属四大钨矿年产钨精矿4500吨，县属矿山1900吨，外购5000－8000吨；冶炼企业6家，有色金属选矿加工、尾矿加工企业70多家，年生产加工能力为：钨精矿3－5万吨、仲钨酸铵（APT）2.4万吨、钨粉8945吨、碳化钨粉5500吨。钨产业规模以上企业数40家，主营业务收入亿元以上企业21家。2016年，钨及有色金属产业集群实现主营业务收入80.25亿元，利税3.7亿元。钨及有色金属产业是大余县工业经济的主要支撑，长期以来资源优势难以转化为经济优势。对此，大余县以重组改造老旧工矿企业为切入点，淘汰落后产能，引导企业向科技型和专、精、特、新方向发展，推动传统产业向价值链高端攀升，为企业发展和工业转型创造更大空间。

【新材料】 主要企业有江西悦安超细金属材料公司和江西磁姆新材料科技有限公司。江西悦安超细金属材料公司年生产能力为3500吨超细铁粉、1000吨水雾化不锈钢粉，是江西省高新技术企业、全球第二大羰基铁粉生产企业。江西悦安超细金属有限公司年生产能力为3500吨超细羰基铁粉、1000吨水雾化不锈钢粉，是国内羰基铁工业化生产、研发和设计力量最雄厚的企业，是羰基铁粉国家标准的制订单位，是列德国BASF公司之后全球第二大羰基铁粉生产企业。同时企业努力延伸新材料产业链，结合超细金属粉末生产软磁材料、金属喂料、金属膜材料、高温合金粉末等。江西磁姆新材料科技有限公司是一家专业从事高性能软磁复合材料铁芯及高端磁体的研究、开发、生产制造及销售的高新技术企业。生产能力为年产5000吨高性能新型软磁复合材料。产品主要应用在高性能电机，新能源汽车，无人机及精密仪器控制设备上，其中点火线圈铁芯、太阳能热水器循环水泵电机铁芯及新能源汽车驱动电机定子铁芯已申报江西省重点新产品。

【信息工作】 电子信息产业作为大余县工业经济新的增长点，以LED光电建设为主，重点发展量大面广的新型显示器、绿色电子机电、新型电子元器件、LED及绿色照明、新能源配套电子元器件等产品领域。主要有江西众能光电科技有限公司、旭光（赣州）电子有限公司、江西弘盛科技有限公司等近20家企业，其中有8家规模企业。2016年，电子信息产业集群实现主营业务收入3.7亿元，利税3050万元。

【食品药品】 食品企业有南安板鸭、牡丹亭旅游食品、奥野板鸭、众人食品、赣源食品。其中，江西赶早集农产品电子商务公司更是在电商销售上遥遥领先。此外，还有芋荷、汤皮、瓜子等地方风味特色食品。药品企业有邦达高科（主要生产胃药和原料药）、润泽药业（主要生产软袋输液、玻瓶输液、小针剂等产品）。其中江西润泽药业有限公司为江西省唯一抗肿瘤药物、非PVC共挤膜软袋输液生产企业，江西省第三家具有疫苗经营资格的药品经营企业；南安板鸭作为有着千年历史的大余地方客家传统食品，获得“中国驰名商标”和“中华老字号”称号，有着较好的口碑和知名度。2016年，食品药品产业集群实现主营业务收入10.6亿元，利税7709万元。

【基础设施】 无线基站建设方面，2016年全县投入1100万元用于农村行政区域新建4G基站共计90个，提升4G通信网络在农村特别是贫困地区的覆盖能力，对偏远山区、信号盲区补盲3G基站共计22个。实现城区4G信号100%覆盖、农村80%以上覆盖。农村宽带建设方面，2016年，全县投入300万元，用于行政村宽带网络升级改造。2016年底，行政村宽带覆盖率达到100%。同时，各通信运营商加快推进宽带入户光纤化改造，实现城区、所有乡镇100%、农村行政村95%光宽带覆盖，全县实现宽带用户20M带宽接入能力。

【技术应用】 为做好县电子政务办公平台建设，提高办公效率，提升政务办公自动化水平，县在原有OA办公系统的基础上建设了全县党政OA协同办公系统。该系统的使用提升了县无纸化办公水平，能完全满足全县关键岗位工作人员网上办公、信息共享、邮件接收发送和会议通知的需求；该系统可在政务网内电脑网络和手机客户端运行，既保证了数据的安全，又兼顾了移动办公的要求，满足了全县各级领导移动办公的要求，能突破时间和地域限制，实现政务公文和工作请示在手机端的处理。该系统已于年内正式上线运行。

【电子政务】 2016年，根据上级文件要求，江西政务服务网大余县分厅是在大余县电子政务平台基础上，采用全省统一的页面风格、统一的栏目内容、统一的分类方式升级改造，于年初上线试运行。政务服务网分厅包括“个人办事”“法人办事”“行政审批”“便民服务”“阳光政务”等五大类。现已完成与网上行政审批系统的对接，正落实与便民服务梳理系统的对接。根据全省政务服务网域名制定规则，江西政务服务网大余县分厅域名是：gzdy.jxzwfww.gov.cn。

【信息安全】 建立和完善网络安全管理制度，2016年继续实施严格的IP管理制度，通过技术手段，制定政务网接入规则，对所有接入县政务信息网的电脑登记IP和进行MAC地址静态绑定，杜绝了随意更改IP的现象，保障了网络安全。对机房核心设备实现备份，2016年对县政务网机房核心交换机、安全网关进行了升级改造，实现了硬件档次的提升，并将原有设备作为备份机，保留设备原有配置，可以保证核心设备出现故障时能快速置换，修复网络核心节点，恢复网络畅通。

【领导名单】

局长　董书东

副局长　韩　军

胡晓军

卢致明（8月免）

毛芳华（女，8月任）

主任科员　吴少华

商叙红

民营企业管理

【概况】 2016年，大余县民营企业管理局按照县委县政府提出的“1356”发展战略，全面推进县经济和社会发展战略，认真对照市局《2016年全市民营企业管理工作要点》提出的紧紧围绕“主攻工业、三年翻番”的总体目标，着力做好“激活现有企业、激发创新创业”为目标，重点抓好“中小企业四项工程实施质量、中小微企业服务中心服务能力、精准帮扶企业实际成效”三个提升，解决中小企业实际困难，加快中小企业和非公有制经济发展步伐，开展好县民营企业发展各项工作。

县民营企业管理局（大余县手工业合作联社）系原县中小企业局和县手工业合作联社职责整合，组建大余县民营企业管理局，为县工业和信息化局管理的正科级事业单位，对外增挂大余县手工业合作联社牌子。内设办公室、经济发展股、创业服务股、融资担保股、合作指导股，5个职能股室，2个下属股级事业单位—乡镇企业培训中心、乡镇企业服务中心。2016年末，在职人数13人（含乡镇企业培训中心、乡镇企业服务中心）。

【民营经济基本情况】 2016年度，预计全县民营企业总数将达13329家（其中：私营企业1490家，净增347家，个体工商户11839户，净增644家），注册资本83.38亿元，从业人员9.32

万人，实现营业收入243.58亿元，实现增加值 64.84亿元，实现利润 4.98亿元，上交国家税金5.14亿元，同比分别增长8.03%，48.09%、6.6%、9.23%、8.59%、 6.94%、2.23%；民营企业税金总额占全县税收总额的比重达 72.8%，从业人员总数占全县就业总人数的比重达84.1%，同比净增1.1个百分点。

【中小企业成长工程】 按照《2016年度赣州市实施中小企业成长工程工作方案》文件精神，选定了大余县松瀛化工有限公司等16家具有成长性，有较好发展前途的企业作为2016年度成长型企业进行培育，选定了1家企业作为年税金超2000万元进行重点培育，选定了2家企业作年销售收入超亿元企业进行重点培育。经过培育帮扶，江西弘盛科技有限公司、大余县永隆金属材料有限公司等2家企业成功“入规”，大余县伟良钨业有限公司年税金超2000万元（1－10月2504万元）。搞好部门协调，联合统计局、工信局、工业园管委会等相关部门密切配合，相互协作，切实为成长性企业创造有利条件，鼓励企业进入到规模以上工业企业统计范围，积极做好入规企业的摸底调查，协助企业搞好入规申报工作，大余县致远金属材料有限公司等新增10家企业正在申报“入规”。

县推荐萤通工贸有限公司、江西磁姆新材料科技有限公司申报全省“专精特新”中小企业项目，市级已通过，已报省审核。推荐的江西悦安超细金属有限公司“新材料公共技术研发服务平台”申报全市第五批中小企业公共服务平台，市级已进行现场验收，并准备申报省级中小企业公共服务平台。

【培训工作】 按照“以创业大学为依托、以增强创业者技能为目的、以现场教学为手段、进一步加大创业培训力度”的要求，积极开展培训工作，2016年7月23日在大余党校与赣州创业大学进行了“创业＋互联网”培训，协助企业自主培训一期，共计200人次，并会同民营企业联合会举办了2期企业培训班，以知识产权、阿米巴实战经营落地的培训活动。

【示范基地建设】 大余县小微企业创业园位于县新华工业小区内，重点培育钨制品加工产业发展，由大余县新华金属贸易有限公司建设运营，规划用地（工业用地）117亩，建筑面积80780平方米；大余县小微企业创新创业孵化基地，位于新华工业小区内，重点培育食品药品产业发展，项目占地面积82.27亩(54846.31平方米）。项目计划建设工期为18个月（2016年4月—2017年9月），将分两期建设，一期主要建设厂房，建筑面积为32693.48平方米；二期主要建设办公楼、宿舍及厂房等，建筑面积为57624.94平方米；大余县余商创业园位于大余县新城工业小区内，以重点培育装备制造、电子信息产业发展，规划引进小微企业80家以上。由江西余商实业投资有限公司投资兴建，项目占地面积200亩，总投资3.30亿元，计划建设期限为15个月（2015年10月—2016年12月），规划建筑面积173334.20平方米。

【金融扶持政策】《赣州市人民政府办公厅印发赣州“小微信贷通”试行方案的通知》（赣市府办发［2013］27号）、《赣州市人民政府办公厅关于印发赣州市“创业信贷通”试行方案的通知》（赣市府办发［2015］53号）、《大余县人民政府办公室关于印发大余县“小微信贷通”“创业信贷通”工作方案的通知》（余府办字［2016］77号）等有关文件精神，重点支持县域内的实体经济（民营企业）提供融资担保，为实体经济（民营企业）融资。2016年“小微信贷通”共为县内70家民营企业融资7341万元，“创业信贷通”共为38家民营企业融资1506万元。

【生活补助】 指定专人负责，积极协调有关部门，做好调查和年审，将有关文件精神传达到各乡（镇），对申报资料进行认真审核，本着公平、公正、公开的原则，对前来咨询的职工耐心细致的做好解释工作。2016年，大余县原手工业联社未参保退休人员享受养老生活补助人员共有264人。

【综治及维稳信访】 按照“发现得早，化解得了，控制得住，处置得好”的原则，积极做好民营企业管理局的综合治理及原二轻系统、原乡镇企业系统的维稳信访工作。制定了《大余县民营企业管理局综治维稳信访工作计划》，接入综治网络信息化平台，积极开展非警情报警处理分流工作，建立了工作方案、责任制度和流程，建立了受理登记台账。

【领导名单】

局长　　刘洪川（7月免）
　　　　刘小平（8月任）
副局长　黄　新
　　　　康金红（女）

园区经济

【概况】 大余工业园区是经省政府批准建设的省级重点工业园和省级生态园区试点单位，连续六年被省市评为“先进工业园区”。园区规划总面积20000亩，已形成“一园四区”（稀金谷有色金属新材料精深加工产业园区、生态绿色食品产业园区、新世纪电子器件产业园区、新城返乡创业园区）及“一谷三板”（稀金谷、食品产业板、电子产业板、回乡创业板）发展新格局，新建大余县稀金谷新材料科技双创金融中心。园区主要包括钨产业及有色金属深加工、新材料、电子信息、食品药品等四大主导产业。现有入园企业120家，规模以上企业52户，2016年实现主营业务收入677533万元，工业增加值173641万元，利税42183万元。工业园区管理委员会为县政府派出机构，属于参照公务员管理正科级单位，全额拨款事业编制为16名。机关内设用地管理股、规划建设股、企业服务股、行政办公室、财政所5个职能股室。年末在岗人数13人。

【打造产业平台】 园区规划面积15000亩，现有入园企业57家，在建11家，投产46家。自2012年起，先后引进伟良钨业、海创钨业、明发矿业、天盛有色金属等投资亿元以上工业项目22个。重点打造“1+7”产业平台，即1个基地—全国钨产业集群及高科技综合利用产业基地；7个平台—钨及有色金属精深加工平台、高新科技有色金属研发平台、国际贵金属交易平台、钨产品检测平台、钨产业集群集散和仓储物流平台、创新创业孵化平台、钨产业集群产品展示平台。计划投资300亿元，通过创新融资模式，扶精扶准企业，扩大重点项目投入，整合一批、改造一批、提升一批，奋力转型、跨越发展。以云锂为龙头的海创、年龙辉、鑫盛等一批新材料、天盛为工匠的一批新工艺、悦安超细为领军的一批新技术企业，正着力构建形成以钨产业链为核心的超百亿产值的谷中之柱。

【生态园区】 园区规划总面积为2700亩，“六通一平”基础设施建设加速推进。作为县食品产业集群发展的重要平台，园区走绿色产业发展之路，突出品牌引领，围绕“牡丹亭食品”把品牌做大做强；突出生态建园，庄园化布局、生态化建设、绿色化生产；突出供给侧招商，围绕旅游休闲食品，着力引进了奥野板鸭等21家食品加工企业入园，投入资金达30亿元。

【电子园区】 园区规划面积1500亩，现有入园企业45家，投入资金60亿元。壮大以科比特无人机为龙头的电子产业，突出三位一体发展，重点打造三大基地：无人机培训基地，无人机研发基地，无人机生产基地。主要包括无人机电机、飞控、云台、调浆等核心配件。生产电子电阻元器件、连接器、模块的相关电子配套企业入园已达6家。

【创业园区】 园区规划面积2800亩，“六通一平”基础设施建设正全面推进。现有包括余商创业园（16家）、海德沥青、利华环保、中田汽车等22家入园企业在建待建，标准厂房新建面积达20万余平方米。园区通过人才回流、资金回流、技术回流，大力实施“赣商回归，赣人兴赣”工程，已经成为感召赣商回归投资创业、汇聚力量共助发展的重要创业平台。

【领导名单】

主任　　　　　　文贵范
党支部书记、副主任
　　　　　　　　马　云
副主任　　　　　曾军建
　　　　　　　　刘串军
　　　　　　　　何玉民

邮 政

【概况】 2016年，在新的邮政体制改革下，大余县邮政分公司紧紧围绕总部“一体两翼”经营发展战略，认真贯彻落实省、市分公司工作会议精神，以“创新转型发展”为主基调，以“六个着力”为引领，加速转型，团结协作，各项业务健康稳步发展。公司注重服务水平、管理理念的提升，向业务精细、服务创新的方向发展，围绕履行企业社会责任，关爱员工、回馈社会，锻造大余邮政优秀企业品牌，不断深入开展改革创新和转型发展，以市场为导向，以客户为中心，提升能力，强化管理，改善服务，加强队伍建设，深化企业内部管理，确保企业和谐稳定、持续健康发展。

中国邮政集团公司江西省大余县分公司属国有企业，邮政服务网点遍布全县，担负着全县8个镇、3个乡30余万居民的邮政普遍服务义务。其中县城网点：梅关大道邮政支局、南安大道邮政所、滨江大道邮政支局、解放路邮政支局；农村网点：新城邮政支局、池江邮政支局、青龙邮政所、黄龙邮政所、樟斗邮政所、漂塘邮政所、荡坪邮政所、浮江邮政所。农村邮政代办点：吉村邮政代办点、内良邮政代办点、河洞邮政代办点、左拔邮政代办点。

大余县邮政分公司内设机构有：市场经营部、综合办公室、代理金融中心、大客户中心、电商运营中心、发投中心。现有从业人员90人，其中合同用工72人，劳务用工18人。大余县邮政分公司党支部有中共党员19人，其中在职党员5人，预备党员1人，退休党员13人。荣获了赣州市文明单位、江西省文明单位等荣誉称号。

【业务经营】 2016年，全公司累计完成业务收入2215.8万元，完成赣州市邮政分公司收入计划的100.36%，同比增长12.3%，业务收入占赣州市邮政分公司业务收入总量的3.0%；实现收支差52.7万元，占年计划的12.9%。全公司邮储余额年末达到10.18亿元，全年累计净增余额20326万元。邮政储蓄。开办的业务种类主要有：整存整取、零存整取、定活两便、存本取息、活期储蓄等。大余邮政分公司共有邮政代理储蓄网点11个，所有网点均已开通全国通存通兑业务，全年实现邮储业务收入0.8万元。其他代理金融业务。包括代理保险、基金理财、国债、汇兑等业务，2016年累计代理新保7141万元，销售各类基金理财产品9345.61万元。汇兑作为邮政传统业务，全县11个代理金融网点均可办理汇兑业务。报刊发行。2016年全公司累计订销报刊384万份，杂志7.7万份，流转额实现394.4万元。函件。包括信函、明信片、邮简、印刷品、盲人读物、商业信函、邮送广告、账单等。2016年，全公司函件业务量累计达到2.28万件，业务收入完成69.1万元。包裹快递。2016年，收寄包裹4.88万件，业务收入完成77.9万元。集邮。2016年，共销售集邮邮票11.74万枚，集邮册0.21万册，实现集邮收入42.6万元。电子商务。包括代理航空机票、代理汽车票、邮储短信、“农村e邮”等业务。2016年，大余县分公司紧紧围绕一站一特色、一镇一产业、一县一品牌工作要求，按照牢记使命、扛好旗帜、树立口碑、赢得未来的电子商务进农村建设宗旨，全力推进电子商务进农村工作。共建成邮乐购精品站点10个，标准站点61个，致力于帮助贫困百姓脱贫致富。

【能力建设】 从2015年下半年开始，我公司在资金非常紧张的情况下，陆续为基层网点配置了47台空调，覆盖了全县邮政网点的员工宿舍和重点生产区域，对所有的员工宿舍的床、桌、椅、柜统一进行了配发，员工食堂的设施全面升级，基层网点的员工全部实行了餐补，随着2016年樟斗所新址落成、新城所和浮江所改造完工以及县域电商三级联动仓储、快件集散中心的建成和使用，标志着公司能力建设的进一步提升，在实现了员工生产生活大改善的同时，激发了员工企业主人翁的意识，促进了企业的和谐发展。

【领导名单】

总经理　　刘伟宏

副总经理　吴述华

电　信

【概况】 大余电信分公司属国家控股的股份有限公司，设有办公室、销售部、网络部、渠道中心、政企客户部、新城营业部、池江营业部、黄龙营业部、吉村营业部、内良营业部、水城营业部、城东营业部、城西营业部，另设业务技撑组、客户服务组、设备维护组、客户网络维护中心，共有干部职工73人。按照省、市电信公司的工作要求，聚集计费收入、4G、光宽、宽带电视发展，以市场为导向、以客户为中心，落实精确管理，强化工作执行，在通信市场竞争非常激烈和企业经营形势非常困难的情况下，仍然取得了较好的成效。全年天翼净增7294户，全市排名第三；宽带净增1901户，全市排名第九；宽带电视净增8599户，全市排名第一，手机市场份额较2015年底提升2.49%，达17.64%，全市排名第二，完成考核收入3667.9万元，全市排名第九位。

【基础建设】 2016年为积极响应“全光网江西”工程，全年ODN网络建设累计投资169万元，实现了乡镇ODN 100%到主要行政村的覆盖；快速推进FTTH工程建设，随着“光网城市”工程的有力推进，全年累计完成FTTH建设投资344万元，新建光宽带端口11000线，实现了县城城区、所有乡镇100%、农村行政村98%光宽带覆盖，用户宽带接入速率基本可实现100M接入；进一步加快、完善农村4G移动信号覆盖，2016年完成移动网络建设投资200万元，全年完成行政村4G基站建设31个，4G网络覆盖实现了县城区域100%覆盖，农村区域覆盖达到80%；全力支持县域新城镇化建设，快速响应县政府下达的杆路迁移工程。

【重点建设】 快速高效的完成了县政府一些重点项目的建设。在5月底完成了大余县天网6期项目的施工，共计63个监控点；10月份，完成了数字城管监控项目，共计86个监控点；完成了综治网格二期工程的网络建设，确保综治维稳的网络需求；对县里的六大攻坚项目进行了快速响应，有力的支撑了地方一些重点项目的顺利实施；完善政府企事业单位的办公OA系统的建设，进一步实现单位无纸化办公并提高政府行文的流转速度。

【网点建设】 2016年，新建核心商圈卖场2家，社区店5家，全网通卖场5家，新建光网村代理点60个；为提升渠道运营能力，加大对社会渠道的帮扶力度，使社会渠道门店的运营能力得到快速提升，营业厅店的快速建设，极大地方便了群众办理电信业务，提升了服务客户的能力；开通了电信网上营业厅，用户在家便可登录网上营业厅自由充值交费、费用查询、业务办理、故障申告、投诉咨询等全方位的便捷的电子自助服务。

【服务质量】 为提升服务水平，加快用户端装机速度，从2016年6月起，在县城FTTH覆盖区域内推广宽带装、移、修880服务制度，宽带用户装移机实现了当天办理，8小时内完成装机的服务承诺，有效地提升了用户感知；加大营业员学习培训和考核力度，不断提高各电信营业厅服务质量，对营业员开展星级评定工作，不断提高营业员素质，通过培训、实施、检查、整改的方式落实服务质量标准、规范和流程，不断提高营业人员的服务技能，营业服务质量得到较大改善和提高。认真贯彻落实《中华人民共和国电信条例》等相关法律法规，认真做好互联互通工作，做到收费公开、透明，无乱收费现象。推行用户满意服务活动和诚信教育，增强员工队伍内在动力，从源头上防范行业不良风气。把“用户至上，用心服务”理念落实在生产、经营的全过程。严格执行首问负责制、服务承诺制及工单回访等制度，提高办事效率。

【领导名单】

副总经理　徐　辉（10月免）
　　　　　刘羽蕾（女，11月任）
　　　　　钟　俊（8月任）
　　　　　黎健冰
总经理助理　赖　非

移　动

【概况】 2016年，中国移动通信集团江西有限公司大余县分公司进一步发挥企业自身优势，改革创新贯穿苏区振兴发展各个领域、各个环节，紧紧依靠广大干部职工，配合做好重大项目工程建设，强抓4G网络工程建设推进，为全县人民提供多样化移动服务，助力开创移动通信新局面。公司党支部还认真开展学党规党章，做合格党员的“两学一做”专题活动，经常安排党员率先到一线参加三进三拓活动。坚持以市场为导向，积极转变发展方式，不断提高领导班子的经营管理水平，创新业务模式，提升业务内涵。大余移动公司内设综合财务部、市场部、网络部、集团客户部共四大部门及营业厅，现共有合同制员工54人，劳动派遣员工10人。

【建设与维护】 狠抓重大项目工程建设进度。2016年，进入4G四期工程建设，在全力完成高速沿线、城区及所有乡镇全部实现4G信号覆盖的基础上，实现对所有行政村4G信号覆盖的目标，同时宽带新增开通行政村23个，通过改善网络质量与宽带覆盖，有效推进全县农村信息化。全力配合完成精准扶贫工作，加大边远山村基站建设投入，对部分弱覆盖区域加强网络优化，助力政府解决扶贫帮扶、政策政令信息上传下达的问题。

【客户服务】 追求4G满意度领先，提倡投诉健康度提升。以不断提高客户感知为导向，以建立健全服务质量管理体系为核心，以解决服务中的热点、难点问题为突破口，全面推行优质、规范服务。严格按照国家法律要求，实行开户、过户实名制，严格执行“二码”办理业务要求，保障客户权益。实施服务管理创新，对所有涉及有损客户感知、侵害客户利益的营销行为、服务规范、业务流程等做好监督工作；做好服务质量分析，投诉问题解决的推进，实行每月考核制，采取优奖劣罚的机制，通过微信、短信通报、上传至业务流平台等方式，每日对不达标厅店进行现场走访及电话督促通报，督促各厅店对自身存在短板做好整改提升。

【领导名单】

副总经理　郭　海（主持工作）

　　　　　张兆勇

　　　　　赖庆锋

联　通

【概况】 公司设有5个中心，共计在编在岗13人，分别是综合中心、渠道中心、客服中心、集客中心和运维中心。

【市场经营】 2016年，全年发展移、固网业务总量6913户；完成通信业务收入671万元，完成收入预算率达98.84%，全市排名第六；向当地纳税近13万元。

【服务维系】 按照上级公司的要求和规范，全县共有1家自有营业，33家合作厅。全年通过抓好客户服务，促进企业发展，全年推出和开展了各类针对新老用户的活动和维系政策。2016年，大余县联通公司未发生一例申诉情况，自有厅满意度评价为91.07%，全市排名第四；合作厅满意度评价为85.84%，全市排名第十二；县分公司全年用户服务维系客服评价为87.49分，全市排名第二。

【建设维护】 2016年底全县共有移网基站210个，其中4G基站17个；全县4G信号覆盖率25%；新增启用了固网新汇聚机房1个，完成了骨干网核心机房双路由改造。宽带覆盖方面，截至2016年底，宽带网络覆盖全县5个行政村，覆盖11个自然村。全年，全县未发生通信重大事件。

【精准扶贫】 研发专门应用，对接县扶贫部门，向县贫困户推出专属优惠产品，助力精准扶贫。应用：研发“雨露百事通”手机应用。为响应扶贫国策，专门实施了旨在惠民扶贫的“雨露计划”重点项目，出资2000余万元并投入大量人力财力精心设计和优化，开发了“雨露百事通”手机应用。充分利用现代信息技术，提高雨露计划和移民培训管理服务水平，为扶贫工作人员、贫困群众简化办事流程和资讯交流共享提供极大便利，为四类贫困人口增加就业发展机会和提高劳动收入，帮助贫困群众脱贫致富。产品：推出“雨露”系列专属优惠产品。为“雨露计划”专门设计了雨露专属产品：雨露百事通功能包、雨露计划幸福卡、雨露特价礼包机。其中，扶贫用户重点产品“雨露百事通功能包”，每月只需出 2.5 元就可享受实际价值 400 元的产品包：1G 流量、3000 条短信、200 分钟省内通话、300 分钟村内通话。同时，在全市安排了 1530 场宣传培训活动，帮扶市所有扶贫户熟悉使用“雨露计划”APP，尽早申请扶贫计划，顺畅享受扶贫政策。县分公司也响应县委和政府的号召，对挂点的贫困村解决“扶贫车间”的房租和水电费用，带领贫困户在相对舒服、宽松的条件下进行脱贫。

【社会责任】 县公司作为央企和驻县单位，长期支持、配合当地县委和政府的各项工作，如：重点工程、六大攻坚战、城南片区、三园两路一桥等地的杆路、管道和基站的整治迁移、疏通拆除。在资费、网速方面，第一时间积极响应国家提出的“提速降费”，真正让广大用户及百姓得到实惠。

【领导名单】

总经理　　金　宁

副经理　　黄春明

　　　　　曾　毅

唱支山歌给党听

旅游业

【概况】 2016年，大余县旅游工作围绕“旅游名县”战略目标，以项目建设为载体，突出规划引领、开展品牌创建、推进旅游扶贫、灵活宣传营销、强化行业管理，旅游产业呈现迅猛发展势头。据不完全统计， 2016年全县接待游客300.47万人次，旅游总收入18.69亿元，分别比上年同期增长34.94%、32.54%。大余县旅游发展委员会现内设办公室、产业规划股、市场开发股、行业管理股4个股。下属大余县风景名胜管理局（副科级全额拨款事业单位）、大余县梅关古驿道风景管理局（副科级自收自支事业单位）、大余县乡村旅游办公室（股级全额拨款事业单位）。年末机关工作人员5名，大余县风景名胜区管理局5名，大余县梅关古驿道风景管理局2名，大余县乡村旅游办公室12名。

【规划设计】 聘请熟悉大余县情的“内高人”江西省城乡规划设计研究院对梅关—丫山风景名胜区总体规划进行修编，力求做到与周边县市的旅游发展规划相结合；突出“红、古、绿、黑”资源优势，将南方红军三年游击战争纪念馆、梅山红色旅游区、西华山钨矿国家矿山公园及各乡镇乡村旅游规划交由上海建筑设计研究院有限公司等“外高人”进行编制，把县域旅游资源串珠成链，形成“百里乡村旅游长廊”、古文化长廊、沿章江旅游长廊等“三条长廊”，切实做到资源优化、空间有序、产品丰富、产业发达旅游发展新格局。

【品牌创建】 突出打造龙头景区品牌，大余章源生态旅游有限公司先后荣获“江西省优秀旅游企业”“第四批江西省服务业龙头企业”称号；加快A级景区创建步伐，致力于11个乡镇23个乡村旅游点游客服务中心、旅游标识牌、旅游公路、游步道、停车场、旅游厕所等基础设施建设。全县新增A级厕所11座，黄龙镇被评为“省级生态旅游示范乡镇”，新城周屋被评为“市级乡村旅游点”，旅游标准化在县旅游业发展中的引领、规范和促进作用越来越明显。

【旅游扶贫】 把乡村旅游作为“带一接二连三”的综合性富民产业，推动乡村旅游和精准扶贫有机融合。依托旅游公司，引导贫困户参与乡村旅游，就地转移，就近就业。章源生态旅游有限公司现有员工289名，其中大龙山村当地员工260人，占总员工比例的90%；依托旅游开发，帮助贫困户参与经营，流转田土，发展种养，入股分红，获得稳定收入。丫山景区建设共流转贫困户30户农田129亩，每亩年收益500元，户均年增收2000元；鼓励村民在乡村旅游点周边建设集餐饮、住宿为一体的农家旅馆，增加农民收入。2016年全县成功创建星级农家旅馆8家；深入实施“旅游+互联网”行动，建设了电子商务产业园、电商孵化园、电商交易馆、大余乡村旅游O2O电商综合服务平台。依托电子商务，帮助贫困户销售土特产品。大余县南安板鸭、多味花生、芋荷、酱醋萝卜等农副产品，售价普遍提高30%以上，销量增长3倍以上。2016年县旅游扶贫工作得到国家旅游局长李金早的赞赏。

【景区建设】 围绕市委、市政府提出的“一核三区”旅游产业发展空间布局，发挥“红、古、绿、黑”资源优势，以文化为载体，精心打造多元旅游产品。2016年，新建10个文化旅游项目，结合革命文化内涵，突出红色文化主题，建设南方红军三年游击战争旧址及纪念馆、梅山红色旅游区（陈毅隐蔽处）、梅关古驿道景区等红色旅游景区；突出乡村的景色、生态、产业、服务等功能，打造龙山小镇及融合11个乡镇23个乡村旅游点的百里乡村旅游长廊；坚持“绿水青山就是金山银山”的发展理念，发挥生态优势，打造丫山自行车山地越野场地、飞龙峡谷漂流、万马生态休闲度假项目；传承百年钨业，打造西华山钨矿国家矿山公园项目，丰富大余县旅游产品体系。

【市场促销】 推进智慧旅游发展，率先搭建大余乡村旅游020电商综合服务平台，建设线上全网营销，让游客360度全景感受大余旅游景区、文化特色、风土人情，在线体验“吃住行游购娱”个性化、定制化服务；开展联合营销，聘请省旅游集团高端订制《赣州西部旅游三年营销推广策划书》，对三县品牌定位、宣传口号、宣传标识、营销主题、旅游产品等统一策划包装；实施以节兴旅，通过举办全国速度赛马大师赛、第二届旅游节和全国首届农旅电商峰会等节庆活动浓厚旅游氛围，有效拉动客源增长；借助国家新闻广电总局对口大余的优势，邀请一批中央和省市电视栏目走进大余。微电影《丫山情》在中央电视台6套电影频道播出，江西电视台二套都市栏目组赴丫山景区拍摄录制《丫山：美丽江西农村样板》特别节目，国庆期间现场直播丫山景区长桌“打秋宴”活动盛况；加强协会营销，成立书画协会、摄影协会、舞蹈协会、自行车协会、钓鱼协会等20多个各类协会，逐步形成集草根明星、文艺骨干、文化名众等组成的千人文化队伍，使大余旅游更加充满动感和活力。

【行业管理】 联合消防部门对全县各旅行社、星级宾馆、景区开展旅游安全生产大检查，保障游客生命财产安全；围绕旅游行业监管热点、难点问题，不定期对旅行社进行业务指导和旅游市场秩序专项检查，低价游、零团费专项治理活动深入人心；积极组织县AAA级以上景区、乡村旅游点负责人赴上海、台湾等地参加培训，加强大余县旅游管理和景区管理人才队伍建设；顺利承办2016年江西省乡村旅游“百县千人”第二期培训班和全市AAAA以上乡村旅游点讲解员培训班，大余县乡村旅游经营管理模式及政务接待服务得到上级部门的认可及推广。

【风景名胜区】 梅关—丫山风景名胜区位于大余县境内，由梅关、丫山、牡丹亭、三江口四片区，及河洞温泉一个独立景点构成，总面积61平方公里。以千古丝绸路，纯美爱情地为主要风景特色，以怀古科教、休闲揽胜为主要功能的省级风景名胜区。

竹林沙趣

表 9

大余县风景名胜区一览

序号	位置	风景区面积（平方公里）	外围保护地带（平方公里）
1	梅关片区	9.36	4.97
2	牡丹亭片区	1.31	1.38
3	丫山片区	23.50	16.40
4	三江口片区	26.83	
合计		61.00	22.75

表 10

大余县三星级以上饭店一览

序号	名称	地址	星级
1	大余县双田村罗坑农庄	浮江乡双田村下村	三星级
2	大余县河洞温泉度假村	河洞乡河洞村热水组	三星级
3	大余县金鹏农业生态农庄	河洞乡河洞村热水组	三星级
4	大余县黄龙镇海棠农庄	黄龙镇旱田村下屋组	三星级
5	大余县黄龙镇兰花苑农庄	黄龙镇旱田村下屋组	三星级
6	大余县黄龙镇桂花苑农庄	黄龙镇旱田村下屋组	三星级
7	大余县黄龙镇枣花农庄	黄龙镇旱田村下屋组	三星级
8	大余县黄龙镇桂花农庄	黄龙镇旱田村下屋组	三星级
9	大余县黄龙镇桃花源农庄	黄龙镇旱田村下屋组	三星级
10	大余县黄龙镇竹柏农庄	黄龙镇旱田村下屋组	三星级
11	大余县吉村桃树下生态农庄	吉村镇游仙村桃树下	三星级
12	大余县青龙镇元龙畲族村畲乡人家旅馆	青龙镇元龙畲族村蓝中组	三星级
13	大余县青龙镇啟程农庄	青龙镇原河南小学旧址	三星级
14	大余县新城镇伯畅家园农庄	新城镇周屋村	三星级
15	大余县新城镇周村生态甲鱼农庄	新城镇周屋村	三星级
16	大余县巾帼鼎峰农庄	新城镇周屋村	三星级
17	大余县新城镇玉湖农庄	新城镇周屋村	三星级
18	大余县新城镇玉莲土菜馆	新城镇周屋村	三星级
19	大余县美丽乡村农庄	樟斗镇下横村雷屋	三星级
20	大余县春妹子生态农庄	新城镇周屋村	三星级

表 20　　大余县三星级以上饭店一览

序号	名称	地址	星级
21	大余县桃源农庄、	南安镇伯坚大道天竺岭	三星级
22	大余县稻香农庄	浮江乡浮江村章江二组	三星级
23	大余县周小平农庄	新城镇周屋村坝里	三星级
24	大余县围里人家农家乐	左拔镇云山村围二组	三星级
25	大余县丫山罗家乡菜	黄龙镇大龙山村罗家背	三星级
26	大余县浮江生态农庄	浮江乡竹木村大河边	特色三星级
27	大余县凤园农家乐	黄龙镇大龙村坝里组	特色三星级
28	大余县坝里农家乐	黄龙镇大龙村坝里组	特色三星级
29	大余县罗家背农家乐	黄龙镇大龙村罗家背	特色三星级
30	大余县黄龙镇瑞香生态农莊	黄龙镇旱田村下屋组	特色三星级
31	大余县黄龙镇红豆餐馆	黄龙镇旱田村下屋组	特色三星级
32	大余县明悦山庄饭店	南安镇荡萍矿区医院	特色三星级
33	大余县荷塘醉月农家旅馆	新城镇周屋村	特色三星级
34	大余县周村壹号农庄	新城镇周屋村	特色三星级
35	大余县狮头棚生态农庄酒家	南安镇新余村	特色三星级

【领导名单】

主任　　廖晓初

副主任　　陈　龙

　　蓝　健

风景名胜区管理局局长

　　王旭明

商贸服务业

招商和对外贸易

【概况】 2016年，商务局坚持"解放思想，内外兼修，北上南下"，紧紧围绕"主攻工业、三年翻番"战略部署，围绕县委县政府"1356"工作总思路，主动适应新常态，强化理性招商、精明招商、产业招商、效益招商的理念，改进方式，完善措施，狠抓落实，各项工作都取得了明显的成效。

县商务局属政府组成部门，下属招商服务中心和商务综合行政执法大队两个正科级事业单位，下设口岸管理办公室一个正股级事业单位。县商务局与事业单位招商服务中心合署办公，两块牌子一套人马。内设办公室、内外资管理股、对外贸易股、招商洽谈股、招商服务股。2016年，末在职人数22人。

【对外贸易】 2016年全县外贸进出口总额4422.74万美元，同比增长70.46%。其中，外贸出口总额4261.96万美元，同比增长80.97%，全市排名第二，完成全年任务179.07%，全市排名第二，实际出口排名十五名。

【利用外资】 2016年全县新批外资项目7个，合同外资20980万美元，同比增长116.29%。实际利用外资10001万美元，同比增长10.33%，全市排名第六，完成全年任务100.31%，全市排名第7，其中现汇进资197万美元，现汇比1.97%，全市排名第十五。

【国内经济合作】 2016年全县利用省外资金项目18个，其中亿元项目7个，完成全年亿元项目任务数。实际利用省外项目到位资金29.17亿元，同比增长12.19%，全市排名第八，完成全年任务100.59%，全市排名第五。2016年新签省外资金项目12个，签约资金29.23亿元，其中已注册项目12个，注册率100%，已开工项目12个，开工率100%，已进资项目12个，实际进资11.5亿元，已投产项目5个，投产率42%。

【招商引资】 2016年，共举办三次大型招商推介活动，即1月在县内举办招商引资和重点项目签约开工投产"三集中"活动，5月在深圳举办2016江西大余（深圳）电子信息等产业招商推介会，9月在县内2016年招商引资项目"三集中"暨第二届旅游节、农旅电商峰会系列活动。三次活动共签约项目54个，项目总投资约165亿元，涉及钨及有色金属、电子信息、现代服务、新材料等产业。其中工业项目39个，占72.2%，总投资106亿元；现代服务业项目10个，占18.5%，总投资26亿元；现代农业项目5个，占9.25%，总投资33亿元。签约项目中，超10亿元的项目有7个，超5亿元的项目10个，超亿元的项目49个。集中开工项目共20个，总投资约28.8亿元；集中竣工或投产项目18个，年总产值约46.3亿元。三次活动签约项目全部投产达标后，预计项目年主营业务收入近200亿元，年税收近20亿元以上。三次活动充分展示了县招商引资的工作成果，进一步宣传了大余、推介了大余，提升了县招商引资的形象，为加快推动开放升级、发展升级营造了浓厚的氛围。

【领导名单】

党总支书记、招商服务中心主任	
	刘铭三
副局长	刘祥平
副主任	王永明
	谭传斌
	刘海燕（女）

商务执法

【概况】 2016年，大余县商务综合行政执法大队深入贯彻落实县委“1356”工作总思路，以搞活流通、扩大内需为重点，在内贸管理、电子商务、商务执法等方面做了大量行之有效的工作，并取得了明显的成效；圆满完成县委、县政府下达的各项工作目标，为大余的经济发展做出了贡献。县商务综合行政执法大队为财政全额拨款单位，内设办公室、综合管理股、综合稽查股、电子商务股4个职能股室，2016年末在编在岗人数7人。

【商务管理】 2016年，大余县认真抓好商贸服务业管理工作，加强成品油市场管理。对全县16家成品油零售企业的经营资质进行了年检初审和上报审批工作。同时，加强对成品油市场的安全检查，会同县消防、县质监局对全县加油站进行了多次安全生产检查，对发现的问题提出了整改意见，从而规范了县成品油市场。开展再生资源回收企业年检工作，共年检企业32家。加强商务综合执法工作。以“内强素质，外树形象”加强队伍建设。组织全体执法人员认真学习商务领域法律法规，进一步提高执法人员的执法水平。同时改进执法方式，依法受理商务领域举报、投诉案件，做到依法行政、文明执法、公正执法。加强单位下属企业县生猪定点屠宰场的监管，签订“2016年肉品安全责任状”，督促该企业强化内部管理，坚持检疫制度、产地检疫、运输消毒、凭耳标验收，严把生猪进入关，在屠宰中，严格按照国家《生猪屠宰操作规程》和技术要求屠宰生猪，坚持肉品未经检验合格和加盖检验讫章不出库，严把肉品出场关。

【市场运行调节】 2016年，随着市场监测工作的不断深入，市场运行调节根据市场形势发展变化及需要，加大了数据催报力度，使监测数据报送质量有了显著提高。2016年，完成社会消费品零售总额27.66亿元，在全市8个三类县中排名第一，社会商品零售总额比上年同期增长12.9%，增幅在全市排名第三，市商务局下达大余县净增限额以上企业任务数2家，全年完成8家，超额完成全年的工作目标。

【电子商务工作】 高规格成立机构和科学制定电子商务发展规划。县委、县政府将电子商务列入工作重点，成立了由县委主要领导任组长的县电子商务产业发展工作领导小组，建立了由县商务综合行政执法大队牵头，有关部门共同参与的协作机制，明确了各部门的任务和职责，形成了齐抓共管、优势互补、资源共享的工作格局。

完善体系建设，夯实电子商务发展基础。完善电子商务网络建设。成立了大余邮政分公司、京东、大余欣辉达电子商务科技股份有限公司和旺淘电子商务有限公司4个县级电商进农村运营中心。同时，依托各运营中心在全县各乡镇设立农村电商服务中心、村（社区）设农村电子商务服务站（扶贫工作站），形成覆盖全县的现代农业综合性、开放性电子商务服务网络。县共建成乡镇电子商务服务中心11个，建好村级网店（服务站）42家。完善电子商务平台建设。将县城原精品一条街改造为县农旅电商创业街，入驻电子商务企业54家；由县政府租赁大余方正机械厂打造成电子商务孵化创业园（电商扶贫基地）；按照市场主导、政府引导推动和企业参与、运作的原则，在县新华工业园打造了大余农旅电商公共服务中心。与阿里巴巴、广东新农人电商公司、八戒中国公司、杭州杰夫电商集团等第三方平台，开展农村电子商务、人才培训等方面的合作，同时引入网来云商信息技术（武汉）有限公司，为县各企业搭建了跨境电商（大余）海外专区，并依托该公司在海外128国家200多个电商平台资源，实现用中文直接做全球生意。已经匹配了20余家企业成功进入“大余海外专区”。

建设县、乡、村三级网络。依托原有的县、乡、村三级邮政物流配送体系，整合万村千乡市场工程，对县内的邮车转趟进行了升级，并将升级后的“县—乡”邮路作为“县—乡—村三级物流体系建设”项目，从而实现县—乡物流的顺利流转。同时，建立完善“农产品进城”与“工业品下乡”双向流通网络，打通农村电子商务物流“最后一公里”。

培训电商人才。近年来，针

对电子商务新业态，采取多种方式和途径对各类人群普及电子商务知识。与县直机关工委联合在县委党校举办三期全县党员领导干部电子商务普及培训班，与县残联联合举办一期全县残疾人员电子商务知识扫盲培训班，还与妇联联合举办一期100多人的妇女培训班，并且通过政府公开招标引入新起点等4家培训学校。在各乡镇举办电子商务知识培训，全年县共培训电子商务人员5584人次，其中培训贫困户553人次。

开展电商活动。为了强力向外推介大余县丰富的旅游资源和农副产品，推动智慧旅游乡村建设和创新旅游网络营销模式，促进传统农产品加工和销售快速融合。积极打造“互联网+农产品+乡村旅游”，通过政府购买服务方式，成功引入网来云商信息技术(武汉)有限公司，倾力打造“文化+乡村旅游”“农产品+乡村旅游”“创意+乡村旅游”模式的“江西乡村旅游网·大余印象”，同时将全县的“精准扶贫”“招商引资”等资讯接入该网，使该网站成为大余县的“小淘宝”。2016年9月23日，举办以“智慧农旅 生态共享”为主题的全国首届（大余）农旅电商峰会，荣获“中国农旅电商示范县”称号。交流分享“互联网+农旅”的经验及成果，并就“互联网+农产品+乡村旅游”的实践与创新进行深入研讨。峰会的召开进一步推动了大余县电子商务的广泛应用，营造了电子商务发展的良好环境，进一步推进了农、旅、商融合创新发展。

电商企业带动脱贫。采取“政府引导、企业参与、市场运作”的模式，重点打造集“办公+技术支持+培育+管理咨询+其他增值业务”为一体的电子商务创业孵化园，确定了在政策扶持期内，孵化园为创业者提供免费的办公场地和基础配套设施服务，并提供政策咨询、专家指导、项目推介、网店装修、店铺诊断等公共服务政策。从而为城乡青年和未就业大学生、退伍军人、贫困家庭“两后生”等通过电子商务创业就业提供便捷服务平台，带动提升贫困家庭“造血”功能，实现脱贫减贫。

由江西赶早集农产品电子商务有限公司在县城新世纪工业园投资建设的面积约4000平方米的电商扶贫基地，可容纳个人创业者300人，解决部分贫困户就业创业问题，入驻企业20多家；大余欣辉达电子商务科技股份有限新城分公司李二娘食品厂，通过土地流转方式打造了占地400多亩的种植基地，当地农户不但通过土地流转增加了收入，而且基地还主动吸收当地农户就业（现已解决精准扶贫对象60多户的就业问题）促进了农民的增收。大余邮政分公司利用中国邮政打造的专营农特产品的网络平台—邮乐网，在线上销售芋荷、烫皮、香菇、脐橙、板鸭、土鸡蛋等20多种县特色农产品有效促进了村货进网，增加了农民的收入。

出台电商扶持政策。列为全国电子商务进农村综合示范县以来，县共出台有《大余县电子商务产业发展实施方案》（余办发〔2015〕92号）《关于加快电子商务产业发展的实施意见》余办发〔2015〕26号《大余县电子商务扶贫专项实施方案》（余精扶字〔2015〕22号）《大余县电子商务进农村综合示范工作实施方案》（余办发〔2016〕17号）《大余县电子商务产业发展扶持办法》（余办发〔2016〕8号）《大余县电子商务培训方案》（余办发〔2016〕2号）《大余县电子商务产业攻坚战实施方案》（余商执字〔2016〕3号）《关于印发2016年精准扶贫攻坚战农村电商扶贫项目实施方案的通知》（余商执字〔2016〕7号）等电商扶持的具体政策文件，为县电子商务进农村工作提供了政策保障。

【电商业绩】 以问题为导向，全面制定电商发展扶持政策。针对县存在的基础设施建设不完善、专业人才匮乏、电商企业经营秩序不规法、物流瓶颈等问题，相继出台了《大余县电子商务产业发展实施方案》（余办发［2015］92号）《关于加快电子商务产业发展的实施意见》余办发〔2015〕26号《大余县电子商务进农村综合示范工作实施方案》（余办发［2016］17号）《大余县电子商务产业发展扶持办法》（余办发［2016］8号）《大余县电子商务培训方案》（余办发［2016］2号）《大余县电子商务产业攻坚战实施方案》（余商执字［2016］3号），确保了电子商务各项政策落地到位。

以大物流概念。整合快递企业进农村，打通电子商务进农村“最后一公里”的制约“瓶颈”。由邮政大余分公司建立完善了“农产品进城”与“工业品下乡”双向流通网络，打通农村电子商务物流“最后一公里”。

发展跨境电商，助推电商精准扶贫。跨境电商的发展既能让国内消费者不出国门就能享受到同等产品和服务，又能带动本地制造业转型升级，把海外消费留在国内，为本地企业增收创收，同时探索“互联网＋土特产”的电商精准扶贫新模式，把边远贫困地区的农特产品通过深度开发，把产品推向全国，实现跨境电商与扶贫工作深度融合。

把电子商务与乡村旅游相结合。“互联网＋农产品＋乡村旅游”的模式，把电商和旅游相结合，带动本地的旅游业发展，从而进一步增加农产品的销量，借助智慧旅游、游遍大余等平台优势，在电商和特色农产品之间“牵线搭桥”，把花卉苗木、食品果蔬等特色产业推向国内外市场。

【领导名单】

大队长	吴至成
副局长	王增平

粮食流通

【概况】 2016年，大余县粮食流通服务中心深入贯彻落实各项粮食工作方针政策，不断转变工作职能，坚持依法行政，依法管粮。《粮食流通管理条例》宣传力度不断加大；粮油供需平衡调查有效开展；粮食清仓查库工作圆满完成；企业经营目标得以实现；粮食仓储单位安全生产主体责任得到有效落实；党风廉政、政务公开、社会治安、信访等工作有序推进。

县粮食流通服务中心为县农业和粮食局管理的正科级事业单位，内设办公室、财务统计股、业务股、监督检查股4个职能股室。县粮食流通服务中心下属3个股级事业单位，大余县粮油质量监督检验站、大余县粮食系统职工培训学校、大余县粮油批发市场。

县粮食流通服务中心管理县粮食收储公司、县粮油经营公司2个独立核算国有粮食企业及县粮食收储公司所属的新城粮管所、池江粮管所、青龙粮管所、粮油直属库4个报账制库点。年末在职人员总数37人。

【粮食收购】 严格执行早籼稻、中晚稻最低收购价政策。2016年，全县共收购早籼稻、中晚稻914万公斤，其中政策性收购110万公斤。

【省长责任制】 粮食安全省长责任制首次对县级政府进行考核。粮食流通服务中心高度重视，加强组织领导，明确了粮食安全的主体责任，就落实粮食安全责任制分工及迎接2016年粮食安全省长责任制考核相关工作，召集有关部门进行了专门部署，圆满完成了市检查组对县的检查，同时通过了省检查组对县的抽查。2016年，大余县开展了4次储粮安全专项排查，4个储粮库点消防设施配备齐全，储粮安全稳定，未发现影响储粮安全的不稳定因素；国有粮食企业的“一符四无”（账实相符，无害虫，无变质，无雀鼠，无事故）率达100%，科学保粮中“三低储粮”（低氧、低药、低温）率及机械通风储粮率达100%；储存品质指标和食品安全指标达到国家标准；储备粮轮换及时规范，仓储管理符合技术规范要求。

【升级改造】 2016年，全县共投入160万元组织实施粮食收储供应安全保障工程，对新城、池江、县城5个粮食应急配送保障中心供应网点及“危仓老库”进行了升级改造，将加强粮食仓储设施和物流设施作为重要农业基础设施抓紧建设。2016年池江粮食中心库新建2号粮仓顺利封顶，池江粮食中心库是与本辖区的粮食收储规模和保障供应要求相匹配，布局合理的仓储设施，对促进大余粮食经济的发展、粮食市场的繁荣和粮食安全起着重要的作用。

【领导名单】

副局长、主任	吴至福
副局长	蔡隆文（12月免）
副主任	邱禄源（7月免）
	廖　维（3月任）

供销合作

【概况】 2016年，大余县供销合作社联社紧紧围绕县委、县政府“1356”工作总思路，深入贯彻《中共中央国务院关于深化供销合作社综合改革的决定》，坚持为农服务方向，大力推动供销合作社改革，着力构建新型为农服务体系、新型基层组织体系、新型联合社治理体系、新型社会企业运营体系。全年实现商品销售24412.3万元，其中农资商品销售3831.8万元，废旧物资销售881.3万元，烟花爆竹销售663万元，全年实现利润总额400.2万元，上缴各种税费138.4万元。

大余县供销合作社联合社为县政府直属正科级事业单位（参照公务员管理）。内设4个职能股室（办公室，财会审计股，合作指导股，行业特有工种职业技能培训与鉴定工作站）。下辖供销社贸易公司、土产公司、农业生产资料公司、供合联资产经营有限公司和新城、池江、梅关3个基层中心供销社。2016年末，在册职工总数为68人。其中县社机关10人，供销社贸易公司3人、土产公司2人、农业生产资料公司20人、供合联资产经营有限公司2人、新城（中心）供销社18人、池江（中心）供销社7人、梅关（中心）供销社6人。

【综合改革】 2016年12月，通过广泛调研，起草了《大余县深化供销合作社综合改革试点实施方案（草案）》，报县委、县政府，初步明确了综合改革的目标要求、重点任务、实施路径和责任分工，形成了有大余特色的改革路子。

【商务建设】 2016年2月，由县供销社牵头，在县章源宾馆举办了全县第二届农村电商大讲堂，参加讲堂人数近200人，省内外知名电商平台、电商企业高层人士到场或发来视频指导。2016年1月，全面完成黄龙花木园电商中心建设，并成功运营。江西旺淘电子商务公司，被评为市级电子商务示范企业，上线农产品达30多个，线上交易量近20万元。

【项目建设】 2016年，对新城、池江、梅关3个中心社进行了升级改造，新发展了5家专业合作社，组建了1家联合社，筹备成立行业协会1个（农村电子商务协会），新增综合服务社34个。2016年8月，县供销社协助大余县天华山农民专业合作社申报赣州市示范专业合作社成功，获得上级补助资金10万元。

【领导名单】

主　任	莫祥贵
副主任	周新程
	刘德福
主任科员	陈军豪

烟草专卖

【概况】 大余县烟草专卖局（赣州市烟草公司大余分公司）是国有企业，由地方政府和上级烟草专卖局共同领导。2016年，卷烟利税总额累计2931.89万元，同比下降22.68%。内设机构有：综合办、专卖办和营销部。年末在职人员31人。

【卷烟销售】 卷烟销售方面：卷烟系统外销量7457.52箱，人均消费条数6.43条，单条均价94.72元/条，同比增加14.51元。金圣烟方面：累计销售2323.96箱。金圣（滕王阁）系列：累计销售145.35箱。

【专卖管理】 县局共查获各类违法案件174起，其中假烟案件25起，非法渠道进货案件116起，非法收购案件1起，走私案件2起，无证运输案件10起，无证经营20起。查获各类违法卷烟7696.4条，其中市外乱码4139.9条，金圣烟3289.5条，假私烟267条。5万元以上大要案7.5起，取得了较好的成效。

2016年共新办许可证92起、延续6起、停业46起、歇业199起、恢复营业47起。从申请受理、资料审核、现场勘查、审核审批、专销对接等，层层加强监督，无1起行政复议事件。

【领导名单】

局长（经理）	钟林生（1月免）
	张绣宇（2月任）
副经理	胡声海
副局长	沈福元

石油销售

【概况】 2016年，大余县石油公司紧紧围绕“一降一控、两提高、两确保”工作目标，以抢占市场份额，深入挖潜增效，强化网络控制为抓手，精心培育市场，做强零售经营，实现零售经营指标逆势扬帆。全年销售成品油4.0566万吨，2016年成品油零售目标是5.4188万吨，完成年任务的74.83%，其中柴油销量2.8271万吨，同比增长18.17%，93#汽油销量 0.963476 万吨，同比增长 3.47% ，97# 汽油销量 0.26404 万吨，同比增长 21.78%。1 — 10 月份非油品任务 875.44 万元，便利店销售额 769.6 万元，完成分公司下达任务的 87.91%。去年同期便利店销售额为 660.07 万元，同比增长 16.6%。大余的石油市场以大余石油公司为主导，占市场份额的 80%，中石油、江投和个体加油站占 20%。

县石油公司内设综合办公室，下设中心、五星、新华、大合、青龙、新城、新龙、新珠、新民、左拔、吉村加油站 12 座。加油站设站长 1 名，领班 2 名，年末在职人员 69 人。

【石油经销】 改造增加自助加油站，大力推广自助加油。自助加油是大势所趋，2016 年大余分公司共通过改造新增 1 座自助加油站，1 座半自助加油站，截至目前，大余分公司辖区共有 3 座自助加油站，占辖区总加油站数量的 25%。加油站实行自助加油后可以通过全方位的培训和不断的实践锻炼，提升了员工的现场管理能力、宣传推介能力、指导沟通等综合能力，使员工获得了全面发展，大大拓展了员工的发展空间，同时，促进了员工队伍的和谐。自助加油业务的推广，“释放”了部分用工，解决了加油卡及非油业务发展中人员不足的问题，使得一站式服务更加完善与周到。同时，延长了对客户服务的时间。将非 24 小时营业站调整为 24 小时自助加油服务，在提升客户满意度的同时，也提升了加油站的安全管理水平。加油员转变为现场管理员，脱离了简单的重复劳动，员工的休息时间得到了保证，增强了员工对企业的认同感，队伍更加稳定和谐。

做好设备设施隐患排查，确保设备完好率。为了更好地扩销增量，防止设备设施问题“拖后腿”，县分公司多次组织对设备设施进行隐患排查，对影响加油站扩销增量的设备设施进行维修、更换。青龙、大合、吉村、新龙站申请更换新的加油机，更换后的加油机出油快，油量大，减少了顾客等待时间，提高了加油效率，提升了加油站销量。同时，要求加油站做好日常设备保养，确保设备完好率。加油站建立设备保养台账，实行设备保养责任到班组到个人，根据季节特点对设备进行维护保养，确保不因设备原因影响加油站扩销增量。

大余梅关大桥、东风桥因承重结构危害严重，县政府决定对该桥进行拆除重建。从 2016 年 4 月 8 日起对该桥实行全封闭交通管制，途经大余县城的外地大货车一律绕行高速，进入县城的货车要办理通行证。这样直接影响公司 323 国道上加油站的零售销量，造成公司日柴油销量下降 40 吨左右。公司只有依托现有的加油卡信息查询系统和加油站管控系统，定期收集各加油站客户情况，通过对客户的梳理和分析，进一步建立健全客户档案信息，并分级进行日常走访。领导班子亲自带队走访砖厂和铲车挖机等大客户，了解重点客户相关需求，同时宣传介绍中石化企业文化和轻油、非油的相关促销活动。与政府、工业园企业、事业单位等重点单位建立友好联系，主动为他们提供送油品、送非油品服务。

2016 年，公司青龙加油站进行了提量改造，加油站进行了油气回收改造。青龙、大合、吉村、新龙站更换了加油机设备。

【领导名单】

经理　　刘卫军

副经理　苏　琼

　　　　谢　非

盐　业

【概况】 江西省赣州江盐华康盐业有限公司大余分公司前身为江西省盐业集团公司赣州公司大余分公司，于 2016 年完成从国有企业到混合所有制企业身份转变。

内设中后台、大客户部及联盟连锁 3 条主线，年末在职人员 15 人，主要负责大余县及崇义县辖区食盐安全供应及市场稳定。

【生产经营】 全年实现盐产品销售收入 939.03 万元，较去年同期增加 39.38 万元。其中，小包装食盐销售 2230.56 吨，计划完成率 116.18%，较上年同期增销 166.21 吨；精碘盐销售 723.33 吨，计划完成率 363.67%，较上年同期增销 85.36 吨；工业盐销售 84.35 吨，计划完成率 38.69%，较上年同期减销 118.59 吨。

全年实现非盐产品销售收入 423.18 万元，计划完成率 53.84%。其中，酒类销售收入 26.55 万元，计划完成率 45.00%；油及其它类销售收入 396.62 万元，完成计划率 54.56%。

【宣传工作】 3月15日“消费者权益保护日”联合县疾控中心在世纪广场开展以“新消费 我做主”为主题的“3·15”宣传活动；5月15日“全国碘缺乏病日”联合县疾控中心在世纪广场开展“坚持科学补碘，建设健康中国”为主题的第23个全国“防治碘缺乏病日”宣传活动。通过主动宣传倡导消费者科学食盐、健康用盐。

【盐政工作】 通过对饮食服务业、小作坊、腌制行业等进行专项检查活动，确保行业加工用盐安全；通过日常食盐配送结合盐政检查，确保零售店、批发部及商超等食用盐安全。

【领导名单】

党支部书记、经理　　傅建华

党支部组织委员、副经理　刘　伟

千里油菜迎风舞

交 通

交通运输

【概况】2016年，在县委、县政府正确领导和上级交通部门的业务指导下牢固树立“发展为先、生态为重、创新为魂、民生为本”的发展理念，紧紧围绕加快发展、转型发展、跨越发展这条主线，突出项目建设、改革创新两大抓手，各项工作顺利推进。县交通运输局内设办公室、财务审计股、路政管理股、政策法规股、交通战备办公室5个职能股室。所属事业单位4个，全部为财政拨款单位，运管所（副科级事业单位）、公路站、渡口站及农村公路养路队。全局在职工作人员48人，机关行政编制数为9名，在岗人数11名，其他事业单位工作人员37人。

【项目申报】 做好国省道和农村公路建设项目申报工作。交通运输局技术人员深入一线认真调查，电子地图采集、内业资料整理及数据上报，进行公路系统录入申报工作，2016年国省道申报约56公里，国省道计划正在办理手续中。县道升级改造向上申报30公里，县道下达30公里的建设计划；建制村通达路线窄路面拓宽工程已向上申报25.5公里，已下达4.3公里；革命老区转移支付项目9公里，已下达计划；生命安全防护工程3.9公里、危桥改造4座/271.62米已下达计划；通自然村通组公路15公里，成品油14.4公里已下达计划。

做好农村公路建设项目需求申报工作。按上级文件要求，对当地老百姓积极性较高的通自然村进行认真调查，采集数据，整理通自然村公路库外需求148.7公里，为下一步公路申报工作奠定了基础。

做好危桥和安保项目建议计划申报工作。按上级文件要求，完成县境内5条县道安保、5座危桥改造资料整理及数据上报。

做好“十三五”国省道公路和黄龙高速连接线建设项目申报工作。按上级文件要求，对县境内3条国省道约56公里进行批复立项，2016完成了节能、环评、社会稳评、工可、初步设计、规划选址、国土用地、预审等前期工作，正在做施工图设计工作。同时，县已委托江西省招标咨询集团有限公司办理PPP模式运营工作；黄龙高速连接线项目正在省厅办理相关手续。

做好县乡道路网规划调整工作。根据赣市交字［2015］314号和《省交通运输厅关于反馈县乡道网规划调整审查意见的函》的通知精神，为了更好地与国省道公路网规划相衔接，根据公路网的整体规划需要，省、市交通运输部门对乡道网进行了规划调整，对原乡道进行了延长、缩短、新增和局部优化。调整后共28条228.828公里的乡道网规划线路上报工作，共10条211.009公里的县道网规划线路上报工作。

【项目建设】 国、省道项目建设。G323大余黄龙至五里山一级公路已分段实施完成11.6公里，剩余约3.292公里城投当业主，正在建设中，预计2017年上半年可完工。

桥梁建设。新建新城镇塘背上大桥建设。由新城镇政府为项目业主，正在建设中，预计明年上半年完工。池江镇古下桥拆除重建工程。由池江镇政府为项目业主，已完成招投标工作。惜母桥拆除重建工程。由南安镇政府为项目业主，已基本完工。梅关大桥拆除重建工程。正在建设中，预计年前完工。

县道升级改造工程建设。县葛坳至浮江公路烂泥迳至浮江路段。至已基本完成路基，预计明年上半年可完工。县池江至大兰公路改建工程。已完成招投标工作，正在建设。大合口至左拔段公路改建工程。已完成施工图设计及审批工作，正在进行招投标前期工作，已于12月上旬启动征地拆迁和样板路建设。大江至漂塘段公路改建工程。已完成施工图设计及审批工作，正在进行招投标前期工作，已于12月上旬启动征地拆迁和样板路建设。县葛坳至浮江公路葛坳至烂泥迳路段。已完成施工图设计及批复。吉村至内良天华山公路建设。目前已完成施工图设计，正在做招投标前期工作，已于12月上旬启动征地拆迁和样板路建设工作。小水口至高坪公路建设。已完成施工图设计及批复，正在进行招投标前期工作，已于12月上旬启动征地拆迁和样板路建设。

农村公路桥梁及公路水毁建设。专用公路升级大余至西华山公路。11月底完成了招标工作，12月上旬已开工建设。

乡道双车道拓宽改造。县城一黄坑3.1公里已完工，剩余6.949公里正在建设。邀里一二塘、县城一惜母正在建设、红石桥一佑源正在建设、新城一上棚正在建设、都已完成施工图设计和审批。村道窄路面拓宽改造。鲤鱼坪一元龙、社官桥一九龙、新安一梅山已完工；九牛塘一李洞、长江一板棚、漂塘矿部一石门口水库尾正在建设；今年“6•16”和“8•27”水灾毁损道路桥梁重建。局聘请设计单位对水毁公路提高标准设计，并整合交通有关资金近1000万，对17座桥梁和近40多个水毁路程分别由局和乡镇维修，确保道路通行。

认真做好农村公路安全隐患排查及数据采集工作。交通运输局认真对待隐患排查工作，并组织精干技术力量集中对辖区内现有的农村公路安全隐患进行全面排查、认真填报各项材料，用以建立全省农村公路安全隐患基础数据库。认真做好农村公路养护的工作。全力以赴抓好农村公路养护管理及技术指导工作、认真做好季度公路养护评比工作、大力宣传路政管理、加强公路巡查工作以及做好水毁抢修工作及水毁重工作。认真做好汛期农村公路和桥梁安全工作。2016年以来，受持续强降雨天气影响，县多次遭遇连续大到暴雨，出现特大暴雨，县农村公路、桥梁及附属设施先后遭受严重水毁。为确保县汛期农村公路、桥梁安全运行，保障人民群众生命财产安全，局组织精干技术力量认真排查整治，做好应急保障，及时报送信息，集中力量抢修保通，确保农村公路安全畅通。尤其2016年“6•16”和“8•27”水灾毁坏道路桥梁严重，局聘请设计单位对水毁公路桥梁高标准设计并整合交通资金近1000万，对17座桥梁和近40多个主要水毁路段分别由局和乡镇维修，确保了道路的运行。

抓好其他各方面工作。认真做好其他农村公路建设及水毁抢修工作。认真做好县委、县政府及交通主管部门交办的其他工作、认真做好每月“六大攻坚”交通工程重点工程月报表工作、工程建设领域信息公开工作、赣南苏区振兴发展工程报表工作、每季度政府工作报告工程进度工作、认真做好扶贫改路的技术指导工作、做好项目的规划、申报、“双争”及申请补充抵押贷款（PSL）农村公路申报及大余县交通基础设施综合提升PPP项目前期运行等工作。

【领导名单】

党总支书记、局长	叶太才
副局长	钟元生
	黄香生
	李应军

公　路

【概况】 2016年，公路局以全面打好“交通基础设施攻坚战”为目标导向，团结实干、勇于奋进，全力抓好养护、路政、工程建设及安全、党建、精准扶贫等各项工作，有力地推动了大余公路事业不断向前发展。赣州市公路管理局大余分局为赣州市公路管理局下属正科级事业单位。内设办公室、财务科、养护科、路政科、经营科等5个职能科室；下设黄龙、池江、浮江3个基层养护道班。现有在职职工69人，各种专业技术人员23人（其中：高级工程师2人、工程师11人、会计师1人、经济师1人、统计师1人、助理工程师7人）；有公路养护和大中修工程施工技术工人42人（其中：技师2人、高级工39人、中级工1人）。

【公路管理】 认真按照上级养护工作要求，全面加强养护精细化管理，不断提高养护效率、效益，切实抓好日常养护，确保过往车辆及行人的安全。同时，切实抓好日常管理工作，做好公路养护内业资料整理工作，及时上报了各种水毁报表、交通量调查数据报告，完成了公路基础数据库和电子地图更新和公路路网改造工程项目库的调查、统计上报工作。切实抓好公路绿化工作，着力打造“畅安舒美”的公路通行环境。

以“改善路域环境”为目标，以开展片区联合执法活动为载体，加大路域环境整治力度，积极参加市局组织的季度片区联合执法活动。并通过争取县委、县政府支持，将路域环境整治工作有机地纳入文明城市建设工作当中，健全了路域环境整治长效机制。先后多次联合公安、城建、土管及沿线乡镇政府等部门进行了路域环境专项治理，创建了良好的公路路域环境。同时，进一步加大了日常巡查治理力度，及时发现查处管辖路线的违法行为，依法有力地保护了路产路权。

坚持贯彻“安全第一、预防为主、综合治理”的方针，紧紧围绕“安全生产月”活动这条主线，实行“一岗双责”制，层层签订安全生产责任状，做到职责分明，落实到人。围绕“关爱生命，安全发展”主题，结合“安全生产月”活动，深入学习宣传安全生产法律法规，进一步强化职工安全意识。同时，认真开展安全生产隐患排查专项治理，针对排查出的安全隐患召开专题会议，分析讨论治理安全隐患的具体措施，确保责任落实到位，措施实施有效，以消除安全隐患，保证公路养护安全生产的正常运行。

组织全体干部职工进行了健康体检，开展了“送清凉”等活动，凝聚了力量，调动了积极性，为构建和谐大余公路提供了良好的保障。鼓励贫困户以入股形式加入章源集团产业扶贫合作社。有 2 户通过扶贫免息贷款发展自身产业，还有 2 户贫困户搞种、养项目实现了自我发展。认真做好票据管理、财务核算等工作，完成了局“营改增”的纳税工作，配合完成了市委第四巡视组及市交通局财检组的巡视及检查工作，并落实好了问题整改。综治维稳，年内未出现重大信访维稳事件。

【党建工作】 局党支部党建工作坚持“围绕公路抓党建，抓好党建促公路”的工作思路，结合“两学一做”学习教育，召开动员部署会，完善学习计划，利用多媒体设备，创新学习方式，推进微型党课，严格落实“三会一课”，召开专题组织生活会，保证了党员的组织生活正常化，进一步增强了党员干部职工的党性修养。局党支部进一步加强了组织建设，进行了支委换届选举。同时，为强化凝聚力，局党支部先后开展了多次特色活动，有效提高支部和党员队伍的战斗力和凝聚力。以党风廉政建设工作为抓手，以机制创新、源头治腐为突破口，加强党风党纪宣传教育，定期开展专题学习，营造浓厚的廉政学习氛围。认真落实党风廉政建设责任，层层签订了党风廉政建设责任状，细化了责任。认真开展专项治理，深入推进工程项目“违插”和“红包”问题专项治理，全面开展“集中整治和查处基层侵害群众利益不正之风和腐败问题”工作，针对治理和整治内容，全方位地开展自查自纠，进一步提高了广大干部职工廉洁自律意识，营造了风清气正的公路发展环境。

【公路养护】 在市交通局、市公路局的正确领导下，在县委县政府的关心支持下，以打好“交通基础设施攻坚战”为目标导向，团结实干，勇于奋进，全力抓好养护精细化管理，进一步提升了大余公路路容路貌水平。2016 年，共完成：路面清扫 13087.98 公里，机械清扫路面 4960.0 公里，人工扫砂 586.0 公里，清理路边杂物 2444.5 立方米，清理涵洞淤泥 938.0 立方米 /191 道，清塌方 1571.0 立方米，清理水沟 99180.0 米，整修路肩、二坡、边坡 119448.34 平方米，修补坑槽 10748.0 平方米，回填路肩土 296.23 立方米，清理桥梁 360 座 / 次，割草 893876.0 平方米，装运路肩土 2355.5 立方米，加铺保护层 24416.6 平方米，喷洒除草剂 426500.0 平方米，水泥路面灌缝 43630.22 米，路树修枝 16872 株，路树刷白 38862 株，公里、百米桩刷白 700 个，桥梁刷白 30 座，人工拔草 65260.0 平方米，装运水沟盖板 1240 块，挖树穴 580 个，种树 580 棵。结合实际情况，制定完善《大余公路分局水毁抢修预案》。全年共完成清理塌方 25898.5 立方米，修补路面坑槽 10748 平方米，修复砂石路面 4092 平方米。根据《赣州市公路管理局预防性养护实施方案》，结合局实际情况制定出台《大余分局预防性养护实施方案》，成立相应的工作领导小组，共完成水泥路面灌缝 43630.22 米。全年共完成公路养护内业资料整理工作；及时上报各种水毁报表、交通量调查数据报告以及公路基础数据库和电子地图更新工作，完成公路路网改造工程项目库的调查、统计上报工作，调查统计 323 国道、龙大线“十三五”时期公路升级改造的上报工作。根据省、市、县造林绿化工程建设实施方案文件精神，结合局实际情况，在 G323 线共完成路树种植 580 株。

【路政管理】 公路局路政管理工作紧紧围绕市局的总体部署和市局路政管理工作要点的文件精神，认真贯彻，狠抓落实，确保了路域环境的全面提升。路政大队严格按照市公路局的部署，加强路域环境整治，巩固迎国检工作成果；同时，积极参加市局组织的季度片区联合执法活动，集中力量，各个击破路域顽疾，以实现“畅、安、舒、美”的路域环境。2016 年 8 月以来，经局领导多方奔走，不懈争取，大余县委、县政府先后 6 次组织公安、法院、检察、驻县武警部队、城建、土管及沿线乡镇政府等部门，针对局管养的国省道所存在的问题进行了专项治理，并将路域环境整治工作有机地纳入文明城市建设工作当中，从而使路域环境整治保障工作建立了长效机制。通过开展各项整治活动，创建了良好的公路路域环境，保障公路的整洁、畅通、安全，确保了国省道的“畅、安、舒、美”。为深入做好公路安全保护宣传普及工作，努力营造依法保护公路的良好环境，进一步提升公路服务水平，局以“爱路护桥”为主题的路政宣传月、“12·4”法制宣传日活动为契机，加大宣传力度。抓好公路路政管理相关法律法规的宣传工作，制定路政宣传月实施方案，继续采取宣传车、发放宣传单、悬挂横幅、张贴标语，以及通过网络、报刊进行宣传报道，努力宣传公路环境治理动态、进度，相互交流工作动态。同时，还在处理路政案件过程中，以实际案例进行宣传。抓好《中华人民共和国公路法》《中华人民共和国公路安全保护条例》等法律法规贯彻工作。在多管齐下，多措并举的舆论宣传作用下，沿线广大群众清楚了公路环境整治的范围及要求，提高了群众爱路护路意识，减轻了执法工作阻力和难度，为全面开展公路路域环境综合整治工作创造了良好的外部环境。进一步加强内业管理，对每个案卷都要认真复核，保证每个案卷归档都准确有效。按照市局要求，对各类路政档案进行了归类、整理，在硬件投入的同时也抓紧软件资料的整理工作，资料整理严格按照省局要求主逐条对照建立电子档案，实现路政档案电子化，便于日后查阅，路政内业管理工作逐步走上制度化、规范化轨道。为进一步规范执法行为，路政大队加大执法人员的教育与培训。通过加强业务理论学习，落实“每周一学习，每度一考试”制度，制定了年度学习计划，组织执法人员学习业务理论知识。通过平时的学习，提升了路政执法人员的法律知识和业务水平。路政大队严格按照市局部署，加大巡查力度，及时发现管辖路线的违法行为，截止到 11 月，拆除非公路标志（含横幅、移动小店招、路灯广告）693 块，清理占道堆积物 1913M3/984 处，查处损坏路产案 4 起，收取路产赔偿费 30724 元，依法有力地保护了路产路权。

【领导名单】

党委书记	谢家芳
局长	谢爱民
副局长	邹冬生
	王　剑

铁路建设

【概况】 2016 年，大余县支援铁路建设领导小组办公室认真贯彻县委、县政府的决策部署，紧紧围绕妥善处理赣韶铁路建设和征地拆迁遗留问题、精准扶贫、招商引资三项重点工作进展顺利。支铁办属正科级事业单位，年末在职人员 5 人。赣州至韶关铁路大余段长 45 公里，途经大余县 5 个乡镇：南安镇、黄龙镇、青龙镇、池江镇、新城镇，26 个村委会。大余段铁路征地面积 2361.9945 亩，房屋拆迁总户数 302 户。

【争取资金】 协调县财政局、审计局进行联合审核，全县共建设赣韶铁路集中安置点13个，集中安置点建设费用合计898.54万元（含征地拆迁费用）。另外，尚有南安镇东山村10户铁路被拆迁户没有得到安置。县政府同意在南安镇东山村建设集中安置点，预计需要征地、拆迁、三通一平等基础设施建设资金合计380万元。除去原来已经享受的优惠政策，总合计资金缺口1129万元。由于县财力有限，乡镇财政又十分困难，为了尽快圆满完成安置工作，维护社会稳定，本着实事求是的原则，支铁办积极要求赣州市铁办补助大余县赣韶铁路（大余段）集中安置点建设费用1129万元。

【解决用水】 大余火车站启用以来，本来设计是通过自建水井取水，但是由于其水质不达标，因此需要使用县供水公司的自来水。县供水公司水管铺设、供水仅至323国道进丫山路口。县水利局建设的农村管网延伸工程水管在323国道进丫山路口已经与县供水公司的水管联通，直至黄龙镇大合村，但未予县供水公司办理竣工验收、移交接手续，未能实现供水。支铁办积极向县领导汇报，协调县水电局、供水公司，在上半年解决了大余县火车站用水问题。

【精准扶贫】 支铁办联系新城镇窑孜前村，瞄准窑孜前村73户244人对象，分类制订帮扶措施，加大扶持力度，改善贫困户生产生活条件，提高人口自我发展能力，设立村级“扶贫车间”帮助贫困户就业，增加贫困对象收入，加快致富步伐，稳定实现户“两不愁、三保障”，确保244位人口3－5年内脱贫，为到2020年与全国同步实现全面建成小康社会奠基坚实基础。加强组织领导，成立扶贫工作领导小组，分管领导为组长，“三送”工作队长、村书记、村主任为副组长，“三送”工作队员、村“两委”其他干部为成员。积极争取项目资金，加强与各有关部门（单位）以沟通交流，积极为窑孜前村争取项目、资金，大力开展基础设施建设。强化宣传发动，积极通过座谈会、走访等形式宣传精准扶贫工作，使精准扶贫各项政策措施家喻户晓，深入人心，争取广大群众对此项工作的理解和支持，激发群众自觉参与的热情，不断改变贫困落后面貌。2016年以来，扶贫工作进展顺利，取得了阶段性成效。

【招商引资】 围绕主导产业、优势产业，以工业园区为平台，采取 “走出去”与“请进来”相结合及中介招商、委托招商、以商招商、以亲招商、以友招商等方式，着力引进工业大项目、外资项目、入园项目。2016年着重做好了丫山油库及铁路专用线项目的引进、协调和服务工作。

【领导名单】

主任　　朱才生

副主任　钟际美

　　　　蓝乐全

　　　　周　莹（女 12月任）

康大高速

【概况】 赣州康大高速公路有限责任公司（以下简称：康大公司）成立于2005年4月29日，是一家由江西省江投路桥投资有限公司控股（51%）、广东高速公路发展股份有限公司（30%）、赣州高速公路有限责任公司（19%）参股的国有企业，负责赣州至大余高速公路（三益至梅关段，简称康大高速）工程的投资建设和运营管理，被江西省政府评为全省“十一五”重点工程建设先进单位。

康大高速于2007年底建成通车，路段全长56.645公里，东接大广高速（赣定段），西至京珠高速，是赣州通往韶关、广州的便捷通道。公路设计技术标准：高速公路，设计行车速度100公里/小时，双向四车道，路基宽度26米，全封闭、全立交，沿线设三益枢纽互通、新城互通、青龙互通、大余互通四个互通（含连接线和新城、青龙、大余、梅关主线四个收费站，养护中心设置在大余连接线）。

康大公司地处赣州市大余县南安镇境内，现有员工191人，内设5个行政部门，分别为：综合事务部、党群工作部、计划财务部、运营管理部、工程养护部。

自公司成立以来，秉承“尽责、图强、高效、卓越”的企业核心价值观，以费收运营为中心，以养护管理为依托，以人才队伍培养为基础，以树品牌求发展为愿景，是江西省高速公路运营管理行业中的生力军。2014年3月

30日，国家发改委正式下发《赣闽粤原中央苏区振兴发展规划》，康大高速、韶赣高速纳入南韶高速，国高编号G6011。

【运营收费管理】 通过持续推进业务技术标准化、完善新员工入职培训等方式，确定“纪律为先”的培训思路，针对客户群的不同需求开展特色差异化服务，同时深入开展“优质服务、文明同行”主题活动，在各收费站增加便民服务项目，丰富服务内容，改善现场环境，对交接班流程、“绿通”车查验等进行流程优化，缩短车辆排队等待时间，落实省界主线收费站车流量高峰期车辆排队控制在25米以内的保畅提速要求，扎实做好现场交通秩序疏导，提高收费工作效率，让广大司乘切实感受到公司“顾客至上，服务第一”的经营理念，进一步提升了服务品质和水平，增加了路段美誉度。

【养护管理】 近年来，公司提出的“大养护”概念已深入人心，全员参与、管养结合的工作氛围已经形成，按照经常性、预防性、及时性的要求，在日常养护方面，保持部门周例会、坚持全员填写工作日记、强化路况巡查和24小时值班制，针对路况、桥隧、机电设备等建立重点部位档案，明确相应责任人。在专项工程方面，对存在安全隐患的地段加强观测、加强预防，本着安全、节约、实用、稳固的原则，坚持“资金用在刀刃上”的理念，在工程的实施过程中，指定主要责任人，做到全程跟踪落实，每道工序都要拍照留据，及时签证工程数量，事后延时跟踪，并形成书面的评估报告，总结工程实施的经验与得失。

【文化建设】 公司注重培养员工综合素质，提供各种才华展示平台及学习深造机会，薪资有保障、绩效有机会、锻炼有平台、上升有空间，极力为员工打造“工作乐园、学习乐园、成长乐园、生活乐园”。每年定期举行企业秋季运动会、企业春节联欢晚会等大型文体活动，组建了企业篮球队、足球队等运动兴趣小组，被评为2016年“赣州市第九届文明单位”称号，旨在为广大员工搭建各种平台，促进个人成长，倡导“快乐工作、健康生活”的理念。

【领导名单】

总经理、党总支书记　万小春
副总经理　钟依禄
　曹建宏
　陈志林

花木产业旅游示范园

金融保险

金融服务

【概况】 大余县金融工作局是县人民政府的直属正科级全额拨款事业单位，是协调金融工作的专门机构，驻有大余县处置处理非法集资活动工作领导小组办公室，县金融工作局内设综合股、金融监管股、资本市场股。在编人员4名。

【担保转贷资金】 大余县钨都担保有限公司运行以来，为21家企业提供贷款担保9285万元（其中四家续保1950万元），在保15家，担保余额6735万元。组织中小企业转贷资金工作，为42家企业完成99笔共计6.59亿元的“还旧续贷”，缓解企业融资困难。

【政银企对接】 年初举办中小微企业融资对接签约活动，组织县内50家企业与8家银行签订4.49亿元贷款合同。协助各银行积极向上级申请，不断扩大信贷规模，拓展新业务、新产品，在原有的“助保贷”“财园通”“小微通”“惠农通”基础上，继续做大规模，增信扩信，2016年推出“产业扶贫信贷通”。“五通一贷”2016年共计发放贷款69086万元，其中：“财园信贷通”发放57户，发放贷款28390万元；“小微信贷通”发放70户、发放贷款7641万元；“创业信贷通”发放38户，发放贷款1506万元；“产业扶贫信贷通”共向2178户贫困户13家企业、126个合作社发放贷款18051万元；“财政惠农信贷通”发放贷款9203万元；“助保贷”发放5户，发放贷款4295万元。另外，通过设立产业基金、融资租赁、政府购买等方式为县标准厂房建设、异地搬迁等项目融资8.0875亿元。

【企业挂牌上市】 开展“新三板”挂牌上市工作。2016年初，确定江西润泽药业有限公司、赣州海创钨业有限公司、大余县润通小额贷款股份有限公司、大余隆鑫泰钨业有限公司、大余章源生态旅游有限公司五家公司为大余“新三板”上市重点培育企业。江西润泽药业有限公司2016年1月28日与信永中和会计事务所，2016年1月29日与湖南启元律师事务所签订财务审计、专项法律顾问协议，2016年3月25日与长江证券承销保荐有限公司签订辅导协议及主承销协议IPO总体协议书，进行创业板IPO上市前期股改工作。

【非法集资排查】 打击和处置非法集资活动。充分运用综治考评、通报约谈、挂牌督办、黄牌警告、一票否决等手段，推动责任落实。建立健全责任追究制度，强化目标责任制考核，规范约束地方各级领导干部参与民间经济金融活动。配合做好“宝葫芦”融资案重整工作，做好“E租宝”、“泛亚”、博鑫公司、黑火金融等涉嫌非吸案件工作及参与人稳控工作。制定本辖区非法集资举报奖励实施细则，做好非法集资举报奖励工作，设立举报热线电话“0797-8713367”，有举必查。采取有效措施开展风险排查、清理整治，摸清辖内风险底数，化解风险隐患。加大宣传力度，广泛利用电视、广播、会议宣传等多种形式，宣传国家有关防范和处置非法集资活动的各项政策措施，教育群众自觉抵制非法集资。

【精准扶贫】 深入基层，做好包村联户工作。2016年，挂点大余县内良乡五洞村，开展包村联户工作，了解群众需求，对群众反映的问题帮助解决。按照精准帮扶工作要求，认真摸清帮扶贫困户基本情况，制定帮扶脱贫计划。严格按照公示公告、结对帮扶、制定计划、填写扶贫日记、数据录入、数据更新等步骤，按照相应的时间节点，认真做好内良乡五洞村5户精准扶贫户精准脱贫工作。同时，根据全县精准扶贫工作要求，出台《大余县金融精准扶贫工作实施方案》《大余县“产业扶贫信贷通”实施方案》，做好金融精准扶贫工作，全年发放“产业扶贫信贷通”贷款18051万元。

【领导名单】

局长　　黄玉平

副局长　邹路生

人民银行

【概况】 2016年，大余支行按照“转变观念提效率、从严管理防风险、主动作为促发展”的工作思路，坚持稳中求进工作总基调，贯彻落实稳健货币政策，全面推进依法行政，积极夯实金融基础，努力提高金融管理和服务水平，继续加强支行建设，不断提升工作效率，奋力推动大余经济增长转型发展。大余支行属行政机关，内设机构办公室、会计国库股、货币信贷与统计股、保卫股，年末在职人员26人。

【金融服务】 积极贯彻落实货币政策，加强信贷窗口指导。结合大余县域实际，起草了《大余县2016年金融工作要点》《大余县2016年金融支持县域经济发展考核奖励办法》等信贷导向指导意见，并由县政府印发至各金融机构，引导全县金融机构突出信贷投向重点，加大信贷有效投入，充分满足了县重点工程项目、优势产业集群等领域的合理信贷需求。2016年，全县金融机构各项贷款64.19亿元，比年初增加11.15亿元，增长20.38%，各项存款98.02亿元，增加11.01亿元，增长14.82%，贷存比为68.76%（存贷款不含农发行大余客户组和小贷公司数据）。

发挥再贷款资金导向和撬动效应，促进大余经济协调发展。大余支行积极运用货币政策工具，支持县委、县政府确定的“六大攻坚战”项目的融资需求，2016年累计向大余农商银行发放支农再贷款1.2亿元、扶贫再贷款1.3亿，通过创新“再贷款+企业”“再贷款+产业”等信贷机制，引导金融机构撬动信贷资金的有效投入。2016年，全县银行业金融机构累计向县域新型农业经营主体发放贷款247笔，金额31453万元，不仅解决了企业的发展资金缺口，还精准扶持了县域企业的壮大发展。

搭建银企业对接融资平台。为满足全县中小微企业的融资需求，切实加大金融支持小微经济发展的力度，2016年3月1日联合大余县金融工作局、工业园管委会、工信局等部门组织7家银行业金融机构和50户中小微企业举行了银企融资对接签约活动，签约总金额达4.49亿元。2016年度，实际发放5.33亿元，履约率达118.6%。

【金融管理】 推进信用体系建设。召开了全县信用体系建设工作动员大会，以县政府的名义下发了相应的实施办法，明确了工作领导小组，开展了相关的业务操作培训。2016年，录入中小企业1878户、个体工商户9193户，采集法院、税务、供电等部门经济行为信息数据1.27万条／项，建立46543户农户信息。

优化农村支付结算环境。积极引导金融机构继续全面推进深化农村支付服务环境建设，对全县服务点进行了优化布局调整，利用服务点实现了全县各乡镇新农保代扣代缴业务，为全县农民提供了优质服务。2016年，助农取款2824笔，金额188.81万元，同比增长55%；为新农保代扣代缴业务3066笔，金额36.79万元。

强化国库服务监督。加强柜面监督力度，有效把控柜面风险。2016年度，国库业务经办业务员通过柜面监督发现并纠正不合规业务74笔，金额5150.28万元，有效确保了国库资金的安全。同时，加强国债发售监管，指导和规范了承销机构国债发售工作。2016年度，全县各承销行分支机构柜台累计发售凭证式国债387.83万元；发售储蓄国债（电子式）588.31万元。加强货币发行工作。根据全县现金市场流通状况，做好人民币市场现金需求分析预测，合理安排发行基金调拨进度，保证满足县域流通需要。2016年度，大余县现金回笼累计为16.07亿元，现金投放累计

11.17亿元。

加强领导班子学习建设。以党组中心组理论学习为平台，坚持每季度至少开展一次中心组理论学习，抓实班子成员的学习和修养，弘扬理论联系实际学风，坚持党组书记上党课、其他班子成员结合分管工作开展辅导讲座的促学方式，组织班子成员深入实际开展调查研究。一年来，班子成员共撰写心得体会和调研文章22篇，被各级刊物采用及领导批示的有10篇。积极组织开展“两学一做”专题教育活动。按照武汉分行关于开展“两学一做”专题教育的统一部署，紧紧围绕“两学一做”基础在学、关键在做、核心在融入的要求，精心研究谋划，落实规定环节，创新自选动作，积极探索新方式，引导广大党员“学”得深入、“做”得合格、“干”得扎实、“改”得到位，有效推动了“两学一做”学习教育的全面开展。2016年共组织干部职工理论学习、专题研讨等教育活动20次。其中，组织上党课3次、事迹报告会4次、专题讲座3次、读书活动3次、红色革命传统教育及警示教育5次、研讨座谈2次。

开展“从严治行”主题活动。组织全行干部职工召开了“从严治行”主题活动动员部署会，就如何开展“从严治行”活动进行了部署，提出了活动目标和具体措施；并成立了“从严治行”主题活动领导小组，下发了《关于开展“从严治行”主题活动实施方案》，组织开展了革命传统教育、重温入党誓词、“我离合格党员、文明行员有多远大讨论”座谈会、“传承好家风”道德讲堂、“红五月”职工微课堂等活动，有效激发了员工爱岗敬业的热情。认真开展文明创建工作。及时制定了《支行2016年度文明单位创建工作方案》，成立了创建工作领导小组，把文明单位创建与各项工作同部署、同检查、同落实、同促进、同提高；建立了全行上下齐抓共管的创建机制，开展了各类文明创建评选活动，先后组织开展了“雷锋日”志愿者到“精准扶贫”点结对帮扶、关爱空巢老人等志愿服务、“三八”女职工座谈及踏青、“扶贫一日捐•关爱贫困儿童”捐助、义务献血、重阳退休干部走访慰问等活动，组织全行员工对突发脑溢血的病重职工进行了爱心捐款，举办了一期以“传承好家风”为主题的道德讲堂。通过制度、活动的有效传导，提升了全行干部职工的文明素质。

表11　　**大余县金融机构本外币信贷收支情况表（1）**

（2016年12月31日）　　单位：万元

项　　目	本月余额	比年初增减数	
		2016	2015
一、各项存款	980184	110136	74479
（一）境内存款	980070	110289	74291
1. 住户存款	747766	96754	81242
（1）活期存款	316354	42450	30648
（2）定期及其他存款	431411	54304	50594
2. 非金融企业存款	94655	11701	-6310
（1）活期存款	72406	32164	4701
（2）定期及其他存款	22249	-20463	-11010
3. 广义政府存款	137648	1839	-645
（1）财政性存款	421	-15956	8056
（2）机关团体存款	137227	17794	-8701
4. 非银行业金融机构存款	1	-4	4
（二）境外存款	114	-153	187

表 12　　大余县金融机构本外币信贷收支情况表

（2016 年 12 月 31 日）　　单位：万元

项　　目	本月余额	比年初增减数	
		2016	2015
一、各项贷款	641899	111499	87331
（一）境内贷款	641899	111499	87331
1. 住户贷款	367076	49048	39742
（1）短期贷款	222998	25181	28899
消费贷款	43625	9037	11068
经营贷款	179373	16145	17831
（2）中长期贷款	144078	23867	10842
消费贷款	113535	15336	12507
经营贷款	30542	8531	-1665
2. 非金融企业及机关团体贷款	274824	62451	47589
（1）短期贷款	171858	-3809	39810
（2）中长期贷款	92878	66164	1537
（3）票据融资	6784	3122	304
（4）各项垫款	3304	-3026	5937

【特色工作】创新反假联动机制。2016 年，为进一步推进赣州市反假货币标准化示范区建设向县域延伸，结合实际，通过持续开展跨区域联合协作、铺设反假货币公交专线、设立反假货币校园培育基地、构建反假城乡一体化网络新格局、将反假经费纳入政府预算等一系列实实在在的举措，积极创新人民币反假合作联动机制，使“大余反假模式”得到了进一步深化。经过两年的扎实推进，反假合作联动机制成功构建，使辖区内的假币浓度明显下降，社会民众的满意度也显著上升。这一做法得到了南昌中心支行副行长陈锋的肯定性批示，2016 年 9 月在第一届闽浙赣粤湘反假货币协作会议上进行了交流，并以《江西省货币金银工作简报》的形式在全省予以推介。作为支行 2016 年度“一行一品”重点亮点工作向上级行进行创新申报。

引导金融扶贫政策。2016 年，针对贫困户有效抵（质）押资产不足且小额、零星、分散的信贷需求，积极探索县域金融精准扶贫新思路，建立了 3 个扶贫再贷款示范点，在 22 个省级扶贫村建立了金融精准扶贫工作站，引导各金融机构积极运用产业扶贫信贷通、光伏贷等扶贫信贷产品，不断加大扶贫信贷资金投放力度，充分满足了全县贫困户多元化的脱贫资金需求。全年各银行业金融机构累计向全县 7182 户建档立卡贫困户发放扶贫类贷款 4.73 亿元，全县贫困户信贷需求满足率比年初提高了 81.73 个百分点，同比增长 14 倍。这项工作得到了县委、县政府的充分肯定，县长钟旭辉还专门作出批示予以高度评价。

【领导名单】

党组书记、行长　胡展燕（女）

党组成员、副行长　刘铭清

　　刘贫生

党组成员、纪检组长　邱东升

银行业监管

【概况】 2016年，在县委、县政府领导下，银监办按照分局的工作思路和要求，做到积极推进赣南苏区振兴，严防死守金融风险底线，有效维护了辖内银行业健康稳定，助推了地方经济转型发展，抓好内部管理。加强窗口指导，积极引领银行支持苏区振兴工作；履好监管职责，严防死守金融风险底线；强化党建工作，持续加强内部管理，积极完成了2016年度各项工作。银监办属赣州银监分局内设机构，属事业单位，2016年在职人员为3人。监管办副主任钟群同志被赣州银监分局评为2016年度监管标兵。

【金融扶贫】 2016年为落实市委、市政府和县委、县政府响应中央打赢精准扶贫攻坚战的号召，分配大余县5家签约合作银行1.79亿元产业扶贫信贷任务。为引领各银行全面完成地方党委政府交给的任务，银监办加强指导和督促。出台了《关于贯彻落实江西银行业支持赣南精准扶贫座谈会和全市金融扶贫工作会议精神的意见》，对做好县金融助推精准扶贫工作提出了五大方面的工作意见。办加强与县扶贫办、金融局的沟通联络，协同解决工作中的问题和困难，先后联合召开会议3次、联合举办银行工作人员42人参加的培训1次、组织联合调研2次、组织联合督查1次。为了更好地解决信贷扶贫工作中的疑难问题，持续推进贷款按时间节点发放，银监办先后3次深入农村银行网点、乡镇政府、贫困农户中调查研究，对所发现问题的解决提出了指导性意见。银监办先后组织对银行督导18行次，约谈高管11人次，对启动慢、工作不得力、进度落后进行一对一的重点督促和推动，共对邮储银行进行了3次现场班子集中约谈。截至12月中旬，县辖5家涉及机构完成了1.79亿元产业扶贫信贷任务。

【小微服务】 2016年，大余县众多小微企业仍然处于低谷，生产经营十分困难，融资难、融资贵现象依然不同程度的存在，为此银监办重点在营造良好宽松的金融服务环境方面做了一些积极有益的工作。组织金融知识宣传活动。2016年银监办2次安排、组织各行进园区、下企业、入乡村、去学校宣传金融新业务、打击非法集资、防范电信诈骗等知识。注重小微服务专项调查。在银监办2016年的调研工作中，有1/2是有关反映和解决小微企业金融服务问题的。2016年9月份，银监办专项研究了县主攻工业方向的课题《金融支持大余主攻工业研究》，提出了五个方面的设想和建议，课题报金融学会。6月，银监办就小微企业办理不动产抵押贷款中的新问题做了一次调研，报告上报省市，并被江西银监局刊用。

积极参与“降成本、优环境”活动。2016年，市政府安排市银监局挂点帮扶县15户企业，办积极协助分局做好相关工作，多次组织协调政府办、政协办、发改委、工信局等单位，为分局举办政策宣讲、5个工作队深入15户企业调研、集中问题汇总、落实帮扶措施做了大量的基础工作。同时，办还积极推动辖内银行机构落实政府出台的金融优惠措施，为企业融资提供了便利、降低了成本。协同人行、金融局加强小微企业诚信体系建设，参与了部分工作会议、宣传活动、措施制定等。积极推进债权人委员会工作，按照赣州银监分局的部署，银监办协助分局、协会在县设立3批、14户企业的债权人委员会工作。还注重日常工作中的指导，重点督促其在帮扶小微企业和稳定金融、稳定预期中发挥作用，目前有些效应正逐步显现。继续鼓励和支持各银行落实续贷政策，通过各种方式对贷款到期仍需要继续使用资金的小微企业予以续贷。同时策应政府增信设立的过桥基金、小微信贷通、财园通、助保贷等工具的运用，为小微企业提供更多的资金血液。2016年，通过上述工具发放的贷款仍处高位，赣州银监分局对大余县法人机构分阶段的“三个不低于”目标考核都全面完成。

【现场督查】 2016年，银监办按照分局的统一部署，共开展现场检查、督查项目8个，查出问题32个，提出监管建议25条。在“邮储信贷检查”“两加强、两遏制”督查中都投入了大量的精力，扎实有序开展，按时按质完成了任务，并上报了有关资料报告。银监办为确保质量，2016

年做法有了一些改进：查前专题研究、把握重点、明确任务。查中落实责任、既分工、有合作，做到检查内容、时间、质量、人员、责任“五落实”。查后集中定性，工作中查出的每一问题都经集体分析、甄别、确认、定性。这样使得2016年项目比以往做得更扎实。

【社会监管】 做好打击非法集资相关工作。作为领导小组成员积极参与地方政府“处非”工作，多次参加有关会议、工作会商等。积极做好“处非”宣传，利用银行机构多、布点广、位置好的有利条件组织了两次大型宣传活动，产生了较大社会影响。组织银行机构排查，对银行信贷资金参与非法集资、银行员工充当资金掮客等进行了重点排查。做好信访投诉处置。银监办一直从既维护消费者权益、又规范提升金融服务的双重视角出发，高度重视并认真做好金融信访投诉处置工作。全年共接洽信访投诉4件，都因及时协调、妥善处置而得到平息或解决。

强化党建工作，持续加强内部管理。认真开展政治教育和各项专题活动；全面抓好思想作风建设；扎实落实党风廉政建设规定。按要求进行了党章、条例、准则的学习，严格开展相关清理，在监管和日常工作中严格执行了各项廉政规定。

【领导名单】

主任　　穆庆书

副主任　　钟　群

工商银行

【概况】 2016年，大余支行以深入贯彻落实“三严三实”“两学一做”学习教育为指针，以总行和省行工作要求为指导，围绕“外拓市场、内激活力”的经营策略，积极拓展四大市场，闯好“三道关”，落实“三个坚持”，开创“双领先、三高于、三稳三强”经营发展新局面，打开盈利发展新空间，着力深化经营管理改革，凝聚加快发展内生动力；以“大零售、大资管、大公司、大投行”发展战略为重点，抓小不放大推动客户发展，同时，加强内部管理和党风廉政建设，落实各项内部管理改革，使支行的各项业务上了一个新台阶。2016年在全行员工的共同努力下，经营管理各项工作稳健运行，经营业绩良好。支行的性质为股份有限公司，内设机构有综合管理部、客户经理部，对外营业网点有营业部、钨都支行、新城支行，年末在职人数为49人。

【经营指标完成】 两项存款快速增长。两项存款余额105061万元，较年初增加14169万元，增长9.97%，余额四行占比32.32%，增量四行占比26.79%，四行排位均为第二，其中储蓄存款增加8547万元，增长11.02%，增量四行占比35.89%，四行排位第二，对公存款增长5622万元，增长42.23%，增量四行占比56.02%，四行排位第二。

资产业务创新增长。各项贷款余额为67539万元，较年初增加15303万元，增长29.3%，同业余额占比32.38%，排位第一，增量占比48.50%，排位第二。其中：公司贷款余额44880万元，比年初增加15185万元，个人贷款余额22660万元，比年初增长118万元。全年累计发放贷款58245万元，存量贷款移位42942万元。办理银行承兑汇票2250万元，票据贴现营销2831万元。不良贷款余额为4491万元，其中法人客户3936万元、个人贷款555万元，不良贷款率为6.65%。

客户规模不断壮大。年末，个人客户数达83672户，比年初增加有效户3723户，其中：中高端客户4938户，比年初增加257户，五星级以上客户3395户，比年初增加669户，第三方存管通客户3350户，比年初增加722户，薪金溢协议490笔、金额292万元；代发工资单位27户，比年初增加2户，代发工资年累计8959万元，比年初增加2927万元；新开个人手机银行客户3237户、电话银行客户68户、个人网上银行2940户，新开企业网银（证书）69户。年末对公客户477户，全年新增对公有效账户46户；财智账户卡193张；完成结算套餐13户；完成现金管理签约目标客户数7户；国际业务有效客户新增2户，国际结算量512万元、结售汇量524万元。

经营效益持续增长。实现拨备前利润1809万元，同比多增278万元，增长18.16%人，人均创利36.18万元，同比增加5.56万元。其中，中间业务收入1198

万元，同比多增780万元，增长186.6%，中间业务收入四行占比50.87%，较同期上升26个百分点，四行排位第一。

经营运行安全稳健。有效地控制了经营风险，确保了连续31年无刑事、经济案件和重大差错事故的“三无”目标，助推了经营业务稳健发展。

【工作措施成效】 2016年，工商行认真贯彻省行“外拓市场，内激活力”会议精神，积极对接大余县政府提出的“1356”工作发展总思路，围绕工商行的工作目标，采取一系列有效措施，扎实推进各项改革，使全行上下进一步增强发展意识，创新意识，不断提高核心竞争力和发展能力，促进行各项业务持续快速发展。

抓住重点，精准营销，促进存款稳定增长。继续坚持以“打造核心业务具有同业领先优势强行”的经营定位，以“加快转型，提速发展”为主线，以“同业领先、系统进位”为要求，以“高新、高兴、高薪”为愿景，要求全行上下实行“白+黑”(白天+晚上)、“5+2”(正常工作日+休息日)、“苦干+巧干”超常规的工作模式。以个人金融业务为重点突破口，抓住旺季和年末关键节点，咬定目标，制定了大余支行旺季、年终冲刺个金业务竞赛活动办法，提高全体员工营销大个金业务工作的主动性和积极性，努力提升竞争能力、可持续增长能力，谋求规模、质量和效益的和谐发展。实现全年储蓄存款日均增存5138万元，同比多增3698万元。加大工行金融产品宣传力度。采取多种形式，大力推介营销工行金融业务产品，特别是在春节前后对重点商品市场、农村市场的阵地宣传营销，精细谋划，统筹安排。通过组织开展“送金融业务下乡”，召开“大户恳谈会”“银企联谊会”等活动，进一步加强与优质客户的联系，以增强客户对工商行金融产品的认同感，培育客户的忠诚度。实行存贷互动、公私互动和产品互动，强化以资产业务带动负债业务发展的营销理念，转变客户经理以产品为中心向以客户为中心的经营理念，重点抓好贷款企业代发工资业务，对尚未建立代发工资的贷款企业，加大差别化、个性化服务和分层次营销力度。并加强有贷户存贷比管理，引入个人贷款以贷引存分成分润机制，强化了营销联动和部门与网点的联动互动，从而带动储蓄存款的增长。加大“四大市场”拓展力度。对源头性市场，重点是抓好单位代发工资、财政转移支付、拆迁补偿、保险给付等重点批量市场的营销；对商品交易市场，重点跟进，采取“扫街、扫店”的措施，营销银行卡、二维码扫描支付、网银银行等产品；对投资市场重点在证券市场股市休市前，通过存管通业务等存款类优势产品将客户证券端上的间歇资金转为实实在在的储蓄存款；对农村市场大力拓展打工储蓄和农产品收购资金，抓住春节前后外出务工人员返乡的高峰期，创新营销方式，产品渗透、渠道延伸和揽存增款上取得较大突破，结合精准扶贫工作，做好扶贫点务工人员储蓄批量营销工作，以大额存单、定期存款、惠农系列理财产品、福农卡、贵金属等产品为抓手，大力营销农村定期存款、转移支付资金，扩大农村市场份额。尤其新城支行着力提高我行农村中高端客户的渗透和占比，在新城镇新增赣州银行的前提下全年储蓄增存3124万元，占大余支行净增额的36.55%，在农村市场上取得示范性成效。

经营转型，创新发展，拓宽中间业务渠道。2016年以来，全行着力挖潜业务线和产品点，提升中间业务对利润的贡献度，实现中间业务收入1198万元，同比多增收780万元，完成年计划103%。围绕着“客户、质量、规范”进一步加快推动中间业务收入的结构调整，向服务要效益，向质量要效益。重点增加金融资产服务业务规模，扭转了近几年来的下滑势头。新增金融资产服务项目2个、业务规模1.9亿元，其中章源生态旅游9000万元、工业园标准厂房政府提款1亿元，累计实现中间业务收入852万元(价税分离)，较上年同期增收850万元，其次是互联网金融客户和交易量增加，中间业务较上年同期增收5万元。在抓好增收的同时，加强主营业务与中间业务的联动，重点提高产品动户率、渗透率和收益率，通过规范收费管理，为客户提供服务、推荐产品、签订协议的服务手段合规收费。将大零售、大资管、大公司、大投行“四大”业务，以及信用卡消费白名单、账销案存等作为中间业务发展重点来抓。发展互联网金融客户，以手机银行、二维码、工银e支付组合营销，扩大电子银行业务市场占有率，使其成为全行中间业务发展的强势。实行传统业务与新兴业务并举。在发展传统的服务、结算、代理业务的同时，积极做好贵金属、分期付款、赣通卡、存管通等业务的发展。

在竞争策略上，根据标准化差别化经营的原则，注重核心利益，显示核心价值，集中力量做大、做强、做精信用卡分期付款、个人综合消费贷款、结算与现金管理、第三方存管、电子银行等强势品牌；做活、做好、做优银保通、银证通、账户套餐服务、信用衍生类等品种；在品种策略上，实行整合创新，根据产品的不同特性，对现有产品进行合理组合，提高理财产品、基金、国债、积存金等金融资产占比和产品渗透，突破发展中间业务。

做大总量，调整结构，重点发展资产业务。2016年以来，工商行坚持信贷经营“量质并举”的发展要求，在信贷市场的拓展上，紧扣县域经济特点，创新信贷品种，着力培植优良客户，勇闯资产质量关，不断拓市场、调结构、防风险、保稳定，实现信贷业务的可持续稳健发展。以县域经济实体为依托发展项目贷款，以此替代不动产抵押贷款业务，加强政府、企业、银行的业务合作，开拓与推进信贷资产业务的发展。今年新营销大余章源生态旅游公司项目贷款9000万元，大余工业园标准厂房项目贷款3.5亿元（12月份提款1个亿）。重点突出小微企业信贷业务，围绕工业园区平台，加强与地方工商、房管、招商、工业园区等部门的沟通联系，掌握县域小微企业的第一手资料，通过认真调查，择优选择，储备和营销好客户、好项目，做好小微企业拓户工程，推动小微企业融资业务进入发展“快车道”，加速壮大小微企业信贷市场，大力发展“财园信贷通”“小微信贷通”“E贷通”业务。全年累计发放18笔、金额11317万元，新增贷款366万元。大力发展个人贷款业务，在优化结构和扩大规模方面有新的突破，根据客户需求，在业务流程、贷款额度、担保方式等方面进行适度调整，使个人贷款更加方便客户，贴近市场，确保我行在同业个人贷款市场的优势地位，累计发放贷款12954万元，净增118万元，其中住房贷款净增4277万元。强化贷款管理，落实三查制度。重点监测贷款支付与货款回笼情况，查看贷款抵押运行管理，定期核查企业数据资料录入和贷后日常检查和间隔期检查的录入情况，做到定期开展信贷客户风险排查，根据排查建立风险贷款数据库，通过监测分析，对存在风险和潜在风险贷款，分类制定退出预案，规范风险报告制度。清收转化不良，注重贷款质量。2015—2016年由于钨市场的疲软，潜在风险贷款占了行公司贷款客户的一半以上，在资产质量的稳控上，多措并举全力把好资产质量关。在当地政府的支持下，加强与县法院的沟通协调，定期召开“信贷风险分析会”，逐个客户、逐笔贷款进行深入分析及跟踪，拓宽思路，多渠道处置不良贷款，成功清收转化各类不良贷款总额2250万元，努力提高贷款质量。

优质服务，精细管理，提高经营盈利水平。个人中高端客户仅占行客户数的5.9%，却是左右工商行生存与发展的主导客户群，客户经理是左右网点中、高端客户对工商行忠诚度、贡献度的主要服务人员。所以客户经理关系维护工作的成败，事关网点生存发展，命系行大零售业务全局。因此，着力做好客户关系维护，才能促进支行存款业务稳健发展。大力推行“系统客户联动营销、重点客户领导营销、规模以上客户专人营销”的分层营销机制，以此提升金融服务内涵，拓宽增存空间。明确行领导挂户责任制。将全县所有对公优质客户进行分析，把优质客户分为必保客户和必争客户，分别由支行行领导挂户联系，进行日常客户的走访、维护工作。实行客户经理包干到户责任制。对本网点存款日均余额在5万元以上的客户，实行打包管理，账户落实到人、稳定责任落实到人，通过上门走访、发送信息、电话联系、生日祝福等方式，加强与客户有效沟通与维护，让客户真正感觉到工商银行“您身边的银行，可信赖的银行”。充分发挥大堂经理与客户经理的作用，正确引导客户加快业务分流的同时，积极利用离柜服务渠道分流客户，向客户积极推荐工商行的方便快捷的电子银行及自助设备等服务渠道，鼓励客户签订理财协议和代扣协议，进行自助服务，提高网点离柜业务的占比。完善“对内具有公平性、对外具有竞争性”绩效分配机制，建立了向业务发展与资产质量要绩效，打破了吃大锅饭的格局，实现了网点、部门负责人的绩效工资与本网点、部门的业务发展全面挂钩，调动了广大员工的积极性和能动性，体现了以业绩认英雄；同时对客户经理以上干部实行“能者上、平者让、庸者下”的动态考核机制，强化中层干部尤其是客户经理队伍建设，搭起能进能退的进退机制，实施精细化管理，建立起分类分层分包的营销机制，从而有效地促进了经营业务的快速发展。

抓好党建，强化管理，着力提升竞争能力。强化基层党组织建设，实现党建工作与业务工作全面发展。立足实际，着力抓好“三严三实”专题教育“两学一做”学习教育，以“创建五强、五优建设”为目标，进一步加强组织建设，坚持“三会一课”制度。积极开展“创先争优”“党员先锋岗”活动，以领导班子为领头羊，着力发挥党员的先锋模范作用，支行党支部还根据业务发展的需要，开展专项竞赛活动，以党建带动并服务于业务发展，实现相互促进、共同发展。强化员工队伍建设，（2015-2016 年）发展了 2 名新党员，培养了 3 名入党积极分子。在面对员工年龄结构偏大，社会经济环境恶化的情况下，为了激发员工的追求“欲望”，实现员工的个人价值，工商行加强了人力资源管理。充分发挥中年员工中流砥柱的作用，改变思想，改进作风，使队伍能力和工作热情得到进一步提升。有序推进各项改革，激发内生动力。坚持“岗位凭能力、收入靠贡献”，为规范绩效管理，加强绩效考核，在赣州分行绩效合约考核的基础上，结合支行业务发展需要，制定了支行全员绩效合约考核管理办法，并完成了对所有人员的绩效合约签订工作，同时组织员工学习了解绩效合约考核模式的精髓，加强与员工的绩效沟通与辅导，引导员工持续改进工作，提高员工绩效水平，促进全行经营目标的实现。强化风险控制和内控管理，保障业务经营稳健运行。开展了“遵守党纪行规，保持廉洁从业”和“坚持三讲三做，永葆清廉本色”主题教育活动，行结合实际，认真对重要部门、要害岗位和敏感环节从业人员等进行重点排查，对员工参与民间借贷、充当资金掮客、参与非法集资等异常行为进行了持续排查，强化员工自律教育，规范从业行为，助推了经营业务稳健发展。制定了支行关于提升经营执行力的实施细则，实施营业网点晨会工作制，坚持每季组织一次运行管理的全面检查，网点部门每月、支行每两个月召开一次员工思想动态与案情分析会不动摇，着力解决员工在廉洁从业方面和违规操作方面存在的问题，员工行为排查面达到 100%，从而构筑内控案防思想道德防线，确保合规文化建设落到实处。强化企业文化建设，营造“三高”和谐发展氛围。坚持以人为本，把员工的利益放在首位，努力营造“高新、高兴、高薪”的和谐发展氛围。同时，积极建设好职工之家和职工小家，开展丰富多彩的文化活动，打造员工精神家园，在全行上下形成爱岗敬业，行兴我荣，行衰我耻的工行企业文化，让广大员工充分认识到企业文化的建设与每个员工自身息息相关，从而加快企业文化建设，增强企业核心竞争力。

【领导名单】

党支部书记、行长
姚金生（12 月任）

党组成员、副行长
刘先辉（11 月任）

党组成员、行长助理
倪来华

农业银行

【概况】 2016 年，农业银行大余支行致力于建设面向“三农”城乡联动，服务多元化的现代商业银行，农行凭借全面的业务组合和领先的技术平台，积极支持县域经济发展，不断加大信贷投放力度，切实提高金融服务水平。农业银行大余支行为股份有限公司，内设综合管理部、财会运营部、风险与信贷管理部、客户部、营业部、新城支行、池江支行、梅关支行、南安分理处，年末在职员工 59 人。

【经营业绩】 大余支行认真落实市分行党委提出的全年工作目标，围绕“依法合规经营、科学稳健发展”两大主线，业务经营工作早计划、早部署，早落实。强化主动营销理念，带领全行员工创造性地开展工作，着力抓好“三大业务”转型、经营目标责任落实、强化业务营销拓展、提升优质服务水平、严格防控业务风险，从而快速、有效地提升了农行在当地社会上的良好形象。通过支持地方重大建设项目、金融扶贫、新型工业等重点工作，支持地方经济发展的成效得到了地方党政的充分肯定。

截止12月末，全行各项存款余额140497万元，比年初净增29992万元：个人存款、对公存款时点分别比年初净增10838万元和19153万元。各项贷款余额为62540万元，比年初净增22615万元，完成计划的199.3%。其中：个人贷款余额42852万元，比年初净增14401万元，法人贷款19687万元，比年初净增8214万元。

【经营管理】 2016年来，农行领导班子认真分析农行业务发展的现状，结合农行的实际，敢于面对外部不利环境和经营困难，找准工作突破点，创造性地开展工作。在业务经营管理上着力在五个注重上做文章：注重机构存款营销。主动加强与当地财政、社保、公共资源交易中心和国土等重点部门的沟通联系，建立良好的合作关系。全行机构类存款日均增量达4364万元，占各项存款日均增量的43.5%，列四行增量第一。注重贷款结构调整。根据大余县产业经济的实际情况，及时调整信贷结构，在做好原有正常企业授用信和小微企业拓展的同时，加大对“三农”业务的拓展，实现农贷业务的有效增长。积极做实个贷业务，确保四行份额第一。拓展业务新领域，主动对接当地政府重点项目，成功营销大余县城投公司项目贷款2亿元，信贷结构得到优化。注重金融扶贫工作。积极作为，主动对接，及时与当地党政协调沟通，商讨贫困户“产业扶贫信贷通”贷款的发放工作，全年共扶持贫困户1038户，发放产业扶贫贷款5200万元，完成计划的116%，覆盖了全县11个乡镇，53个行政村。注重不良清收管理。大力清收不良，力降不良占比是农行走出经营困境的重中之重。在清收工作上认真落实好“二十字”方针，强化责任清收，全年现金清收不良贷款400余万元，共核销不良贷款（含卡不良）48笔，核销金额950万元，较好地实现了不良贷款“双降”目标。注重增收创效工作。2016年来，在资产业务及重点产品的营销上做到早计划、早安排、早投放、早出效。通过扩大重点产品营销，实现中收同比增收70万元。通过营销重点项目，实现中收410万元。由于中间业务收入增收实现新突破，农行全面完成了市行下达的中间业务收入、营业收入和拨备前利润计划。

【从严治行】 一个严谨、高效，具有执行力的团队是做好各项工作的基础。农行班子针对前几年工作重心放在化解信用风险上，致使业务发展放缓、不良占比过高、绩效排位靠后、员工士气较弱的现状，着力在提士气、鼓干劲、强管理上做文章。强化思想引导。农行班子成员分工负责，挂点包干网点，主动深入基层一线了解掌握员工思想动态，及时开展谈心谈话活动，从思想入手，引导员工树立正确的从业观，消除员工的畏难情绪和心中疑惑，充分激发员工工作热情，坚定发展的信心。明确发展方向。农行通过员工大会、业务分析会、工作座谈会等方式，视农行的经营现状，认真查找工作差距，明确努力的方向并合理确定季度工作目标，真正让全行每位员工做到目标明晰、肩上有责。在全行营造齐心协力谋发展，奋力拼搏创业绩的良好工作氛围。夯实基础管理。农行以“三线一网格”管理、争创“三化三铁”和“三化三达标”为主线，加强员工合规教育，进一步强化员工行为管理和业务基础管理工作，通过抓基层、抓基础、抓整改，做实做细基础管理工作，确保实现了全行无严重违规违纪、重大责任事故和经济、刑事案件的目标。

【领导名单】

党委书记、行长　　黄兴华

党委委员、副行长　严小华

中国银行

【概况】 2016年，中国银行大余支行贯彻落实 “最佳服务、最佳形象、最佳业绩”的发展目标，坚持执行“制度化、标准化、规范化、高质量、高效率、高效益、严于律己、严格要求、严肃行规行纪”的三化、三高、三严的科学化管理体系，积极支持县域经济发展，全力打造便民利民金融服务环境，努力提高金融管理和服务水平，继续加强支行建设，不断提升工作效率，积极推动当地经济发展转型、产业结构化升级。中国银行大余支行为股份有限公司，内设综合管理部、营业部、业务部，年末在职人员21人。

【贷款工作】 面对全球经济改革形势错综复杂、国内经济下行压力加大等影响，继续坚持“在依法合规的前提下经营，在防范风险的前提下发展”两个前提要求，主动适应经济发展新常态，不断转型创新优化金融服务，优先支持县钨、锡、新材料、食品、电子信息、旅游、林产化学、花卉苗木等特色主导产业，扶持中小微企业和涉农类企业的发展壮大。

大力推进“财园信贷通”“小微信贷通”“产业扶贫信贷通”等特色金融产品。参加了银企融资对接签约活动，并努力向上级行争取信贷政策倾斜，降低企业信贷资质准入门槛，简化审批程序，缩短审批时间。截至2016年12月31日，支行各项贷款余额37649万元，其中公司贷款8164万元，个人贷款29485万元。

【智能化网点建设】 营业网点现已配备了全套的智能化、数字化自助服务设备，增加了电子银行体验区，整合了网点服务流程，为广大居民提供了一个舒适、优越、便捷的金融服务环境。

【领导名单】

党支部书记、行长　张荣臻

支委委员、副行长　龚玉霞（女）

建设银行

【概况】 2016年，大余支行认真贯彻落实年初省、市分行工作会议精神，积极推进转型，活动紧紧围绕“抓全量客户和全量金融资产，持续壮大客户规模，持续提升核心存款市场份额，全面提高支行市场竞争能力”主要目标，以“四抓四进、八大市场、十六大战役”为重点，抓客户、促产品，提服务、强管理，确保了各项工作的顺利进行，较好地完成了各项工作目标和任务。至年底，全口径存款余额45268.12万元，比年初负8159.06万元。其中：对公存款余额14904.31万元，比年初负增长10739.95万元；个人存款余额30363.81万元，比年初新增2580.89万元。各项经营贷款余额40825万元，比年初负增长434　万元，其中：个人类贷款余额31307万元，比年初新增　3135　万元。

【业务管理】 大余支行紧紧围绕“4816”工程，大力拓展客户，打基础、调结构、促发展注重结构调整，做好客户服务，组建综合营销团队，从公对公、公对私、私对公、私对私四个维度联动配合，提升资金体内循环率。围绕县政府的政策导向和城市规划建设，大余支行坚持以拓展信贷资产业务为抓手，不断优化信贷结构，扩大信贷规模，进一步提升信贷业务的贡献度。认真开展市场调查，加强与当地税务部门的联系，从中挑选符合中小企业条件的优质客户；从县域重点企业、重点项目的上下游客户中选择符合支行小企业信贷业务的客户；从县城经济的支柱产业、特色行业如钨产业中选择客户；从县域重点企业、重点项目的上下游客户中选择符合支行小企业信贷业务的客户。2016年，发放对公贷款6800万元，对公贷款余额9518万元，为振兴苏区经济建设做出应有的贡献。个人住房贷款紧密结合大余县城市建设规划方案，大力发展楼盘营销，加强了与大余县房管局、公积金、开发商等单位的走访，重点加大了对县城重点楼盘的支持力度，高质量地发展个人住房贷款业务。2016年度，个人贷款比年初新增3135万元。

大余支行充分利用技术优势，着力推行网上银行、手机银行、自助银行、龙卡贷记卡、银证通、速汇通、乐当家、电话银行等金融产品和服务品牌。扩大电话银行交易量和网上银行、手机银行商户，从而促进了柜面业务的分流。

【风险管理】 大余支行坚持业务发展和内控管理“两手抓、两手硬”的方针，严密防范经营风险，全面落实党风廉政建设及案件防控责任。切实加强案件防控、风险排查、员工行为排查等工作，稳步推进合规管理。落实纪检特派员、营运主管、风险经理“三委派”监督检查制度，促进依法合规经营，有效防止案件和违规事件发生。

【网点建设】 为拓宽服务区域，提升服务水平，截至2016年，大余支行发展营业网点1个，离行式自助银行5个。为更好地发展自身业务，更好地服务于客户，大余支行正积极向上级行争取增设机构网点。突出个性化服务，随着社会经济发展，居民投资理财意识提高，开办纸黄金、实物黄金买卖业务，代理证券基金业务，代理保险业务，代收代付业务，电子渠道代缴费等中间业务，实现中间业务收入233.43万元。

【金融创新】 2016年大余支行与大余县总工会推出工会职工普惠储蓄卡"工会龙卡"，大余县工会会员持卡可在全市范围内，享有工会组织提供的一卡支付、困难帮扶、互助保障、技能培训、心理咨询、法律援助、就业介绍等各项工会惠民服务，持卡会员可在工会龙卡普惠卡特约商户享受优惠。

【领导名单】

支部书记、行长　蔡茶生
支部委员、副行长　李　静
支部委员、纪检特派员　范宝剑

农村商业银行

【概况】 2016年，江西大余农村商业银行股份有限公司（以下简称大余农商银行）紧紧围绕县委、县政府"1356"的工作总思路，坚持"立足县域、服务社区、支农支小"的市场定位，大力支持县域实体经济发展，不断加大信贷资金投放，拓宽支持领域，提升金融服务水平，践行社会责任，为大余率先全面建成小康社会作出了积极贡献。大余农商银行内设办公室、人力资源部、信贷管理部、财务会计部、审计部、纪检监察室、风险合规部、运营管理部、安全保卫部、业务拓展部、信息科技部等11个部门，设三农事业部、清收事业部等2个事业部，下辖营业部1个，支行、分理处19个。2016年末在职人员总数为194人。2016年荣获"省联社信息报道优胜单位""市级文明单位""大余县精准扶贫工作先进单位""大余县人口和计划生育工作先进单位""大余县综合创建维稳工作先进单位""大余县纳税贡献企业第一名"等多项荣誉。李昇旺、朱挺深被省联社授予"优秀信息员"。

【经营业绩】 存贷工作：截至2016年末，各项存贷款余额分别为39.09亿元、29.23亿元，比年初分别增长5.11亿元、4.23亿元，增长15.03%、16.90%，分别占全县金融机构新增存款、贷款市场份额的39.56%、44.03%，存贷款规模继续稳居全县金融机构首位。
支农支小：截至2016年末，涉农贷款余额26.82亿元，比年初增加3.88亿元，增幅为16.92%；小微贷款余额16.67亿元，比年初增加2.41亿元，增幅为16.93%，实现了涉农贷款"一个高于"和小微贷款"三个不低于"的目标，为全县三农和小微企业发展提供了有力的信贷支持。

【金融服务】 金融精准扶贫：积极响应县委县政府"脱贫攻坚战"工作部署，精准对接扶贫户。截至2016年末，对968户发放产业扶贫贷款7640万元，位列全县金融机构首位。

大力投放政策类贷款：重点支持县域招商引资、重点工程和重要民生工程等领域，持续加大对园区企业、新型农业经营主体、小微企业、下岗再就业群体等领域的信贷投放力度，大力投放政策类贷款。截至2016年末，"财园信贷通"贷款余额21690万元；"小微信贷通"贷款余额4951万元，"创业信贷通"贷款余额555万元，"下岗再就业"贷款余额8678万元。
普惠金融服务：加快普惠金融建设，实现了自助设备行政村全覆盖，让广大城乡居民沐浴普惠金融的阳光。截至2016年末，办理百福卡23.77万张、手机银行6701户，网上银行5883户，布放ATM/CRS机36台、POS机 708台、"村村通"105台，电子银行替代率57%。

支持地方事业：积极参与新农村建设，文明城市创建，平安大余建设，精准扶贫结对帮扶，大力赞助篮球联赛、旅游文化节等大型活动，主动缴纳各项税收，深化"政、银、企、民"合作共赢新局面。

【领导名单】

党委书记、董事长　谢龙平
党委委员、行长　洪晓海
党委委员、副行长　张瑞华
党委委员、纪委书记、监事长　卢能辉
党委委员、副行长　彭余国
专职稽核员（副处级）　朱小庆（女）
正科级调研员　王海波

赣州银行

【概况】 赣州银行大余支行坚守本源，耕耘本地，与机构延伸携手共进。2016年末，全县储蓄网点共有3家，人员共计30人。支行各项存款余额90211万元，比上年增长12286万元；各项贷款余额107600万元，比上年增长32672万元；实现经营收入6071.99万元；实现中间业务收入285万元。

【支持地方经济】 大余支行强化服务创新，激发内生动力，努力探索转型发展的新路径，积极与地方经济发展“同频共振”，2014－2016年，累计发放贷款近50亿元，签发银行承兑汇票40亿元、支持企业及个人1000余户；2014－2016年，累计代理发行政府集合信托3.2亿元，用于污水处理等民生工程；2014－2016年，累计向政府平台类发放贷款8.01亿元，用于支持庾岭大道、梅国北路、工业园、南方红军纪念馆等基础设施建设；2014－2016年，累计向当地重点企业发放贷款1.49亿元，向小微企业发放贷款7.4亿元；2016年6月13日，大余支行与大余县政府成功签订“六大攻坚战”投资基金战略合作协议，签约金额25亿元。

【贷款业务】 大余支行按照总行整体决策部署，持续深入地推进转型发展。从加强内部管理，提高工作效能与服务质量到改革人事、分配、考核制度，推进机构延伸；从强化授信管理注重“贷前、贷中、贷后”到一户一策清收不良资产；从强化营销理念到提高服务质量一步一个台阶，走出了一条“抓管理、调结构、扩规模、重风险”的转型之路。多年以来，支行本着“立足当地、积极对接、内控风险、差异授信”的原则，圆满完成了2016年度扶贫信贷通任务，将助力300多户贫困户脱贫。至年末，累计投放信贷资金8.14亿元，重点支持城投公司、工投公司、润泽药业、明发矿业、海欣有色金属、海创钨业等一大批中小企业和龙头产业。

【精准扶贫】 2016赣州银行大余支行为所挂省级贫困村樟斗镇蕉坑村，支行深入驻点的坪岭、金鸡，了解群众的困难，切实帮助群众解决生产生活基础设施建设、生产生活中的困难等问题， 摸清户情，制定帮扶措施。深入到农户家倾听民意，详细记录每一次走访调查情况，并记录好“干部一本通”，及时填写“五步”台账。采取张贴“联系牌”，填写“连心册”的方式，畅通了与帮扶对象的联系沟通，方便群众随时联系。截至年末，捐助爱心2万元，支行帮扶的7户贫困户已有5户脱贫，保障房建设任务全面完成。

【网点建设】 自开业以来，随着业务规模的不断壮大，立足本地化发展，对支行的未来发展进行了谋划。经过积极运作和协调，历时三年多的新办公大楼于2016年3月初投入使用。为了让整栋大楼达到合理使用，以实现支行资产利用价值最大化，提升支行整体形象，先后多次向总行提请请示和报告，着手整个办公大楼的使用计划。截至2016底，大余县医疗保险事业管理局已从农商银行搬迁至支行办公，这为赣州银行大余支行后营销县医疗资金提供了优势条件。与此同时，积极推进乡镇支行建设，2016年2月2日，大余南安支行顺利开业，改善了支行网点单一的不足。

【领导名单】

党支部书记、行长	王小春
副行长	刘德权
	彭民良

邮政储蓄银行

【概况】 2016年，邮储银行大余县支行坚持以服务三农、服务中小微企业为己任，以满足城乡金融需求，提供优质金融服务为宗旨，积极主动融入地方经济发展中，不断加大信贷投放力度，切实提高金融服务水平，为促进县域经济发展发挥了积极的作用，取得了企业效益、社会效益的同步提升，其中经营管理考核指标位居全市邮储银行前列，荣获全省先进基层党支部荣誉称号、全市2016年度经营管理评比中获一等奖、全市人力资源管理先进单位获一等奖、全市安保与综合先进单位评比中获二等奖、全市培训工作先进单位获二等奖、全市党风廉政、纪检监察工作先进单位获二等奖、全市党群工作先进单位三等奖，同时荣获大余县委、县政府综合绩效考评合格单位。中国邮政储蓄银行于2016年在香港联交所主板成功上市，正式登陆国际资本市场，作为上市银行的县级机构。邮储银行大余县支行内设综合管理部、公司业务部、三农金融部，下设营业部、钨都广场支行、新城镇支行，年末在职人员47人。

【服务经济】 为更好的服务县域社会发展，县支行在人员有限的基础上，合理分工，安排人员加大与工业园、县民企局、县农工部、县扶贫办的合作，主动上门提供金融服务，发挥资金优势，将有限的信贷资金投入县域重点发展领域，引导辖内企业产品升级，做好“五通”业务的全覆盖，2016年信贷结存 4.36亿元、 年净增5570万元，全年向辖内个体户及小微企业贷款投放超2亿元，其中：创业通及小微通净增462万元，结余1586万元，财园通净增250万元，结余900万元，产业扶贫信贷通3011万，列全市第三。积极与县域房产公司及汽车贸易公司签订合作协议。在购房、购车等消费领域，持续为广大客户提供便捷、多样的消费金融服务，大力支持农民工进城购房、居民消费升级。

【支农支小】 在“支农支小”工作中，县支行成立扶贫工作领导小组，由行长邱春兰担任组长。进一线深入乡镇、村组、建档立卡贫困户家中进行走访、调查。并积极联系县农工部、扶贫办、农粮局、果业局、林业局等部门，建立相互连通制度，从多方面了解县域内农户对金融服务的需求，践行普惠金融，发挥“造血”功能，为贫困户脱贫提供农业技术辅导，帮助贫困户在读子女争取教育扶贫资金、开展重大节日送温暖活动等。为更好、更快完成精准扶贫工作，抽调两名年轻业务骨干，作为专职客户经理，其他人作为兼职客户经理，组建阶梯式“产业扶贫信贷通”业务发展队伍，确保发展任务到人、责任到人。共为991名贫困户提供贷款，发放扶贫贷款3051万元。紧密围绕国家支持“大众创业，万众创新”工作精神，加强与就业局的沟通联系，保持信息畅通和良好的合作关系，做好再就业贷款全流程的优化管理，并派驻信贷员工联合就业局开展贷前调查，实行小额贷款“三天快捷放款”制度，为一批批创业人士解了燃眉之急。2016年支持下岗再就业人数361人，金额5437万元。同时为进一步满足城乡创业融资需求，县邮储银行积极创新产品，陆续开办了家庭农场贷款、林权抵押贷款、油茶贷、烟农贷、民营医院小企业贷、小微企业流水贷、小企业税贷通、小企业发票贷等产品，拓宽了普惠金融发展之路。

【金融服务】 在践行普惠金融的道路上，县支行渠道优势，倾情服务城乡居民，不断改善网点支付环境。在全县范围内邮储银行共设立邮政金融网点14个，其中县城网点6个，农村网点8个；服务客户数超过了 10 万户；为更好的服务客户，改善农村网点支付环境，近年来，县邮储银行积极向上级行申请自助设备，为自营网点及代理网点配备了ATM机10台，CRS机10台，存折存取款一体机1台，覆盖了大部分乡镇。邮储银行在农村地区拥有众多的网点，是农村支付服务主体之一，充分利用点多面广的优势，开通了个人储蓄、汇兑、对公结算等业务品种，2016年共在县域城乡发放了POS机110余台，对农村客户发放银行卡10925张，结余银行卡数为132494张。大力推行网点转型升级，加大柜面一线人员的业务培训，提高服务意识和综合素质，增强网点的硬实力。积极发挥网点、网络以及服务优势，全力做好养老金代发，配合开展政府民生工程宣传，提高邮储银行的服务形象。

【领导名单】
党支部书记、行长 邱春兰 （女）
党支部纪检委员、副行长 刘政华
党支宣传委员、副行长　何春华

银座村镇银行

【概况】 2016年，江西赣州银座村镇银行大余支行始终坚持“支农支小”的市场定位，稳健管理，特色经营，致力于打造“简单、方便、快捷”的金融服务品牌，打造绿色的、受人尊敬的、可以信赖的精品银行。截至2016年底，大余支行已累计发放各项贷款2.1999亿元，其中，保证贷款占69.74%，纯信用贷款占10.01%，抵质押贷款占 20.25%。其中涉农贷款占比超过 71.83%，小微贷款占比超过 76.41%。大余支行现有员工 20 人，内设前台业务部、业务拓展部、小额信贷拓展部和储蓄理财部。

【特色服务】 2016 年，江西赣州银座村镇银行积极探索开发适合小微企业经营和融资特点的金融产品以及服务方式，使金融产品与金融服务真正切合小微企业客户的需求，提高小微企业资金运作成效。先后推出“薪易贷”“薪金贷“安居贷”“畅易贷”等贷款产品。其中，“薪易贷”是针对公职人员提供一定额度的人民币预授信业务，在授信期限和授信额度内，借款人可根据需要自助办理贷款；“薪金贷”是针对企事业单位非正式员工提供一定额度的人民币预授信业务，在授信期限和授信额度内，借款人可根据需要自助办理贷款；“安居贷”是针对有建房或拆迁安置融资需求的个体工商户和自然人，指定用于个人建房和购买拆迁安置房用途的个人消费贷款；“畅易贷”是一款中长期贷款，贷款采取分期偿还贷款本息的方式，可有效解决贷款人因扩张生产、改进工艺等中长期融资需求，减少一次性还款的压力。

开拓“互联网+”金融，让服务效率坐上“火箭”。开发客户服务移动工作站，客户经理人手一台 Pad，走村入户，深入田间地头以及企业生产一线，利用移动 iPad 进行信贷调查全流程操作，为客户实时办理贷款业务，现场办理线上开户、转账汇款、理财、生活服务等，将贷款业务的线上申请与线下信贷调查高效地结合起来，新客户贷款业务办理时间从传统作业的 1－2 天缩减到 1－2 小时。为推进“与客户做朋友”的社区营销模式，江西赣州银座村镇银行还创新提出了社区客户群建设与管理，积极打造社区银行。

【风险管控】 为有效防范风险，大余支行多管齐下，确保支行安全平稳运行。案件防控工作责任明确到个人，要求员工与主管签订安全责任状，责任到人。做好节假日和重大事件的安防检查工作，对检查发现的问题及时做好了整改。定期开展员工道德风险排查。每季度定期开展员工道德风险排查，重点排查信贷与前台条线是否存在违规发放贷款用于非法集资、是否与客户有资金来往、是否存在大额资金交易等异常现象，关注员工异常消费行为，有效防范人员内部风险。

【社会责任】 江西赣州银座村镇银行秉承“服务不收费、服务更到位”的服务承诺，继续为民众打造“免费银行”，免费项目几乎涵盖所有结算类项目，以及其他一些常用业务，如跨行转账汇款手续费、委托（托收）手续费、汇兑查询手续费、ATM 跨行取款转账手续费、网上银行／手机银行跨行汇款手续费等。截至 2016 年底，江西赣州银座村镇银行“免费银行”政策惠及 32.2 万名客户，共让利近 6200 万元。

为给客户提供更为周到的服务，江西赣州银座村镇银行不断创新服务方式，如打破“朝九晚五”工作时间惯例，夏季营业时间调整为 8：00—18：00，将对外服务时间主动延长了一个多小时，并通过多设营业柜台彻底解决客户办理业务排队等候问题。为提升金融服务水平，加强外部监督，江西赣州银座村镇银行每年都会向客户发放《致客户公开信》，对所有金融服务均有限时服务承诺，明确了窗口服务要求及员工纪律。

此外，江西赣州银座村镇银行还积极引导、鼓励员工参与各类公益活动，积极开展“清凉驿站”“金融知识进万家”等系列活动。2016 年，组织员工深入社区和农村开展反假币、反洗钱等金融知识宣传活动，践行社会责任。

【企业文化】 为丰富员工业余生活，提升团队凝聚力，江西赣州银座村镇银行大余支行成功举办地球一小时熄灯活动、演讲比赛、“积分圆梦，为爱行动”公益活动、警示教育活动及组织发放电影券等，加强了员工间的交流，增强了企业凝聚力。

【领导名单】
行长　罗　敏

公积金管理

【概况】 大余县办事处是赣州市住房公积金管理中心垂直管理的下属机构，其主要职责是承担全县干部职工住房公积金的管理和运营。2016年，全县有275个单位实行了住房公积金制度，缴存住房公积金职工人数11523人；归集住房公积金13490.34万元，归集余额达57257.25万元；办理住房公积金个人提取6174.58万元，累计办理个人提取27137.21万元；向245户职工家庭发放住房公积金贷款7958.8万元，贷款余额29685.21万元；业务收入1406.05万元，业务支出1019.40万元，实现增值收益386.65万元；提供廉租住房建设补充资金170.65万元，累计提供3274.90万元。赣州市住房公积金管理中心大余县办事处内设3个股（室）：办公室、归集股和信贷股。办公室：负责办事处的各项工作。归集股：负责全县职工住房公积金缴存核定、变更、转移、提取工作。信贷股：负责全县职工住房公积金贷款受理、发放和回收工作。

【规范缴存】 2016年4月和9月，办事处先后两次对全县职工住房公积金缴交情况进行了清查，清查中严格按《关于确定2016年我市住房公积金缴存比例及缴存基数的通知》(赣市公管委字[2016]4号）和《关于明确2016年我市住房公积金缴存基数的通知》（赣市公积金字〔2016〕73号）文件执行。经查县住房公积金缴存比例均为5%—12%，未出现缴存比例高于12%的情况。对于存在超过市公积金管委会规定上限标准情况的单位，办事处邀请了各单位经办人员召开座谈会，对各单位做好了解释工作，要求各单位对超过上限标准的职工住房公积金进行调整。所有单位均于9月28日前上报调整表格，现已全部调整为上限标准以内。

【强化防范意识】 信贷方面：严格落实“贷前严审、贷中规范、贷后跟踪”的全程风险管理要求，综合考察贷款人实际偿债能力，及时掌握开发商项目建设和资金运营信息，并对住房公积金逾期贷款催收工作实行专人管理、按期报告的工作制度，建立逾期贷款催收机制，对风险贷款及时诉讼，严控贷款风险。

归集方面：对2016年1月起至今自建房、购买商品房和二手房的提取信息和提取材料进行了全面自查，指派专人前往民政局进行婚姻情况真实性核实，对骗提套取住房公积金的个人进行了资金追回。办事处采取多项措施，严格操作提取流程、规范提取管理。认真对待每一笔提取业务，针对大额提取实行了材料完整性确认制度，切实发挥了住房公积金住房保障功能。

【政策宣传】 办事处始终把归集工作作为重点来抓，不断创新工作理念，不断寻求新突破，加大政策宣传。充分利用多种宣传渠道，加强《住房公积金管理条例》和住房公积金制度及相关政策的宣传力度，提高全社会对住房公积金的认知率和支持率。今年，通过多次与县民政局和各地方敬老院的积极协调，已把各地方敬老院职工纳入公积金缴交范围。在扎实推进宣传工作的同时，办事处积极争取有能力的非公企业参缴住房公积金。截至12月底，2016年共新增非公企业6家，新增非公缴存职工47人，实现了缴存人数、覆盖率、归集额指标每年递增的目标。

【党风廉政建设】 办事处认真贯彻执行党风廉政建设相关规定，将廉能风险点防范工作与日常工作相结合，引导全体干部职工自觉尊崇、贯彻、维护党章党规，用习近平总书记系列重要讲话精神武装头脑、指导实践、推动工作，做到加强对八个工作小时以内公务活动的风险点防范，也加强对八小时以外日常生活的风险点防范。同时，办事处结合“两学一做”，积极开展了集中整治和查处基层侵害群众利益不正之风和腐败问题的自查自纠，组织动员学习了整治工作的目的和意义，建立了侵害群众利益问题的整改台账，并将县纪委监察局举报电话、举报邮箱及县廉政账户在服务大厅公示栏中进行公开，引导社会各界和群众积极参与和监督。

【精准扶贫】 按照县委、县政府统一部署，全面落实精准扶贫工作机制，在精准扶贫工作中，结合办事处帮扶的内良乡李洞村实际，积极探索实践，从建立结对帮扶机制、发展产业帮扶等方面入手，以“二年脱贫、三年巩固”为目标，创新思路，强化措施，扎实推进精准扶贫工作。具体帮扶措施首先由办事处工作对进行摸底，再由帮扶对象从市场上买回家禽家畜进行养殖或种植苗木药材等，最后通过工作队验收后进行补助，争取做到“一次投入，积累滚动脱贫”。截至12月底，5户帮扶贫困户已经完成种植草珊瑚11亩、苗木2亩、油茶1亩，其余种类项目将陆续到位。办事处工作队还通过“五个一”的方式即到贫困户家中吃一餐“团圆饭”、与贫困户一起学习了一次扶贫优惠政策、为贫困户做一件好事实事、节日期间与贫困户发一条温馨的问候短讯、与贫困户开展了一次农活劳动，密切了帮扶关系，提升了帮扶效果。

【排忧解难】办事处对挂点的帮扶企业进行了定时走访。全面了解了企业生产经营状况、存在的主要矛盾和问题，掌握了企业发展增效的努力方向。对企业存在的问题及时进行了反馈，对出台的各项政策做到了及时宣传，企业能在第一时间掌握第一手资料，促进了企业和谐稳定发展。

【领导名单】

主任　陈　盛

人民财产保险

【概况】2016年中国人民财产保险股份有限公司大余支公司围绕“不违规、重效益、快发展”的工作重心，紧紧抓住业务发展这一要务，从销售能力、承保质量、理赔管理、客户服务、品牌宣传的关键环节着手，推进公司高效持续发展，着力打造“社会公认、同业羡慕、客户信赖、员工自豪”的精品县域支公司。支公司年保费收入4903.34万元，完成年度计划目标105.89%，累计赔付2634.79万元，上缴各项税费491.74万元，为大余县域经济发展提供保险保障。支公司内设机构有：经理室、三农业务部、直销业务部、营销业务部、车商业务部、理赔分部、出单分部、综合部8个科室，下设新城三农营销服务部、南安三农营销服务部、浮江三农营销服务部3个农村营销服务部。现有员工93人（在职职工23人，个代营销人员70人）。

【业务发展】2016年保费收入4903.34万元，同比增长14.86%。（其中：车险业务3407.64万元，同比增长12.51%；商业非车险业务920.73万元，同比增长3.6%；农业保险574.97万元，同比增长63.69%），获取利润202.14万元。

【领导名单】

党支部书记、经理　刘光春
副经理　张钦平

人寿保险

【概况】中国人寿保险股份有限公司大余县支公司系中国人寿保险股份有限公司下属机构，秉持“专业、真诚、感动、超越”的服务理念，以实现“新价值业务”为导向，借助2016年12月国寿鑫账户（万能型）产品上市回馈新老客户，大力发展长年期寿险，得到大余人民的信赖和支持，始终占据大余县寿险市场的主导地位，同时公司也积极投入大余的经济建设，为全面建设开放诚信活力大余、经济繁荣实力大余、创业宜居魅力大余、物阜民安美丽大余作出应有的贡献。公司内设综合科、柜面服务中心、个险科、团险科、中介业务科，机关员工总数25人。辖新城、池江、青龙、黄龙、吉村5个乡镇营销服务部和城区一分部、二分部等2个分部、营销员600余人，理财经理、客户经理40人。

【新险种】2016年，公司主要以经营人的寿命和身体为标的的人寿保险、健康保险、意外伤害保险和年金保险四大类保险业务。2016年新推出“国寿如意随行保险”，以及与政府联合出台的新型农村合用医疗大病保险、农村贫困人口疾病医疗商业补充保险。

【保费收入】　截至2016年12月底，公司共实现总保费6150万元，同比增长11.92%。其中个险新单累计完成961万元，同比增长57.61%，其中，10年期以上完成541万元，同比增长44.54%，10年期以下交完成420万元，同比增长77.97%；短险总保费645万元，同比下降10.53%，其中个险短险完成48万元，同比增长54.29%，团险短险完成586万元，同比下降14.47%，银保短险完成11.03万元，同比增长128.04%；银保首年保费 1607 万元，同比下降 6.52%，其中期交完成 244 万元，同比增长 19.96%，趸交完成 1363 万元，同比下降 10.09%。

【理赔情况】 2016 年，短险赔付支出 395 万元，同比增长 97.5%，短险综合赔付率为 61.04%，与去年同期增长 27.32%。共发生赔案 4650 件。2016 年，精准扶贫赔付支出 198 万元，共发生赔案 302 件。新农合大病保险赔付支出 468.35 万元，共发生赔案 598 件，资金使用率 70.84%。

【领导名单】

经理　周思才

副经理　蔡晓龙

经理助理　方　燕

百亩莲藕

财政税收

财　政

【概况】 2016年，县财政局在县委、县政府的坚强领导下，主动适应新常态，以赣南苏区振兴发展为总抓手，坚持“1356”工作总思路，科学应对严峻复杂的经济形势，坚决贯彻落实县委、县政府的各项工作部署，加强财源建设，完善征管措施，积极组织收入，全力保障各项重点支出需要，较好完成了全年各项财政工作任务。

县财政局单位性质为行政事业单位。现有内设职能机构21个：县政府财经监督检查办公室（增挂大余县财政监督检查局）、县国有资产监督管理办公室、县政府采购办公室、大余县农村综合改革办公室、大余县乡镇财政管理办公室、办公室、人事教育股、预算股、国库股、行政政法股、教科文股、综合规划股、经济建设股、农业股、外经股、社会保障股、企业股、基本建设股、财政监督股、会计股、信息中心；局属副科级单位5个：大余县人民政府会计管理中心、大余县非税收入征收管理局、大余县财会职工学校、大余县会计核算中心、大余县国库集中支付中心。财政局在编在岗干部职工146人，临聘人员4人。机构编制193个，其中行政编制23个，工勤编制2个，事业编制168个。

【财源建设】 积极应对财政减收的严峻形势，着力优化收入结构，提升收入质量。坚持依法征收、依法减免，加强税收稽查，减少税收流失。积极适应新常态，创新收入组织的方式和办法，抓好重点行业、重点企业的税收征管。充分利用西部大开发税收优惠政策和大余县钨及有色金属深加工产业基础，重点引进和扶持物流、股权减持、基金公司等总部经济和外购矿产品贸易公司发展，努力培植重点税源和新兴优质税源，支持特色支柱税源发展壮大，通过支持经济发展，实现财政收入的可持续增长。健全非税收入管理制度，落实取消、停征和免征收费政策，加强收费项目和标准实时动态监控。积极争取上级财政转移支付补助和地方政府债券等资金支持，努力提高财政保障能力。

【财政收入】 面对宏观经济下行、政策性减收等多重压力，坚持依法治税、应收尽收。积极开展税源普查，明晰家底，为财政增收奠定基础。加强收入形势分析，挖掘增收潜力，随时掌握重点行业、重点产业、骨干企业纳税情况和变化动向。明确目标任务，早分解、早下达，在组织收入过程中，坚持逐月分解下达阶段性目标任务，落实责任，并按月及时通报和分析收入情况。在加强重点税源、重点行业即时监控、及时分析的基础上，加大纳税评估和税收稽查力度，规范税收征管秩序，做到依法征税，应收尽收。全面开展综合治税工作，加强部门协作，通过涉税信息共享，分产业、行业和税种开展协税促收行动。强化非税收入预算管理，从严格征管范围、严格票据管理等方面入手，加强非税征缴，规范非税收入征管。

【争资争项】 围绕《若干意见》，紧紧抓住赣南苏区振兴发展有利时机，积极落实县委、县政府争资金争项目工作。认真研究国家产业、财政政策，密切关注政策动向和资金投向，在第一时间内掌握争资争项信息。通过与省、市财政部门对接，积极了解上级财政补助政策标准，为争资争项提供政策依据。主动参与县委、县政府争资争项工作，积极协调和配合有关部门完善项目包装策划，科学制定对上争取整体方案和应对措施，增强针对性，提高成功率。全年争取各类补助资金16.02亿元，同比上年增加3.13亿元，增24.3%。其中：财力性补助资金3.94亿元，同比增加6700万元，增长20.48%，特别是省级均衡性转移支付补助比列入转移支付县之前增加了10746万元。

【改革工作】 完善政府预算体系，全面编制公共财政、政府性基金、社会保险基金预算。制定出台预算支出绩效评价实施方案，对重大项目实施财政重点评价，提高财政资金使用绩效。实施政府性债务管理改革。制定出台政府性债务管理办法，清理、甄别政府存量债务，建立风险预警机制。全面推进预决算信息公开，及时将政府预决算、部门预决算和“三公”经费预决算全面公开，财政财务透明度进一步提高。加快推进政府购买服务，制定出台政府购买服务实施方案，逐步建立政府购买公共服务制度，提高政府服务的社会化水平。完善基层组织运转保障补助经费，推进基本公共服务均等化。

【预算执行情况】 财政收入持续增长，总量突破11亿大关。2016年财政总收入完成110261万元，同比增收4261万元，增长4%。其中公共财政预算收入完成8.33亿元，同比增收4170万元，增长5.3%。财政总收入与公共财政预算收入均圆满完成全年收入目标，分别完成调整预算数的100%和100%，增幅分别比全市平均水平高0.3个和6.2个百分点。

公共财政预算支出完成238999万元，比上年增支22881万元，增长10.6%。公共财政预算支出增幅高于全市平均水平0.6个百分点，排全市第七位，有效保障了大余县经济社会事业发展需要。一般公共服务支出17809万元，比上年减支1397万元，下降7.3%。主要是压缩了行政运行成本和公车改革后车辆运行维护经费，其中，公车改革后节约支出300.11万元，节支率为10.8%。

【预算管理】 完善预算约束管理，全面推进预算编制改革，据实核定项目预算，分类分档确定县直单位公用经费标准。实现国库集中支付网络系统安全运行，实现了财政资金申请、拨付、清算、会计核算和信息反馈等业务的科学管理和安全运行，进一步提高了财政资金的效益和安全性。加大公共财政预算、政府性基金以及部门结转结余存量资金清理，全年清理结余结转2年以上财政存量资金1.19亿元，并按照盘活存量，用好增量的要求，提高了财政资金的使用效率。强化财政投资评审职能，加大基建预算审核工作力度，在基建工程建设资金的审核拨付方面有效配合县重点工程建设的开展。创新采购监管机制，积极推行政府采购限额内工程和网上竞价管理系统。完善“一卡通”管理，全年发放财政惠农补贴资金0.892亿元，发放率91.23%，累计受益农户116053户。

【农业财管】 优化财政支农支出结构，健全财政支农资金稳定增长机制，促进农业和农村各项事业的发展。农林水事务支出32071万元，同比增长6.68%，其中农业支出5635.91万元，林业支出4537.14万元，水利支出10046.91 万元，农业综合开发支出979.08万元，扶贫支出6187.21万元，其他农林水事务支出4684.76万元。

加大改革推进力度，加快财政支农体制机制转变。推进财政涉农扶贫资金统筹整合工作，按照“多个渠道引水，一个龙头放水”的扶贫投入新格局，统筹整合使用财政涉农扶贫资金，保障大余县集中资源打赢脱贫攻坚战。2016年统筹整合财政涉农扶贫资金7291.03 万元，全部用于大余县脱贫攻坚。推进财政惠农信贷通和产业扶贫信贷通融资试点工作，向135户新型农业经营主体发放惠农信贷通贷款9203万元向2181户贫困户，138家企业、合作社（家庭农场、基地）发放产业扶贫信贷通贷款18051万元，有效推动了大余县现代农业进一步发展，带动贫困户脱贫致富。

保障改善农村民生，着力抓好财政扶贫开发工作。推进精准扶贫工作，筹措精准扶贫帮扶资金9380万元，用于大余县省级贫困村和7758户贫困户产业帮扶工作，通过产业扶贫，金融扶贫，就业扶贫等方式，不断增强贫困户造血功能和自我发展能力。继续做好专项扶贫重点工作，安排整村推进资金800万元。深入开展整村推进扶贫工作，进一步改善贫困地区生产生活条件。

落实和完善涉农惠农政策，促进农业农村发展。积极落实惠农补贴发放政策落实工作，发放耕地地力保护补贴1829.33万元，农机购置补贴304.97万元，生态公益林补助193.54万元。支持加快农田水利建设步伐，财政安排1920万元小农水重点县建设项目资金，加快灌区配套与节水改造，加快中低产田改造，稳步提高农业综合生产能力。抓好农业综合开发项目实施，由财政安排770万元大力加强高标准农田建设，支持开展新农村建设，落实财政资金1260万元，抓好48个村点的新农村建设工作。

【社会保障】 稳步有序推进就业再就业工作，进一步加大再就业资金的投入。2016年，拨付再就业专项资金达到1898万元，享受再就业扶持政策的人数达6507人，其中发放社会保险补贴资金263万元、小额担保贴息资金906万元、见习生补贴64万元、公益性岗位361万元、创业和职业培训207万元。

城乡社会救助体系日趋完善，实现了城乡居民最低生活保障制度的全覆盖。城市低保对象保障标准由原来的450元提高到480元，补差水平由原来的290元提高到320元；农村低保对象保障标准由原来的240元提高到270元，补差水平由原来的165元提高到195元；2016年，共拨付城乡低保资金4137万元。进一步加快城乡困难群众大病医疗救助制度的实施步伐，实现了城乡医疗救助制度的全覆盖。按照省、市确定的补助标准，积极筹措城乡困难群众大病医疗救助资金，取消救助起付线，提高救助标准。2016年，拨付城乡大病救助资金765万元比上年同期减少130万元，享受人数达10365人次。

做好失地农民生活补助及养老保险工作，2016年拨付失地农民生活补助543万元，享受人数达30912人次，缴纳失地农民养老保险2025万元，比去年增支1105万元，参保人数3613人。

认真做好道路交通事故救助工作，本年度收到上级财政下拨资金119万元，本年度收到申请救助案件15起，实际救助15起，达到100%，垫付资金共计31.3万元。其中：垫付14起医疗抢救费29.3万元，一次支付困难救济金1起共2万元。

进一步扩大农村医疗保险覆盖面，新型农村合作医疗参合220378人，农民参合率达到99.35% ，筹集合作医疗资金数10789万元，其中：农民缴费收入2645万元、政府资助收入8080万元（其中：中央3282万元、省4084万元、市66万元、县配套648万元）。截至2016年，县内外各定点医疗单位已接受参加新型农村合作医疗病人并报结医药费590148人次，共计9215万元，另外拨付大病医疗保险费用661万元，从而使农民实实在在地享受到新型农村合作医疗制度带来的好处。

进一步完善了城镇居民和城镇职工基本医疗保险制度。为切实保障城镇居民和城镇职工的医疗待遇和确保医疗保险基金的良性运行，2016年县本级财政安排城镇职工医保费4167万元，比上一年增加255万元，增长6.52%。开展住院医疗二次补偿工作，对全县619人职工医保对象进行二次补偿，补偿资金达227万元。

积极落实推进机关事业单位养老保险制度改革工作，从2016年9月起，县财政局将全县行政事业单位退休人员的退休金发放工作移交给县社会保险事业管理局，移交涉及的退休人数为2912人，当月发放的退休金为926.97万元。

【教科文科】 围绕财政性教育支出增长达到全省平均水平的目标任务，通过多渠道筹集教育资金，分解落实教育投入目标，增加财政预算安排，实施教育重点项目等措施，使教育投入有了大幅度的增长，支出效果明显。2016年，全县公共财政预算教育支出4.58亿元，比上年增长21.2%，占公共财政预算支出比重为19.17%。

落实和完善义务教育经费保障机制。义务教育学校年生均公用经费达到省定标准。对不足100人的农村小学教学点按100人核定公用经费。2016年拨付公用经费2958.44万元，达到小学生均600元／年、初中生均800元／年。拨付2016年义务教育阶段贫困寄宿生生活补助228.7万元，受益人数2086人，达到小学生1500元／年，初中生1750元／年。

足额安排落实非义务教育阶段（高中、中职、高考入学）家庭经济困难学生资助体系资金。足额拨付930人春季普通高中国家助学金93万元，秋季925人普通高中国家助学金92.5万元。拨付中等职业学校免学费资金53.89万元，中等职业学校国家助学金36.2万元，助学人次达到1455人。

重点保障教育园区建设投入。大余中学新校区总投资5.3亿元，已按工程进度拨付建设资金1.8亿元。11所乡镇公办幼儿园已投资2600多万元。拨付2231万元农村义务教育学校标准化建设资金，拨付3493万元农村义务教育薄弱学校改造资金。

加大科技投入，继续支持科技创新，增强科技带动能力。积极做好“科普惠农行动计划”和“科技富民强县计划”项目申报，及时拨付相关资金，促进科技发展，增强农民依靠科技增产增收能力，促进县域经济发展，2016年科技支出为5396.1万元。

支持加快构建公共文化服务体系，拨付资金47万元实施好图书馆、文化馆、博物馆等公益性文化设施免费开放。继续支持广播电视村村通、乡镇综合文化站、农村电影放映、农家书屋、农民体育建设、文化信息资源共享、文艺创作与繁荣工程、基层群众健身场地建设、基层文化保护等重点农村文化惠民工程的实施，保障人民群众基本文化权益。

【基建财管】 预算审核成效显著。完成县2016年保障性安居工程、县新华工业园污水管网工程、县生活垃圾填埋场工程、梅关红色旅游区、梅关古驿道建设工程、环城路建设项目、大余县东山桥及延伸路、伯坚南大道改造等两园两路一桥市政项目等294个工程的预算审核，送审金额207897万元，审核金额180243万元，核减金额27654万元，审减率13.3%。加强工程的过程监督及政府投资工程造价动态管理。参与工程变更及增加工程量会议，严控不合理工程变更及工程量增加，最大限度节约工程造价。

【经建财管】 积极做好环保专项项目资金管理工作。在县内部分矿产品企业停产，经营出现困难情况下，加强对2012年度重金属污染防治项目实施的督促力度，协同环保部门在加快工程进度的前提下加快资金拨付，做好了西华山、荡坪等8个企业项目的验收工作。截至2016年底累计拨付专项资金6084.5万元，占专项资金的67.9%。同时，督促加快实施2013年度农村环境连片整治项目，协同环保部门加强项目现场核查，督促加快工作实施进度。

积极做好项目资金的申报与验收工作。积极配合发改、环保、商务、地矿等部门做好项目的上报，主要项目有2015年至2017年重金属污染防治项目、农村环境综合整治资金、稀土矿山恢复治理资金等。与此同时，根据加强资金绩效管理要求，督促项目实施单位严格按项目批复组织实施，在组织验收过程中，与项目主管部门严格对批复内容逐项核实，及时指出存在问题并督促完善。

积极配合做好专项资金跟踪问效工作。按照加强财政专项资金管理要求，开展了成品油补贴、粮食直补、综合直补等涉农资金专项检查工作。对民营企业使用财政资金存在的问题及时进行纠正，做到以查促管，以查促改，防微杜渐，从而达到规范内部管理、不断提高财政管理水平的目的，并督促企业举一反三，进行自查整改，杜绝类似问题再次发生。

认真及时做好各类报表。按时做好金融系统财务年报与季报、金融企业绩效评价工作等各种报表，做到数字准确，上报及时。

【企业财管】 继续加大对城市建设及县重点工程的投入，2016年县安排资金134936万元用于重点工程项目建设资金。

为缓解中小微企业融资难问题，帮助企业健康快速发展，继续开展“财园信贷通”、“小微信贷通”、“创业信贷通”、“助保贷”和企业“转贷资金”审核等工作。其中“财园信贷通”发放贷款28150万元，完成全年26000万元目标任务的112%，惠及企业71户；“小微信贷通”

发放贷款 7351 万元，完成全年 6500 万元目标任务的 113%，惠及企业 70 户；“创业信贷通”发放贷款 1506 万元，完成全年 1500 万元目标任务的 100.4%，惠及企业 38 户；“助保贷”发放贷款 3800 万元，惠及企业 5 户；县财政安排资金 2000 万元，解决企业办理“还旧续贷”贷款业务时发生的暂时性资金周转困难，全年已为 24 家企业办理 35 笔转贷资金，企业借用转贷资金 20603 万元。

进一步规范大中型水库移民后期扶持资金使用管理，强化资金使用监管力度，提高使用绩效，2016 年通过“一卡通”为 4202 人发放移民直补资金 252.12 万元，拨付大中型水库移民后期扶持项目资金 554.76 万元。

【非税收入】 继续深化非税收入“收支两条线”管理，按照《财政部关于进一步做好将预算外资金纳入预算管理工作的通知》（财办预［2012］12 号）的规定，将在非税收入财政专户管理的非税收入全部纳入预算管理。实现政府非税收入总额 106374 万元，其中政府性基金收入 71192.1 万元，专项收入 1890.4 万元，行政事业性收费收入 6011.9 万元，罚没收入 2272.1 万元，国有资源（资产）有偿使用收入 23962.5 万元，捐赠收入 150.17 万元，政府住房基金收入 735.4 万元，其他收入 159.4 万元。规范土地出让金的征收和管理，国有土地收益基金收入 3554.6 万元，农业土地开发资金收入 208.8 万元，国有土地使用权出让收入 67317.8 万元。

继续完善财政票据电子化改革，严格财政票据核旧购新制度依托计算机管理系统加强“以票管收”的日常审核，真正发挥票据源头监管非税收入解缴财政的作用。

进一步推进保障性住房资金管理工作，2016 年，全县落实保障性住房资金 8490.93 万元，其中：保障性安居工程支出 4372.39 万元（其中：城市棚户区改造专项资金 418.09 万元，公共租赁住房建设和房源筹集支出资金 1989.6 万元，农村危房改造支出 900.33 万元，其他保障性安居工程支出 1064.37 万元），住房改革支出 3345.06 万元，城乡社区住宅支出 740.52 万元，全年发放廉租住房保障资金 32.96 万元，对 141 户低收入住房困难家庭实施廉租住房保障。

【财政监督检查】 强化财政收入监督、支出监督、会计监督和内部监督。对 62 个县直行政、事业、企业单位和乡镇依法实施监督检查，主要对被查单位非税收入收缴、财政票据使用、财税政策执行、惠农资金和民生专项资金管理使用、会议费差旅开支、会计信息质量等情况进行全面检查，对全县党政机关、事业单位违反中央“八项规定”开展专项治理，对全县各预算单位结转结余财政资金开展盘活清理工作。共查处违纪资金 321.12 万元，追缴违纪款 122.29 万元，责令调账处理 198.83 万元。

【国有资产】 为建立健全全县统一的国有资产监管法规制度体系和基础管理工作体系，实现社会管理职能与国有资产管理职能分开，行政事业单位职能转变，实现国有资产监管制度全覆盖，全面落实国有资产保值增值责任，对全县经营性、闲置性及办公用国有资产实行集中管理、统一经营。全县行政机关、事业单位、人民团体及其所属事业单位所有，用于从事生产经营活动，取得经营收益的资产；县属原国有企业改制后剩余资产；县行政、事业单位用国有资金对外投资形成的股权；特许经营权等无形资产；资源性资产由国有资产监管机构统一监管，实现国有资产效益最大化，年租金收入 128.29 万元。

央企入赣工作取得显著成效。采取点对点对接，面对面服务，各项目责任领导、牵头单位，相机而动，主动作为，有力地推动了央企对接工作的深入开展。天然气综合开发利用项目，该项目由中石油昆仑能源中油中泰燃气投资集团有限公司建设投资，投资总额计 5 亿元，累计完成投资 8000 万元。天华山风能发电开发项目，该项目由国电集团国电电力发展股份有限公司投资建设，投资总额计 5 亿元，累计完成投资 1000 万元。重金属污染综合防治项目，该项目由中节能六合天融环保科技有限公司投资建设，投资总额计 10 亿元，目前累计完成投资 500 万元。

【领导名单】

局　长　　陈　龙

国家税务

【概况】2016 年，大余县国家税务局把握务实创新、稳中求进的主基调，以组织收入为中心，深化“四优”创建，落实税制改革，加强税收治理，全面做好各项国税工作。2016 年，受国内外经济总体下行、政策减收等众多因素，奋发有为，坚持组织收入原则，依法征收，应收尽收。同时加强向政府汇报，争取政府的理解和支持，实事求是做好组织收入工作，组织收入工作取得重大突破，全口径税收收入累计入库 3.83 亿元，同比增收 6217 万元，增幅 19.33%，为地方经济发展提供了强有力的财力保障。

县局内设机构有：办公室、人事教育股、税政法规股、征收管理股、收入核算股、监察室、评估科、税源管理科、办税服务厅（纳税服务科）九个科股室；一个直属单位：稽查局；一个事业单位：信息中心；两个农村分局：青龙分局、池江分局。主要负责辖区内增值税、消费税等主体税种和企业所得税、储蓄存款利息个人所得税和车辆购置税等税种的税收征收管理工作。现有干部职工 117 人（其中，在职人员 77 人，退休人员 40 人），党员 77 人，占总人数的 66%。2016 年大余县国税局荣获第十四届“江西省文明单位”荣誉称号，荣获了县委、县政府表彰为党建、和谐平安、精准扶贫、计划生育等先进单位，荣获县委政府综合绩效考评优秀单位。

【税制改革】 全县国税干部职工始终做到讲政治、顾大局、尽职守、勇担当，连续打好了营改增、金税三期、深化国地税征管体制改革三大攻坚战。扎实推进营改增工作。自 5 月 1 日起，对建筑业、房地产业、金融业、生活服务业推行营业税改征增值税。县国税局制定翔实方案，成立攻坚队伍，加强协同配合，坚持集中调度，每天讲评，做好各项节点工作，持续打好“开好票”“报好税”“分析好”“改进好”四大战役，圆满完成了全面推进营改增试点工作。扎实推进“金税三期”上线工作，发扬连续作战，吃苦耐劳的精神，接力推进，如期实现金税三期上线。积极向广大纳税人和社会各界深入宣传，开展操作培训工作，扎实做好发票、税票、税库银初始化和上线基础等工作，确保了 7 月 8 日按期成功上线。

深化国地税征管体制改革，纵深推进国地税深度合作，制定了国地税合作计划，深化征管改革，认真落实合作规范 3.0 版，在办税服务、联合评查等 36 个方面深度融合，特别是服务大厅深度融合，实现了纳税人走进一个厅，能办两家事。开展联合评税工作 66 户次，入库税款 114 万元，国地税双方共享涉税信息 7682 条，分析应用信息实现税收 18.6 万元。

【依法治税】 积极落实行政许可和行政审批改革，初步建立执法清单制。加强涉税行政审批制度落实情况监督和检查，强化对取消和下放审批事项后续管理。开展全员学法活动，定期召开依法行政工作专题会议，落实政务公开制度，编写行政审批服务指南。依法落实税收政策，按季举办政策宣讲会，及时将政策宣传到纳税人，认真落实税收政策，坚持依法征收，积极落实小微企业增值税优惠政策，2016 年共有 277 户企业符合小型微利企业条件，政策受惠面为 100%，共减免税额 105 万元。积极落实西部大开发税收优惠政策，共有 2 户纳税人具备优惠资格。制定税收风险管理考核办法，分解任务，建立风险应对快速反应机制。加强低税负零申报企业管理，加强对矿产品加工贸易企业、使用农产品收购统一发票等企业的风险管控。

【强化征管】 严抓细管，筑基固本，不断提高税收管理能力。加强行业管控，强化税收征管，在抓好重点税源征收工作的同时，强化中小税源管理，开展个体税收、药品行业税收清理，增收税款 10 万余元。强化风险管理，规范税收秩序，合理有效配置征管资源，成立风控中心，大力推进信息化税收风险管理，完成 53 户次的风险应对工作，评估入库税款 363 万元。开展打击虚开增值税专用发票违法犯罪活动，开展税务稽查 22 户（次），查补税款及滞纳金 808 万元，增长 16.22%。夯实征管基础建设，加强数据管理，提升基础信息数据的完整性、真实性。切实加强“营改增”管理，成立了房地产建筑行业管理小组，对全县房建行业和项目实施集中征管，开展专题调研，落实专管责任，实施专项核查，开展有效专业管理。强化行业管理办法，加强建筑工程耗材的发票审核，全年补征税款1055万余元。

【纳税服务】 创新服务促发展，全面落实纳税服务规范，持续深入开展“便民办税春风行动”。提升服务水平，深入开展一站式服务，免填单服务，优化导税服务，简并各类涉税资料。办好纳税人学堂，全年培训800余人次。对税收优惠政策开展“点对点”“一对多”纳税辅导。创新服务方式，启用了新的办税服务厅，试行自助办税机制，拓宽办税渠道，安装了排队叫号系统，提升办税效率。扎实推进“互联网+税务”网上办税和手机APP网上办税平台使用。扎实做好“降成本优环境”专项行动，积极联合省、市局制定专项行动方案，建立三级联络工作机制，开展四轮实地调研，协办好省市局开展好政策宣讲活动。深入开展帮扶工作，帮助解决实际问题，收集到省、市局挂点企业的12类共37个问题，经县委政府协调，31个问题得到了解决。对企业提出的16个涉税事宜，进行了解答和落实。

【队伍建设】 积极推进绩效管理，完善制度和指标体系，加强日常考评，实施动态监控，强化结果运用，促进了工作的开展。抓实干部的教育和培训，组织开展岗位大练兵、业务技能竞赛，举行全员综合业务考试2次。鼓励干部职工积极参加“三师”考试，有8人报名参考。积极开展“青年英才”培养，实施“一人双岗”，激发年轻干部积极性。加强党的建设，认真开展“两学一做”教育活动，开展进党校、进基地、进社区、进农村的“党建四进”活动，组织党员到井冈山开展为期3天的党性锻炼。加强支部建设，健全机构，完善制度，落实“三会一课”和党员评议，开展支部组织生活会，围绕基层党建7项重点任务等情况，开展党组织关系、党费收缴、党员教育专项检查，强化了组织建设。

认真贯彻落实党风廉政建设责任制，将党风廉政建设与税收业务工作同研究、同布置、同落实。坚持惩防并举，做到细抓、深抓、严抓。加强正风肃纪，把纪律挺在前面，持续开展作风建设，严格落实“两报告一承诺”制度，落实预防监管责任，着力开展警示教育，加强内控机制建设，持续抓好税收执法监察和“一案双查”。深化正风肃纪，推进严管理的常态化、制度化。改进工作作风，落实中央“八项规定”精神，认真开展好专项整治活动，围绕作风建设中存在的突出问题进行重点整治，进一步解决纳税人身边的不正之风和腐败问题，全面推进局风清气正的政治生态建设。

【领导名单】

党组书记、局长	龙显洪
党组成员、副局长	黄　卫
	蒙在平
	廖宝鑑
	陈亨河
党组成员、纪检组长	刘　峰

地方税务

【概况】 2016年，大余地税局在市地税局和县委、县政府的正确领导下，团结一心，砥砺前行，克服组织收入形势严峻，“营改增”“金三”上线两项重大税制、征管改革等困难，充分发挥地税职能，推动地税事业新发展，圆满完成全县地税工作。1—12月，地税收入累计组织各项税收37381万元，同比增收2079万元，增长5.89%。另外，代征教育费附加1223万元。局内设机构有7个：人秘股、税政法规股、征管股、计财股、监察室、信息中心和后勤服务中心7个股室。县局二级单位有7个：稽查局、纳税服务分局两个直属单位，下设5个分局：一分局负责风险监控、数据质量管理和纳税评估工作，为对税源实行行业化、精细化管理；二分局负责房地产及建筑业等重点税源企业的税收征管；三分局负责矿产品企业的税收征管，工业园区内企业的税收征管；四分局负责除矿产品、房地产、建筑以及园区内企业以外的所有企事业单位的税收征管；五分局负责全县所有个体工商户的税收征管。局现有在编在岗72人，退休人员12人，协税人员20人。2016年，大余县地税局通过江西省第十四届文明单位复查；经考评保持省二级档案管理单位；荣获全省地税系统2016年基层建设达标单位和2016年度全市地税系统落实党风廉政建设责任制先进单位；荣获大余县2016年度全县综合绩效考评优秀单位，精准扶贫工作一等奖，法治大余建设工作第一名，党建工作、综治创建维稳工作、信访工作、人口和计划生育工作第二名。

【税收管理】 地税部门征收的13个税种中，2016年有10个出现同比增收，3个出现同比减收。具体情况：营业税累计入库7479万元，同比减收4187万元，下降35.89%；个人所得税累计入库4244万元，同比增收174万元，增长4.28%；企业所得税累计入库4189万元，同比减收627万元，下降13.02%；土地使用税累计入库1486万元，同比增收339万元，增长29.56%；契税累计入库5496万元，同比增收2272万元，增长70.47%；资源税累计入库4016万元，同比增长1216万元，增长43.43%；城建税累计入库2006万元，同比增收506万元，增长33.73%；耕地占用税累计入库3678万元，增收1394万元，增长61.03%；增值税入库951万，同比增收951万元；房产税累计入库971万元，同比增收73万元，增长8.13%；土地增值税累计入库1929万元，同比减收192万元，下降9.05%；车船税累计入库475万元，同比增收36万元，增长8.2%；印花税累计入库461万元，同比增收124万元，增长36.8%。

【综合治税】 "金三"系统顺利上线。成立 "金三"上线办，严明工作纪律，对工作过程培训、指导、监督与管理，此外，还联合国税对纳税人进行培训。通过一系列措施的实行，确保"金三"系统在局顺利上线。 "营改增"全面推行。2016年，局代征增值税工作平稳有序进行，共发生代征增值税业务325笔，代征增值税652.43万元。
综合治税取得新进展。2016年1-12月，局主要从国税局、公共交易中心、房产局、国土局等部门以及省局、市局推送获取第三方信息74000条，应用涉税信息增加税收收入5484万元，占税收收入的21%。国地税合作取得新进展。全年累计交换涉税信息78000条，联合办理税务登记3498户，联合评定信用等级253户，联合评估税款2.12万元，联合稽查查补税款168万元。风险应对工作取得新进展。对各类征管数据的审核把关工作，重点加强对"金三"上线数据的日常审核工作，数据完整率达100%。地税局《巡察巡管显疑点及时应对化风险》已入选省局优秀案例库。积级贯彻执行西部大开发税收优惠政策，共有15户企业获得享受15%税收优惠税率的资格，减征享受西部大开发税收优惠政策企业的企业所得税354.25万元，减征小型微利企业的企业所得税26.95万元。2016年全面落实"营改增"政策后，给企业实际让税5100万元，扎实有效地为实体经济企业降成本、减负担、增效益，创优实体经济发展环境。

【队伍建设】 加强地税队伍专业化建设、提高地税干部整体素质．依托中国税务网络大学、江西干部网络学院和省市县师资力量抓好培训工作，重点抓好"岗位大练兵、业务大比武"活动。树立正确用人导向，合理的对岗位进行调整，合理的调配人员，整合岗位分工，为那些想干事、能干事的干部营造一个广阔的舞台，促进干部职工能力素质的提升。管好用好职工书屋。工会5个兴趣小组组织干部职工开展丰富多彩、健康有益的文化活动，培养积极向上的生活情趣，锻炼健康的体魄和心智，营造和谐融洽的团队氛围。加强思想政治教育和党风廉政建设，抓早抓小，从严管理，持续深入开展"两学一做"学习，加大改作风、提效率工作力度，教育和引导干部职工严守底线，克服新常态下作风建设的不适应。

【领导名单】

党组书记、局长	沈忠明
副局长	王海峰
	李芳龙
纪检组长	陈友权

经济管理与监督

发展和改革工作

【概况】 2016年，大余县发改委紧紧围绕全面深化改革这个主题，充分发挥部门职能，努力创新工作方式，准确把握经济发展新常态，发挥经济综合管理部门的职能作用，创新有为、执行有力、公信有责，较好地完成了各项工作任务。县发改委是县政府组成部门。内设机构有人秘股、投资设计审查股、国民经济综合规划股、产业协调管理股、价格管理股、收费管理股、价格调控股。2016年末，在职人数24人（含项目办、振兴办、转型办、重点办）。县发改委获2016年度大余县综合绩效管理考评工作先进单位、安商服务先进单位、和谐平安先进单位、县直机关单位精准扶贫工作二等奖、先进基层党组织。

【国民经济和社会发展规划】 注重规划编制实施。编制了《大余县国民经济和社会发展第十三个五年规划》，起草了健全规划实施机制的意见和分工方案，全面推进“十三五”规划落地实施；推动重点专项课题研究，编制了《大余县生态文明建设“十三五”规划》为全县经济社会发展提供了科学指导。编制了《大余县农村产业融合发展试点示范实施方案》，县荣获“全省农村产业融合发展试点示范县”称号，黄龙镇大龙山村、南安镇新民村、新城镇周屋村荣获“全省农村产业融合发展试点示范村”称号。

注重经济形势研判。创新性成立了发改委政策研究小组，编制了《发改专报》，通过每月一期《发改专报》及时将上级发改部门政策、各县市发改委好的做法和工作亮点进行研究，提出工作建议呈送县委、县政府、县人大、县政协领导审阅，已有多期专报分别得到县委、县政府主要领导的批示。谋全局，通过经济运行分析、专题调研等方式，为县委、县政府决策提供服务。撰写了《大余县2016年1－3月经济运行分析》《大余县2016年上半年经济运行分析》《大余县2016年上半年国民经济和社会计划执行情况》《大余县2016年1－9月经济运行分析》《请求国家安全监管总局加大对口支援工作力度的报告》《进一步做好大余县对口支援工作的建议》《龙南县打造虔心小镇的做法及经验借鉴》《陕西经验对我县乡村旅游的启发》《“十三五”期间促进农村居民收入快速增长的思考》《关于崇义县融资平台建设学习考察报告》等有分量的调研报告。

【项目开发】 代政府起草《大余县人民政府办公室关于建立健全“十三五”重大项目推进机制的通知》（余府办字〔2016〕170号），落实项目推进主体职责，明确部门分工，建立调度制度等相关机制。代政府起草《大余县人民政府办公室关于做好2016年重大项目开发储备工作的通知》（余府办字〔2016〕170号），将重大项目开发任务分解到县直有关单位。项目办将可招商的重大项目及时在县政府网站公开，并通过上级举办的招商会、发放招商手册进行项目推介，吸引有实力的外商来大余县考察投资。将可争取国家资金、政策的重大项目，积极主动地做好向国家、省有关部门的汇报工作，努力争取上级支持。始终坚持把抓投资、上项目作为促进经济社会发展的重中之重。成立县现代服务业和基础设施建设攻坚战领导小组和办公室，印发实施方案。通过与九江银行、赣州银行合作设立“大余县六大攻坚战”投资基金，争取中央预算内资金和专项建设基金，召开重大项目集中开工仪式和工作调度会，开展项目督查，印发督查通报，印发简报等方式加快项目建设，20个现代服务业重大项目已开工建设15个，开工率75%。完成投资8.2亿元，完成年度投资计划152.13%。12个基础设施建设攻坚战重点工程项目开工在建11个，开工率91.7%。完成投资7.5亿，完成年度投资计划71%。通过建立“六个一”工作机制和包干机制、审批机制、调度机制、视察评议机制、督查机制和考评机制“六项机制”,实施“一线工作法”，有力地推进了全县重点工程项目建设。截至11月底，106个重点工程建设项目，开工在建83个，开工在建率78.3%，其中9个项目已完工或基本完工，完工率8.5%。

代经济体制和生态文明体制改革专项小组制定了《经济体制和生态文明体制改革专项小组2016年工作计划》《经济体制和生态文明体制改革专项小组2016年工作要点》，并做好了专项台账和月报。撰写了经济体制和生态文明体制改革专项小组2016年上半年工作总结和下半年工作打算。公车改革顺利推进。牵头成立公车改革领导小组，摸清基本情况，出台了《大余县公务用车制度工作方案》，有序协调推进车辆封存、处置、评估、拍卖、公车平台运行等工作。其他改革工作有顺推进。非参公事业单位车改正在进行摸底调查。下发了《2016年生态文明建设工作要点》《2016年生态文明建设实施方案》，召开了领导小组会议，整理了全县生态文明建设面上、线上、点上典型经验在相关媒体上推广。《江西日报》《人民网》《中国旅游网》《赣南日报》《大余报》等主要媒体刊登了《百里矿山披新绿—大余县实施绿色矿山试点示范纪实》《生态大余入画来》《大余大力发展绿色经济》《以小流域为单元，引导全社会参与—大余探索水土保持长效模式》等大余县生态文明建设典型工作经验20多篇。打造了国家旅游扶贫试验区、全国水土保持改革试验区和第三批国家绿色矿山试点试点示范等美丽江西的“大余样板”。申报了江西省生态文明建设十大领跑县，县公众投票后位居第四名。

【苏区振兴】 全年，大余县以苏区振兴发展为总抓手，全县经济社会实现逆势上扬、稳步加快、进位赶超的喜人局面。地区生产总值、500万元以上固定资产投资首次突破100亿元，分别达100.1亿元、100.47亿元，增长9.2%、16.3%；实际利用外资突破1亿美元，增长10.33%；财政总收入突破11亿元，增长4%；规模以上工业增加值突破29亿元，增长9.2%；社会消费品零售总额突破27亿元，接近28亿元，增长12.9%；出口总额4262万美元，增长81%，增速同比加快65.2个百分点；城乡居民人均可支配收入分别达到23963元、9664元，分别增长8.32%、11.37%。

国家安全监管总局已将大余县日荣钨业有限责任公司列为“机械化换人、自动化减人”示范企业。国家新闻出版广电总局已在大余设立国家新闻出版广电总局红色教育基地。在两个总局的协助下大余县与赣南苏区振兴发展投资基金共同合作设立赣南苏区（大余）城市基础设施投资中心，已基本达成共识。丫山景区AAAA升AAAAA恳请事项将提交到部际联系会。2016年4月，大余县委、县政府将《关于将“世界钨都”江西省大余县建设成原中央苏区安全生产示范县的请示》（余字［2016］22号）已报国家安监总局，正在批复中。国家安全监管总局推荐江西下垄钨业公司、大余县南安镇余西街居委会为全省安全社区。

启动高山无线发射台基础设施建设项目。2016年，拨付项目资金15.76万元。2016年2月邀请了国家新闻出版广电总局规划院专家前来实地调研，目前正在制订项目实施方案，待总局、省局批复后即可实施。国家新闻出版广电总局红色教育（大余）基地成功举办了第一期播音员主持人培训班，下拨办班经费14.04万元。直播卫星“户户通”工程。在国家新闻出版广电总局的关心支持下，直播卫星“户户通”工程进展顺利。已安装完成，并顺利通过市级验收。捐资助学活动。国家新闻出版广电总局职工共捐资15万元资助65名非义务教育阶段的贫困优秀学生完成学业。“全民阅读示范县”情况。为帮助大余做好全民阅读提升工作，正动员出版集团捐赠图书。韬奋基金会已捐助大余县5所中小学价值50万码洋图书。

指导大余县做好5座无主尾矿库的隐患综合治理工作。截至隐患治理工程已完工，并通过验收。五里山尾矿库综合利用项目。经过多轮协商，县政府与江钨控股集团公司签订《西华山钨矿五里山尾矿库所有权整体移交框架协议书》。正在指导大余县建设尘肺病康复中心，解决职业病患者的康复治疗难度。已将《关于请求国家安监总局对口支援江西西华山钨业有限公司医院建设的请示》报至国家安全监管总局，待批复。指导大余县全面开展非煤矿山安全专项整治项目。编制了《采空区及塌陷区治理项目可行性研究》和《“机械化换人、自动化减人”科技强安专项行动试点示范实施方案》报国家安监总局，争取总局下达非煤矿山安全生产预防及应急专项资金 843 万元，其中采空区隐患治理专项资金 400 万元，尾矿库“头顶库”综合治理专项资金 443 万元。落实关闭小企业小矿山遗留问题专项补助资金 1673 万元。争取了一批捐赠资金。国家安全监管总局协调中国福利基金会向大余捐赠了医疗设备 4450 万元。协调关心下一代工作委员会向大余县教育局捐赠 1000 万元建足球场。

南方红军三年游击战争旧址及纪念馆项目成功选入全国红色经典景区二期名录，丫山乡村生态度假村项目入选 2016 年全国优选旅游项目，6 个景区（点）和 29 家农家乐被列入 2016 年赣州市国家扶贫试验区建设计划。大余县黄龙镇大龙村荣获“2016 年中国美丽休闲乡村”。黄龙花木产业旅游示范园评为休闲示范点。江西下垄钨业有限公司樟斗矿区第三批国家绿色矿山试点顺利通过了省矿业联合会验收并荣获全省第 1 名，省厅准备将其经验和做法在全国推广。与江西赣州好朋友科技公司共同研发了中国第一台图像智能选矿机，成为国内首创的选矿新技术，矿石分选相机保护装置、矿石分选振动式均匀给料装置、快速响应阵列选矿系统等 6 项发明，分别获得国家实用新型专利授权，成功打造绿色矿山建设试点示范“大余样板”。在省水土保持科学研究院的指导下，在国家水土保持重点建设工程同心小流域内（典型南岭红壤），先行试种了 300 亩黄花菜替代种草，长势良好。在头塘小流域内果木林条带坎顶和新建道路填方路侧，试种了 1120 亩黄栀子，形成密植株篱笆挡土墙，由以前的单纯种草向经果转变，由单纯的生态效益向生态与经济效益兼顾转变，这一探索性试点得到了省市水保局的充分肯定。

【转型工作】 2016 年，中央下达大余县资源枯竭城市财力性转移支付资金 6491 万元。组织县有关部门编写大余县年度资源枯竭城市转型绩效考核评价自评报告，通过省发改委审查上报国家发改委。国家发改委办公厅、财政部办公厅、国土资源部办公厅、国家统计局办公室联合印发了《关于 2015 年度资源枯竭城市转型绩效考核结果的通报》。通过定量考核、定性考核、社会评价，大余县年度转型绩效考核评为良好。

【重点工程】 年初，大余县重点工程建设办公室在各单位、各部门上报工程项目的基础上，通过广泛调查研究、认真筛选、反复讨论修改，印发了《大余县 2016 年“六大攻坚战”重点工程建设实施方案》，下发了 2016 年重点工程投资计划，明确了年度建设任务。换届后，办公室对该投资计划进行了调整，使该计划更加科学、更加全面、更加准确，为各重点工程项目的顺利实施奠定了坚实的基础。调整后共安排重点工程 106 个，总投资 385.42 亿元，年度计划投资 75.26 亿元。项目数、总投资、年度计划投资均创历史新高。

全年，全县重点工程建设计划执行情况总体良好。91 个新续建项目 82 个已开工建设，开工建设率 90%，同比提高 14%，46 个项目完工或基本完工，完工率 51%，同比提高 4%，实现了重点工程又好又快发展。

2016 年，大余县共 9 个项目列入市重点工程（7 个建设项目，2 个预备项目），总投资 29.44 亿元，年度计划投资 10.3 亿元，其中建设项目总投资 24.44 亿元，年度计划投资 7.3 亿元。截至 12 月底，建设项目全部开工建设，共完成投资 10.74 亿元，完成年度投资计划 147%。项目数、总投资、年度计划投资、完成投资及完成投资计划比均创历史新高。

全年，办公室严格按照“重点工程、重点建设、重点服务、重点保障”要求，积极协调各职能部门及参建各方，不断探索管理新理念，创新管理新模式，修订了重点工程项目建设管理办法，制定了实施方案及考评办法，同时，建立健全了重点工程五项推进机制（包干机制、调度机制、视察评议机制、督查机制、奖惩机制），并落到实处，为重点工程全年各项目标任务顺利完成提供了有力的管理保障。

为建立和完善重点工程管理平台，在综合各责任单位意见的基础上，采取看现场、听汇报、查资料、比进度，定期与不定期督查相结合的方式，使督查工作常态化，从而及时了解掌握工程建设中遇到的各类问题，并通过编印督查专报、发督办函的方式督促相关单位尽快解决问题，同时，向县主要领导汇报督查情况，县主要领导通过召开调度会、现场会、协调会等多种形式解决问题，确保了重点工程各项工作全面落实到位。据统计，换届以来，办公室开展重点工程各项督查活动20余次，编印督查专报6期，参与各类现场会、调度会10余次。为打造重点工程建设的良好环境，形成人人为重点，人人关心重点工程建设的浓厚氛围，办公室充分利用县有线电视台、《大余报》《大余手机报》《大余宣传》等媒体，广泛宣传国家、省、市、县重点工程建设相关政策，并通过政府门户网，定期发布重点工程简讯及各在建工程的形象进度，大大提高了社会各界对重点工程的认识，有效优化了县重点工程建设环境。2016年以来，办公室在省、市、县等各级媒体发表重点工程建设类新闻累计100余条（篇），政府网刊发《重点工程建设简报》10期，在《大余报》刊登了重点工程建设工作专题，跟踪报道全县重点工程建设进度，真正做到了“电视有影像，报刊有文字，活动有简报，网上有报道”，树立了典型、弘扬了先进，营造了干事业、比贡献、敢担当的良好氛围，为重点工程建设提供了有力的舆论支持和精神动力。

【价格管理】 根据县政府《关于印发大余县发展和改革委员会主要职责内、设机构和人员编制规定的通知》(余府办字[2016]19号)文件精神将县物价局职责整合划入县发展和改革委员会，对外保留大余县物价局牌子。

2016年，开展了对市场商品价格进行巡查，重点整顿和规范市场秩序，严厉打击哄抬物价、串通涨价等价格违法行为。约谈了液化气供气站老板，督促每瓶液化气直降10元，在2－6月协助县政府启动了3个猪肉直销店，实行每斤让利1元的调控活动，共让利于民15万多元，有效的平抑了猪肉的价格，取得了较好的社会效益。主动作为，优化服务，积极跟进为全县小水电发电企业普遍调整了上网电价，与省市沟通协调，顺利调整了大余县峰谷电价的适用范围，为大余县188家中小企业大大减轻了用电负担。严格落实收费目录清单制：及时公布了《大余县行政事业性收费目录清单》、《大余县涉企行政事业性收费目录清单》、《大余县政府性基金目录清单》、《大余县政府定价或政府指导价经营服务性收费清单》。

按照省市物价局的工作部署局开展了涉企收费、医疗服务机构药品价格、商品销售及中介机构明码标价、教育系统等专项检查查处违法多收资金61万多元，没收违法资金12.2万元。充分发挥“12358”价格举报投诉管理信息平台工作，手机价格违法行为信息，一年来及时处理来自于“12358”平台投诉举报件4件，直接投诉3件。2016年，受理涉案物品价格认证47件，金额53.61万元，政府指定非涉案价格认证6起，金额33686.7万元，苗木拆迁评估285户，金额13100万元。

【领导名单】

主任	廖俊生
副主任、物价局局长	雷　胜
主任科员、转型办主任	李星发
副主任	钟光福
	李颖萍（女）
振兴办主任	谭家福（3月任）
振兴办副主任	叶际江
振兴办副主任	唐先锋
转型办副主任	陈　英（女）
项目办主任	谭序忠
项目办副主任	何木生
重点办主任	谭家福（3月免）
重点办主任	刘万荣（8月任）

安全生产监督管理

【概况】 2016年，大余县安监局坚持“安全第一，预防为主，综合治理”方针，以强化和落实企业主体责任为重点，以标本兼治遏制重特大事故为主攻方向，以安全生产隐患排查为重要抓手，以科技兴安为重要支撑，深化安全生产专项整治，加强安全生产培训教育，打击安全生产非法违法行为，取得了一定的成效，全县安全生产形势保持总体稳定。大余县安监局为政府工作部门，内设5个职能股室[（办公室、非煤矿山安全监督管理股、危险化学品安全监督管理股、安全生产培训教育股、综合股〔职业安全健康监督管理股〕)]，1个下属股级全额拨款事业单位（县安全生产执法监察大队），核定人员编制为行政编制10名，工勤编制1名，事业编制人员4名，其中领导职数为局长1名，副局长2名。在编工作人员15名。2016年4月28日，江西下垄钨业公司被江西省人民政府评为江西省“十二五”期间安全生产先进单位；公司安全副总监、健康安环部主任蓝恩桂同志被江西省人民政府评为江西省“十二五”安全生产工作先进个人。

【责任体系】 按照《大余县贯彻落实[江西省安全生产“党政同责、一岗双责”暂行规定]实施意见》要求，县推动建立实施了“党政同责、一岗双责、失职追责”制度，推动落实了“三个必须”制度，推动了乡镇党委政府领导责任、部门监管责任、企业主体责任的落实。县政府与11个乡镇、39个安委会成员单位签订安全生产责任状，各乡镇与村居委会签订安全生产责任状，企业向各行业主管部门递交安全生产承诺书，形成了安全生产“责任链”。52家规模以上企业落实了《企业安全生产责任体系五落实五到位规定》有关要求。

【试点工作】 部署发动预防重特大事故试点工作。代县政府拟定下发了《大余县标本兼治遏制重特大事故试点工作方案》，明确了乡镇政府、县有关部门单位的工作任务。积极向县政府汇报试点工作进度。县政府常务会议专题听取县安监局安全生产工作情况汇报，对进一步做好预防重特大事故试点提出具体要求，进一步强化了安全监管责任，强化了预防重特大事故工作措施。以点带面，全面推动。选择非煤矿山作为重点行业，实施采空区治理、尾矿库“头顶库”治理等一批重点工程，消除重大事故隐患。

【防汛工作】 全面检查了尾矿库防洪能力、坝体稳定状况及安全隐患。强化了隐患治理。对排查出的安全隐患和重大危险源逐一落实责任，落实资金，责任到人，进行集中整治，限期消除安全隐患，切实改善尾矿库安全生产条件，提高安全保障能力。落实了防汛安全责任。进一步落实安全监管责任，根据人员变动情况及时调整尾矿库安全度汛的责任人。在主汛期对尾矿库企业值班值守情况不定期查岗。开展无主尾矿库隐患综合治理工作。对总库容为239万立方米的五等尾矿库实施隐患综合治理工程，5座无主尾矿库隐患综合治理项目都已竣工验收。

【安全整治】 为了强化非煤矿山安全整治落实非煤矿山节后复产程序。督促矿山对复产前的检查工作，制定并严格落实节后复产的安全保障技术措施，特别是对矿井通风、矿山井巷、机电设备、尾矿库、炸药库等区域、设备设施的安全进行全面、系统的安全检查。督促矿山企业认真做好隐患整改和复产验收工作，严防未经复产验收擅自恢复生产。目前5家矿山企业恢复了生产。开展非煤矿山专家“会诊”工作。组织专家重点对江西漂塘钨业公司、荡坪钨业公司进行了专家“会诊”式执法检查，针对企业在证照管理、“五化”建设、隐患排查体系建设、基础管理、现场管理、尾矿库及选矿厂、废石场隐患排查等情况进行了全面的排查，查出事故隐患114处，对事故隐患的整改下发了责令整改指令书。认真开展尾矿库“头顶库”安全风险评估工作，制订综合治理方案，并督促企业整改到位。2016年底，全县4家矿山企业达到安全生产标准化二级，11家矿山企业达到安全生产标准化三级，11家矿山企业通过了“六大系统”验收。

为了强化危险化学品和烟花爆竹安全监管编制了《江西省大余县工业园化工产业集中区安全

发展规划（2016年—2025年）》。委托江西省化工工业设计院编制规划，并组织有关专家对规划进行评审。开展危化品生产企业专项检查。重点开展反“三违”（违章指挥、违章作业、违反劳动纪律）专项检查和石油化工企业安全隐患专项排查整治。局及时排查治理液化石油气的生产、储存、运输、灌装使用以及钢瓶的检测、检验、回收、报废等环节隐患，坚决防范和遏制事故发生。开展危险化学品经营门点的检查，并对全县危险化学品经营门点基本信息进行收集，开展隐患排查治理工作。对新任职和安全资格证书已过期的危化品生产企业主要负责人和安全管理人员进行考核。加强了对烟花爆竹经营安全管理工作，严防烟花爆竹事故发生。

【对口支援】 积极开展对口支援工作。5月14日—15日，国家安监总局党组成员、副局长孙华山率领调研组来到大余县，就对口支援工作开展调研。江西省安监局局长龙卿吉，江西煤监局局长赵苏启，赣州市副市长刘建萍等陪同调研。调研组通过考察西华山钨业有限公司、钨及有色金属精深加工产业基地等地、听取工作汇报等方式，详细了解对口支援工作进展和需求。争取了一批项目和资金。2016年9月，江西省财政厅下达给大余县解决关闭小企业小矿山遗留问题专项补助资金1673万元，用于县统筹处理关闭小企业小矿山的各项工作，维护社会稳定。2016年11月，江西省财政厅下达给大余县安全生产预防及应急专项资金843万元，其中3个采空区隐患治理专项资金400万元，1个尾矿库“头顶库”综合治理专项资金443万元。强化科技兴安。实施了“机械化换人，自动化减人”项目，国家安监总局将大余县日荣钨业有限责任公司青石钨矿列为“机械化换人、自动化减人”示范企业；江西下垄钨业公司与科技公司共同研发使用图像智能选矿机，通过创新，作业人员减少了60%，大大减轻了劳动强度，大幅度提高了工作效率，实现了“人、机、环”的科学匹配；实施了微震地压监测系统项目，江西漂塘钨业有限公司投入600余万元，通过上海鹏旭信息科技有限公司引进了南非IMS微震技术，建立了漂塘矿区地压监测系统。

【监管检查】 加强职业卫生监管的基础工作。督促用人单位开展职业卫生调查摸底工作，搜集用人单位最基本的职业病危害因素，掌握其种类及接触人数。加大建设项目职业卫生“三同时”事中事后监管力度，加强对建设单位组织的验收活动和验收结果的监督核查，督促指导建设单位依照法律法规和技术标准组织开展职业病危害预评价、职业病防护设施实际、职业病防护设施竣工验收，落实建设项目职业卫生“三同时”主体责任。6月1日—2日，江西省安全生产监督管理局组织职业卫生专家和相关工作人员组成现场验收组，在江西下垄钨业有限公司，通过听取汇报、查阅有关资料、现场核查职业病防护设施及职业卫生管理情况，对其公司樟斗矿区采选工程及樟斗尾矿库建设项目职业病防护设施及职业卫生管理情况进行了现场验收。继续督促企业在网上开展作业场所职业病危害申报工作，目前28家企业通过审核备案。

认真做好工贸企业安全监管工作。积极推进了有限空间作业的专项治理。督促企业对有限空间作业安全管理进行确认。摸清了企业有限空间情况，建立管理台账，建立健全了有限空间作业安全管理规章制度和操作规程。全面排查了存在粉尘爆炸危险的企业。主要包括金属制品、粮食、饲料、食品、纺织品、木材家具、纸制品、橡胶及塑料制品加工等重点行业领域。通过调查，从源头上摸清了存在粉尘危害作业企业的基本情况，督促企业辨识粉尘燃爆风险，有效防范了工贸企业各类粉尘爆炸事故的发生。目前，全县涉及粉尘作业场所有31家，涉及员工1000余人。积极开展了劳动密集型企业的检查。以人员密集场所及劳动密集型企业的生产车间和员工宿舍、高层地下建筑和“三合一”“多合一”场所为重点，重点检查了消防行政许可、消防安全责任制落实、日常防火检查巡查、建筑消防设备设施和安全出口及疏散通道是否符合要求、应急疏散预案制定及演练情况。督促企业注册江西省安全生产隐患排查治理暨行政执法信息系统，已有82家企业完成注册，其中非煤矿山21家，危险化学品18家，有色行业8家，商贸行业7家，机械制造7家，轻工业5家，纺织工业3家，建材行业2家，民爆行业1家，烟花爆竹1家，其他8家。局根据系统要求，至少每15天登录并录入隐患一次。

全面开展安全生产大检查。及时开展了安全生产大检查，尤其是“11·24”事故后，开展了全面的安全生产大检查工作。消防安全：共检查单位618家，排查隐患345项，整改隐患数250项；建筑施工：排查安全隐患326项，已整治318项。非煤矿山：重点打击矿山企业无证开采、超越批准的矿区范围采矿行为，整治图纸造假、图实不符问题。共排查企业36家次，排查安全隐患105项，已整治98项，打击非法违法行为3起，整治违规违章行为32起。危险化学品：重点检查生产、储存、运输、使用、废弃等各环节隐患排查治理情况，检查加油站、液化气站等重点区域危险工艺、危险产品和重大危险源的监控情况。共排查企业40余家，排查安全隐患95项，已整治93项。粉尘作业和使用场所：重点检查落实粉尘防爆“五条规定”以及安全管理情况，粉尘监测、除尘设备、排风设备等配备、安装和使用情况。共排查企业63家次，排查安全隐患125项，已整治117项，打击非法违法行为2起，整治违规违章行为54起。水利工程：主要检查本辖区内的山塘、水库、水电站、河道、采砂场、堤防等水利工程安全，共排查企业124项，发现隐患15处，下达整改指令15份，整改到位13处。道路交通：强化了道路安全隐患排查，治理公路危险路段，查处“三超一疲劳”等严重交通违法违规行为。共打击非法违法行为246起，整治违规违章行为679起。

认真做好安全执法检查工作。制定了行政权力清单。局共有行政权力182项，其中行政处罚权力144项，行政强制权力5项，行政征收权力2项，行政奖励权力2项，其他行政权力16项，共性权力7项，行政许可权力6项。制定了《大余县安全生产监管执法年活动方案》，在全县开展了安全生产监管执法年活动。通过强化安全生产行政许可、执法检查、专项整治等行政执法活动，有力促进了企业依法履行主体责任，不断提升企业安全生产条件和管理水平。对21家企业进行执法检查，现场检查记录46项，责令整改指令书28项，整改复查意见书28项。严肃事故调查和责任追究，用事故教训推动安全生产。

【领导名单】

党支部书记、局长	刘竹根
副局长	刘茶生
	蔡云忠

市场监督管理

【概况】 2016年，市场监督管理局全体干部职工紧紧围绕全县中心工作，坚持依法行政，锐意改革创新，全面整顿市场经济秩序，全力服务大余经济社会发展大局，各项工作取得新进展、新成效。县市场监督管理局为财政全额拨款单位，机关内设办公室、行政审批股、政策法规股、财务审计股、产品（商品）质量监督与认证认可股、标准计量股、特种设备安全监管股、食品生产流通安全监管股、餐饮服务监管股、药品保健食品化妆品医疗器械监管股、市场规范管理股、商标广告监管股、投诉申诉举报中心、个体私营经济监管股（企业监管股）14个职能股室，设企业注册局、公平交易局、消费者权益保护局3个直属行政机构；在南安、新城、池江、青龙、黄龙等乡镇共设置11个派出机构；管理市场监督管理执法大队、市场监督检验检测中心2个事业单位。2016年末在岗人数97人（含后勤服务中心、县消费者协会办公室、信息中心、县个体私营经济协会办公室4个事业单位）。

【商事登记】 截至2016年底，全县共有各类市场主体13411户，注册资本（金）1164139.59万元，从业人员60072人。其中：个体工商户11999户，从业人员29415人，注册资金125816.24万元，私营企业1521户，从业人员27432人，注册资本（金）795988.23万元，农民专业合作社187户，成员3171人，总出资额37763.8万元。外商、中国港澳台商投资企业46户，注册资本48876.2984万美元。

【商标战略】 强化企业商标知识社会宣传，通过走访企业、送法上门、咨询服务、发放宣传单（册）等多种形式开展宣传，提高企业商标意识和创牌能力，引导各类市场主体申请商标注册，做好商标品牌阶梯培育工作，积极指导、协助企业申报省著名商标和市知名商标认定。2016年，共引导各类市场主体申请商标注册140件，截至年底，全县共有注册商标632件，其中市知名商标4件，省著名商标4件，中国驰名商标1件。

【安全监管】 2016年，市场监管部门紧紧围绕“确保两个安全，一个更有作为”（确保食品药品安全和监管队伍安全，在县域经济发展中更有作为）的工作目标，依法加强食品药品监管工作，提高对食品药品质量安全事件应急处理能力，严厉打击食品药品违法违规行为，努力提升食品药品监管水平，确保了县食品药品安全态势总体平稳。2016年，市场监管部门深入开展各类食品药品安全专项整治20余次，查办各类食品药品案件128件（其中移关司法机关7件）。同时加大食品药品抽检力度，2016年共抽检农产品检测240批次，合格率达96.2%；食品监督抽样335批次，合格率达89.1%；食品快速检测632批次，合格率达99.8%；上报药品不良反应监测报告640例，药物滥用监测报告20例，医疗器械不良事件监测报告105例，化妆品不良反应监测报告4例。

2016年全县共有特种设备571台，其中电梯125台（在用数101台），锅炉58台（在用数38台），压力容器269（在用数198台），起重机械78台（在用数59台），场内机动车42辆。在各项专项整治行动中，市场监管部门共检查使用单位65家，完成现场检查记录65份，对存在的安全隐患及时下发安全监察指令书，采取立即整改、限期整改、实行强制措施等方式。2016年，市场监管部门重点查处了使用未经检验特种设备、不合格特种设备、超期液化气钢瓶、违规特种设备安装、安全附件超期等案件，涉及特种设备安装、使用、销售、电梯维保，较好地维护了大余县在用特种设备安全。

【公平竞争】 以整顿和规范市场经济秩序为抓手，大力开展食品药品市场、建材市场、农贸市场、成品油市场、打击侵犯知识产权和宣假宣传、打击传销和非法集资等各类专项执法行动，加大对网络商品交易、格式合同条款、广告宣传的监管力度，严厉打击各类违法行为，努力营造公平竞争的市场经济秩序和安全放心的消费环境，截至2016年，全局共立案查处各类违法案件442件。

【领导名单】

局长　　　陈晓勇
副局长　　刘　平
　　　　　蓝　剑
　　　　　邹大华
　　　　　廖达高
　　　　　赖俊全
主任科员、检验检测中心主任
　　　　　张　敏

国土资源管理

【概况】 2016年，全县面积201.55万亩，全县农用地183.13万亩、建设用地15.33万亩、未利用地3.09万亩，分别占土地总面积的90.86%、7.60%和1.54%。农用地中，林地面积154.37万亩，占土地总面积的76.59%，是典型的山区县。耕地面积19.15万亩，占土地总面积的9.50%，人均耕地0.64亩。2016年经县机构编制委员会核定批准，县国土资源局（县不动产登记局）机关内设6个职能股室，即综合办公室（党政办公室、人事教育股）、规划和耕地保护股、土地利用股、法规监察股（行政审批股）、地籍管理股、不动产登记管理股，下设6个二级副科级全额拨款事业单位，即县土地开发整理中心、县土地执法监察大队、县土地收购储备中心、县地产管理开发事务所（土地交易中心）、县地理信息测绘局、县不动产登记中心。下设12个股级全额拨款事业单位，即档案信息后勤管理中心（正股级）和11个乡镇国土资源中心所）。核定全额拨款人员编制为131名，其中机关行政编制12名，工勤编制1名，全额拨款事业人员编制118名。核定领导职数局长1名，副局长3名，纪检组长1名。有在职在编干部职工78名。

【耕地资源保护】 认真落实最严格的耕地保护制度，层层签订责任状，规范用地报批审查程序及制度，确保了县耕地保有量18.5万亩，基本农田保护面积16.24万亩保持不变。

【建设用地报批】 2016年，共

报批土地1573.86亩，其中耕地面积573.21亩，保障了县一批民生工程和重点工程的用地需求。

【规划修编】 围绕县“六大攻坚战”项目用地符合土地利用总体规划的要求，调整规划面积1357.95亩，涉及耕地面积637.5亩，该土地利用总体规划调整修改方案已获得省国土资源厅批复。

【不动产登记】 大余县于2016年1月1日起全面实行不动产统一登记，截至共颁发不动产权证书2103本、不动产登记证明3289份，向服务对象提供不动产登记查询服务1700余人次。

【处置批而未用土地】 处置2008-2015年度批而未用土地942.8亩，批而未用率下降至40%。处理闲置土地共2宗，面积109.8亩。

【土地执法监察】 开展动态巡查188余人次，查处土地违法用地96宗，面积1933.25亩，自行整改到位55宗，已立案查处33宗，罚款金额57.67万元。

【农用地接续利用】 实施的土地开发项目建设总规模为2472.39亩；实施的土地整理项目建设规模为4004.25亩；实施的旱改水项目建设总规模为433.64亩；实施的增减挂项目建设规模为442.87亩。截至土地开发项目已验收面积1042.43亩，完成率为42%；土地整理项目，项目区土地平整基本完成，沟渠路建设完成25%；旱改水项目通过实施，预计可新增水田面积390.17亩。

【低丘缓坡试点项目申报】 编制完成了《大余县2016年低丘缓坡荒滩等未利用地开发利用试点项目实施方案》，项目总规模1171.42亩，项目区主要集中在新城业小区、食品产业园和新华工业小区，该项目实施方案已获得省国土资源厅批复，批复新增建设用地规模为1147.42亩。

【土地供应、收储】 加大收储土地力度，制定了2016年度土地收储计划。共收储土地面积474.1亩。认真贯彻执行省80条，市90条，县100条涉及国土方面优惠政策，全年，降低企业前期投入成本829万元，盘活资金311万元。

【领导名单】

党组书记、局长	叶卫东
党组成员、副局长	谢宝景
	申昌慈
党组成员、工会主席	李春华
党组成员、土地收储中心主任	何华宝
地产开发事务所主任	刘云跃
土地开发整理中心主任	肖至刚
土地执法监察大队大队长	刘子龙
地理信息测绘局局长	黄文清

矿产资源管理

【概况】 2016年，大余县矿产资源管理局围绕赣南苏区振兴发展这条战略主线，坚持深化改革和依法行政，聚焦“服务发展、保护资源、维护权益”任务，用法治理念、法治方式和改革创新精神深入推进项目建设、矿产开发管理、执法监察、地质环境管理、综治维稳、精准扶贫等各项工作，不断提升资源保障能力和服务管理水平，为全面加快赣南苏区振兴发展做出了新的贡献。矿产资源管理局参照公务员法管理机关（单位）。内设7个职能股（室），为办公室、人事教育股、财务股、法规股、矿产开发管理股（矿产资源信息中心）、资源储量管理股（地质勘查管理股）、地质环境管理股。局机关另设纪检组（监察室）。局下属副科级全额拨款事业单位1个（大余县矿产资源执法监察大队）；下属股级全额拨款事业单位2个（大余县矿产资源勘查服务中心、大余县矿产资源补偿费征收管理所）。年末，在职人员26人，管理人员6人、事业全额拨款人员20人，退休人员13人，党员18人（含退休党员）。2016年，获得县委表彰的和谐平安先进单位、精准扶贫工作先进单位、城乡环境综合整治工作先进单位、生态建设和环境保护工作先进单位称号。

【项目建设】 坚持以项目为载体，实行“工作项目化、项目责任化”，建立健全项目协调推进责任机制，加强监管和督查考核，确保按时保质完成项目任务。大余县西华山钨矿国家矿山公园（一期）专项规划编制工作，已完成公开招标，由安徽金联地矿有限公司中标。西华山钨矿国家矿山公园“控规”和“详规”已经县规划委员会通过。南安镇三板桥废弃稀土矿恢复治理项目，设计单位已完成各项工程勘察、设计方案与施工图设计，11月底完成施工招投标工作，12月初已开始施工，预计2017年上半年完成施工，可提供工业用地600余亩。左拔镇漂塘村石头坝山体滑坡治理项目已完成施工招投标前期工作。下垄矿区矿山地质环境治理项目已完成项目审计和项目财务评审，并向市局提交了项目清算报告。梅关中学地质灾害治理项目《可行性研究报告》已通过市级专家评审立项，并向市局提交了设计方案，进入了市重要地质灾害治理项目库，市局拟向省国土资源厅申请财政专项补助资金。

【矿产开发】 加强矿业权市场管理。截至10月底共办理非金属采矿许可证延续13 本。办理金属矿山采矿许可证初审意见延续12本，划定矿区2本。严格矿产资源开发监督，组织全县金属矿山企业参加由市局组织的对采矿许可证年检和矿产资源统计基础报表审查工作。完成了探矿权年检、县级发证采矿权年检和采矿权年检信息网上报备工作。强化矿产品流通领域和税费缴纳的监管力度。自2015年5月1日起，在全国范围统一将稀土、钨、钼矿产资源补偿费费率降为零，截至2016年6月，大余县其他矿种矿产资源补偿费共征收入库187.207317万元。积极推进矿山企业申报绿色矿山建设项目。协助大余县日荣钨业有限公司、大余县牛孜石矿业有限公司、大余县鑫平钨业有限公司申报省级绿色矿山。大余县下垄钨业有限公司、大余县漂塘钨业有限公司国家级绿色矿山工作基本已完成，并于2016年10月15日通过了省级专家组的初审。大余县第三轮矿产资源规划编制工作已经完成规划大纲、三个专题研究、表格图件及规划文本（初稿），并已完成与省、市级规划的衔接，经过了市专家组的初审，按照专家组提出的意见，正在做最后修改，准备提交县政府讨论，由县讨论修改后再提交市政府。

【执法监察】 以“零容忍”的坚决态度，始终保持对矿业违法行为高压打击态势。落实巡查制度，突出动态化巡查，常态化监管，建立了县、乡、村三级巡查监管机制，全县11个乡镇、9个相关部门都签订了《大余县维护稀土矿业秩序责任状》，切实巩固稀土矿业专项整治成果，防止出现非法开采、无证开采以及假借林业、地灾治理、重点工程建设等名义进行违法开采行为。截至，矿管局共开展各类巡排查68次，出动人员261人次，移交公安查处案件1起。有效维护了良好的矿业秩序。开展了河流突出问题摸底调查，派出执法人员8人次到章江河（新城至南安镇段）进行了现场实地调查。经现场查看，没有发现破坏地质环境现象。深入辖区内5个涉矿重点乡镇，把《中华人民共和国矿产资源法》等相关法律法规打印成宣传单，发放到群众手中，2016年，共开展“送法上门”活动4次，发放宣传单1600余份。

【地质环境】 完成了《2016年度大余县地质灾害防治方案》的编制并提交至县政府发文公布，全县11个乡镇都签订了地质灾害防治责任状，发放防灾避险明白卡207份、隐患告知书6份，向受威胁住户发放告知函、防灾避险通知书9份，发布预警预报信息共计135条，地质灾害气象预警5次。对2015年全县登记在册的139个地质灾害隐患点进行了全面的摸底排查，截至2016年11月中旬，县新增地灾隐患点5个，核减4个，共计140个。3月份会同技术支撑单位对县南安镇、吉村镇、荡坪钨业半边山矿区、海创钨业地质灾害隐患点开展了应急调查。协助核工业二六七工勘院完成了大余县1：5万地质灾害野外调查工作。通过悬挂宣传条幅、制作专题宣传栏等方式开展了“世界地球日”“防灾减灾日”等地质灾害专题宣传活动。全局干部职工认真贯彻执行汛期值班制度，确保了汛期24小时人员在岗在位，全年无一起因地质灾害而引发的人员伤亡灾情的发生。

【精准扶贫】 明确了浮江乡竹木村30户、浮江村16户为今年的精准扶贫对象，全局精准帮扶干部详细了解了扶贫对象家中情况，并结合当地实际，研究确定了以务工脱贫和蜜蜂养殖、花卉苗木、脐橙和家禽养殖等产业脱贫为主的脱贫计划，并逐一落实了包扶责任。贫困户与帮扶干部建立了良好的关系，局挂点贫困户共享受补助政策86条，工作队共确定帮扶计划和措施35条，正在实施的有19户贫困户。局“扶贫车间”和石蛙养殖基地建设正在如火如荼的建设中，已投入资金3万余元。扶贫车间建成后可解决40余人的就业（不限年龄），养殖基地建成后年产值可达20余万元。

【服务大局】 按照县综治委、市局的要求，深入排查各类不稳定因素，社会管理综合治理及信访维稳工作平稳有序，截至10月底，未发生涉矿上访事件，调处矛盾纠纷1起，调处率100%，协助浮江乡、县人社局调处矛盾纠纷1起。做好了“七五”普法的启动工作。组织了干部职工开展法律知识的学习和普法知识的考试，参考率达100%，普法工作得到了县普法办、市局的肯定和好评。做好新华工业小区周边1公里卫生防护距离范围内居民区搬迁暨棚户区拆迁工作。根据余办字〔2016〕117号文件和局对拆迁工作的安排和要求，即刻找到局负责的拆迁户并取得联系，加班加点不分昼夜地做好拆迁户的思想动员工作，要求拆迁户从大余的经济发展和自身的卫生防护着想，积极配合。经过几天的不懈努力，局的拆迁户第一个完成房屋面积、空地的丈量，一切进展顺利，等待丈量结果出来后再加强与拆迁户联系并保持与县拆迁领导小组的沟通，尽量按时按要求完成搬迁工作。按照县委、县政府要求做好了局机关及下属事业单位人员以及精准扶贫挂点扶贫户的社会治安综合保险工作。

【党风建设】 落实党风廉政建设目标和“两个”责任要求。制定并下发了《大余县矿产资源管理局2016年党风廉政建设和反腐败工作任务的分工意见》，并逐级签订了《党风廉政建设责任书》，明确了局党组书记、局长对党风廉政建设负主体责任，认真履行第一责任人的职责；分管纪检监察的领导落实党风廉政建设和反腐败工作负监督责任；班子其他成员根据工作分工，对职责范围内的党风廉政建设履行“直接责任人”的职责，从而较好地形成了齐抓共管的局面，构筑了全局上下自我防范、全面监督的良好氛围。深入开展了“两学一做”学习教育，按照县委、县政府及市局党组要求，制定并下发了《中共大余县矿产资源管理局党支部开展“两学一做”学习教育实施方案》和《中共大余县矿产资源管理局党支部“两学一做”学习教育计划》，严格执行“三会一课”制度，严肃党内政治生活，让全局党员干部通过学习教育坚定了立场方向，保持了政治定力。狠抓专项治理。深入开展了 “红包”、结合“两学一做”学习教育集中整治和查处基层侵害群众利益不正之风和腐败问题等多项整治活动。通过这些专项治理工作，有效防止了局可能出现的腐败问题，为党风廉政建设和反腐败工作扫清了障碍，营造了风清气正的从政环境。积极配合市县两开展党风廉政建设社会评价工作，进一步提升了党风廉政建设社会知晓度、认可度和满意度。加大政务公开，提高办事效率。着力提升矿管部门新形象。全年，矿管局无一人因违反各项廉洁自律规定受到查处。

【领导名单】

党组书记、局长　曾钦敏（11月免）
易教材（11月任）

党组成员、副局长
刘铁军

党组成员、勘查服务中心主任
罗圣贵

党组成员、副局长
赖际田

党组成员、纪检组长
邱辉荣（11月任）

统　计

【概况】 2016年，县统计局按照县委、县政府“1356”工作总思路，坚持以促进经济发展为中心，进一步深化统计制度改革，提升统计工作水平和统计数据质量，提高统计工作对社会经济发展的预警、监测能力，提升统计工作服务水平，为县委、县政府科学决策发挥好参谋、助手作用，开创了统计工作新局面。

县统计局内设机构有：办公室、综合核算股、农业股、工业股、投资股、能源股、服务贸易股、人口社会股。下设大余县农村社会经济调查队（副科级事业单位）、大余县统计普查中心（副科级事业单位）、大余县统计执法大队（股级事业单位）。2016年末，在职人数16人。

【统计工作】 全面完成综合核算、农业、工业能源、固定资产投资、建筑业、批发零售贸易和住宿餐饮业、服务业、劳动情况、社会科技、基本单位等专业统计和科学发展综合考评工作，以及第三次全国农业普查、农村社会经济调查、城镇住户抽样调查、规模以下工业抽样调查、限额以下批发零售贸易业、住宿及餐饮业抽样调查、人口变动与劳动力调查、工业品价格调查、企业景气调查、贫困监测、小康进程监测、妇女儿童监测、畜禽监测等调查任务。

【改革服务】 有序推进了5000万元及以上投资项目实行法人单位和项目“双轨”报送和非金融资产投资统计改革。深化了核算制度改革，有效推进了地区GDP统一核算和分季GDP核算。落实省委、省政府关于深化统计管理体制改革的安排部署，全面反映“三新”（新产业、新业态、新商业模式）发展情况，积极深入研究大余县“三新”统计监测制度，组织开展“三新”统计调研工作。按时发布《统计公报》，编印《统计提要》和《统计年鉴》。针对经济运行的重点、难点、热点问题，深入调研，认真分析，共撰写统计信息70余篇，统计分析20余篇。被市、县级媒体采用的统计信息和统计分析共40余篇，为各级党政领导和社会有关方面及时了解经济运行情况提供经常性统计服务。

【基础工作】 开展统计基层规范化建设，使各乡镇在统计组织建设、管理制度、方法制度、资料管理等方面的工作逐步完善，统计数据质量、统计服务质量明显提高。积极开展对2015年度新入规企业的统计业务培训工作，指导企业建立、健全联网直报平台和统计台账等统计基层基础工作建设。

【法制工作】 认真贯彻落实“七五”普法规划（2016－2020年）各项要求，坚持以法治统，开展了全县范围内的统计执法检查工作，共涉及劳动工资、工业、农业、服务业、批发零售贸易和住宿餐饮业、建筑业、房地产、能源8个专业，检查了58个单位。加大统计相关法律法规的宣传力度，健全统计普法宣传教育机制，进一步增强统计法治宣传教育时效性，增强全面法治观念和全体党员党章党规意识，营造守法共荣、违法可耻的良好社会氛围。

【领导名单】

局长　刘金兰（女）
副局长　李开辉
　　欧阳曦
农调队长　陈伯华

审　计

【概况】 2016年，大余县审计局紧紧围绕县委、县政府中心工作和省审计厅、市审计局《关于加强审计工作的意见》的要求，主动适应新常态，积极践行新理念，着力推进审计全覆盖，坚持依法审计和问题导向，严肃揭露重大损害群众利益、违法违纪、履职不到位和经济运行中的风险隐患，突出解决经济社会热点、难点和领导关注、群众关心的问题，在促进政令畅通和政策落实、推动深化改革和科学发展、规范财政预算管理和廉洁政府建设、保障县域经济安全和人民群众利益等方面发挥了积极的作用。2016年共完成审计项目113个，查出违规资金119万元、管理不规范资金1363万元，为财政增收节支1278万元；完成工程竣工结（决）算审计项目77个，送审总造价16607万元，审定工程造价15447万元，核减工程造价1160万元；办理移送审计案件3起3人。大余县审计局属县人民政府组成部门、行政监督机关，主要职能是维护财政经济秩序，提高财政资金使用效益，促进廉政建设，保障国民经济和社会健康发展。内设办公室、财经审计股、行政事业审计股、经济责任审计股、大余县固定资产投资审计中心。2016年末在职干部职工21人，其中：中共党员15人。局领导成员1正3副、1名经责办主任，4名科级改非领导职务干部。2016年，被江西省人民政府评为“江西省第十四届文明单位”、被赣州市委、市政府授予“赣州市第九届文明单位”称号。

【财政预算】 实施了2015年度县本级财政预算执行情况审计。提出了严格预算编制，完善预决算管理制度；强化主体责任，盘活财政存量资金；严格资金监管，促进政策贯彻落实等5条审计建议。综合审计成果，形成审计工作报告，并提请县人大常委会审议，得到了县人大常委委员的肯定。

【措施落实】 2016年，完成了城市污水管网建设情况、“营改增”政策落实情况、失业保险基金支持企业稳岗补贴情况、新能源汽车推广应用、雨露计划培训资金管理使用情况、电子商务进农村综合示范项目情况和推进信贷担保体系建设情况等7项跟踪审计。针对审计发现的问题，提出了相关切实有效的整改建议，力促各项重大政策措施落实到位。

【责任审计】 2016年，对53名领导干部实施了经济责任审计。特别是2016年乡镇换届期间，根据县委组织部的委托，为配合县乡换届选举，有重点、大范围地实施任中经济责任审计，集中时间和精力，克服时间紧、人员少、任务重的困难，采用“白+黑”“5+2”的工作模式，在县委规定的时间内圆满地完成了换届经责审计工作，为干部管理和监督提供可靠和有用的依据。

【项目审计】 印制发放了《政府投资建设项目竣工结算审计送审资料清单》300余份；举办政府投资项目管理、“营改增”知识等专场培训。2016年完成工程竣工结（决）算审计项目77个，送审总造价16607万元，审定工程造价15447万元，核减工程造价1160万元。

【中心工作】 全面落实精准扶贫工作机制，深入扎实开展挂点村池江镇团结村的扶贫开发工作，顺利通过国检。投入前期资金15000余元帮扶池江镇团结村建立无公害蔬菜基地，该项目规划占地30多亩，以种植绿色无公害蔬菜白菜、萝卜、辣椒、菠菜为主。建立扶贫车间，印发了《大余县审计局关于促进贫困户积极就业工作方案》，拨付13000元基础建设和运转费用，积极支持扶贫车间创鑫制衣的日常运营，为贫困群众在家门口就业创造条件。硬化完成坊排下至岭孜上道路450米，申报立项团口组道路硬化400米。加大新农村建设工作力度，为团结村曲谭老祠堂建设点硬化道路287米，硬化余坪792平方，拆除空心房22间600余平方，粉刷墙体1400余平方，投入帮扶资金3万元。全年引进招商引资项目3个，项目总投资达1.76亿元，其中固定资产投资达1.16亿元，实际进内资达1000多万元、外汇现汇进资15万美元，超额完成全年目标任务。2016年，完成新华工业小区4户、县塘窝里片区4户和县城南片区2户的房屋拆迁及土地征收工作。

【文明创建】 以“建一流队伍，创一流业绩”为工作目标，把精神文明建设贯穿于整个审计工作全过程，加强思想建设和作风建设，创新工作理念、工作内容、工作方式，开展争创“审计能手”“审计优秀项目”“文明单位”“文明审计组”和志愿者服务、义务献血等形式多样的文明创建活动，着力提升单位文明形象和审计人员文明素质。2016年度，被市委、市政府授予市级文明单位；经江西省文明委年度复查，被评为2016年度江西省文明单位复查合格单位。

【领导名单】

支部书记、局长
　　严水利（2月免）
　　谢光胜（2月任）
支部副书记、副局长
　　刘津同
副局长　　蓝应耀（畲族）
　　王　莹（女，8月任）

城乡建设

城乡规划与建设

【概况】 2016年，大余县城乡规划建设局按照县委“1356”工作总思路，紧紧围绕年初制定的目标，以完善城乡全域规划，加强城市规划管理，加快重点工程设施建设、强化工程质量安全生产、规范建筑业市场秩序、狠抓“两违”建筑治理、紧抓农村危房改造和农村保障房建设为重点，以“六大攻坚战”为契机，美化城市形象为准则，努力提升城市品位，推动县城乡规划建设事业又快又好的发展。

城乡规划建设局内设办公室、财务股、城市规划股、村镇规划股、建筑业管理股等5个职能股室。下设住房制度改革领导小组办公室、城乡规划建设监察大队、村镇规划建设管理所、建筑技术推广站、工程建筑质量监督站、建筑业安全生产监督站、建筑工程检测中心等7个下属单位。2016年末在岗人数42人。

【城乡规划编制】 完成了消防、电力、燃气等专项规划的编制，持续推进绿地、环卫、排水、公共服务、公共交通、城市通信设施、海绵城市、供水、公共停车场、教育网点等专项规划编制，加快做好中心城区环城路黄龙段、环城路南安段、庾岭大道及丫山大道等三个片区城市设计，启动了农村全域规划编制，加快了示范镇项目建设，打造了以运动休闲为定位的丫山特色小镇。努力开展空间规划，落实空间规划、“多规合一”的规划理念，以城乡规划为基础、经济社会发展规划为目标、土地利用规划为边界、生态保护红线为底线，逐步消除规划空间差异，制定多规统一的空间管控要求，达到“多规融合”空间统筹，最终形成“一张图”。

【农村建房管理】 强化了领导责任。近年来，县领导高度重视村镇规划建设工作并亲自主持召开了相关的研讨和调度，并把农村住房建设管理纳入各乡镇年终考评，还列入了新型城镇化攻坚战重点考评内容。加强了建房审批管理。大余县实施的是镇区建设项目“一书两证”制度和乡村建设规划许可证制度。在2014年为推进和谐秀美乡村建设，促进镇村联动发展，县制定并下发了《关于切实加强农村住房建设管理的通知》，同时将规划区外的农民建房审批权下放各乡镇人民政府，按照乡村建设规划许可证制度，委托各乡镇核发乡村建设规划许可证。2015年，为切实加强县村镇个人自建自用房的建设管理，规范村镇个人自建自用房的规划审批程序，提高村镇房屋建设的质量和管理水平。县出台了《关于明确村镇个人自建自用房规划行政审批有关事项的通知》，进一步提高了农村住房审批管理水平。加强了管理队伍建设。大余县于1991年成立11个乡镇村镇规划建设管理所，各乡镇均配备一名村建所所长，但部分各乡镇未配备专职干事协助所长做好规划建设工作，村一级在分工上未明确管理该项工作人员。2016年之前，县11个乡镇均由县城乡规划建设局派驻，实行由县城乡规划建设局及所在乡镇双重管理模式，即人员编制在局室，工资待遇在乡镇，该体制不同程度的挫伤了村镇建设工作人员的积极性。为加强村镇规划管理队伍建设，更好地推动镇村建设事业的发展，2016年，人、财、物全部交由局室，提高了村镇管理人员工作积极性。大余县认真贯彻《关于进一步完善乡镇国土规划建设管理体制机制的意见》文件要求，整合乡镇规划建设管理所、国土资源管理所力量，统一进驻乡镇便民服务中心合署办公，实行“一个窗口受理、内部流转、并联审批、限时办结、联合执法”的一站式服务，健全现有的乡镇村镇规划建设管理所，配齐配强工作人员，保障日常工作经费。县部分乡镇已落实城建、国土合署办公。加强了违法违规建房治理。成立了打击违法建设行为专项整治工作领导小组，2016年，共打击乡镇违法违章建筑94户，占地面积近1.2万平方米，建筑面积近2万平方米。联合乡镇、城建、国土、城管、林业、电力、供水等部门，建立执法联动机制，形成“两违”一旦发生，各部门快速查处的执法氛围，让两违建房者不敢违法，违不起法，从根本上铲除“两违”滋生土壤。

【建筑业市场管理】 严抓工程招标投标监管。积极开展房屋建筑和市政基础设施招标投标市场专项检查，牵头联合财政、审计、房产、城管等单位成立打击查处专项整治工作领导小组，对2015年1月1日以来完成工程招标和直接发包的县级政府投资的房建、装饰专修、市政、园林绿化等110个工程建设项目进行专项检查，进一步规范了设计、施工、监理和招标代理等单位的招投标行为。2016年，工程设计、施工、监理招标项目共65个，总造价13.2亿元，工程施工招标率100%，进场率100%。

严抓工程管理、质量。为全面加强县工程项目施工阶段责任单位和责任人到岗履职，坚决防范和遏制事故，对承接全县房屋建筑、市政基础设施工程施工监理单位项目班子管理人员实施电子考勤制度，加强对勘察设计、施工、监理单位企业资质和人员资格管理。同时开展了各类专项检查共5次，累计督查了99项次，下发《事故隐患整改通知单》99份；督查出安全隐患403处，下发催办通知书24份，移交质安督察办违法违规案件6例，整治效果明显。

严查农民工工资清欠。把农民工工资清欠工资纳入施工过程监管，在工程主体结构验收、竣工验收及竣工验收备案阶段，检查农民工工资支付情况，并在施工现场进行抽查，处理率达100%，清欠拖欠工资约400多万元。

【领导名单】

局长　　赖连洪

副局长　赖卫春

　　　　赖弥标

房地产管理

【概况】 2016年，县房管局以赣南苏区振兴发展为总抓手，紧紧围绕县委“1356”工作总思路和“六大攻坚战”整体部署，全面推进民生重点工程建设，加大房地产市场监管力度，大力推进商品房去库存，通过全局干部职工的共同努力，较好完成房地产管理全年各项工作任务。县房地产管理局为自收自支事业单位，内设办公室、财务股、市场开发管理股、物业管理股、行政服务管理股、白蚁防治管理所、两房建设管理办公室、房地产行政执法队、档案室、测绘公司10个职能股室，有全额拨款编制8名，自收自支编制17名。2016年末，在编在岗22人。下设住房保障管理中心1个全额拨款事业单位，有全额拨款事业编制6名。

【开发投资销售】 房地产总投资1.8亿元，同比增长12.5%，新建项目4个，面积6.73万平方米，与2015年同期基本持平；房地产开发企业上缴税收5812万元，同比增长2.1%，商品房网上备案销售1008套，销售面积10.95万平方米，同比分别下降22.04%和9.95%，其中商品房住宅销售844套，同比增长2.5%；非住宅销售164套，是2015年的销售套数，住宅商品房销售均价与同期相比有所回升，电梯均价为4200元/平方米，楼梯房均价为3600元/平方米。2016年底市场上库存商品住房约400套，但非住宅商品房超过400间，达1万余平方米，去非住宅库存压力较大。

【二手房交易】 受契税补贴政策和公积金贷款政策利好的影响，二手房交易市场略有好转。二手房交易1790余宗，同比持平；成交面积21.15万平方米，同比7.41%；成交金额42230余万元，同比持平；由于2016年城南片区棚改拆迁改造，二手房交易主要以城南片区拆迁户交易，“7·3”洪灾新建住房交易以及部分购房户以改善居住环境，以小换大，以旧换新的交易方式为主。

【保障性安居建设】 廉租住房建设。塘窝里廉租房6号楼竣工并于2016年12月30日完成公开摇号分配仪式。2015年，南安镇花园村廉租房建设项目为4号楼、5号楼（均为多层），任务为100套，实际建设123套。于2015年8月正式开工，目前已全部封顶，正在砌墙工程。

工矿棚改。2016年，任务为70套，其中漂塘为50套，荡坪20套，均采用实物安置。实物安置于2016年9月开工建设，目前两个钨矿安置房正在基础施工。

城市棚户区改造。任务513户，其中南安镇394户，货币安置331户，实物安置63户；黄龙镇119户，货币安置36户，实物安置83户；货币安置达71.5%。

棚改实物建设。原食品三厂小区81套，于2016年8月开工建设。目前3号、5号楼目前已完成地基梁浇筑；1号、4号、6号楼已完成孔桩浇筑。原农科所宅基地一期65套，于2016年1月开工建设，目前已全部基本建成。黄龙流垅里安置房83套，于2016年1月开工建设，目前已全部基本建成，其中有15户农户已搬置入住。

棚改安置房续建。南安镇花园村2014年续建工矿棚改安置房项目1号、2号、3号楼（均为小高层），任务为117套，实际建设127套，目前已全部封顶，正在内外粉刷墙壁工程。

入住情况。2015年12月，举行了第五次廉租住房公开分配摇号仪式，此次公开分配摇号共有房源182套，313户参加摇号，摇中174户，入住165户。

租赁补贴发放方面。租赁补贴发放方面2016年，大余县廉租房住房租赁补贴家庭总户数为141户。2016年，新增符合廉租户申请条件户数为155户。

加快实物配租。016年12月30日，举行了第六次廉租住房公开分配摇号仪式，此次公开分配摇号房源共有135套，288户参加摇号，摇中135户，入住127户（自动放弃8户）。

【档案管理】 进一步完善档案的收集、整理、建档和使用管理制度；建立了档案保密和责任追究制度，切实做好档案数据资料的保护工作；协助法院做好房屋的查封、解封、查询及权属登记信息的检索等工作。至12月底，整理档案415宗，录（拍）入电子档案1800宗；接收各类档案553宗；同时，接待群众查档达9850人次，利用档案8000余卷，出具房产相关证明3480余份；协助法院查封、解封、查询共计2349宗。

【产权产籍管理】 按照“规范、简化、精准”的工作要求，进一步规范对县城规划区内及各乡镇房屋产权测绘质量，与此同时，切实转变观念，提高服务质量。2016年底，完成开发企业商品房测绘27栋，测绘面积12.45万平米，工业厂房、私房585栋，测绘面积40.30万平米；签订白蚁防治合同184余份，白蚁预防面积12.22万平方米，灭治面积0.98万平方米，回访复查196户。

【领导名单】
局　长　　李星发（7月免）
副局长　　胡光红（8月主持工作）
副主任科员　　钟颂华（8月任）

城市投资

【概况】 2016年，县城投公司紧紧围绕“六大攻坚战”和壮大发展自身的目标任务，结合公司实际，以红色旅游、文化旅游、棚户区改造、新区建设、城市基础设施建设等项目投融资为抓手，通过深化改革，优化资源配置，内强素质、外重监管，不断提升投融资能力和重点工程项目管理水平，努力提升城市品位，助力县域经济发展。

县城投公司为全额拨款事业单位，内设办公室、财务部、工程技术部、计划投资部、工程部5个部室，有全额拨款编制10名，公司增挂国有企业法人资格，按企业化运作，年末在职人员21人。

【融资工作】 按照县委、县政府战略部署，2016年3月，完成了大余发投公司组建工作，与城投公司一并（三块牌子一套人员）实施企业化运作。两公司在优化资产和项目的基础上，通过资本运作，2016年底公司总资产合计为28.5亿元，壮大了公司发展基础，夯实了平台运作实力。
公司抓住有利政策，积极择优储备项目，与融资机构实现无缝对接，全力发挥公司融资平台职能，为“六大攻坚战”重点工程建设，筹集资金提供后勤保障。全年完成融资额度审批共计 30.3 亿元，到位 20.4 亿元。支持合作的机构有：赣州银行大余支行、九江银行赣州支行、农发行南康区支行、农发重点建设基金公司、农业银行大余支行、国开行江西省分行、华融资产管理公司江西分公司、江西省行政事业资产集团公司等。

【重点工程】 2016 年，由城投公司组织实施的“六大攻坚战”重点建设项目共计 9 个，累计完成投资约 3 亿元。完工项目 1 个，为 G323 瑞临线黄龙至五里山一级公路改造工程及梅关大桥重建工程，工程于 2016 年 6 月开工建设，12 月完工，完成了 6 个月内通桥通车的高要求。在建项目为 8 个，其中：“三园两路一桥”工程于 2016 年 3 月开工，年末东山桥已完工，东山路完成路基及挡墙工程，伯坚南大道完成路基及雨水管道铺垫，牡亭公园完成全部房屋基础及南安府衙屋面浇筑，沿江公园已开工建设；南方红军三年游击战争纪念馆工程于 2016 年 4 月开工建设，年末主馆已完成基础、架空层施工，红色教育基地完成基础、上部连续梁及架空层施工，游客集散中心完成基础施工；县城环城路建设项目于 2016 年 6 月开工，年末已施工路段为 8.63 公里，占 39.2%；梅关古驿道工程于 2016 年 7 月开工建设，年末完成清表 8.1 万平方米，土方开挖 30 万立方米，种植各品种梅树 5000 余株；梅山红色旅游区工程于 2016 年 7 月开工建设，年末旅游公路完成 5.6 公里路段的清表、土石方开挖，4.2 公里路段的水沟砌筑；景区完成清表 7 万平方米、土方开挖 10 万立方米，游步道 1 公里和梅岭三章纪念馆基坑完成开挖；城南片区安置点（原食品三厂）工程于 2016 年 8 月开工建设，年末完成安置房基础，年底完成一层房屋主体；大余县原801厂棚户区改造工程，年末完成全部五幢房屋建筑工程及部分附属工程；污水管网工程年末完成总项目工程量的 40%。参与建设项目有 6 个，分别是：新华工业小区环城路三期道路工程、残疾人康复托养综合大楼工程、大余县专业森林消防队营房工程、大余中学新校区一期工程、大余县公安业务用房工程、大余县公安业务用房工程等。

【领导名单】

董事长、总经理	刘小平
副总经理	刘庭盈
	朱启魁

城市管理

【概况】 2016 年，县城管局紧紧围绕县委县政府“1356”工作思路及“三区”、三基地”建设发展载体，以整治“八乱”问题为突破口，突出重点、统筹推进，大力开展市容市貌整治工作，全力推进重点工程项目建设，狠抓农村生活垃圾专项治理等其他工作，取得了一定的成效。县城管局为县正科级全额拨款事业单位，内设 3 个股室，即办公室（行政审批股）、市政公用事业管理股、市政工程管理养护股。下设 4 个副科级事业单位和 2 个股级单位，其中大余县城区环境卫生管理所、大余县城管监察大队、大余县园林管理所为全额拨款事业单位，大余县市场物业管理中心为自收自支事业单位；大余县路灯管理所、大余县乡镇环境卫生管理办公室为全额拨款股级单位。2016 年末，在编在职人员 82 人。

【环卫工作】 大余县环卫所隶属大余县城市管理局。人员编制 45 名，在编人员 27 人，属全额拨款事业编二级单位。基础设施：垃圾中转站 9 座、公厕 12 座、简易垃圾填埋场一处，车辆 18 辆。清扫保洁面积达 100 万平方米，每天承担着县城居民的生活垃圾收集和工业城 20 多个企业的垃圾清运工作。

为进一步巩固省级卫生县城创建成果，确保顺利通过复查验收，使县城区的市容市貌得到进一步的提升，共出动人员 398 人次，清运建筑垃圾 94 车达 244 立方。为加强城区临街店铺生活垃圾规范管理，环卫所组织环卫监管人员及环净美公司相关人员，将县城步行街、胜利路作为试点路段，通过对沿街店铺发放宣传单、配发垃圾桶形式，进一步推行生活垃圾定时定点投放收集机制，杜绝生活垃圾乱投乱放的发生。共出动人员 60 多人次，发放宣传单 2000 多张，配发垃圾桶 1000 多只，有效地解决了生活垃圾乱倒现象。

2016 年 11 月江西省卫生城市复审工作检查组对大余县卫生城市进行复审，圆满通过。

【园林所】 大余县园林所主要负责城区绿地规划、建设、管理。城区绿地养护由广州环净美公司承包管理。园林所属全额付款事业单位，年末在职人员5人。
2016年，大余县城区绿地面积483公顷，其中，绿地率40.1%，绿地覆盖率42.2%，人均公园面积达到13.6平方米。完成了高速公路大余出入口绿地建设面积9.68公顷，新中医院门口绿地建设面积0.45公顷，新华工业园绿地整体改造提升面积8.7公顷。

为进一步提升城市品位，投资400多万元，在城区重要节点种植时令草花13000多平方米，移栽乔木6300余株，种植绿篱56000平方米；为配合县重点工程建设，移栽县城高速出口至新华交通岛、伯坚南大道、一河两岸苗木总计4600多株，补栽行道树420多株。牡丹亭公园、庾岭大道绿地正在建设，钨都广场、安康广场、街心花园也即将改造建设，县城区景观面貌显著提升。

【城管工作】 大余县城市管理监察队，在编人员10名，隶属县建设环保局管理，为全额拨款事业单位，2007年4月成立县城市管理局，隶属大余县城市管理局至今。现有在编职工17名，聘用协管员36名。

加强占道出店经营精细化管控，对擅自占道经营的依法纠正其违法行为。全年共整治流动摊点1447起，出店经营1316起，占道作业179起，查处清理占道建筑装修材料及垃圾52起；清理公共场地违规种植约3600平方米，拆除临街违章浇筑水泥台阶约1500平方米，清理台阶渣石80余方。

开展户外广告、店面招牌、“牛皮癣”集中整治。共拆除违章和破损户外广告牌、店招、灯箱、指路牌167块，督促规范新设置广告牌、店招81户，以伯坚大道门头广告招牌规范设置为示范路，共规范新装各类店招店牌263间，改造面积1753平方米，成为市容市貌一道靓丽的风景线。共铲除各类纸张类“牛皮癣”1600余平方米；清理条块类“牛皮癣”约1200块（片）；药物清洗瓷板上的各类广告20000余条；胶漆等覆盖“牛皮癣”6000余平方米；抓获现场喷涂制“癣”人员20余人次，使城区“牛皮癣”得到有效的遏制。

加强城区车辆停放秩序的管理。配合交警大队做好车辆停放的管理，引导市民车辆在指定区域有序停放，特别加强对占道经营整治示范路段和易拥堵重点路段的车辆停放管理，纠正违章停车行为600余辆次，引导市民有序停车1800余辆（次）。

加大宣传力度。充分利用传媒和有线电视台开辟的“城市主人”专题栏目4期，积极宣传《江西省城市市容和环境卫生管理实施办法》等法律、法规。到2016年底先后出动执法车2000余次，与沿街单位及商铺店主签订“门前三包”责任书1800余份。

【物业管理】 大余县市场物业管理中心是2001年11月工商体制改革，市场管办脱钩成立，定为副科级二级自收自支事业单位，隶属县政府办，2005年6月归口于县城乡建设局管理，2007年5月归口于县城市管理局管理。现有在编职工17人，聘用制职工5人。

管理城区两大市场及钨都、安康广场，其中北门农贸市场年成交额上亿元，是大余县最大的农副产品交易中心，也是江西省十大农贸市场之一，市场占地约面积4800平方米，市场摊位约400个，现有从业人员约2000余人。由于下岗人员、失地农民大量增加，其吞吐服务量早已超越了其设计承载能力，2001年兴建了桥头市场占地面积约1800平方米，摊位130个，有力缓解了城区市场的压力。物业中心根据职能划分了一个城区市场管理所；一个广场管理部。其中城区市场管理所负责对城区的两大市场实施管理；广场管理部负责对钨都、安康广场实施管理。

【重点工程项目】 抓好县生活垃圾填埋场建设，该项目总投资5552.6万元，2016年计划投资3000万元；抓好乡镇垃圾转运设施建设项目，该项目总投资6250万元，2016年计划投资1800万元，新建95座垃圾收集站、9座垃圾中转站以及垃圾桶、垃圾斗、勾臂车、挂桶车、吸粪车、压缩机械等配套设施；推进大余县智慧城管项目建设，该项目总投资约3800万元，建设内容主要包括监督指挥中心建设、公共基础数据库建设、两大平台建设、四大应用系统建设，项目于6月1日开工建设，指挥大厅建设工程已基本完工，软件平台于12月底全部完工；抓好城市亮化路灯节能改造项目，总投资15000万元，目前正在对可行性研究报告进行完善和优化，对完善和优化后可行性研究报告进行评审，申报立项后按PPP模式的流程，确定好项目咨询公司，对项目进行包装。

【基础设施维修】投入资金约380余万元，修复西门转盘、北门转盘、胜利路破损沥青路面7320平方米；修复县城梅国大道、漂塘路、中山北路、下河边路、县城漂塘路、陶园路观赏园路口等路段破损混凝土路面约2660平方米；对县城金莲山大道、南安大道、荡坪路、建材街等路段破损的花岗岩及彩砖人行道板更换修复约3194平方米，更换路沿石约542米；对县城陶园路观赏园路口，漂塘路口、荡坪路、瑞香路、中山北路等路段新建人行道板约1443平方米；城区应急更换雨水检查井41套，更换砼污水检查井40套，更换铸铁防坠网污水检查井31套，更换水沟盖板108块，疏通清理水沟约340米，新建水沟45米，清理雨水井76座；对河护栏刷新约1450平方米，道路两侧房柱刷新约1840平方米；对县城区15座公厕进行维修：更换洗手盆8套，更换蹲位6套，更换门9樘，更换水龙头12个，更换电线42米，更换照明灯13只，内墙刷新650平方米。

【领导名单】

党总支书记、局长　王　林

党总支副书记　　杨世明

副局长　谭运盛（兼环卫所所长）

刘大勇

赖征宇（兼县城管大队大队长，6月免）

供　电

【概况】 2016年是“十三五”开局之年，大余供电公司上下全面落实四届五次职代会暨2016年工作会议精神，以“两学一做”学习教育为契机，始终保持方向不变、力度不减、劲头不松的工作激情，实现了“十三五”规划良好开局。完成售电量40260万千瓦时，同比增长14.6%；主营业务收入完成23724.7万元，同比24439.9万元下降2.9%；综合线损率6.7%，同比下降1.27个百分点。人才当量密度1.17，职工劳动生产率44.4万元/人·年，同比增长69.46%。公司同业对标位列全省第65名，列于全省D段，在县公司综合工作评价中位列全市第三名。2016年，公司先后被评为江西省十四届文明单位。公司第三、第六党支部获江西省电力公司电网先锋党支部荣誉称号。

【安全管理】 持续加强安全监察反违章工作，有效遏制习惯性违章行为，全年查处各类违章29起，违章处罚金合计54000元，其中严重违章5起，一般违章24起，相比去年同期各类违章49起下降了20起，下降率40.82%。大力推进台区总保安装和涉众安全隐患整治，公司现有总台区1055台，台区总保安装率100%，投运率99.81%。涉众安全隐患已完成整治1118项，隐患整治完成率99.64%。截至，第四轮安全性评价查评问题计划整改120项，实际累计整改完成136项，计划整改完成率113.33%。不断深化安全管理工作，提升安全管理水平，1—12月安全管理工作综合评价累计得分943.6分，在全市排名第二名。加强《安规》调考竞赛，实行部门负责人考核挂钩，重奖重罚，通过调考竞赛达到以考促学、以考促培的目的，不断提升安规调考成绩，为省公司安全规范调考精英班输送了5名优秀学员，并取得了优异成绩。

【电网建设】 主动对接全县国民经济和社会发展“十三五”规划，服务余商返乡创业园发展的110千伏新城变电站已完成前期准备工作，有力保障全县未来五年发展需求。抢抓新一轮农网升级改造机遇，上报2017年农网改造储备项目6313万元，获取2016年批复资金6033万元，资金块头在全市名列前茅，有效解决了全县农村电网薄弱问题。大力推进新城镇整乡整镇农网改造和乡村旅游建设工程，累计完成网改项目资金3607万元，新建和改造高、低压线路654.22公里，新建和改造配变台区131个，改造户表18262户，解决了近0.38万户居民“低电压”问题，全年累计供电量4.02亿千瓦时，同比增长14.67%，有力保障群众生产生活用电，开创大余县农网发展新局面。加快园区专项线路建设，新建10千伏线路4条，解决新城工业园区企业的用电问题。积极落实工业电价调整，优化专变用户基本电价计费方式，为企业减少用电成本239万元。公司领导挂点走访园区企业65户，收集客户意见建议12条，整改销号率99.95%，获得园区和企业一致认可。主动与县房产局、城投公司沟通协调，按期完成鸭公坝、原八0一厂等安置房用电工程，为县委县政府排忧解难。积极服务于城镇基础建设，完成城南片棚户区改造、大余县环城路、“三园两路一桥”、高速公路等地段电力杆线迁改，尽力满足项目建设需要。

【优质服务】 扎实开展供电服务“零投诉”竞赛，建立营销服务周例会机制，持续推进“客户经理进万家”活动，累计走访客户11万户。广泛公布客户经理24小时供电服务电话，确保客户的用电需求在最近处得到最快解决。实现智能电表全覆盖，推行支付宝、微信、掌上电力APP等终端用电信息查询、余额不足提醒、24小时购电服务，实现了电费月月结零。完善停电信息发布机制，新增政府信息平台、大余广播电台、大余宣传等停电发布渠道，并对重要电力客户做好点对点停电信息告知，尽最大可能减少停电给客户带来的不便。认真落实省、市“降低企业成本、优化发展环境”专项行动要求，主动策应“主攻工业、三年翻番”部署，政府搭台、政企联动、企业唱戏，在全市率先联动工业园区召开“政电企三方，降成本优环境”座谈会，落实8项降成本优环境措施，主动对接园区企业，做好供电服务保障，助力企业轻装上阵，帮助新华、新世纪工业园等企业排除用电困难13个。认真开展“精准扶贫”和乡村旅游工作部署，派驻工作队深入黄龙镇黄龙村开展扶贫攻坚，并完成全县易地搬迁扶贫、光伏扶贫配套项目现场勘测和上报。

【企业管理】 严格执行“三重一大”集体决策制度，1－12月报备“三重一大”事项30项。实行“吃空饷月度零报告”制度，全面排查各类用工担任法人代表、在政府领取薪金及各类补贴情况，对查实发现的2名兼职企业法人代表、6名兼职个体工商户、3名持有关联发电股份人员进行了整改。按照“子改分”工作安排，积极跟进房产、土地产权登记变更相关工作。截至目前，完成房产登记更名21宗，完成率100%；完成土地产权登记变更23宗，完成率100%。加快办理新的税务登记，印制了公司冠名发票，完成了2015年度所得税汇算清缴工作及三免三减半优惠企业所得税优惠事项备案工作。大力做好“营改增”宣传工作，确保公司业扩收费发票配置到位、做到在范围内开具发票。建立了员工考勤每月公示、每周检查通报考核制度，对打卡率排名后3名的单位及排名后10名的个人，进行月度绩效考核。因违反考勤制度考核部门负责人绩效金额6700元，员工金额38056.75元，诫勉约谈5人，核实1个月以上病假人员1人。

【运维检修】 推进综合检修，真正实行一停多用，通过召开月度停电计划协调会，使相关部门结合停电机会进行业扩工程、农网基建工程和运维工程施工检修，减少重复停电，降低投诉风险；积极做好迎峰度夏、迎峰度冬期间保电工作，电网保持平稳运行，全力做好重大活动、重点部门、重要节日的保电工作，圆满完成春节、全国“两会”等18次重大活动保电任务，正确处理了电网发生的各种事故、障碍及异常情况。认真比对分析，根据以往“三无”督查工作，对派发的工单故障描述进行梳理，避免了因故障描述错误造成运维单位补办工作票的不正常现象；强化短信发送管理和工单督办机制，要求主线跳闸重合不成功的必须在10分钟内将停电短信发送给客户，对超过3小时及以上工单进行短信督办以缩短运维单位的抢修时长；加强停电信息的审核，合格率明显提升，未发生因停电信息不合格造成的考核事件。按照省、市公司工程项目时间节点，完成了通信数据网、地县一体化建设、调度数据网设备安装及运行调试、主站扩容等工作。

【对标评价】 公司采取激励与考核相结合的方式，坚持每月检查，进行“千分制”评价分析，对排名连续3个月靠后的部门实行“说清楚”，并限期整改。深入推进公司专业化管理，2016年公司千分制评价累计排名全市第三，其中12月份有4个专业位列市公司前四位；狠抓同业对标管理，注重过程管控和指标分析，同业对标水平稳步提升。

【党的建设】 深入推进“三知四访五必谈”，落实党员“一带二”工程；开展党员档案信息排查摸底工作，共排查94个党员档案；开展了“两学一做”学习教育，通过“公司党员学习城”微信公众账号平台，每周上传“两学一做”学习内容，组织公司党员集中开展了“两学一做”之“手抄系列讲话”活动；持续深入地开展学习教育，组织开展了12次党委中心组集中理论学习；常态化开展共产党员服务队和志愿者服务队活动，全年共开展共产党员服务队服务活动42次；召开了2016年党风廉政建设和反腐败工作会议，回顾和梳理2015年公司党风廉政建设和反腐败工作情况，部署公司2016年党风廉政建设和反腐败各项工作；发布公司“身边好人榜”先进典型人物事迹36期；开展“我为企业献一策”合理化建议活动，征集建议8条；积极开展企务公开工作，在公司协同办公公告栏、内网邮件上公布信息76条；开展扶贫帮困工作，对23名生病、生活困难员工进行了帮扶，涉及帮困资金2.52万元。

【子改分工作】 推进县公司“子改分”是国家电网公司“三集五大”体系建设的一项重点工作，2016年大余县供电公司在省、市公司及县委县政府的倾力支持和指导下，顺利完成“子改分”工作。2月5日，公司完成国网江西省电力公司大余县供电分公司的工商注册登记；3－6月公司围绕各阶段目标制定“子改分”操作指引、任务清单，把握工作重点及关键时间节点，同步开展、同步推进子、分公司业务切换工作，确保7月1日分公司业务正式启动，11月7日国网江西大余县供电有限责任公司完成工商注销登记，标志着公司子改分工作全面完成。

【领导名单】

党委副书记、经理	朱佳荣
党委书记、副经理	刘和生
纪委书记、工会主席	杨平生
副经理	叶文发
	梁万荣
	徐　翔
财务总监	许　华
安全总监	朱佳荣

祥和新村

水 利

【概况】 大余地处中亚热带季风湿润气候区，具有气候温和、雨量充沛、光照水气资源丰实、无霜期长的气候特点，多年平均降雨量1586.4毫米。县境内以章江为主干流的河流水系发达，河网密布。流域内共有大小支流530条，其中流域面积大于30平方公里的一级支流13条，大于10平方公里的二级支流27条，三级支流18条，4级支流4条，其中大于100平方公里的主要支流有内良河、沙村河、浮江河、杨梅河。

大余县现已建成各类水库40座，总库容1.86亿立方米，其中大型水库1座（油罗口水库），中型水库3座（跃进水库、垅涧里水库、添锦潭水电站），小（一）型水库4座（合江水库、石门口水库、金山水电站、长燕水电站），小（二）型水库32座。建有大小山塘811座，总库容916万立方米，其中1万方以上山塘205座、5万方以上山塘26座。建成堤防工程19处，堤线总长48.56公里，保护农田2.59万亩。建成农村饮水工程152处（其中千吨万人4处、百吨千人14处、百吨千人以下112处），解决农村饮水困难和饮水安全人口9.14万人。建成水电站88座，水电装机总容量53135千瓦。

大余县水利局现有编制71个，其中公务员编制11个、全额拨款事业编制60个，实际在编人员65人。其中：下属副科级事业单位2个，编制25个，即县防汛抗旱指挥部办公室（县抗旱服务队）7个、县水库工程管理局18个。下属股级事业单位3个，编制35个，即县水政监察大队8个、县河道堤防管理所5个、县乡镇水务总站22个。内设股室4个，即党政办公室（计划财务股）、农村水利股（农建办）、水利建设与管理股、水政水资源股。

【工程建设与管理】 “六大攻坚战”水利项目取得重大成效。投资1055万元组织实施了2016年农村饮水安全巩固提升工程，解决了14个贫困村1205户贫困户3502人的安全饮水问题。投资2112.69万元组织实施了2016年小农水重点县建设项目，整治改造22座山塘，拆除重建与维修改造水陂32座，改造渠道75.39公里，新建渠系建筑物389处，新增果园高效节水灌溉面积0.04万亩。成功争取到了2017年小农水项目县。投资1.0973亿元启动了新城镇防洪工程二期、长江一南丰堤除险加固工程、官坪里一元龙堤除险加固工程3个五河治理防洪工程项目。启动了第二自来水厂及其相关管网延伸工程、油罗口水库饮用水源地保护工程、农村河道整治工程等水利项目建设。顺利完成了油罗口水电站、峡口水电站、跃进一级、三级水电站、垅涧里一级水电站等农村水电增效扩容改造。

水利双争历史最高纪录。2016年，县水利局紧紧把握国家政策导向和资金投向，捕捉信息、主动作为，主要领导亲自跑，分管领导紧盯抓，相关负责人专门负责，多措并举力抓双争工作，全年争取到位项目资金1.0879亿元，其中专项建设基金0.208亿元、上级水利部门专项资金0.8656亿元，超额完成县委、县政府下达2016年3500万元的双争工作任务，创水利双争历史最高纪录。

水利安全工作扎实有效。全县88座水电站均落实了安全管理“双主体”责任，加大了在建水利水电工程监督检查力度，落实了工程建设“五制”，扎实开展了水利工程建设领域突出问题专项治理行动，督促施工单位落实了安全生产责任和措施，深入开展水库及河道安全警示、安全生产大检查、水库运行管理督查、农村水电站的安全生产隐患排查等10次126户企业专项安全生产工作，检查发现并整改到位15个安全隐患，确保了工程质量和施工安全。

小型水利工程体制改革稳步推进。成立了工作领导小组，制定印发了实施方案，选择了黄龙镇为改革试点乡镇，对改革涉及的七种类型的共202处水利工程经复核后在各村进行了公示，落实了管护主体、并积极推进租赁、承包股份合作、组建管护队伍，核定了范围、核定了资产、登记造册、明晰了产权，基本完成了黄龙镇小型水利工程改革任务。

【防汛抗旱】 2016年，大余县水利局始终坚持把防汛抗旱工作作为首要务工作来抓，按照省、市防总的统一部署，根据全县防汛工作会议确定的“一个中心、三个结合、四个重点、实现五个确保”的工作思路，超前准备、科学调度，先后成功防范了“3·20”“6·15”“8·27”等7次强降水，科学有效应对了“8.27”洪灾，全力以赴确保了人民群众生命财产安全。

严格落实各项防汛责任制。召开了全县防汛工作会议，向各乡镇和大中型水库下达了2016年防汛目标任务书，全县40座水库制订了2016年度汛方案，县防汛抗旱指挥部成员单位挂点联系了1个乡镇和1－2座小（二）型水库，全县36座小型水库聘请了40名水库安全管理员，建立了横向到边、纵向到底的防汛责任制。

扎实开展防汛安全检查。汛前组织了两次汛前防汛大检查，进入汛期后又组织了多次防汛安全检查及水库安全隐患排查，重点检查在建水利工程、山洪地质灾害隐患点、防汛责任制落实、防汛抢险队伍、防汛物资储备、河道行洪安全等情况，对检查发现的问题进行了及时通报，并要求有关单位限期整改到位，切实消除安全隐患。

抓好队伍建设和物资储备。成立了23人的防汛抢险冲锋舟班，配备了防汛抢险冲锋舟4艘、橡皮艇1艘，各乡镇组建了11支共100余人的抗洪抢险分队，4座大中型水库成立了200余人的抗洪抢险分队，并在黄龙镇大合电站组织抢险冲锋舟班进行实战演练。按照分级负责、集中储备与分散储备的原则，储备了一定的防汛物资。

强化24小时防汛值班和科学调度。县、乡两级防汛办及水库管理单位坚持24小时值班制度，全天候地监测全县降雨情况。据统计，2016年防汛电话预警次数1784次，短信预警29553条。全县所有的水库严格按照度汛方案运行，严禁超蓄，在“3·20”“6·15”“8·27”等强降水过程中，添锦潭电站、油罗口水库采取提前预泄、联合错峰等措施予以调度，最大限度地发挥水库的防洪减灾作用。

重视尾矿库保安。县政府及矿管局对每座危库、险库、一类尾矿库均落实了主体责任人、部门监管责任人、政府负责人等三类责任人，并对矿区的临时工棚加强了检查，对检查出来的问题，要求尾矿库管理单位限期整改，在隐患整治没有到位之前，一律不得恢复运行，更不得蓄水。

【水资源管理】 2016年，大余县水利局坚持“人水和谐”的生态水利理念，强化水资源管理，加快推进生态水利建设，有力保障大余县水源水质环境。

大力推行“河长制”。在章江河及18条支流推行河道管理“河长”负责制，在浮江乡、南安镇、新城镇3个乡镇开展了试点，落实了9名试点河段专管员、保洁员，选择了3个“河长制”管理工作的典型；结合农工部农村生活垃圾整治活动组建了义务劝导队、村庄保洁队、宣传队，将河道保洁、管理等规定写入《村规民约》；扎实开展了侵占河道水域及岸线等专项治理，排查出7处侵占河道水域及岸线问题，已整治5处；对全县26个采砂场和30个入河排污口进行了专项检查，对检查发现的3个问题，进行了督办整改。

落实严格的水资源管理制度。落实了水资源论证前置制度，对全县新、改、扩建排污口进行了专项检查，建立了22个排污口工作台账，对饮用水源区内排污口，坚决予以拆除；打造了浮江乡双田村、青龙镇元龙村、黄龙镇大合村3个县级水生态文明自主创建村；大余县已确认水利局、城建局等7家作为大余县节水载体创建单位，积极推进节水型社会建设。

【水政监察】为切实做好水行政监督执法工作，规范水事秩序，严厉打击水事违法行为，大余县强化了对各类水事活动的监督管理，加大了水行政执法力度，及时纠正和处理违规采砂、滥采乱挖的违法行为，及时查处各类水事违法案件。

有效遏制水事违法行为。县水利局不断地加大执法巡查力度，及时纠正和处理油罗口水库库区内游仙村太阳埠等违规采砂、滥采乱挖的违法行为，对油罗口水库库区内游仙村太阳埠砂场立案查处，并下发了《责令整改通知书》和《行政处罚决定书》，派出执法人员在现场进行监督，有效维护了全县良好的水事秩序。

依法行政进一步规范。安排专人加快推进了"三单一网"建设，对单位行政审批、行政处罚、行政征收、行政强制、行政裁决、行政奖励行政监督检查等部门事项进行了全面梳理，编制了权力清单，公开了办理流程，所有审批事项全部纳入全省行政审批系统进行办理；制定了县水利局行政审批事项事中事后监管办法，开展了行政审批"红顶中介"问题专项整治。

加大水法规宣传力度。通过悬挂宣传标语等方式抓好了2016年"世界水日""中国水周"及水法规宣传，营造了"珍惜水、节约水、爱护水"的社会氛围，进一步增强全县人民群众的水法律法规意识和水资源保护意识，大力推进依法行政、依法治水进程，为水行政管理和水行政执法工作创造良好的执法环境。

【农村水电】大余县共有88座水电站，总库容18077.84万立方米，2016年发电量19767.98万千瓦时。全县各电站均严格落实农村水电安全生产、安全监管"双主体"责任制，全面完成了油罗口水电站、峡口水电站、垅涧里一级水电站、跃进一级水电站、跃进三级水电站的增效扩容改造任务，并启动了"十三五"时期滩头水电站、枧坑水电站、黄溪水电站增效扩容工程改造工作。

油罗口水电站、峡口水电站、垅涧里一级水电站、跃进一级水电站、跃进三级水电站通过实施增效扩容改造后，新增装机容量870千瓦，新增年发电量1028万千瓦时，增长幅度达到31.4%，使经济效益明显提升。同时，电站周边部分农民享受到了低价电，改善原电站近区农村200户供电条件。5座老旧电站在改造前不同程度存在着导水机构渗漏、发电机组设备超期服役、设备漏油、绝缘老化和厂房屋顶漏水等安全隐患，严重威胁人身和设备的安全。改造后彻底消除了老旧电站设备、设施的安全隐患，提高了电网生产运行的安全性和可靠性，节约了水力资源，保护了河流生态环境，明显改善了当地农业灌溉及农村供水条件，为工业、农业、生活提供更多的电力能源，促进了地区国民经济发展。

2016年，按照《江西省农村水电站安全生产标准化达标评级与初级标准化达标认定实施办法（暂行）》，经赣州市水利局组织评审机构对大余县油罗口水电站安全生产标准化建设情况进行评审，达到农村水电站安全生产标准化二级标准。

【水文测量】大余县年平均降雨量1586.4毫米，由于受南北季风的影响，降雨量分布不均匀。一般雨水节气后阴雨天气较多，雨量开始相对集中，清明时节出现锋面雨形成雨季，一直到春夏之交的梅雨季节降雨达到高峰，出现洪水期。小暑前后开始受副热带高压稳定控制，雨量减少；端午"分龙"后开始受台风影响，出现雷阵雨；立秋前后雨量有所回升（有时也会出现伏旱），中秋节前后受台风影响减少。转入秋冬之后，受大陆冷高压控制雨量明显减少，气候持续干燥。冬至过后气温明显降低，天气寒冷，出现霜冻。

全年干湿天气交替明显，春夏秋冬四季分明。4－6月为主汛期，平均降雨668.4毫米，占全年降雨量的42.1%；7－9月为秋汛期（后汛期），平均降雨量394.7毫米，占全年降雨量的24.9%；10月一次年3月为秋冬少雨季节，降雨量一般在 523.3 毫米，占全年降雨量的 33.0%。

暴雨天气多数出现在 4 － 6 月，7 － 9 月也偶有出现，全县一日最大降雨量 469.5 毫米（浮江乡三江口），发生在 2009 年 7 月 2 日 20 时 － 3 日 20 时。年最大降雨量 2234 毫米（1983 年），年最小降雨量 1091.1 毫米（1963 年）。全县年降雨量分布不均匀，由于受地表植被等诸多因素的影响，山地降雨量多于丘陵、平原区。

【领导名单】

局长　　　　周恩娣（女，11 月免）
局长　　　　蔡有德（11 月任）
副局长、系统工会主席
　　　　　　叶晓剑
副局长　　　杨桂寨（2 月任）
水库工程管理局局长
　　　　　　杨国辉（12 月免）
　　　　　　刘春福（12 月任）
党支部书记　刘　建
主任科员　　袁勋云
副主任科员　梅向东

油罗口水库一角

自然观测

气象工作

【概况】 大余县气候特点是气候温暖、四季分明，热量丰富、雨水充沛，春温多变夏涝秋旱、冬寒期短、无霜期长。属中亚热带湿润季风气候区，年平均气温18.4℃，日照1647.2小时，降水量1586.4毫米。气象灾害有低温、干旱、洪涝、大风、冰雹等，主要是洪涝和干旱。

大余县气象局位于北纬25° 24′，东经114° 20′，海拔高度215.6米，观测场地为25×25米。区站号为57994。

大余县气象局为财政全额拨款单位，机关内设办公室、气象台、防雷检测所、人影办、防雷工程部5个只能股室，在编人数7名。

【全年气候概况】 2016年气候特征：本年度气温偏高，降水偏多，日照偏少。2014年9月开始的超强厄尔尼诺事件于2016年5月结束，受其影响，2016年我县气温异常偏高，夏季高温日数偏多；降雨异常偏多，春季春雨多、入汛早、有降雨集中期而且强对流频发；日照时数偏少，秋季阳光稀罕，11月出现罕见“回南天”，不利于脐橙采摘贮存。

年平均气温为19.6℃，较常年同期值（18.6℃）偏高1.0℃，年极端最高气温为38.1℃，出现在7月25日，年极端最低气温为-2.6℃，出现在1月25日。2月、8月月平均气温低于历年平均气温，其余月份均高于历年平均温度。1月上旬平均气温13.5℃，10月平均气温22.6℃，11月中旬平均气温20.2℃，均超历年同期最高值。

年总降水量为2189.5 毫米，比历年同期值（1583.9毫米）多605.6毫米。偏多38%，属偏多年份，其中2月、7月、9月、12月降水均偏少，7月偏少73.6毫米，为全年偏少最高的月；其余月均偏多，1月偏多163.4毫米，为全年偏多最大月；3月20-21日出现连续性暴雨、大暴雨降水过程，20日日雨量142.3毫米，超历年同期（3月）24小时最大值（超35.6毫米）；8月26日受冷空气南下影响，26日20时—27日05时大余县普降暴雨，局部大暴雨，最大雨量出现在左拔168.9毫米，平均雨量为78.2毫米，县城雨量为34.3毫米。

汛期（4—6月）降水量为827.1毫米，比历年同期值（655.1毫米）偏多172.0毫米，属偏多年份。其中，4月降水量305.4毫米，比历年同期值（204.7毫米）偏多100.7毫米，多49%。

2016年县城出现7次暴雨过程，分别出现在1月28日、3月21日、4月17日、5月20日、5月21日、6月16日、11月20日。1次大暴雨过程3月20日。全县11个乡镇年总降雨量以左拔2663.6毫米为最多，青龙1891.8毫米最少。

年日照时数为1502.9小时，较历年平均值少129.5小时。2月、3月、6月为偏多月，其余月份均偏少，其中2月份偏多55.7小时，是全年偏多最多月；10月分偏少89小时，是全年偏少月份之最。

超级值情况：1月上旬平均气温13.5℃，10月平均气温22.6℃，11月中旬平均气温20.2℃，均超历年同期最高值。3月20日，日降水量142.3毫米，超历年日降水量最大值。

【领导名单】

局长　　黄会民
副局长　　叶　伟
纪检员　　何　勇

防震减灾

【概况】 2016年，大余县防震减灾局立足本职，服务大局，认真落实上级交办的各项工作任务。地震监测预报能力显著提升：全县共设立宏观观测点17个，其中县级宏观观测点7个，灾情速报员116人，防震减灾助理员11人；地震灾害防御能力明显进步。大余县防震减灾局为县政府直属正科级全额拨款事业单位，定编6名，年末在职人员4名。

【开展活动】 积极开展防震减灾知识宣传，充分利用“5·12”防灾减灾日、“7·28”唐山大地震纪念日等重要时间节点，进机关、进社区、进学校、进企业做防震减灾知识宣传；地震应急救援能力得到增强：与消防大队、教育局等单位联合举行了一次应急演练，并多次指导县中小学校进行应急逃生演练。针对县应急避难场所配套设施薄弱，对大余县体育场、大余县南安中学体育场进行了应急避难场所挂牌，并在主要干道设置了疏散指示牌。

【基础工作】 全县共设立7个地震宏观异常观测点，2所防震减灾科普示范学校。完成了全县重点目标参数收集。开通了大余县防震减灾局微信公众号。大余县长时间未发生过有感及以上地震，致使群众普遍认为大余没有可能发生地震。针对县各级人群防震减灾意识薄弱问题，把工作重心放在宣传上，明确大余地处大余—赣州—兴国—福建南城断裂带，对新入职公务员、新任领导干部、新入职教师等重点人群进行防震减灾知识培训。

【台网建设】 2016年，位于东山寺院内的大余测震台因受雨水影响，导致后山坍塌，为确保测震台正常使用，大余县防震减灾局及时抽调人力、物力、财力进行抢修。江西省地震局立项在大余县池江镇设立一个地震一般台站。

2016年12月，大余县防震减灾局被江西省地震局评为市县防震减灾工作先进单位、温斌被评为先进个人、彭优文被评为地震观测资料评比先进个人。

【领导名单】

局长　　温　斌（8月任）

副局长　谢平芳

祥瑞芬芳，花繁馨香

环境保护

环境保护和治理

【概况】 2016年，县按要求开展水污染防治工作，全县生态环境持续优化，15个地表水监测断面水质均达到国家地表水Ⅲ类水质标准，达标率100%；章江河及其支流水质不断好转，国、省控断面水环境质量都达到国家地表水Ⅲ类水质标准，达标率100%；生活饮用水源地水质达到国家Ⅱ类标准，达标率100%。县环保局为行政事业单位。现内设机构有行政办公室、监督管理股、行政审批股、综合股、总量办；管理局属副科级单位2个：大余县环境监测站、大余县环境监察大队。环保局现有人员37人，在职干部职工27人，临聘人员10人。在职人员中，有局党支部书记、局负责人1人、副局长2人、正科级干部2人，环境监察大队大队长1人（副科级）；中级技术职称3人，初级技术职称5人。机构编制35个，其中行政编制6个，事业编制29个。

2016年度被江西省环境保护厅评为全省环境保护工作先进单位；2016年度被赣州市环境保护局评为全市环境保护系统目标管理先进单位，全市环境保护“十大硬仗”工作先进单位。

【绿色生态】 以促进县经济发展为切入点，结合县“十三五”环境保护规划，积极主动提供环保优质服务。加大建设项目环评审批把关力度，严格执行建设项目“环境影响评价”“三同时”和“排污许可”制度，从源头上杜绝污染产生。严格总量审批，把环境保护工作融入转型发展之中，支持传统优势产业转型升级，严格执行国家产业政策，严格控制新上“两高一资”项目，从源头杜绝污染物总量的无序增长。坚持产业合理布局，积极推行清洁生产，不断提高清洁生产水平。按照《大余县环境保护督察问题整改方案》要求，认真履行环境保护督查问题整改工作领导小组成员职责，对局牵头负责的问题要落实措施，紧抓不放。同时，督促城管、农粮、矿管等部门抓好涉及县的5个问题的整改工作。切实落实清单销号制，确保整改到位。

【环境整治】 根据赣州市财政局、市环保局《关于组织申报农村环境连片综合整治项目的通知》文件要求，局认真筛选，确定把新城镇、浮江乡作为农村环境连片综合整治项目实施乡镇。经市级专家评审，现场打分，县申报材料总分位列全市前三名（新城镇）和前六名（浮江乡）成功争取中央农村环境综合整治项目专项资金1386万元，其中新城镇人民政府1145万元，浮江乡人民政府241万元。截至，两乡镇正在组织实施。为进步加大农村环境综合整治项目的全县推进，局按照上级要求，编制了《吉村镇、内良乡农村环境综合整治项目可研报告》，现正等上级下达申报文件。坚决贯彻落实中共十八大关于推进生态文明建设的要求，进一步加大生态创建工作力度，大力开展省级生态文明乡镇、村和市级生态文明村创建，截至，成功命名一个省级生态乡镇（浮江乡），4个市级生态村。

【宣传教育】 积极牵头组织2016年“6·5”世界环境日的一系列主题活动。在钨都广场设立了宣传点和咨询点，向群众发放环保宣传袋和宣传手册各3000份，现场解答群众关心的热点、难点问题，积极宣传和倡导生态文化、增强群众的环境保护意识。开展手机环保短信宣传。利用手机这一大众传播渠道，面向全社会发送宣传世界环境日主题的环保短信，向各行业群众开展无差别的环保短信公益宣传，提醒大家参与绿色经济，爱护环境，关注环保，并积极参与环保公益活动。

【“三净”工程】 深入开展章江河水系综合整治。进一步落实章江河大余境内各支流：浮江河流域、新安河流域、大龙山河流域、漂塘河流域、茶园河流域等流域综合治理行动，加强章江河水系沿河 1.5 公里及周边工矿企业、沙场、规模化养殖场等综合整治行动，严格落实沿河 1.5 公里内禁止兴办（建）任何污水外排企业制度，规范采砂活动，明确采砂禁采期及禁采区，严厉打击非法采砂行为。

抓紧完善县章江河新城过境断面水自动监测站项目建设。做到 24 小时不间断监测，确保县出境断面水达到相应地表水Ⅲ类水质标准。

在全省率先推行河长制。制定印发了《大余县实施“河长制”管理工作方案》，在章江河及 15 条主要支流推行河道管理“河长”负责制，确定了县、乡、村各级河长并在网上公示，接受群众监督，共落实县级河长 9 名、乡镇级河长 11 名、村级河长 86 名。组建了大余县“河长制”办公室，制定了“河长制”会议制度、信息通报制度和工作制度，明确了各级河长及巡查员、专管员、保洁员工作职责。

加快新华工业小区污水处理厂建设。2016 年县实施了大余工业园区污水处理厂一期工程项目，现已完成招投标，工程队已进驻施工。已完成污水处理厂河堤延伸工程施工，综合楼基础也已完成浇筑，正在进行生化池底板及池壁钢筋绑扎施工。

【污染防治】 开展大气污染防治工作。对辖区内的 23 家燃煤锅炉企业开展了专项整治行动，规范引导了燃煤锅炉企业逐步停止使用燃煤高污染物燃料，改用天然气（液化气）、集中供热、电能替代、生物质替代等，有效减少了对大气环境的污染。加快重点行业脱硫脱硝除尘改造，严控高耗能、高污染行业新增产能。加强机动车尾气排放环保监管，对黄标车、老旧车开展联合执法整顿，严禁对黄标车、老旧车进行安全性能检验和核发检验合格标志，全县已淘汰黄标车 771 辆、强制报废 246 辆，同时，严查报废车和排放检验不合格车辆上路行驶违法行为。专项整治建筑扬尘，加强对加油站的监管，县指导辖区内 18 家加油站（民营 5 家、中石化 12 家、中石油 1 家）开展了油气回收治理工作，安装了油气回收设施，并投入使用，并且全部通过验收。空气环境质量达到国家规定的Ⅱ级标准，空气质量为优良。

开展土壤污染状况详查工作。根据赣州市环保局《转发省环保厅、省国土资源厅、省农业厅〈关于梳理并报送行政区域内拟纳入土壤污染状况详查范围的通知突出区域的通知〉》（赣市环发［2016］106 号）的要求，调查填报了《拟纳入土壤污染状况详查问题突出区域汇总表》，积极配合上级部门开展土壤污染状况详查工作。严格环境准入。防止新建工业项目对土壤造成新的污染。禁止在重要生态功能区、土壤环境质量超标区域、土壤污染事故发生区域、“五河一湖”及东江源头保护区新建、改建、扩建增加重金属污染物及对土壤产生污染的项目。对现有的土壤污染物排放企业，严格按照产污强度和安全防护距离要求，实施准入、淘汰和退出制度。

切实做好重金属污染防治（土壤类污染防治）项目。2010 年，重金属专项资金项目实施通过了环保部组织的绩效评价，评价等级良好，受到了国家环保部和省环保厅的肯定和表扬。2011 年重金属专项资金项目共 9 个。目前，9 个实施项目均已建设完成，进入运行阶段，2012 年已呈报市环保局申请验收，现处于待验收。2012 年重金属专项资金项目共 28 个。以企业为主体的 25 个项目中，8 个项目已验收完毕，10 个项目将于 2016 年 6 月完成验收，7 个项目由于经济不景气，处于停产或半生产状态，无法验收。3 个以政府为实施主体的能力建设项目已公开招标，其中应急检测系统设备已采购到位。2015 年重金属专项资金项目共 7 个。目前，除一个以企业为主体的项目正在走招标程序，其他项目都已完成招标，并开始建设。

全面提升危险废物规范化管理水平。县涉危企业 10 家，大余县金城钨业有限公司、大余县盛发矿业有限公司长期停产，大余县伟良钨业有限公司、大余隆鑫泰钨业有限公司、大余众能光电科技有限公司、江西榄菊日化实业有限公司、大余东宏锡制品有限公司、大余松瀛化工有限公司为产危废企业，大余县森本新材料有限公司、大余明发矿业有限公司为危险废物经营企业。已指导以上涉危企业按国家危废管理要求建立了危险废物贮存场所、编制了应急预案以及管理计划，有完整的进出台账，并设立了危险废物标识牌。

【环境保护】 继续深入开展环境保护大检查等四个专项行动。借环境保护大检查专项行动工作之东风，结合县实际，实施了章江流域（大余段）环境专项整治还章江“一江清水”活动。整治内容由排污企业整治拓展到水库及水环境整治、河道采砂整治、畜禽养殖污染整治等。

认真开展“环境执法大练兵活动”。按照环境执法大练兵活动要求，在全县范围内掀起了开展环境执法大练兵活动暨打击环境违法犯罪行为的新高潮。局共出动车辆90余次、人员210余人次、排查企业136余家次，约谈企业12家，并对7家环境违法企业进行立案查处，累计处罚金额207945.96元。

重拳打击非法冶炼加工点。在县分管领导的直接指挥下，由环保牵头，组织公安（防暴大队）、安监、国土、林业、辖区乡（镇）政府等13个相关部门共出动车辆16台、人员86名、挖掘机1台，克服重重困难和来自各方面的压力、阻力依法对吉村镇游仙村的丫叉窝非法处置危险废物等3个加工点和藏匿于江西、广东两省交汇处的小艾林场非法焚烧电子垃圾加工点进行了彻底铲除，切实提高了环保执法的威慑力。

加强社会管理综合治理。始终牢固树立“稳定是第一责任、是硬任务”的思想不动摇，从环保工作实际出发，认真履行环境管理职能，强化环境监察，着力解决群众最关心、最直接、最现实的环境问题，2016年，局共处理信访件73件，较2015年同期的98件下降了25件，其中，水污染12件，大气污染24件，噪声污染22件，三产污染15件，信访总体形势明显好转。

【环境监测】 加强对辖区内15个地面水和饮用水源头的环境质量状况进行监测，为县地表水环境质量状况提供数据支撑。加强污染源例行监测力度，对辖区内多家重点排污企业进行定期和不定期监测，做到对普通污染源企业一季度监测一次，对临时性污染源做到逢检查必监测，为环境管理和污染防治提供了较为完整的数据资料。

配合上级有关部门做好县44家国控重点源和国、省控断面、县断面地表水及集中式饮用水源地采、送样工作，确保县水环境监测数据的完整和有效性。积极配合开展“全国重点地区环境与健康专项调查”试点调查工作，继续配合环境保护部华南环境科学研究所很好地完成了2016年度江西省大余县环境与健康调查风险哨点监测相关工作。

积极推进国控及重点企业开展自行监测工作。督促企业履行自行监测主体责任，按照排放标准、企业环评报告书（表）及其批复以及监测技术规范制定并公布自行监测方案，依据方案开展监测并及时全面公布监测信息。截至，县国控及重点企业自行监测工作开展顺利，自行监测数据公布率达到90%以上。进一步加快空气自动站建设。以科学发展综合考评为抓手，按新标准全面开展县环境空气自动监测站的建设，县环境空气自动监测站建设项目已完成招投标工作，正抓紧组织实施中。

【工作成效】 新城镇、浮江乡作为农村环境连片综合整治项目实施乡镇。经市级专家评审，现场打分，县申报材料总分位列全市前三名（新城镇）和前六名（浮江乡）成功争取中央农村环境综合整治项目专项资金1386万元，其中新城镇人民政府1145万元，浮江乡人民政府241万元。

2010年，重金属专项资金项目实施通过了环保部组织的绩效评价，评价等级良好，受到了国家环保部和省环保厅的肯定和表扬。2011年，重金属专项资金项目共9个。目前，9个实施项目均已建设完成，进入运行阶段，2012年已呈报市环保局申请验收，现处于待验收。2012年重金属专项资金项目共28个。以企业为主体的25个项目中，8个项目已验收完毕，10个项目将于2016年6月完成验收，7个项目由于经济不景气，处于停产或半生产状态，无法验收。3个以政府为实施主体的能力建设项目已公开招标，其中应急检测系统设备已采购到位。2015年，重金属专项资金项目共7个。除一个以企业为主体的项目正在走招标程序，其他项目都已完成招标，并开始建设。

2016年，局共处理信访件73件，较上年同期的98件下降了25件，其中，水污染12件，大气污染24件，噪声污染22件，三产污染15件，信访总体形势明显好转。

【领导名单】

书记	赵来芳
副局长	谢树林
	曾小华
监察大队大队长	刘会权

水土保持

【概况】 县水土保持局为正科级全额拨款事业单位，主管全县水土保持工作。内设办公室、规划治理股、监督管理股（水土保持生态环境监督大队）3个职能股室和1个监督大队，实有编制数14人，现有在编人员7人，非编人员3人。

2016年，局抓住赣南苏区振兴发展的重大历史机遇，紧扣县委、县政府的工作大局，围绕生态文明建设这一中心，强化水土流失预防监督管理，强力推进水土流失综合治理，完成了国家重点水土保持工程建设项目2016年度的总计划和总要求，在水土流失治理工程整治过程中，善于结合当地特色产品，灵活运用国家项目投资资金，实现特色产业规模化生产，带动特色产业发展，解决农民工就业问题，帮助当地农民增加收入，实现脱贫致富。此外，局响应百亿招商项目的要求，先后领导带队12人次外出招商，经过一番调研，引进了大余县绿源生态园林有限公司。

【小流域治理】 2016年，国家水土保持重点建设工程任务圆满完成，按照水土保持新思路、新要求，坚持早谋划、早安排、早落实的原则，采取以小流域为单元，集中连片，山、水、田、林、路、草综合治理的技术路线，因地制宜，分类指导、分项实施的办法抓好水保项目的实施工作。该项目2016年度总投资708.6万元，在头塘、九龙、同心、灌湖4条小流域开展水土流失综合治理面积14平方公里，占计划任务的100%，完成了上级主管部门下达的年度任务。通过项目的实施，项目区的水土流失得到了有效控制，每年可增加涵蓄水源87.24万立方米，年减少土壤侵蚀量8.57万吨，降低土壤侵蚀模数742吨/平方公里，同时建立了后续管护的长效机制，落实了管护公约和管护人员，确保工程长期发挥效益。通过水土流失综合治理，项目区的植被覆盖率提高了7%以上，项目的拦、挡、蓄工程措施与生物措施的实施，大大地减少了因水土流失的泥沙对章江的冲击，减低了章江水中的含沙量，取得了较好的社会和生态效益。该项目工程的一个亮点就是注重水土流失综合治理与当地特色产业建设紧密结合起来，通过项目帮扶，辐射联动，项目区群众开发脐橙和蜜柚产业的热情高涨，新增开发脐橙面积达415亩和蜜柚1245亩，解决了农村剩余劳动力354余人，成为当地农民创收的新增长点。

【精准扶贫】 根据《关于打好精准扶贫攻坚战的实施方案》（余精准办字〔2016〕9号）文件要求，局严格按照县委、县政府的统一部署，抽调3名工作责任心强、农村工作经验丰富的后备干部组成工作队下到挂点村樟斗镇横江村与镇村对接，局领导亲自带队上户走访、宣传发动、精准识别，确定了横江村101户贫困户，并对所有的贫困户资料进行了系统录入工作，制定了“一对一”结对帮扶计划，为凸显精准扶贫成果，记录精准扶贫工作全过程，局做到了资料及时建档存册，规范管理并将贫困户信息录入管理系统，进行动态管理。同时针对实际情况，为其制定了一户一计划，从产业、种养业、就业、教育等方向进行帮扶，明确脱贫时间表。局在开展精准扶贫工作中，与镇村工作组一道，通过召开村民代表大会、悬挂宣传条幅、播放广播电视、张贴宣传标语等形式，做到全方位、全覆盖宣传，重点宣传市县开展精准扶贫工作政策和方针，提高村民对精准扶贫工作的知晓率。2016年度，在村主干道悬挂宣传条幅3条，贫困户公示牌1块。在局工作队和镇村两级努力下，通过正确引导，帮助贫困户办理产业信贷通，标准厂房入股分红，发展养殖种植产业，报销部分医疗费用，办理农村低保，异地搬迁等政策。

【规费征收】 水保规费征收是水保监督执法的一个重要方面，也是每年开展水保工作的一个重要组成部分，为了开展水保规费的征收工作，促使企业自觉治理水土流失和加强水土保持工作，根据它难度大、点多面广、情况复杂的特性，局拟定了新的水保征收程序，采取了以下措施：首先是建立缴费对象台账，定期检查、核实生产数量和占用水土资源数量；其次是将有关水保规费的法规依据发送缴费单位（或业主）并且不定期的将法律法规通过宣传稿的形式发放或在微信平台公布征收信息的通知和相关法规，宣传知识形式多样化使缴费者缴得明白，缴得放心；最后是严格按照水保规费征收程序，按其收费项目、数量、标准核定收费额度，送达收费通知书。通过这些措施的实施，起到了良好的震慑和宣传作用，在2016年局水保规费的征收得到了大多数交费单位（或业主）的支持和理解，使局的征收进程更加顺利，时间大大缩短，在与缴费单位的沟通与水保规费数据上可以清晰地反映出企业水土保持意识地提升。

【领导名单】

局长　　周春平

副局长　　吴伟翔（8月任）

节能减排

【机构节能】 县先后制定了覆盖全县所有县直单位和乡镇的各项节能工作制度，如《关于印发大余县公共机构节能工作考核评价办法的通知》《大余县2016年公共机构节约能源资源工作实施方案》《大余县实施公共机构能源资源消费统计制度》等，这些制度的贯彻执行，有效保障和指导了全县公共机构节能工作的顺利进行。

县下发了《关于开展大余县2016年节能宣传周活动的通知》（余公节字[2016]6号），围绕“节能领跑，绿色发展”的活动主题，以《节约能源法》的宣传贯彻为主线，以节电、节水、节油等为重点，开展形式多样的活动。

据统计，在公共机构节能宣传周期间，全县各公共机构共制作了20多幅宣传横幅和100多块宣传展板，电子屏幕10多幅，印制了2000份节能降耗宣传单。各乡镇、各单位也根据实际，设立了废旧电子回收点，组织所属工作人员踊跃参加节能知识有奖答题。县电视台对在节能宣传周期间积极开展宣传活动的单位进行了拍摄并在大余电视台黄金时间播出；对部分对节能宣传工作不重视，敷衍塞责，宣传工作不重视、节能工作做的不实的单位，及时进行了公开曝光。

为全面推进节水型社会建设，根据省、市水利局的文件精神，结合大余县工作实际，由我县水利局和机关事务管理局联合下发了《关于开展节水型单位创建活动的通知》，在全县范围内开展节水型单位建设工作。已有县行政服务中心、县市场和质量监督管理局、县城乡规划建设局3个单位递交了节水型单位申报书。

为降低行政成本，推进节能减排，在全县党政机关实行公务用车优先配备使用国产自主品牌汽车，政府优先采购新能源汽车、对配备新能源汽车的公务用车实行享受财政补助等优惠政策。积极参加市里组织的各项节能知识培训和知识竞赛活动。2016年4月和6月，分别派出人员到南昌市参加《全省机关事务管理暨公共机构节能管理工作会议》、到赣州市参加《全市公共机构能源资源统计及数据会审》培训会，切实提高工作人员对公共机构能源资源统计工作的业务水平。

教 育

教育管理

【概况】 大余县共有公办学校121所，其中省重点中学（大余中学）、省重点建设中学（新城中学，是一所完全中学，属义务教育学校）、普通中学（梅关中学）、职业中等专业学校、教师进修学校各1所，义务教育学校104所（除新城中学外，还有普通初中7所，九年一贯制学校5所，城区小学3所，乡镇中心小学6所，村完小29所，教学点52个，特殊教育学校1所），公办幼儿园13所（其中城区2所，乡镇11所）。现有中小学生47382人，其中小学28808人，初中11489人，特殊教育学校28人，普通高中4781人，职业中专2276人；在园幼儿13631人，其中公办幼儿园2643人，附属幼儿园962人，民办幼儿园10026人。全县教育系统现有教职工2750人，其中小学1369人，初中749人，普通高中313人，职业中专115人，公办幼儿园152人，其他52人（其中进修学校14人，局机关33人，青少年校外活动中心5人）。

【基础教育】 以立德树人为根本任务，全面推进素质教育，积极构建高效课堂，创新德育途径和方法，培育并践行社会主义核心价值观，组织参加各类文体才艺大赛，在提高学生学习、实践和创新能力的同时，进一步促进了校园文化品位和教育教学质量的提升。学前教育快速发展，保教水平全面提高， 樟斗、左拔、浮江、吉村、内良等乡镇公办中心幼儿园于2016年秋季顺利开园，池江镇公办中心幼儿园主体建设已完成，民办幼儿园发展更加规范；义务教育均衡发展，资源配置更加合理，中考优良率一直稳居全市前列，大余县2016年被国务院教育督导委员会授予“全国义务教育发展基本均衡县”，大余县教育局被评为赣州市中学教学质量综合评价先进单位；高中教育稳步发展，连续多年高考一本、二本以上上线率位居全市前列；特殊教育健康发展，在抓好特教学校工作的基础上，建立健全了残疾儿童少年随班就读机制和送教上门制度，为随班就读学校装备特殊教育资源教室，将随班就读工作管理纳入特殊教育和普通教育的管理体系，提高了残疾儿童少年受教育的水平。

【职业技术教育】 大余县职业技术教育中心是全县唯一一所省级重点公办职业学校，拥有教职工132人，专任教师110人，学生2523人，开设有34个教学班。校园占地面积约144629.71平方米（约230亩），校舍总面积约25311平方米，建有两栋教学楼（铭源楼、英东楼）、一栋实训楼、一栋综合楼、一栋图书馆及两栋学生公寓。学校开设有数控技术应用、机械加工、计算机应用、电子商务（2016年3月新增专业）、烹饪、学前教育、汽车技术应用与维修（2017年3月新增专业）、高职高考等专业，同时还是县“阳光工程”“金蓝领工程”“雨露计划”等培训基地。自2015年5月通过江西省教育厅评估并被授予“江西省重点达标学校”以来，学校招生规模不断扩大，师资力量逐渐增强，办学条件大为改善，教育水平快速提升，各项工作取得了可喜成绩。争取国家“十二五”时期职业教育基础能力建设项目资金、国家公共体育服务设施建设项目资金、江西省2016年现代职业教育质量提升计划专项资金，新建教学楼、实训楼和县梅关足球场，采购教学仪器及实训设备等，有54人在2016年高考中考入本科院校。学校顺利通过了首批“全国校园足球特色学校”评估。

【民办教育】 大余县共有民办幼儿园134所，其中已办证幼儿园113所，未办证幼儿园22所，在园幼儿10026人，教师821人，在相当一段时期是大余县学前教育的生力军。大余县积极扶持普惠性幼儿园的健康发展，加强了对民办幼儿园的业务指导和师资培训。扎实开展省、市级示范幼儿园“结对帮扶”、示范性教学、送教下乡、课堂开放、民办幼儿园教师跟班学习等活动，帮助民办幼儿园提高管理和保教水平，促进优质教育资源共享；定期对民办幼儿园园长、骨干教师、新入职教师、业务园长进行培训，不断提高民办幼儿教师的科学保教水平。同时，不断规范民办幼儿园的管理。狠抓民办教育机构安全工作，联同相关部门对全县各级各类幼儿园的房屋安全、交通安全、消防安全、食品卫生安全、集体活动安全、校车安全等进行了拉网式大排查，发现问题限期整改并及时进行了“回头看”。严格民办教育机构审批，做好民办教育机构年检审核工作。扎实开展了防止并纠正幼儿园“小学化”倾向问题主题活动、“健康、快乐、发展”主题活动和学前教育宣传月活动，通过专家讲座、实地参观、观看视频等方式，进一步规范了幼儿园保育教育工作，促进了大余县学前教育良性发展。全县民办幼儿园中有市级示范园3所（金鑫幼儿园、永康福娃幼儿园、新安幼儿园），县一级园19所，二级园30所。

另外，还有6所已审批年检的民办教育培训机构，分别为小新星英语学校、康桥英语培训学校、东方宝贝儿童潜能开发学校、金鼎文化艺术培训学校、小橘灯育才学校、贝尔特艺术学校。这些民办教育培训机构主要从事英语、绘画、音乐、舞蹈等艺术培训，办学规模大多在150－200人之间，教师3－6人。这些民办教育培训机构积极培养儿童特长，激发学生兴趣，开发儿童潜能，是公办教育的有益补充。

【领导名单】

党委书记、局长　王育军（8月免）
　　　　　　　　曾凡伟（12月任）
党委副书记、副局长　刘　忠
党委委员、副局长　李薰学
　　　　　　　　　陈华斌
党委委员、工会主席　王珍华（女）

表13

大余县2016年高考录取花名册

考生号	姓名	性别	报名点	户籍地址	录取院校
16360723110002	池莉	女	新中	大余县樟斗镇横江村池屋	江西应用技术职业学院
16360723110004	方丽	女	新中	大余县樟斗镇横江村庙背	抚州职业技术学院
16360723110005	龚建英	女	新中	大余县新城镇樟树下村庙前3号	江西环境工程职业学院
16360723110006	何婕	女	新中	大余县新城镇龙王庙村田心里3号	江西卫生职业学院
16360723110007	黄含雨	女	新中	大余县池江镇高林村胡罗塘	江西应用技术职业学院
16360723110008	黄雨莲	女	新中	大余县池江镇九水村对面土	赣州师范高等专科学校
16360723110010	蓝金	女	新中	大余县池江镇九水村新屋下	江西卫生职业学院
16360723110011	蓝欣	女	新中	大余县新城镇樟树下村班竹桥49号	江西工业职业技术学院
16360723110012	雷霞	女	新中	大余县青龙镇赤江村虎眼山	江西航空职业技术学院
16360723110013	李嘉慧	女	新中	大余县新城镇新城大道112号	江西交通职业技术学院
16360723110014	李小花	女	新中	大余县新城镇水南村塘头67号	江西师范高等专科学校
16360723110016	刘欣	女	新中	大余县池江镇老场部999号	江西应用技术职业学院

续表 13

大余县 2016 年高考录取花名册

考生号	姓名	性别	报名点	户籍地址	录取院校
16360723110017	刘仪	女	新中	大余县新城镇窑孜前村禾场上 29 号	上海行健职业学院
16360723110018	刘如意	女	新中	大余县南安镇余东街金莲山路 91 号	江西司法警官职业学院
16360723110019	刘源琪	女	新中	大余县新城镇灌湖村石坪里 15 号	江西工业职业技术学院
16360723110020	卢婷	女	新中	大余县池江镇居民街 999 号	江西经济管理干部学院
16360723110021	潘丹	女	新中	大余县池江镇同心村竹孜坳	江西工业职业技术学院
16360723110022	漆文欣	女	新中	大余县新城镇新城村西门 72 号	江西外语外贸职业学院
16360723110023	沈玉婷	女	新中	大余县新城镇新城大道 11 号	江西司法警官职业学院
16360723110024	王慧	女	新中	大余县池江镇板棚村坝里	江西师范高等专科学校
16360723110027	吴修萍	女	新中	大余县新城镇莲塘村下屋孜 41 号	江西财经职业学院
16360723110028	胡蓉	女	新中	大余县新城镇观路村岭孜上 3 号	江西现代职业技术学院
16360723110029	李文英	女	新中	大余县新城镇窑孜前村下棚 15 号	江西现代职业技术学院
16360723110030	袁春	女	新中	大余县青龙镇平岗村老龙口	江西卫生职业学院
16360723110031	钟河香	女	新中	大余县樟斗镇横江村钟屋	抚州职业技术学院
16360723110032	周菁	女	新中	大余县新城镇周屋村九家 14 号	江西财经职业学院
16360723110033	周婷	女	新中	大余县新城镇周屋村坝里 51 号	江西外语外贸职业学院
16360723110034	朱筱璇	女	新中	大余县新城镇合江村枫树湾 8 号	江西财经职业学院
16360723110035	邱春燕	女	新中	大余县池江镇长江村社宫背	江西农业工程职业学院
16360723110036	王茄嵘	女	新中	大余县池江镇啤酒厂 999 号	常熟理工学院
16360723110037	谢婷	女	新中	大余县池江镇团结村团口	江西陶瓷工艺美术职业技术学院
16360723110038	余婷	女	新中	大余县新城镇新城村仓下 11 号	江西应用科技学院
16360723110039	吴柳茗	女	新中	大余县新城镇莲塘村上屋孜 36 号	义乌工商职业技术学院
16360723110041	叶丽	女	新中	大余县新城镇南丰村吾家 99 号	江西工业职业技术学院
16360723110042	廖含芳	女	新中	大余县新城镇京州村下围 72 号	宜春职业技术学院
16360723110043	陈亮	男	新中	大余县南安镇建桂街建桂路 35 号	南昌师范高等专科学校
16360723110044	肖达洛	男	新中	大余县青龙镇同盟村拱上	江西应用技术职业学院
16360723110045	陈常菁	男	新中	大余县左拔镇大江村大江桥头组 3 号	江西农业工程职业学院
16360723110046	朱书权	男	新中	大余县樟斗镇横江村水角上	江西外语外贸职业学院
16360723110048	王祥前	男	新中	大余县池江镇新江村小溪西门	江西环境工程职业学院
16360723110051	邓子涵	男	新中	大余县池江镇居民街 999 号	江西生物科技职业学院
16360723110052	董纯威	男	新中	大余县池江镇板棚村新肚坊	江西工业职业技术学院

续表 13

大余县 2016 年高考录取花名册

考生号	姓名	性别	报名点	户籍地址	录取院校
16360723110057	邱际帆	男	新中	大余县池江镇杨柳村黄茅山	江西农业工程职业学院
16360723110058	王杰	男	新中	大余县青龙镇双联村下打石湾	江西现代职业技术学院
16360723110060	吴云聪	男	新中	大余县新城镇莲塘村下屋孜 17 号	江西财经职业学院
16360723110062	游晓波	男	新中	大余县池江镇新街上 999 号	南昌职业学院
16360723110066	卢祖聪	男	新中	大余县新城镇店孜里村松山背 64 号	江西科技学院
16360723110068	肖鑫	男	新中	大余县青龙镇青龙村马路上	江西信息应用职业技术学院
16360723110069	戴嘉富	男	新中	大余县南安镇石桥下街水口寺路 77 号	九江职业技术学院
16360723110070	曾玉娟	女	新中	大余县池江镇杨村村杨村十队	江西应用科技学院
16360723110071	黄曦	女	新中	大余县浮江乡车里村黄泥斗 43 号	江西应用技术职业学院
16360723110078	刘媛	女	新中	大余县池江镇长江村墩上	江西师范高等专科学校
16360723110080	刘福秀	女	新中	大余县池江镇庄下村下古下	江西环境工程职业学院
16360723110081	刘红艳	女	新中	大余县池江镇板棚村城堂下门	赣南卫生健康职业学院
16360723110083	刘雨春	女	新中	大余县新城镇灌湖村新垇里 12 号	九江职业大学
16360723110085	沈兰婷	女	新中	大余县新城镇龙王庙村新屋孜 3 号	江西环境工程职业学院
16360723110086	眭明娇	女	新中	江西省南康市浮石乡高洲村禾坑塘 12 号	江西应用科技学院
16360723110088	王雯霞	女	新中	大余县樟斗镇樟斗村红芬	景德镇学院
16360723110089	温珊	女	新中	大余县新城镇桥西村温屋 15 号	江西应用技术职业学院
16360723110090	温珍志	女	新中	大余县新城镇桥西村温屋 2 号	江西环境工程职业学院
16360723110091	吴佳芳	女	新中	大余县池江镇兰西村下街	江西财经职业学院
16360723110094	叶枝花	女	新中	大余县青龙镇同盟村山孜岗	南昌师范高等专科学校
16360723110095	于莹	女	新中	大余县池江镇新江村小溪北门	景德镇学院
16360723110097	张晓薇	女	新中	大余县新城镇樟树下村江孜上 34 号	江西环境工程职业学院
16360723110099	周燕萍	女	新中	大余县新城镇周屋村滩孜上 4 号	江西应用科技学院
16360723110100	周紫兰	女	新中	大余县新城镇周屋村祠堂门口 9 号	江西中医药高等专科学校
16360723110101	朱彩云	女	新中	大余县新城镇合江村枫树湾 14 号	江西工业工程职业技术学院
16360723110102	赖余春	女	新中	大余县新城镇观路村镇桥边 19 号	桂林理工大学博文管理学院
16360723110103	刘小燕	女	新中	大余县青龙镇赤江村岭子上	渭南师范学院
16360723110104	朱芳婷	女	新中	大余县池江镇长江村长江圩背	江西师范大学科学技术学院
16360723110105	李苑	女	新中	大余县新城镇水南村东边 21 号	武汉工程科技学院

续表 13

大余县 2016 年高考录取花名册

考生号	姓名	性别	报名点	户籍地址	录取院校
16360723110106	蔡秀秀	女	新中	大余县新城镇桥西村下孜堆 35 号	抚州职业技术学院
16360723110107	刘孔韦	男	新中	大余县南安镇大余钴冶炼分厂 2 栋 03 号	江西泰豪动漫职业学院
16360723110108	蔡芳辉	男	新中	大余县新城镇桥西村下孜堆 6 号	江西科技师范大学
16360723110109	董超	男	新中	大余县黄龙镇黄龙畲族村街上组	江西科技学院
16360723110110	张申育	男	新中	大余县黄龙镇新村新屋六组	桂林理工大学博文管理学院
16360723110111	钟旺	男	新中	大余县池江镇高林村赵屋坝	江西应用技术职业学院
16360723110112	薛宝宝	男	新中	大余县新城镇白田埠村薛屋 21 号	江西科技学院
16360723110115	蔡红生	男	新中	大余县南安镇北门河街北门河路 73 号	江西工业工程职业技术学院
16360723110117	蓝立洋	男	新中	大余县池江镇新江村新池江	江西现代职业技术学院
16360723110119	雷鹏	男	新中	大余县青龙镇平岗村长塘	江西环境工程职业学院
16360723110125	吴昊	男	新中	大余县新城镇莲塘村西边 43 号	南昌理工学院
16360723110126	吴健锋	男	新中	大余县新城镇莲塘村塘泥坑 39 号	江西传媒职业学院
16360723110129	周启远	男	新中	大余县新城镇周屋村大坝里 4 号	江西冶金职业技术学院
16360723110132	陈钰	男	新中	大余县左拔镇漂塘村水口组 1 7 号	江西航空职业技术学院
16360723110133	邱丹	男	新中	大余县黄龙镇旱田村邱屋组	江西旅游商贸职业学院
16360723110136	蔡方玲	女	新中	大余县新城镇水西村雷屋 7 号	江西农业工程职业学院
16360723110137	蔡秋月	女	新中	大余县新城镇水西村虎山 2 号	赣州师范高等专科学校
16360723110138	高瑜	女	新中	大余县新城镇高龙村高屋 129 号	九江职业大学
16360723110139	郭兰娟	女	新中	大余县青龙镇平岗村瑶前	江西师范高等专科学校
16360723110140	何银凤	女	新中	大余县新城镇龙王庙村田心里 91 号	江西中医药高等专科学校
16360723110142	蓝花香	女	新中	大余县池江镇九水村鸳鸯棚	南昌师范学院
16360723110143	李芳	女	新中	大余县青龙镇联合村新干坪	江西应用技术职业学院
16360723110144	李远	女	新中	大余县樟斗镇双伏村新屋排	江西机电职业技术学院
16360723110145	李兰兰	女	新中	大余县新城镇水南村东边 84 号	江西建设职业技术学院
16360723110146	刘萍	女	新中	大余县新城镇新城村主水 12 号	江西应用技术职业学院
16360723110149	刘燕茜	女	新中	大余县新城镇京州村上屋小组 2 号	重庆三峡医药高等专科学校
16360723110150	刘迎香	女	新中	大余县池江镇新江村小溪东门	江西应用科技学院
16360723110151	刘智慧	女	新中	大余县池江镇杨梅村杨梅八组	江西服装学院
16360723110152	罗海燕	女	新中	大余县青龙镇青龙村马路上 1 号	九江职业技术学院

续表 13

大余县 2016 年高考录取花名册

考生号	姓名	性别	报名点	户籍地址	录取院校
16360723110153	王福兰	女	新中	大余县池江镇同心村王屋	赣州师范高等专科学校
16360723110154	王国华	女	新中	大余县池江镇庄下村田心里	江西现代职业技术学院
16360723110155	王小燕	女	新中	大余县池江镇新街上 999 号	江西财经职业学院
16360723110156	吴红宵	女	新中	大余县新城镇莲塘村下屋孜 33 号	江西环境工程职业学院
16360723110157	吴小凤	女	新中	大余县池江镇长江村坝孜里	石家庄医学高等专科学校
16360723110158	吴璋青	女	新中	大余县池江镇新江村上窑	江西传媒职业学院
16360723110159	谢丹	女	新中	大余县樟斗镇横江村庙背 1 组	宜春幼儿师范高等专科学校
16360723110160	谢青霞	女	新中	大余县池江镇坳上村谢屋	江西应用科技学院
16360723110161	严燕红	女	新中	大余县池江镇板棚村路箕严屋	新余学院
16360723110163	叶欢	女	新中	大余县新城镇桥西村桥西 26 号	宜春幼儿师范高等专科学校
16360723110164	叶静	女	新中	大余县新城镇桥西村桥西 128 号	萍乡学院
16360723110165	叶金花	女	新中	大余县池江镇板棚村杉背对孜下	江西中医药高等专科学校
16360723110166	张玉萍	女	新中	大余县池江镇新街上 999 号	江西科技学院
16360723110167	钟繁	女	新中	大余县池江镇竹园里 999 号	江西应用技术职业学院
16360723110168	钟静	女	新中	大余县新城镇分水坳村杨梅丘 49 号	江西环境工程职业学院
16360723110169	钟红娣	女	新中	大余县青龙镇赤江村老屋场	江西经济管理干部学院
16360723110172	朱欢欢	女	新中	大余县池江镇庄下村朱屋孜	萍乡学院
16360723110174	肖红	女	新中	大余县左拔镇左拔村上街一组 3 号	江西现代职业技术学院
16360723110175	黄艳萍	女	新中	大余县青龙镇元龙村文里	江西卫生职业学院
16360723110176	胡慧娟	女	新中	大余县新城镇观路村岭孜上 32 号	信阳学院
16360723110177	马康	男	新中	大余县南安镇北门河街南安大道果业大楼 201 室	电子科技大学中山学院
16360723110178	刘庆	男	新中	江西省南康市龙华乡崇文村星下西边 59 号	梧州学院
16360723110179	李者元	男	新中	大余县新城镇水南村塘头 78 号	景德镇陶瓷职业技术学院
16360723110180	董天亮	男	新中	大余县新城镇桥西村泮垅里 2 号	江西工业贸易职业技术学院
16360723110182	黄聪	男	新中	大余县池江镇兰西村弓里坝里	江西环境工程职业学院
16360723110183	黄龙	男	新中	大余县池江镇兰西村新屋里	江西科技学院
16360723110185	雷敏	男	新中	大余县樟斗镇下横村雷屋	南昌职业学院
16360723110186	李阳星	男	新中	大余县新城镇巷口村新屋坪 2 号	南昌职业学院
16360723110187	林华龙	男	新中	大余县吉村镇吉村村梨树下	南昌职业学院

续表 13

大余县 2016 年高考录取花名册

考生号	姓名	性别	报名点	户籍地址	录取院校
16360723110189	王金龙	男	新中	大余县樟斗镇下横村石孜头	江西现代职业技术学院
16360723110190	王明辉	男	新中	大余县池江镇同心村滑石水	江西环境工程职业学院
16360723110191	王文华	男	新中	大余县青龙镇双联村石眼头	萍乡学院
16360723110192	谢焙	男	新中	江西省南康市赤土畲族乡小水村罗屋组 34 号	江西现代职业技术学院
16360723110193	周宝荣	男	新中	大余县青龙镇同盟村上塘角	九江职业技术学院
16360723110195	陈玉林	女	新中	大余县新城镇新城村中城背 41 号	江西中医药大学
16360723110196	邓喜	女	新中	大余县池江镇长江村新洋口	赣南师范大学科技学院
16360723110197	邓旺欣	女	新中	大余县新城镇新城大道 10 号	江西科技师范大学
16360723110198	邓欣媛	女	新中	大余县池江镇长江村长江圩上	南昌师范高等专科学校
16360723110201	黄欢	女	新中	大余县樟斗镇下横村郭屋	南昌大学
16360723110202	黄桂芳	女	新中	大余县池江镇火烧岭 999 号	江西科技学院
16360723110203	赖燕珍	女	新中	大余县新城镇峰山街 3 号	南昌师范学院
16360723110204	蓝金英	女	新中	大余县青龙镇元龙村中棚	江西外语外贸职业学院
16360723110206	李白洁	女	新中	大余县新城镇新城村田良下 99 号	景德镇陶瓷大学科技艺术学院
16360723110208	李玉香	女	新中	大余县新城镇巷口村新屋坪 16 号	赣州师范高等专科学校
16360723110209	廖苑	女	新中	大余县新城镇新城中学宿舍	江西生物科技职业学院
16360723110212	刘洁婷	女	新中	大余县池江镇团结村曲潭小村	江西科技师范大学
16360723110213	刘梅艳	女	新中	大余县新城镇东乾村地孜前 23 号	赣南师范大学
16360723110214	刘怡玲	女	新中	大余县池江镇新江村新池江东街	南昌师范学院
16360723110216	尤莲花	女	新中	大余县青龙镇河南村张屋场	景德镇学院
16360723110217	谭常玲	女	新中	大余县樟斗镇双伏村谭屋	江西科技师范大学
16360723110218	王铃	女	新中	大余县新城镇新城村横街	江西师范高等专科学校
16360723110219	吴港英	女	新中	大余县新城镇莲塘村灌里 8 号	景德镇陶瓷大学科技艺术学院
16360723110220	吴桥娣	女	新中	大余县新城镇莲塘村谢背丘 4 号	东华理工大学长江学院
16360723110221	谢金花	女	新中	大余县池江镇团结村曲潭松岗岭	江西生物科技职业学院
16360723110222	叶清妹	女	新中	大余县青龙镇元龙村南门	华东交通大学理工学院
16360723110223	张妍	女	新中	大余县池江镇杨柳村坳上	南昌教育学院
16360723110224	张瑛	女	新中	大余县青龙镇二塘村太坪坝	南昌工程学院
16360723110225	张龙婷	女	新中	大余县新城镇白田埠村龙虎寨 8 号	江西科技学院
16360723110226	张美君	女	新中	大余县池江镇池江村柯树下	南昌教育学院

续表 13 大余县 2016 年高考录取花名册

考生号	姓名	性别	报名点	户籍地址	录取院校
16360723110227	张宇琪	女	新中	大余县池江镇池江村马石岭	江西中医药高等专科学校
16360723110229	黄艺佳	女	新中	大余县南安镇余西街中山南路 82 号	江西师范高等专科学校
16360723110230	吴淏	女	新中	大余县池江镇火烧岭 999 号	南昌师范学院
16360723110231	卢小伟	女	新中	大余县青龙镇联合村卢屋	长沙理工大学
16360723110232	谢晴	女	新中	大余县新城镇新城村谢屋 90 号	江汉大学
16360723110234	张伟平	女	新中	江西省南康市蓉江街道办事处旭山南路 49 号	长春师范大学
16360723110235	钟振华	男	新中	大余县池江镇跃进门 999 号	江西农业工程职业学院
16360723110236	蔡博文	男	新中	大余县新城镇水西村虎山 10 号	井冈山大学
16360723110237	龚亮	男	新中	大余县新城镇白田埠村安坑口 6 号	江西泰豪动漫职业学院
16360723110238	何新榕	男	新中	大余县南安镇北门河街金莲山大道 5 号地段 3 栋 2 单元 401 室	江西传媒职业学院
16360723110239	蓝浩宇	男	新中	大余县新城镇建设路 48 号	南昌理工学院
16360723110240	李玮	男	新中	大余县新城镇水南村上石下 24 号	东华理工大学
16360723110242	王伟勇	男	新中	大余县池江镇杨梅村杨梅十三组	江西财经大学现代经济管理学
16360723110243	张东辉	男	新中	大余县池江镇杨梅村杨梅十组	江西财经职业学院
16360723110245	赵仕河	男	新中	大余县新城镇合江村里家山 35 号	江西交通职业技术学院
16360723110246	戴朝倩	女	新中	大余县新城镇龙王庙村戴屋 1 号	赣南师范大学
16360723110247	赖娟	女	新中	大余县新城镇观路村埠下 11 号	南昌工程学院
16360723110248	刘晨宇	女	新中	大余县南安镇余东街西华路 12 号	宜春职业技术学院
16360723110249	刘柳	女	新中	大余县新城镇北门街 72 号	江西中医药高等专科学校
16360723110250	邹安琪	女	新中	大余县新城镇高龙村观路背 5 号	九江学院
16360723110251	刘坤	男	新中	大余县新城镇新城村细小岭 19 号	宜春幼儿师范高等专科学校
16360723110252	肖承悠	男	新中	大余县新城镇白田埠村上围孜 30 号	江西司法警官职业学院
16360723110255	付联红	女	梅中	大余县浮江乡浮江村石龙头 10 号	江西工业职业技术学院
16360723110256	陈贞如	女	梅中	崇义县长龙镇新溪村塘窝组 6 号附 2 号	江西工业职业技术学院
16360723110257	何素余	女	梅中	大余县浮江乡车里村下车组 38 号	南昌职业学院
16360723110258	李庆香	女	梅中	大余县黄龙镇头塘村李村组	南昌教育学院
16360723110259	刘娟	女	梅中	大余县南安镇新余村大园里 139 号	江西应用技术职业学院
16360723110260	刘萍	女	梅中	大余县内良乡五洞村章源组	江西财经职业学院
16360723110261	蒙丽娟	女	梅中	大余县南安镇新余村壶头	南昌职业学院

续表 13　　**大余县 2016 年高考录取花名册**

考生号	姓名	性别	报名点	户籍地址	录取院校
16360723110262	彭婉玲	女	梅中	大余县南安镇石桥下街石桥下路 24 号	宜春幼儿师范高等专科学校
16360723110263	王晓琴	女	梅中	大余县吉村镇解放村团结	江西中医药高等专科学校
16360723110264	谢趁韶	女	梅中	江西省新余市分宜县分宜镇天工南大道 257 号	新余学院
16360723110265	徐紫萱	女	梅中	大余县南安镇东山街塘前直路 1 号	江西财经职业学院
16360723110266	张明华	女	梅中	大余县南安镇东山村沙江坝 44 号	南昌师范高等专科学校
16360723110267	蓝亮	男	梅中	大余县黄龙镇黄龙畲族村兰屋棚下组	南昌职业学院
16360723110269	彭志超	男	梅中	大余县南安镇石桥下街波箕石路 21 号	江西工业职业技术学院
16360723110270	邱业明	男	梅中	大余县黄龙镇旱田村邱屋组	江西环境工程职业学院
16360723110271	沈金海	男	梅中	大余县内良乡尧扶村下屋场组	江西工程学院
16360723110273	张剑	男	梅中	大余县池江镇新街上 999 号	江西传媒职业学院
16360723110274	张鑫	男	梅中	大余县新城镇樟树下村江孜上 25 号	江西应用科技学院
16360723110275	赵幸	男	梅中	大余县南安镇建桂街南潭里路 83 号	江西服装学院
16360723110276	肖燕	女	梅中	大余县南安镇新余村滩头 19 号	江西应用技术职业学院
16360723110277	杨子怡	女	梅中	大余县南安镇余西街建设路 15 号	江西传媒职业学院
16360723110278	张静	女	梅中	大余县池江镇新江村小溪西门	江西艺术职业学院
16360723110280	黄婷	女	梅中	大余县南安镇石桥下街波箕石路南安中学家属楼 2 单元 602 室	南京晓庄学院
16360723110281	刘柳	女	梅中	崇义县横水镇解放路 19 号附 10 号	江西艺术职业学院
16360723110282	刘琰	女	梅中	大余县南安镇余西街建设路 15 号	岭南师范学院
16360723110283	谢珊	女	梅中	大余县南安镇余西街北内路 24 号	江西艺术职业学院
16360723110284	叶丽	女	梅中	大余县南安镇新安村新安路 69 号	桂林电子科技大学信息科技学
16360723110285	钟家燕	女	梅中	大余县黄龙镇大合村茶园背组	江西农业工程职业学院
16360723110286	朱婷婷	女	梅中	大余县南安镇余东街金莲山路 37 号	贵州大学
16360723110287	刘华	女	梅中	大余县南安镇新余村大园里 126 号	赣南师范大学科技学院
16360723110289	黄伟平	男	梅中	大余县青龙镇青龙村马路上	吉首大学
16360723110290	赖正涛	男	梅中	大余县吉村镇上村村赖屋	南昌工学院
16360723110291	李德文	男	梅中	大余县池江镇池江村茶亭下	江西陶瓷工艺美术职业技术学
16360723110292	李楠山	男	梅中	大余县南安镇建设村马面	湘南学院
16360723110293	潘昌宏	男	梅中	大余县樟斗镇双伏村伞岭下	贵州大学
16360723110294	王达伟	男	梅中	大余县南安镇余西街建设路 22 号	江西艺术职业学院

续表 13

大余县 2016 年高考录取花名册

考生号	姓名	性别	报名点	户籍地址	录取院校
16360723110295	王青峰	男	梅中	大余县南安镇余西街建设路世纪花园 E 栋 1 单元 602 室	河池学院
16360723110296	王智伟	男	梅中	大余县南安镇东山街立新路 16 号	宜春学院
16360723110297	曾海峰	男	梅中	大余县南安镇东山街解放路 37 号	江西艺术职业学院
16360723110298	曾黄港星	男	梅中	大余县南安镇余东街人民路 24 号	江西科技师范大学
16360723110299	张文志	男	梅中	大余县南安镇新民村 8 组	太原师范学院
16360723110302	张吉新	男	梅中	大余县吉村镇吉村村新黄泥塘	江西洪州职业学院
16360723110304	郭建华	男	梅中	大余县内良乡石溪村巩坑组	江西环境工程职业学院
16360723110305	许磊	男	梅中	大余县南安镇余东街西华路 80 号	江西科技学院
16360723110307	刘峰	男	梅中	大余县内良乡石溪村湾头组	宜春学院
16360723110308	罗兰健	男	梅中	大余县南安镇余东街万圣巷 99 号	江西青年职业学院
16360723110309	钟良鸿	男	梅中	大余县南安镇梅山村毡帽丘 10 号	江西中医药高等专科学校
16360723110311	罗杨	男	梅中	大余县南安镇北门河街宝珠山路	江西洪州职业学院
16360723110313	刘崇琦	女	梅中	大余县南安镇余西街民主巷 49 号	凯里学院
16360723110314	刘作洵	女	梅中	大余县南安镇东山村窑下 31 号	吉安职业技术学院
16360723110315	袁梓馨	女	梅中	大余县南安镇新民村 1 组	湖南人文科技学院
16360723110316	谭文春	女	梅中	大余县南安镇新建村惜母 27 号	南昌师范学院
16360723110317	蒋彤	女	梅中	大余县南安镇新余村窑巷里 51 号	衡阳师范学院南岳学院
16360723110318	张艺	女	梅中	大余县南安镇余东街北外路 78 号	潍坊学院
16360723110319	刘佳丽	女	梅中	大余县新城镇王屋岭村叶屋西边 88 号	赣州师范高等专科学校
16360723110320	黄梦圆	女	梅中	江西省南康市凤岗镇天子地村卷坑 8 号	江西科技学院
16360723110321	游惠玲	女	梅中	大余县河洞乡东江村圩上组	景德镇陶瓷大学科技艺术学院
16360723110322	张瑞敏	女	梅中	大余县黄龙镇黄龙畲族村下街组	江西陶瓷工艺美术职业技术学
16360723110323	肖莹	女	梅中	大余县南安镇新余村滩头 95 号	江西陶瓷工艺美术职业技术学
16360723110324	蔡军	男	梅中	大余县南安镇北门河街水库里路 93 号	江西应用科技学院
16360723110325	李中庭	男	梅中	大余县池江镇石桥头 999 号	四川文理学院
16360723110326	曾杰	男	梅中	大余县南安镇东山街东公路 20 号	江西陶瓷工艺美术职业技术学
16360723110327	彭旺	男	梅中	大余县南安镇建桂街城上路 11 号	江西泰豪动漫职业学院
16360723110328	阮翔富	男	梅中	大余县南安镇余东街金莲山路 69 号	佳木斯大学

续表 13　　大余县 2016 年高考录取花名册

考生号	姓名	性别	报名点	户籍地址	录取院校
16360723110329	刘文山	男	梅中	大余县南安镇建桂街良种场 1 组	景德镇陶瓷大学科技艺术学院
16360723110330	董显炳	男	梅中	大余县南安镇建桂街建雄路 9 号	江西师范大学科学技术学院
16360723110331	刘志豪	男	梅中	大余县池江镇团结村曲潭小村	赣南师范大学
16360723110332	钟庆	男	梅中	大余县南安镇余西街建设路 56 号	江西艺术职业学院
16360723110333	朱樟生	男	梅中	大余县左拔镇大江村横坑组 2 号	贵州民族大学人文科技学院
16360723110334	李文昊	男	梅中	大余县南安镇余东街人民路 4 号	江西科技学院
16360723110335	李宁	男	梅中	大余县黄龙镇灵潭村竹窝里组	凯里学院
16360723110337	童凌	男	梅中	大余县南安镇东山街解放路恒福楼 2 单元 202 室	景德镇学院
16360723110338	何泳德	男	梅中	大余县南安镇东山街塘前直路 75 号	江西艺术职业学院
16360723110339	徐嘉涵	男	梅中	大余县荡坪钨矿半边山坑口选厂	江西应用技术职业学院
16360723110341	危平	男	梅中	大余县南安镇建桂街新安路顺发楼 2 单元 302 室	江西洪州职业学院
16360723110343	邓盛杰	男	梅中	大余县南安镇余西街上河边路 13 号	江西农业工程职业学院
16360723110344	张家斌	男	梅中	大余县南安镇余西街坝上路 35 号	上饶师范学院
16360723110347	冯淋	女	梅中	大余县南安镇东山街牡丹商城 2 号楼 1 单元 502 室	江西财经职业学院
16360723110348	傅燕贞	女	梅中	大余县南安镇余东街北外路大公殿 27 号	江西工业职业技术学院
16360723110349	钟庆香	女	梅中	大余县黄龙镇大合村新屋里组	赣州师范高等专科学校
16360723110350	董娟	女	梅中	大余县黄龙镇黄龙畲族村马路上组	江西环境工程职业学院
16360723110352	吴其珍	女	梅中	大余县南安镇余东街胜利北路 524 号	赣州师范高等专科学校
16360723110353	李京萍	女	梅中	大余县南安镇余西街北内路 7 号楼 6 单元 101 室	南昌师范学院
16360723110354	刘钦	女	梅中	大余县南安镇余东街万圣巷车站集资楼 402 号	南昌师范高等专科学校
16360723110356	黄雅琦	女	梅中	崇义县铅厂镇义安村黄泥排组 17 号附 2 号	安徽工程大学
16360723110357	刘芸	女	梅中	大余县南安镇余东街天主岭路 9 号	江西科技学院
16360723110358	肖欢	女	梅中	大余县南安镇余东街园傍路花园大厦 1 单元 301 室	南昌工学院
16360723110359	魏明珠	女	梅中	大余县内良乡内良村新屋组	郑州轻工业学院
16360723110360	李玲	女	梅中	大余县南安镇新民村 4 组	江西科技师范大学
16360723110361	戴君婷	女	梅中	大余县新城镇贸易路 35 号	黄冈师范学院
16360723110362	邱艳梅	女	梅中	大余县南安镇建桂街新建路 17 号	江西外语外贸职业学院
16360723110363	刘先珺	女	梅中	大余县南安镇东山街塘前直路 16 号	贵州民族大学

续表 13 大余县 2016 年高考录取花名册

考生号	姓名	性别	报名点	户籍地址	录取院校
16360723110364	王敏	女	梅中	大余县吉村镇游仙村新岗头	江西服装学院
16360723110365	朱红	女	梅中	大余县内良乡内良村谢屋场组	江西艺术职业学院
16360723110367	王勇棋	男	梅中	大余县南安镇石桥下街方屋塘路 10 号	江西泰豪动漫职业学院
16360723110368	陈楠天	男	梅中	大余县南安镇余西街建设路 49 号	南华大学
16360723110369	林腾龙	男	梅中	大余县南安镇余东街西华路 12 号	江西科技学院
16360723110370	沈明亮	男	梅中	大余县新城镇桥西村车上 56 号	赣州师范高等专科学校
16360723110371	肖杨	男	梅中	大余县南安镇余西街牡丹苑商贸中心 C2 栋 203 号	南昌工学院
16360723110372	陈罗	男	梅中	大余县南安镇余西街建设路 23 号	江西泰豪动漫职业学院
16360723110373	廖勇弘	男	梅中	大余县南安镇北门河街建安路 299 号	凯里学院
16360723110375	何人杰	男	梅中	大余县南安镇建桂街新建路 56 号	太原师范学院
16360723110376	吴嘉城	男	梅中	大余县池江镇新街上 999 号	江西科技职业学院
16360723110378	蔡联强	男	梅中	大余县南安镇石桥下街楼子下路 17 号	赣南师范大学科技学院
16360723110380	李志凌	男	梅中	大余县南安镇建桂街富横路 20 号	江西建设职业技术学院
16360723110381	李锴	男	梅中	大余县南安镇余西街西华路 26 号	南昌理工学院
16360723110382	刘榆安	男	梅中	大余县南安镇石桥下街石桥下路福隆楼 4 单元 302 室	赣南师范大学科技学院
16360723110383	罗凯强	男	梅中	章贡区青年路 11 号	江西中医药高等专科学校
16360723110384	陈勇强	男	梅中	大余县南安镇余西街建设路 41 号	宜春学院（服务外包类）
16360723110385	黄浩宸	男	梅中	大余县南安镇东山街解放路 112 号	东华理工大学
16360723110386	周翔	男	梅中	大余县荡坪钨矿矿部一管区小学边	南京旅游职业学院
16360723110387	戚纬莉	女	梅中	大余县南安镇石桥下街楼子下路 16 号	江西应用技术职业学院
16360723110388	夏泉冰	女	梅中	大余县南安镇余东街胜利北路 312 号	江西财经职业学院
16360723110389	刘丹	女	梅中	大余县南安镇石桥下街上田心路华瑞花园 A 座 1 单元 502 室	景德镇学院
16360723110390	高榕棋	女	梅中	大余县南安镇建桂街新安路 13 号	江西工业工程职业技术学院
16360723110391	陈芳慧	女	梅中	大余县南安镇余东街金莲山路 138 号	河北美术学院
16360723110393	阳荣	女	梅中	大余县南安镇余东街天主岭路 38 号	江西陶瓷工艺美术职业技术学
16360723110394	徐悦	女	梅中	大余县南安镇建桂街新安路 240 号	宁波城市职业技术学院
16360723110395	蓝广予	男	梅中	大余县青龙镇元龙村下棚	景德镇学院
16360723110396	牛浩丞	男	梅中	大余县南安镇北门河街北门河路 154 号	陕西师范大学
16360723110397	廖梓杰	男	梅中	大余县南安镇北门河街北门河路 335 号	西南民族大学

续表 13　　大余县 2016 年高考录取花名册

考生号	姓名	性别	报名点	户籍地址	录取院校
16360723110398	蒙宇	男	梅中	大余县南安镇余东街金莲山路 21 号	江西环境工程职业学院
16360723110399	李家祥	男	梅中	大余县南安镇新珠村莲棚	江西机电职业技术学院
16360723110400	蔡家鑫	男	梅中	大余县南安镇余西街建设路 23 号	江西科技学院
16360723110401	刘祥林	男	梅中	大余县南安镇新余村大杉岭 44 号	江西环境工程职业学院
16360723110403	廖文权	男	梅中	大余县南安镇余西街三酉路 45 号	江西科技学院
16360723110405	韩福嘉	男	梅中	大余县南安镇余西街胜利路 62 号	江西应用技术职业学院
16360723110406	殷明昊	男	梅中	大余县南安镇北门河街玉枕山东路 5 号	江西司法警官职业学院
16360723110408	麦晓荣	男	梅中	大余县南安镇余西街建设路 13 号	江西环境工程职业学院
16360723110409	李世权	男	梅中	大余县南安镇余东街北外路 15 号	江西财经职业学院
16360723110415	谢佳	女	梅中	大余县漂塘钨矿矿部一段 15 号	江西环境工程职业学院
16360723110416	李莎	女	余中	大余县新城镇白田埠村李屋 14 号	赣州师范高等专科学校
16360723110417	吴春芳	女	余中	大余县新城镇莲塘村下屋孜 32 号	宜春幼儿师范高等专科学校
16360723110418	汤华丽	女	余中	大余县河洞乡长岭村横木坑组	景德镇学院
16360723110419	吴倩	女	余中	大余县南安镇新珠村河上组	江西卫生职业学院
16360723110420	李玲	女	余中	大余县新城镇白田埠村李屋 40 号	宜春幼儿师范高等专科学校
16360723110421	叶思淇	女	余中	大余县南安镇余西街建设路 22 号	南昌大学
16360723110422	方霞	女	余中	大余县浮江乡车里村枫树潭 16 号	江西现代职业技术学院
16360723110423	罗宁	女	余中	大余县吉村镇游仙村罗屋	宜春幼儿师范高等专科学校
16360723110425	袁梓萌	女	余中	大余县南安镇新民村 1 组	湖南人文科技学院
16360723110426	杨信	女	余中	大余县南安镇余东街胜利北路 304 号	赣南师范大学
16360723110427	刘玉琳	女	余中	大余县南安镇余西街民主巷 86 号	广东技术师范学院天河学院
16360723110428	刘泳兰	女	余中	大余县池江镇大路上 999 号	上海杉达学院
16360723110430	王静	女	余中	大余县南安镇北门河街胜利北路 11 号	贵州师范大学
16360723110431	蓝斌	男	余中	大余县南安镇北门河街南安大道世纪广场 6 栋 2 单元 403 室	常熟理工学院
16360723110433	邱鑫	男	余中	大余县南安镇北门河街西华路 433 号	南昌工程学院
16360723110434	张宏毅	男	余中	大余县南安镇余西街建设路世纪花园 C 栋 2 单元 102 室	江西生物科技职业学院
16360723110435	欧金健	男	余中	广西昭平县五将镇庆安村铁炉组 58 号	河北工程大学
16360723110436	刘建敏	男	余中	大余县南安镇余西街万寿巷 1 号	江西师范大学科学技术学院

续表 13　　大余县 2016 年高考录取花名册

考生号	姓名	性别	报名点	户籍地址	录取院校
16360723110438	王和峰	男	余中	大余县南安镇建桂街富横路金福楼 3 单元 502 室	武汉音乐学院
16360723110441	阳胜	男	余中	大余县吉村镇中村村老中村	江西服装学院
16360723110444	刘丽媛	女	余中	大余县新城镇王屋岭村寺背 65 号	江西财经职业学院
16360723110446	罗祺	女	余中	大余县左拔镇左拔村左溪一组 23 号	宜春幼儿师范高等专科学校
16360723110447	何佳璇	女	余中	大余县南安镇余西街万寿巷 14 号	贵州大学
16360723110448	李燕花	女	余中	大余县青龙镇青龙村下长岭头	江西艺术职业学院
16360723110449	李睿敏	女	余中	大余县南安镇石桥下街打船坝路 14 号	江西师范大学
16360723110450	刘彦琪	女	余中	大余县新城镇新城村关上 3 号	上饶师范学院
16360723110451	刘俞瑾	女	余中	大余县南安镇北门河街西华路 50 号	天津工业大学
16360723110453	郭欣怡	女	余中	大余县南安镇建桂街新安路 116 号	景德镇陶瓷大学
16360723110454	王禹	女	余中	大余县河洞乡河洞村苏衣丘组	吉林工程技术师范学院
16360723110455	杨涛	男	余中	大余县南安镇新民村 10 组	湖北工业大学
16360723110458	谭运优	男	余中	大余县樟斗镇双伏村谭屋	江西旅游商贸职业学院
16360723110459	谢丽远	男	余中	大余县池江镇团结村曲潭岭下	江西制造职业技术学院
16360723110460	刘俊	男	余中	大余县南安镇余东街南安大道农信社家属楼 402 室	齐鲁理工学院
16360723110461	林昊	男	余中	大余县南安镇北门河街玉枕山东路 110 号	长春师范大学
16360723110462	郭家隽	男	余中	大余县南安镇余东街西华路 13 号	长江师范学院
16360723110463	钟家乐	男	余中	大余县浮江乡浮江村下坪 14 号	江西工程学院
16360723110465	曾鸿	男	余中	大余县南安镇余东街金莲山路 138 号	江西财经职业学院
16360723110466	邹小玲	女	余中	大余县南安镇余东街北外路大公殿 173 号	南昌大学
16360723110467	李淑娟	女	余中	大余县黄龙镇头塘村李村组	江西师范大学
16360723110468	卢璐璐	女	余中	大余县池江镇卢屋村礼堂门口	赣南师范大学
16360723110469	钟云崴	女	余中	大余县南安镇余东街金莲山路 91 号	南昌航空大学
16360723110470	陈豆豆	女	余中	大余县青龙镇二塘村黄竹岭 1 号	江西警察学院
16360723110472	苏怡	女	余中	大余县青龙镇青龙村鸭子垅	九江学院
16360723110473	叶海华	女	余中	大余县南安镇北门河街玉枕山东路 43 号	赣南师范大学科技学院
16360723110474	肖婷婷	女	余中	大余县南安镇东山街东公路 30 号	上饶师范学院
16360723110475	李嘉敏	女	余中	大余县南安镇余西街坝上路 69 号	南昌大学科学技术学院
16360723110476	夏淑红	女	余中	大余县池江镇庄下村老夏屋	上饶师范学院

续表 13

大余县 2016 年高考录取花名册

考生号	姓名	性别	报名点	户籍地址	录取院校
16360723110478	傅瑶	女	余中	大余县南安镇余东街金莲山路 32 号	江西中医药大学
16360723110479	李颖慧	女	余中	大余县新城镇新城村田良下 99 号	湖南农业大学
16360723110480	蔡悦	女	余中	大余县南安镇北门河街玉枕山东路 49 号	华东交通大学理工学院
16360723110481	郑河英	女	余中	大余县内良乡尧扶村黄泥坝组	江西师范大学
16360723110482	黄志睿	女	余中	大余县青龙镇双联村寨下垅 1 号	井冈山大学
16360723110483	刘洛雪	女	余中	大余县池江镇新江村新池江东街	上海海洋大学
16360723110484	范亚轩	女	余中	大余县浮江乡浮江村石龙头 24 号	江西中医药大学科技学院
16360723110485	叶年华	女	余中	大余县池江镇池江村下围孜	江西中医药大学
16360723110486	朱盛荣	女	余中	大余县南安镇东山街解放路 31 号	南昌师范高等专科学校
16360723110487	谢芳	女	余中	大余县左拔镇左拔村左溪二组 3 号	宜春学院
16360723110488	彭琳	女	余中	大余县黄龙镇黄龙畲族村中州坝组	萍乡学院
16360723110489	姚源	女	余中	大余县樟斗镇双伏村桥头	宜春学院
16360723110491	康玉玲	女	余中	大余县南安镇余西街建设路 23 号	南昌理工学院
16360723110492	许鸿云	女	余中	大余县南安镇余东街万圣巷公安局集资楼二栋 101 室	赣州师范高等专科学校
16360723110493	聂瑶	女	余中	大余县内良乡内良村张屋坝组	萍乡学院
16360723110494	钟鑫	女	余中	大余县池江镇竹园里 999 号	湖北生态工程职业技术学院
16360723110495	吴世婷	女	余中	大余县南安镇新珠村河上	南昌理工学院
16360723110496	刘玉婷	女	余中	大余县新城镇新城村大小岭 2 号	江西师范大学科学技术学院
16360723110499	陈方园	女	余中	大余县南安镇北门河街水库里路段上 11 号	江西生物科技职业学院
16360723110501	蓝玲	女	余中	大余县池江镇九水村蓝屋	江西科技师范大学理工学院
16360723110502	朱志娟	女	余中	大余县池江镇长江村长江圩背	江西司法警官职业学院
16360723110503	李志萍	女	余中	大余县新城镇白田埠村李屋 47 号	江西中医药大学科技学院
16360723110504	刘学薇	女	余中	大余县浮江乡竹木村新村 27 号	江西外语外贸职业学院
16360723110505	吴泽宇	女	余中	大余县南安镇建桂街新建路 51 号	江西现代职业技术学院
16360723110506	何琦	女	余中	大余县新城镇王屋岭村乌石下小组 22 号	江西科技学院
16360723110508	刘佳天仪	女	余中	大余县南安镇余西街万寿巷 11 号	赣南师范大学科技学院
16360723110509	刘嘉异	女	余中	大余县南安镇石桥下街水口寺路 59 号	江西环境工程职业学院
16360723110510	甘佳楠	女	余中	江西省吉安市永新县禾川镇民主街 19 号	郑州工商学院
16360723110512	刘婷	女	余中	大余县南安镇北门河街水库里路段上 3 号	江西工业职业技术学院

续表 13　　大余县 2016 年高考录取花名册

考生号	姓名	性别	报名点	户籍地址	录取院校
16360723110513	邱鹃	女	余中	大余县南安镇石桥下街水口寺路 82 号	中原工学院
16360723110514	刘芳齐	男	余中	大余县南安镇石桥下街波箕石路福泰楼 7 单元 501 室	景德镇学院
16360723110515	张林希	男	余中	大余县南安镇余东街人民路 6 号	武汉音乐学院
16360723110516	钟春林	男	余中	大余县黄龙镇大合村河边组	江西科技学院
16360723110517	黄杰	男	余中	大余县南安镇梅山村乱石布 44 号	南昌大学
16360723110518	刘小丰	男	余中	大余县南安镇余东街下河边路 1 号	江苏师范大学
16360723110519	许良健	男	余中	大余县南安镇北门河街建安路 222 号	中国传媒大学南广学院
16360723110520	王泽齐	男	余中	大余县池江镇同心村杨屋孜	南京信息职业技术学院
16360723110522	吕剑	男	余中	大余县浮江乡竹木村矮孜下 27 号	南昌理工学院
16360723110523	薛景兴	男	余中	大余县新城镇樟树下村薛屋 12 号	江西航空职业技术学院
16360723110524	陈世翔	男	余中	大余县南安镇东山街东公路 541 号	江西外语外贸职业学院
16360723110525	周云飞	男	余中	大余县南安镇东山街井孜头路 3 号	东华理工大学
16360723110526	刘峥	男	余中	大余县南安镇余西街牡丹苑 C9 栋 202 室	江西科技学院
16360723110528	彭倩	女	余中	大余县南安镇建桂街城上路 11 号	南昌大学
16360723110530	朱慧玲	女	余中	大余县新城镇店孜里村朱屋 34 号	南昌航空大学
16360723110531	徐荣	女	余中	大余县池江镇新街上 999 号	上饶师范学院
16360723110532	王志萍	女	余中	大余县池江镇杨梅村杨梅十一组	九江学院
16360723110533	曾艳	女	余中	大余县南安镇余东街东直路 2 号	南昌师范学院
16360723110534	李香莲	女	余中	大余县青龙镇二塘村甫背	萍乡学院
16360723110535	叶春韵	女	余中	大余县吉村镇游仙村大坑口	赣南师范大学
16360723110536	叶莉清	女	余中	大余县新城镇桥西村桥西 41 号	南昌大学科学技术学院
16360723110537	卢燕	女	余中	大余县池江镇九水村鸳鸯棚	上饶师范学院
16360723110538	吴梦霞	女	余中	大余县池江镇新江村寨下	江西农业大学南昌商学院
16360723110539	蓝萍	女	余中	大余县内良乡白井村上排坑组	中南林业科技大学
16360723110540	温颖	女	余中	大余县南安镇北门河街西华路 829 号	江西科技师范大学理工学院
16360723110541	刘可欣	女	余中	大余县新城镇京州村下屋 56 号	江西师范大学科学技术学院
16360723110542	谢秋香	女	余中	大余县池江镇坳上村谢屋	江西科技学院
16360723110543	廖余丹	女	余中	大余县南安镇新华村坳头 52 号	上饶师范学院
16360723110544	袁晨	女	余中	大余县南安镇石桥下街下田心路邮电大楼 3 栋 B 座 603 室	江西师范高等专科学校

续表 13

大余县 2016 年高考录取花名册

考生号	姓名	性别	报名点	户籍地址	录取院校
16360723110545	李红婷	女	余中	大余县河洞乡河洞村坪乐组	江西科技师范大学理工学院
16360723110546	赖翠萍	女	余中	大余县新城镇观路村岗孜头 21 号	赣南医学院
16360723110547	刘紫裕	女	余中	大余县新城镇灌湖村塔下 25 号	赣南师范大学
16360723110548	谢京珍	女	余中	大余县黄龙镇头塘村大理组	南昌师范高等专科学校
16360723110549	夏倩	女	余中	大余县池江镇庄下村老夏屋	南昌师范学院
16360723110550	谭常剑	女	余中	大余县浮江乡浮江村章江 6 号	中山大学新华学院
16360723110551	刘柠溪	女	余中	大余县南安镇东山街塘前直路 4 号	南昌大学共青学院
16360723110552	杨霞	女	余中	大余县南安镇余西街建设路鑫福苑 B 栋 3 单元 302 室	江西理工大学
16360723110553	温瑜惠	女	余中	大余县南安镇余东街西华路 15 号	南昌师范学院
16360723110554	黄润红	女	余中	大余县浮江乡洪水寨村珠洞 43 号	江西环境工程职业学院
16360723110555	王明凤	女	余中	大余县池江镇杨梅村杨梅十一组	萍乡学院
16360723110557	陈礼焕	女	余中	大余县青龙镇联合村下小水	南昌师范高等专科学校
16360723110558	蔡延霖	女	余中	大余县南安镇石桥下街石桥下路福安楼 6 单元 201 室	江苏经贸职业技术学院
16360723110559	沈岩萍	女	余中	大余县吉村镇满埠村青草乘	南昌理工学院
16360723110560	胡璨	女	余中	大余县南安镇余西街三酉路 71 号	湖南大众传媒职业技术学院
16360723110561	蓝雨琴	女	余中	大余县黄龙镇黄龙畲族村兰屋棚下组	九江学院
16360723110563	董政男	女	余中	大余县黄龙镇黄龙畲族村马路上组	山西师范大学
16360723110564	方卉	女	余中	江西省南康市蓉江街道办事处蓉江中路 5 号	江西科技师范大学
16360723110565	曹文霞	女	余中	大余县南安镇余东街人民路 5 号	萍乡学院
16360723110566	朱雨涵	女	余中	大余县南安镇余东街金莲山路 91 号	赣南师范大学
16360723110567	钟琪	女	余中	大余县池江镇团结村钟村	河北美术学院
16360723110568	张子墨	女	余中	大余县南安镇东山街井孜头路 185 号	宜春学院
16360723110569	吕圆	女	余中	大余县浮江乡浮江村老屋 8 号	曲阜师范大学
16360723110570	张芬	女	余中	大余县左拔镇左拔村左溪二组 26 号	江西外语外贸职业学院
16360723110571	屈涛	女	余中	大余县南安镇石桥下街楼子下路 1 号	平顶山学院
16360723110572	董义	男	余中	大余县黄龙镇黄龙畲族村劣巷组	江西外语外贸职业学院
16360723110573	吴礼坤	男	余中	大余县南安镇余东街人民路 4 号	上海大学
16360723110574	邓海方	男	余中	大余县池江镇长江村长江圩上	景德镇陶瓷大学
16360723110575	黄坤	男	余中	大余县南安镇北门河街白石寺路 35 号	赣南师范大学

续表 13

大余县 2016 年高考录取花名册

考生号	姓名	性别	报名点	户籍地址	录取院校
16360723110576	谢优华	男	余中	大余县南安镇余西街西华路 22 号	九江学院
16360723110577	魏溢璇	男	余中	大余县南安镇余西街建设路 76 号	景德镇陶瓷大学
16360723110578	雷雨鹏	男	余中	大余县青龙镇赤江村虎眼山	江西理工大学应用科学学院
16360723110579	朱书彪	男	余中	大余县樟斗镇横江村水角上	江西师范大学
16360723110580	邬震光	男	余中	大余县南安镇东山村五羊滩	赣南师范大学科技学院
16360723110581	李芳作	男	余中	大余县南安镇新余村滩头 107 号	江西理工大学应用科学学院
16360723110582	董轩	男	余中	大余县南安镇东山街塘前直路 75 号	赣南师范大学科技学院
16360723110583	徐林源	男	余中	大余县池江镇同心村徐屋	江西师范大学科学技术学院
16360723110584	王凯	男	余中	大余县池江镇高林村新屋里	九江学院
16360723110585	吴禛	男	余中	大余县池江镇长潭面 999 号	景德镇学院
16360723110586	蒋雅琳	女	余中	大余县南安镇余东街胜利北路 76 号	江西理工大学
16360723110587	黄婷	女	余中	大余县池江镇板棚村板棚下	井冈山大学
16360723110588	刘淑珍	女	余中	大余县池江镇团结村曲潭小村	九江学院
16360723110589	梁姝婷	女	余中	大余县池江镇坳上村山足下	南昌工程学院
16360723110590	李菁	女	余中	大余县新城镇新城村窑下 80 号	赣南师范大学
16360723110591	谢清旭	女	余中	大余县南安镇东山村沙江坝 40 号	江西科技师范大学
16360723110592	王诗琴	女	余中	大余县吉村镇解放村上水角	江西中医药大学
16360723110593	黄钦	女	余中	大余县青龙镇平岗村地背上	九江学院
16360723110594	王海象	女	余中	大余县池江镇杨梅村杨梅十三组	三峡大学科技学院
16360723110595	王嘉曦	女	余中	大余县南安镇余东街南安大道乡企局家属楼 105 室	九江学院
16360723110597	蔡玉婷	女	余中	大余县新城镇水西村水西 46 号	江西理工大学应用科学学院
16360723110598	肖云	女	余中	大余县南安镇余东街金莲山路 139 号	赣南师范大学
16360723110599	李颖	女	余中	大余县黄龙镇头塘村叶坑组	江西理工大学应用科学学院
16360723110600	袁敏	女	余中	大余县青龙镇同盟村拱上	上饶师范学院
16360723110601	黄春艳	女	余中	大余县黄龙镇灵潭村庙背岭组	华东交通大学理工学院
16360723110603	李敏	女	余中	大余县南安镇余东街北外路 121 号	赣南医学院
16360723110604	赖梅梅	女	余中	大余县南安镇建桂街建桂路 61 号	南昌师范高等专科学校
16360723110605	邱红萍	女	余中	大余县青龙镇青龙村新狮子口	南昌大学
16360723110606	朱奕美	女	余中	大余县南安镇东山街东公路 33 号	九江学院

续表 13　　大余县 2016 年高考录取花名册

考生号	姓名	性别	报名点	户籍地址	录取院校
16360723110607	宋玲	女	余中	大余县南安镇余东街万圣巷 15 号	九江学院
16360723110609	龙艳	女	余中	大余县吉村镇游仙村老岗头	上饶师范学院
16360723110611	邱艳	女	余中	大余县青龙镇赤江村田营里	江苏师范大学科文学院
16360723110612	王慧珍	女	余中	大余县池江镇中心街 999 号	九江学院
16360723110613	刘志玲	女	余中	大余县南安镇北门河街玉枕山东路 5 号	南昌航空大学科技学院
16360723110614	周艺	女	余中	大余县池江镇长江村南坝	南昌师范高等专科学校
16360723110615	唐玲	女	余中	大余县南安镇余西街建设路 24 号	南京医科大学康达学院
16360723110616	郭聪	女	余中	大余县青龙镇二塘村郭屋坝	九江学院
16360723110617	李悦	女	余中	大余县南安镇余东街胜利路 10 号	南昌大学人民武装学院
16360723110618	曹甜甜	女	余中	大余县南安镇余西街坝上路原酒厂 601 室	江西工程学院
16360723110620	王淑琼	女	余中	大余县南安镇东山村窑下 8 号	南昌大学
16360723110621	曾凡菁	女	余中	大余县新城镇合江村邓坑 7 号	江西中医药大学
16360723110623	肖羽	女	余中	大余县南安镇余西街建设路 14 号	南昌师范高等专科学校
16360723110624	陈琳	女	余中	大余县青龙镇赤江村戏坪	江西外语外贸职业学院
16360723110625	谢冰倩	女	余中	大余县南安镇余东街菜市路 14 号	武汉音乐学院
16360723110626	蓝添	男	余中	大余县青龙镇元龙村下棚	三峡大学
16360723110627	吴传淦	男	余中	大余县南安镇新民村 11 组	景德镇学院
16360723110628	邓超	男	余中	大余县内良乡内良村圩上组	中国美术学院
16360723110629	王宇晗	男	余中	大余县池江镇同心村杨屋孜	南昌大学
16360723110630	朱兆科	男	余中	大余县青龙镇二塘村社管桥	华北理工大学
16360723110631	肖垂强	男	余中	大余县南安镇新余村滩头 61 号	井冈山大学
16360723110632	袁方	男	余中	大余县池江镇圩镇居委会塘前直路 999 号	江西警察学院
16360723110633	叶丰秋	男	余中	大余县河洞乡金坪村黄金寮组	赣南医学院
16360723110634	蓝涛	男	余中	大余县南安镇余东街三岔路口 20 号	江西中医药大学
16360723110635	张旭	男	余中	大余县南安镇余西街建设路世纪花园 B 栋 2 单元 201 室	江西科技学院
16360723110636	吴宇	男	余中	大余县南安镇梅山村岔下 9 号	江西师范大学
16360723110637	陈飞	男	余中	大余县池江镇长江村寨上	九江学院
16360723110638	刘汉兴	男	余中	大余县池江镇板棚村城堂上门	江西工程职业学院
16360723110640	刘隆桂	男	余中	大余县新城镇新城村细小岭 9 号	常州大学怀德学院
16360723110641	黄霖波	男	余中	大余县池江镇兰西村忠信堂	江西工程职业学院

续表 13　　大余县 2016 年高考录取花名册

考生号	姓名	性别	报名点	户籍地址	录取院校
16360723110642	蓝飞	男	余中	大余县南安镇北门河街世纪广场 3 栋 1 单元 601 室	九江职业技术学院
16360723110643	郭立靖	男	余中	大余县南安镇东山街寺前塘路 47 号	江西环境工程职业学院
16360723110644	王阳	男	余中	大余县池江镇杨梅村杨梅二组	九江学院
16360723110646	李佳珊	女	余中	大余县南安镇余东街荡坪北路 34 号	江西师范大学
16360723110647	聂真阳	女	余中	大余县内良乡白井村茶头壹组	江西科技师范大学
16360723110648	廖颖欢	女	余中	大余县新城镇樟树下村新屋里 37 号	新余学院
16360723110649	陈星	女	余中	大余县南安镇余东街陆安亭百户村 403 号	赣南师范大学
16360723110650	周媛	女	余中	大余县黄龙镇壕塘村石背坑组	江西服装学院
16360723110651	刘艳	女	余中	大余县南安镇新珠村河上组	九江学院
16360723110652	欧夏颖	女	余中	大余县南安镇建桂街中康路 15 号	赣南师范大学
16360723110653	吴京	女	余中	大余县池江镇兰西村下街	江西中医药大学科技学院
16360723110654	朱颖	女	余中	大余县池江镇杨梅村杨梅十二组	安徽科技学院
16360723110655	李应连	女	余中	大余县黄龙镇叶墩村下坝组	武汉传媒学院
16360723110656	邱荟	女	余中	大余县南安镇东山街牡丹商城 6 号楼 2 单元 503 室	江西师范大学
16360723110657	黄义婷	女	余中	大余县黄龙镇叶墩村上边组	江西科技学院
16360723110659	邱淑英	女	余中	大余县黄龙镇叶墩村小背组	宜春学院
16360723110660	邹丽娟	女	余中	大余县青龙镇平岗村园岭头	萍乡学院
16360723110661	刘艳	女	余中	大余县新城镇京州村下屋 63 号	江西旅游商贸职业学院
16360723110662	卢倩倩	女	余中	大余县池江镇九水村鸳鸯棚	江西农业大学南昌商学院
16360723110664	赖荣娟	女	余中	大余县黄龙镇叶墩村上屋组	赣南师范大学
16360723110665	邓美娟	女	余中	大余县池江镇池江村瑶背上	景德镇陶瓷大学科技艺术学院
16360723110666	陈蕾鹦	女	余中	大余县南安镇建桂街许家巷 8 号	江西理工大学应用科学学院
16360723110667	陈莉	女	余中	崇义县麟潭乡石下村鸬鹚嘴组	江西师范大学科学技术学院
16360723110668	张婷	女	余中	大余县池江镇池江村柯树下	江西财经大学现代经济管理学
16360723110669	黄志英	女	余中	大余县青龙镇双联村寨下垅	常州工程职业技术学院
16360723110670	钟勇	女	余中	江西省南康市大坪乡中坌村下元坑 12 号	江西环境工程职业学院
16360723110671	朱筱蕾	女	余中	大余县南安镇建桂街新建路 42 号	宜春幼儿师范高等专科学校
16360723110672	胡晓菲	女	余中	大余县南安镇北门河街北门河路 78 号	九江职业大学

续表 13

大余县 2016 年高考录取花名册

考生号	姓名	性别	报名点	户籍地址	录取院校
16360723110673	蒙瑶	女	余中	大余县青龙镇青龙村鸭子垅	江西科技师范大学理工学院
16360723110674	许芷涵	女	余中	大余县南安镇余西街建设路 22 号	北京理工大学珠海学院
16360723110675	刘桂丹	女	余中	大余县南安镇花园村雷公塘	景德镇学院
16360723110677	曹瀛之	女	余中	大余县南安镇余东街万圣巷 189 号	江西科技学院
16360723110680	钟琼	女	余中	大余县黄龙镇黄龙畲族村马路上组	江西外语外贸职业学院
16360723110681	许丽萍	女	余中	大余县浮江乡竹木村塘先 17 号	江西外语外贸职业学院
16360723110682	刘文妍	女	余中	江西省南康市潭口镇江坝村下屋 41 号	南昌工程学院
16360723110683	殷洁	女	余中	大余县黄龙镇黄龙畲族村中州坝组	景德镇学院
16360723110684	吴彦欣	女	余中	大余县新城镇莲塘村谢背丘 15 号	景德镇陶瓷大学
16360723110686	廖晓红	女	余中	大余县南安镇梅山村毡帽丘 21 号	绍兴文理学院
16360723110687	叶沁芸	女	余中	大余县南安镇余东街金莲山路 138 号	西安音乐学院
16360723110688	刁业庭	女	余中	大余县南安镇余东街金莲山路 74 号	赣南师范大学
16360723110689	赖雨芳	女	余中	大余县南安镇北门河街水库里路 29 号	江西艺术职业学院
16360723110690	兰燕萍	女	余中	大余县池江镇大路上 999 号	江西外语外贸职业学院
16360723110691	蔡祺	女	余中	大余县新城镇水西村隘下 35 号	江西司法警官职业学院
16360723110692	卢普仁	男	余中	大余县青龙镇赤江村鹧鸪山	江西师范大学
16360723110693	何家彬	男	余中	大余县池江镇高林村羊前鸭子树下	南昌大学
16360723110695	胡柯	男	余中	大余县南安镇余东街西华路 79 号	江西中医药大学
16360723110697	吴肇伟	男	余中	大余县新城镇莲塘村西边 75 号	赣南师范大学科技学院
16360723110700	王义祯	男	余中	大余县池江镇池江村柯树头下	集美大学诚毅学院
16360723110701	潘文东	男	余中	大余县池江镇新街上 999 号	江西科技职业学院
16360723110702	邱钧桃	男	余中	大余县青龙镇青龙村老狮子口	江西科技学院
16360723110703	刘志雄	男	余中	大余县青龙镇青龙村中街	江西科技学院
16360723110704	叶绪芳	男	余中	大余县吉村镇右源村长井	江西中医药高等专科学校
16360723110706	李敏佳	女	余中	大余县南安镇北门河街西门外路 49 号	华东政法大学
16360723110707	黄三笑	女	余中	大余县南安镇石桥下街波箕石路 21 号	北京林业大学
16360723110708	刘明苑	女	余中	大余县吉村镇上村村刘屋	江西财经大学
16360723110709	刘昱汝	女	余中	大余县南安镇余东街园傍路 5 号	上海外国语大学
16360723110710	李珊	女	余中	大余县南安镇东山街东公路菜园里 42 号	江西财经大学
16360723110711	吴福兰	女	余中	大余县新城镇新城村主水 66 号	江西财经大学

续表 13

大余县 2016 年高考录取花名册

考生号	姓名	性别	报名点	户籍地址	录取院校
16360723110712	邓秋怡	女	余中	大余县南安镇大余钴冶炼分厂 9 栋	广东金融学院
16360723110713	刘闺青	女	余中	大余县黄龙镇长胜村黄溪坝组	上海理工大学
16360723110714	赖蕾	女	余中	大余县吉村镇上村村赖屋	江西财经大学
16360723110715	何文军	女	余中	大余县南安镇余东街西华路 10 号	东华理工大学
16360723110716	蔡秋松	女	余中	大余县南安镇北门河街金莲山大道 5 号地段 3 栋	江西警察学院
16360723110717	钟慧珍	女	余中	大余县青龙镇赤江村下街	江西师范大学
16360723110718	赵本琪	女	余中	大余县南安镇东山街东公路 70 号	江西师范大学
16360723110719	黄洋	女	余中	大余县南安镇北门河街西华路 50 号	上海理工大学
16360723110720	陈婷	女	余中	大余县南安镇余西街坝上路 79 号	江西师范大学
16360723110721	朱婷	女	余中	大余县南安镇建设村耙泥脑	江西师范大学
16360723110722	王玥	女	余中	大余县南安镇余西街民主巷 70 号	上海海洋大学
16360723110723	沈琪	女	余中	大余县新城镇莲塘村西边 32 号	哈尔滨商业大学
16360723110724	唐秋玲	女	余中	大余县荡坪钨矿樟东坑坑口	华东交通大学
16360723110725	戴淑娟	女	余中	大余县左拔镇云山村围六组	江西财经大学
16360723110726	蔡佳星	女	余中	大余县新城镇水西村隘下 10 号	江西农业大学
16360723110727	李琼	女	余中	大余县池江镇长江村李屋	东华理工大学
16360723110728	朱萍	女	余中	大余县新城镇新城村东门口 56 号	江西师范大学
16360723110729	蓝丽晨	女	余中	大余县黄龙镇黄龙畲族村称勾湾组	西南民族大学
16360723110730	李懿芳	女	余中	大余县南安镇石桥下街楼子下路 1 号	江西理工大学
16360723110731	龚玉婷	女	余中	大余县新城镇樟树下村横坑孜 41 号	江西财经大学
16360723110732	谢薇	女	余中	大余县南安镇北门河街南安大道 398 号	集美大学
16360723110733	张远艳	女	余中	大余县池江镇池江村高屋	常州大学
16360723110734	刘佳红	女	余中	大余县新城镇灌湖村洋房孜 22 号	河南科技大学
16360723110735	刘佳玮	女	余中	大余县南安镇余东街西华路 79 号	华南理工大学
16360723110736	何灵	女	余中	大余县南安镇东山街塘前横路 25 号	上海立信会计金融学院
16360723110737	蓝华	女	余中	大余县黄龙镇黄龙畲族村兰屋棚下组	江西师范大学
16360723110738	陈厚萍	女	余中	大余县南安镇余东街东横路 1 号	江西师范大学
16360723110739	黄莉娟	女	余中	大余县南安镇建桂街建桂路 37 号	天津财经大学
16360723110740	廖翀	女	余中	大余县南安镇余西街建设路鑫福苑 C 座一单 502 室	东北农业大学

续表 13　　大余县 2016 年高考录取花名册

考生号	姓名	性别	报名点	户籍地址	录取院校
16360723110741	叶珊珊	女	余中	大余县新城镇分水坳村烂泥垅 48 号	南开大学滨海学院
16360723110742	李隆婕	女	余中	大余县南安镇建桂街南潭里路 173 号	泉州师范学院
16360723110743	刘琳珠	女	余中	大余县南安镇余东街人民路 5 号	西安科技大学
16360723110744	吴晓春	女	余中	大余县南安镇新珠村河上组	山东中医药大学
16360723110745	黄欣	女	余中	大余县南安镇余东街东横路 31 号	赣南师范大学
16360723110746	叶青	女	余中	大余县新城镇分水坳村烂泥垅 31 号	井冈山大学
16360723110747	刘炳贤	女	余中	大余县池江镇团结村曲潭小村	江西师范大学
16360723110748	刘银	女	余中	大余县南安镇北门河街西华路 75 号	九江学院
16360723110749	董越	女	余中	大余县南安镇余西街建设路 22 号	江西警察学院
16360723110751	颜雅桢	女	余中	大余县南安镇余西街学前路街心大厦 503 号	江西师范大学
16360723110752	郑舒文	女	余中	大余县南安镇建桂街建桂路 46 号	江西理工大学
16360723110753	张越	女	余中	大余县左拔镇张屋 6 号	江西理工大学
16360723110754	王媛	女	余中	大余县池江镇新街上 999 号	南昌工学院
16360723110755	袁晨文	男	余中	大余县南安镇余西街坝上路 33 号	江西财经大学
16360723110756	张子炜	男	余中	大余县南安镇东山街东公路 30 号	华北电力大学（北京）
16360723110757	唐旺	男	余中	大余县黄龙镇大龙村长排组	江西农业大学
16360723110758	赖业波	男	余中	大余县黄龙镇叶墩村荆泥坑组	江西农业大学
16360723110759	何跃斌	男	余中	崇义县过埠镇黄背村谢家组 28 号	江西财经大学
16360723110760	李锦辉	男	余中	大余县黄龙镇旱田村棚下组	东华理工大学
16360723110761	薛鹏	男	余中	大余县浮江乡山南村柘木 39 号	江西农业大学
16360723110762	张品卿	男	余中	大余县河洞乡金坪村黄金寮组	江西师范大学
16360723110763	陈志豪	男	余中	大余县南安镇余西街牡丹苑商贸中心 C1 栋 203 号	江西航空职业技术学院
16360723110764	钟晨	女	余中	崇义县铅厂镇石罗村坳下组 36 号	江南大学
16360723110765	吴怡	女	余中	大余县南安镇余东街东横路 5 号	江西财经大学
16360723110766	李开慧	女	余中	大余县樟斗镇横江村汤屋	广西大学
16360723110767	吕香	女	余中	大余县新城镇分水坳村大垅孜 34 号	江西师范大学
16360723110768	刘琳	女	余中	大余县新城镇新城村细小岭 3 号	井冈山大学
16360723110769	王金香	女	余中	大余县池江镇同心村老牛栏坑	景德镇陶瓷大学
16360723110770	王敏	女	余中	大余县南安镇东山街解放路 87 号	赣南师范大学

续表 13　　大余县 2016 年高考录取花名册

考生号	姓名	性别	报名点	户籍地址	录取院校
16360723110771	钟茜	女	余中	大余县南安镇新安村老茶庵 50 号	江西师范大学
16360723110772	曾琦	女	余中	大余县南安镇新余村杨屋 160 号	上海立信会计金融学院
16360723110773	黄婉椿	女	余中	大余县青龙镇双联村寨下垅	景德镇陶瓷大学科技艺术学院
16360723110774	李艺华	女	余中	大余县浮江乡车里村上车 18 号	河北工程大学
16360723110775	蔡文华	女	余中	大余县新城镇水西村蔡屋孜 39 号	赣南师范大学
16360723110776	邱华慧	女	余中	大余县浮江乡竹木村大河边 2 号	赣南师范大学
16360723110777	李冬平	女	余中	大余县黄龙镇叶墩村上边组	景德镇学院
16360723110778	雷真	女	余中	大余县青龙镇九龙村太湖	江西师范大学
16360723110779	张丽红	女	余中	大余县青龙镇河南村塘孜里	江西师范大学科学技术学院
16360723110780	刘秀秀	女	余中	大余县青龙镇二塘村陋口	上饶师范学院
16360723110781	刘燕	女	余中	大余县内良乡五洞村张天丘组	赣南师范大学
16360723110782	周佩怡	女	余中	大余县新城镇新城村横街	赣南师范大学
16360723110783	李千虹	女	余中	大余县南安镇新民村 15 组	南昌工程学院
16360723110784	刘舒华	女	余中	大余县新城镇东乾村老围里 111 号	江西师范大学
16360723110785	黄春玥	女	余中	大余县南安镇余东街西华路 11 号	南昌大学
16360723110786	朱紫秋	女	余中	大余县南安镇东山街寺前塘路 19 号	南京师范大学中北学院
16360723110787	刘夏滢	女	余中	大余县新城镇峰山街 29 号	南昌师范学院
16360723110788	谢秀琴	女	余中	大余县南安镇东山村沙江坝 7 号	赣南师范大学科技学院
16360723110789	黎紫依	女	余中	大余县南安镇北门河街北门河路 3 号	江西科技学院
16360723110790	谢淑琴	女	余中	大余县新城镇窑孜前村背岭 10 号	江西中医药大学科技学院
16360723110791	李玉莹	女	余中	大余县南安镇建桂街解放路 77 号	南昌师范学院
16360723110792	蓝天	女	余中	大余县浮江乡车里村黄泥斗 35 号	九江学院
16360723110793	谢婷	女	余中	大余县南安镇建桂街欣安花园 A1 栋 4 单元 202 室	江西师范大学科学技术学院
16360723110794	刘铭婕	女	余中	大余县新城镇新城村塘背上 16 号	九江学院
16360723110795	李玲	女	余中	大余县黄龙镇头塘村瓦子头组	江西科技师范大学
16360723110796	蓝翠红	女	余中	大余县内良乡李洞村大新屋组	赣南医学院
16360723110797	韦敏	女	余中	大余县漂塘钨矿大江选厂 39 号	江西外语外贸职业学院
16360723110798	曾美铃	女	余中	大余县南安镇余西街胜利路商住楼 2 楼	江西旅游商贸职业学院
16360723110799	沈霜霜	女	余中	大余县内良乡尧扶村下屋场组	景德镇学院

续表 13

大余县 2016 年高考录取花名册

考生号	姓名	性别	报名点	户籍地址	录取院校
16360723110800	张亚伟	女	余中	大余县南安镇余西街建设路 13 号	江西经济管理干部学院
16360723110801	史小诺	女	余中	大余县南安镇余西街民主巷牡丹苑 E1 栋 1 单元 502 室	江西经济管理干部学院
16360723110802	涂丽萍	女	余中	大余县吉村镇上村村新屋	广西艺术学院
16360723110803	周泳杏	女	余中	大余县南安镇余西街肖家巷 7 号	中原工学院
16360723110804	董丽	女	余中	大余县南安镇余东街伯坚大道盛世嘉园 1 栋 2 单元 404 室	江西科技师范大学
16360723110805	蔡昌辉	男	余中	大余县池江镇长江村寨上	中国美术学院
16360723110806	谢稼茂	男	余中	大余县南安镇余西街建设路 22 号	江西财经大学
16360723110808	曾舜	男	余中	大余县南安镇余东街人民路 24 号	井冈山大学
16360723110809	李由	男	余中	大余县新城镇水南村土围里 65 号	武汉工商学院
16360723110810	蔡仁杰	男	余中	大余县南安镇建桂街城上路 13 号	江西理工大学
16360723110811	刘元培	男	余中	大余县新城镇新城大道 82 号	江西理工大学
16360723110812	邹庆麟	男	余中	大余县新城镇高龙村下村孜	江西中医药大学科技学院
16360723110813	魏学满	男	余中	大余县内良乡内良村张屋场组	江西农业大学
16360723110814	刘贤浩	男	余中	大余县南安镇建桂街新建路 49 号	江西财经大学现代经济管理学
16360723110815	黄仁威	男	余中	大余县南安镇余东街东横路 35 号	江西财经大学（职教本科合作
16360723110816	赖耀聪	男	余中	大余县青龙镇河南村赖屋	江西财经职业学院
16360723110817	张明德	男	余中	大余县南安镇东山村沙江坝 24 号	广东白云学院
16360723110818	王启俊	男	余中	大余县池江镇杨村村杨村三队	宁波卫生职业技术学院
16360723110819	蔡家荣	男	余中	大余县南安镇余东街北外路大公殿 36 号	南昌工学院
16360723110820	郭明甫	男	余中	大余县池江镇长江村健上十四组	南昌工程学院
16360723110825	钟子萍	女	余中	大余县青龙镇平岗村井水下组	江西财经职业学院
16360723110860	唐颖	女	社会	大余县南安镇东山街解放路 8 号	江西环境工程职业学院
16360723110865	刘燕青	女	社会	大余县池江镇新江村灵潭	江西应用技术职业学院
16360723110880	刘辉政	男	余中	大余县樟斗镇樟斗矿区 31 栋 1 号	江西陶瓷工艺美术职业技术学
16360723110881	龚小玲	女	余中	大余县樟斗镇蕉坑村李家山	华东交通大学理工学院
16360723150002	郭菁	女	新中	大余县漂塘钨矿漂塘坑口主平窿 13 号	牡丹江大学
16360723150005	罗丽琴	女	新中	大余县左拔镇左拔村罗屋组 34 号	江西制造职业技术学院
16360723150006	王莉娟	女	新中	大余县青龙镇河南村王屋	江西冶金职业技术学院

续表 13

大余县 2016 年高考录取花名册

考生号	姓名	性别	报名点	户籍地址	录取院校
16360723150007	王海月	女	新中	大余县池江镇池江村柯树头下	江西服装学院
16360723150008	刘聪	女	新中	大余县新城镇王屋岭村寺背 104 号	江西泰豪动漫职业学院
16360723150009	张慧敏	女	新中	大余县新城镇窑孜前村张屋 29 号	江西农业工程职业学院
16360723150011	胡咏仪	女	新中	大余县新城镇解放路 31 号	上饶职业技术学院
16360723150012	王洋	男	新中	大余县池江镇杨梅村杨梅四组	鹰潭职业技术学院（江铜校区）
16360723150013	蔡志斌	男	新中	大余县新城镇水西村水西 83 号	江西先锋软件职业技术学院
16360723150021	黄祖发	男	新中	大余县青龙镇二塘村海眼一二组	厦门东海职业技术学院
16360723150022	蓝权	男	新中	大余县池江镇九水村新屋下	江西工程学院
16360723150026	李英福	男	新中	大余县池江镇新江村布前	江西工业工程职业技术学院
16360723150027	李志鹏	男	新中	大余县新城镇水南村塘头 74 号	江西交通职业技术学院
16360723150028	刘彪	男	新中	大余县池江镇庄下村上古下	鹰潭职业技术学院（江铜校区）
16360723150031	刘恩德	男	新中	大余县樟斗镇双伏村桥头	江西现代职业技术学院
16360723150032	刘嘉宝	男	新中	大余县池江镇团结村曲潭小村	鹰潭职业技术学院
16360723150035	刘清波	男	新中	大余县新城镇白田埠村角岭下 6 号	江西应用技术职业学院
16360723150038	罗上杰	男	新中	大余县青龙镇赤江村罗屋	江西工业工程职业技术学院
16360723150040	王舒乐	男	新中	大余县池江镇同心村老牛栏坑	江西应用技术职业学院
16360723150041	王志鹏	男	新中	大余县青龙镇同盟村新屋里	江西传媒职业学院
16360723150046	姚志彪	男	新中	大余县新城镇新城村西门 41 号	江西制造职业技术学院
16360723150047	张长春	男	新中	大余县新城镇新城村关上 14 号	江西泰豪动漫职业学院
16360723150050	张文康	男	新中	大余县新城镇白田埠村坪兰里 31 号	江西先锋软件职业技术学院
16360723150053	谢元哲	男	新中	大余县南安镇余西街建设路 23 号	江西应用技术职业学院
16360723150055	陈丽娟	女	新中	大余县左拔镇云山村围二组 3 号	江西环境工程职业学院
16360723150056	龚凌	女	新中	大余县新城镇白田埠村安坑口 24 号	江西农业工程职业学院
16360723150057	胡祖娟	女	新中	大余县新城镇樟树下村鸭婆垅 1 号	抚州职业技术学院
16360723150058	李婷	女	新中	大余县新城镇水南村东边 90 号	江西师范高等专科学校
16360723150060	刘粤	女	新中	大余县新城镇王屋岭村天香炉 20 号	湖南化工职业技术学院
16360723150061	王姣	女	新中	大余县池江镇兰西村弓里彭坑上屋	江西传媒职业学院
16360723150064	王薪星	女	新中	大余县池江镇同心村老牛栏坑	鹰潭职业技术学院
16360723150065	吴岚	女	新中	大余县池江镇新江村寨下	江西农业工程职业学院

续表 13

大余县 2016 年高考录取花名册

考生号	姓名	性别	报名点	户籍地址	录取院校
16360723150066	肖桂芳	女	新中	大余县新城镇窑孜前村上印 11 号	南昌教育学院
16360723150069	张芝清	女	新中	大余县青龙镇九龙村上洋塘	江西工业工程职业技术学院
16360723150070	朱芸香	女	新中	大余县新城镇分水坳村分水坳 3 号	江西建设职业技术学院
16360723150071	钟志颖	女	新中	大余县南安镇余东街东直路 21 号	江西传媒职业学院
16360723150072	王毅	男	新中	大余县池江镇石子岭 999 号	江西环境工程职业学院
16360723150073	蓝立群	男	新中	大余县青龙镇元龙村上棚	江西信息应用职业技术学院
16360723150074	刘超	男	新中	大余县池江镇团结村曲潭小村	江苏城乡建设职业学院
16360723150075	王全	男	新中	大余县池江镇新街上 999 号	江西交通职业技术学院
16360723150077	蔡子杰	男	新中	大余县新城镇水西村东边 42 号	江西制造职业技术学院
16360723150083	蓝立强	男	新中	大余县新城镇白田埠村棚里 7 号	江西工业职业技术学院
16360723150088	李万峰	男	新中	大余县新城镇王屋岭村坳背垅 6 号	江西应用技术职业学院
16360723150094	刘禄蓁	男	新中	大余县池江镇团结村沙背上	江西工业职业技术学院
16360723150099	王九生	男	新中	大余县池江镇庄下村田心里	鹰潭职业技术学院（江铜校区）
16360723150104	姚龙辉	男	新中	大余县樟斗镇双伏村桥头	江西工业职业技术学院
16360723150107	朱永旺	男	新中	大余县青龙镇二塘村社管桥 1 号	江西工业职业技术学院
16360723150110	邓雯	女	新中	大余县池江镇团结村曲潭小村	宜春学院（农学类）
16360723150111	高小丽	女	新中	大余县青龙镇河南村高屋	江西外语外贸职业学院
16360723150116	廖芳	女	新中	大余县青龙镇平岗村大坪里	赣州师范高等专科学校
16360723150118	刘爱林	女	新中	大余县新城镇新城村大小岭 43 号	江西生物科技职业学院
16360723150119	刘晓慧	女	新中	大余县新城镇京州村下屋 30 号	九江职业大学
16360723150120	谭娟	女	新中	大余县池江镇同心村山子下	江西师范高等专科学校
16360723150121	涂敏	女	新中	大余县新城镇窑孜前村涂屋 2 号	宜春职业技术学院
16360723150122	王小月	女	新中	大余县青龙镇双联村下打石湾	江西师范高等专科学校
16360723150123	谢燕平	女	新中	大余县池江镇池江村肖池	南昌理工学院
16360723150125	薛慧婷	女	新中	大余县新城镇白田埠村上棚 8 号	南昌大学
16360723150126	肖菀美	女	新中	大余县樟斗镇蕉坑村杨孜树下	江西建设职业技术学院
16360723150127	曾慧玲	女	新中	大余县新城镇建设路 30 号	南昌大学
16360723150128	周艳芳	女	新中	大余县新城镇周屋村竹孜棚 46 号	江西理工大学应用科学学院
16360723150129	朱娟	女	新中	大余县池江镇长江村长江圩背	江西师范高等专科学校

续表 13

大余县 2016 年高考录取花名册

考生号	姓名	性别	报名点	户籍地址	录取院校
16360723150130	刘磊鑫	男	新中	大余县池江镇庄下村背村	江西信息应用职业技术学院
16360723150131	蔡福	男	新中	大余县新城镇水西村东边 75 号	江西制造职业技术学院
16360723150132	陈云	男	新中	大余县吉村镇游仙村冯屋	上饶职业技术学院
16360723150133	邓明俊	男	新中	大余县青龙镇赤江村戏坪	九江职业大学
16360723150134	陈明雄	男	新中	大余县池江镇同心村陈屋	江西旅游商贸职业学院
16360723150135	龚达连	男	新中	大余县新城镇龙王庙村玛瑙塘 32 号	南昌工程学院
16360723150136	龚远鹏	男	新中	大余县新城镇樟树下村富田坑 5 号	江西现代职业技术学院
16360723150137	何春	男	新中	大余县新城镇王屋岭村乌石下小组 21 号	江西科技职业学院
16360723150139	雷小菀	男	新中	大余县新城镇莲塘村塘泥坑 18 号	江西财经职业学院
16360723150141	刘琛	男	新中	大余县新城镇新城村大小岭 7 号	江西建设职业技术学院
16360723150142	刘棚	男	新中	大余县新城镇白田埠村巷子里 9 号	江西泰豪动漫职业学院
16360723150146	刘乔鸿	男	新中	大余县池江镇新江村小溪西门	江西生物科技职业学院
16360723150147	蓝天	男	新中	大余县新城镇桥西村泮垅里 11 号	江西中医药高等专科学校
16360723150148	沈学煌	男	新中	大余县新城镇桥西村瑶堆下 28 号	抚州职业技术学院
16360723150149	谭树林	男	新中	大余县池江镇池江村土围里	江西师范高等专科学校
16360723150150	薛金鑫	男	新中	大余县新城镇桥西村上孜堆 41 号	新余学院
16360723150151	叶士善	男	新中	大余县新城镇桥西村蒋屋 15 号	江西现代职业技术学院
16360723150152	叶翔	男	新中	大余县新城镇桥西村柯树下 10 号	赣州师范高等专科学校
16360723150153	张瑞远	男	新中	大余县池江镇池江村柯树下	九江学院
16360723150154	周忠鹏	男	新中	大余县青龙镇同盟村上塘角	江西生物科技职业学院
16360723150155	朱俊涛	男	新中	大余县青龙镇赤江村大山排一组二组 1 号	新余学院
16360723150156	朱宇	男	新中	大余县池江镇新街上 999 号	江西财经职业学院
16360723150158	蔡伟鸿	男	新中	大余县南安镇石桥下街石桥下路福隆楼 1 单元 501 室	江西机电职业技术学院
16360723150159	王俐萍	女	新中	大余县樟斗镇樟斗矿区 49 栋	江西农业大学南昌商学院
16360723150160	张雨洁	女	新中	大余县新城镇窑孜前村张屋 33 号	新余学院
16360723150161	何源	男	新中	大余县新城镇桥西村蒋屋 16 号	江西农业大学南昌商学院
16360723150162	胡光金	男	新中	大余县新城镇观路村岭孜上 48 号	华东交通大学理工学院
16360723150163	李泽东	男	新中	江西省南康市潭东镇芦箕村中莹组 31 号	江西现代职业技术学院
16360723150164	廖福平	男	新中	大余县新城镇鱼仙村沙前 21 号	山西农业大学
16360723150165	刘德山	男	新中	大余县新城镇灌湖村形背 10 号	华东交通大学

续表 13

大余县 2016 年高考录取花名册

考生号	姓名	性别	报名点	户籍地址	录取院校
16360723150166	刘登斌	男	新中	大余县新城镇窑孜前村刘屋 12 号	江西理工大学
16360723150167	刘坚	男	新中	大余县池江镇庄下村庄下	江西医学高等专科学校
16360723150168	刘龙飞	男	新中	大余县青龙镇河南村刘屋	南昌大学
16360723150169	刘显高	男	新中	江西省南康市潭东镇芦箕村刘屋组 7 号	江西现代职业技术学院
16360723150170	王俊龙	男	新中	大余县池江镇螺丝坑 999 号	新余学院
16360723150171	吴祺	男	新中	大余县新城镇文化路 2 号	深圳职业技术学院
16360723150172	吴肇彬	男	新中	大余县新城镇莲塘村塘泥坑 32 号	景德镇陶瓷大学
16360723150173	薛衍辉	男	新中	大余县新城镇白田埠村薛屋 14 号	南昌航空大学
16360723150174	叶鹏飞	男	新中	大余县新城镇恒丰街 17 号	萍乡学院
16360723150175	周振国	男	新中	大余县新城镇周屋村竹孜棚 32 号	江西理工大学
16360723150182	刘白雪	女	梅中	大余县内良乡五洞村塘湾组	江西应用技术职业学院
16360723150183	薛云风	女	梅中	大余县黄龙镇黄龙畲族村马路上组	江西科技学院
16360723150184	张昱	女	梅中	大余县南安镇东山街陶园路星河嘉园 C 栋 2 单元 402 室	江西应用技术职业学院
16360723150185	邹敏志	男	梅中	大余县南安镇北门河街世纪广场 13 栋 2 单元 603 室	江西服装学院
16360723150186	曾超	男	梅中	大余县吉村镇满埠村新屋	江西环境工程职业学院
16360723150187	曹文越	男	梅中	大余县南安镇新余村滩头	江西工业工程职业技术学院
16360723150188	陈超	男	梅中	大余县南安镇石桥下街波箕石路 2 号	江西工程学院
16360723150189	陈京	男	梅中	上犹县寺下乡寺下圩	江西环境工程职业学院
16360723150190	傅卫军	男	梅中	大余县吉村镇游仙村寨边	江西司法警官职业学院
16360723150191	胡亮	男	梅中	大余县左拔镇左拔村左溪二组 9 号	江西环境工程职业学院
16360723150192	黄长元	男	梅中	大余县南安镇梅山村乱石布 40 号	江西应用技术职业学院
16360723150193	黄文华	男	梅中	大余县南安镇梅山村钟屋 14 号	江西工程学院
16360723150194	蒋军	男	梅中	大余县南安镇余西街坝上路 17 号	九江职业技术学院
16360723150195	李祥意	男	梅中	大余县樟斗镇蕉坑村竹山排	南昌大学人民武装学院
16360723150196	李余峰	男	梅中	大余县黄龙镇叶墩村下坝组	江西环境工程职业学院
16360723150197	李云鹏	男	梅中	大余县新城镇水南村上石下 1 号	江西服装学院
16360723150198	刘烨	男	梅中	大余县黄龙镇旱田村黄伞里组	江西应用技术职业学院
16360723150200	杨顺	男	梅中	大余县河洞乡长岭村坪塘组	江西工程学院
16360723150202	张家春	男	梅中	大余县南安镇梅山村乱石布 43 号	江西服装学院
16360723150204	黄艺	女	梅中	大余县南安镇北门河街白石寺路 12 号	江西环境工程职业学院

续表 13 大余县 2016 年高考录取花名册

考生号	姓名	性别	报名点	户籍地址	录取院校
16360723150205	李俊美	女	梅中	大余县南安镇余东街金莲山路 41 号	江西建设职业技术学院
16360723150206	闫王子	男	梅中	大余县南安镇余东街建材路 118 号	钦州学院
16360723150207	许峰	男	梅中	大余县荡坪钨矿矿部一管区	江西青年职业学院
16360723150208	刘康	男	梅中	大余县新城镇窑孜前村大屋里 61 号	江苏城乡建设职业学院
16360723150211	钟昌辉	男	梅中	大余县黄龙镇大合村棚下组	江西制造职业技术学院
16360723150213	郑星星	男	梅中	江西省南康市唐江镇西坑村下芙塘 45 号	江西传媒职业学院
16360723150215	谢欣伟	男	梅中	大余县南安镇余西街建设路 100 号	江西科技学院
16360723150216	赖沈洋	男	梅中	大余县荡坪钨矿矿部三管区	江西应用技术职业学院
16360723150217	郑磊	女	梅中	大余县南安镇新珠村委头 17 号	江西环境工程职业学院
16360723150218	蓝海靖	男	梅中	大余县南安镇北门河街北门河路 3 号	江西应用科技学院
16360723150219	黄富明	男	梅中	大余县池江镇板棚村板棚下	江西航空职业技术学院
16360723150220	罗亮	男	梅中	大余县新城镇恒丰街 13 号	江西环境工程职业学院
16360723150221	王芬	女	余中	大余县池江镇杨梅村杨梅一组	江西中医药高等专科学校
16360723150222	聂文书	女	余中	大余县内良乡白井村茶头壹组	江西司法警官职业学院
16360723150223	朱秀连	女	余中	大余县黄龙镇长胜村上排组	江西外语外贸职业学院
16360723150224	徐少贞	女	余中	崇义县过埠镇黄背村白玉坑组 24 号	广州民航职业技术学院
16360723150225	张筱玲	女	余中	大余县黄龙镇新村邓屋一组	江西应用技术职业学院
16360723150226	陈华莲	女	余中	大余县内良乡石溪村湾头组	江西经济管理干部学院
16360723150227	詹厚乐	女	余中	大余县左拔镇合江 8 号	江西青年职业学院
16360723150228	李鸿	女	余中	大余县新城镇巷口村新屋坪 2 号	厦门东海职业技术学院
16360723150230	彭灵慧	女	余中	大余县黄龙镇长胜村圳头组	江西应用技术职业学院
16360723150231	罗军	女	余中	大余县南安镇余东街北外路 31 号	信阳学院
16360723150232	李贝威	男	余中	大余县南安镇余西街学前路街心大厦 507 号	江西科技师范大学
16360723150233	刘海涛	男	余中	大余县青龙镇双联村上打石湾	江西青年职业学院
16360723150235	黄绍鑫	男	余中	大余县南安镇新民村 12 组	江西工业工程职业技术学院
16360723150236	黄吉庆	男	余中	大余县南安镇浮江工人村五区 52 栋	江西应用科技学院
16360723150237	张宇	男	余中	大余县南安镇石桥下街水口寺路 104 号	江西航空职业技术学院
16360723150238	钟有	男	余中	大余县南安镇新珠村滚水井 28 号	江西青年职业学院
16360723150239	李阳	男	余中	大余县吉村镇游仙村向阳	江西制造职业技术学院
16360723150240	曾国南	男	余中	大余县青龙镇联合村老百罗坑	江西航空职业技术学院

续表 13

大余县 2016 年高考录取花名册

考生号	姓名	性别	报名点	户籍地址	录取院校
16360723150241	王泽众	男	余中	大余县南安镇余东街西华路 12 号	江西科技学院
16360723150242	李谦	男	余中	大余县黄龙镇头塘村李村组	江西科技学院
16360723150243	叶友峰	男	余中	大余县新城镇王屋岭村叶屋东边 43 号	江西航空职业技术学院
16360723150244	谢德云	男	余中	大余县吉村镇吉村村田心里	江西制造职业技术学院
16360723150245	汤华山	男	余中	大余县吉村镇吉村村坳下	江西信息应用职业技术学院
16360723150247	徐少雄	男	余中	大余县南安镇建桂街新建路 8 号	南昌理工学院
16360723150248	刘忠奎	男	余中	大余县吉村镇游仙村康屋	江西制造职业技术学院
16360723150249	陈道明	男	余中	大余县黄龙镇长胜村河口组	江西冶金职业技术学院
16360723150250	廖善优	男	余中	大余县池江镇坳上村坝里	江西航空职业技术学院
16360723150251	傅宇	男	余中	大余县樟斗镇樟斗村下岔孜	江西制造职业技术学院
16360723150252	王海涛	男	余中	大余县池江镇坳上村王屋	九江职业技术学院
16360723150253	卢泳霖	男	余中	大余县南安镇东山街解放路 133 号	江西科技学院
16360723150254	黄林子	男	余中	大余县南安镇余东街东康路 13 号	阜阳职业技术学院
16360723150255	曾粤	男	余中	大余县新城镇合江村邓坑 9 号	江西科技学院
16360723150257	肖玉帆	男	余中	大余县南安镇石桥下街石桥下路福泰楼 D2 栋 2 单元 601 室	江西环境工程职业学院
16360723150258	黄恺	男	余中	大余县南安镇余西街建设路 87 号	江西航空职业技术学院
16360723150259	刘典巍	男	余中	章贡区红旗大道 17 号 8 栋 2 单元 203 室	江西应用技术职业学院
16360723150260	魏修富	男	余中	大余县浮江乡车里村下车组 21 号	江西传媒职业学院
16360723150261	肖君山	男	余中	大余县池江镇居民街 999 号	江西应用技术职业学院
16360723150262	钟以聪	男	余中	大余县樟斗镇蕉坑村新店孜	江西制造职业技术学院
16360723150264	戴澎	男	余中	大余县新城镇龙王庙村戴屋 28 号	江西工业职业技术学院
16360723150265	叶志灵	男	余中	大余县南安镇石桥下街石桥下路福祥楼 B 栋 3 单元 505 室	江西电力职业技术学院
16360723150266	王鋆睿	男	余中	大余县南安镇余西街建设路 14 号	宜春幼儿师范高等专科学校
16360723150267	吴和健	男	余中	大余县南安镇建桂街新安路 111 号	江西科技学院
16360723150269	伍振霖	男	余中	章贡区张家围路 28 号金色家园 D 栋 4 单元 507 室	江西应用技术职业学院
16360723150271	刘远桃	女	余中	大余县新城镇东乾村老围里 15 号	萍乡学院
16360723150272	郭平琳	女	余中	大余县南安镇石桥下街方屋塘路 28 号	南昌大学人民武装学院
16360723150273	薛静红	女	余中	大余县南安镇石桥下街方屋塘路 26 号	东华理工大学
16360723150274	朱霁熙	女	余中	大余县南安镇新珠村朱屋下	江西财经职业学院

续表 13

大余县 2016 年高考录取花名册

考生号	姓名	性别	报名点	户籍地址	录取院校
16360723150275	蔡丽华	女	余中	大余县新城镇水西村江孜上 13 号	江西科技师范大学
16360723150276	杨秀珠	女	余中	大余县南安镇建桂街城上路 13 号	九江职业大学
16360723150277	刘玲	女	余中	大余县内良乡内良村张屋场组	九江职业技术学院
16360723150278	黎霞	女	余中	崇义县聂都乡白溪村背岭组	江西旅游商贸职业学院
16360723150280	刘辰	女	余中	大余县南安镇五里山工人村 70 栋 9 号	西安科技大学高新学院
16360723150281	钟琪	女	余中	大余县南安镇建桂街新建路 36 号	江苏农牧科技职业学院
16360723150282	赖余兰	女	余中	大余县南安镇余东街金莲山路 91 号	赣南卫生健康职业学院
16360723150283	欧阳文静	女	余中	大余县南安镇新民村 14 组	河北美术学院
16360723150284	聂蓝飞	男	余中	大余县南安镇新华村元头 5 号	河池学院
16360723150285	王忠斌	男	余中	大余县樟斗镇双伏村花垇	江西机电职业技术学院
16360723150286	王胜	男	余中	大余县青龙镇同盟村老屋	江西信息应用职业技术学院
16360723150287	沈学颖	男	余中	大余县新城镇桥西村瑶堆下 6 号	江西信息应用职业技术学院
16360723150288	吴官优	男	余中	大余县池江镇坳上村王屋	江西电力职业技术学院
16360723150289	刘元庆	男	余中	大余县新城镇灌湖村老垇里 45 号	齐齐哈尔大学
16360723150290	夏邦岱	男	余中	大余县南安镇余东街园傍路 5 号	广西科技大学
16360723150291	叶泰亮	男	余中	大余县青龙镇元龙村大叶上	江西水利职业学院
16360723150292	宋起桥	男	余中	大余县新城镇龙王庙村围里 7 号	江西机电职业技术学院
16360723150293	张涛	男	余中	大余县南安镇新珠村滚水井 37 号	江西外语外贸职业学院
16360723150294	朱范峰	男	余中	大余县内良乡白井村庙湾组	江西工业工程职业技术学院
16360723150295	严余秋	男	余中	大余县南安镇北门河街西华路 219 号	九江职业技术学院
16360723150296	林依韬	男	余中	大余县池江镇啤酒厂 999 号	江西环境工程职业学院
16360723150297	曾云飞	男	余中	崇义县长龙镇小摆村矮岭组 5 号	江西外语外贸职业学院
16360723150298	黄财渊	男	余中	大余县黄龙镇灵潭村黄屋组	江西应用技术职业学院
16360723150299	陈翰	男	余中	大余县池江镇龙潭里 999 号	江西航空职业技术学院
16360723150300	赖永福	男	余中	大余县南安镇北门河街北门河路 600 号	江西交通职业技术学院
16360723150301	谢余华	男	余中	大余县南安镇建桂街新建路 36 号	九江职业技术学院
16360723150302	吴桐	男	余中	大余县新城镇鱼仙村七丘孜 36 号	江西科技学院
16360723150303	黄子荣	男	余中	大余县南安镇余东街万圣巷林丰集资楼 304 房	江西应用技术职业学院

续表 13

大余县 2016 年高考录取花名册

考生号	姓名	性别	报名点	户籍地址	录取院校
16360723150305	黄兴榕	男	余中	大余县黄龙镇壕塘村壕塘组	江西应用科技学院
16360723150308	刘志清	男	余中	大余县内良乡内良村谢屋场组	江西工业职业技术学院
16360723150310	袁从崧	男	余中	大余县南安镇余东街瑞香路 82 号	九江职业技术学院
16360723150312	王启业	男	余中	大余县池江镇坳上村谢屋	江西环境工程职业学院
16360723150313	彭光祥	男	余中	大余县南安镇新余村壶头 28 号	江西传媒职业学院
16360723150315	朱宝金	男	余中	大余县新城镇白田埠村老屋里 21 号	江西泰豪动漫职业学院
16360723150316	龚素红	女	余中	大余县黄龙镇叶墩村小背组	江西理工大学
16360723150317	彭玲玲	女	余中	大余县池江镇九水村彭屋	南昌大学
16360723150318	王燕靖	女	余中	大余县池江镇同心村大塘头	遵义医学院
16360723150319	邹颖	女	余中	大余县池江镇团结村曲潭小村	南昌大学科学技术学院
16360723150320	刘学慧	女	余中	大余县浮江乡竹木村新村 12 号	井冈山大学
16360723150321	廖艳芳	女	余中	大余县新城镇鱼仙村寡婆桥 5 号	赣南师范大学
16360723150322	李福燕	女	余中	大余县黄龙镇灵潭村四家坊组	井冈山大学
16360723150323	高丽红	女	余中	大余县新城镇高龙村高屋 41 号	南昌工程学院
16360723150324	王怡美	女	余中	大余县池江镇同心村大塘头	上饶师范学院
16360723150326	黄惠丽	女	余中	大余县南安镇建设村下排 9 号	德州学院
16360723150327	康蕊	女	余中	大余县吉村镇中村村上康屋	长春理工大学
16360723150329	唐颖	女	余中	大余县池江镇啤酒厂 999 号	江西应用科技学院
16360723150330	邱茂林	女	余中	大余县池江镇长江村社宫背	萍乡学院
16360723150331	李萍娣	女	余中	大余县新城镇巷口村巷口 12 号	上饶师范学院
16360723150332	钟圆梦	女	余中	大余县南安镇新珠村西门	江西理工大学
16360723150333	吴茜	女	余中	大余县新城镇莲塘村西边 48 号	江西科技师范大学
16360723150335	蔡洁	女	余中	大余县新城镇水西村水西 45 号	沈阳医学院
16360723150336	李欣	女	余中	大余县南安镇北门河街岭子上路 21 号	南昌工程学院
16360723150337	蓝聪	女	余中	大余县青龙镇元龙村彭甫坑	江西司法警官职业学院
16360723150338	蔡晨娣	女	余中	大余县南安镇北门河街南安大道世纪广场 13 栋 2 单元 604 室	江西旅游商贸职业学院
16360723150339	王岚	女	余中	大余县南安镇东山街周家巷 20 号	南昌师范学院
16360723150340	刘秋婷	女	余中	大余县池江镇团结村曲潭小村	上饶师范学院
16360723150341	李羚	女	余中	大余县南安镇石桥下街伯坚大道东侧伟良大楼 A 栋 2 单元 301 室	江西环境工程职业学院
16360723150344	邹征星	女	余中	大余县新城镇高龙村岭上 36 号	南昌大学科学技术学院

续表 13

大余县 2016 年高考录取花名册

考生号	姓名	性别	报名点	户籍地址	录取院校
16360723150346	熊莹	女	余中	江西省抚州市临川区上顿渡镇杨林路 9 号	江西外语外贸职业学院
16360723150347	黄逸梅	女	余中	大余县内良乡石溪村老圩坳组	江西外语外贸职业学院
16360723150348	袁依林	女	余中	大余县南安镇新民村荡坪组	宜春学院
16360723150349	赖丽艳	女	余中	大余县新城镇观路村埠上 20 号	江西外语外贸职业学院
16360723150350	罗温玉	女	余中	大余县吉村镇游仙村罗屋	江西环境工程职业学院
16360723150351	刘鹏飞	男	余中	大余县青龙镇联合村叶龙里	江西工业工程职业技术学院
16360723150352	肖学园	男	余中	大余县新城镇白田埠村下棚 7 号	华东交通大学
16360723150353	朱瑜	男	余中	大余县新城镇巷口村昌屋孜 3 号	重庆科技学院
16360723150354	周子刚	男	余中	大余县青龙镇青龙村中街	景德镇陶瓷大学
16360723150355	王兴鸿	男	余中	大余县吉村镇游仙村向阳	华东交通大学
16360723150356	李和华	男	余中	大余县新城镇水南村上乐园 24 号	上海应用技术大学
16360723150357	刘璐华	男	余中	大余县南安镇余西街坝上路 34 号	江西理工大学应用科学学院
16360723150358	廖财福	男	余中	大余县新城镇鱼仙村沙前 16 号	井冈山大学
16360723150359	曹自林	男	余中	大余县南安镇东山街东公路 30 号	宜春学院（农学类）
16360723150360	王嘉祺	男	余中	大余县池江镇庄下村田心里	华东交通大学理工学院
16360723150361	蓝业旺	男	余中	大余县池江镇九水村江孜口	江西科技师范大学理工学院
16360723150363	邓寅霖	男	余中	大余县南安镇新民村 16 组	鹰潭职业技术学院（江铜校区）
16360723150364	罗华生	男	余中	大余县青龙镇平岗村响塘里	杭州职业技术学院
16360723150365	蔡昌	男	余中	大余县南安镇北门河街金莲山大道 14 号楼 2 单元 403 室	南昌工学院
16360723150366	黄家杰	男	余中	大余县南安镇余东街下河边路 12 号	南昌师范学院
16360723150367	游亮	男	余中	大余县荡坪钨矿矿部三管区下荡坪	江西中医药大学
16360723150369	曾昊	男	余中	大余县南安镇建桂街富贵路 24 号	江西财经大学现代经济管理学
16360723150372	王志权	男	余中	大余县池江镇杨梅村杨梅十组	江西财经大学
16360723150373	成雨夕	女	余中	大余县南安镇建桂街建桂路 20 号	江西师范大学
16360723150374	吴佩霖	女	余中	大余县南安镇余东街建材路 68 号	东华理工大学长江学院
16360723150376	肖宽	女	余中	大余县南安镇新余村滩头 92 号	赣南师范大学
16360723150377	刘金晶	女	余中	大余县樟斗镇横江村黎屋	南昌大学
16360723150378	吴怡	女	余中	大余县南安镇新珠村宝珠山	武汉晴川学院（原武汉大学珞

续表 13

大余县 2016 年高考录取花名册

考生号	姓名	性别	报名点	户籍地址	录取院校
16360723150381	彭巧妍	女	余中	大余县南安镇新余村大园里 10 号	井冈山大学
16360723150382	刘静	女	余中	大余县池江镇高林村羊前摇兰寨	浙江中医药大学
16360723150383	赖茜	女	余中	大余县南安镇余东街西华路 12 号	江西理工大学
16360723150384	曹舒慈	女	余中	大余县左拔镇云山村围二组	中国地质大学长城学院
16360723150385	王树梅	女	余中	大余县河洞乡河洞村横坑组	江西外语外贸职业学院
16360723150386	黄颖慧	女	余中	大余县青龙镇同盟村安孜上	江西现代职业技术学院
16360723150388	张文娇	女	余中	大余县南安镇北门河街金瑞华庭 12 栋 3 单元 201 室	南昌大学
16360723150389	朱紫怡	女	余中	大余县新城镇白田埠村章车湾 11 号	江西科技学院
16360723150390	叶雪芝	女	余中	大余县池江镇池江村下围孜	江西旅游商贸职业学院
16360723150391	吴明珠	女	余中	大余县新城镇龙王庙村堆孜上 20 号	江西工业工程职业技术学院
16360723150392	谢咏梅	女	余中	大余县吉村镇吉村村田心里	江西农业工程职业学院
16360723150393	李湘华	女	余中	大余县新城镇东乾村上李 10 号	江西现代职业技术学院
16360723150394	李佳	女	余中	大余县南安镇北门河街岭子上路 21 号	江西外语外贸职业学院
16360723150395	张姝	女	余中	大余县新城镇窑孜前村张屋 57 号	华东交通大学理工学院
16360723150396	刘晨旭	男	余中	大余县浮江乡山南村河边 43 号	江西师范大学
16360723150397	王良贤	男	余中	大余县池江镇庄下村田心里	江西财经大学
16360723150398	黄丁富	男	余中	大余县南安镇梅山村乱石布 20 号	南昌航空大学
16360723150399	王发鸿	男	余中	大余县池江镇杨梅村杨梅十一组	东华理工大学
16360723150400	宋贤林	男	余中	大余县新城镇龙王庙村围里 15 号	华东交通大学理工学院
16360723150401	王宁	男	余中	大余县池江镇居民街 999 号	湖南城建职业技术学院
16360723150402	欧晗	男	余中	大余县吉村镇游仙村井头	江西理工大学应用科学学院
16360723150403	傅长志	男	余中	大余县南安镇石桥下街方屋塘路 26 号	华东交通大学
16360723150404	李咏	男	余中	大余县南安镇大余钴冶炼分厂私房第 8 栋	九江学院
16360723150405	戴振朝	男	余中	大余县新城镇龙王庙村戴屋 12 号	江西科技学院
16360723150407	廖为健	男	余中	大余县浮江乡浮江村蜈蚣蚯 4 号	九江学院
16360723150408	蓝业翔	男	余中	大余县青龙镇元龙村下棚	井冈山大学
16360723150410	杨传福	男	余中	大余县池江镇高林村羊前杨屋	苏州大学文正学院
16360723150411	刘英光	男	余中	大余县青龙镇河南村刘屋	新余学院
16360723150412	刘铭飞	男	余中	大余县新城镇灌湖村陂头 70 号	南昌大学
16360723150413	杨品良	男	余中	大余县新城镇观路村杨屋 10 号	江西外语外贸职业学院

续表 13

大余县 2016 年高考录取花名册

考生号	姓名	性别	报名点	户籍地址	录取院校
16360723150414	蓝晓凌	男	余中	大余县新城镇京州村棚下 9 号	南昌大学
16360723150415	朱晗	男	余中	大余县南安镇余西街学前路 17 号	江西机电职业技术学院
16360723150416	赖兴伟	男	余中	大余县南安镇东山街解放路 34 号裕昌楼 1 单元 303 室	景德镇陶瓷大学科技艺术学院
16360723150417	刘涵兴	男	余中	大余县南安镇东山街东公路 77 号	华东交通大学理工学院
16360723150418	蓝辉	男	余中	大余县青龙镇青龙村圩坪	江西环境工程职业学院
16360723150419	韩兆钧	男	余中	大余县南安镇建桂街新安路 59 号	江西科技师范大学
16360723150420	叶广松	男	余中	大余县新城镇王屋岭村叶屋东边 86 号	赣州师范高等专科学校
16360723150422	黄全全	男	余中	大余县池江镇板棚村圩坪里	赣南医学院
16360723150424	邱全勇	男	余中	大余县青龙镇赤江村田营里	江西电力职业技术学院
16360723150425	钟禄	男	余中	大余县浮江乡浮江村河陂 17 号	江西应用技术职业学院
16360723150426	谢俊杰	男	余中	大余县新城镇新城村谢屋 48 号	西南大学（荣昌校区）
16360723150427	蓝浩源	男	余中	大余县吉村镇右源村圩上	新余学院
16360723150429	马翔	男	余中	大余县南安镇余西街建设路 16 号	江西信息应用职业技术学院
16360723150430	黄佳	男	余中	大余县黄龙镇灵潭村黄屋组	南阳师范学院
16360723150431	郭倩	女	余中	大余县吉村镇上村村郭屋一号	天津工业大学
16360723150432	谢佳	女	余中	大余县南安镇余东街胜利路黄金楼 3 单元 302 室	华东交通大学
16360723150434	曾子珍	女	余中	大余县新城镇店孜里村棚下 9 号	江西中医药大学
16360723150435	李隆琪	女	余中	大余县黄龙镇头塘村蛇井组	集美大学诚毅学院
16360723150437	潘炎	女	余中	大余县吉村镇沙村村岗上	南昌师范高等专科学校
16360723150438	李宇	女	余中	大余县黄龙镇黄龙畲族村中州坝组	南阳师范学院
16360723150439	廖永婷	女	余中	大余县吉村镇沙村村岗上	湖南城市学院
16360723150442	刘建秀	女	余中	大余县池江镇庄下村上古下	南昌航空大学科技学院
16360723150443	吴家琪	女	余中	大余县南安镇建桂街新安路 175 号	江西工业职业技术学院
16360723150444	钟海燕	女	余中	大余县池江镇团结村钟村	赣州师范高等专科学校
16360723150446	黄丽	女	余中	大余县左拔镇云山村寸坑组	南昌大学共青学院
16360723150447	袁乔	女	余中	大余县南安镇北门河街北门河路 460 号	江西中医药大学
16360723150451	袁艳	女	余中	大余县青龙镇平岗村老龙口	杭州职业技术学院
16360723150452	赵城丽	女	余中	大余县黄龙镇灵潭村中琴边组	江西师范高等专科学校
16360723150454	黄梅	女	余中	大余县新城镇店孜里村庙脑上 1 号	江西司法警官职业学院

续表 13

大余县 2016 年高考录取花名册

考生号	姓名	性别	报名点	户籍地址	录取院校
16360723150455	郑奕倩	女	余中	大余县青龙镇赤江村邓屋	赣南医学院
16360723150457	吴静琪	女	余中	大余县南安镇余西街建设路检察院宿舍楼303 室	江西工业贸易职业技术学院
16360723150458	谭景柏	男	余中	大余县南安镇余东街下河边路 14 号	山西师范大学
16360723150459	张鑫	男	余中	大余县南安镇余东街园傍路 19 号	江西财经大学
16360723150460	谢威	男	余中	大余县南安镇东山街解放路 1 号	南昌航空大学（职教本科合作
16360723150461	马达强	男	余中	大余县南安镇北门河街南安大道果业大楼201 室	江西中医药大学科技学院
16360723150462	曹俊	男	余中	大余县南安镇余西街学前路 14 号	东华理工大学
16360723150463	谢嘉明	男	余中	大余县青龙镇九龙村下洋塘	赣南师范大学
16360723150464	龚朝龙	男	余中	大余县新城镇龙王庙村玛瑙塘 7 号	井冈山大学
16360723150465	李世剑	男	余中	大余县黄龙镇灵潭村四家坊组	九江学院
16360723150466	袁阳	男	余中	大余县池江镇庄下村袁屋	江西中医药大学
16360723150467	谢名华	男	余中	大余县南安镇余东街万圣巷 36 号	南昌航空大学
16360723150468	邓华康	男	余中	大余县吉村镇右源村流垅	中南大学
16360723150470	王忠冬	男	余中	大余县池江镇同心村王屋	南昌大学
16360723150471	邓森华	男	余中	大余县黄龙镇叶墩村荆泥坑组	江西应用工程职业学院
16360723150472	陈泽毅	男	余中	大余县左拔镇大江村大江桥头组 24 号	新余学院
16360723150473	苏豪	男	余中	大余县青龙镇青龙村鸭子垅	南京信息工程大学滨江学院
16360723150475	刘承璐	男	余中	大余县南安镇余东街万圣巷车站集资楼 4 栋 402 号	江西理工大学应用科学学院
16360723150476	蓝城	男	余中	大余县池江镇九水村新屋下	湖北工业大学工程技术学院
16360723150478	曾鑫宏	男	余中	大余县青龙镇联合村新百罗坑	江西中医药大学
16360723150479	曹文丰	男	余中	大余县南安镇东山街解放路 8 号	江西青年职业学院
16360723150480	饶古月	男	余中	大余县新城镇店孜里村饶屋 44 号	南昌大学
16360723150482	何映泉	男	余中	大余县南安镇余西街西华路商业大厦 3 单元 202 室	文华学院
16360723150483	钟林燠	男	余中	大余县黄龙镇大合村竹山背组	广东建设职业技术学院
16360723150485	黄天生	男	余中	大余县池江镇新街上 999 号	赣州师范高等专科学校
16360723150488	凌绍斌	男	余中	大余县浮江乡浮江村石角上 8 号	江西工业职业技术学院
16360723150489	李欢	男	余中	大余县青龙镇青龙村马路上	江西科技学院
16360723150490	张灏	男	余中	章贡区大公路 124 号 2 单元 403 室	九江学院

续表 13

大余县 2016 年高考录取花名册

考生号	姓名	性别	报名点	户籍地址	录取院校
16360723150491	卢梦琪	女	余中	大余县南安镇石桥下街上田心路瑞香西楼1单元502室	华东交通大学
16360723150492	肖慧娟	女	余中	江西省南康市蓉江街道办事处麻田村增陂万52号	江西财经大学
16360723150493	高洁	女	余中	大余县新城镇高龙村高屋4号	南昌大学
16360723150494	姚红	女	余中	大余县南安镇余西街胜利路广大楼603号	江西农业大学
16360723150495	罗世灵	女	余中	大余县南安镇建桂街南潭里路15号	海南大学
16360723150496	龚礼冰	女	余中	大余县南安镇余东街陆安亭百户村402号	赣南师范大学
16360723150497	田娟	女	余中	大余县南安镇余西街建设路23号	南京理工大学
16360723150498	黄海群	女	余中	大余县南安镇建桂街盛世名城北区E栋1单元202室	南京理工大学
16360723150499	刘娜	女	余中	大余县南安镇余东街西华路12号	重庆工商大学
16360723150500	温霞	女	余中	大余县新城镇桥西村温屋5号	河北工程大学科信学院
16360723150501	黄玉	女	余中	大余县南安镇余东街荡坪北路230号	上海大学
16360723150502	王昕怡	女	余中	大余县南安镇石桥下街石桥下路福泰楼3单元201室	江西师范大学
16360723150503	郭婧欣子	女	余中	大余县南安镇东山街井孜头路79号	江西科技师范大学
16360723150505	邱金平	女	余中	大余县青龙镇青龙村新狮子口	江西农业大学
16360723150506	罗珮文	女	余中	大余县南安镇北门河街北门河路428号	南京审计大学金审学院
16360723150507	李嘉惠	女	余中	大余县南安镇余东街人民路32号	江西师范大学
16360723150508	李敏	女	余中	大余县新城镇水南村东边24号	河北经贸大学
16360723150509	廖高红	女	余中	大余县新城镇京州村上围1号	井冈山大学
16360723150510	赵小金	女	余中	大余县黄龙镇灵潭村中琴边组	赣南医学院
16360723150511	邓欢	女	余中	大余县南安镇余西街建设路22号	江西理工大学
16360723150512	罗世雄	女	余中	大余县南安镇北门河街北门河路168号	成都中医药大学
16360723150513	黄志全	男	余中	大余县黄龙镇旱田村上屋组	河北工业大学
16360723150514	毛志威	男	余中	江西省南康市三江乡新红村毛屋44号	华东交通大学
16360723150515	李祥	男	余中	大余县黄龙镇头塘村瓦子头组	哈尔滨理工大学
16360723150516	沈庆祥	男	余中	大余县青龙镇联合村沈屋	天津理工大学
16360723150517	朱润民	男	余中	大余县新城镇分水坳村大垅孜37号	华东交通大学
16360723150518	刘章麟	男	余中	大余县新城镇新城村细小岭6号	湖南大学
16360723150519	曾明祥	男	余中	大余县南安镇新余村曾屋10号	南昌工程学院
16360723150520	张家熹	男	余中	大余县南安镇建桂街城上路8号	安徽工业大学

续表 13　　大余县 2016 年高考录取花名册

考生号	姓名	性别	报名点	户籍地址	录取院校
16360723150521	徐芃	男	余中	大余县南安镇余西街建设路 85 号	南昌大学
16360723150523	黎文耀	男	余中	大余县南安镇北门河街西门外路 35 号	火箭军工程大学
16360723150524	袁浩荃	男	余中	大余县南安镇余东街金莲山路 85 号	赣南医学院
16360723150525	彭世超	男	余中	大余县南安镇北门河街北门河路 53 号	江西农业大学
16360723150526	刘松	男	余中	大余县池江镇板棚村上下屋孜	广西科技大学
16360723150527	彭述纬	男	余中	大余县南安镇建桂街富横路 1 号金盛楼 3 单元 302 室	北京交通大学
16360723150528	刘胜生	男	余中	大余县内良乡五洞村坳头排组	海南师范大学
16360723150529	姚君俊	男	余中	大余县新城镇建设路 1 号	井冈山大学
16360723150530	沈官华	男	余中	大余县新城镇桥西村瑶堆下 24 号	南昌航空大学
16360723150531	邱全浩	男	余中	大余县青龙镇赤江村田营里	江西农业大学
16360723150533	刘鸿健	男	余中	大余县南安镇东山街东公路 88 号	南昌航空大学
16360723150535	刘俊伯	男	余中	大余县新城镇峰山街 35 号	景德镇陶瓷大学
16360723150536	邓同威	男	余中	章贡区杨公路 4 号越秀花苑雅秀轩 D 区 6 栋 1 单元 201 室	广州城市职业学院
16360723150537	邱锦华	男	余中	大余县南安镇余东街园傍路 1 号	江西理工大学
16360723150538	刘芳林	男	余中	大余县南安镇余东街胜利北路 208 号	江西师范大学
16360723150539	蓝翔	男	余中	大余县池江镇九水村蓝屋	桂林电子科技大学
16360723150540	卢群	男	余中	大余县池江镇居民街 999 号	华东交通大学
16360723150541	刘聪	男	余中	大余县新城镇灌湖村塔下 14 号	江西中医药大学
16360723150543	张轩	男	余中	大余县南安镇东山街建桂路 2 号裕隆楼 1 单元 501 室	中南民族大学
16360723150544	袁书文	男	余中	大余县新城镇分水坳村黄土岭 28 号	湖南工业大学
16360723150546	吴越	女	余中	大余县南安镇北门河街水库里路 137 号	上海交通大学医学院
16360723150547	张余芳	女	余中	大余县黄龙镇新村细塘三组	武汉大学
16360723150548	王柳青	女	余中	大余县南安镇东山街寺前塘路 15 号	哈尔滨医科大学
16360723150549	郭晓敏	女	余中	大余县青龙镇二塘村郭屋	北京语言大学
16360723150550	巫雨蕙	女	余中	大余县南安镇余东街西华路 87 号	华南理工大学
16360723150551	刘雨露	女	余中	大余县南安镇余西街学院路 10 号	湖南大学
16360723150552	李玉婷	女	余中	大余县新城镇白田埠村李屋 13 号	天津财经大学
16360723150553	梁欢	女	余中	大余县南安镇东山街解放路 102 号	华东理工大学
16360723150554	童胜楠	女	余中	大余县南安镇建设村马面	上海大学
16360723150555	王岚	女	余中	大余县青龙镇河南村王屋	宁波大学

续表 13

大余县 2016 年高考录取花名册

考生号	姓名	性别	报名点	户籍地址	录取院校
16360723150556	胡志青	女	余中	大余县新城镇观路村岭孜上 60 号	重庆医科大学
16360723150557	张惠娟	女	余中	大余县新城镇窑孜前村张屋 54 号	南昌大学
16360723150558	王丽敏	女	余中	大余县池江镇同心村杨屋孜	河海大学
16360723150559	周美灵	女	余中	大余县新城镇周屋村下棚 7 号	东华大学
16360723150560	潘承玉	女	余中	大余县浮江乡车里村下车组 32 号	江西财经大学
16360723150561	张珊	女	余中	大余县池江镇新江村上窑	江西师范大学
16360723150562	宋财娇	女	余中	大余县吉村镇解放村排下	南昌大学
16360723150563	邓莹	女	余中	大余县南安镇新珠村宝珠山	广州中医药大学
16360723150564	邓平	女	余中	大余县吉村镇右源村流垅	江西师范大学
16360723150565	龚芳雷	女	余中	大余县新城镇樟树下村横坑孜 47 号	郑州大学
16360723150566	郭妍	女	余中	大余县青龙镇同盟村拱上	上海大学
16360723150567	李清华	女	余中	大余县樟斗镇横江村官田孜	宁波大学
16360723150568	黄元	女	余中	大余县南安镇余西街建设路 23 号	江西警察学院
16360723150569	萧尔雅	女	余中	大余县南安镇石桥下街上田心路 83 号	南昌大学
16360723150570	龚高展	男	余中	大余县新城镇樟树下村富田坑 32 号	江西财经大学
16360723150571	李芳健	男	余中	大余县南安镇余西街万寿巷 1 号	华中科技大学
16360723150572	李雁	男	余中	大余县新城镇水南村上乐园 21 号	武汉大学
16360723150573	蔡忠乐	男	余中	大余县新城镇水西村蔡屋孜 19 号	中南大学
16360723150574	刘根林	男	余中	大余县内良乡南洲村渡头组	苏州大学
16360723150575	廖伟富	男	余中	大余县南安镇余东街人民路 158 号	福州大学
16360723150576	蓝业伟	男	余中	大余县池江镇九水村新屋下	东华大学
16360723150577	郭声建	男	余中	大余县左拔镇左拔村郭屋组 7 号	河海大学
16360723150578	蔡联欣	男	余中	大余县南安镇余西街建设路 16 号	江西科技师范大学
16360723150579	欧阳鑫	男	余中	大余县池江镇圩镇居委会塘前直路 999 号	南京理工大学
16360723150580	肖乐	男	余中	大余县青龙镇青龙村圩背	深圳大学
16360723150581	陈永喆	男	余中	大余县内良乡尧扶村桥头组	南昌大学▲
16360723150582	钟臣	男	余中	大余县南安镇余东街北外路 53 号	江西财经大学
16360723150583	钟恢立	男	余中	章贡区五洲大道 15 号天御星 4 栋 1A 室	江西师范大学
16360723150584	刘麟	男	余中	大余县新城镇东乾村老围里 10 号	北京化工大学
16360723150585	蓝晋	男	余中	大余县池江镇九水村蓝屋	中国海洋大学

续表 13

大余县 2016 年高考录取花名册

考生号	姓名	性别	报名点	户籍地址	录取院校
16360723150586	古占彪	男	余中	大余县南安镇建桂街新建路 42 号	汕头大学
16360723150587	吴礼文	男	余中	大余县池江镇长潭面 999 号	上海工程技术大学
16360723150588	刘勇志	男	余中	大余县南安镇东山街东公路 139 号	西南科技大学
16360723150589	黄金毅	男	余中	大余县青龙镇二塘村海眼一二组	华南农业大学
16360723150590	吴至晨	男	余中	大余县新城镇莲塘村灌里 43 号	中国地质大学（武汉）
16360723150591	蔡志林	男	余中	大余县新城镇京州村下麻埠 89 号	江西财经大学
16360723150592	朱敏龙	男	余中	大余县南安镇余东街金莲山路 91 号	燕山大学
16360723150593	蔡娇玮	男	余中	大余县南安镇余西街西华路化工厂	南昌航空大学
16360723150594	卢致林	男	余中	大余县池江镇卢屋村横圳上	华东交通大学
16360723150595	彭佳豪	男	余中	大余县南安镇北门河街西华路 118 号	南昌大学▲
16360723150596	刘煦晖	男	余中	大余县新城镇窑孜前村井丘 34 号	江西财经大学
16360723150597	刘澄	男	余中	大余县南安镇余东街园傍路 5 号	江西财经大学
16360723150598	吉康怡	女	余中	大余县南安镇余东街金莲山路 100 号	上海大学
16360723150599	吴炜	女	余中	大余县南安镇余东街人民路 5 号	湖南大学
16360723150600	陈淑雯	女	余中	大余县南安镇北门河街北门河路 205 号	重庆大学
16360723150601	罗敏	女	余中	大余县黄龙镇灵潭村潮泥岗组	西南交通大学
16360723150602	曾卢美玲	女	余中	大余县南安镇新民村荡坪组	北京第二外国语学院
16360723150603	刘红艳	女	余中	大余县青龙镇二塘村青村刘屋	南昌大学▲
16360723150604	彭玉帛	女	余中	大余县南安镇余东街园傍路 5 号	中国农业大学
16360723150605	沈芳	女	余中	大余县吉村镇沙村村袁屋	上海大学
16360723150606	李淑芬	女	余中	大余县新城镇白田埠村李屋 42 号	上海大学
16360723150607	李文芳	女	余中	大余县黄龙镇灵潭村四家坊组	华侨大学
16360723150608	周紫红	女	余中	大余县新城镇周屋村竹孜棚 21 号	江西师范大学
16360723150609	赖钰琼	女	余中	大余县南安镇东山街解放路 87 号	江西财经大学
16360723150610	肖婷婷	女	余中	大余县新城镇窑孜前村中印 23 号	安徽工业大学
16360723150611	肖露萍	女	余中	大余县新城镇白田埠村上围孜 14 号	江西财经大学
16360723150612	颜智晶	女	余中	大余县黄龙镇灵潭村靠椅丘组	赣南师范大学
16360723150613	刘欣	女	余中	大余县新城镇窑孜前村老秧田 24 号	中南财经政法大学
16360723150614	吴翰霖	女	余中	大余县新城镇莲塘村西边 10 号	北京石油化工学院
16360723150615	朱悦	女	余中	大余县南安镇余西街民主巷 11 号	江西师范大学

续表 13

大余县 2016 年高考录取花名册

考生号	姓名	性别	报名点	户籍地址	录取院校
16360723150616	彭雨晴	女	余中	大余县南安镇建桂街余雄路 62 号	南昌大学▲
16360723150617	钟欣岑	女	余中	大余县南安镇余西街建设路 22 号	南昌大学▲
16360723150618	彭夏尧	男	余中	大余县南安镇余东街西华路 87 号	华中科技大学
16360723150619	朱志伟	男	余中	大余县新城镇横渔路 8 号	电子科技大学
16360723150620	邱际民	男	余中	大余县南安镇余西街民主巷 67 号	厦门大学
16360723150621	钟召彬	男	余中	大余县南安镇石桥下街伯坚大道伟良大楼 B 栋 2 单元 402 室	华东理工大学
16360723150622	杨飞	男	余中	大余县漂塘钨矿大龙山坑口木梓园 140 号	中南大学
16360723150623	卢普怀	男	余中	大余县池江镇卢屋村下新屋	中南大学
16360723150624	邓国伟	男	余中	大余县新城镇新城大道 120 号	上海交通大学
16360723150625	曹志翔	男	余中	大余县荡坪钨矿樟东坑坑口	福州大学
16360723150626	杨荣贤	男	余中	大余县南安镇新余村杨屋 79 号	华南理工大学
16360723150627	李宗祺	男	余中	大余县南安镇余西街建设路 23 号	南京航空航天大学
16360723150628	陈幸喆	男	余中	大余县内良乡尧扶村桥头组	南昌大学▲
16360723150629	刘盛文	男	余中	大余县内良乡九年制义务教育学校宿舍	中南大学
16360723150630	曹涛	男	余中	大余县南安镇余西街建设路 16 号	东华大学
16360723150631	谢宝鹏	男	余中	大余县新城镇窖孜前村背岭 6 号	重庆大学
16360723150632	廖飞帆	男	余中	大余县池江镇新街上 999 号	南京理工大学
16360723150633	郭润睿	男	余中	大余县南安镇北门河街西门外路 22 号	东北大学秦皇岛分校
16360723150634	刘庭豪	男	余中	大余县南安镇余东街人民路 4 号	成都信息工程大学
16360723150635	刘林	男	余中	大余县新城镇灌湖村老圳里 14 号	江西师范大学
16360723150636	颜广余	男	余中	大余县黄龙镇灵潭村靠椅丘组	河海大学
16360723150638	梁习明	男	余中	大余县南安镇石桥下街建材东路种子楼 1 单元 601 室	江西财经大学
16360723150639	金燕峰	男	余中	大余县南安镇建桂街余雄路 60 号	
16360723150640	朱作辉	男	余中	大余县新城镇分水坳村互利垅 50 号	华东交通大学
16360723150641	钟义杰	男	余中	大余县新城镇新城村横街 90 号	南昌大学▲
16360723150642	王杰鹏	男	余中	大余县池江镇新街上 999 号	杭州电子科技大学
16360723150643	黄宝财	男	余中	大余县池江镇兰西村石街上	南昌航空大学
16360723150644	朱盛诚	男	余中	大余县南安镇建桂街新安路 240 号	广州中医药大学
16360723150645	邱钧良	男	余中	大余县青龙镇青龙村新狮子口	赣南医学院
16360723150646	杨博	男	余中	大余县南安镇余东街西华路 86 号	江西财经大学

续表 13

大余县 2016 年高考录取花名册

考生号	姓名	性别	报名点	户籍地址	录取院校
16360723150647	叶洲麟	男	余中	大余县南安镇北门河街玉枕山东路 43 号	重庆理工大学
16360723150648	叶玉洁	女	余中	大余县新城镇王屋岭村叶屋东边 103 号	赣南医学院
16360723150649	杨雅茹	女	余中	大余县南安镇东山街牡丹商城 3 号楼 3 单元 506 室	赣南师范大学
16360723150650	刘莹	女	余中	大余县南安镇余西街建设路 63 号	闽西职业技术学院
16360723150651	朱祖慧	女	余中	大余县吉村镇中村村新中村	井冈山大学
16360723150652	刘钰	女	余中	大余县池江镇新街上 999 号	宜春职业技术学院
16360723150653	朱盛玉	女	余中	大余县南安镇新珠村朱屋下	九江学院
16360723150656	邓婉莉	女	余中	大余县南安镇新民村 16 组	江西理工大学
16360723150657	沈淑珍	女	余中	大余县新城镇桥西村车上 41 号	上饶师范学院
16360723150658	袁小慧	女	余中	大余县新城镇龙王庙村袁屋孜 41 号	无锡太湖学院
16360723150659	刘素纹	女	余中	大余县新城镇灌湖村王屋孜 8 号	江西农业大学南昌商学院
16360723150661	刘露	女	余中	大余县新城镇窑孜前村大屋里 30 号	江西中医药大学
16360723150662	谢宝莹	女	余中	大余县南安镇新余村大园里	萍乡学院
16360723150664	刘雨倩	女	余中	大余县新城镇京州村下屋 101 号	江西外语外贸职业学院
16360723150665	朱琴	女	余中	大余县南安镇石桥下街方屋塘路 13 号	江西泰豪动漫职业学院
16360723150666	雷萍	女	余中	大余县樟斗镇下横村雷屋 1 组	江西财经大学现代经济管理学
16360723150667	蔡芳敏	女	余中	大余县浮江乡山南村下南小组 22 号	上海农林职业技术学院
16360723150668	吴玫	女	余中	大余县池江镇新江村小溪南门	江西师范高等专科学校
16360723150669	黄荷	女	余中	大余县浮江乡洪水寨村珠洞 66 号	九江职业大学
16360723150671	钟宏耀	男	余中	大余县新城镇白田埠村安坑口 51 号	南昌大学▲
16360723150672	陈志雄	男	余中	大余县内良乡南洲村渡头组	南昌工程学院
16360723150673	谢宝荣	男	余中	大余县池江镇团结村团口	江西理工大学
16360723150674	李芳洲	男	余中	大余县南安镇余东街胜利北路 88 号	九江学院
16360723150675	卢致成	男	余中	大余县池江镇老场部 999 号	赣南医学院
16360723150676	欧赢冬	男	余中	大余县南安镇余东街园傍路 26 号	景德镇陶瓷大学
16360723150678	王青云	男	余中	大余县樟斗镇樟斗村下岔孜	华东交通大学理工学院
16360723150679	张瑞	男	余中	大余县南安镇余东街金莲山路新车站集体宿舍 303 号	青海师范大学
16360723150680	王章苐	男	余中	大余县吉村镇游仙村寨边	景德镇陶瓷大学
16360723150681	欧阳春晖	男	余中	大余县南安镇东山街东公路 26 号	景德镇学院

续表 13　　大余县 2016 年高考录取花名册

考生号	姓名	性别	报名点	户籍地址	录取院校
16360723150682	邱镜鹏	男	余中	大余县南安镇余西街民主巷 2 号	江西财经大学现代经济管理学
16360723150683	李铭祥	男	余中	大余县池江镇兰西村河玄上	江西中医药高等专科学校
16360723150684	卢普华	男	余中	大余县南安镇新珠村 6 号桥	景德镇陶瓷大学科技艺术学院
16360723150686	王楚	男	余中	大余县南安镇东山街解放路 91 号 2 单元 601 室	江西环境工程职业学院
16360723150688	李煜	男	余中	大余县新城镇水南村塘头 68 号	新余学院
16360723150689	李诗龙	男	余中	大余县南安镇东山街塘前直路 50 号	九江学院
16360723150691	刘寿根	男	余中	大余县荡坪钨矿樟东坑坑口	新余学院
16360723150693	李昊宇	男	余中	大余县南安镇北门河街玉枕山东路 154 号	江西科技师范大学
16360723150694	陈嵚志	男	余中	大余县南安镇余西街建设路 23 号	南昌航空大学科技学院
16360723150697	刘铭政	男	余中	大余县新城镇东乾村新围里 40 号	江西环境工程职业学院
16360723150698	何跃镔	男	余中	大余县新城镇桥西村蒋屋 31 号	江西环境工程职业学院
16360723150700	李强	男	余中	大余县黄龙镇头塘村叶坑组	江西司法警官职业学院
16360723150701	江淮	男	余中	大余县新城镇分水坳村排孜上 18 号	南昌航空大学科技学院
16360723150702	康述旺	男	余中	大余县浮江乡竹木村小河背 7 号	江西科技学院
16360723150703	齐孝亮	男	余中	大余县新城镇观路村半边山 25 号	九江学院
16360723150704	刘涌泉	男	余中	大余县池江镇板棚村圩坪里	江西科技学院
16360723150705	刘庆东	男	余中	大余县青龙镇元龙村元龙圩	江西交通职业技术学院
16360723150706	王宁	男	余中	大余县南安镇花园村小花园 12 号	江西工程职业学院
16360723150707	陈磊	男	余中	大余县南安镇余西街民主巷 63 号	南昌大学
16360723150709	刘赣闽	女	余中	大余县南安镇东山街解放路商品总汇 702 室	江西科技学院
16360723150710	刘紫红	女	余中	大余县青龙镇河南村刘屋	九江学院
16360723150711	龙娟	女	余中	大余县樟斗镇下垄村上垄	东华理工大学
16360723150712	赖荣华	女	余中	大余县黄龙镇叶墩村上屋组	江西财经大学现代经济管理学
16360723150713	刘红艳	女	余中	大余县青龙镇河南村刘屋 1 号	江西理工大学应用科学学院
16360723150714	张燕	女	余中	大余县荡坪钨矿矿部三管区	九江学院
16360723150715	曹自重	女	余中	大余县左拔镇云山村桐子排组 22 号	南昌大学
16360723150716	邹琪	女	余中	大余县南安镇石桥下街下田心路邮电大楼 1 单元 402 室	江西农业大学南昌商学院
16360723150718	温慧群	女	余中	大余县樟斗镇下横村郭屋	燕京理工学院（原北京化工大

续表 13

大余县 2016 年高考录取花名册

考生号	姓名	性别	报名点	户籍地址	录取院校
16360723150719	吴美灵	女	余中	大余县南安镇东山街塘前直路 81 号	江西科技学院
16360723150720	吴修平	女	余中	大余县新城镇莲塘村谢背丘 57 号	新余学院
16360723150721	钟名琳	女	余中	大余县南安镇建桂街余雄路 87 号	南昌大学
16360723150722	刘艳芳	女	余中	大余县池江镇高林村堆子下	南昌教育学院
16360723150723	朱禹丹	女	余中	大余县新城镇分水坳村石坑孜 12 号	江西师范高等专科学校
16360723150724	刘梦婷	女	余中	大余县黄龙镇旱田村农会组	江西外语外贸职业学院
16360723150726	周姬霞	女	余中	大余县吉村镇中村村老中村	南昌大学
16360723150727	罗怡倩	女	余中	大余县南安镇建桂街新安路 28 号	江西师范高等专科学校
16360723150729	谢安琪	女	余中	大余县池江镇池江村肖池	九江职业大学
16360723150730	刘慧	女	余中	大余县内良乡五洞村上大水垅组	江西航空职业技术学院
16360723150731	李松	男	余中	大余县新城镇新城大道 120 号	广西师范学院
16360723150732	刘颖	男	余中	大余县吉村镇沙村村长岭下	江西科技学院
16360723150733	尹康	男	余中	大余县南安镇建桂街余雄路 17 号	浙江中医药大学
16360723150734	谢星	男	余中	大余县南安镇余东街东直路 5 号	南昌航空大学
16360723150735	胡淞	男	余中	大余县南安镇北门河街玉枕山东路 32 号	南昌理工学院
16360723150737	吴中定	男	余中	大余县新城镇农民街 8 号	南昌工程学院
16360723150738	陈辉	男	余中	大余县河洞乡河洞村热水组	九江学院
16360723150740	游成	男	余中	大余县南安镇新余村园心里 46 号	华东交通大学
16360723150742	李健	男	余中	大余县南安镇东山街塘前直路 19 号	华南农业大学
16360723150743	黄蔼权	男	余中	大余县南安镇余东街金莲山路 138 号	南昌大学科学技术学院
16360723150744	李应武	男	余中	大余县黄龙镇叶墩村小背组	南昌大学共青学院
16360723150745	刘健强	男	余中	大余县南安镇余西街步行路 4 号	江西科技学院
16360723150746	刘河福	男	余中	大余县樟斗镇横江村新屋场	江西科技学院
16360723150747	蓝小萍	男	余中	大余县黄龙镇黄龙畲族村兰屋棚下组	西北民族大学
16360723150749	刘帆	男	余中	大余县新城镇观路村肥株树下 19 号	南昌大学
16360723150750	王齐升	男	余中	大余县池江镇高林村排上	九江职业技术学院
16360723150751	赖昭文	男	余中	大余县新城镇观路村老岗孜头 32 号	江西科技学院
16360723150752	黄毅	男	余中	大余县黄龙镇头塘村河坝组	江西航空职业技术学院
16360723150753	谢斌	男	余中	大余县南安镇东山街塘前直路 11 号	江西中医药高等专科学校
16360723150754	彭华建	男	余中	大余县黄龙镇黄龙畲族村中州坝组	井冈山大学

续表 13

大余县 2016 年高考录取花名册

考生号	姓名	性别	报名点	户籍地址	录取院校
16360723150755	谢树荣	男	余中	大余县池江镇高林村羊前鸭子树下	江苏城乡建设职业学院
16360723150757	周兴跃	男	余中	大余县南安镇余西街学前路街心大厦 3 单元 302 室	江西应用技术职业学院
16360723150758	蓝希强	男	余中	大余县池江镇新江村上窑	江西师范高等专科学校
16360723150760	徐金	男	余中	大余县南安镇余西街牡丹苑商贸中心 C8 栋 501 号	九江职业技术学院
16360723150761	温宗	男	余中	大余县新城镇恒丰街 7 号	江西应用科技学院
16360723150762	雷滢	男	余中	大余县南安镇余西街牡丹苑 C13 栋 2 单元 301 室	江西警察学院
16360723150765	李浩霖	男	余中	大余县南安镇北门河街北门河路 8 号 402 室	江苏城乡建设职业学院
16360723150766	彭良坤	男	余中	大余县南安镇新珠村河坝里	东华理工大学
16360723150767	廖铭皓	男	余中	大余县青龙镇青龙村圩背	江西科技学院
16360723150768	袁连平	男	余中	大余县新城镇分水坳村黄土岭 45 号	江西科技学院
16360723150769	饶成	男	余中	大余县南安镇余西街建设路 15 号	江西水利职业学院
16360723150771	蒋悦	女	余中	大余县南安镇新余村窑巷里 26 号	江西财经大学
16360723150772	康绍珠	女	余中	大余县南安镇建桂街城上路 6 号	江西农业大学
16360723150773	王晨	女	余中	大余县南安镇东山街塘前直路 30 号	赣南师范大学
16360723150774	张永梅	女	余中	大余县吉村镇沙村村黄屋	江西科技学院
16360723150775	黄佳珍	女	余中	大余县池江镇兰西村石街上	江西师范大学科学技术学院
16360723150776	肖珊	女	余中	大余县南安镇北门河街西华路 323 号	宜春学院
16360723150777	刘小媚	女	余中	大余县吉村镇上村村刘屋	江西理工大学
16360723150779	钟世珍	女	余中	大余县南安镇新珠村宝珠山	江西应用科技学院
16360723150780	吴淑琴	女	余中	大余县南安镇新珠村宝珠山	江西农业大学
16360723150785	叶鸿琳	女	余中	大余县南安镇新安村五里山花圃园	电子科技大学中山学院
16360723150786	李霞	女	余中	大余县新城镇巷口村鹅公头 20 号	南昌大学
16360723150787	朱金霞	女	余中	大余县内良乡尧扶村龙潭角组	南昌师范学院
16360723150788	钟锦欢	女	余中	大余县南安镇建桂街余雄路 23 号	江西环境工程职业学院
16360723150789	聂金天	女	余中	大余县南安镇新华村元头 12 号	江西科技师范大学
16360723150790	刘丽红	女	余中	大余县内良乡五洞村岭脚下组	江西现代职业技术学院
16360723150791	赖志凤	女	余中	大余县黄龙镇大龙村坝里组	新余学院
16360723150792	谭景庭	男	余中	大余县浮江乡浮江村章江 27 号	华东交通大学理工学院
16360723150793	谢欣旭	男	余中	大余县黄龙镇头塘村大理组	江西航空职业技术学院

续表 13

大余县 2016 年高考录取花名册

考生号	姓名	性别	报名点	户籍地址	录取院校
16360723150794	谢宝鑫	男	余中	大余县南安镇余西街建设路 24 号	华东交通大学
16360723150795	胡钦云	男	余中	大余县南安镇建桂街新安路 223 号	南昌大学科学技术学院
16360723150796	董祖文	男	余中	大余县池江镇板棚村新肚坊	福建农林大学
16360723150797	罗志强	男	余中	大余县青龙镇赤江村罗屋	萍乡学院
16360723150800	曹自源	男	余中	大余县左拔镇左拔村下街一组 77 号	赣南医学院
16360723150801	董韵楚	女	余中	大余县南安镇石桥下街石桥下路福隆楼 1 单元 502 室	汉口学院
16360723150802	钟权玖	男	余中	大余县浮江乡双田村双田 15 号	江西农业工程职业学院
16360723150805	赖慎琛	男	余中	大余县新城镇分水坳村上田心 11 号	南昌航空大学科技学院
16360723150806	周威	男	余中	大余县青龙镇赤江村鹁鸪潭	江西财经大学现代经济管理学
16360723150807	刘睿	男	余中	大余县南安镇建桂街城上路 13 号	江西科技学院
16360723150808	刘章逵	男	余中	大余县樟斗镇樟斗矿区 18 栋 3 号	江西中医药大学科技学院
16360723150810	李平杰	男	余中	大余县吉村镇满埠村井水湾	赣南师范大学
16360723150811	许敏	男	余中	大余县南安镇花园村茶园里	东华理工大学长江学院
16360723150812	罗志齐	男	余中	大余县青龙镇青龙村鸭子垅	江西财经职业学院
16360723150813	林照伟	男	余中	大余县吉村镇解放村上关山	江西理工大学
16360723150814	刘健平	男	余中	大余县南安镇余东街井头巷 17 号	江西应用科技学院
16360723150815	吴楚豫	男	余中	大余县青龙镇元龙村城黄	江西科技师范大学理工学院
16360723150818	周绍聪	男	余中	大余县青龙镇同盟村中塘	江西航空职业技术学院
16360723150819	韩佩辰	男	余中	大余县南安镇新余村壶头 27 号	江西师范大学科学技术学院
16360723150821	周育煌	男	余中	大余县新城镇建设路 60 号	华东交通大学理工学院
16360723150823	邓万鸿	男	余中	大余县南安镇新民村 15 组	九江学院
16360723150825	赖业珍	男	余中	大余县黄龙镇叶墩村荆泥坑组	南昌大学
16360723150826	刘泉松	男	余中	大余县黄龙镇长胜村黄溪坝组	南昌大学
16360723150827	黄嵘	男	余中	大余县荡坪钨矿矿部二管区矿机关	景德镇学院
16360723150829	胡宇轩	男	余中	大余县南安镇建桂街南潭里路 118 号	南昌大学科学技术学院
16360723150830	刘霞	女	余中	大余县南安镇新安村蛇头蛹 7 号	安徽财经大学
16360723150831	肖建萍	女	余中	大余县浮江乡车里村上屋 29 号	江西农业大学
16360723150832	范星	女	余中	大余县南安镇余东街井头巷 3 号	江西科技学院
16360723150833	邓萍	女	余中	大余县池江镇长江村长江圩背	南昌航空大学

续表 13　　大余县 2016 年高考录取花名册

考生号	姓名	性别	报名点	户籍地址	录取院校
16360723150834	张虹	女	余中	大余县南安镇北门河街水库里路 71 号	南昌工程学院
16360723150836	王子应	女	余中	大余县南安镇北门河街北门河路 375 号	江西科技学院
16360723150837	董晓慧	女	余中	大余县池江镇板棚村路箕新屋里	九江学院
16360723150838	蔡桥英	女	余中	大余县新城镇水西村西边 37 号	江西财经大学现代经济管理学
16360723150839	郭雨婷	女	余中	大余县池江镇长江村麻园里上屋	九江职业技术学院
16360723150841	钟曹春	女	余中	大余县黄龙镇大合村竹山背组	江西工程职业学院
16360723150843	赖欢	女	余中	大余县漂塘钨矿大龙山坑口 81 号	南昌理工学院
16360723150846	游金玫	女	余中	大余县池江镇杨柳村新屋里	江西科技师范大学理工学院
16360723150847	蓝子璇	女	余中	大余县新城镇店孜里村西山 79 号	南昌理工学院
16360723150848	徐丹	女	余中	大余县南安镇建桂街新建路新余新村 11 号	文华学院
16360723150849	邓兰梅	女	余中	大余县南安镇余西街建设路 22 号	江西财经职业学院
16360723150850	何重芳	女	余中	大余县左拔镇漂塘村石头坝组 14 号	江西航空职业技术学院
16360723150852	吴德琴	女	余中	大余县新城镇莲塘村西雷 1 号	江西应用科技学院
16360723150853	吕薇	女	余中	崇义县铅厂镇石罗村湾里组 35 号附 2 号	江西中医药高等专科学校
16360723150854	蔡仁春	女	余中	大余县南安镇余西街民主巷 76 号	江西经济管理干部学院
16360723150855	吴涛	女	余中	大余县内良乡尧扶村新屋组	江西服装学院
16360723150856	刘佳敏	男	余中	大余县新城镇窑孜前村刘屋 18 号	南昌理工学院
16360723150857	周良	男	余中	大余县新城镇周屋村火烧棚 7 号	南昌航空大学
16360723150858	邓鹏	男	余中	大余县内良乡尧扶村乌石背组	江西师范大学
16360723150859	于向荣	男	余中	大余县池江镇新江村小溪北门	南昌航空大学
16360723150860	刘阳	男	余中	大余县内良乡五洞村岭脚下组	江西农业大学南昌商学院
16360723150861	李瑞祥	男	余中	大余县新城镇东乾村上李 9 号	南昌大学人民武装学院
16360723150862	苏勇威	男	余中	大余县南安镇建桂街富贵路 23 号	江西农业大学南昌商学院
16360723150863	梁叶名	男	余中	大余县南安镇余东街西华路 15 号	江西生物科技职业学院
16360723150864	曾鑫	男	余中	大余县南安镇建桂街建桂路聚福苑 A 栋 1 单元 302 室	吉林大学珠海学院
16360723150865	刘聪	男	余中	大余县南安镇东山街陶园路鸿运楼 8 单元 402 室	江西理工大学
16360723150866	黄海山	男	余中	大余县青龙镇赤江村河坝	九江学院
16360723150867	吴警	男	余中	大余县新城镇峰山街 31 号	青岛理工大学

续表 13

大余县 2016 年高考录取花名册

考生号	姓名	性别	报名点	户籍地址	录取院校
16360723150868	邹长胜	男	余中	大余县新城镇巷口村龙王陂 49 号	江西农业大学
16360723150869	刘凯龙	男	余中	大余县池江镇新街上 999 号	江西科技学院
16360723150871	谢宝顺	男	余中	大余县新城镇茶园村茶园里 57 号	江西工业职业技术学院
16360723150873	蔡人杰	男	余中	大余县南安镇东山街解放路 119 号	江苏城乡建设职业学院
16360723150875	彭鑫	男	余中	大余县樟斗镇樟斗村彭屋	江西工程学院
16360723150876	肖黎明	男	余中	大余县青龙镇二塘村肖屋	新余学院
16360723150877	叶光涛	男	余中	大余县池江镇池江村下围孜	江西航空职业技术学院
16360723150880	蓝星宇	男	余中	大余县南安镇东山街解放路 8 号	井冈山大学
16360723150881	刘训榕	男	余中	大余县池江镇高林村羊前杨屋	江西航空职业技术学院
16360723150882	钟家华	男	余中	大余县黄龙镇大合村茶园背组	南京信息职业技术学院
16360723150883	谢懿	男	余中	大余县南安镇余西街建设路 16 号	江西科技学院
16360723150884	肖安平	男	余中	大余县青龙镇平岗村地背上	江西工业工程职业技术学院
16360723150885	何俊	男	余中	大余县南安镇新珠村河上组	南阳理工学院
16360723150887	张延亮	男	余中	大余县南安镇余西街西华路 21 号	江西工业职业技术学院
16360723150888	王思	男	余中	大余县池江镇同心村老牛栏坑	长春工业大学
16360723150890	蔡旭鹏	男	余中	大余县池江镇池江村关尾头	南昌大学科学技术学院
16360723150891	睢艳	女	余中	大余县左拔镇左拔村睢屋组 6 号	延边大学
16360723150892	蔡文菁	女	余中	大余县南安镇余西街北内路 10 号	南昌大学
16360723150893	吴天昊	女	余中	大余县南安镇余东街西华路 12 号	湖南工学院
16360723150894	罗萍	女	余中	大余县南安镇北门河街西华路 50 号	萍乡学院
16360723150895	彭明月	女	余中	大余县南安镇新余村壶头 112 号	赣南医学院
16360723150896	周庆香	女	余中	大余县吉村镇吉村村庙湾	江西师范大学科学技术学院
16360723150898	曾瑜	女	余中	大余县南安镇新余村曾屋 20 号	华东交通大学
16360723150899	刘莎	女	余中	大余县池江镇庄下村庄下	江西农业大学
16360723150900	罗芳	女	余中	大余县青龙镇青龙村大垅里	江西科技师范大学
16360723150901	陈媛媛	女	余中	大余县左拔镇大江村东坑二组 4 号	上海第二工业大学
16360723150902	黄丽娟	女	余中	大余县池江镇兰西村弓里小汾老屋里	江西科技学院
16360723150903	陈润凤	女	余中	大余县南安镇东山街章江路 29 号	江西应用技术职业学院
16360723150904	谢小晴	女	余中	大余县南安镇北门河街北门河路 77 号	东华理工大学

续表 13

大余县 2016 年高考录取花名册

考生号	姓名	性别	报名点	户籍地址	录取院校
16360723150905	李晖	男	余中	大余县南安镇新民村 12 组	四川大学
16360723150906	刘章麒	男	余中	大余县新城镇新城村细小岭 6 号	中山大学
16360723150907	夏财远	男	余中	大余县池江镇庄下村新夏屋	华东交通大学
16360723150908	严鸿亮	男	余中	大余县池江镇板棚村路箕严屋	华东交通大学
16360723150909	石颉	男	余中	大余县新城镇店孜里村石屋 7 号	南昌大学
16360723150910	邹长良	男	余中	大余县吉村镇沙村村陈屋排	昆明理工大学
16360723150911	谢先国	男	余中	大余县南安镇余西街建设路 23 号	南昌航空大学
16360723150912	蓝翎鹏	男	余中	大余县青龙镇元龙村上棚 1 号	江西农业大学
16360723150913	王启隆	男	余中	大余县池江镇坳上村王屋	南昌航空大学
16360723150914	张风云	男	余中	大余县左拔镇左拔村上街一组 1 号	江西中医药大学
16360723150915	温为为	男	余中	大余县池江镇坳上村温屋	宜春学院（服务外包类）
16360723150916	朱书彬	男	余中	大余县新城镇白田埠村老屋里 9 号	江西理工大学
16360723150917	陈舜仁	男	余中	大余县樟斗镇蕉坑村梅孜树下	景德镇陶瓷大学科技艺术学院
16360723150918	温仕伟	男	余中	大余县内良乡石溪村巩坑组	江西工程学院
16360723150919	李建苹	男	余中	大余县黄龙镇叶墩村下坝组	广东碧桂园职业学院
16360723150920	徐荐	男	余中	大余县池江镇同心村徐屋	景德镇陶瓷大学科技艺术学院
16360723150921	黄志超	男	余中	大余县青龙镇元龙村彭甫坑	南昌大学
16360723150922	黄重龄	男	余中	大余县黄龙镇旱田村上屋组	华东交通大学理工学院
16360723150924	廖长胜	男	余中	大余县新城镇鱼仙村老屋里 55 号	东华理工大学
16360723150925	刘常京	男	余中	大余县新城镇白田埠村棚下 4 号	江西工业职业技术学院
16360723150926	彭飞	男	余中	大余县南安镇新余村壶头 102 号	南昌工学院
16360723150927	王鹏	男	余中	大余县池江镇杨梅村杨梅六组	江西旅游商贸职业学院
16360723150928	林雪莲	女	余中	大余县南安镇新民村 12 组	赣南师范大学
16360723150929	温小莲	女	余中	大余县河洞乡河洞村石龟上组	南昌师范学院
16360723150930	严丽君	女	余中	大余县新城镇白田埠村严屋 1 号	湖南工业大学
16360723150931	卢梅	女	余中	大余县池江镇卢屋村横圳下	鲁东大学
16360723150932	何香	女	余中	大余县浮江乡竹木村上竹田 19 号	赣南师范大学
16360723150933	刘长娣	女	余中	大余县青龙镇二塘村青村黄屋 1 号	赣南师范大学科技学院
16360723150934	邓甜	女	余中	大余县南安镇新民村 15 组	赣南师范大学
16360723150935	王月	女	余中	大余县池江镇新街上 999 号	江西中医药大学科技学院

续表 13　　大余县 2016 年高考录取花名册

考生号	姓名	性别	报名点	户籍地址	录取院校
16360723150936	蓝晓敏	女	余中	大余县黄龙镇黄龙畲族村兰屋棚下组	江西服装学院
16360723150937	廖英	女	余中	大余县池江镇板棚村杉背鹅盆下	南昌教育学院
16360723150938	蓝观峰	女	余中	大余县南安镇梅山村三板桥 34 号	赣南师范大学
16360723150939	何娟	女	余中	大余县南安镇北门河街西华路气象站 165 号	景德镇陶瓷大学
16360723150940	黄鑫	男	余中	大余县南安镇余西街建设路 100 号	西北工业大学
16360723150941	黄远浩	男	余中	大余县池江镇池江村高屋	合肥工业大学（宣城校区）
16360723150942	陈兴涛	男	余中	大余县新城镇新城村关上 35 号	江西理工大学
16360723150943	王彤明	男	余中	大余县池江镇杨梅村杨梅七组	东莞理工学院
16360723150944	吴一伟	男	余中	大余县南安镇余西街建设路 100 号	九江学院
16360723150945	朱永福	男	余中	大余县新城镇水西村水西 29 号	华东交通大学
16360723150946	吴昊天	男	余中	大余县新城镇莲塘村西边 43 号	江西财经大学现代经济管理学
16360723150947	黄仁福	男	余中	大余县左拔镇漂塘村水口组 8 号	哈尔滨理工大学
16360723150948	彭俊龙	男	余中	大余县南安镇石桥下街楼子下路 10 号	南昌航空大学
16360723150949	廖豫龙	男	余中	大余县黄龙镇壕塘村壕塘组	江西理工大学
16360723150950	肖芳星	男	余中	大余县新城镇窑孜前村中印 17 号	南昌大学
16360723150951	王鹏	男	余中	大余县池江镇同心村老牛栏坑	景德镇陶瓷大学
16360723150952	曾俊涛	男	余中	大余县南安镇余东街天主岭路小别墅 4 号	江西中医药大学
16360723150953	王梓鉴	男	余中	大余县池江镇螺丝坑 999 号	上饶师范学院
16360723150954	张聪	男	余中	大余县南安镇东山街井孜头路 212 号	南昌航空大学
16360723150955	黄林	男	余中	大余县吉村镇右源村上坝	萍乡学院
16360723150956	钟芳祈	男	余中	大余县黄龙镇大合村岭足下组	华东交通大学
16360723150957	林贵强	男	余中	大余县南安镇余东街西华路 87 号	赣南师范大学
16360723150959	梁兴龙	男	余中	大余县南安镇余西街建设路 16 号	北京交通大学海滨学院
16360723150960	钟裔江	男	余中	赣县王母渡镇桃江村小岭下组 7 号	宜春学院
16360723150961	罗旻	男	余中	大余县青龙镇青龙村鸭子垅 1 号	三江学院
16360723150962	钟昌精	男	余中	大余县青龙镇平岗村井水下组	南昌师范学院
16360723150963	林森	男	余中	大余县南安镇余西街建设路 16 号	燕京理工学院（原北京化工大
16360723150964	赖同安	男	余中	大余县新城镇观路村埠中 1 号	赣南师范大学
16360723150965	郭张斌	男	余中	大余县青龙镇二塘村郭屋坝	上饶师范学院（农林类）

续表 13　　大余县 2016 年高考录取花名册

考生号	姓名	性别	报名点	户籍地址	录取院校
16360723150966	蓝松玲	女	余中	大余县青龙镇二塘村寨下	海南师范大学
16360723150967	叶倩	女	余中	大余县南安镇建桂街南潭里路 38 号	上饶师范学院
16360723150968	黄德颖	女	余中	大余县青龙镇联合村铁了下	江西农业大学
16360723150969	钟悦玲	女	余中	大余县南安镇北门河街西华路 795 号	井冈山大学
16360723150970	钟艺漩	女	余中	大余县黄龙镇大合村茶园背组	景德镇陶瓷大学
16360723150971	肖杨	女	余中	大余县漂塘钨矿矿部二段 10 号	江西财经大学现代经济管理学
16360723150972	蔡锦玲	女	余中	大余县南安镇建桂街建雄路 5 号	江西理工大学应用科学学院
16360723150973	刘玲	女	余中	大余县左拔镇左拔村雎屋组 16 号	南昌师范高等专科学校
16360723150974	刘俊英	女	余中	大余县新城镇王屋岭村天香炉 38 号	赣州师范高等专科学校
16360723150975	蔡依锘	女	余中	大余县南安镇新建村惜母 71 号	中北大学
16360723150976	魏修森	男	余中	大余县内良乡内良村角湾组	常州大学
16360723150977	辛建辉	男	余中	大余县南安镇余西街建设路 15 号	赣南医学院
16360723150978	刘佳跃	男	余中	大余县新城镇新城村大小岭 36 号	海南大学
16360723150979	曾宇维	男	余中	大余县南安镇余东街园傍路 5 号	北京联合大学
16360723150980	宋财路	男	余中	大余县新城镇新城大道 22 号	赣南医学院
16360723150981	温盛华	男	余中	大余县新城镇茶园村伞孜下 26 号	长春理工大学
16360723150982	赖金萍	男	余中	大余县新城镇龙王庙村莲蓬塘 8 号	青岛理工大学
16360723150983	张雷	男	余中	大余县吉村镇上村村洪屋	赣南医学院
16360723150984	严先晨	男	余中	大余县新城镇白田埠村严屋 4 号	赣南师范大学
16360723150986	周粤飞	男	余中	大余县新城镇周屋村竹孜棚 38 号	江西理工大学
16360723150987	赖粮川	男	余中	大余县池江镇啤酒厂 999 号	江西农业大学
16360723150988	郭龙飞	男	余中	大余县浮江乡双田村下屋 21 号	江西农业大学
16360723150989	钟良	男	余中	大余县黄龙镇大合村白虎头组	华东交通大学理工学院
16360723150990	龚朝彦	男	余中	大余县新城镇龙王庙村玛瑙塘 20 号	南昌航空大学
16360723150991	冯子清	男	余中	大余县南安镇建桂街富贵路 19 号	赣南师范大学
16360723150992	温剑	男	余中	大余县内良乡内良村角湾组	江西理工大学应用科学学院
16360723150993	王杰	男	余中	大余县池江镇新街上 999 号	江西农业大学
16360723150994	蓝文剑	男	余中	大余县池江镇新江村塘埠湾	江西师范大学科学技术学院
16360723150995	沈懋卿	男	余中	大余县南安镇东山街建桂路 2 号 2 单元 501 室	宜春学院

续表 13

大余县 2016 年高考录取花名册

考生号	姓名	性别	报名点	户籍地址	录取院校
16360723150996	蓝明东	男	余中	大余县新城镇巷口村芙蓉围 20 号	赣南医学院
16360723150997	刘新泉	男	余中	大余县吉村镇上村村塘坑	新余学院
16360723150998	刘孔宇	男	余中	大余县南安镇大余钴冶炼分厂 2 栋 03 号	九江学院
16360723150999	雷承杰	男	余中	大余县南安镇建桂街新建路 33 号	上海立达职业技术学院
16360723151000	余志宏	男	余中	大余县青龙镇双联村大塘下	南昌大学
16360723151001	袁建平	男	余中	大余县池江镇庄下村袁屋	江西现代职业技术学院
16360723151002	吴宜宸	男	余中	大余县南安镇石桥下街方屋塘路 8 号	东华理工大学
16360723151003	彭圳	男	余中	大余县南安镇余西街胜利路万博楼 401 室	江西现代职业技术学院
16360723151004	肖怡	女	余中	大余县青龙镇二塘村烂泥坑一二组	江西师范大学
16360723151005	李翔宇	女	余中	大余县池江镇长江村李屋	萍乡学院
16360723151006	郭润兰	女	余中	大余县左拔镇左拔村郭屋组 19 号	景德镇陶瓷大学
16360723151008	刘志秀	女	余中	大余县吉村镇解放村上坑口	江西科技师范大学
16360723151011	陈慧捷	女	余中	大余县南安镇建桂街建桂路 35 号	赣南师范大学
16360723151012	赵晶	女	余中	大余县南安镇余西街肖家巷 5 号	赣南师范大学
16360723151013	肖绿萍	女	余中	大余县浮江乡车里村上屋 28 号	江西科技学院
16360723151014	吴素仪	女	余中	大余县南安镇北门河街北门河路 150 附 1 号	韩山师范学院
16360723151016	邱欣怡	女	余中	大余县内良乡石溪村巩坑组	广东外语外贸大学南国商学院
16360723151018	钟宇慧	女	余中	大余县浮江乡浮江村凹背 4 号	九江职业技术学院
16360723151019	彭婷	女	余中	大余县黄龙镇长胜村上排组	江西工业工程职业技术学院
16360723151020	朱家慧	女	余中	大余县内良乡白井村庙湾组	江西科技学院
16360723151021	刘霞	女	余中	大余县青龙镇青龙村新塘湾	江西旅游商贸职业学院
16360723151022	张晓娟	女	余中	大余县南安镇建桂街新安路 285 号	江西理工大学应用科学学院
16360723151024	杨丹	女	余中	大余县浮江乡竹木村木头坝 21 号	赣州师范高等专科学校
16360723151025	叶青	女	余中	大余县新城镇王屋岭村叶屋西边 55 号	江西财经职业学院
16360723151026	蓝福娣	女	余中	大余县新城镇白田埠村谢屋 56 号	赣州师范高等专科学校
16360723151028	黄春	女	余中	大余县南安镇建设村下排 8 号	南昌理工学院
16360723151029	彭述敏	女	余中	大余县南安镇余西街建设路 100 号	赣南师范大学科技学院
16360723151030	李雨欣	女	余中	大余县南安镇石桥下街伯坚大道华瑞花园 A 座 3 单元 602 室	江西中医药大学科技学院
16360723151031	罗娇	女	余中	大余县浮江乡竹木村小河背 2 号	赣南卫生健康职业学院

续表 13

大余县 2016 年高考录取花名册

考生号	姓名	性别	报名点	户籍地址	录取院校
16360723151032	曾欣	女	余中	大余县南安镇余西街坝上路 33 号	江西应用技术职业学院
16360723151033	吴继潇	男	余中	大余县南安镇北门河街西华路 329 号	山东理工大学
16360723151034	蓝志鹏	男	余中	大余县黄龙镇黄龙畲族村街上组	东华理工大学
16360723151035	曾志宏	男	余中	大余县池江镇庄下村小河头	南昌工程学院
16360723151036	刘颂平	男	余中	大余县池江镇团结村沙背上	华东交通大学
16360723151037	刘谱冬	男	余中	大余县左拔镇大江村街上组 12 号	南昌航空大学
16360723151038	吴礼荣	男	余中	大余县池江镇新江村寨下	井冈山大学
16360723151039	钟慧全	男	余中	大余县左拔镇大江村东坑二组 31 号	江西师范大学
16360723151040	卢鑫	男	余中	大余县池江镇卢屋村横圳上	赣南师范大学科技学院
16360723151041	黄绍富	男	余中	大余县南安镇花园村竹孜坑	南昌航空大学（职教本科合作
16360723151042	黄辉	男	余中	大余县池江镇兰西村大细门里	东华理工大学长江学院
16360723151043	严则迪	男	余中	大余县南安镇北门河街梅国北路金地锦城 A15 栋 5 单元 502 室	南昌航空大学科技学院
16360723151044	曹蒙	男	余中	大余县南安镇大余钴冶炼分厂 7 栋 09 号	江西理工大学
16360723151046	袁金	男	余中	大余县青龙镇同盟村拱上	东华理工大学
16360723151047	游庭坚	男	余中	大余县池江镇杨柳村康屋	桂林理工大学博文管理学院
16360723151050	肖洪发	男	余中	大余县青龙镇二塘村烂泥坑一二组	东华理工大学
16360723151051	刘怡	男	余中	大余县南安镇北门河街北门河路 36 号	江西信息应用职业技术学院
16360723151053	梁越	男	余中	大余县池江镇新街上 999 号	江西水利职业学院
16360723151054	黄前竑	男	余中	大余县新城镇新城村仓下 46 号	江西科技学院
16360723151055	谢财林	男	余中	大余县南安镇东山村沙江坝 32 号	浙江农林大学暨阳学院
16360723151056	夏世强	男	余中	大余县吉村镇上村村上坑	华东交通大学
16360723151058	邓一涛	男	余中	大余县池江镇池江村瑶背上	华东交通大学理工学院
16360723151059	赖文权	男	余中	大余县新城镇观路村老岗孜头 13 号	电子科技大学中山学院
16360723151061	廖世富	男	余中	大余县南安镇新余村壶头 132 号	南昌影视传播职业学院
16360723151062	彭友明	男	余中	大余县新城镇王屋岭村彭屋 27 号	南昌航空大学科技学院
16360723151063	吴德	男	余中	大余县南安镇梅山村三板桥 19 号	江西应用技术职业学院
16360723151085	夏乙娇	女	社会	大余县吉村镇上村村上坑	赣南卫生健康职业学院
16360723890001	刘玉婷	女	梅中	大余县黄龙镇长胜村黄溪坝组	江西应用科技学院
16360723890002	邱钧慧	女	梅中	大余县南安镇余西街建设路 22 号	江西工程学院

续表 13

大余县 2016 年高考录取花名册

考生号	姓名	性别	报名点	户籍地址	录取院校
16360723890003	陈玲婷	女	梅中	大余县南安镇五里山工人村盛世名城 A 栋 2 单元 604 室	江西科技师范大学
16360723890004	彭宝珠	女	梅中	大余县黄龙镇长胜村上排组	江西科技师范大学
16360723890005	刘方琳	女	梅中	大余县新城镇窑孜前村禾场背 35 号	江西师范高等专科学校
16360723890006	左依婷	女	梅中	大余县南安镇北门河街中山北路文体新居 2 单元 503 室	江西工程学院
16360723890007	张志华	女	梅中	大余县黄龙镇黄龙畲族村街背组	江西科技师范大学
16360723890008	袁瑾	女	梅中	大余县荡坪钨矿矿部二管区 48 间	江西科技师范大学
16360723890009	于建华	女	梅中	大余县南安镇石桥下街下田心路 31 号	江西应用科技学院
16360723890010	涂红莲	女	梅中	江西省南康市潭东镇龙井村石头坑组 20 号	江西师范高等专科学校
16360723890011	曾瑶	女	梅中	大余县浮江乡山南村高坝 26 号	江西经济管理干部学院
16360723890012	崔昌莲	女	梅中	大余县南安镇新珠村下东坑	江西科技学院
16360723890013	赖愈蓓	女	梅中	大余县南安镇东山街伯坚大道南 50 号	江西应用技术职业学院
16360723890014	袁嘉楠	女	梅中	大余县南安镇东山街东公路 45 号	江西应用技术职业学院
16360723890015	陈玉莲	女	梅中	大余县左拔镇大江村东坑二组 10 号	江西工程学院
16360723890017	李金凤	女	梅中	大余县吉村镇沙村村禾场里	江西师范高等专科学校
16360723890018	王兆君	女	梅中	大余县南安镇余东街胜利北路 272 号	江西工业工程职业技术学院
16360723890019	吴月红	女	梅中	大余县南安镇梅山村三板桥 14 号	江西师范高等专科学校
16360723890020	刘红艳	女	梅中	大余县青龙镇双联村新店里	江西师范高等专科学校
16360723890021	严霞	女	梅中	大余县南安镇北门河街水库里路 43 号	江西应用科技学院
16360723890022	邓莉	女	梅中	大余县南安镇新民村 13 组	宜春学院
16360723890023	许燕文	男	梅中	大余县浮江乡竹木村河坝 11 号	江西现代职业技术学院
16360723890024	刘建华	男	梅中	大余县内良乡五洞村大路下组	江西工程学院
16360723890025	张杰	男	梅中	大余县吉村镇民主村下塘	江西工程学院
16360723890027	王福忠	男	梅中	大余县左拔镇左拔村左溪一组 19 号	南昌职业学院
16360723890028	罗逸权	男	梅中	大余县左拔镇左拔村罗屋组 17 号	江西应用科技学院
16360723890029	黄开彬	男	梅中	大余县新城镇农贸市场 20 号	南昌职业学院
16360723890030	刘强	男	梅中	大余县新城镇茶园村石门里 45 号	萍乡学院
16360723890031	沈涛	男	梅中	大余县吉村镇满埠村青草乘	华东交通大学理工学院
16360723890033	孟令坤	男	梅中	大余县南安镇北门河街北门河路 608 号	江西科技师范大学
16360723890034	刘代祥	男	梅中	大余县南安镇新华村坳头 41 号	南昌理工学院

续表 13

大余县 2016 年高考录取花名册

考生号	姓名	性别	报名点	户籍地址	录取院校
16360723890036	谭景康	男	梅中	大余县南安镇东山街解放路 9 号	南昌职业学院
16360723890038	蓝远生	男	梅中	大余县新城镇分水坳村猎树下 5 号	南昌工学院
16360723890040	何靖	男	梅中	大余县南安镇北门河街北门河路 148 附 1 号	江西科技学院
16360723890041	彭琛	男	梅中	大余县南安镇余西街坝上路 17 号	南昌职业学院
16360723890042	罗舒萍	男	梅中	大余县吉村镇右源村圩上	江西工程学院
16360723890043	林国威	男	梅中	大余县南安镇北门河街北门河路 13 号	江西泰豪动漫职业学院
16360723890044	陈琼琼	女	梅中	大余县青龙镇长里村陈屋	九江职业大学
16360723890045	赖日红	女	梅中	大余县南安镇余西街民主巷 77 号	南昌理工学院
16360723890046	蓝琴	女	梅中	大余县池江镇坳上村谢屋	江西农业工程职业学院
16360723890047	李信	女	梅中	大余县黄龙镇叶墩村小背组	江西外语外贸职业学院
16360723890048	刘慧英	女	梅中	大余县南安镇北门河街西华路 165 号	江西环境工程职业学院
16360723890049	刘平钰	女	梅中	大余县南安镇余东街人民路 4 号	南昌理工学院
16360723890050	龙慧鸣	女	梅中	大余县吉村镇游仙村横坑	江西工业职业技术学院
16360723890051	罗春红	女	梅中	大余县浮江乡山南村高坝 63 号	江西应用科技学院
16360723890052	罗声婷	女	梅中	大余县吉村镇游仙村罗屋	江西旅游商贸职业学院
16360723890053	罗祥佳	女	梅中	大余县吉村镇游仙村罗屋	江西工业职业技术学院
16360723890054	莫雨薇	女	梅中	大余县南安镇建桂街新建路新余归善门 69 号	江西旅游商贸职业学院
16360723890055	彭翠	女	梅中	大余县南安镇北门河街西华路 515 号	江西科技师范大学
16360723890056	彭述华	女	梅中	大余县黄龙镇旱田村洞上组	江西农业工程职业学院
16360723890057	王倩	女	梅中	大余县南安镇新珠村西门	宜春职业技术学院
16360723890058	王世华	女	梅中	大余县吉村镇游仙村寨边	江西应用技术职业学院
16360723890059	王世艳	女	梅中	大余县吉村镇游仙村寨边	江西工程学院
16360723890060	吴承诺	女	梅中	大余县南安镇余东街金莲山路 138 号	九江职业大学
16360723890061	曾红艳	女	梅中	于都县罗江乡联丰村蒽茅坪组 020 号	江西农业工程职业学院
16360723890062	张淑珍	女	梅中	大余县黄龙镇新村村树下七组	江西信息应用职业技术学院
16360723890063	赵媛	女	梅中	大余县浮江乡浮江村耙形 17 号	江西科技师范大学
16360723890064	钟玉莲	女	梅中	大余县黄龙镇大合村岭足下组	江西科技师范大学
16360723890065	周君	女	梅中	大余县浮江乡浮江村洋道坝 10 号	江西农业工程职业学院
16360723890066	朱红凤	女	梅中	大余县青龙镇赤江村大山排一组二组	江西应用技术职业学院

续表 13

大余县 2016 年高考录取花名册

考生号	姓名	性别	报名点	户籍地址	录取院校
16360723890067	陈伦昕	男	梅中	大余县青龙镇长里村陈屋	江西工程学院
16360723890068	董强	男	梅中	大余县黄龙镇旱田村邱屋组	江西现代职业技术学院
16360723890069	董雄剑	男	梅中	大余县南安镇新珠村河坝里	江西冶金职业技术学院
16360723890070	段牧林	男	梅中	大余县南安镇余东街东直路 8 号	江西工业职业技术学院
16360723890071	郭奕金	男	梅中	大余县南安镇东山街井孜头路 4 号	江西航空职业技术学院
16360723890072	黄菲	男	梅中	大余县黄龙镇大龙村大岭组	江西环境工程职业学院
16360723890073	刘禄锦	男	梅中	大余县新城镇灌湖村新坢里 12 号	江西现代职业技术学院
16360723890074	吕家明	男	梅中	大余县黄龙镇黄龙畲族村街上组	江西应用科技学院
16360723890075	罗洲华	男	梅中	江西省南康市坪市乡白马塘村新屋组 17 号	江西制造职业技术学院
16360723890076	王力樟	男	梅中	大余县南安镇北门河街玉枕山东路 40 号	江西工程学院
16360723890077	魏盛林	男	梅中	大余县内良乡内良村观坑组	南昌理工学院
16360723890078	温建冬	男	梅中	信丰县崇仙乡布社村布社	江西机电职业技术学院
16360723890079	徐厚德	男	梅中	大余县南安镇新民村 15 组	江西科技师范大学
16360723890080	杨荣玺	男	梅中	大余县南安镇新余村杨屋	九江职业技术学院
16360723890081	曾文辉	男	梅中	于都县罗江乡联丰村蒽茅坪组 020 号	江西科技学院
16360723890082	曾照鹏	男	梅中	大余县南安镇建桂街建雄路 9 号	江西旅游商贸职业学院
16360723890083	朱涛	男	梅中	大余县南安镇北门河街玉枕山东路 56 号	江西应用技术职业学院
16360723890084	朱铭健	男	梅中	大余县南安镇余西街学院路 13 号	宜春职业技术学院

大余中学

【概况】 江西省大余中学建校于1923年，始名“江西省立第十四中学”，历经10多次易名，1973年定名“江西省大余中学”，为赣州市首批省级重点中学之一。

学校现有占地面积8.004平方米，校舍面积3.32万平方米。教学班级63个，学生共计3771人。现有教职工226人，其中特级教师2人，省学科带头人 2人，市学科带头人 1人，市骨干教师 1人；专任教师203人，其中中学高级职称聘任82人。办学规模合理，师资力量雄厚。

2016年，大余中学坚持践行“文化引领，精神感召”的办学理念，教育教学工作日渐扎实，教学质量稳步提高，在充满机遇和挑战的征途上奋力向前，谱写了“传承与创新并重，质量与特色同举”的新篇章。大余中学系机关事业单位，内设机构有行政办公室、教务处、教科处、政教处、总务处、工会、团委学生会，年末在职232人。

【安全工作】 学校构建了安全管理网络：各部门、各年级、各班级层层签订责任状，职责到人。规范《大余中学安全隐患排查制度》等10多项安全工作制度。制订了学生紧急疏散预案，进行了多次安全演练，不断强化师生安全意识。围绕饮食、卫生、交通、防溺水、防火、防诈骗等方面开展了丰富多彩的教育活动。全年，大余中学没有发生安全事故。

【管理工作】 学校继续对多年来施行的各项管理制度进行了全面梳理与完善，在原有《大余中学管理手册》的基础上，推行项目归口管理，界定工会、办公室、政教处、教务处、教科处、团委学生会的工作范围，强化各年级管理，明晰职责，对防止工作的“慵懒散”起到良好效果；增建资料文印室，使学校所有文件、图文资料入册有序。修改和完善了《大余中学教师岗位竞聘实施方案》《大余中学教职工考核方案》，并经教工代表大会表决通过。以上管理体系的完善，为大余中学今后的长远发展奠定了坚实基础。

【德育工作】 继续外派班主任考察团取经学艺，借力先进地区经验，引进主题班会模块，创新德育工作思路。以活动促管理，在继续落实“读好书，写好字，跑好步，扫好地”十二字常规工作的基础上，丰富每周一升旗仪式，增加学生国旗护卫队升旗、学生代表领誓、师生代表主题发言环节；开展了班歌比赛、班徽设计比赛、班级誓词评比、寝室内务评比、校园十佳好青年评选、校徽评选等一系列活动，均收到良好教育效果。

【常规管理】 2016年，教务处通过检查备课本、听课本、作业本，保证了教师教学工作的正常进行；通过核查班级教学周报，有效监管了教师课堂教学行为。在协助县招办举办高考、高中学考等大型考试方面，教务处以扎实的工作确保了零差错。本年度在完成正常的学籍管理与高考学考报名工作外，还出色完成了全校新增1228名学生的信息采集录入工作。

【教育科研】 “走出去，请进来”得到进一步升华。学校组织学科组长、政教工作人员赴外地考察学习其先进的办学和管理经验，学校以“同课异构、一课两讲”和“同题上课，课型研究”为主题，开展教研活动。2016年，全校共有3位教师在省市优质课比赛中获得一、二等奖，有70余篇论文在国家级和省级报刊发表，60余篇论文获国家级、省级或市级奖励，叶桦老师的课题《高中书法教学的探索与实践》、程秀全老师的课题《校本教材〈随钱钟书一道与古人对话〉的实践研究》获得2016年度江西省教育教学优秀培育项目。

【硬件设施】 学校获得省财政支持，累计投资120余万元改造校园污水管网，投资16万元改造校园电网；投资40余万元兴建厕所。由校友投资40余万元在图书馆周围以及丽泽楼后面兴建读书亭1个，石林广场5个，兴建了1个“红色教育示范基地”大屏幕碑墙，美化了校园环境；为了提高阅卷效率，学校购买了网上阅卷系统；为了充分利用网络资源，学校与优课优信公司签订了服务协议。

【校园建设】 投资10余万元在学生宿舍外围建设80米文化墙，以宣传乡土文化、学生书法作品、寝室文化建设、学生活动剪影等；将奥运会、亚运会项目图案装点100米体育文化墙。所有这些，使校园显得更加整齐，协调，漂亮。

【高考录取】 2016年高考成绩普通文理科合计600分以上30人，全市占比第二；一本上线人数达245人，上线率19.94%；二本以上上线人数达704人，上线率65.5%。

【领导名单】

党支部书记、校长	张芳芳
副校长	陈余华
副校长、工会主席	李晓然

教师培训

【概况】 2016年，在县委、县政府的领导和县教育局的关心支持下，学校坚持以科学发展观为指导，以办人民满意教育为宗旨，以“保安全、抓质量、扬正气”为工作重点，以改革创新为动力，开拓进取，扎实工作，奋发有为，教师培训工作得到了长足发展。县教师进修学校为县直一级单位，业务主管部门为县教育局，内设办公室、培训处、开放教育处和总务处等4个职能科室，现在编在岗人员为15人。2016年荣获省中小学教师远程培训先进集体称号。

【学科专业培训】 组织全县学科教师参加专业培训。按照基础教育改革发展的要求，遵循教师成长规律，着力抓好全县中小学新任教师岗前培训、紧缺学科教师培训、在职教师岗位培训和骨干教师研修提高，充分发挥省、市学科带头人培训者引领示范全员培训的重要作用。2016年1月，举办了全县中小学教师40人参加的“全县基础教育课题管理人员培训”；4月，进行了“全县基础教育课题研究专题讲座”，参加人数达60人；5月，进行了全县各学校60人参加的“小学六年级语文数学毕业总复习研讨会”；7月，分别举办了“互联网＋教育培训”和“微课制作＋电子白板应用”，参加人数分别有100人；8月，举办了70人参加的“全县小学语文教材培训”；9月，举办了“全县《小学语文新课程标准》培训”，参加人数达400人；10月，进行了“新聘教师入职培训”147人参加；11月，分别进行了“写作教学培训”和“手工人教师培训”，参加人数分别有50人和80人。

【骨干教师培训】 组织全县幼儿园园长和教师参加骨干培训，为全县每个乡镇幼儿园培养骨干教师。通过短期集中培训、顶岗实习置换培训、网络远程培训三种方式，努力提高其新课程教学设计和课堂教学实施能力，促进县域学前教育均衡发展。2016年3月，举办了“全县园长与骨干教师春季培训会”，参加人数为343人；6月，举办了有286人参加的“《幼儿园工作规程》学习会”；9－11月，分别在青龙、黄龙和吉村进行了全县乡镇幼儿园业务培训，受训人数分别有112人、78人和89人。

【班主任培训】 组织全县班主任教师参加集中培训，针对班主任工作中的实际问题，加强班主任工作基本规范、师德师风、未成年人思想道德教育、学生心理健康教育、安全教育等专题培训，不断增强班主任教师的专业素养和教书育人的本领。8月，举办了“儿童心理护理种子师资培训”，参训人数为106人；10月，分别举办了76名“班主任培训（家庭教育）”和有350人参加的“青春密码—我的青春我做主”的主题活动。

【国培计划】 积极组织全县义务教育学校校长参加省级国培训研修，开拓校长视野，学习借鉴先进教育理念，提升县域竞争力，通过脱产研修和在岗学习等方式，为校长的成长搭建学术平台。10月，组织了全县义务教育学校21名校长参加了在南昌举办的“教育部—2016年中国移动中小学校长培训”，学成归来后作为坊主和辅导老师，组织全县学校200名副校长及学校后备干部参加“教育部—2016年中国移动中小学校长培训”网上在线培训学习。

【领导名单】

校长	曾　毅（女，8月免）
副校长	谢树平(8月主持工作）

职业技术教育

【概况】 大余县职业技术中等专业学校是大余县唯一一所公办职业学校地处县城西南端，工业城附近，323国道旁。现有教学班42个班，学生2523人，教职工114人。校园现占地面积 221093平米，建筑面积33628平方米，校园建筑呈阶梯状分布。学校有英东楼、铭源楼两栋教学楼、一栋实训楼、一栋图书馆、一栋综合楼、一栋图书馆、两栋学生宿舍，正在建设一栋新的教学楼和一栋新的实训楼。学校配备了多个多媒体教室、音乐教室、美术教室、钢琴房、舞蹈房、体育器材室等，拥有多个高标准的计算机房和不同专业的实训室。体育场地包括1个400标准田径运动场、1个标准五人制人工草皮足球场、6个篮球场、1个排球场、8张乒乓球桌等。

学校开设有数控技术应用、机械加工、计算机应用、电子商务、学前教育、烹饪及高职高考等专业，学校各专业的教学实训设备齐全，仅数控、计算机、烹饪等专业实训室，配备的实训设施设备总价值就达680多万元，还有近500万元的实训设备正列入采购计划。学校各个专业办学目标和培养目标明确，为社会培养了大量的有知识、懂技术的技能型人才。

学校一直坚持正确的办学方向，学习先进的办学理念，狠抓教育教学质量，大力加强学校管理、制度建设和校园文化建设，营造良好的育人氛围和育人环境，学校各项工作都取得了可喜的成绩，学校曾被中国成人教育协会、教育部职业教育与成人教司授予“农村成人教育先进单位”荣誉称号；被江西省公安厅、综治办、教育厅授予“江西省安全文明校园”称号；被江西省教育工会授予江西省“四个一”先进集体称号；被江西省教育厅、江西省人力资源和社会保障厅授予江西省教育系统“先进集体”称号；被江西省文化厅授予省级非物质文化遗产传承基地；被赣州市人民政府授予全市教育系统“先进集体称号”。

大余县职业中等专业学校系事业单位，内设机构有校长室、副校长室、行政办公室、教务处、教科处、政教处、实训处、招生就业办、农民培训办公室、总务处等处室。2016 年，末在编在岗教职工 114 人。

【教育教学模式改革】 狠抓专业建设与市场的结合，严格教师课堂教学常规管理。大胆调整专业结构，构建合理的专业体系，以“数控技术应用”“学前教育”专业为拳头专业带动其他专业的发展，大力发展面向市场新兴产业的专业，以满足社会的发展需求和产业结构调整。要求教师改革教学内容和教学方法，在要求学生掌握扎实的专业知识的基础上，强化技能训练，提高学生操作技能和岗位适应能力，以此保障就业率。改革招生方式。学校在原有招生方式的基础上，积极争取政府和教育行政部门的政策支持，几年来，县委、县政府及教育局不断出台职校招生政策，把招送职校学生情况纳入各初中学校的综合考评，划指标、分任务，这为学校招生提供了强有力的保障。近三年来学校的招生数不断攀升，仅 2016 年春季招生 460 多人。拓展就业形式。注重校企订单培训，严格见习制度，加强就业指导，跟踪就业情况，狠抓就业环节，把学生就业率作为教育教学质量考核的硬性指标，以学生满意、家长满意作为办学的最高目标。狠抓技能竞赛和高职高考。在历年举行的省市中职学校学生职业技能竞赛中，校参加了数控技术应用、计算机应用、学前教育等专业的竞赛，均取得可喜成绩，良好的教学质量和优异的竞赛成绩获得了各级教育部门的认可。

【拓宽办学路】 服务县域经济，对接县城工业园区，努力拓宽“校企合作”办学路。学校自创办以来，秉承“使无业者有业，使有业者乐业”的职业教育办学理念，在“以市场为导向，以就业为目标”的指导思想下，以“服务县域经济建设，奉献社会全面进步”为办学宗旨。校企合作是横架于市场与学校之间的一座桥梁，是中职学校寻求自身发展空间和服务区域经济途径的必然要求。近年来，校积极探索校企合作模式，如：工学交替、“订单”合作、顶岗实习等等。数控技术应用专业与铭振精密模具有限公司、韶关市天辰齿轮机械厂等企业建立长期合作关系；学前教育专业与大余县水城幼儿园、东门幼儿园建立长期合作关系；中餐烹饪专业与赣州金榕餐饮文化管理公司、林峰宾馆、西华山宾馆等企业建立长期合作关系；计算机应用专业与大余联通电脑公司等企业建立长期合作关系，签订了校企合作协议，实现了学校、企业、学生的“三赢”。

加强师资队伍建设，打造“双师型”教师队伍。多年来，校采取了“外引、送培、内培”三项措施，加强专业师资队伍建设。“外引”是从企业引进“技师”“师傅”到学校担任专任教师；“送培”是在现任的教师中选派有能力、有责任心的教师参加国家、省级专业、转岗培训，成为“双师型”教师；“内培”是通过联合企业培养的形式，利用双休日、假期组织专业教师到生产一线学习提高。近年来，有一大批中青年教师参加了国家、省、市专业技能培训，很多教师都已具备“双师型”教师资格。

【打造精品专业】 学校的计算机应用专业是省精品专业，数控技术与模具制作技术专业是赣州市骨干示范专业。学校按照 “校企合作、产学结合、工学交替、实境育人”的建设思路，以面向先进制造业、培养出具有较强创新实践能力的、服务于生产第一线的数控模具设计与制造专业高技能人才为培养目标。在师资建设方面，学校加强了专业带头人和骨干教师的培养，按照专业对接产业的要求，积极吸引数控模具制造行业企业的技术专家和能工巧匠充实到教师队伍中，对能工巧匠、劳动模范和技术能手实行“双向互聘”。该专业在省市有一定的影响力，能大大促进学校其他专业的发展。

【做优传统专业】 学前教育专业和中餐烹饪专业是学校的优势传统专业，办学历史悠久，具有成熟的教学体系、培养体系和管理体系。学前教育专业与大余县的多所公办幼儿园建立了联系，能让每位学生有充足的见习、实习时间，提高了学生的实践能力学校以师资队伍建设为重点，以强化实践性教学为突破口，以重视教学技能和民族元素为特色，倾力打造学校学前教育专业，为社会培养和输送德艺双馨的学前教育专业教师人才。中餐烹饪专业在赣州市范围内开设有的仅有两个职校，此专业拥有悠久的办学历史，稳定的就业渠道，开设有营养、冷拼、面点、热菜等课程，其毕业生遍布赣州各县市各大型餐饮业实体和宾馆，在社会上拥有良好的口碑，是县的餐饮协会基地，该专业的毕业生供不应求，参加省市的中职学校技能竞赛也取得了骄人的成绩。

随着时代和社会的发展，学校紧跟时代步伐，积极调整专业设置。近几年来，不断兴起电商热、汽车热，学校经过对市场的调查研究，根据学校实际情况，2016年3月新开设了电子商务专业，2017年3月新开设了汽车应用与维修专业。合理开设专业课程，确立科学培养目标，着力打造新型专业，大力培养高素质的专业型人才，为社会经济发展做出积极贡献。

【社会培训】 学校在办好职业教育和学历教育的同时，努力拓展办学思路，积极开展各类社会培训。在“阳光工程”、“雨露计划”、“金蓝领工程”等诸类社会培训中，学校科学调配师资和教学设备，采取“走出围墙办职教”的方式，“送教下乡、送教入厂（企）”，为农村新增和剩余劳动力、企业下岗（转岗）职工及外地返乡农民工上岗、就业和创业开展培训，尽到了一所公办职校应有的职责，为农民转移就业、自主创业提供了良好的机会，经过培训，农民掌握了一定的技能技术，为他们就业或自主创业提供了有力保障，促进了农民增收致富，并取得了较好的社会效益，为地方经济发展和新农村建设做出了应用的贡献。

【领导名单】

校长	杨晓军
副校长	袁新华
	曾绍庭
	许开颜

新城中学

【概况】 新城中学是一所县直公办普通农村完中，有教学班42个，其中初中教学班21个，高中教学班22个；学生总数2494人，其中初中1302人、高中1192人；教职工总数150人，专任教师142人，工勤人员8人，其中，高级职称45人，中级职称34人，研究生学历3人，本科学历118人，省“师德先进个人”1人，市级教学骨干7人，市“师德标兵”1人，县“十大教学能手”3人。校园用地总面积73302平方米，校舍总面积21694平方米。体育场地包括2个篮球场、1个排球场、200米环形塑胶跑道等，用地总面积9000平方米。学生宿舍建筑面积17637平方米，使用面积3322平方米，寄宿生809人。学校配备了音乐教室、美术教室、体育器材室、物理实验室、化学实验室、生物实验室、计算机教室、多媒体教室、图书室等专用教室，基本达到省定教育技术装备标准；按照《江西省普通初级中学基本办学条件标准》基本配齐了通用教学设备和学科专用教学设备。新城中学系机关事业单位，内设机构有校长室、副校长室、工会、行政办公室、教务处、教科处、政教处、总务处等处室。2016年末，在编在岗教职工150人。

【安全工作】 安全工作是学校工作的重中之重，上好开学安全教育第一课，把防溺水安全、交通安全、食品卫生、疾病防疫、心理健康、火灾防范、防拥挤踩踏、校园欺凌、遵纪守法等作为安全教育的重点。组织开展好开学安全应急疏散演练活动，演练前制定演练活动方案。层层签订学校安全稳定工作责任状，与家长签订安全管理责任状。完善校园内安保队伍管理机制，坚持外来人员进出校园登记制度，保安着装规范、随身携带防卫器械，落实各项安全保卫措施。严格落实每天上午、下午最后一节课，尤其是周五下午的最后一节课，无论什么课程，老师在下课前都要用5分钟的时间对学生进行安全教育提醒的安全教育制度。

【师德师风】 重点加强教职工的师德师风、工作作风和生活作风的整顿，将按照省市县的文件精神，加强师德师风建设，打造良心工程。在教师队伍中开展“红包”专项治理活动，落实中央“八项规定”精神，从严执行《江西省中小学教师职业道德“八不准”》、《赣州市教师职业道德“七项严禁”》，着力完善师德师风考核机制，广泛开展“讲团结，讲奉献”和“比业绩、比贡献”等活动。

开辟学校“教师讲坛”，利用教工例会时间每两周安排一名师德高尚、成绩突出、群众公认的教职工作一个专题讲座，充分发挥学校名优教师的人格师德、教育教学的示范引领作用，着力打造一支师德高尚、业务精湛、爱岗敬业、无私奉献的专业化教师队伍。

【文化建设】 继续打造以“责任、担当”为核心的校园文化，不断完善校园文化的硬件设施，夯实文化内涵，营造浓厚的校园文化氛围，打造书香校园，走内涵发展道路，把学校建设成为校园文化建设示范学校。2016年末，97届高中优秀校友为学校捐赠了价值2万元的文化石，丰富了学校的文化内涵。

【中高考成绩】 2016年中考学校录取大余中学第一批统招（全县321名）55人，绝对数列全县第三名，其中谢雨同学以711分的成绩荣获全县第一名；录取大余中学提前班29人，绝对数列全县第三名，在全县同类学校中处于前茅。

2016年，高考本科上线人数共计46人，其中文化一本1人，二本以上26人，音体美特长二本以上上线20人。

【领导名单】

党组书记、校长	张立新
副校长	钟全伏
	肖承凯
	王家昌
	李新发

南安中学

【概况】 大余县南安中学是县城南安镇唯一一所初中学校。学校践行“生命绽放，你我精彩”的办学理念，以人为本、立德树人，扎实开展教育教学工作，教学质量稳中有升，实现了跨越式发展。南安中学占地约75371平方米，校舍建筑面积23770平方米。现有68个教学班，学生总数3823人，其中住校生68人；教职工总人数215人，其中省级骨干教师9人，市级学科带头人31人。办学规模合理，师资力量雄厚。学校内设机构有校长室、行政办公室、教务处、教科处、政教处、总务处、工会、团委学生会，2016年末在编在岗教职工215人。

【校务管理】 学校全面推进校务公开，加强师德师风建设、党风廉政建设和社会主义民主法制建设，充分发挥教职工大会作用，进一步强化学校民主管理、民主监督，实现学校决策民主化、科学化，推动学校教育的改革和发展。在实践中，学校不断梳理和完善各项管理制度，明确各处室工作职责和范围，强化各年级管理，改善了工作作风，极大地提高了工作效率。修改并完善了《大余县南安中学教师岗位竞聘方案》和《南安中学考勤方案》，制定了《南安中学评优评先方案》和《南安中学升学奖励方案》，以上方案的修改和制定都经教工代表大会表决通过。这些方案的制定，不断完善学校的管理体系，为南安中学今后的长远发展奠定了坚实基础。

【安全工作】 学校对于安全工作常抓不懈，不敢有任何的懈怠，始终信奉安全工作无小事的原则。在安全防范和教育方面，责任到人，由校长牵头，政教副校长分管，层层签订安全责任书，建立护校、值班制度，门岗24小时值班，加强值班领导、值周教师的夜间巡逻，杜绝学生安全事故的发生，免除家长的后顾之忧。同时，学校制定应对各种突发事件的应急预案，定期进行安全隐患排查，发现安全隐患及时整改，平时定期举办安全知识、心理健康、法制教育讲座，有效地增强师生安全意识和遵纪守法意识，提高了自我防护能力，防患于未然，形成了人人讲安全、事事讲安全、处处讲安全的良好氛围。针对目前女生安全教育问题，开展集中授课、个别心理辅导等方式，多角度、多层次应对女生容易出现的心理、生理等青春期问题。

【教师队伍】 学校每年制定具有科学性、针对性、时效性的教师培训方案。通过多渠道培训，提高教师综合素质。经常开展“听课、评课”活动，采用“走出去、请进来”的方式，不断学习新的教育理论，先进的教育方法。多次选派教师参加业务培训，积极参加“国培”“省培”计划。同时，注重同兄弟学校的业务学习和交流，学校要求参会和培训教师回来后都要及时传达、汇报先进的理念和方法，真正体现一人学习、全校受益。此外，学校充分利用现有教师资源，发挥骨干教师“传帮带”的功效，实施“青蓝工程”。

【硬件建设】 学校拥有三栋教学楼、一栋综合办公楼、二栋学生宿舍楼、一栋教师宿舍楼、四个学生计算机网络教室，配备了327台学生电脑，3个多媒体教室、1个教学录播室、7个理化生实验室和6个仪器室、图书室、阅览室、音乐教室、美术教室、舞蹈室、音体美器材室、心理咨询室、卫生室等专用教室十几个；体育场地包括1个400米标准塑胶运动场，4个篮球场和2个排球场及500平方米的乒乓球场地等；为了提高阅卷效率，学校购买网上阅卷系统；为充分利用网络资源，学校与网络运营商签订服务协议。

【体育活动】 为贯彻落实“足球进校园”工作，学校在现有足球队的基础上，开展了为期2个月的“班级杯”校园足球联赛，赛事开展以来，师生积极参与，得到了上级主管部门和家长的一致认同。学校作为传统体育学校，近几年来成绩斐然。2015年获“体彩杯”江西省百县青少年“三人制”篮球运动会团体一等奖，获“体彩杯”江西省百县青少年“五人制”足球运动会团体二等奖”，获赣州市第四届运动会青少年部篮球男子组第五名；2016年获江西省第二届百县青少年篮球运动会男子组团体一等奖，获赣州市首届青少年“三对三”篮球锦标赛男子组第一名，获赣州市首届足球锦标赛第8名。

【均衡发展】 坚持把义务教育均衡发展作为教育工作的重点，形成义务教育均衡发展工作长效机制。健全完善了农村留守儿童关爱工作机制；建立了残疾儿童随班就读支持保障体系；严格普通高中招生名额的70%分配到各初中学校的均衡招生政策，初中入学率达到100%、巩固率达到99.9%，完善教育民生保障体系。目前学校进城务工随迁子女有26人，留守孩有76人。学校严格学籍管理，努力做到控辍保学，对于有厌学倾向的学生配合班主任加强教育，及时家访了解情况，共同做好学生的教育工作；同时注重加强毕业班的管理，努力使每一位学生成为合格的毕业生。

【领导名单】

党支部书记、校长 叶际旻（7月免）

曾祥锋（8月任）

池江中学

【概况】 池江中学2016年度有学生2039人，共35个教学班。校园用地总面积47130平方米，校舍总面积17065平方米，体育场地包括5个篮球场、1个排球场、200米环形塑胶跑道等，用地总面积19097平方米，学生宿舍建筑面积3870平方米，使用面积2322平方米，寄宿生754人。现有图书室和阅览室各2间，图书51820册，教学用计算机140台。

教职工117人，其中专任教师106人，均为大专学历以上，学历合格率100%，其中本科73人，中学一级教师20人，中学高级教师35人。所有教师均有教师资格证，并按规定参加了继续教育培训，参训率为100%。2016年大余中学统招1170人，第一批统招351人，学校录取73人；第二批均衡招生819人，学校录取143人。两批共计录取216人。2016年8月，被县教育局评为教育教学综合考评先进单位和教学质量综合评价先进单位；2016年10月，被县教育局评为大余县学生资助工作先进单位；2016年12月，被省教育厅评为江西省中小学平安校园示范学校。

【安全工作】 始终把学校安全工作放在重中之重的位置，坚持“安全第一，预防为主”的原则，切实加强安全防范工作。利用板报、安全宣传展示板、上下课铃、校园广播站、课间操、班会等，宣传安全知识，做到“安全天天讲，安全时时记”。将生命教育有机地渗透在各门学科、各种形式的专题教育和课外活动之中，组织了4次安全疏散演练。积极创建

"平安校园"，为师生营造安全、和谐校园氛围。

【德育工作】 以学生行为规范养成教育为主要内容，以学校团委学生会活动为载体，以重大节日、纪念日为契机， 开展生动活泼的德育教育活动，加强对学生进行爱国主义、集体主义、社会主义思想教育和道德规范教育。

【教学工作】 积极创新"三自"教育，培养学生"三自"能力。自我管理。建设好学生会和校团委，管理学生在校学习生活，组织学生活动；建设好班委，加强班级管理，组织班级活动；落实班级管理责任制，把班级管理所有工作分解到每个学生，做到事事有人管，人人有事管，人人有责任，个个是主人；建立学生自我管理评价机制，分别由学生自己、小组、班级对学生各方面表现进行监督和评价，督促每个学生管理好自己的学习、生活和思想。自主学习。培养学习责任和学习习惯，七年级上学期重点进行良好学习习惯的养成教育，引导学生学会做好课前准备、认真听讲、独立思考、做好笔记、敢于发言、积极讨论、按时完成作业；成立学习小组，让学生在团队帮助和监督下进行自主学习；早晚自习和午读实行老师引导、学生组织学习的管理模式；办好学生阅览室和班级图书角，让学生管理，学生自由选择阅读，培养学习阅读习惯。自愿发展。加强学生的自我认知能力，明白自己的长处和不足，扬长补短，建立自信；老师帮助发现学生优点和特长，鼓励学生去发展特长；开展丰富多彩的学科竞赛和课外活动，让学生在活动中展示才华，彰显自我，尽可能让每个学生在校三年学有所得，学有所乐，学有所长；对九年级学生进行人生规划教育，引导学生在正确认识自己的基础上去规划自己的未来。

【领导名单】

副校长　　　张祥华（主持工作）

党支部书记　谢名奎

梅关中学

【概况】 大余县梅关中学现有教学班 17 个，学生约 280 人，教师 19 人。校园现占地面积 221093 平方米，建筑面积 33628 平米，校园建筑呈阶梯状分布。学校有英东楼、铭源楼两栋教学楼、一栋实训楼、一栋图书馆、一栋综合楼、一栋图书馆、两栋学生宿舍，目前正在建设一栋新的教学楼和一栋新的实训楼。学校配备了多个多媒体教室、音乐教室、美术教室、钢琴房、舞蹈房、体育器材室等，拥有多个高标准的计算机房。体育场地包括 1 个 400 标准田径运动场、1 个标准五人制人工草皮足球场、6 个篮球场、1 个排球场、8 张乒乓球桌等。

学校全面贯彻落实《国家中长期教育改革和发展规划纲要》和《国家中长期人才发展规划纲要》，实施普通高中教育，在教育教学过程中，促进学生德、智、体、美、劳全面发展，为各高等院校不断输送高素质的人才。学校一直坚持正确的办学方向，学习先进的办学理念，狠抓教育教学质量，大力加强学校管理、制度建设和校园文化建设，营造良好的育人氛围和育人环境，学校各项工作都取得了可喜的成绩，学校曾被江西省公安厅、综治办、教育厅授予"江西省安全文明校园"称号；被江西省教育工会授予江西省"四个一"先进集体称号；被江西省教育厅、江西省人力资源和社会保障厅授予江西省教育系统"先进集体"称号；被赣州市人民政府授予全市教育系统"先进集体称号"；被赣州市教育局授予"赣州市人民群众满意学校"称号；被赣州市人民政府授予全市"普通中学高中教学质量先进单位"和全市"普通中学高中教学质量进步奖"光荣称号。学校传统节目《大余南安罗汉舞》被江西省文化厅授予省级非物质文化遗产；尤其是 2015 年 7 月，学校被教育部评为首批"全国校园足球特色学校"，2017 年 1 月通过了教育部的验收复评并进行了授牌。大余县梅关中学系事业单位，内设机构有校长室、副校长室、行政办公室、教务处、教科处、政教处、实训处、招生就业办、农民培训办公室、总务处等处室。2016 年末，在编在岗教职工 19 人。

【班子建设】 学校要发展，班子建设是关键。班子每个成员围绕学校改革发展，结合自己分工，学理论，学专业，学法规，用科学发展观统领学校工作；坚持理论联系实际，学以致用，深入师生，加强调查研究，通过加强学习不断提高解决问题和矛盾的能力。在工作中团结协作，相互补位，不断加强班子的凝聚力和战斗力，按照“集体领导、民主集中、个别酝酿、会议决定”的原则处理在学校各项工作中碰到的问题和矛盾。每个班子成员胸怀全局，作风民主，多谋善断，知人善任，做好团结协调工作，落实集体领导下的个人分工负责制。通过理顺处室岗位职责，强化职能、服务意识，加强干群协调联系，加强群众监督，推进领导作风建设，成为服务型班子。本着以学生为本、服务教学第一线的教学管理理念，认真严格地执行教学常规。随时和教师、学生保持交流，加强教学过程的监控和管理，学校行政领导多听课，多观察，多调研，多巡逻，多检查，多了解教学第一线的即时动态。

【队伍建设】 认真组织学习教师职业道德规范，开展以职业道德、职业形象、职业责任、职业纪律为主要内容的教师教育，提高全体教师的职业道德意识，按照江西省教师职业道德“八不准”要求，树立“进德修业，严谨治学”的良好风尚，认真履行教书育人职责，严格实行师德在教师考核、聘任、评职、评优中的一票否决制。加强教师现代教育理论的学习，树立正确的教育观、质量观、人才观和价值观。加强教师教学常规的督促、检查和考核，减少工作的随意性，规范教师教育行为，树立良好教风，组织开展教师的各种教学研究和业务评比活动，开展内容丰富多彩的校本教研活动，提高教师业务水平。加强对青年教师的培养，建立青年教师多层次培养目标，抓好骨干教师队伍建设，发挥示范辐射和“传、帮、带”作用，完善师徒帮扶制度，促进全面素质提高，鼓励教师“冒尖”，逐步建立吸引人才、稳定人才、使用人才、培养人才的用人机制，对思想、业务上积极进取并有突出表现的教师和职工给予重奖。

【特长建设】 学校一直坚定不移的狠抓特色教育，树梅中品牌，坚持走特色兴校之路，这几年来，学校常抓不懈、稳抓稳打，走得实、走得稳，特长教育成绩显著。继续建立起科学合理的评价体系，加强了“大艺术”校本课程的研发;加强特长教师常规管理及考核，引入竞争机制，培养特长尖子生，实现高考特长生由“量变”到“质变”的飞跃，真正实现特长“一年见成效，三年创体系，五年树品牌”的目标，最终实现以“特长”带动“文化”，以“文化”促进“特长”的可喜局面。

【教学质量】 强化校本教研。以教研组、备课组为单位积极开展形式多样的校本教研活动，创新教研内容和形式，以开展学科建设为中心，以课例研究和教研活动为载体，以此提高教研活动的针对性和实效性，提高学科教学水平，从而不断提高教育教学质量。

落实教学常规。严格教师教学常规管理，严格落实教师听课、备课、上课、批改、辅导、教学研究等工作制度，定期检查教师执行情况，及时纠正不良习惯和行为。学校通过课堂随机听课、学生座谈会、问卷调查、学生满意度测评等方式对教师教学常规进行考核，保证良好教学秩序形成。

改进教学方式，提高教学效率。针对学生的特点，积极探索适合学生实际的课堂教学模式，追求高效率、高质量课堂教学，加强学科课外辅导工作，关注每个学生的学习状态，促使不同基础学生的全面提高。

【制度建设】 学校不断深化内部管理体制改革，建设高效的学校管理机构，不断完善和健全各项规章制度，明确工作职责，细化工作职责，规范工作程序，实行归口管理，学校先后制定和完善了《教职工岗位竞聘实施方案》《教职工考核评价方案》《教师教学常规》《教师听课上课备课制度》《班主任考评评价方案》《教学质量奖励方案》《教职工关于考勤的暂行规定》等等，制度面前人人平等，以制度管理人，向管理要质量。

【优化管理】 扎实做好学生德育常规工作，积极开展主题教育活动，加强学生文明礼仪教育、安全教育、法制教育、养成教育及心理健康教育，让学生形成良好的学习、生活习惯，自觉遵守各项规章制度，利用各种纪念日，开展积极健康的、形式多样的活动。与此同时，深化“平安校园”创建工作，进一步健全校园安全防控机制，有效防止重大事件发生，特别是加强了学生防溺水安全教育，利用宣传栏、校园广播、黑板报、升旗仪式、主题班会、致家长一封信、拉横幅等方式，大力宣传教育广大师生防溺水珍惜生命，定期开展安全知识讲座，认真开展安全疏散演练，提高应急处理能力，进一步落实学校社会治安综合治理责任制，营造和谐的校园环境，促进学生健康成长。在学生管理过程中，加强学生干部的教育和培养。团委、学生会认真选拔优秀学生担任学生干部，并加强对学生干部的教育和培养，使学生干部在学生中真正起到了榜样和示范作用，使学生干部成为教师的得力助手，通过开展丰富多彩的校园科技、文化、体育、艺术活动 ，活跃了校园生活，提高了艺术素养和审美情趣，培养了学生树立起正确的世界观、人生观和价值观，净化了心灵、陶冶了情操，形成了健康、活泼、开朗、向上的精神风貌。

【文化建设】 学校是传承文明、创新文化的重要阵地，在学校的发展中，学校文化是一所学校灵魂的体现、精神的体现和意志的体现、是学校良性持续发展的原动力和支撑点。学校几易校址，发生几度波折，其历史发展过程对师生来讲就是一部很好的教科书。2000 年－2003 年“香港铭源基金会”捐资助学先后建起“铭源楼”和“英东楼”后，为学校的后续发展奠定了良好的基础（香港铭源基金会：“霍英东基金会”名下的由革命老战士韦丘先生发起的针对贫困革命老区捐资助学的慈善机构）。由此，“爱国、奋斗、责任、奉献”的铭源精神不断激励着梅中人勇敢前行。2003 年恢复高中教育后，学校进行了校园整体规划，所有建筑布局合理、错落有致、相映成趣、彰显特色，形成了学习区、生活区、活动区三大区域，使整个校园洋溢着现代化的教育气息，“爱国、奋斗、责任、奉献”的铭源精神也正成为校园文化的灵魂和体现，不断引领着梅中人艰苦奋斗，开创未来。

【领导名单】

校长　杨晓军

副校长　袁新华

　　　　曾绍庭

　　　　许开颜

校园新姿

科技文化体育

科学技术

【概况】 2016年，大余县科学技术局紧扣县委、县政府“1356”工作总思路，立足部门实际，积极找准科技着力点，主动适应经济发展新常态，加快科技型中小企业培育，支持大众创新创业，促进科技成果转化，推动创新驱动发展，为打好“六个攻坚战”，发展新经济、培育新动能、拓展新空间提供了有力的科技支撑。2016年，大余县知识产权工作喜获丰收，首次获“全省专利工作进步十强县”称号，科技局获“综合绩效考评良好单位”“全县和谐平安先进单位”“社会综合治税工作先进单位”“全县公共机构节能工作优秀单位”；局机关党支部再次被县直机关工委评为“先进基层党组织”。大余县科学技术局为县政府直属事业单位（正科级）。下设食品研究所（大余县知识产权局）、科技情报站、山江湖开发治理委员会办公室、科技开发服务中心4个下属单位，机关内部设有人秘财会股、计划发展股、成果市场股3个机构，负责组织、管理、协调全县的科技工作。2016年，末在职总人数为15人。

【高新技术产业】 县科技局通过积极宣传《中华人民共和国科技进步法》《高新技术企业认定管理办法》《江西省高新技术促进条例》等高新技术产业发展相关的政策信息，开展政策咨询，聘请有关专家开展专题培训等方式，为科技型企业申报高新技术企业、各类重大项目、知识产权、技术开发费加计扣除等方面提供服务。通过多年的努力，大余县已初步形成了高新技术产业群。据统计，县高新技术企业已达10家（其中2016年新增3家），2016年县规模以上高新技术产业总产值36.22亿元，占规模以上工业总产值34.8%，同比增长22.3%，这些高新技术产业涉及的技术领域主要有新材料、电子信息技术、生物医药技术、环境与资源技术等领域。高新技术的发展，不仅提高了企业自主创新能力，也加快了经济快速发展的步伐，已成为推动经济和社会发展的重要力量。

县科技局还积极鼓励、支持和引导企业与高等院校、科研院所建立长期的合作关系，不断加大技术和人才引进力度，高度重视公共科技条件平台建设，为高新技术研究开发、产业化提供了技术服务和支撑。2016年，专利呈现爆发式增长，共申请专利523件，授权257件，同比增长了335.8%和267.1%，首次获“全省专利工作进步十强县”；海创钨业一课题获国家级科技进步二等奖，海创钨业还被认定为“江西省博士后创新实践基地”；磁姆科技的“软磁复合材料工程技术研究中心”被成功认定为“赣州市工程技术研究中心”；悦安、磁姆2家企业被评为“江西省知识产权优势示范企业”。

【农业科技】 2016年，由大余县科园花木科普示范基地承担的2013年江西省星火计划项目“半枫荷苗木繁育技术与应用”顺利通过省科技厅的验收。赣州海创钨业有限公司获2016年度国家科学技术进步奖二等奖。

【领导名单】

局长　许自才（12月免）
　　　周恩娣（女，12月任）

党支部书记、副局长
　　　彭美华

副局长　罗广辉

文化艺术

【概况】 大余县文化和广播电影电视局属县政府正科级事业单位，年末在职12人。内设办公室，行政审批股，社会文化艺术股，宣传电影股，文化市场管理股，文化市场综合执法大队。下属有文化馆、图书馆、博物馆、牡丹亭演艺公司等单位。

【文学】 充分利用自身的文艺创作阵地《梅国文艺》刊登全县文学爱好者及外来作家、诗人文学作品约40万字，群众文化论文约3万字，民俗、风景、活动图片30余张；美术作品16幅；书法作品16幅；摄影作品40张。协助县作家、诗人出版个人文学专著8部。组织指导全县业余文学爱好者在市级以上报刊发表文学作品37篇、全国各大型文学网站发表各类文学作品200余篇（首）。其中，谭琳创作的论文《试论大余南安罗汉舞的艺术价值与传承保护》发表在国家级刊物《文化研究》杂志、胡燕锋创作的民俗论文《客家汤皮》在香港《凤凰周刊》杂志发表、卢致明创作的散文《又见白云生处的村庄》发表在广西《红豆》杂志发表。是根据县委、县政府工作部署，着手《牡丹亭》戏剧实景演出版的创编前期工作。

【艺术】 全年开展了乡镇综合文化站管理人员培训班2次，共开办各类艺术培训班32批次，辅导人员8万人次；举办了大余县文化惠民周、“劳动美·中国梦”文化志愿者在行动文艺晚会、“谷雨诗会”、大余县“美丽乡村·幸福家园”摄影作品展、2016年大余县“唱响主旋律、颂歌献给党” 纪念建党95周年红歌合唱比赛、大余县第十一个非物质文化遗产日图片展、2016年江西省乡村旅游“百县千人”培训班晚会、2016赣州旅游商品博览会活动开幕式、非物质文化遗产项目展演等各类群众文化活动38次，惠及群众8万人次，受到群众热烈欢迎及好评；举办了“文物精品展”“矿物晶体展”“好书推荐”“世界读书晶”“爱上阅读、从图书馆出发”等各项展览活动，参观展览群众达60000人次，得到广大群众的高度评价；开展了高质量的全民阅读活动，在全县范围内倡导建设“书香大余”，引导广大人民群众及学校师生积极参与，社会反响良好。

【社会文化】 2016年大余县11个乡镇和32个行政村“农家书屋+电商+乡村旅游”已陆续启动，11个乡镇站点均已完成选址工作，多数乡镇已经开始场地装修，其中池江镇和吉村镇两个服务点已经完成场地装修，书柜、货柜、办公桌椅、电脑、电视、电子显示屏都已到位，工作人员也已进驻服务点，已开展快递服务业务，网店也已注册好，只等图书和货物到位。32个行政村站点的建设，大多数已完成选址，部分已开始装修，少数行政村的服务点已经正式运行。

【非物质文化遗产】 自2006年大余县启动了非物质文化遗产保护与抢救工程以来，本着坚持“保护为主、抢救第一、合理利用、传承发展”的工作方针，进行了全面普查。共征（收）集民间文学（民间传说、民间故事、谚语、方言等等）300多个；客家山歌200多首；传统礼俗习俗30多项（类），传统美术3项，传统手工技艺10多项，拍摄录像资料近600分钟，建立了完整的非遗数据库。截至2016年，传统舞蹈《南安罗汉舞》《旁牌舞》传统技艺《南安板鸭传统制作技艺》、传统美术《核雕》，传统音乐《吉村年歌》等5个项目入选省级保护名录；民间文学《汤显祖〈牡丹亭故事原型〉》等6个项目列入市级保护名录；民间舞蹈《小双狮舞》、传统体育《肖家拳》等15个项目入选县级保护名录。确立省级以上非物质文化遗产项目代表性传承人4名，市级非物质文化遗产项目代表性传承人6人，县级传承人15人。

【图书馆】 大余县图书馆始建于1978年，现使用场馆位于大余县文化中心院内，总建筑面积为2800平方米。大余县图书馆设有少儿阅览室、外借一室、外借二室、公共电子阅览室、盲文阅览室、地方文献室、古籍室、采编室、资料室等9个业务科室。馆藏总量为20.9万册，用于流通外借的图书有13.1万余册。常年坚持向读者免费开放，图书借阅证总量达到8000余个，2016年流通人次达9.2万，年外借册次13.6

万，每年举办各类读者活动 40 余场次，重点打造了“青少年经典阅读推广”和“关爱特殊人群，文化共享下基层”两大服务品牌，深受广大读者好评。在 2013 年的全国公共图书馆馆级评估定级工作中，大余县图书馆被文化部评定为国家县级一级图书馆。2016 年大余县图书馆被江西省图书馆学会授予“全省最美基层图书馆”称号。2016 年大余县图书馆被赣州市图书馆学会评为“综合先进单位”。李玲被江西省图书馆学会评为“《江西图书馆动态》2016 年优秀通讯员”。

【博物馆】 大余县博物馆于 1981 年 1 月成立，前身是大余革命历史纪念馆。近 30 年来，通过几代文物工作者的辛勤努力，截至，已征集、收藏各类文物 1557 件（组）。其中，有国家一、二、三级珍贵文物 74 件。藏品涵盖了从旧石器至近现代各个时期的文物，尤其是梅瓶等青花瓷器的收藏在赣南名列前茅，馆藏历史文物在赣州 19 个县（市、区）中也遥遥领先。

根据国务院关于开展第一次全国可移动文物普查工作的要求，2016 年博物馆主要工作将紧紧围绕这一中心，年内顺利完成县文物普查工作并通过上级验收。同时编印了《大余县古代文化遗址存辑录》和重印了《大余县文物志》。本年度经国家文物局、省文物局立项，中央、省财政拨付红五军军部旧址（周屋祠堂）维修资金 72 万元，古驿道抢险维修资金 25 万元，传统村落左拔镇云山村、围屋保护规划获省级专家评审通过并获得中央财政拨付维修资金 300 万元。

【文艺演出】 1 月 14 日，为向外商形象展示的优秀历史传统文化，在县文化中心举行了大余县招商引资及重点工程项目集中签约开工投产“三集中”活动文艺晚会。6 月 26 日，为纪念建党 95 周年，歌颂大余县在党的领导下取得的优异成绩，展示全县党员干部良好的精神风貌，在县体育场承办了大余县“唱响主旋律·颂歌献给党”—纪念建党 95 周年红歌合唱比赛活动。9 月 22 日，在县体育场协助举办了大余县第二届旅游节开幕式文艺会演活动，著名歌手陈思思到场并演唱了《大庾情》。11 月 11 日，在县钨都广场与县老年体协联合举办了“盛世中国·脊梁风采”文艺演出。此外，还组织指导群众文艺团体开展各式各样的文艺活动，全年共开展大大小小的文艺活动 100 多场，参与人数近万人。

【领导名单】

局长	钟余珍
副局长	叶　峰
主任科员兼文化馆馆长	刘晓燕（女）
图书馆馆长	李　娟（女）
博物馆馆长	黄　敏

广电新闻

【概况】 2016 年，大余县广电新闻中心认真深入贯彻落实县委“1356”工作总思路，团结和带领中心全体党员干部，按照“政治办台、新闻立台、人才强台、经营兴台”的目标和“咬定一个目标、抓住两个重点、落实五项措施、推进十个攻坚战”的思路，弘扬主旋律、传播正能量，解放思想、积极创新，迎难而上、扎实进取，较好地完成了上级交办的各项工作任务。县广播电影电视新闻中心为县文化和广播电影电视局管理的正科级事业单位。内设办公室、广播电视台（新闻部、播出部、技术部）两个职能部门，另设有广告部。年末在职人员总数：县广电新闻中心现有干部职工 30 人。核定编制 36 人：其中财政全拨事业编制 17 人，实际在岗 9 人，空编 8 人；财政差拨事业编制 19 人，实际在岗 15 人，空编 4 人。

县广电新闻中心获评 2016 年度赣州市直播卫星“户户通”工程建设先进集体。广播长消息《八旬老人寻亲　七十五年圆梦》获评第二十四届江西新闻奖三等奖和 2016 年度江西广播电视奖二等奖。电视长消息《独守深山当“鸡倌”艰辛创业无悔青春》获评第二十四届江西新闻奖三等奖和 2016 年度江西广播电视奖二等奖 。

【内宣工作】 充分发挥广播电视主流媒体舆论引导作用，紧紧围绕县委“1356”工作总思路和“三区”“三基地”“五名县”“六大攻坚战”等工作重点，集中力量、精心策划、奋力攻坚，推出了《打好“六大攻坚战”率先实现全面小康》《回眸“十二五”再创新辉煌》等专栏，下设主攻工业、招商引资、重点工程项目建设、乡村旅游、精准脱贫等10多个子栏目，采写了一批时效性强、针对性强、宣传效果好的时政新闻，对重点工程项目建设、精准脱贫、乡村旅游+、征地拆迁、拆违控违、文明城市创建等特色亮点工作进行高密度、浓墨重彩的宣传报道。同时，坚持关注民生、服务百姓、做群众贴心人的原则，加大对民生新闻的策划和报道力度。2016年，大余广播电视台新开辟新闻专栏9个，在播专栏25个，《大余新闻》《大余经济生活》共播出新闻1600多条。2016年初，中心选送的5件新闻作品分获赣州广播电视新闻奖二、三等奖。

【外宣工作】 按照“挖掘特色、力创精品、主攻大台”的思路，继续加大外宣工作力度，对外宣传效果更加突出。2016年以来，在赣州人民广播电台用稿275条、赣州电视台用稿232条，在江西人民广播电台用稿82条、江西电视台用稿31条，在中央电视台用稿4条、中央人民广播电台用稿6条，在全市排名第11。其中，“在江西赣州大余县，靠精准扶贫富起来的村民，摆起百家宴，聚会唱年歌”“江西大余：山村除夕宴 斗歌庆丰年”等新闻在中央电视台《新闻联播》《中国新闻》等重要栏目中播出。2016年2月3日江西卫视《全省新闻联播》“脱贫攻坚 同步小康新跨越”专栏头条播出大余产业扶贫和旅游扶贫的生动实践。本台记者采写的稿件《蓝小平：从“地下”走上“地面”的华丽转身》获评全市优秀稿件奖。

【专题报道】 配合全县中心工作和阶段性重点工作，围绕全县主攻工业、招商引资、解放思想主题教育、全市六大攻坚战现场会、精准扶贫省际交叉考核等工作，制作了《转型升级扬帆起》《老文的日记》《戮力同心拔穷根》《开放的大余欢迎您》《雄关漫道砥砺行》等一批有特色、有深度、有影响的电视专题片及微电影，其中《老文的日记》获全市解放思想宣传教育片评比一等奖。定期制播《法治大余》《城市主人》《出彩大余人》《健康大余人》等联办、合办专题栏目，满足了观众对电视节目深度和广度的新需求。2016年，共播出专题节目104期。同时，新开播了影视栏目《钨都影苑》，受到观众广泛好评。积极顺应广电产业新媒体新业态的发展，推动传统媒体与新兴媒体融合发展，“大余广电”微信公众号已稳居江西媒体微信榜前50强、赣州新媒体影响力综合榜前10强。

【覆盖工程】 积极争取上级各类项目资金128万元，加快实施县广播电视台数字化、高清化、网络化升级改造。同时，争取玉枕山高山台列入中央广播电视节目无线数字化全国覆盖项目范围，已完成基本建设和改造，开始正常传输中央一套、江西卫视、赣州一套、大余台等无线数字高清电视节目；争取卵岭高山无线发射中继站建设列入“十三五”补盲覆盖建设和中央预算内资金项目建设范围；截至，累计争取上级专项建设资金565.8万元。邀请总局规划院工程师来实地开展勘查设计，玉枕山高山台数字电视发射改造建设项目设计方案征求意见稿和卵岭高山无线发射中继站改造建设项目设计方案均已下发。

【“户户通”工程】 广播电视直播卫星户户通工作被列为赣州市2016年承诺解决的40件民生实事、大余县2016年20件民生实事之一。总局下拨大余县11060套广播电视直播卫星“户户通”接收设备，中央、省、市配套资金达243.32万元。按照“政府主导、企业参与、群众自愿”的原则，以县政府办名义出台了工作实施方案，成立了由分管副县长任组长的工作领导小组，将任务分解到各乡镇，并纳入年度党建考核，组建了一支覆盖全县的安装、维护、监管队伍，采取行政推动和市场推动“两条腿”走路的方式，严把政策底线，合理分配指标，加大宣传力度，加强技术培训，分期分批施工，全面并提前完成11060户直播卫星“户户通”安装调试任务，完成率达100%，在全市位居前列，其特色做法多次受到省、市“户户通”工作领导小组文件点名表扬。

【广播电影管理】 进一步强化广播电视安全播出管理，完善各项安全播出管理制度，在重大节假日及中共十八届六中全会、庆祝中国共产党成立95周年大会、习近平发表2017新年贺词等重要保障期，加强值班和领导带班，落实“零报告”制度，联合县广电网络公司做好卫星、有线、无线防范干扰和插播工作，确保广播电视传输线路的安全和广播电视节目安全优质播出。同时，认真贯彻执行“2131”送电影下乡工程，2016年共放映农村公益电影1660场，观看人数达142045人次，顺利完成全年任务，实现了“一村一月一场电影”的放映目标。

【对口支援】 不断加强组织领导，健全工作机制，强化沟通协调，把对接对口支援工作作为长期的重要工作抓紧抓实。全力争取对接项目。深入开展调研，摸清家底，合理提出既符合支援政策又切合县发展实际的可行性项目。经积极争取，总局人事司批准同意在大余设立国家新闻出版广电总局播音主持实践锻炼基地，2016年11月24－29日在大余举办了首期赣南等原中央苏区广播电视台播音主持业务培训班，中央电视台著名播音主持指导海霞等前来授课；努力完成“双争”任务。成立了“双争”工作领导小组，将工作任务细化分解，责任到人。2016年，已争取到位资金120万元；着力提升队伍素质。在国家新闻出版广电总局的关心下，累计从采编播人员中选派6批次8人次到总局研修学院等专业院校和培训机构学习进修，稳步提高新闻从业人员的理论素养和业务水平。

【领导名单】

党支部书记、主任　彭承礼
文广局副局长　廖君福
　钟志洪
广电新闻中心副主任
　叶兰青（女）
　肖　敏
文广局副主任科员　李　鸣（女）

广电网络

【概况】 大余县广电网络公司是从原大余县广播电视局分离出来的传输有线电视的权威媒介。2003年被整合至江西省广播电视网络传输有限公司，隶属江西广播电视台管理。公司位于县广播电视大楼二、四层，下设县城片区和内良、吉村、浮江、黄龙、左拔、青龙、池江、新城、樟斗9个乡镇有线电视站，年末公司员工63人。

【光缆网覆盖】 大余县广电网络公司运营全县范围内的有线电视网络，实现全境全光缆网覆盖，基本实现村村通有线电视光缆网络，2016年底有线电视入户率达70.6%，总用户达5万户。网络传输有线数字电视和广播共242个频道，以及图文信息、互动点播节目和宽带互联网。

【“有线电视”户户通】 大力拓展有线电视用户覆盖。通过实施有线电视“户户通”工程，不断扫除盲点村和盲点村民小组，加大本地台节目落地，全县105个行政村（场）有103个村通有线电视，2016年有线电视入户率提升10%，为全面宣传和贯彻党的方针政策特别是本市本县的相关政策和工作措施，推动各项工作起到了较好的作用。

【公司动态】 4月，县委办、县政府办连续第二年联合下发关于印发《大余县有线电视“户户通”工程实施方案》的通知，加快推进有线电视入户，不断扩大有线电视入户率。12月，省广电网络投资230多万元开展的有线电视双向网络改造完成70%，全县11个乡镇实现有线电视网络光缆布线到一级中心光分点，可以实施光纤到户，开始安装互动点播高清数字电视，同时，发展广电宽带互联网用户。12月，数字高清互动点播机顶盒启用，全面替代一、二代机顶盒。

【领导名单】

总经理　严文忠
副总经理　李贤林
　吕洁萍

图书发行

【概况】 江西新华发行集团有限公司大余县分公司在各部门的通力配合协助下，紧紧围绕集团公司的决策部署，主营业务取得了新的突破，呈现出了“风正、气顺、心齐、劲足”加快发展的浓厚氛围，各项工作得到了提高。公司在职职工22人，其中党员4人。公司内设综合科（办公室）、教材科、计财部、市场部、门市部等5个职能部门。荣获全省中小学生教材发行工作“一等奖”荣誉称号；荣获赣州市“第八届精神文明单位”荣誉称号；荣获大余县“综合治理工作”先进单位荣誉称号；荣获大余县综合绩效工作“合格单位”荣誉称号。

【“暑假读一本好书”】 为响应全民阅读活动号召，活动丰富广大中小学生的假期生活，使读书成为学生的良好习惯，营造书香文化校园，让孩子们度过快乐充实的假期生活，分公司组织全体员工来到县城东门、水城小学、新城小学等开展“暑假读一本好书”活动。在活动开展前期，公司市场部人员积极主动跟学校领导协商沟通，结合学校各年级学生的认知能力不同，在推荐目录上选取合适的少儿书目制成宣传单下发到学生手中，由学生和家长一起选出孩子喜爱的书本。及时回收宣传单，安排专人统计各书目数量，在活动开展前一天工作人员连夜整理分发各年级段书本，使当天售书活动更有针对性，得以顺利地开展。在公司领导的带领下，全公司上下连续4天，并且邀请了应届高中毕业生一起到县城东门、水城小学和青龙小学分组分年级进行暑假读一本好书的售卖活动，受到了全校师生的热烈欢迎，实现暑假读一本好书销售码洋17.5万多元，1－3年级暑假作业销售码洋约30万元。

【综合工作】 “六一”节前，公司领导来到挂点扶贫村新城镇鱼仙村走访慰问了留守儿童，并给予慰问金。“七一”期间，对挂点村的贫困党员进行了走访慰问，给予他们慰问金和油米等生活物资。在春节前夕，公司挂点帮扶干部到自己所帮扶的贫困户家中开展春节慰问活动，为他们送上棉被、油、米等生活物资。

分公司注意店外销售，中心门市部主任积极走访相关有意向单位，结合团购单位实际，制定适宜的推销方案，加强团购推销。县工商银行、地税局等单位团体实行团购码洋8万元，中心门市部实现一般图书销售码洋108.5万元。

【领导名单】

支部书记、经理	张明明
支部成员、副经理	梅慧海（女）
	华艳昌

体 育

【概况】 2016年大余县体育局大力发展体育事业，壮大体育产业，促进体育消费，通过打造体育名县，着力打造体育产业园，推进体育基础设施建设，加快建设公共体育基础设施、体育赛马、山地越野车场地、跨省自行车循环车道体育圈等项目。努力形成组织网络健全、体育设施完备、体育产业大发展、体育市场大繁荣、群众体育普及、竞技体育领先、体育事业与经济社会协调发展的新格局。群众体育、竞技体育等各项工作有序推进，大余县体育事业在这一年中得到了长足发展，着力打造“体育名县”。下设大余县少年儿童体育学校，截至2016年底共有在编在岗人员6名（其中体育局机关3人，少年儿童体育学校3人）。

【群众体育】 群众体育活动蓬勃开展、亮点纷呈、丰富多彩。按照江西省第五届全民健身运动会及市、县全民健身工作要求，开展了有声势、有影响、有传统特色的江西省第五届全民健身运动会（大余赛区）全民健身群众体育活动，如：与崇义联合举行了“迎春杯”网球公开赛、“大余农商银行”杯篮球联赛、庆七一“菲尔雪”羽毛球赛、“邮政杯”广场舞大赛、乒乓球赛、速度赛马大师赛、“四平杯”羽毛球赛系列活动等。积极引导各乡镇组织本地“赣州邮政”杯初赛，2016年10月参加全市“赣州邮政”杯全民健身广场舞大赛荣获“特等奖”，并代表赣州市参加江西省第五届全民健身运动会广场舞获一等奖，2016年累计参加大余县赛区全民健身运动会人员达8000余人次。

体育组织机构建设进一步健全。截至2016年底，大余县共有单项体育协会14个，健身站点60余个，各级社会体育指导员312名，体育社团的组织建设、制度建设、队伍建设和能力建设得到加强，体育社团社会化和实体化进程得到全面推进。全县注册体育协会会员1200余人。2016年，举办了一期三级社会体育指导员培训班，新增三级社会体育指导员60余名。

老年人体育工作进一步加强。

认真按照“党政主导，社会参与，全民关怀”的老龄工作方针和“促进城市、发展农村、在基层、服务全体”的老年人体育工作方针，通过开展老年人门球赛、乒乓球赛等活动，扎实开展各项老年人体育工作。

【竞技体育】 积极向上输送体育苗子。截至2016年底大余县省、市体校在训人数70人，其中2016年向市体校输送了12名优秀体育苗子。

抓好青少年足球、篮球的训竞工作。2016年5月，举行了全县中小学生篮球赛，共有近30支球队300余名男、女运动员参赛，依托这次篮球赛发现了大量篮球优秀后备人才，组建了市锦标赛和百县运动会男、女篮球队；足球项目依托体育传统项目学校南安中学开展系统训练工作。

赣州市2016年6项目锦标赛中大余县5人制足球代表队获赣州市第八名，3人制青少年男篮代表队获全市第一名、女篮代表队获第三名佳绩，大余县在赣州市2016年青少年锦标赛总成绩排名全市第二名。10月，大余县3人制青少年男篮获江西省百县运动会第四名、女篮获第九名佳绩。

【领导名单】

局长　　　林　菁

副局长　　杨利家

　　　　　吴至祥

档案与地方志

档案工作

【概况】2016年，大余县档案局按照年初制定的年度工作计划，全面履行档案工作职责，强化档案业务建设，抓好了档案整理、档案接收、档案利用、档案业务指导、档案安全管理等工作，圆满完成了年度各项工作任务，发挥了档案工作服务大局、服务发展、服务和谐社会的功能。

大余县档案局为县政府直属事业单位，参照执行国家公务员管理制度，下设3个股室：办公室、业务监督指导股、保管利用股。履行全县档案事业行政管理和档案保管利用两种职能。核定编制10人，实有人数9人。

【农村土地确权】2016年，大余县档案局与县各乡镇、村、组、农粮局单位密切配合，开始了自上而下，自下而上，全方位的农村土地确权颁证纠错工作和档案整理工作，抽调懂业务的专业骨干力量，工作与单位脱钩，全力协助县土地确权办做好档案整理工作，专职下乡、镇、村现场解说、指导、培训档案业务知识，全县11个乡镇107个村已基本完成农户档案和汇总文件整理工作。

【档案整理】2016年，大余县档案局业务指导股工作人员深入机关单位，完成了对县委办、县超限站、县地税局的档案整理、立卷归档工作，共计整理档案7515件，接收县委办2007－2011年文书档案2873件进馆。

【安全管理】2016年5月，大余县档案局组织业务股、保管利用股工作人员全面检查档案馆库房档案安全存放情况，对有破损、蛀虫的档案盒进行了更换，共计1000个档案盒；2016年6月，闭馆一个月时间，聘请专业人员对档案库房进行消毒、杀菌、灭虫、除湿等，加强库房档案安全存放管理。

【保管利用】2016年，大余县档案局在保管利用工作方面，认真履行服务承诺，热情为广大人民群众提供档案利用服务。为全县党委、政府工作，各行业建设、编史修志、解决山林、土地纠纷，解决历史遗留问题、办理养老保险等方面提供档案、资料。年内接待利用者410人次，提供利用档案资料3253卷，复印档案资料1790份，为服务民生，促进社会经济发展做出积极贡献。

【领导名单】

局长　　蔡有德　（12月免）

副局长　聂郁化

　　　　胡宏伟

地方志

【概况】2016年，大余县地方志办公室以国务院《地方志工作条例》为指导，以《全国地方志事业发展规划纲要(2015－2020年)》为引领，以服务全县经济社会发展为立足点，秉承为时代立言、为发展立功的工作理念，充分发挥地方志咨政、存史、教化功能，为各乡镇、各部门、各单位科学决策提供服务，为社会各界及海内外人士了解大余、宣传大余、研究大余、投资大余提供权威资料和科学性公共信息资源。

县志办是县政府下属全额拨款事业单位，编制4个，年末在职人数2人。《大余年鉴（2016）》获全市年鉴质量评比三等奖。

【《大余年鉴（2016）》出版】启动首部《大余年鉴》编纂工作，2016年4月5日县政府办发文，5月31日前各单位完成供稿，县政府办对未及时交稿单位进行了通报。聘请了3位工作人员从6

月1日开始进入编辑、补充、修改等环节，在编纂过程中始终坚持质量第一的原则，凡应付交差、没有实在内容的稿件发回原单位重写，需补充、核实的内容与原单位沟通补齐。经过了8次编辑修改后，形成送审稿，送有关部门、领导审核。10月通过网上印刷招标，11月2日入厂排版，11月17日申请书号，12月底正式出版成书，实现县级综合年鉴一年一卷、当年编纂当年出版的目标，填补了大余县没有编纂年鉴的空白。全书共50余万字，彩页50P，共设类目29个，分目157个，条目1007个，全面、系统、准确地反映大余县政治、经济、文化和社会各项事业的基本情况，记录全县纵深推进赣南苏区振兴发展和深化改革的新变化、新进展、新成效，充分发挥《大余年鉴（2016）》存史、资政、育人功能，为各界人士宣传、了解、研究、投资大余提供服务，同时为续修地方志储备资料。

【《大余人物志》编纂】 2016年8月县委办、县政府办发文启动《大余人物志》编纂工作，该书收录自2016年8月12日换届以来现任副县级以上领导干部，县直一级单位主要负责人，各乡镇党委书记、乡镇长，省级以上党代会代表、人大代表、政协委员，客观全面地反映换届后全县领导干部和其他人物的风采，基本内容包括：姓名、性别、民族、籍贯、出生地、出生年月、文化程度、政治面貌、参加工作（入伍）时间、个人简历、现任职单位及其职务，以及事业成就、典型事迹等。11月》各单位开始供稿，这是大余县编纂的第一部人物志。

【省市年鉴供稿】 2016年3月31日前完成了《江西年鉴（2016）》和《赣州年鉴（2016）》的稿件报送任务。内容主要有：简述、主攻工业稳步推进、打造旅游名县、推进开放招商、城镇建设品位提升、环境优化、“十二五”成绩及县四套班子主要领导等，每篇稿件4000字左右。

【单位建设】 县志办坚持有为才有位的理念，内强素质，外塑形象。添设了5张办公桌、4个大书柜、2台电脑，2台空调，2套沙发，大大改善了办公条件，8000册志书和资料分门别类整齐摆放，成了一个方志资料室，一改过去“脏乱差”的面貌，从而提升了县志办的外在形象。

【领导名单】

副主任　刘福山（主持工作）

卫生计生

卫生和计生

【概况】 2016年，县卫计委工作在县委、县政府的领导下，围绕县“1356”工作思路抓好卫生计生两大民生工程。圆满完成了省市卫计委和县委、县政府下达工作目标任务。2016年，全县计划生育工作受到省人民政府表彰，被评为全省三等奖。2016年经县年终目标考核，县卫计委有6项工作被县评为先进单位，受到县委、县政府表彰。争取中国社会福利基金会科技健康扶贫管委会捐赠医疗设备141台，总价值4450.26万元；争取县中西医结合门诊楼中央补助资金3552万元。县卫计委隶属于县政府工作部门，内设办公室、人事股（党委办）、规划财务股、政策法规与综合监督股、医政医管股（中医股）、防疫保健股（卫生应急办公室）、农村卫生股（县深化医药卫生体制改革领导小组办公室）、行政审批股、计划生育基层指导与统计考核股、计划生育家庭发展股、流动人口计划生育服务管理股、宣传教育信息股、爱国卫生委员会办公室等13个职能股（室）。县卫计委指导县红十字会、县计划生育协会的业务工作；管理正科级事业单位大余县人民医院；管理副科级事业单位大余县疾病预防控制中心、大余县卫生监督所、大余县妇幼保健计划生育服务中心、大余县皮肤病防治所；下属股级全额拨款事业单位大余县卫生技术人员培训站、大余县直属计划生育办公室、大余县计划生育非诉执行室、大余县计划生育药具管理站。机关干部职工65人。

全县有公立医疗卫生计生机构34个，其中县直医疗卫生计生机构7个，乡镇卫生院11个，乡镇中心防保站5个，乡镇计生办11个，现有在编在册职工613人。全县共有执业医师563人，执业助理医师287人，注册护士数1038人，编制床位数1816张，实际开放床位2206张。

【服务体系建设】 2016年，县卫生应急指挥中心、新城卫生院、樟斗卫生院、池江卫生院、左拔卫生院、浮江卫生院建房已全面封顶。总建筑面积10946.52平方米。2017年进入装修阶段，预计在2017年至2018年交付使用。

【宣传工作】 2016年，印刷《人口和计划生育新政策》《国家基本公共卫生服务》《构筑四道防线防止因病致贫，因病返贫》宣传手册10万册。印发3万份公民卫生健康知识试卷下发到中小学。结合世界卫生日、无烟日、爱国卫生日、艾滋病日、H7N9禽流感预防等宣传活动，发放宣传资料11.3万份。有111篇新闻报道或信息被省市两级刊登。2016年12月，由省卫计委联合江西日报社发起“寻找2016感动江西十大医护瞬间”活动中，在全省800多幅摄影作品中，赣州市有3幅作品获奖，县中医院钟逢友提供的作品“泥地里爱的担架”获十大医护瞬间奖；县人民医院胡斌的作品“临时妈妈”获优秀作品奖。

【人口计划生育】 2016年1月—12月，全县共出生4216人，其中符合政策出生3863人，出生政策符合率91.63%，人口出生率12.83‰，人口自增率8.26‰，出生人口性别比108.53：100。完成网上生育服务登记（审批）2444例，其中一孩登记831例，二孩登记1532例，再生育审批81例。完成“两非”任务11例；全县征收社会抚养费411.19万元，强制征收110万元。

【医药卫生体制改革】 县级公

立医院改革稳步推进。2016年，拨付县级公立医院取消药品加成补助资金共计252.56万元，其中上级资金221.6万元，本级资金30.96万元。拨付县级公立医院人才培养及重点学科建设资金30万元。2016年县人民医院医疗费用增长幅度为6.14%（≤13%），县妇幼保健院医疗费用增长幅度为7%（≤8%）；乡镇卫生院基药配备率及使用率分别达97.2%、96.5%。2016年县人民医院、县妇保院在57个病种进入临床路径管理，共入径管理病例1995列，全县乡镇卫生院在23个病种中完成基本诊疗路径病例1041例。

【卫生惠民项目】 2016年全县登记在册患者数为1313人，检出率为4.14%，建档管理人数为1250人，管理率达93.73%。全县共免费实施白内障复明手术150例；免费救治先天性心脏病14例；免费救治妇女“两癌”患者9例；县中医院被列入了全省尿毒症免费血透救治定点医院，县人民医院、县中医院2家救治定点医院免费救治尿毒症患者212人；免费救治贫困家庭重性精神病710人；全县共有5家医疗机构申请了疾病应急救助11人次，并全部审核通过，拨付救助资金183726.55元。

【计划生育服务】 2016年，完成四术任务2523例（其中长效节育措施2428例，人流引产95例）；完成国家免费孕前检查3856人，开展妇科筛查720人次，治疗210人次；早孕随访1323人，随访率95.3%，失访率0%；妊娠结局随访93.2%，失访率0.08%；全省第二次实验室室间质评优良率为良好。

【皮肤病防治】 2016年，全县发现麻风病人1例，皮肤科门诊人次6300人次；修建了麻风村简易自来水第二供水管道，有力保证了水源质量和数量，保障了村民的基本生活需要；组织社会爱心人士开展捐款捐物等活动，为康复村安装固定电话，较好地解决了通讯联络困难问题；曾忠生参加了第十九届国际麻风大会，其投送的论文《彻底消灭麻风，任重道更远》被选用为大会发言稿；完成了《消除麻风病危害规划（2011－2020年）》中期评估验收相关工作。

【爱国卫生】 2016年，顺利通过省级卫生县城复审工作。着力抓好控烟、世界卫生日、除“四害”、预防传染病等工作。充分利用广播、电视平台，定期播放“吸烟有害健康”等卫生保健知识，引导群众培养良好的健康生活方式。组织县医防各单位开展“世界无烟日”宣传咨询活动，发放控烟宣传单18000余份；力抓除“四害”工作。每年组织全县开展分季度统一除“四害”活动，同时组织城镇居民、农村村民疏沟渠、填坑洼、堵鼠洞、清垃圾，铲除“四害”孳生地。做好城乡卫生环境的综合整治。

【疾病防控】 2016年，大余县共发生乙、丙类传染病1327例，传染病发病率450.97/十万，与上年同期（949例）相比上升39.83%。艾滋病防治干预从业人员457次，发现HIV感染者5例，其中死亡1例。发生手足口病179例，发病率为60.57/10万，与去年同期相比上升397.22%，无重症、死亡、聚集性疫情的发生。结核病防治门诊初诊病人548人次，确诊结核病人220例。新发涂阳病人发现率任务数为55例，2016年发现68例，完成全年涂阳病人人数的123.64%。结核病防控工作2016年开始纳入农村基本公共卫生服务项目管理。

【妇幼健康】 2016年，完成地中海贫血初筛2989对，发现双阳病例84对，其中81对已做基因检测，进行产前诊断4例，终止妊娠1例（为复合中间型地贫）；育龄妇女增补叶酸2567人，服用率为96.1%，依从人数2146人，依从率达83.6%；完成妇女“两癌”项目筛查，筛查“宫颈癌”3014人次，筛查“乳腺癌”1982人次；艾滋病、梅毒、乙肝母婴传播检测孕产妇3501人，检测率99%，未检出HIV孕产妇，检出梅毒阳性孕产妇2例；深入本县14家企业开展“服务企业健康同行”，免费为378名女工做宫颈癌检查、查环查孕、叶酸发放343人；为企业困难职工的儿童进行免费体检24人，为200名困难家庭儿童免费发放营养包；新生儿疾病和听力筛查2947人；农村户籍直补300元，2016年共补助2092人，补助金额62.76万元。

【卫生监督】 2016年，县卫生监督所共监督检查医疗机构337户。立案查处41户，其中超范围开展诊疗活动2户，医疗机构聘用非卫技人员行医24户，违规收集医疗废物11户，违反《医院消毒卫生标准》3户，未取得医疗机构执业许可证开展诊疗活动1户。办理公共场所卫生许可证42户，年审268户，下达卫生监督意见书310份。

【卫生行业扶贫】 2016年，县卫计委着力抓好精准扶贫工作。投资3万元为青龙镇九龙村兴建精准扶贫车间，争取省卫计委5万元为九龙村改善村民的饮水条件。为青龙镇九龙村、池江镇同心村100多位精准扶贫对象每户赠送300元左右慰问品。县财政全部出资免费为全县22802名建档立卡贫困人口购买新型农村合作医疗和商业补充险。在县内公立医疗机构对贫困人口实行特殊优惠政策，住院实行“先诊疗，后付费”，城乡贫困人口住院就医免缴押金办理入院手续，出院时只需交“四道医疗保障线”补偿后的个人自付费用，并在县人民医院设立便民综合服务区，实行“一站式”结算，解决了群众报账理赔“多头跑”问题。截至12月底，全县完成“四道医疗保障线”补偿的贫困对象共134人，发生医疗费用合计716.57万元。其中新农合补偿313.88万元，大病保险理赔128.51万元，商业补充保险理赔154.75万元，民政及其他医疗救助66.59万元，患者自付52.84万元，患者自付率7.37%，控制在10%的目标范围内。全县22802名贫困人口健康档案建档率达100%，“一对一”家庭医生签约服务率达100%。完成了分水坳、店孜里、横江、庄下、兰溪、元龙、云山、头塘、新民、东山、浮江、民主12个贫困村公有产权卫生计生服务室建设。

【领导名单】

党委书记、主任	郑　森
党委副书记、副主任	刘铭路
党委委员、副主任	谢东风(女)
	梁应平
	谢芳华
副主任	舒炳华
副科干部	叶春海
副科干部	王红兵

大余县人民医院

【概况】 2016年，医院坚持以病人为中心，以医疗服务、医疗质量、医疗安全、医院管理为抓手，结合医院二甲评审、公立医院改革、“改善群众就医体验”主题活动等工作，强化硬件建设，提升服务质量，努力让患者满意的工作思路，全面改善群众就医体验，提升医疗服务质量，努力构建和谐医患关系。

2016年，医院编制床位数增加至418张，实际开放床位500张。医疗总收入1.37亿元，其中药品收入4515万元；药占比：33%；耗材收入1826万元；耗材比13.33%。医院门诊就诊人次25.6万；门诊次均费用191.06元；住院人次1.6万；住院患者次均费用5482.85元。出院患者平均住院日8.8天；医院病床使用率76.97%。手术人次2711。医院有职工520人，其中卫生专业技术人员463人，其中高级职称21人，硕士研究生4人。2016年，王婕获得市技能大比武儿科组一等奖，童日红同志获得市技能大比武护理一等奖，吴青获得市技能大比武妇产科组三等奖，王军获得市技能大比武标准截石位安置组二等奖，刘婧获得市级技能大比武监测生命体征组三等奖，胡斌获得市优秀红十字志愿者荣誉称号。

【基础建设】 2016年，争取到中央预算内资金3552万元，建设中西医结合医院门诊综合大楼，建设项目为地下一层、地上十层，占地面积约2100平方米，总建筑面积为19547.11平方米，总投资入约7400万元，设有门急诊、医技、药剂、信息管理、病案管理、康复科、学术交流厅等科室。整栋大楼的功能布局、就诊流程符合医院临床、医技、药剂等门诊功能用途。医院将原西华山车队房屋租用为门诊部，方便门诊病人诊治；成立急诊科，逐步健全、规范急诊科建设。完善科室设置，取消疼痛科，成立输血科、质管办。医院引进富士能EPX-4450HD电子胃肠镜及德国STORZ超高清腹腔镜系统。

【等级评审】 2016年医院核心工作以“等级医院评审”活动为重点，以病人为中心、以全面提高医疗质量为主题、以建立和谐医患关系为目标。

落实医疗质量三级质控体系，学术委员专家对医疗质量进行全面检查，统一汇总，将考核结果纳入科室绩效。完善或制定《手术通知单》《医患沟通记录单》《高值（植入）耗材使用申请采购审批表》《并发症上报表》等。加强住院病案首页质控管理与控制，制定《关于应用DRGs加强医院日常监管与评价实施方案（试行）》。修订了《临床护理评价标准》及护理质量与安全管理监测指标。医院在门（急）诊、手术室、血透室等非住院部门开展优质护理服务，优质护理服务示范病房达100%。“5·12护士节”举行护理安全与应急预案演练大比武活动。制订2016版医院基本药品目录。抗菌药物品种数控制在34种。为了达到医疗废物无害化、减量化处理推广目的，减少并消除持久性有机污染物对环境危害，医院减少含氯类及含汞类医疗用品使用，一次性鞋套、帽子不再使用，能重复使用的诊疗用品不使用一次性的，软塑料瓶、青霉素瓶类交由有资质的单位回收处理。2016年，医院医疗废物产生量较2015年明显下降。医院院感科、公共卫生科、医务科等多部门协作先后开展了6次应急演练工作：突发寨卡疫情应急处置演练、医院感染暴发应急处置演练、突发霍乱疫情应急处置演练、大规模伤员入院紧急医疗救援应急演练、人感染H7N9禽流感疫情的应急演练和医疗废物流失、泄露应急处置演练，共360余人参加了演练。

【医院改革】 县级公立医院改革于2015年11月1日零时启动，截至到2016年12月，医院收到省、县公立医院改革补助资金共计4643248.71元，其中，取消药品加成补助资金2233248.71元，人才培养、学科建设补助资金210000元，设备购置补助资金2200000元。医院修订医院绩效方案，进一步实现同工同酬、多劳多得、优绩优酬的管理目标，坚持医疗质量好的服务态度好的多得，形成奖优罚劣、奖勤罚懒的分配激励机制。

【信息化建设】 医院完成DRGs上报平台的搭建。结合医院HIS系统，导入全国版RC020-ICD-10诊断编码和北京版RC022-ICD-9手术编码，规范ICD诊断库。建立医院微信公众平台。2016年，医院实现了微信预约挂号和缴费。

【新技术项目】 2016年医院外二科（骨科）开展膝关节置换手术和踝关节镜手术，外三科开展胸腔镜肺癌根治术。通过1项省级指导性项目、7项市级指导性项目，发表国家级、省级论文共14篇。医院儿科学等11个专科为县级专科重点建设项目。

【惠民服务】 2016年，共为126位重症尿毒症患者开展免费血透10138人次；为852名学生进行窝沟封闭，对3012颗牙齿实施了窝沟封闭术；在省卫计委项目光明微笑行动的支持下，医院共为147例白内障患者开展复明活动。医院在《江西省手机报》上开设《人民健康》专栏，为大余百姓普及健康知识；面向高速交警、消防大队、学校、回乡大学生、县行政机关等单位人员开展急救技能培训及健康宣教讲座，培训人员600多人，提高公民健康及急救意识。开展免费送医送药下乡义诊活动，组织科主任及骨干医师送医送药到各乡镇偏远地区。组织医院职工开展“义务献血、奉献爱心”志愿活动。

【人才引进和培养】 2016年，引进中西医学硕士1名，医护人员41人，统筹安排医务人员到上级医院学习及短期培训23人次。做好《江西省县级公立医院骨干医师》培训工作，选派3名品学兼优的专业技术骨干到北京、武汉等三甲医院进修学习。

【消防工作】 在2016年3月26日成立 “微型消防站”，完善了四个能力建设和相关制度流程，按标准配齐了灭火设备，如灭火战斗服、防火作战靴、腰带、消防斧、消腰斧、救援绳、手电筒、头盔、手套、消防水带、灭火器、破拆工具钎条、钢筋钳、钢铲等消防器材，以满足机动、迅速、有效的处理初起火灾的能力。

【领导名单】

院长	刘会林
党支部副书记	谢毓春
副院长	何　健
	卓连兰（女）
	肖　龙
	苏　麟

大余县中医院

【概况】县中医院是大余县一所以中西医结合为特色的综合性二级综合性医院。是大余县城镇职工和居民医疗保险、工伤保险、生育保险、医疗新型农村合作医疗及商业保险的定点医疗机构。医院创建于本世纪50年代未期，经过半个世纪的发展发展为一所现代化的、高科技的、园林式的综合性的二级医院。医院共有高级、中级、初级卫生技术人员253人。

【基础建设】新中医院是医院投资近亿元资金打造的一所现代化医院，从2010年10月开工，至今历时26个月，于2012年12月正式开业。交通便利，处于进入县城的要道，位于323国道与尚水龙路交界处（老水泥厂地址）。大余县新中医院占地面积约13000平方米，总建筑面积26800平方米，规划编制床位500余张，紧邻尚水龙城小区，具有南方都市建筑风格。住院大楼十六层；门诊设有中医内科、骨伤科、妇科、针灸理疗科、胃肠科、肝病科、肛肠科和西医内科、外科、儿科、妇产科、耳鼻咽喉科、眼科、口腔科、保健科、体检中心、门诊治疗和观察室等临床科室；超声室、心电图室、经颅多普勒、检验科、磁共振室、CT室、DR室、胃肠内镜室等医技科室。并配备有先进的远程会诊中心，与赣州、广州等上级三甲医院建立网络会诊关系；住院大楼设有内科病区、儿科病区、外一病区、外二病区、妇科病区、产科病区、ICU、NICU和手术室等临床科室。

医院业务工作开展广泛，能开展常见内、外、妇产科、儿科、耳鼻咽喉科、口腔科疾病中西医的诊断和治疗工作。医院现能开展普外科胃肠道、腺体、肿瘤清扫、切除的开放和腔镜手术，四肢骨折内固定、腰颈椎、髋关节置换手术；颅内血肿清除微创手术，颅内肿瘤切除术；泌尿系各种开放和微创手术；妇产科宫颈癌清扫手术和各种妇、产科各种手术。耳鼻咽喉在心肌梗塞的溶栓治疗积累了丰富的临床经验。

【医疗设备】医院拥有德国WOLF腹腔镜及输尿管镜、美国强生数码超声切割止血刀、瑞士EMS碎石清石系统、前列腺汽化电切镜、东芝螺旋CT、ALOKA3500彩超、全自动生化分析仪、自动血球计数仪、大型X光机、多功能麻醉机、呼吸机、电子胃肠镜、经颅多普勒、心脏除颤器、多参数监护仪、婴儿暖箱，蓝光治疗仪等先进医疗设备。目前医院的业务已经覆盖了医疗急救、教学研究、预防、保健等各个方面。医院坚持以病人为中心，竭诚为患者提供优雅的医疗环境，配有电子传呼系统、空调、彩电、电热水冲凉房等。365天无假日，开设急救专线“120-2”。

【领导名单】

院长　　王　红
副院长　石贞平
　　　　温伟辉
　　　　刘经邦
　　　　林显秀
　　　　谢　峰
　　　　王永生

人力资源和社会保障

人力资源和社会保障

【概况】 2016年，大余县人力资源和社会保障工作在坚持“民生为本、人才优先”工作主线，以就业创业和社会保障为重点，进一步完善人事制度，积极推进工资收入分配工作，努力构建和谐劳动关系，着力加强系统队伍能力建设，各项工作取得较好成效。人社局为行政单位，属政府组成部门，内设机构有6个：办公室、公务员管理股、事业单位人事管理股、工资福利股、社会保险管理和职业能力建设股、劳动保障股。下属单位有8个：县医疗保险局、县社会保险事业管理局、县劳动就业服务管理局、县农村社会养老保险局、县劳动保障监察大队、县劳动人事争议仲裁院、县人力资源和社会保障信息中心、县人才交流中心（人才市场）。人社系统现有编制119个，其中公务员编制23个、全额拨款事业编制96个，2016年末在职人员106人。其中：下属正科级事业单位1个，编制29个，即县医疗保险局。下属副科级事业单位4个，编制56个，即县劳动就业服务管理局18个、县社会保险事业管理局20个、县农村社会养老保险局15个、县劳动保障监察大队3个。下属股级事业单位3个，编制11个，即县劳动人事争议仲裁院3个、县人力资源和社会保障信息中心5个、县人才交流中心（人才市场）3个。

【就业创业】 加大宣传力度。结合有线电视、广播电台、县级报刊、手机短信等人们喜闻乐见的覆盖面广、触角深、影响大的媒体，常年免费为园区企业发布招工信息，在新城、池江使用LED，发布招工信息，使园区企业招工信息与在家农民工实现信息互通。多层次开展“就业援助月”“春风行动”“民营企业招聘周”等专项招聘会，强化招工与企业对接，为贫困家庭劳动力提供定点、定向式的就业服务，有针对性推荐贫困家庭劳动力就业。同时继续实施好乡镇与部分缺工多的劳动密集型企业一对一帮扶招工服务，通过“走出去，请进来、流动招聘会、专场招聘会、乡镇和企业1+1招工服务”等形式，为企业用工提供优质高效招工服务。年初，在县城钨都广场召开我县春季就业招聘大会，共组织了88家企业前来招聘，提供岗位4700余个，招聘会现场及前期准备期间累计发放企业招工宣传单3万余份，悬挂横幅标语280余条，在电视台发布游字广告2次。至招聘会闭幕与工业园区企业达成初步就业协议750余人。

围绕“以培训促创业，以创业带就业”的工作思路，整合设立多个培训基地，对有创业意愿者实施免费创业培训。2016年，已举办创业培训班31期，培训学员973名；健全和完善创业服务体系，积极为创业者提供项目开发、创业培训、开业指导、政策咨询、小额贷款、税费减免和“绿色通道”跟踪服务等“一条龙”服务，有力推动了大余县的创业服务工作；强化职业技能培训，继续坚持以就业为导向的培训机制，完善“订单式”“定向式”“校企合作式”培训模式，大力推广“招工、就业、培训”三位一体工作模式。对接工业园区企业，创新培训方式，强化工业园区定向培训，重点对接招商引资企业用工培训，提高培训的针对性和有效性。

简化担保手续，破解“担保难”。将担保人员范围从公务员、事业单位扩大到各类国有企业在职职工，提高了创业者的贷款积极性和贷款成功率。已为641名创业人员办理小额担保贷款，发放贷款15020.5万元，带动就业2600余人。开辟绿色通道，破解“办理难”。在县城区劳动保障事务所设立绿色通道，打造一站式服务平台，使创业者在一个窗口即可办理贷款申请等手续。通过审核后，在十天内进行现场考察，对考察合格的及时给予放款。

县城镇新增就业人数2769人，完成总任务2600人的106.5%；“4050”人员就业人数392人，完成总任务260人的150.8%；零就业家庭就业安置率100%；公益性岗位安置180人就业；提供免费就业指导598人次；开办免费就业创业培训及技能培训77期，共计培训3544人，其中免费培训工业园区员工2226人，完成总任务2000人的111.3%，创业培训985人，完成总任务900人的109.4%，电商培训697人，完成总任务330人的211.2%；发放小额贷款15020.5万元，完成总任务9000万元的166.9%，其中个人贷款783笔共计10920.5万元，8笔共计310万元创业贷款带动贫困人员19人就业；失业保险参保人数18900人，完成总任务18900人的100%，征缴金额370.9万元，发放失业保险金68.4万元；登记失业人数为1617人，登记就业人员总数为4.79万人，城镇登记失业率为3.27%。

【城乡社会保障体系】 设施建设项目项目占地面积10亩，建筑面积3000平方米；四个乡镇（新城镇、池江镇、南安镇和吉村镇）基层就业和社会保障服务设施建设项目各300平方米。建设起止年限为2016年—2018年，总投资1200万元。建设地点为：县城庾岭大道大余县南安镇花园村茶园垄（保障房、安置房选址对面）及新城镇、池江镇、南安镇和吉村镇。该项目于2015年5月获市发改委审核批复，已顺利立项，县委、县政府2015年8月对该项目建设的有关事项做了批复。国家发改委已于2016年4月下达我县2016年基层就业和社会保障服务设施项目中央预算内投资418万元，专项用于大余县基层就业和社会保障服务设施建设项目。已完成可研报告评审，正在开展征地等前期工作。

县执行企业养老保险制度参保人数37739人，其中缴费人数23502人，已完成全年任务；执行机关事业单位养老保险制度参保人数8686人，其中缴费人数5728人，完成任务的131.43%；被征地农民参加养老保险人数4372人，其中1215人已领取养老金待遇。基金征缴总额23343万元，其中企业基金征缴18693万元，完成任务的145%，机关事业基金征缴4650万元，完成任务的37%。县城镇基本医疗保险参保缴费人数达90677人，完成市下达任务89686人的101.10 %，城镇基本医疗保险基金征缴 11761万元，完成市下达任务10129万元的 116.11%，其中：城镇职工基本医疗保险参保33071人，完成市下达任务33060人的100.03%；城镇居民基本医疗保险参保57206人，完成市下达任务56626人的101.02 %。县工伤保险参保19112人，完成市下达任务19112人的100%，工伤保险基金征缴583万元，完成市下达任务384万元的151.82 %。县生育保险参保9375人，完成市下达任务7522人的124.63%，生育保险基金征缴286万元，完成市下达任务86万元的332.55%。

以城乡居保基础养老金提标工作、社会保障卡代扣代缴及村级便民服务点建设工作为主抓手，深入推进县城乡居保征缴扩面工作。截至，县已全面完成城乡居民基本养老保险保费银行代扣代缴平台建设，各乡镇已基本完成了全县参保人员协议签订、系统录入等基础工作，已有76546人办理了银行托收手续，扣缴保费1148.46万元。全县已初步铺设116个便民服务点，遍及105个村和12个居委会。截至，全县共有143228人参保，完成市下达民生工程任务132184的108.35%。其中，缴费人员112353人，参保缴费率达85.57%，为30875人待遇领取人员发放养老金2603.31万元。

【维权维稳工作】 建立了劳动监察、城市规划建设、工业园管委会联合监控机制，通过加强日常执法，加大农民工工资保障金收缴力度，实现建筑行业民工工资保障金全覆盖，基本实现农民工工资不拖欠。2016年1－12月，劳动仲裁共接待来信、来访70余次，涉及职工和劳动者160余人。劳动仲裁立案50件，不予立案8件，结案50件，结案率达100%，调解率达34%，裁决结案33件；用人单位胜诉案件3件，劳动者胜诉案件44件，双方部分胜诉案件2件，和解1件；裁决案件均有法律依据，适用法律正确，依法维护了当事人合法权益。狠抓民工工资保障金缴存和退还工作落实，不断对民工工资保障金制度进行完善。着力实施金保工程二期劳动关系管理系统项目，按照劳动关系协调、调解仲裁、劳动监察“三位一体”的建设模式，根据省、市有关文件要求，已开始逐步推行劳动保障监察“两网化”网络办公。

【保障权益】 印发三个改革方案：乡镇机关事业单位工作人员实行乡镇工作补贴的方案。根据省人社厅、省财政厅《关于乡镇机关事业单位工作人员实行乡镇工作补贴的通知》要求，印发了县实施方案，已基本完成审批，且该项工作已进入常态化审批；县实施公务员职务与职级并行制度实施方案。根据国家、省关于县以下机关实施公务员职务与职级并行制度工作要求，印发了县实施方案，首批申报的测评、考核、征求意见、公示及审批等各项工作已完成，且该项工作已进入常态化审批；抓好失地农民参保工作。根据赣州市人民政府《关于印发赣州市被征地农民参加基本养老保险实施办法的通知》（赣市府发〔2015〕13号）文件要求，出台了《关于印发〈大余县被征地农民参加基本养老保险实施细则〉的通知》（余府发〔2016〕1号）文件，该细则实施后新认定的被征地农民可以自愿选择参加职工基本养老保险或城乡居民基本养老保险；并坚持谁用地、谁负责的原则，实行政府给予参保缴费补贴和个人履行缴费义务相结合，多渠道筹集保障资金，积极稳妥解决以往遗留问题。根据文件精神，局积极与各乡镇联系，发放宣传单25000份，确保失地农民知晓参保政策，明白参保手续。截至，我县共有4185名失地农民参加了养老保险人数，其中有1080人办理了退休手续，开始领取养老金。

积极做好县机关事业单位基本养老保险数据采集工作。局对县所有机关事业单位参加基本养老保险涉及的有关数据都进行了认真核对、整理并录入系统。截至，局共已录入系统189个单位，在职人员4618人，退休人员2464人。

【中心工作】 积极参与精准扶贫和新农村建设工作，加大招商引资力度和做好安商服务工作。为推进精准脱贫，解决就业困难群体的就业难问题，县积极创建乡镇扶贫车间。引导县仿藤家具、服装制衣、折花、假发、电子等企业创建就业扶贫车间，由乡镇政府组织当地贫困家庭劳动力进车间务工，为贫困群众在家门口就业创造条件。依托各乡镇劳动保障事务所，积极宣传就业创业政策，提高贫困人口就业意识和创业能力。充分发挥驻村帮扶单位和“第一书记”的作用，引导镇街、村充分利用闲置土地和房屋，创办适合居家分散的手工产品加工业务的“扶贫车间”。按照先行试点，全面带动思路，县于2016年2月率先在新城镇南丰村创办了新建五金仿藤家具厂，该项目总投资2000万元，用地面积20亩，预计年产值3000万元。截至，仿藤家具厂就业扶贫车间83家，22个省级贫困村全部建立了扶贫车间，全县贫困户就业人数达765人，人均月收入1223元左右，大大促进了贫困户在家门口就业，车间扶贫的创新做法得到省市领导的高度肯定，中央电视台二套《对话》栏目走过县对扶贫车间进行了拍摄报道。

继续实行招商引资“一把手”工程，招商引资工作取得较好成效，已成功引进招商项目3个，分别为：生态农业休闲观光旅游项目（绿世界观光农业有限公司），该项目已投资560万元，已现汇进资50万美元；中国大唐集团新能源股份有限公司风力发电项目，该项目总建设装机规模200兆瓦，总投资约18亿元，分期建设完成。该项目已成功签约，正在向省发改委进行项目报批申请，同时正在进行测风塔建设工作；大余县新城镇新建五金仿藤家具厂，该项目于2016年2月投产，位于新城镇南丰村，由返乡创业人士赖新建独资投资兴建。厂房、仓库面积约6000平方米，主要生产仿藤家具，年产量100万件。项目总投资2000万元，其中固定资产1600万元，流动资金400万元。已投资1650万元。

与此同时，局还坚持以“两学一做”活动为契机，推动其他业务工作有序开展。积极做好公务员统计和信息系统建设、事业单位人事统计和岗位竞聘、“三支一扶”大学生、大学毕业生见习日常管理工作，并进一步健全规范我县人事管理制度；严格执行工资政策，认真做好了全县机关事业单位工作人员正常增加级别档次工资及薪级工资的审批、岗位变动的工资审批及正常退休审批工作，做好社会保障卡的发放及机关事业单位工勤人员晋升岗位等级考核工作，加强对定点医疗机构和定点医疗零售药店的资格审查、监督和检查，同时按时、按量完成了4家采矿企业、3个村委会及一个居委会的人力资源和社会保障基本情况的调查。

【领导名单】

局长　　严水利

副局长　刘明富

　　　　黄连平

　　　　廖继江

劳动就业

【概况】 2016年，大余县就业工作在上级部门的精心指导下，以“服务经济、改善民生、促进就业”为宗旨，紧密围绕“创业创新”工作大局，抢抓机遇，积极落实各项就业政策，强化创业就业扶持手段，大力实施就业援助，扎实推进城乡统筹就业，促进了就业工作的协调可持续发展，确保了县就业形势稳中向好发展。大余县劳动就业局为事业单位，属人社局下属单位，内设机构有6个：办公室、失业保险股、再就业小额贷款担保中心、培训中心、城区劳动保障事务所、工业园区人力资源市场。现有全额拨款事业编制18个。县劳动就业服务管理局荣获“2016年全省就业信息宣传工作先进单位”。同时还评为2016年全市就业创业服务工作先进单位。

【扩大就业政策】 认真落实各项就业优惠政策，适当扩大了就业优惠政策的扶持范围，将符合条件的返乡农民工、被征地农民、未安置的城镇退役军人在内的各类失业人员纳入就业政策扶持范围，全方位促进了就业增长。鼓励企业吸纳就业和劳动者自主创业，实现了多种形式的灵活就业。认真落实社会保险补贴、岗位补贴等各项扶持政策，帮助企业降压减负，鼓励企业吸纳“4050”等就业困难人员就业，对于安置了就业困难员的企业，按实际安置人数和有关规定给予一定的社会保险补贴、岗位补贴和职业培训补贴，稳定了就业岗位。

【增加就业岗位】 结合县实际，通过开展春季招聘活动，为各乡镇购置帐篷、折叠桌、折叠椅等召开乡镇招聘会等形式，统筹做好了高校毕业生、下岗失业困难人员和返乡农民工等各类群体就业工作。在年初的招聘会期间，共组织了88家企业前来招聘，提供岗位4700余个，招聘会现场及前期准备期间累计发放企业招工宣传单30000余份，悬挂横幅标语280余条，在电视台发布游字广告2次。至招聘会闭幕与工业园区企业达成初步就业协议750余人。此次活动宣传了《中华人民共和国就业促进法》和相关优惠政策，确保政策落到实处营造了良好氛围。充分发挥工业园区人力资源市场平台作用，在工业园区和钨都广场设置了招工信息电子显示屏，招工设施得到进一步完善，为开展政策咨询、求职登记、职业介绍和企业用工提供更优质服务保障，为企业和广大下岗失业人员、农村富余劳动力、大中专毕业生启动全天候的招工服务平台，通过工业园区人力资源市场等平台做好工业园区用工对接，收集园区各企业用工信息，组织开展用工对接和培训。鼓励和扶持外出务工返乡人员自主创业和灵活就业。按照省、市有关文件精神，在小额贷款、税费缓缴减免、经营场地、创业环境等方面给予帮助支持，为他们自主创业创业和灵活就业提供有利条件。继续坚持农村劳动力就地就近转移的原则，对于农村劳动力特别是返乡农民工，积极开展技能培训，充分挖掘就业的机会。切实做好购买城乡基层公共服务公益性岗位，促进县下岗失业人员、高校毕业生、就业困难群体和退役军人就业，提升县城乡基层公共服务能力和水平，截至目前，县城乡基层公益性岗位安置就业180人。

【全民创业】 健全和完善创业服务体系。积极会同有关部门，整合各类创业资源，充分发挥和放大资源整合效应，推进全民创业；积极为创业者提供项目开发、创业培训、开业指导、政策咨询、小额贷款、税费减免和“绿色通道”跟踪服务等“一条龙”服务；延伸创业服务体系网络等，对县的创业服务工作起到了很好的推动作用。积极开展创业培训。不断加大创业培训力度，将单一的培训模式扩展到多个模式。同时扩大创业培训对象范围，将单一的下岗失业人员扩大到所有有创业意愿的人员以及已经创业但需要改善或扩大的创业人员。1－12月，县举办创业培训32期，参训人员达998人。强化职业技能培训，把着重点放在对接工业园区企业。继续坚持以就业为导向的培训机制，完善“订单式”“定向式”“校企合作式”培训模式，大力推广“招工、就业、培训”三位一体工作模式，加强重点招商引资用工对接培训，强化工业园区定向培训，创新培训方式，提高培训的针对性和有效性，满足对各类技能人才的需求。2016年，免费培训工业园区员工2226人。

【转移就业】 围绕农村劳动力就近就业、自主创业和异地转移就业三个转移就业渠道，充分发挥政府投资项目对农民工就业的引导作用，以及县域经济发展对就业的吸纳作用，拓宽就近就业渠道，针对农民工就业信息不灵，供求信息不对称的突出问题，在广泛收集和发布用工岗位信息的同时，多渠道发布就业信息，强化信息对接服务，提高对接实效。1-12月，实现新增转移农村劳动力4448人，其中省内转移3651人。

【扶贫车间】 依托各乡镇劳动保障事务所，积极宣传就业创业政策，提高贫困人口就业意识和创业能力。充分发挥驻村帮扶单位和“第一书记”的作用，引导镇街、村充分利用闲置土地和房屋，创办适合居家分散的手工产品加工业务的“扶贫车间”。按照先行试点，全面带动思路，2016年2月，新城镇南丰村创办了新建五金仿藤家具厂，该项目总投资2000万元，用地面积20亩，预计年产值3000万元。该项目已覆盖乡镇22个省级贫困村及其他5个村，安置就业400余人，其中贫困人口近300人。依托仿藤厂这个扶贫车间，县把就业培训课堂也搬到群众“家门口”，将农村贫困户作为重点扶持对象，开展“一对一”“一对多”定向就业帮扶，使扶贫对象掌握一技之长。扶贫车间将机械的“输血”转变成自我“造血”，将“等靠要”转变为自己要，提振了贫困群众脱贫致富的信心。现在扶贫车间的周边农村地区，村民一有机会去扶贫车间学习一门挣钱的新手艺。达到“麻将手转变为编织手，吃饭厅转变为工作间，懒散户转变为勤劳户，等靠要转变为自己创”。同时，继续鼓励能人带头开展创业扶贫，扩大带动效应。大力鼓励和扶持能人通过创业带领贫困人员就业，对符合条件的给予10万元至50万元贴息小额贷款，协助企业老板办理产业扶贫信贷通贷款。

【小额贷款】 在发放贷款上突出扶持对象普惠性特点，做到应贷尽贷，按需放贷，为完成目标任务奠定了良好的基础。进一步完善小额贷款标准化操作流程。建立健全了清收工作机制，充分运用行政、经济和法律手段，确保贷款回收和逾期清收工作取得实效，小额担保贷款到期回收率继续保持良好态势。积极推进县小额担保贷款一站式“绿色通道”服务平台建设，进一步简化操作程序，缩短办理时间，提高工作效率。2016年，共发放小额担保贷款15020.5万元，成功带动2600余名失业者再就业。

【扩征失业保险】 强化自身征缴能力，重点加强非公有制企业失业保险征缴工作，加强对失业保险征缴难点、薄弱点单位的征缴工作，确保完成上级部门下达的扩面征缴目标任务，及时为符合条件的失业人员发入失业保险金，掌握失业保险缴纳情况和应享受失业保险人员情况。2016年，征缴金额370.9万元，发放失业保险金68.4万元，做到应放尽放，有效维护了社会的稳定。

【领导名单】

局长　　彭奕鹰

医疗保险

【概况】 2016年，医疗保险工作在县委、县政府的正确领导下，在上级业务部门的关心指导下，以切实保障并不断完善参保人员各项保险待遇为着力点，紧紧围绕“落实民生政策、完善操作办法、创新服务模式、维护社会稳定”的要求，落实各项保险政策，加强扩面征缴和基金管理，缩减和规范经办流程，提高经办能力，全面推进县医疗保险事业的健康发展。县医保局是县人力资源和社会保障局管理的正科级事业单位。内设办公室、保险管理股、医务监督股、基金管理股。2016年，末在编在职人数14人。县农医中心隶属县卫计委二级单位，属副科级事业单位。内设办公室、业务审核科、财务科。2016年末，在编在职人数10人。

【医保局】 参保情况。全县城镇基本医疗保险参保缴费人数达90277人，完成市下达任务89686人的100.65 %，城镇基本医疗保险基金征缴 14152万元，完成市下达任务10129万元的 140%，其中：城镇职工基本医疗保险参保33071人，完成市下达任务33060人的100.03%；城镇居民基本医疗保险参保57206人，完成市下达任务56626人的101.02 %。全县工伤保险参保19112人，完成市下达任务19112人的100%，工伤保险基金征缴691万元，完成市下达任务384万元的180 %。全县生育保险参保9375人，完成市下达任务7522人的124.63%，生育保险基金征缴342万元，完成市下达任务86万元的398%。

医疗保障。全县城镇职工医保统筹基金支出7867万元，享受待遇31703人次，其中：特殊门诊统筹基金支出475万元，享受待遇23780人次，职工住院医疗统筹基金支出5333万元，享受待遇7923人次；全县城镇居民医保统筹基金支出1943万元，享受待遇14604人次，其中：特殊门诊统筹基金支出100万元，享受待遇8245人次，居民住院医疗统筹基金支出1843万元，享受待遇6359人次。全县工伤保险基金支出450.3万元，享受待遇745人次。全县生育保险基金支出446.7万元，享受待遇397人次。

医保整合。根据省、市部署和要求，2016年8月29日县成立了整合城乡居民医保工作协调小组，并由县政府办下发了《关于印发大余县整合城乡居民基本医疗保险制度实施办法的通知》（余府办字［2016］146号），县编办、县人社局、县卫计委联合下发了《关于印发〈关于整合大余县城乡居民基本医疗保险职责和机构编制工作方案〉的通知》（余人社字［2016］42号）和《关于整合大余县城乡居民基本医疗保险职责和机构编制的通知》（余人社字［2016］43号）。按照省、市、县文件要求，大余县城乡居民医保按时间节点推进整合，各项工作有序进行。

【农医中心】 参保情况。全县新农合参保人数达220378人，参合率达97.69%（省市要求完成95%）。其中，农村建档立卡贫困户对象个人缴费部分120元/人，由县财政全部筹资为22802名贫困人口拨付参合费273.624万元。补偿情况。全县共有541993人次享受到了新农合补偿。其中，住院补偿35677人次，补偿金额7423.8453万元；门诊统筹补偿497254人次，补偿金额1494.2213万元；住院正常分娩补偿1373人次，补偿金额45.2769万元；特殊病种大额门诊补偿7689人次，补偿金额386.3429万元。大病保险。按照上级要求，大余县的大病保险从新农合基金中划入保费金额493.04025万元。其中，对2015年已对患了大病、花费高额医疗费用的参合对象进行了理赔，年内累计补偿人次为1576人，大病保险支付金额为5201584.18元，大病资金使用率为105.50%。2016年，从上年的人均22.5元标准的基础上提高到人均30元，为参合对象一次性缴纳大病保险费用。全年共筹资661.1340万元，共理赔了507人，理赔资金为400.2686万元，大病资金使用率为60.54%。

贫困人口商业补充保险情况。2016年，以每人90元标准，市县财政按2：8比例负担，对全县22802人贫困群众购买商业补充保险。其中，划入人寿保险公司103.68万元，划入人财保险公司101.538万元，共计205.218万元。

【领导名单】

医保局

党支部书记、局长	王启德
副局长	张友珍

农医中心

主任	谢芳华
副主任	王晓鸿
	李　怡

民政和民族宗教

【概况】 2016年，大余县民政局牢固树立和贯彻落实创新、协调、绿色、开放、共享的发展理念，紧紧围绕县委、县政府工作大局，切实做好保障基本民生、创新社会治理、支持国防和军队建设、强化社会服务各项工作，加强民政综合能力建设，深入推进民政事业改革发展，为促进县域经济发展发挥了较大作用。县民政局为财政全额拨款单位，机关内设办公室（财务股）、社会救助股（社会福利股、救灾救济股）、优抚安置股、社会事务股（区划地名股）4个职能股室，并管理县老龄办、县殡葬管理所、县婚姻登记处、县社会福利院、县慈善会办公室、县流浪乞讨人员救助管理站、县减灾备灾中心和县申请救助居民家庭经济状况核对中心等8个下属单位，2016年末在岗人数40人（含下属单位）。2016年，获得全省社会救助工作优秀县、赣州市第九届文明单位、全市民政工作综合评估达标单位、全市“救急难”综合试点工作优秀单位、创建综合减灾示范县等荣誉称号。

【社会救助】 2016年，全县共筹集社会救助资金6800.04万元。全县城市低保保障人数为6668人，保障标准为每人每月480元，月人均补助为320.02元。全县农村低保保障人数为11332人，保障标准为每人每月270元，月人均补助为195.03元。农村五保集中供养标准每人每年4380元，分散供养标准每人每年3480元。城乡医疗救助全年累计救助10365人次，全年累计医疗救助金额845.43万元，其中门诊医疗救助8272人次发放医疗救助资金66.39万元，住院医疗救助2093人次，发放医疗救助资金779.04万元。临时救助共救助885人次，发放救助资金269.42万元，人均救助3044元。精减退职老弱残职工生活补助城乡分别为每人每月355元和329元。

城乡低保管理。下发了《关于进一步加强农村低保工作的通知》，完善低保申报、公示、听证、备案登记、动态管理、责任追究等制度，确保低保操作规范、程序透明、结果公正。推行低保民主听证工作制度，听证由村（居）党组织和村（居）委会成员、熟悉村（居）民情况的党员代表、村（居）民代表等参加。对申请对象是否符合低保条件提出审批意见。出台了《关于加强农村低保与扶贫开发制度衔接的实施方案》（余府字〔2016〕166号），推动了农村低保与扶贫开发在精准识别上衔接，在优惠政策上共享，在信息平台上互通，为困难群众脱贫发挥了积极作用。农村低保管理更加规范，制度进一步得到落实，基本实现“应保尽保”“应退尽退”。

出台了《大余县居民家庭经济状况核对办法》，成立了工作领导小组，确立了“政府领导、民政牵头、部门合作、社会参与、基层落实”的管理和运行机制，起到了统揽全局、整合资源、健全政策、推进工作的作用。在工作推进中，坚持将核对能力建设放在首要位置，切实加强核对机构建设，成立了大余县居民家庭经济核对中心，落实事业编制6人。为顺利推进居民家庭经济状况核对工作奠定了坚实的基础。该办法出台后，县民政部门积极加强与各部门的联系，为社会救助对象申请社会救助进行了一系列的经济状况核对，确保了社会救助对象的准确性。2016年通过信息比对清退了条件好转的城乡低保对象1145户2617人（其中有车的58户149人、有房有店面的10户26人、开店的9户26人、死亡的78户112人、子女大学毕业55户127人、领取退休金的55户121人、获拆迁补助的2户5人）。

临时救助工作。先后出台了《大余县开展“救急难”工作试点实施方案》《大余县开展“救急难”工作实施方案》《大余县特别救助实施方案》和《大余县人民政府关于健全临时救助的通知》等文件，建立健全了支出型临时救助、急难型临时救助和特别救助等制度，进一步完善了临时救助（救急难）救助体系，建立了“首问负责制”和“转介”工作制度，完善了《社会救助统一受理窗口工作人员职责》《社会救助统一受理窗口工作流程》、《“一门受理、协同办理”工作规程》，明确了各部门职责及分办、转办流程和办理时限等机制，依托乡镇服务大厅的民政救助平台建立了“救急难”窗口，实现了“一门受理、协同办理”的县、乡（镇）、村（居）三级救助快速反应网络。在全县范围内全面启动了“救急难”工作，在乡镇服务大厅社会救助平台设立了统一的“社会救助”受理窗口，做到“一明显三上墙”，即窗口标识明显，救助政策上墙、工作职责上墙、救助电话上墙。有专人负责受理和转办工作，明确部门职责及分办、转办、转介流程和办理时限，建立化解急难问题的“绿色通道”，做到“一门受理、协同办理”，确保困难群众“求助有门、受助及时”，提升县社会救助工作的整体水平。

城乡医疗救助。实行同步结算。出台了《大余县关于加强和完善医疗救助制度的实施方案》，实行了“看病及时介入、住院主动救助、病后一次结算”的运行机制，规范了医疗救助与城镇（居民）职工基本医疗保险和新型农村合作医疗补偿同步结算操作程序，完善了医疗救助与大病保险和商业补充保险的衔接工作。实行先诊疗后付费制度。为缓解城乡低保对象医病难问题，建立与定点医院协调机制，落实医疗机构对救助对象的优惠政策，救助对象可优先就医就诊。实行了先诊疗后付费制度，即在城乡低保对象入院时，根据病情适度减少住院押金的缴纳数量 。住院期间，医疗救助部分的费用均由县民政局预拨医疗救助资金到定点医院，患者出院后，经新农合或医保、大病保险以及商业补充保险补助后，剩余部分由医院按比例进行救助。对支出型贫困患者开辟专项救助通道。按照“对象申请、乡村两级调查审核、县民政局审批”的程序，经过三榜公示，无异议后予以审批，经审批对象的医疗救助资金，由县财政局将资金汇入对象的个人存折。

救助管理工作。2016年，站在县委县政府的正确领导，在县民政局的直接指导下，认真贯彻执行国务院、民政部及省、市民政部门关于城市生活无着流浪乞讨人员救助工作的文件精神，始终坚持自愿受助、无偿救助的原则，工作中适应形势变革，不断创新救助机制和提高依法救助水平，在保障流浪乞讨人员的基本权益，创建城市文明，为县的社会环境及社会秩序的安宁与稳定方面，做出了积极的贡献。在公安部门的全力配合下，站向在城市生活无着的流浪乞讨人员及一些因临时困难前来求助的人员提供救助 418人次，护送返乡4人次，有效配合了综治工作。积极开展肇事肇祸精神病患者救治工作，救治流浪乞讨精神病人27人次，救助金额77万元。同时，局还联合了县教育局、县公安局联合开展农村留守儿童、农村留守妇女、农村留守老人摸底排查工作。通过开展摸底排查工作，全面、清晰地掌握农村留守儿童的数量规模、分布区域、结构状况，及时掌握农村留守儿童家庭组成、生活照料、教育就学等基本信息，建立农村留守儿童信息库，并健全信息报送机制，为细化完善关爱保护政策措施，加强关爱服务力量调配和资源整合提供基础数据支持，提高农村留守儿童关爱保护工作实效；通过农村留守妇女、老人摸底排查工作，掌握农村留守妇女、老人数量规模、分布区域等基本情况，统筹建立本县农村留守妇女、老人信息库，为协调推动相关部门开展农村留守妇女、老人关爱服务工作提供信息支持。

【救灾工作】 2016年，全县先后遭受“3·21”“6·16”“8·27”三次严重洪涝灾害，总体灾情较常年略严重。据统计，全年共造成3777人次受灾，因灾死亡4人，紧急转移安置13340人，倒塌房屋809间，直接经济损失2.21亿元。

救灾。全年争取省减灾委、

省民政厅对大余启动救灾四级应急响应一次，省、市下拨救灾资金610万元，县本级配套220万元，以上资金县财政、民政部门全部下拨至乡镇。全年县民政局下拨乡镇救灾棉被2500床、救灾帐篷6顶等救灾物资，保障了灾后8小时内受灾群众得到基本生活救助。

防灾宣传与演练。积极开展“5·12”全国减灾日和“国际减灾日”主题宣传活动，制作防灾减灾永久宣传牌102块，中心城区设置应急逃生指示牌21块，共发放《防灾减灾知识宣传单》3万多份。2016年4月汛期期间，在黄龙镇大合水电站水域举行了抗洪抢险演练；9月7日，举办了全县灾害信息员培训班，邀请省减灾备灾中心专家前来授课；9月30日上午，在水城小学举行了全县大型灭火救援综合应急疏散演练。

综合减灾示范单位创建。2016年1月，县被评为“十二五”期间全省创建综合减灾示范社区优秀单位，新城镇被评为“全省首批综合减灾示范乡镇”，新城镇高龙村长滩社区被评为“全国综合减灾示范社区”，新城镇周屋社区、池江镇卢屋社区被评为“全省综合减灾示范社区”。

【社会福利】 2016年，全县社会福利工作抓住赣南苏区振兴发展和罗霄山片区扶贫攻坚两个历史机遇，按照惠民生、强基层、解难题、谋发展的基本思路，统筹政府主导和社会参与，统筹规划发展和基本建设，统筹资金扩量和服务扩面，着力完善社会养老服务和孤儿、残疾人保障两个体系，取得明显成效。全县养老机构15所，其中公办敬老院11所、民办养老服务机构4个，机构养老服务床位1298张。

社会福利机构基础设施建设。年内，全县投入1200万元（其中争取中央和省资助900万元），建设1个综合福利院、5个敬老院项目，新增床位330余张。

养老管理服务人员培训。为加快推动县养老机构管理护理员队伍职业化、专业化发展，至2016年实现养老机构管护人员全部持证上岗目标，依托江西省民政学校等师资优势，开展养老管理护理人员培训。2016年，共18人通过考核取得国家承认的护理员证书。

完善孤儿保障制度。贯彻落实《省政法办公厅关于加强孤儿保障工作的实施意见》，从基层生活、医疗康复、教育、住房和成年后就业等方面对孤儿保障工作作出制度性安排。制定落实孤儿最低养育标准：城乡福利机构抚养孤儿每人每月1100元；城乡散居孤儿每人每月700元。

【军人抚恤优待】 县重点优抚对象共565人，其中伤残军人73人，“三属”对象9人，带病回乡退伍军人115人，“两参”退役人员290人，在乡老复员军人52人，铀矿开采人员26人，其他优抚对象为烈士子女25人，部分60周岁以上农村籍退役士兵801人，为切实解决好优抚对象和相关政策落实，根据省民政厅、省财政厅《关于调整部分优抚对象等人员抚恤和生活补助标准的通知》（赣民字〔2016〕126号）文件精神，及时进行了调整。为了快捷、足额为优抚对象发放各类优抚和生活补助，县实行通过农商银行一卡通发放，全年为优抚对象发放定期抚恤及生活补助金650.1万元，确保了优抚对象抚恤和生活补助金足额及时兑现。

根据大余县《关于重点优抚对象医疗保障实施办法》的有关规定，积极为优抚对象解决“看病难”问题，县实施重点优抚对象医疗保障工作，为县565名重点优抚对象全部由县财政出资参加了各类基本医疗保险。保障了优抚对象的基本医疗待遇，解决了他们“看病难，看病贵”和因病致贫、因病返贫的问题。

【烈士褒扬】 县将培育和践行社会主义核心价值观作为基地教育的首要内容，整合教育资源，拓展教育内容，广泛开展爱国主义、革命传统系列活动，切实发挥好烈士陵园红色教育的主阵地作用。结合“两学一做”学习教育，组织全县党政干部到烈士陵园纪念碑开展重温入党誓词，缅怀先烈等活动，接受革命先烈、先辈传统精神和思想、作风的洗礼，使党员干部进一步增强了党性观念和宗旨意识。2016年利用重要节日和纪念日举办了“学雷锋”“烈士纪念日”“党在我心中”重温入党誓词等活动。用生动的文字、图片、实物向全县群众和学生宣传爱国主义教育基地，开展向革命先烈学习等方面的教育。充分发挥各机关、企事业单位、部队、社区、学校、社会团体的作用，加强工作联系，以多种形式共同开展丰富多样的爱国主义和革命传统教育活动。

【双拥活动】 积极落实双拥政策，搭建随军家属就业平台，通过开展大余籍退役士兵、驻大余县部队随军家属就业招聘会，举办职业技术培训，开展面向驻军部队随军家属招聘等方式拓宽随军家属安置渠道，解除官兵后顾之忧。

加大军地协调力度，深入驻地部队开展走访调研，积极协调解决随军家属就业安置、军人子女入学入托等相关事宜，为驻大余县部队解决军嫂就业3人、子女就学5人等实际问题。

开展驻军春节、“八一”走访慰问，以实际行动丰富双拥工作内容。民政局采取“向军属家庭说一句暖心话、赠一幅年画、贴一张‘光荣军属’、送一份立功喜报”的形式，组织干部职工主动进村入户，面对面了解并帮助他们解决实际问题，细致做好双拥慰问工作。

【军人离退安置】 2016年秋、冬季，县共接收退役士兵98人，其中复员士官19人，转业士官5人。根据《退役士兵安置条例》（中华人民共和国国务院、中华人民共和国中央军事委员会令第608号）文件精神，于2016年7月对5名转业士官进行了岗位安置；对秋季退役义务兵74人，冬季复员士官19人，发放了一次性自主就业金118.35万元。

为认真贯彻落实《国务院中央军委关于加强退役士兵职业教育和技能培训工作的通知》（国发〔2010〕42号）和《江西省退役士兵职业教育和技能培训实施办法》（赣府发〔2011〕6号）等文件精神，县2016年度参加职业教育和技能培训人员83人，参训率达89％，“双证”获取率达100％，承训机构以省、市两级为主，学杂费、住宿费、技能鉴定费等教育培训资金由承训机构申报，上级直接拨付，县民政局只负责生活补助费，共发放11.19万元。按照民政部、总政治部颁发的《军队离退休干部移交政府安置交接工作办法》，配合军队完成移交安置任务。

【行政区划和地名管理】 县民政局积极争取县委、县政府的重视和支持，把第二次全国地名普查工作列入政府工作议事日程，安排300万元作为普查工作专项经费。成立了以分管副县长为组长，县民政、财政、国土以及相关部门和乡镇分管领导为成员的第二次全国地名普查领导小组，领导小组办公室设在县民政局，全面负责大余县第二次全国地名普查工作。2016年5月全面启动第二次全国地名普查工作以来，县300多名普查人员齐心协力，对全县范围内的地名及相关属性信息进行了全面调查、收集、补充、更新、完善，采集十一大类地名信息 3508条，其中陆地水系类25条，陆地地形类169条，行政区域19条，群众自治组织类163条，非行政区域类458条，居民点1620条，交通运输设施类222条，水利电力通信设施类133条，纪念地、旅游景点类34条，建筑物类29条，单位类636条，采集地名多媒体信息 3508条，统计出历史地名184条，增设重要地名标志226 块（其中城区路牌112块，城区巷牌114块），生成地名成果表3508份。

【社会组织管理】 至2016年，全县共登记社会组织总数166个，其中社会团体42个、民办非企业124个。根据全国统一部署，对县属社会组织开展了统一社会信用代码赋码换证和年度检查工作。

【殡葬管理】 全县共建有火化殡仪馆1座，城市经营性公墓1座，农村公益性公墓（骨灰堂）8个；免费火化遗体982具，补助金额88.21万元。稳步推进公益性骨灰安放设施建设。将城乡公益性骨灰安放设施纳入城市发展规划、社会主义新农村建设规划和村级公益事业建设规划，采取财政补贴、以奖代补等方式，给予必要的政策指导和资金支持。年内新建南安镇新余村、新城镇京州村、青龙镇联合村3个农村公益性墓地。大力推进殡葬改革工作。成立了县殡葬改革领导小组，组建了县殡葬执法队，负责全县殡葬改革工作宣传、执法等工作。以县委、县政府两办名义出台了《县直有关单位贯彻落实全面深化殡葬改革责任分工方案》、《关于推进殡葬改工作实施方案》和《关于充分发挥党员干部带头作用进一步深化殡葬改革的实施意见》

等文件。大力开展殡葬改革宣传。召开了各乡镇辖区内殡葬从业人员座谈会。全年印发殡葬改革宣传单15万份、张贴殡葬改革通告2000张、悬挂宣传条幅100条，群发微信、短信3万余条，同时通过电视台滚动播放、宣传车巡回宣传等媒体开展立体式、全方位的殡葬改革宣传。

【基层政权和社区建设】 2016年，指导村（居）委会健全完善村（居）民自治机制。指导各村（居）委会建立健全村（居）民会议和村（居）民代表会议制度，完善村（居）民自治章程和村（居）规民约，建立健全村（居）务公开和民主管理制度，健全和完善村（居）党组织领导的充满活力的村（居）民自治机制。做好农村离任“两老”补助资金发放工作，全年共为87人发放补助资金7.8万元。

全面推进城乡社区协商工作。建立健全城乡社区协商工作机制，推动城乡社区协商制度化、规范化和程序化，促进基层民主健康发展，基本形成协商主体广泛、内容丰富、形式多样、程序科学、制度健全、成效显著的城乡社区协商新局面。

大力推进农村社区建设。认真贯彻全国农村社区建设推进会议精神，大力推进县农村社区建设工作，重点指导池江镇卢屋社区、浮江乡双田社区、吉村镇游仙桃树下社区打造成为全县农村社区建设示范点，按照“一站六组”模式开展农村社区建设。

【社会工作】 认真组织人员参加全国社会工作者职业资格考试。2016年，大余县15人报名参加考试，1人通过考试取得职业资格，报名率和通过率较上年度都有显著增长，报销考试费用3万余元。积极组织机构社会工作从业人员参加省市举办的专业培训班，提升社会工作人才专业化水平。年内，组织10余人次参加培训。2016年，全县共办理结婚1921对，离婚487对，补领结婚登记1260对，补领离婚登记35对，合法结婚率和登记合格率均为100%。依法做好收养登记工作。年内，共依法办理收养登记3例。

【领导名单】

党组书记、局长
曾小晶（女，3月免）
周凤来（3月任）
党组成员、副局长
余为东
李秋明
党组成员、老龄办主任
吕起圭

老龄事业

【概况】 2016年，大余县人口老龄化趋势进一步发展。年末，全县户籍人口数313585人，年末百岁老人11人，60岁以上老年人已达到51169人，占全市人口总数的16.3%，同比增长0.7%。大余县已进入老龄化社会。县老龄工作委员会办公室为县民政局管理的副科级事业单位，年末在职人数为2人。

【养老服务】 有效应对中国人口老龄化，事关国家发展全局，事关亿万百姓福祉。按照市老龄委的工作要求，2016年大余共建设了六个老年人协会，分别为新城镇高龙村老年人协会、池江镇杨村老年人协会、南安镇余西街老年人协会、吉村镇中村老年人协会，浮江乡山南村老年人协会、新城镇南丰村老年人协会。2016年共向市老龄办争取项目资金9万元。做好了60周岁、70周岁以上老年人数的数据库统计工作，使用《赣州市老年人信息管理系统》软件，努力提高高龄补贴发放、老年人口统计、优待证办理等工作科学化水平。2016年1—12月共办理老年人优待证891份。另外财政列支14.85万元，为全县1.485万名70周岁以上老年人办理免费坐公交车意外伤害保险。同时，按照市老龄办工作部署，收集了2017年年满70周岁老人身份证信息收集工作，为2017年扩大70周岁老年人保险范围做好了准备工作。

【宣传教育】 以积极有为的工作状态，主动汇报、主动调研、主动宣传，以进取精神和攻坚勇气来推动工作，完成任务。结合全年工作任务，狠抓工作落实。加强宣传力度，将《老年人权益保障法律法规选编》5000册和新颁布实施的《中华人民共和国老年人权益保障法》宣传单5000份，通过各种途径发放给社会上的老年人。为市老龄工作决策提供了《如何破解农村老龄事业发展难题》的调研报告。

【高龄补贴】 发放高龄老人生活补贴是为充分体现党和政府对高龄老年人的关心，为了让每个符合条件的老人都能享受政府的优待政策，县老龄办对享受对象实施动态管理，到龄即登记，死亡即核销，进出有序，做到不漏登、无误统，对补贴资金实行专户管理，专款专用，补贴资金由县财政局直接发放到享受对象个人银行账户中，做到资金发放及时、准确。2016年，共发放561.45万元。

【领导名单】
主任科员　　吕起圭

【附】大余县2016年年末百岁老人名单：
尹兰芳　1916-04-05　新城镇水西村虎山
黄金秀　1911-09-10　新城镇京州村上屋
叶义妹　1914-10-01　池江镇九水村梁屋
彭寿娣　1909-08-23　池江镇兰溪村忠信堂
何丙启　1916-03-08　青龙镇赤江村固营白屋里
康兰英　1910-06-03　黄龙镇灵潭村中琴边
张炳娣　1916-05-12　南安镇东山村菜园里
郭远莲　1914-07-07　南安镇宝珠组
李永秀　1914-04-12　南安镇新余村归善门2组
肖庆莲　1916-11-14　吉村镇沙村村圩上组
邓月英　1916-10-14　内良乡内良村角湾组

民族宗教事务

【概况】 2016年，大余县民宗工作围绕“民族团结进步，宗教和谐稳定”的工作目标，以社会化的民族宗教工作为理念，整合各种资源，形成全县上下齐抓共管民族宗教工作的合力。稳步推进民族村精准扶贫工作，打造畲族特色村寨；加大对口支援力度，推进民族地区经济社会事业又快又好发展；抓好民族项目建设，进一步完善民族地区基础设施建设；依法管理宗教事务，全面推进宗教场所规范化管理工作，开展“宗教政策法规学习月”活动，增强信教群众的国家意识、公民意识、法制意识；指导宗教界开展慈善活动，引导宗教与社会主义社会相适应。大余县民宗局属县政府工作部门，为正科级单位。内设办公室和民族宗教事务股2个股室，在职人数4人。

【精准扶贫】 大力发展乡村旅游扶贫。元龙畲族村打造百亩翠色、荷香满溢的旅游扶贫功能区，通过基地带动扶贫，建立“荷塘乡村旅游扶贫基地”；李洞畲族村依托天华山优势开发登山生态旅游。大力发展特色产业扶贫。元龙畲族村大力发展香稻、油菜、白袍等特色产业基地达210亩；九水畲族村发展甜玉米产业300多亩，蔬菜基地200多亩等，同时通过村村创办“扶贫车间”解决在家门口就业问题，带动扶贫农户务工近200余人。2016年，元龙畲族村通过整村推进，实现了整村脱贫的目标。

【项目建设】 2016年，共争取上级少数民族发展资金182万元，其中：少数民族特色村寨建设项目30万元，精准扶贫项目20万元，财政扶贫少数民族发展资金省级30万元、市级20万元，少数民族困难补助资金4.2万元，促进民族教育发展资金74万元。同时争取把元龙畲族村列入了省级少数民族精准扶贫示范村。

【对口支援】 市对口支援工作方案下发后，局根据方案要求，结合实际情况，制定了县对口支援工作方案，同时，指导全县6个受援民族村组制定了2016—2020五年发展规划和对口支援计划，落实了对口支援项目，按照半年一调度汇报，年终一督查通报的要求全面推开。各对口扶持单位领导分别到对口支援村调研，各村也积极向市帮扶单位汇报情况，进行双向对接。全年，落实对口支援帮扶资金156万元，实施项目12个。

【村寨建设】 元龙畲族村今年投入670万元资金，完成了畲家古巷改造，鹅卵石游步道铺设，畲民房屋复古立面改造，新建畲族村寨寨门楼、畲族风情墙、畲民特色房屋的乡村旅游游客中心，丰富少数民族文化底蕴，完善旅游度假基础设施，扩建了凤凰山钓鱼度假农庄，莲藕采摘体验田，满足游客多种多样的生活需求，通过手机微信公众平台、网络博客、形象专版展示、大型广告牌宣传等形式向外推介元龙畲族村旅游，打响“荷香畲韵，千古元龙”乡村旅游品牌。2016年11月，元龙畲族村蓝屋自然村入围第二批中国少数民族特色村寨。

【依法管理】 全面贯彻落实党的宗教信仰自由政策，保证正常的宗教活动有序进行，规范了大型宗教活动申报审批制度，同时，协调公安、交警、交通、林业、有关乡镇和部门做好大型宗教活动前的安保工作。组织各宗教活动场所办理了组织机构代码，与文物保护部门鉴定了文保协议，将丫山灵岩寺、正觉寺、云封寺纳入大余县风景名胜区总体规划核心保护区。

【规范管理】 在全县宗教活动场所全面开展宗教活动场所规范化管理和示范点创建工作，建立和完善了宗教民主管理、财务管理、安全管理等13项管理制度。以点带面有序推进，确定了灵岩寺、南安镇福音堂为创建示范点，通过示范点的带动作用逐步在全县宗教活动场所全面推开规范化管理工作。2016年，丫山灵岩寺、南安镇福音堂被市民宗局命名为赣州市宗教活动场所规范化管理示范点并授牌。

【团体换届】 协助做好市宗教团体换届工作，推荐市佛协代表6名，其中：常务理事1名，理事2名。市基督教协会代表5名，其中：常委1名、委员4名。与统战部门加强对佛教协会换届工作的指导，7月29日，县佛教协会第六届代表会议在县佛教协会大楼隆重举行，选举产生了新一届理事会，释传昌再次当选会长，并选举产生副会长8名，理事24名，新增副会长2名，新增理事4名，理事平均年龄比上届理事降低3岁。

【慈善工作】 积极鼓励宗教界参与扶贫、济困、敬老、尊老、助残等慈善活动。2016年，宗教界募捐善款30多万元走访慰问敬老院、孤儿院、县第三人民医院慰问敬老院老人和患者、孤儿院孤儿计1313人次，送去食品、药品、日用品、慰问金等。走访慰问少数民族村精准扶贫户30户、贫困党员3户。

【领导名单】

局长　　朱兆桂

副局长　张绍明

精神文明建设

【概况】 2016年，大余县精神文明创建工作紧紧围绕建设智慧、活力、幸福新大余的主题，积极倡导文明风尚，促进社会和谐，广泛开展公民思想道德教育实践活动，全面推进“生态名县、旅游名县、文化名县、教育名县、体育名县”主题教育活动，扎实推进思想道德建设和文化建设，着力深化和拓展群众性精神文明创建工作，公民文明素质和社会文明程度显著提高，为实现县科学发展、绿色崛起提供了强大的精神动力和思想保证，营造了和谐的舆论氛围和文化环境。县文明办归口县委宣传部管理，为县委宣传部负责精神文明建设工作的工作机构。内设办公室、未成年人科2个职能股室。年末，在职人员4人。

【精神文明建设】 坚持社会主义核心价值观引领，深入开展精神文明创建活动，把广大农村建设成为农民群众的精神家园、人文家园、和谐家园。联系农村实际，持续深入进行宣传教育，精心组织开展受群众欢迎的主题实践活动，培育文明新风尚。积极开展文明村镇创建活动，广泛开展以遵规守法、诚实守信、孝老爱亲、尊师重教、清洁卫生、脱贫致富为内容的“星级文明家庭”创评活动，引导群众实现自我管理与教育，培育良好村风民风。不断完善公共文化服务体系，不断加强农村文化队伍建设，重点实施了“关爱留守儿童”和未成年人思想道德建设“我们的节日”工程、“文化惠民”工程等，有效提升了农村精神文明建设的影响力、感染力和凝聚力。2016年，大余县深入推进乡风文明建设，提高农村整体文明程度，持续巩固提升新农村建设成果。同时将重点开展创建乡风文明示范村活动，着力打造一批村庄规划合理、村容绿化美化、生态环境和谐、文化生活丰富、村风文明健康的乡风文明示范村，为建设智慧幸福活力大余作出积极贡献。

【评选活动】 以中心城区争创全国文明城市为引领，全面推进群众性精神文明创建。发挥文明单位的示范引领作用，重点抓好文明单位的一堂（道德讲堂），一队（学雷锋志愿服务队），一牌（遵德守礼提示牌），一桌（文明餐桌），一传播（网络文明传播），一献（无偿献血）“六个一”建设，对文明单位进行日常动态管理。2016年，大余县8个单位获省级文明单位称号，19个单位获市级文明单位称号，评选出县级文明单位45个，涌现了一批成绩突出，影响广泛的先进典型。加强文明村镇创建，根据文明村镇测评体系要求，组织开展文明村镇评选活动，南安镇获得省级文明村镇称号，2个村镇获市级文明村镇称号，评选出县级文明村镇24个。

【学习宣传】 结合道德模范评选表彰活动，制作了一批公民道德建设专题片、宣传栏，并在各类媒体开设了专栏、专题，宣传和推出一批群众身边、事迹感人、具有积极示范作用的道德建设典型。在全县上下崇尚、关爱、争当道德模范的浓厚氛围下，县涌现出了聂郁家这样的敬业奉献模范群体。2016年12月，聂郁家入围“中国好人榜”候选人名单，王水龙被评为2016年“赣州好人”。广泛开展向“道德模范”“身边好人”学习，大力推进社会主义核心价值体系建设的情况。对全县道德模范进行了回访、慰问，采取有效措施帮助他们解决实际困难，送上党和政府的关心和关爱。

【开展“我推荐、我评议身边好人”活动】 组织动员全县广大干部群众在熟悉的人群中推举好人，在日常生活中发现好人，踊跃参加“身边好人”的推荐评选、学习和宣传活动。活动自2016年10月开展以来，全县共推荐“身边好人”818人次，各类媒体宣传200余次，访问量10万余人次，2016年县共有1人入围“中国好人榜”候选名单，“赣州好人”2人，“大余好人”16人，组织各大新闻媒体每月对“好人”进行了集中专题宣传报道。

【教育活动】 开展了“讲文明、树新风”礼仪知识普及教育活动和优秀作品展览。积极发挥爱国主义教育基地和博物馆、纪念馆、图书馆等公益性文化场馆作用，通过举办革命传统讲座和专题活动等形式，让群众充分感受家乡的巨大变化，进一步增强信心和干劲。

【道德建设】 根据县文明委的部署，在全县青少年中广泛开展了社会主义核心价值观主题读书教育活动。同时，按照中央、省、市文明办部署，积极组织各校开展了“传唱优秀童谣、做有道德的人”万人签名寄语活动。制定了关于深化“我们的节日”主题活动方案，并下发《关于印发〈大余县2016年“我们的节日”主题活动工作方案〉的通知》，并在元旦、春节、清明等节假日组织各校开展了一系列各具特色的庆祝活动。充分利用全国公民道德教育日、国防教育日等，结合时事政策教育，开展了形式多样的未成年人思想道德实践活动。

【服务活动】 为贯彻落实中央、省、市《关于深入开展志愿服务活动的实施意见》及《任务分工》，整合社会各界资源，进一步推动志愿服务大众化、经常化、规范化，开展了“清洁家园我先行”志愿服务行动，有计划、有秩序地招募志愿者，招募环保志愿者6000名。开展了“关爱空巢老人志愿服务”活动，先后在教育系统、乡镇举办了启动仪式。开展了“关爱困难群众”志愿服务行动，结对帮扶贫困农民22802人。利用大余电视台、大余县人民政府网、“大余宣传”微信公众号等新媒体对县志愿服务活动的开展情况进行宣传报道。

【领导名单】

主任　黄学文（8月免）

　　　张鄂湘（8月任）

未成年人科主任

　　　胡　淇

驻县矿山

江西西华山钨业有限公司

【概况】 2016年，钨市场持续低迷，公司资源严重枯竭，保有储量品位偏低，生产成本严重倒挂，面对如此的形势挑战，在集团公司的正确领导下，公司全体干部员工，坚定信念不动摇；以“主业放缓少失血，多业图精闯新路”为工作方针，一心一意谋发展，全力以赴打好控亏减亏攻坚战。公司全年实现生产钨精矿120.471吨，实现营业收入1750万元，实现控亏1000万元，比年初预算减亏200万元，完成了集团年中调整任务；实现了“四个为零”的安环工作目标；在企业效益重挫，集团公司重组的关键时期，公司保持了信念不失、管理不松、工作不乱，企业安全和谐稳定。公司设有总经理办公室（党委办公室）、总工程师办公室、矿山公园办公室、财务部、企划部、安全环保部、生产部、人力资源部、机械动力部、保卫部；并设有一坑口、二坑口、项目部、精选厂、技术监督站、沙石开发分公司、钙化砖厂、西华山宾馆、西华山医院、赣州邦达高科制药有限公司等二级单位。2016年底公司在职人员158人。

【生产经营】 公司2016年在生产和销售均不乐观的情况下，为做好控亏奋斗目标，公司认真落实和执行减亏控亏措施，提质增效达到371万元。钨市场行情持续低迷，主业生产成本倒挂，复产暂时不具备条件，公司上下纵深挖潜，细化内部管理，狠抓减亏目标的分解与措施落实，严格月度减亏目标与绩效工资挂钩考核机制。采取清库存，盘点精选厂流程结余矿为公司挖潜增效198万元；实行减员分流，为公司挖潜增效 128万元；控制各项费用的开支， 截至12月，管理费用中十二项可控费用比预算减少22万元，比上年同期下降11万元，降幅达12%，为公司挖潜增效45万元。积极做好复产准备，等待市场回暖。接替资源地下开采项目取得阶段性进展，南区第一期工程及相关系统建设已完成，等待“三同时”验收；公司年采49万吨钨矿技改工程顺利通过环境影响评价验收。

【隐患排查】 公司及时贯彻执行党中央、国务院，省委、省政府和江钨集团领导就加强安全生产工作的系列重要指示、批示精神，先后开展了“全国两会前安全生产检查”和“防洪度汛专项安全检查”等系列安全生产活动。特别是丰城“11·24”特别重大事故发生后，公司及时召开了紧急安全生产会议，传达学习了党中央、国务院，省委省政府领导的重要指示批示等文件精神，立即开展了安全隐患大排查活动，及时消除安全隐患，始终把维护安全稳定视为企业最基本的政治责任和社会责任，毫不懈怠地抓紧、抓实、抓好。持续深入开展了安全隐患排查治理体系建设。进一步完善了隐患排查治理责任制、相关管理制度和安全隐患排查自查标准。按照安监部门要求及时登录安全隐患排查治理填报系统，规范填报企业信息和安全隐患排查治理信息。认真组织开展安全大检查和专项安全检查等安全隐患排查治理活动，对安全隐患制定了整改方案，并进行了认真整改，使安全隐患排查治理实现闭环管理。全面落实了外包工程项目安全管理措施，将出租厂房、场地、店面等纳入公司安全管理范围，实施统一管理，不定期组织开展安全检查，杜绝了以包代管现象。强化了尾矿库安全管理工作。编制了公司尾矿库安全检查表，建立了尾矿库月度安全检查工作机制；制定了《牛岗地尾矿库岗位安全风险告知卡》和《黄泥坑尾矿库岗位安全风险告知卡》；突出强化了汛期尾矿库安全管理，保证值班值守人员在岗。

积极做好新建黄泥坑尾矿库竣工验收工作，一次性通过了集团公司和安监部门联合组织的竣工验收，并顺利取得了安全生产许可证。强化了尾矿库的应急管理，更新了应急值班电话，修复了坝体照明系统，增购了应急救援物资，开展了尾矿库事故应急演练。

加大了环境保护管理力度。2016 年公司虽然停止了矿山采选作业，但在新环保法的高压态势下，公司加强了各尾矿库和 230 污水处理池日常巡查，密切关注各排放口外排水达标情况。公司强化了污水在线自动监测系统日常维护，每月开展了在线监测设备现场检查。积极做好 431 东废石堆生态恢复治理项目验收前期准备工作，并一次性通过了市、县环保部门组织的现场验收。

【多业创收】 创新思维，精实企业管理，发挥多业的造血功能。为配合大余县西华山矿山公园建设，消除地表废石安全环保隐患，公司以招标方式对外承包矿权范围内的废石清运工作，一方面治理了废石堆的安环隐患，另一方面利废为宝，增加公司的经济收入。2016 年 5 月，与中标单位大余县大盛矿业有限公司签订了废石清运承包合同，同时收取了第一年承包费。精实邦达药业内部管理，在执行《药品生产质量管理规范》的过程中贯彻集团公司提质增效工作方案，做到内抓细节管理节能降耗，外抓市场份额逐步拓展，持续加强了市场营销工作，做好市场开发，扩大销量，增产增收增利润。1 — 11 月份完成营业收入 481 万元，比上年同期增加 117 万元。实现利润 72.9 万元。在主营业务销售无利润的困难情况下，多业经营实现收入 570 多万元。

【工程建设】 为使资源接替项目早日正式生产早出成效，公司上半年重点加强了项目部通风系统、排水系统、安全出口等工程的施工建设，排除一切困难，调动全公司力量，倾斜各类资源投入，平安快速推进了项目建设。上半年，项目部通风系统、排水系统和第二安全出口已全部建成，并通过了内部专项验收。具有高效节能降耗新优势的排水系统的建成，大大降低了项目部排水费用，每月节约电量就达3万多千瓦时。同时，完善了供水系统，建立了 139 水泵站；强化了项目部安标化、安全避险“六大系统”建设及安全评价、人员设备配备、文明生产等基础工作，为探矿转入生产提供了坚实的安全保障和基础。2016 年 6 月，就已做好只要市场条件成熟马上就能进行“三同时”验收和进入试生产的准备工作。

【综治工作】 2016 年，是企业生产经营极其困难的一年，生产不正常，矛盾纠纷易发，公司按照《江钨集团 2016 年综治工作要点》，结合“两学一做”学习教育，深入做好员工思想教育，做好形势任务教育，让广大员工理解支持公司在困难时期所做的决策部署，紧紧围绕公司“减亏控亏”目标，围绕矿山的平安稳定，认真抓好“人防、物防、技防”三防工作，全面加强社会治安综合治理基础工作，强化矛盾纠纷排查调处；认真做好了“两会”、G20 峰会、中共十八届六中全会和“全国综治工作会南昌会议、省第十四次党代会”期间的信访维稳工作，确保了公司区域的平安稳定。为维护停产期间矿区的消防安全，加强了对边远辖区、坑口、工区等消防安全的巡查和监管力度；强化了对 84# 库的监管，确保了火工材料库的安全；坚持每月一次对消防设备、设施、器材进行专项检查和维护，并健全消防工作台账，确保消防设备、设施安全始终处于良好状态；完善了消防安全应急救援物资台账，做到了有备无患；每月开展了一次火灾隐患检查并督促及时整改，2016 年 7 月在公司二坑口组织了一次消防应急演练，有效地提高了全体员工消防安全意识和灭火技能的熟练程度，检验了员工对消防器材的使用能力和应对突发消防事件的快速反应处置能力。全年来，矿区和谐平安稳定。

【领导名单】

总经理	叶广根
党委书记（纪委书记）	邱国斌
副总经理	刘福久
	曹人源

江西荡坪钨业有限公司

【概况】 2016年，江西荡坪钨业有限公司全年实现工业总产值7768.94万元，完成预算的107.9%；工业增加值4931.77万元，完成预算奋斗目标的123.29%；营业收入8885.22万元，完成预算的112.47%；钨精矿完全单位成本与预算奋斗目标比减少1221元/吨，实现了控亏减亏目标。全年采矿完成27.04万吨，为年计划的100.16%；掘进完成7002.5米，为年计划的100.04%；产品产量完成2021吨，为年初计划的115.16%，其中钨精矿完成980.12吨，为年初计划的108.9%。2016年，实现了安全生产年，确保了矿区平安和谐稳定。2016年上缴税费1656.77万元。2016年公司荣获江西钨业集团公司"拼搏杯"劳动竞赛二等奖，获大余县2015年度企业纳税贡献奖，风钻机工黄增伍荣获江钨集团"劳动模范"光荣称号。

江西荡坪钨业有限公司为国有企业，隶属于江西钨业控股集团有限公司。公司下辖宝山、樟东坑、半边山三个采选车间，拥有3个黑钨矿区和1个铅锌矿区，公司机关内设综合办公室、生产技术部、企划部、财务部、人力资源部、监察审计部、供销部、保卫部、安全环保部。2016年末，职工总数为894人。

【管理工作】 做好减员增效。定员从紧安排，精减人员着力点放在二、三线，对某些工作量不饱和的二三线岗位能并则并、能兼则兼，逐步劝退退休返聘人员，对部分合同到期人员不再续签合同，全年共减员73人。减少加班加点。改变作业时间偏长的疲劳战术，减少了加班加点，尤其是生产一线员工星期天不加班，保证了职工合理的休息时间。减少采掘总量。采取优化生产布局，理性控制采掘作业总量的做法，樟东坑矿区上年9月停止了采掘作业，加强存窿出矿及账外矿回收。公司全年掘进量比年初计划减少400米，采矿量减少13000吨，减少了生产投入，既完成了产品任务，又降低了成本消耗。减少产品库存。把稳健营销放在第一位，密切关注市场动态，把握产品销售时机，加大产品销售力度，产品库存下降了40%，争取了产品销售效益最大化，及时回笼资金1342.63万元。积极争取地方政府政策支持，努力为企业减负。结合江西省"降低企业成本、优化发展环境专项行动"，加强与地方政府沟通，落实有关减负政策，2016年为企业减负111万元。

【生产工作】 加强劳动组织管理。即在减员、减少作业时间的同时，统筹兼顾，合理安排好劳动力，加强劳动组织管理，强化劳动纪律，紧抓作业时间，开足马力满负荷生产。加强多层次劳动竞赛。全年公司分别开展了"开门红""进取杯""成效杯""满堂红"竞赛，每季还开展"五好班组""生产标兵"赛。除此之外，各车间还开展了形式多样的采、掘、出、提升运输效率竞赛，激发职工"跳起来摘桃子"，掀起了竞赛高潮。樟东坑车间黄甲生采矿台班全年完成任务在135%以上，杨品文切割台班全年完成任务在132%以上。半边山车间陈署翔采矿台班、黄增武采矿台班全年完成任务在130%以上，台班之间形成了"比、学、赶、超"的良好局面，车间提前17天完成全年生产任务。加大出矿力度。面对荡坪、宝山矿区存窿矿紧张，樟东坑矿区出矿品位低，出矿难度大的困难，为保证产品任务完成，各车间加大了出矿力度。宝山矿区积极想办法在-15以上中段寻找资源，保证了上部残矿的安全顺利回采。-15中段以上全年共出矿18799吨，583表外出矿5604吨，弥补了深部出矿不足，延长了选厂开车时间。荡坪矿区重点加强了16N两班提升线管理，每班提升量达到140车，比上年增加10车，同时对535提升线在早班储矿仓满的情况下，抽调人员进行存窿放矿或手上矿，保证了选厂正常开车。加强干部跟班劳动。半边山车间领导、工区段长强化了跟踪管理，积极为班组完成任务创造条件，干部经常参加突击劳动，人数达450人次；宝山车间充分挖掘后勤和机关职能人员潜能，每周领导带队参加各种劳动，累计达452人次，有效缓解了一线劳力紧张的局面。全年，公司采矿台效达81.95吨/台班，同比上年增加10.73%；掘进台效达2.61米/台班，同比上年增加10.59%；全员价值劳动生产率比上年同期提高6.42%。

【降低成本】 抓住“两头”，提高经济技术指标。抓住源头，即从源头上优化采矿设计，控制采幅，做好降贫降损，提高回采率，提高出矿品位，全年采矿损失率同比上年降低0.2个百分点，比计划降低6.2个百分点；采矿贫化率同比上年降低6.8个百分点，比计划降低13.3个百分点。抓住“尾巴”，通过控制选厂尾矿品位，优化选矿工艺，强化选矿工艺纪律的执行，提高废石选出率和选矿回收率，并根据矿石性质适时调整废石选出率指标，全年废石选出率达41.9%，比计划提高了1.7个百分点；钨选矿回收率达78.44%，比集团公司计划提高了0.32个百分点。

降低物耗成本。坚持“抓大不放小”。严格控制轨管线等大额材料的领用，钢轨调拨量在内部经济责任制新生掘进量中下拨40%，剩余钢轨量由车间拆旧道补充。积极开展修旧利废，强化废旧物资多次回收利用，宝山车间修复头尾轮、电动机等共计节约46万多元，半边山车间修旧利废节约45万元。进一步清仓利库、降低物资库存。严控物资采购，对物资库存做到应用尽用，物尽其用，对长期不用、过时废旧物资尽力消化变现，减少资金占用。通过努力，全年材料配件成本共节约140万元。降低电耗成本。强化节水节电，通过加强避高峰用电，合理调度大功率机械设备的开动，充分利用自然水组织生产，主动将崇义方向用电量减少了500千伏安，提高功率因数，积极推广使用LED灯等措施，提高用电效率，有效降低了电耗。全年用电节约120多万元。其中，樟东坑车间全年节约电费52万元，宝山车间全年节约电费32.75万元。

【安全工作】 强化现场管理，落实隐患排查治理。公司抓好专项检查、季节性检查和突击检查，排查安全隐患，把可能导致事故的隐患列在可防可控范围之内，超前做好防范应对。每月两次做好与政府部门信息管理平台的自报工作，实现隐患排查的登记、评估、报告、监控、治理的闭环管理。车间抓好每周一次的安全检查，井下做好每班作业前的安全确认，选厂做好每班大型设备、重要岗位的安全确认，落实了班组自查自检。从源头上消除安全隐患，控制安全风险，把好现场管理第一道关口。落实安全风险分级管控，超前做好危险源防范工作。各车间把可能导致的后果限制在可防可控范围之内，对可能引发较大事故或灾害等危险源向员工和周边群众公告，超前做好防范应对。持之以恒抓好安全教育培训工作，提高安全意识和操作技能。落实常规安全教育培训，对新入人员做好“三级”安全教育，对在岗员工、特种作业人员、专职安全管理人员进行了再教育培训；组织开展了专业培训工作，邀请专家到矿区进行授课或组织人员到外地进行专业培训，岗位操作技能得到了提高。

抓好通风系统管理，落实重点工程项目实施。进一步完善了宝山竖井通风系统，增加了通风天井，清理回风巷道并进行了密闭，同时对井筒、中段风量及总风量进行了测定调整，通过一系列的整治，深部作业温度偏高的问题得到了进一步缓解。对半边山、九西通风系统落实了系统维护。加强值班值守，严格应急管理。加强了特殊时期的值班值守工作，主要领导坚守岗位，坐镇指挥，及时组织险情和事故抢险救援。各基层单位根据公司的要求，组织开展了尾矿库溃坝事故、中毒窒息事故、淹井事故、防扬尘事故和火灾事故等8次应急救援演练，对应急演练过程进行了评估总结。

【卫生环保】 抓好职业卫生管理，控制职业病发生。主要做好职业健康体检、职业卫生建档、职业病危害控制效果评价工作，年内安排涉尘人员到西华山医院进行职业健康体检，已完成职业卫生主要6个档案的建档工作，委托有资质的机构对4个矿区进行职业病危害控制效果评价，现已通过上级安监部门组织的专家评审。

抓好环保设施建设和基础管理，确保达标排放。半边山尾矿库和樟东坑尾矿库隐患综合治理工程已通过上级安监部门组织的验收；4个矿区技改工程和3个尾矿库隐患综合治理项目进行了环评验收，其中宝山矿区及尾矿库现已得到上级环保部门的批复。

【审计监督】 强化审计效能检查监督。进一步完善了公司基建管理、公务用车、办公用品采购等管理制度；完成零星项目（预）结算审计73项，矿区安全避险“六大系统”结算审计1项，避免损失68万余元；完成樟东坑、半边山重金属治理项目及尾矿库隐患治理项目结算审计，避免损失156万余元；对樟东坑棚改房建设公开招投标进行了全程监督；对零星工程项目实行了比价发包；对井巷外包工程项目进行了持续跟踪；对废旧物资、副产品销售实行集中定价监督；完成“三重一大”事项决策管理等4项效能监察，加强了风险管控，防止了经营风险发生。

【两学一做】 深入开展“两学一做”学习教育。按照活动要求，集中开展了学党章党规、学习近平总书记系列讲话，公司领导以普通党员身份参加了所在支部学习；邀请赣州市委党校教授为中层以上党员干部进行专题辅导，组织公司宣讲成员到各单位进行专题宣讲；围绕学习专题进行了四个阶段专题讨论；党总支、机关党支部为党员上了党课；召开了党委、党总支民主生活会；对党员进行了民主评议；对存在的问题进行了整改，处理了几位不合格党员，党员补缴党费共计101980.3元。

【综治维稳】 强化综治维稳。认真开展了法制宣传教育，严格落实综治工作责任制，加强了不稳定因素排查和民事纠纷调解，及时化解了矛盾。与地方有关部门、矿区管委会、公安派出所、居民委员会开展了联手共建，发挥群防群治作用，加强治安防范，强化了护厂护矿落实，扩大了人防、物防、技防覆盖面，矿区呈现出和谐稳定新气象。

积极开展矿容矿貌整治活动。制定了矿容矿貌整治工作的具体方案，广泛宣传发动，积极开展矿容矿貌整治，按照先易后难，先简单后复杂、先重点后一般的工作顺序，排好整治工期，分类整治。着力开展清垃圾、清淤泥、清路障、清违章搭棚、清乱贴乱涂乱画等活动，使矿区环境变得干净整洁，矿容矿貌整治取得了一定成效。

【关心职工】 坚持以人为本，努力为职工解决实际问题。提高了职工收入，2016年职工人均收入达到42333元，比上年增加了4317元；陈署翔全年工资收入71130元，半边山年收入6万元以上职工有十多人；关心特困职工，积极开展了送温暖活动和金秋助学活动，全年支出慰问金、帮扶金85082元，支出助学金1.1万元；进一步提高了职工班中餐质量；保障了职工正常的福利发放；对生产厂房和职工宿舍漏雨的屋面进行了翻修改造；全面推进了各矿区垃圾的集中处理，改善了矿区卫生环境；实施了矿区路灯亮化工程，对部分矿区道路进行了清理和修复；更新了各单位职工澡堂热水器；节假日、平时节俭性开展了篮球赛等趣味性、健康向上的小型多样文体活动，丰富了职工的业余文化生活。

【领导名单】

党委书记、纪委书记	陈名瑞
总经理	朱志刚
副总经理	贺礼泰
	黄　武

江西漂塘钨业有限公司

【概况】 2016年，江西漂塘钨业有限公司以提质增效为工作重心，深入开展精益生产持续改善活动，克服了市场持续低迷等困难，咬定目标，开拓进取，保持了企业整体运营持续稳定。全年生产钨精矿为计划的108.3%，产量创历史新高；实现销售收入9959万元（不含税）；上缴税金2105 万元。实现了年度控亏目标。

辖有漂塘钨锡矿（漂塘矿区）、大龙山钨矿（大龙山矿区、木梓园矿区、大龙山选厂）、大江选厂、医院四个二级单位，设有生产技术部、健康安环部、财务部、保卫部、人力资源部（党委组织部）、供销部、企业策划部、监察审计部（风险管理部）、物业管理部、总经理办公室（党委办公室）等10个机关部室，2016年末从业人员1200人。公司保有储量服务年限49年。

2016年，公司获得江西钨业控股集团有限公司劳动竞赛先进单位（一等奖）、安全生产先进单位、社会治安综合治理先进单位；公司党委被江钨集团党委授予“先进基层党组织”称号。风钻机工刘相道被江西省总工会授予“江西省五一劳动奖章”。总经理吴吉洋被赣州市工信委、赣州市企业联合会和赣州市企业家协会联合授予“赣州市优秀总经理”称号。

【工作与成效】 精心组织，统筹安排，劳动竞赛成效显著。按照提质增效创新发展劳动竞赛要求，精心编制排产计划、竞赛方案并跟踪落实情况，积极开展各项小型劳动竞赛，克服了政策性停产及“8·27”洪灾带来的困难，提高了劳动效率，完成了竞赛目标。特别是江钨集团下达增产计划后，公司积极应对，科学安排，满负荷组织生产，全体员工不畏艰难，奋力拼搏，圆满完成了调整任务，实现了增产目标。

狠抓管理，不断提升，提质增效充满活力。围绕提质增效工作总体目标，狠抓对标管理、精益生产、减员增效、营销管理的落实，取得了良好效益。钨精矿完全成本下降12%。

深入开展了精益生产持续改善活动。继井下和选矿厂相继实现“三班改二班”后，2016年开展了“井下提高出矿品位”、“选矿厂提高选矿回收率”的持续改善活动，与2015年相比，木梓园矿区出矿品位提高了3个百分点，漂塘矿区出矿品位提高了13.5个百分点，大江选厂钨回收率提高1.59个百分点，大龙山选厂钨回收率提高0.69 个百分点，取得了较好效果；开展了“降贫降损”和“工程质量管理”活动。全年少采废石15600吨，巷道合格率达98.3%，中孔合格率达99.5%，可免贫化率比计划下降了4.7个百分点；加强了设备管理和能源管理。全年主要设备完好率95%，综合设备完好率超90%，全年钨精矿综合能耗为0.95吨 标煤/吨，达到考核要求；认真开展了对标管理活动，达到优秀企业标准。

攻克难关，破解难题，技术创新取得突破。解决了矿车结底难清理的历史难题。引进高压风清理矿车结底的技术，彻底解决了物体撞击打结底效率低、劳动强度大、矿车易损毁等历史难题，提高了工作效率，减轻了劳动强度，避免了矿车损坏。矿车装满系数提高了15%。突破了大龙山尾矿库废水悬浮物超标瓶颈。组织大龙山尾矿库废水治理攻关取得良好效果，使废水稳定达标排放，突破了企业环保的一个瓶颈。

努力攻克选矿实收率难关。对大江选厂细泥摇床工艺进行离心机工艺改造，改造后钨锡实收率均达70%左右，比改造前提高了15%左右；组织了大龙山选厂跳汰回收率技术攻关，跳汰回收率提高了4个百分点。开展了漂塘矿区单脉难采矿体采矿方法试验研究和钻井法施工天井新设备应用研究项目。

严防死守，落实责任，安全形势趋稳向好。2016年，公司各级组织全力以赴确保安全生产，全年未发生重伤以上事故和工亡事故，安全生产形势趋稳向好。

强化了安全教育培训工作。细化培训单元，创新培训形式，全员技术大比武注重比试员工的安全操作技能。全年三级安全教育培训24人，安全教育再培训355次，培训人员18821人次，转岗教育45次，培训人员457次，一线员工培训率达100%。6月份举办了一次公司安全管理人员及事故案例研讨培训班。

强化了隐患排查治理。组织安全检查42次，对排查出的隐患严格执行隐患登记、销号闭环管理，及时跟踪隐患整改落实情况。全年隐患整改率达到100%。

强化了现场安全管理和通风管理。坚持执行领导下井带班制度和现场安全确认制度。加强了系统通风管理，确保主扇的正常运转。加强了局部通风管理，重点抓好了采场、天井、深边部和独头作业面的局部通风，防范了中毒窒息事故发生。

加强了防洪度汛和应急管理。加强了汛期巡检，落实了应急储备，先后进行了井下淹井事故应急预案演练、尾矿库溃坝应急救援演练、井下中毒窒息专项应急演练以及火灾扑救演练。加强了井下“六大系统”和尾矿库在线监测系统维护管理，充分发挥其安全保障作用。

加强了环境保护和节能减排工作，确保稳定达标排放；做好了职业健康工作。坚持开展员工岗前、在岗、离岗健康体检，开展作业现场职业卫生整治活动，建立了职业卫生档案。

示范基地建设和重点工程项目建设进展顺利。2011年10月，江西钨业集团有限公司申报的江西赣南钨资源综合利用示范基地被国土资源部和财政部正式批复和授牌，成为国家首批40个矿产资源综合利用示范基地之一。江西漂塘钨业有限公司承担了九个重点项目中《漂塘矿区东部低品位资源回收项目》《漂塘大江选厂钨细泥及多金属综合回收项目》两个项目建设。公司高度重视，精心组织，历经6年的建设，两大项目主体工程均已完工。

重点工程进展顺利。其中落木坑、木梓园两个尾矿库隐患综合治理工程分别于9月24日、11月9日通过省安监局验收。木梓园盲竖井改造工程设备安装进入尾声。

党群工作充满活力，各项工作有序推进。公司党委认真开展了“两学一做”学习教育活动，加强了组织领导，突出四个专题，抓好学习讨论，认真落实党课教育，坚持学习教育与解决实际问题相结合，开展了“一对一”结对帮带活动和党员先锋岗活动，党员先锋岗创建对象所在班组考核合格，平均完成任务120.5%，实现了无违章、无事故、无超支目标。继续开展了党员干部“做好事、办实事”活动。全年组织党员、干部义务劳动近千人次，办实事、好事9件，解决了与员工群众息息相关的行路难、停车难、饮水难和环境差等问题，进一步密切了党群、干群关系。

继续完善帮扶解困长效机制，健全完善困难职工档案，积极开展了送温暖和金秋助学活动。举办了健康向上的文体活动，开展了男子篮球联赛，国庆期间举办了一台以“唱响爱国最强音”为主题的歌咏晚会，元旦前夕举行了“迎新年千人万米健步行”活动。

开展了矿区环境整治活动。采取“集中整治”和“长期巩固”措施，对矿区环境进行全面整治，重点整治了矿区内主要公路、家属区垃圾处理、工业厂房周边水沟、杂草及矿区中心公园花圃树木，拆除了过时广告牌和违章建筑，矿区环境焕然一新；积极推进了棚户区改造工作。棚户区改造工程于10月5日正式开工建设。

【领导名单】

总经理、党委书记　李泽萍（4月免）

聂荣锋（4月任）

副总经理　曹文武

雷荣华

副总经理、纪委书记、工会主席

张子文

江西下垄钨业有限公司

【概况】 2016年，公司以非常的措施“保任务、控亏损、增效益、促和谐”，实现健康平稳发展，并成功成为“做强做优”江西钨业板块重组骨干矿山。有3个生产单位（左拔坑口、樟斗坑口、选矿厂，大平坑口待复产）、10个机关科室（安环部、生技部、财务部、企划部、保卫部、人力资源部、总工办、总经办、供销部、纪监审室），约千名从业人员，近百名各类各层次专业技术人员。

【建设增效】 樟斗矿区2012年入选国家级绿色矿山试点单位，5年来恢复已关停的樟斗矿区140中段以上生产系统，回收低品位矿石32.66万吨，固体废弃物综合利用率89.3%优于国家级绿色矿山建设规目标12.4百分点，增产钨精矿947吨，盘活钨资源金属量4284吨，预期新增工业产值47920万元，使矿山服务年限延长10年，国家级绿色矿山以总评94分通过省专家组评估，名列全省第一。示范基地进入收获期，公司承建的赣南钨矿资源综合利用示范基地建设《樟斗低品位资源回收项目》和《樟斗选厂钨细泥及多金属综合回收项目》历时5年，至2016年4月全面完成建设任务。钨矿开采和综合利用规模达28万吨/年，比计划提高7万吨，累计盘活钨资源储量4284吨，盘活伴生金属储量877吨，开采回采率达94.2%，累计提高3.2个百分点，比全国平均水平提高4.8个百分点；钼回收率由8.66%提高到60.19%，铋回收率由18.59%提高到46.43%，钨综合回收率高于85.13%目标值0.63%，跃居国内同类矿山中领先水平。找矿项目再见成效，新增金属量1358吨，确保储量有增无减。

【优化增效】 以企业内部管理近5年最好水平为参照，选取38项最具先进性、可操作性和示范性的指标为标杆值，组织学标、追标、创标。实施优质剔废，回采优质优价管理，加强现场安全质量跟踪监督，层层圈定采幅，及时处理挂脉现象，单双脉综合采幅为1.24米，贫化率为75.8%，全年井下剔废5154吨。精心组织“提质增效”主体指标劳动竞赛，配套实施井下运输班组达标赛、巾帼手选赛、选矿机台标杆赛、优质服务流动红旗赛、自主赛等8个大项赛和常态化赛中赛，台班效率、出矿效率、采幅控制、采矿贫化率、产品产量均超历史。

【党建增效】 高标准建队伍，遵循“坚持标准，保证质量，改善结构，慎重发展”原则，严格按程序发展党员，修改完善了党费收缴、使用管理办法，对2008年4月至2016年内的党费收缴情况进行专项检查。开展“四风”警示教育，用先进典型引领示范，用反面典型提醒警示，筑牢拒腐防变防线。打造党建网络平台，凭借公司局域网实时传播党建学习动态和热点，13个支部建立了微信学习群，实时关注上级“两学一做”动态，构建起“指尖上的支部”“微党课”“微展播”“微讨论”“微心愿”等“微活动”广泛。企地综治联防，针对当前通讯网络诈骗增多现象，联合公安干警在各矿区进行防诈骗知识培训，同时主动靠前，抓小抓早，企业外部环境得到更大改善，矿区生产、生活秩序良好，无邪教非法活动、无越级上访事件，未发生刑事、治安案件和火灾、交通等事故，企地和谐。

【降本提效】 节能降耗，严格执行避高峰用电措施，控制大功率设备开动时间，降低峰谷比；引进精矿干燥技术，充分利用阳光晒矿，连续多月创下月节约产品干燥用电2.6千瓦时的纪录；物耗、电耗在上年的基础上下降5%，主要产品综合能耗比上年下降2%。收旧利废，井下年内不进铁轨、机车线、塑料管等大宗材料，生产坑口生地探钢轨定额同比下降50%，生产单位备品、备件回收率达85%以上，井下钎头、炸药纸箱回收率达80%以上。减员降本，自然减员不补，兼岗并岗消化，二三线人员比例控制在从业人员总数的17.9%以内。考核控费，从完善内部考核机制入手，下硬指标考核，可控管理费用比预算下降11.4%。争取惠企政策增效，全年降低成本费用103.4万元，其中税收政策优惠37.5万元、涉企收费29.9万元、社会保险费36万元。

【安全促效】 开展一系列安全文化活动，通过制作本土教育系列片、安康杯、安全月活动、安全演练、岗位练兵、技术比武、职工默写细则、班组安全隐患及应对措施交流等，全年安全教育培训7746人次、安全演练6项。加强作业前和作业过程中的安全管理，强化隐患责任追溯，严格现场安全确认，落实领导干部下井带班和公司机关安全督查制度，始终保持查处安全违章行为常态化高压态势，持续实现安全生产。整治作业环境和矿容矿貌，在改进生产作业现场条件的同时，结合食堂食品卫生和矿容矿貌整治要求，对排查出的75个整治项目按照《整治工作责任分工与时间安排表》落实闭环管理，以较小的投入取得较好的成效，矿区面貌改观，职工食堂亮出“文化牌”。

【科技拓效】 大力引进安全保护设施，推进“自动化减人，机械化换人”措施，成功运用液压掘进钻机及中高压液压系统凿岩技术，凿岩速度和工程质量提高；引进直径2米的天井钻机，可有效避免冒顶片帮、高处坠落、炮烟中毒等事故发生，施工安全、高效；新上电选机、立环脉动高梯度磁选机、高效斜板浓缩机、离心选矿机、微波烘干设备、BF浮选机等选矿设备与工艺，促进了选矿实收率提高；与科技公司共同研发了拥有自主知识产权、获得国家实用新型6项专利授权的我国第一台图像智能选矿机，脉石分选合格率达98.6%，废石分选合格率达98.1%，小时处理能力提高10%，年节约生产成本150余万元，繁重的手选将成为历史。自主开展《左拔南组难采矿体开采研究》《樟斗矿区通风系统技术改造》《数字成图推广应用》等技术难题攻关，《钨细泥尾矿综合回收工艺研究与应用一选厂钨细泥及综合回收工艺试验研究》和《多金属硫化矿无氰分选工艺研究》项目，6月1日，通过集团公司专家组验收。

【领导名单】

党委书记	王际桥
总经理	王英宾
副总经理	张天瑞
	刘孟飞

乡镇

新城镇

【概况】新城镇位于大余县东北部，全镇拥有国土面积159平方公里，其中耕地4万余亩，山林16.1万亩，辖有23个行政村、一个居委会、一个林场，共有1.6万户，232个村民小组，268个自然村，总人口6.9万人，其中少数民族户口1649人，主要为畲族，少数民族小组9个。全镇党员1462名。主要资源有林木、水利、硅、钨、钼等，农业产业以无公害蔬菜、甜玉米、橙柚、白鸭、薄皮西瓜等为主。镇机关内设党政办、计生办、村建所、国土所、财政所、民政所、劳保所、农医所、综治中心共9个专职办公室，设立农业服务中心、综合文化站、人口与计划生育服务中心、民政和社会保障服务中心共4个事业机构。现共有行政编制数55个，事业编制数50个。在职镇机关干部80名，村干部125名。

2016年，新城镇紧紧围绕“六大攻坚战”工作，扎实推进，成果丰硕，分别获得县委、县政府党建工作第一名、综治维稳创建工作第一名、人口和计划生育工作第一名、精准扶贫工作第一名、土地及房屋征收工作第三名、城乡环境综合整治工作先进单位，综合绩效考评良好单位。

【征地拆迁】在2016年中，针对新城工业小区、塘背上大桥、防洪堤等重点项目征拆工作，全镇抽调各部门精干力量，组成多个工作小组，每天一调度，每周一通报，责任分组到户、落实到人，圆满完成了工作任务，有利推进了项目的建设工作。在征拆工作中，全镇把安置点建设作为节点问题来抓。通过制定科学合理的安置方案，按照统一规划、统一放线、统一标高、统一建基础的模式，对恒丰路涉及的70余户拆迁户进行统一安置，解决了他们的后顾之忧。

【乡村旅游】周屋素有“理学名宗”之称，村民以“理学鼻祖”周敦颐的后人为荣，至今完整地保留了清代的建筑风格和鲜明的宗祠建筑特色。在2015年工作的基础上，聘请宁波江北智典江山旅游景观设计有限公司高起点规划，依照AAAA级景区标准对景区进行提档升级，主要提升的是溪道景观、池塘景观、入口片区景观、村落核心区景观，同时对房屋、田园地块、旅游服务设施等方面进行进一步提升。二期规划总投资1000万元，重点加强了水生态文化景观、莲文化景观带以及千亩蔬菜基地观光农业休闲体验。打造环绕周屋村的水塘溪道，将周屋分散的景点连接起来，将莲文化与水系生态文化相结合，还原了乡村风貌。

【精准脱贫】按照中央和省市县精准扶贫、精准脱贫工作部署，新城镇紧紧围绕打好精准脱贫攻坚战，坚持“户为主体、政府引导、政策优惠、干部帮扶、社会支持、二年脱贫、三年巩固”的工作总思路，紧盯目标不放松，坚定不移扎实推进扶贫攻坚，取得了一定成效。2016年，脱贫570户1790人、省级贫困村分水坳村实现整村脱贫。

新城镇结合基础产业优势，鼓励贫困户加快农村产业发展，以蔬菜、甜玉米、西瓜、葡萄、脐橙、油茶、生猪、牛、渔业、肉兔、家禽（鸡鸭）为主的家庭农业发展迅速，为全镇763户贫困户申请了产业补助资金144.1198万元；在大力发展家庭产业的同时，积极打造产业基地，全镇共建成蔬菜、草业、光伏业、蜂业、鸭业、果业、乡村旅游等产业基地23个，有规模的基地有8个，蔬菜1个、草业1个、光伏业1个、蜂业1个、鸭业1个、果业2个、乡村旅游1个；进一步用好用活扶贫产业信贷，共有575户贫困，1家企业、14个家庭农场、专业合作社、产业大户申请了产业扶贫贷款3542.4万元，用于发展种养产业或者资金入股分红。

大力实施就业扶贫，组建23个扶贫就业车间，实现282名贫困户的就近就业，人均收入达1500元以上；扩大村组保洁员等公益性岗位，安排了64名贫困户实现就业，平均年收入可达7200元；加强技能培训，全年共安排125次技能培训，培训876人次。对31户仍住在危旧土坯房中的贫困户进行了危房改造，特别是针对贫困户中无力改造的危房户和无房户等8户贫困户进行了保障性住房安置，推动安居扶贫。全年完成39个交通、水利等基础设施建设项目，274 名贫困学生享受助学补助32.45万元，98户因病致贫的贫困户享受了医疗理赔。

【现代农业】 引进200/公顷蔬菜基地建设项目。基地位于新城镇东南部，创建于2016年4月，是县2016年现代农业攻坚战重点建设工程。该项目规划总面积200/公顷，共计需投入资金3.5亿元。分蔬菜集约化育苗中心、蔬菜新品种引进试验展示中心、无公害蔬菜标准化生产示范基地、休闲观光体验区、综合服务区等五大功能区，建设内容包括0.67/公顷高标准温控育苗大棚，6.67/公顷连体钢结构塑料大棚，700亩简易单体大棚，133.34/公顷露天无公害蔬菜种植基地，2.67/公顷综合服务区，10/公顷果蔬观光基地和全部配套喷滴灌等现代农业设施建设。该项目由大余鹭溪农业发展有限公司负责组织实施，通过"龙头企业+合作社+农户"的方式打造高产高效蔬菜种植示范基地、休闲农业观光基地、特色精准扶贫基地。基地全部实行绿色种植技术，可输出西红柿、黄瓜、白菜、萝卜、辣椒、茄子等新鲜蔬菜20余种品种，产品主要供应赣州市场，保障赣州蔬菜供应，每年输出产量达1.2万吨，经济收入近5000余万元。

【基础设施】 2016年完成了塘背上大桥主体建设，桥长105米，桥宽8.5米。投资500万元选址于镇敬老院南侧靠防洪堤，新建成处理能力500吨/天，远期规模3500吨/天污水处理厂一座。完成城背路片区路网道路建设，总投资1758万元，道路长1632.594米，道路用地面积约39940.75平方米。新建余商返乡创业园，园区位于新城工业小区，总占地200亩，建设内容包括标准厂房、研发楼、综合办公楼，建筑总面积约17万平方米，总投3.3亿元，其中2016年投资2亿元。新建巷口村至观路村防洪堤3.3公里，征地面积79亩，征地拆迁补助款230余万元。

【社会事业】 完成城乡居民养老保险费用收缴71.5万元，参保人数达到6812人；完成城乡居民养老保险60周岁以上生存认定人数2160人；完成老农保退保或并入城乡居民养老保险本金20.7万元，涉及人数614人；完成2015年城镇居民医疗保险参保人数386人；完成招工就业人数486人。全镇新农村合作医疗参合人数达17215人，参合比例99.35%，总参合费用2065800元。全镇享受农村低保1111户2838人、农村分散五保106户124人、城市低保121户209人、农村散居孤儿29人；享受大病救助253人，重点优抚对象238人，享受高龄老人补贴1052人。

【特色农产品】 结合本地特点，大力发展特色产业，重点打造东片的白鸭、马厄拉草产业，南片的甜玉米、蔬菜、脐橙产业，西片的油茶、西瓜、葡萄和生猪产业，北片的甘蔗（红糖）产业等。

重点打造发展有机生态蔬菜产业，主要项目是横跨南丰、周屋、桥西的三千亩蔬菜基地，已基本完成建设。种植各类时令蔬菜，满足赣南及周边市县需求，同时结合乡村旅游，打造特色观光蔬菜基地。

【领导名单】

党委书记、人大主席
李星发（7月任）
周春光（6月免）
党委副书记、镇长　连邦富
第一书记　周春光（10月任）
党委副书记　张熙大（6月免）
邹景燕（2月任）
主任科员　张熙大（2月任）
宣传统战委员　杨伟兴（6月免）
纪委书记　王　飞（6月免）
杨伟兴（7月任）
武装部长　张智维（2月免）
陈福平（2月任）
副镇长　董振华（7月免）
严超军（6月免）
邱春兰（女，7月任）
李朝芳（7月任）
组织委员　严超军（7月任）
人大副主席　朱　薇（7月任）

樟斗镇

【概况】 樟斗镇位于大余县东北部，距县城48公里，东接新城镇、南康市，南临池江、青龙两镇，西靠左拔镇，北连崇义县，面积89.23平方公里。其中耕地面积307.94/公顷，人均0.04/公顷；山林面积13.38万亩，人均1.04/公顷。全镇现辖双伏、樟斗、下横、横江、蕉坑、下垄等6个行政村，村干部26人。全镇共62个村民小组，3918户，约13000人（其中农业人口约9600人，非农业人口约3400人）。现有11个党支部，镇机关、老干部、樟斗中学、樟斗小学、镇直单位和6个村党支部，共有党员276人。樟斗镇机关内设党政办、计生办、村建办、纪检办、扶贫办、环卫办共6个专职办公室，设立农业服务中心、综合文化站、人口与计划生育服务中心、民政和社会保障服务中心共4个事业机构。现共有行政编制数22个，事业编制数22个，其中在编在岗公务员18人，在编在岗事业编13人。

【精准脱贫】 核清底数，重点调度。2016年，分别迎来了省、市、县多批次、多轮的检查、暗访，通过不断的自查、整改和落实，2016年精准脱贫工作进入了最后攻坚阶段。频繁调度。结合县精准脱贫工作安排，精准脱贫工作每周一调度，要求户户过关、户户汇报，软件资料由镇精准办进行全面督察、指导。核准2016年脱贫名单。结合上户情况，要求帮扶干部自己将全年100%脱贫的名单如实上报精准办，并由精准办进行上户核实，确保2016年底如期脱贫。再次按照七步法进行核查名单。按照七步法再次对全镇精准扶贫户进行一次清理核查，动态管理精准扶贫户。并按照上级要求上户完成好精准扶贫户信息采集表的填写，按时录入国办、省办、市办系统。完成精准脱贫规定动作。上户做好精准扶贫优惠政策宣传，鼓励精准扶贫户发展产业享受产业补助、进行免息产业信贷通、及时上报大病医疗商业保险等。上户发放填写好农户《一本通》和干部《一本通》。

产业全覆盖，实现造血性扶贫。进行密集的上户调查、产业帮扶、思想扶贫，帮扶干部针对帮扶对象自身各类情况综合考虑面对面拟定有特色、有想法的脱贫计划和点子，让精准扶贫户自身主动发展产业，而不是被动参与产业基地。摸清精准扶贫户的不动产。上户要求拿出土地确权证、林权证、一卡通等资产证明，全面核实不动产，在宣传优惠产业发展政策的基础上，积极帮助农户实现不动产增值、补助及信贷通。集中与分散相结合实现产业全覆盖。山上种树、田里种菜；杂山种杉树、矮山种毛竹、油茶山改造。针对山区乡镇田少山多的实际情况，鼓励与林业部门合作进行高产油茶林改造产业项目，除2015年完成的40/公顷高产油茶林改造项目，截至2016年又新增了33.34/公顷。分别建立了横江燕子科油茶基地，蕉坑村千家地毛竹基地等。没有不动产的精准扶贫户已经实现了与水龙集团、新城鹭溪农场、下横村茶树菇基地捆绑分红。通过发展产业，年内发放产业补助资金30余万元。就业扶贫跟踪关怀。结合本地厂矿企业优势和外出务工信息平台，新建扶贫车间10个，介绍扶贫户及其子女前往就业。截至目前，本地就业吸收并已经脱贫的扶贫户有58户，外地就业达到35户。扶贫车间吸收精准扶贫户53户121人。

打造产业扶贫基地，以点带面实现共赢。2016年，镇强力打造推行“龙头企业+现代农业+精准脱贫”相结合的模式，发展新的产业链和新业态。结合樟斗资源优势，积极探索跨地域集中贫困户建设茶树菇产业脱贫示范基地，把贫困户与龙头企业发展的现代农业联接起来，积极探索新路子，创新工作机制。通过优选运营机制。镇党委、政府牵头已经在2016年8月初引进山东客商王洪勇在下横村投资1310万元创办大余庾岭生态农业开发有限公司。该基地集中流转土地、林地6.67/公顷，抓住国家现代农业产业发展机遇，由大余庾岭生态农业开发有限公司提供技术、管理及市场销售服务，建设赣南首家占地4000余平方米的茶树菇菌种培育基地、4.47/公顷的茶树菇产业示范园。科学分红机制。公司对入股贫困户采取三供一包（供技术、供资金、供菌种，包销售）的帮扶模式，在公司的统一管理和营运下，保证回收价格，确保贫困户的入股分红增收。考核激励机制。鼓励有劳动力的贫困户积极到基地务工，实行划片分组管理，年终对贫困户遵守社会公德、家庭美德、服从管理、生产生活态度等情况进行综合评价，并结合各组生产收益情况实行严格奖惩。利益保障机制。建立多元化风险防范机制，引入龙头企业签订入股协议，担保贷款，筹措扶贫贷款和补偿金，签订贫困户“零风险”产业增收协议，实行贫困户动态管理，对收入已达到脱贫标准，能够持续发展的一律退出，对特别贫困或丧失劳动能力的贫困户给予最低生活保障，对因病、因灾、因学等原因致贫、返贫的重新纳入管理，建立贫困户利益保障长效机制。稳定增收机制。对土地流转的农户按期致富租金（含前期一次性青苗和其他设施补偿），安排租地农户到基地务工，带动全镇茶树菇产业转型升级和提质增效。通过强弱结合。合作互补，实现共建共享、多方共赢，让更多的贫困户早日走上脱贫致富之路。

科学谋划省级贫困村整村退出。挂点县领导召开现场调度会督促省级贫困村退出工作，党委政府高度重视。抓好了贫困户退出。进行了一轮精细的贫困户收入估算，特别对2016年退出的省级贫困村横江村，多次上户核实。加快了基础设施建设进度。要求省级贫困村全部已完成招投标手续的项目必须在11月底全部完工。全镇共投入200余万元进行基础设施建设，还特别增加了横江村基础设施建设投入，以达到退出基本目标。参照退出指标进行全面核查。针对横江村的贫困发生率、安全饮水、通组道路、入户道、水渠灌溉等重要指标进行自查和核查。

【基础建设】 垃圾处理走上正轨。强化领导，积极推动，形成齐抓共管新局面。镇一级组建工作领导小组，村一级相应成立理事会，健全领导机构。强化了保洁队伍建设，镇共配置了31名保洁员，划分责任区域，并对负责区域进行包干。并与大余环境美公司签订了协议，由公司管理乡村垃圾。加大宣传，广泛动员，营造人人参与新氛围。采取了“五个一”措施。即开辟了一批宣传栏、印发了一系列宣传资料、发放一批垃圾桶、组建一支环境卫生监督队、组织一次环境卫生大清扫活动，努力营造大家动手，人人参与的良好氛围。加强管理，相互监督，建立层层监督新机制。采取多项措施，明确保洁员工作职责和责任范围，进一步强化监督机制。明确保洁员的四周界址，做到整村全覆盖。严格奖惩，建立一月三查制度。成立督查小组，制定《樟斗镇保洁员工作考核评分表》。定期对辖区内的环保工人进行打分，将每位保洁员的得分情况进行通报。

设施不断完善。突出抓好水利设施建设。年内投资180万元，修缮水渠9.8公里，重点突出了基础设施薄弱和省级贫困村。继续加大道路硬化工程。樟左公路塌方清理于11月初完成，樟左公路樟斗段已经完工进入验收阶段。新城至白枧坳省道升级改造项目于11月底动工，年内将完成1公里以上的征地和修建。村道硬化投资330余万元，新修了横江村东坑片、仙人坡、庙背，蕉坑村排楼下、戴屋、梅子树下、新启孜、竹山排，双伏村伞岭下、下伏等道路硬化工程。基本完成了全镇通组道路修建。

圩镇建设进入新布局。圩镇“一江两岸”布局正在实施。樟斗大桥已经完工，樟斗产业大道已经硬化，樟斗河圩镇段已经浆砌，樟斗农贸市场的整体搬迁及樟斗群众文体广场建设正在加紧推进。结合新城至白枧坳省道升级改造项目圩镇改道，新建街道达12－15米宽，圩镇段新修桥涵9座，樟斗圩镇面积扩容将超过5万平方米，樟斗圩镇建设框架初步搭建。同时，樟斗圩镇规划编制进一步完善，新的规划设计使樟斗圩镇配置更为合理，功能更加齐全，环境更加优美。

新农村建设工作同步进行。在圆满完成了各村组的村庄规划编制工作、产业发展规划工作的前提下，严格按照“政府引导、群众参与、量力而行、因地制宜、分类指导、突出重点、整体推进、循序渐进、务求实效”的原则，集中力量，以打造“山水农村”为出发点，高质量完成了冬青树下新农村建设点的规划建设任务。已完成点内道路硬化200米，种植绿化植物50株，开展环境卫生整治10余次。

和谐乡村建设进入智慧时代。按照省市县部署，在镇村两级建立了综治中心，配备了22名网格员及手机操作终端，镇村均设有网格化操作平台，和谐乡村建设实行网格化管理。对不稳定因素和矛盾纠纷进行每天实时排查上报，网格员随时进行手机收集上传。8月，还全力开展了以化解矛盾纠纷、维护社会稳定为主要内容的“维护安全稳定集中行动月”活动，在上级部门和领导的协调下，成功化解了多起突发性事件纠纷。

乡风文明建设如火如荼。经过党政联席扩大会议及县乡村三级会议明确了乡风文明工作思路、目标和重点。突出了圩镇环境整治、农村生活垃圾专项治理及农村庭院整治、“两违”建筑及“空心房”整治、建立健全红白理事会、移风易俗，树立文明新风、开展专项治理等七项重点工作，明确了每个工作由一位党政领导总牵头，每个工作又细化分解到站所村及镇直单位层层落实。悬挂28条横幅、镇政府周边及机关大院悬挂宣传海报，各行政村第一时间将“十个一”资料上墙，并运作起来。3月27日印发了3200份农村环境整治暨乡风文明活动倡议书向全镇所有农户发放，并发出做文明村民的倡议。截至，已经利用微信网络樟斗宣传制作了6次专题宣传。樟斗中学和樟斗小学已经开设文明课堂、黑板报，开展“乡风文明征文大赛”“乡风文明书法大赛”等主题活动，将乡风文明从影响学生开始。3月20日至24日镇6个行政村陆续召开村民代表大会，传达县乡乡风文明行动会议精神，研究制定村级实施方案和成立领导小组，并明确任务分工。全镇6个行政村一起行动全部建立起方案中要求的“十个一”目标，即一部村规民约、一个红白理事会、一个综合文化服务中心、一个文化小舞台、一面社会主义核心价值观文化墙、一组家风家训、一个身边好人榜、一批文明示范户、一支农民文艺演出队、一支志愿服务队，并全部上墙开始运作。截至，6个行政村进行了多次勘察已经完成公墓初步选址拟定。空心房一边做工作一边拆除，已经拆除空心房4903平方米。“两违”建筑整治以村为单位边整治边总结，需要全镇进行集中行动随时组织，已经发放相关整治停建通知书12份。通过推进系列行动，在浓厚氛围的基础上，重拳出击进行整治治理，将乡风文明行动在广大干部群众心里刻下印记。

【社会事业】 完成城乡居民养老保险费用收缴41.25万元，参保人数达到6085人；完成城乡居民养老保险60周岁以上生存认定人数1471人；完成2016年城镇居民医疗保险参保人数396人；完成招工就业人数463人。全镇新农村合作医疗参合人数达9358人，参合比例97.50%，总参合费用1224150元。全镇享受农村低保540人，享受城市低保42人，享受五保26人，享受大病救助52人，享受高龄老人补贴266人，共计发放补贴1482069.1元。

【特色成就】 樟斗镇茶树菇良种繁育及培植示范园是引进江西省绿恒生态农业开发有限公司投资新建的现代农业扶贫项目，该项目占地约6.67/公顷，含良种繁育基地和茶树菇培植示范园两个基地。该基地于2016年9月开始新建，项目总投资1315万元， 项目建设分二期进行，项目一期建成后可年产茶树菇鲜菇180余万公斤、年供菌种1000万筒以上，提供村镇居民就业岗位100多个，目前已吸纳就业70余人。项目二期通过扩大菌种生产辐射带动周边乡镇村庄发展生产，引导200个以上贫困户（农户）发展茶树菇生产，种植面积达200/公顷以上，每亩纯收入3－5万元。加入企业信贷通并签订劳务合同的贫困户（农户）户年均收入预计能增加12000余元，加入企业信贷通贫困户（农户）户年均收入预计能增加3000余元。

【领导名单】

党委书记 王爱民
党委副书记、镇长 刘 帆（女）
党委委员、人大主席 谢长春
党委委员、副镇长 刘福民
党委宣传统战委员兼人大副主席 罗登亮
党委组织委员 毛芳华（7月免）
党委组织委员兼人武部长 赵来裕（7月任）
党委委员、纪委书记 王颂平
副镇长 徐忠华（7月免）
李文强（7月任）
容晓斌（7月任）
魏 敏（7月任）

池江镇

【概况】 池江镇总面积120.8平方公里，现有人口4.8万人，圩镇人口1.6万人，有15个行政村、1个居委会、1个良种场社区管理委员会。2016 年 2 月，被省住房和城乡建设厅确定为首批省级美丽宜居小镇。池江镇机关内设党政办、计生办、村建办、纪检办、扶贫办、环卫办共 6 个专职办公室，设立农业服务中心、综合文化站、人口与计划生育服务中心、民政和社会保障服务中心共 4 个事业机构。现共有行政编制数 40 个，事业编制数 34 个，其中在编在岗公务员 32 人，在编在岗事业编 30 人。

【工作扼要】 升级改造了圩镇南广场，建设了池江镇红色文化广场及配套设施，解决了群众期盼已久的圩镇公厕问题；对 323 国道至池江医院路段进行了翻新改造，解决了这一重大历史遗留问题；投资 100 多万元对国道及圩镇主干道水沟进行了清理整治，坚决打击“两违”，积极创建文明城市，圩镇面貌焕然一新。全力打好了精准脱贫攻坚战，531 户贫困户 1475 人实现了脱贫，超额完成了年初脱贫目标，因地制宜打造了 32 个产业扶贫示范基地。重点工程征地拆迁成绩喜人，仅用 3 天就完成了长江－南丰河堤征地拆迁工作，创造了征拆历史上的“池江速度”；全力推进红芬－大兰（池江－大兰段）和 S316 大余铜锣湾至池江段（池江－信丰）等公路升级改造，全年为县重点工程项目征地达 13.34/ 公顷。高标准打造了卢屋、兰溪两个农村社区建设，集村部、卫生室、文化活动室、篮球场、休闲广场于一体。古下危桥改造，农村生活垃圾集中处理，直播卫星“户户通”工程都已顺利推进。做好了公办幼儿园、敬老院、公立医院扩建等后续收尾工作。

青龙镇

【概况】 青龙镇紧紧围绕全县“1356”发展总思路，扎实做好精准扶贫、乡村旅游、环境整治、社会治理、民生改善等工作，努力把青龙镇建成特色产业富民镇、红古历史文化镇、环境优美生态镇和文明民主和谐镇。青龙镇总人口 3.29 万人，少数民族人口 1400 多人，辖 11 个行政村（其中 1 个畲族村），共有 194 个村民小组，党员 776 名，19 个党支部和 69 个党小组。境内总面积 109.82 平方公里，其中耕地面积 158.47/ 公顷，旱地面积 88.2/ 公顷，林业面积 8666.67/ 公顷，水面面积 30/ 公顷，境内萤石、矿产、水产、森林资源丰富。

【基础建设】 切实抓好以交通、水利、圩镇为主的基础设施建设。对标贫困村退出标准，全力推动顺利完成元龙省级贫困村的整村脱贫工程，加速赤江、平岗整村脱贫进程，共修建村组道路 120 多公里，元龙实现了 100% 的村组通水泥路，修建水渠，涉及灌溉面积 1266.67/ 公顷，基本实现防洪抗旱功能。 仅用一个月时间拿下了环城路平岗段的征地工程，共计 11.73/ 公顷土地。集中力量攻坚，完成了章江河沿岸的 20.73/ 公顷河堤土地征收，推动章江河堤青龙段建设工作。维修翻新了 3 个农贸市场，新建了鸭子垅农贸市场，街道沿线安装太阳能路灯，打通了通往鸭子垅农贸市场的道路。

【乡村旅游】 元龙畲族村因“清乾隆元年建‘元隆圩’”，取元隆谐音而得名。村内蓝屋祠堂、花岗石水井，有着 400 多年历史，经文化部门考察认定为“大余县不可移动的文物”，至今畲族群众还保留着舞狮、打肆门拳等习俗，元龙畲族村是大余九城之一凤凰城的所在地。以“荷香畲韵，千古元龙”为主题，突出旅游扶贫功能，着力打造成集畲族文化游、山乡观光、休闲娱乐、健康度假和互动体验于一体的多功能乡村旅游景区。主要规划景点有“一心三园十点”（“一心”即游客服务中心；“三园”即以莲藕基地为中心的扶贫产业园、以蓝氏宗祠为中心的畲族风情园以及以村部为中心的便民利民园；“十点”即油菜花观赏园、凤凰古寨、荷塘君子、濂溪亭、荷香栈道、蓝氏宗祠、畲韵长廊、畲香广场、水上乐园、便民小游园等十大景点）。

【精准脱贫】 青龙镇以“户为主体、政府引导、政策优惠、干部帮扶、社会支持、三年脱贫”的“二十四字”方针为引领，在“精”字上谋划，在“准”字上发力，严格扶贫帮扶资金发放，重点在产业扶贫上取得新突破。因地制宜推出了“345”精准扶贫工作机制，即推行工作调度机制、会商会审机制、督查机制三项机制，重点围绕以大余温氏畜牧有限公司为龙头的生猪养殖产业；以大余瑞香世界搬迁为契机打造以323国道沿线为主的花卉苗木产业基地；以安和蔬菜为带动的二塘村、元龙村、九龙村等5个区域为代表的瓜果蔬菜基地；以丰顺果业、蒙氏果业为引领，发展标准化脐橙基地等四大产业，以此培植一批脱贫示范户、壮大一批示范合作社、培育一批乡村旅游扶贫示范点、搭建一批扶贫示范平台、打造一批小康示范村组等“五个一”工程，通过产业信贷让企业简化投融资，扩大其规模。建成11个村的扶贫车间，分拣塑胶、折叠塑料花、制作鱼钩等，灵活安置70余户贫困户实现家门口的就业。全镇共有精准扶贫对象961户2758人，其中扶贫开发对象482户1576人，扶贫低保对象84户292人，纯低保对象310户777人，农村五保对象85户113人。2016年，全镇已有413户贫困户1277人主要通过发展生猪养殖、花卉苗木种植、土地流转及务工等方式实现了脱贫，现已占总扶贫户数的42.9%。

【社会事业】 大力实施就业促进、扶贫解困、教育助学、社会保障、医疗卫生等民生工程，完善农村义务教育标准化建设工程、学校基础设施建设。健康完善新型农村合作医疗参保工作，参保率达100%。

【环境治理】 积极推动国道沿线环境整治，组织干部群众参与到国道沿线垃圾清理，铁心硬手全面拆除街道80余处铁皮棚，摧毁违章建筑12处，还国道一个干净整洁面貌。全面推行农村垃圾综合处理工作，完成了通往垃圾中转站建设，组织了96人的农村环卫保洁专业队伍，配齐了保洁工具、服装，对全镇11个行政村194个村民小组按照“户分类、组收集、村清运、镇集中、县处理”与“庭院自净、户集村收、就地分拣、综合利用、集中处理”相结合的农村垃圾处理运行机制，基本解决农村环境卫生“脏、乱、差”问题，达到“四有四无”目标。

【特色农产品】 芋荷。二塘村安和蔬菜基地盛产芋荷，安和芋荷因其腌制口感爽滑可口而深受消费者青睐。安和芋荷富含多种人体所需物质，是开胃消食、健美减肥的佳品。百香果。青龙镇纬度与百香果巴西原产地纬度非常接近，也因得天独厚的地理优势成为大余县第一个引进巴西百香果的乡镇。红心火龙果。青龙镇是大余县唯一种植红心火龙果的地方，果园环境绿色、生态、环保，保证了红心火龙果没有污染、品质优良。野生客家白茶王。野生客家白茶王又称显齿蛇葡萄茶，精选野生天然显齿蛇葡萄嫩叶（藤茶、莓茶、藤婆茶），采用高科技现代生物细胞蛋白转移工程技术和传统的制茶工艺相结合精制而成。客家白茶王是客家人常饮的茶品之一，也是传统营养保健饮品。畲乡脆藕。元龙畲族村以百亩莲田闻名，元龙畲民们用自己勤劳的双手，耕种出了具有自身特色的畲乡脆藕。畲乡脆藕美味又不失营养、鲜嫩又不乏健康，符合当下消费市场的主流需求。老其年苦笋。青龙镇河南村老其年，盛产野生苦笋。当地人食用和制作野生苦笋已有几百年历史，是祖传秘制，不仅绿色养生，而且口感香脆，远近闻名。玉昌葡萄、葡萄酒。玉昌葡萄庄园本着科学、绿色、无公害的宗旨，采用避雨标准化生产技术，坚持以腐熟农家肥做基肥为主，追肥为辅的原则，成熟期以果实套袋来保障葡萄的安全性，这也是大余县首创技术，为顾客提供优质、新鲜、纯天然、无污染的葡萄。

【领导名单】

书记　曾　云（7月免）
　　　方　忠（7月任）
副书记、镇长　方　忠（7月免）
　　　陈云勤（7月任）
副书记　刘　帆（7月免）
副书记、组织委员　袁雪平（7月任）
人大主席　曾　云（7月免）
　　　吴德勇（7月任）
党委委员、副镇长　肖扬赞（7月任）
组织委员　吴德勇（7月免）
党委委员、人武部长
　　　王小华（7月免）
　　　刘书凯（7月任）
党委宣传统战部长
　　　宁　琳（7月免）
　　　范冬梅（7月任）
党委委员、纪委书记
　　　刘　帆（7月免）
　　　邵靳波（7月任）
副镇长　范　凌
　　　廖家铭
　　　卢　玥
主任科员　谢科华
　　　黄克忠

左拔镇

【概况】 左拔镇辖4个行政村，51个村民小组。总人口11190人，其中农业人口5350人，非农业人口5840人。总面积99.76平方公里，耕地面积216.87/公顷，土地肥沃，主种水稻。盛产茶叶。矿产资源丰富，钨、锡、铜、钼等矿产贮量大。左拔镇多山地，林业用地8780/公顷，森林覆盖率达87.5%，主要以毛竹、杉、松为主，其中毛竹林面积2133.34/公顷。左拔镇域内有海拔1275.6米的大余第二高峰一云山，以及有440多年历史极富赣南客家建筑特色的左拔曹氏围屋等风景名胜古迹。机关内设党政办、计生办、纪检办、扶贫办、环卫所共5个专职办公室，设立农业服务中心、综合文化站、人口与计划生育服务中心、民政和社会保障服务中心、财政所共5个事业机构。现共有行政编制数23个，事业编制数22个，其中在编在岗公务员18人，在编在岗事业编15人。

【乡村旅游】 2014年，左拔镇云山村曹氏围屋荣获“中国传统村落”称号，被列入国家级保护单位。近年来镇村紧紧围绕以曹氏围屋为中心，建设好左拔车站一左拔人民公园一和谐亭一荷花池一移民新村一曹氏围屋循环路，沿途打造好人民公园休闲区、镇村生活体验区、荷花美景观赏区、曹氏文化传承区四大片区。现除和谐亭及曹氏文化传承区需进一步完善外，其他各旅游主景点已基本完成。美食节成绩斐然。镇从美食品种、美食展示、展台制作等方面精心组织、精细挑选，共展示了云山茶、黄粉虫、高山雪笋、芋头片等20余件特色美食，获得广大食客的一致好评，还荣获了此次活动的三等奖。另外镇的黄粉虫、高山雪笋、芋头片还代表大余县，前往连城市参与第三届客家美食评比活动，分别获一金两银的佳绩。舞台景剧活泼生动。依照县镇村旅游领导小组的要求，镇编排了围内夜圩情景剧。剧情生动展现了当年左拔人民逢夜圩的场景，均由群众参演，丰富了群众的精神文化生活。

【精准脱贫】 2016年，镇始终注重特色产业的发展，共新建扶贫车间2家，安置30人务工，其中扶贫户15人；组建了云山蜂业合作社，帮助52户精准扶贫户发展蜂业养殖；建立中药材种植基地1个6.67/公顷，吸收合作社会员23户，年安置扶贫对象劳动就业2000余人次，惠及80余户扶贫户；生猪养殖专业户已达到13家，年出栏14800头。建立植黄栀子基地1个3.34/公顷，其中流转扶贫户土地2/公顷，吸收合作社会员10户，年安置扶贫对象劳动就业900余人次，惠及扶贫对象20余户；建立了山牛塘生态养殖及竹笋加工基地，可养殖20万只石蛙以及2.5万公斤竹笋加工，安置扶贫户对象务工23户。这些产业基地的建成，为镇的经济注入了活力，带动了群众增收。对象识别精确到户。全镇识别出精准扶贫对象286户，885人，其中扶贫开发户187户，658人；扶贫低保户18户，58人；纯低保54户，137人；纯五保户27户，32人。同时狠抓人员系统录入工作，确保了系统录入的保时、保质、保量。结对帮扶精确到人。对识别出来的扶贫对象建立“人对人”的结对帮扶，要求帮扶干部每周至少到所帮扶对象家中1次，与扶贫对象交朋友，认真摸清帮扶贫困户基本情况，按照“不脱贫不收队”的工作要求进行帮扶，分析致贫原因并找准帮扶突破口，制定扶贫对象个人帮扶脱贫工作方案。产业扶持精确到户。主要采取三种产业扶贫方式，“一村一品”产业扶贫。在大力发展中药材种植的基础上，结合各村特点，按照“一村一品”的产业扶持办法，通过政府引导、能人引领、合作社示范等形式，共发展建立了中药材种植基地150亩，苗木种植基地13.34/公顷、生姜、芋荷种植基地2/公顷，毛竹林低改示范基地33.34/公顷。以“合作社+基地+农户”的形式，带动全镇的产业规模化发展。目前镇已成立了左拔镇广康中药材种植合作社、石蛙养殖合作社、果业合作社、蜂蜜养殖等多个合作社等。通过引导扶贫户政策资金入股合作社，使扶贫户在扶贫效益上实现三个增收，即精准扶贫对象通过土地流转收入增收、劳动就业工作收入增收、政策资金入股分红收入增收。产业升级扶贫。对其他有一定产业基础的贫困户，如已发展毛竹、脐橙、石蛙、蜂蜜等小型产业的扶贫户实现产业升级，帮助其申请贷款，拨付产业扶持资金，联系专业技术人员寻求技术支持等，早日实现产业的规模化，标准化。示范建设带动扶贫。加大对小康示范村（大江村）、脱贫示范村（左拔村）的基础设施建设，这两个村都在依托产业基地建设，结合新农村建设、镇村旅游、农村垃圾集中化处理等稳步推进。就业扶贫精确到人。对于年纪偏大，劳动、经济能力偏弱的贫困户实行“就业扶贫”。由于在现实中还存在一些年纪大，对产业发展意向不强的人，为切实解决好这类人员的脱贫困问题，镇充分利用的一些公益性岗位及三大矿山企业的招工需求，对其实行就业扶贫。镇已有18户扶贫户从事保洁员、公路养护员等公益性岗位。扶贫资源精确配置。进一步整合人力、物力、财力等资源，相互配合、相互补充、互为支撑，形成合力。实现扶贫项目统一规划，资金统筹安排，精打细算，避免重复投入和资源浪费。

【基础建设】 2016年，完成道路硬化1500余米，全面推进全镇自然村、组通水泥路进程；进一步完善樟左公路建设，多方筹措资金，加快其硬化步伐；加快云山塔下和大江自来水厂建设及支管的铺设，确保群众饮用水的安全；加快左拔卫生院、左拔车站、左拔公办幼儿园等建设，已完成左拔卫生院的征地工作及左拔车站建设，确保左拔车站和左拔公办幼儿园能在2017年年初投入使用。开展“小手拉大手”活动。为将“乡风文明行动”迅速宣传开来，镇学校组织开展了“小手拉大手”活动，充分发挥学生在家庭中的链接纽带作用，通过学生来宣传“乡风文明行动”，使“乡风文明行动”宣传快速进入家庭，做到各村（居）人人知晓。开展农民文艺演出活动。镇利用“乡风文明行动”活动平台，邀请镇内村民成立了农民文艺演出队，在镇内各村（居）开展了农民文艺演出活动，大力宣传推动移风易俗、树立文明乡风，抵制婚丧嫁娶的高价彩礼、大操大办等陈规陋习，各村（居）通过多次举办村民喜闻乐见的文艺演出活动，让村民的精神文明生活更加丰富多彩，实现了乡风民风美起来、人居环境美起来、文化生活美起来。开展农村环境卫生综合整治。各村（居）要求各自村（居）保洁员每天至少清扫一次包干区，由镇环卫所和环净美公司进行督查考核，作为保洁员工资发放标准。划分重点区域，对圩镇、旅游景点等重点区域要求重点清扫、重点督查。加大对散养畜禽农户的宣传，要求他们将畜禽圈养，减少畜禽粪便的污染。要求农户垃圾装袋入桶，做到门前三包。党员带头、开展拆除“空心房”行动。各村（居）发挥广大党员的示范引领作用，从我做起，带头宣传乡风文明行动，强力推进拆除“空心房”工作。

【民生事业】 按进度开展土地确权颁证工作。按照县土地确权颁证领导小组的要求，镇能严格按照程序，依法依规开展确权颁证工作，在县多次排名中一直稳居第一。加强圩镇管理建设。提升管理水平。继续整顿市场秩序，优化市场环境。清理乱搭乱建及杂乱堆放物；整治车辆停车，解决交通拥挤问题。同时，加大卫生监督力度，健全卫生管理机制。加快圩镇建设，完善湾里农贸市场建设，加快搬迁力度，为进一步扩大圩镇经营范围，把圩镇做强、做大、做美。稳步推进新农村建设工作。严格按照“政府引导、群众参与、量力而行、因地制宜、分类指导、突出重点、整体推进、循序渐进、务求实效”的原则，集中力量，以“三清三改三绿、一拆一分一处理”为切入点，全面建设好大江桥头新农村建设点。已完成点内道路硬化500米，绿化植物200株，拆除低矮破旧房3000平方米，开展环境卫生整治10余次。圩镇面貌整体改观。以新农村建设点为基础，大力推进村容村貌整治，以此辐射周边村小组，让村民主动参与进来；定期对左拔圩镇河堤、河床进行了维护、提升。农村水利设施进一步完善。建设完成了大江村上大江毛竹林基地桥梁、王叶屋毛竹林基地河堤建设等一系列农村水利建设项目。极大保证了农村水利的系统化，安全化。路网建设日益完善。硬化浇筑了合江碾米厂桥梁前道路硬化项目工程等一大批有利于村民出行的路网建设项目。社会保障不断健全。进一步完善了敬老院基础建设，发放农村低保资金、农村养老金等，新型农村合作医疗参合率达100%。教育事业蓬勃发展。教育设施不断完善，左拔公办幼儿园已投入使用，九年义务学校教学楼和教师周转宿舍楼主体已投入使用，并于今年通过了国家教育督导的检查。

【卫生整治】2016年，左拔镇农村生活垃圾清理工作正式启动。成立了环卫所，组建了管理队伍，购置了一辆垃圾清运车、60个新型垃圾桶，聘请了31名卫生保洁员，建立了“户分类、组集中、镇运输处理”的工作模式。通过采取了“五个一”措施。即开辟了一批宣传栏、印发了一系列宣传资料、组建一支环境卫生监督队、开展了一次“大手拉小手”活动、组织一次环境卫生大清扫活动，使全镇的环境卫生在经过了一段时间的治理，得到了明显改善，取得了一定的成效。下一步，左拔镇将继续完善农村生活垃圾治理各项规章制度和奖惩措施，彻底改善农村生活垃圾随处倾倒的现象。

【特色农产品】毛竹、中草药、石蛙产业是左拔镇支柱产业，全镇现有毛竹林3.9万亩，竹制品厂3家，中草药种植基地3个，石蛙养殖基地3个。全镇4个行政村都有抚育毛竹林和中草药，左拔镇的精准扶贫工作也是依托毛竹和中草药产业。为了有效推进精准脱贫工作，通过政府引导、能人引领、合作社示范等形式，共发展建立了中药材种植基地150亩，苗木种植基地200亩、生姜、芋荷种植基地30亩，毛竹林低改示范基地500多亩。

【领导名单】

党委书记　方仕萍（5月免）
　　魏燕玲（女，7月任）
党委副书记、镇长
　　魏燕玲（女，7月免）
　　董振华（7月任）
人大主席　刘洪川（7月任）
党委副书记、常务副镇长
　　赖喜军（7月免）
党委副书记　严匡魁（7月任）
党委委员、纪检书记
　　黄军荣（7月任）
党委委员、人武部长
　　黄军荣（7月免）
　　于　翀（7月任）
党委宣传统战委员严匡魁（7月免）
　　张永和（7月任）
副镇长　温世昌（8月免）
　　赖雪平（7月任）
　　练丽萍（7月任）

黄龙镇

【概况】黄龙镇位于大余县中部，距县城9公里，国土面积91.96平方公里，其中耕地1.5万亩，山地面积69.13平方公里，丘陵面积6.32平方公里。镇机关现有干部职工52人，其中编制干部45人（其中行政编22人，事业编23人），领导干部15人（其中党政领导干部9人，主任科员1人，副科领导5人）。下辖大合、旱田、黄龙、壕塘、新村、头塘、叶墩、灵潭、长胜、大龙10个行政村，112个村民小组，农户5513户，人口18452人，其中城镇户口419户961人，农村户口5094户17491人。现有党支部19个，党员531人（人数不含杭州流动党支部）。

【精准扶贫】全镇共识别精准扶贫户576户1583人，其中扶贫开发140户465人，扶贫低保184户609人，纯低保217户465人，五保户35户44人。

【社会民生】民政救助。现有低保户439户1310人，全年拨付补助资金169932元；集中供养五保户43人，每人每月325元；分散五保户43户46人，每人每月补助290元，全年共拨付补助资金170520元。2016年，共实施大病救助109次，109人受惠，救助资金28余万元。
危房改造。扎实推进农村危房改造工作，2016年的13户改造任务已全部完工。棚户区改造119户，83户实物补偿，36户货币补偿。
社会稳定。积极完善和推行了领导“包村”、“包案”工作责任制，对全镇13个重点信访对象实行了包案负责；积极推进了村（居）“分类考核、动态管理”工作，实行了网格化管理，全镇共划分45个网格，并坚持“两个纳入”（将铁路治安纳入社会治安综合治理目标管理责任制、把铁路治安纳入社会治安防控体系），创新建立了农村社会管理“139”工作模式，进一步加强了镇村综治队伍建设。

【地质灾害】全镇共有重点山塘2座，分别为黄伞里山塘（旱田）、杨子坑山塘(旱田)，一般山塘5座，分别为蕉坑山塘（旱田）、王毛坪山塘（新村）、中坑里山塘（新村）、上欧公坑山塘（黄龙）、下欧公坑山塘（黄龙）；水库5个，分别为石门口水库（灵潭）、西林坑水库（长胜）、茅莲坑水库（新村）、旱田洞水库（旱田）、老山坑水库（长胜）；河流3条，分别为章江河、大龙山河、壕塘河、荆源坑，境内流程共71公里。经勘查确认的地质灾害点共有18处，分别是长胜村11组永丰汽修厂后坡及周边、3组刘春龙户房后、8组陈致占户房后、9组殷希达户房后；灵潭村南布坪组何名全户房后；大龙村长排组兰光洪户房后及周边住户、长排组兰师洪户房后及周边住户、长排组兰师德户房后及周边住户、长排组唐正财户房后及周边住户、新店组曾广生户及村部周边住户、坝里组兰秀英与兰师风房后及周边住户；头塘村大里组谢连渭户房后、河坝组水渠；叶敦村高速公路沿线及小背组、高速公路沿线上下屋组、壕塘村下湾组黄金湖户房后及周边住户；新村村张永兰房房后及周边住户；大合村岭中上组钟际梁户房后及周边住户。

【乡村旅游】 乡村旅游是黄龙镇新的经济增长点。2015年，黄龙镇打造出两个乡村旅游点一AAAAA级乡村旅游点丫山乡村生态园和国家AAA级旅游景区一黄龙花木产业旅游示范园。全省乡村旅游提升与旅游扶贫推进工作现场会在大余县圆满成功的召开，更进一步提升了黄龙镇乡村旅游品牌的知名度。自建成并开放以来，黄龙花木产业旅游示范园，累计吸引游客15万人次，所产生经济效益达1000余万元。丫山乡村生态园，全年吸引120万人次游客，所产生的经济效益达5000余万元。同时，结合乡村旅游，鼓励和帮扶40家农户发展了农家乐、农家旅店和农家餐馆，从事农家餐饮的农户年均收入可达5万元以上。

【征地拆迁】 始终坚持把做好征地拆迁工作作为实施重点项目工程的“先手棋”，以钉子的精神，强势推进了庾岭大道、丫山大道、天然气门站、学府路、体育路、黄龙花木产业旅游示范园等各项重点工程项目建设的征地拆迁工作，切实为全县重点工程项目建设用地提供了有力保障。全面、按时完成了法院大楼、公安大楼、卫生应急中心、大余中学新校区等重点工程的征迁任务。特别是灵岩路，仅用3个月时间就全线竣工，圆满完成工作任务。2016年3月，正式启动的环城路征拆工作，截至，旱田、大合、黄龙、叶敦、新村等路段已全面完成征地拆迁任务，黄龙段共完成征拆93.34/公顷，占征拆任务的90%以上。同时，庾岭大道、丫山大道等征地拆迁工作，正在攻城拔寨。据统计，2016年镇共完成耕地、林地、旱田、宅基地和果园等各类征地拆迁任务133.344/公顷。

【领导名单】
党委书记、人大主席
周能红（6月免）
朱隆华（6月任）
党委副书记、镇长
朱隆华（6月免）
赖喜军（6月任）
党委副书记
叶光辉（6月免）
游海波（6月任）
党委委员、副镇长 李小彦（2月免）
周步云（2月任）
党委委员、纪委书记
李纯嘉
党委委员、人武部长
袁雪平（6月免）
谢善文（6月任）
党委委员、宣传统战委员
刘小琴（2月免）
曹建福（6月任）
人大副主席 陈 玮（6月任）
副镇长 肖煌福（6月免）
徐忠华（6月任）
刘晓丹（6月任）
祝永定（6月任）
副主任科员 肖 健（6月免）
兰功勇（6月任）
傅福生（6月任）
欧 艳（6月任）

南安镇

【概况】 南安镇位于江西南部，大庾岭北麓，章水河畔，是大余县政治、经济、文化中心，东与大余县黄龙镇交界，南与广东南雄交界，西与大余县浮江乡交界，北与江西崇义县相邻，属中亚热带季风气候，温暖湿润，四季分明。南安镇现辖9个村、10个居委会，国土面积123.8平方公里，总人口8万余人，其中农业人口2.3万人。现有党员1198名，下属党总支部1个、党支部34个。南安镇机关内设党政办、计生办、民政所、财政所、综治办、城建所、国土所、劳保所、武装部等办公室，设立农业服务中心、人口和计划生育服务中心、民政和社会保障服务中心、综合文化站、林业工作站、财政所共6个事业机构。现有行政编制数49个，事业编制数51个，其中在编在岗公务员32人，在编在岗事业编49人。

【统筹城乡发展】 推进土地和房屋征收工作，开创攻坚克难新态势。坚持依法依规征收，在政策范围内最大限度维护征收对象的利益，对生活困难的群众做好跟踪服务工作，尽全力解决他们的失地农民保险、廉租房、过渡房、最低生活保障和就业等问题，较好地实现和谐征收。按照定任务、定人员、定时限、定要求、定责任“五定”原则，采取镇领导分片包干，相关县、镇、村干部协调推进的方式，全力以赴推进征收工作，全力破解“征拆难”，确保层层落实责任，每一户征收对象有人包干到底。各项县重点工程得到有力推进。尤其是城南片区棚户区改造（一期）项目，不到三个月就全面完成257户的目标，创造了大余拆迁速度，打造了城南拆迁样板。城南片区（二期）启动以后，全镇征地拆迁工作全部纳入九大片区，扎实推进，取得有力突破。全年，镇共完成房屋征收277户，土地征收301.42/公顷，房屋拆迁6.16万平方米。完善农村基础设施，构建美丽农村新风貌。以水、电、路为重点，全面加强农村基础设施建设，一年来，硬化道路11.8公里，并有序推进了农电网改造。全镇完成东塘坑水库灌区等15个小型灌区共31公里的水渠、水沟改造工程，同时完善了老山坑水库除险加固工程扫尾项目并验收，共投入项目资金450万元。发展现代农业，加大农业创收新增长。以瑞香世界花卉苗木基地为龙头，按“一村一品”的发展思路大力培育了新安苗圃、新建蔬菜、建设杉苗、新余柠檬、梅山养蜂等产业基地。农民专业合作社、家庭农场等经济组织发展势头良好，花卉苗木种植、白鸭、生猪养殖、板鸭加工等产业得到了长足发展。推进旅游长廊建设，打造南安品牌新亮点。南安镇把红色教育、佛教文化、古典戏曲等文化因素的融入增加景区景点。以南安镇自然景观和历史文化、佛教文化观光产品为背景，大力开发文化旅游、生态旅游，度假旅游，形成南安镇自然风情和历史文化为主导品牌的多元旅游产品体系，为打造南起梅岭－古驿道－南方三年游击战争纪念馆－瑞香世界产业基地－正觉寺－魁星塔－牡丹亭－嘉佑寺－大通古寺－森林公园，西起狮头棚－新珠罗鼓山的南安精品旅游长廊奠定了基础。

【共创和谐社会】 落实保障，抓实人口计生工作。在夯实人口与计划生育工作基础上，提高工作水平，建立考核奖惩办法，重点抓好五个方面的工作：开展好计划生育宣传教育活动；全面落实避孕节育措施；狠抓环孕检工作的到位；加大社会抚养费征收力度；加大打击“两非”工作力度。2016年，全镇出生1025人（计内生育914人），完成长效节育措施134例，组织参加优生检测412对。加大帮扶，助力精准脱贫工作。2016年，镇对470户精准扶贫户落实了结对帮扶干部，制定了相应的产业发展帮扶方案，统一规划建设了新建蔬菜基地、新华家庭农场、南安板鸭扶贫产业示范基地等多个产业扶贫基地，建成9个精准扶贫就业车间。全镇202户精准扶贫户享受了产业发展资金补助，累计享受补助资金64.5万元，44户贫困群众实现脱贫。人员到位，巩固城乡社保工作。采取严厉措施，对镇、村（居）两级干部实行责任到人，包干到户，对工作不力、完成任务差的村居负责人采用组织措施。此外，组织宣传车到全镇各村（居）轮番宣传，镇、村两级干部更是到县城的街心花园、钨都广场、安康广场等中心城区设立宣传代办点，并发放宣传单，现场宣传，耐心解释，当场办理，取得良好的效果。在推进城乡低保“应保尽保，动态管理”方面，做到及时发放民生资金，切实保障了困难户的基本生活；同时，积极推进廉租房建设和公平分配，建立健全制度，严格把关，做到了公开、公正、透明，弱势群体得到了有效救助。全镇新型农村合作医疗参合率保持在98%以上；城乡居民社会养老保险续保参保21180人、新增390人；累计发放了低保、五保、大病救助等救济款1300万元。管理到位，加强社会治理工作。法治南安建设稳步推进。开展了“六五”普法法制宣传教育，积极推进依法治理进程，不断加强基层民主法治建设，引导群众学法、用法、守法，逐步建立了管理有序、服务完善、治安良好、人际关系和谐的法治环境。和谐平安创建扎实有序。以创建“六有六无”平安村居为目标，以分类考核、动态管理为抓手，按照村居每三天一排查、镇每周一排查的要求，对矛盾纠纷和信访案件进行大排查、大调处。应急能力不断增强。主动适应社会治理新常态，高标准打造镇村综治中心，实现社区网格化信息化管理，做到发现问题及时，处理问题迅速，实现了“以格管房，以房管人”目标。南安镇社区网格化信息化建设得到前来我镇调研的省委领导的充分肯定。2016年，全镇已答复群众来电来访114件次，排查调处矛盾纠纷125件，解决矛盾纠纷116起，调处成功率达92.6%。

【中心工作】 招商引资。强化招商信息收集，积极开展招商引资，成功引进了旺发矿业、松赢化工、龙事达钨业等项目，大力推进招商引资项目落地建设，积极做好招商服务工作，为全县招商引资企业招工300余人。森林防火。全面贯彻全国、全省森林、草原防火工作会议精神，严格执行镇、村干部包山头的责任制，始终不放松宣传、巡查，确保了重点时期的防火安全，2016年未发生重大火情，有力保障了人民生命财产安全。防汛抗旱。在原有的基础上，不断完善防汛抗旱工作预案，做好物资储备。坚持领导带班，加强值班值守。所有的山塘、水库都落实了安全责任，对地质灾害点对象全部发放了明白卡。工作责任到位，没有发生安全事故。征兵工作。坚持早部署、早宣传、早动员，适应征兵形势转变所带来的压力。通过出动宣传车、设立宣传栏、悬挂宣传横幅、张贴宣传标语等多种形式，实行镇村（居）全覆盖式地宣传，力争政策宣传到位、解释到位、征兵动员到位。通过各部门通力协作，确保了征兵各项工作有效开展。2016年为部队输送政治思想好、身体素质强、文化程度高的优秀青年，完成了当年征兵工作任务。信息公开。截至2016年11月底，共完成政府信息公开990条。

【党建提升】 积极适应政治经济形势变化，在推动经济社会发展的同时，始终坚持标本兼治，把握重点、突出特色，基层党建水平和党风廉政建设得到进一步提升，经济社会发展得到了有力的组织保障和思想保障。开展党组织活动，发挥基层堡垒作用。深入开展“两学一做”学习教育，紧紧围绕习近平总书记对江西工作提出的新的希望和“三个着力，四个坚持”总体要求，通过丰富学习载体、创新学习形式、推进学做结合等，使广大党员在生动活泼的氛围中受教育、明事理，增加党员干部的责任感和使命感，切实转变工作作风，使人民群众在学习教育中有更多的获得感。深入推进“党建+”工作，紧紧围绕“党建+”“加什么、怎么加”，结合“1+3+X”的模式重点打造了南安板鸭厂“党建+精准脱贫+龙头企业”示范点、北门河“党建+和谐创建+社区e家”示范点、新华村“党建+民主协商+民情理事会”示范点、石桥下“党建+团建+志愿活动日”等4个示范点。“党建+”工作在全镇各领域全面铺开，得到了有效落实。完善村级组织活动。总窿口办公场所狭小，设施不全，区域设置不合理等问题困扰其多年。镇党委积极向县委、县政府争取财政拨款，通过自筹及财政拨款新建了组织活动场所。如今，总窿口社区党支部各项活动能顺利开展，居委会干部能有固定工作场所安心工作，群众办事更加便利，干群关系更加和谐。配强后备力量，党建工作全覆盖。以落实“一村一名入党积极分子”责任制为重点，推进党员发展常态化。强化源头建设，坚持保证质量、思想入党，注重从致富带头人、具有初中以上文化水平的优秀青年、外出务工中发展党员，2016年，共发展党员15名。开展党员组织关系集中排查工作，强化党员日常管理。南安镇动员各村居干部对全镇党员进行了全覆盖排查。通过对党员社会关系进行了解，多方面联系，全面取得联系。标本兼治，筑牢防腐新防线。严格落实党风廉政建设责任制要求，坚持标本兼治、综合治理、惩防并举、注重预防的方针，狠抓班子党风廉政建设，打造风清气正政治环境。加大宣传教育，营造浓厚氛围。镇党委中心学习组每月进行一次廉洁自律学习，筑牢领导干部不敢腐的思想防线。营造文化氛围。在机关墙体上，以写意国画的廉政宣传画配上寓意深刻、耐人体味的廉政标语，让人赏心悦目的同时，更让干部受到廉政内容潜移默化的影响。建立规章制度，规范权力运行。完善农村集体“三资”各项规章制度，规范农村集体资产资源承包、租赁、出让等管理，实现了农村“三资”科学管理。严格执行“村账镇管”制度，从严控制公务接待开支，不滥发奖金、补贴，规范和深化政务公开、村务公开。进一步规范完善招投标中心运行和监管机制，完善小额工程招投标办法及工程结算审计办法，加强对招投标活动的全方位监管，规避招投标等违规违法行为。2016年全镇累计实现公共资源进站交易起，交易额万元。落实责任，强化监督检查。建立和完善南安镇公务接待制度、南安镇公车管理制度等制度，为镇政府工作人员行为规范做出明确的要求。落实党风廉政建设责任制，严格执行领导干部廉洁从政各项规定和“八项规定”精神，开展经常性督促检查，严肃查处上班迟到、早退现象，工作日中午禁止饮酒，引导干部真正做到为民、务实、清廉。

【领导名单】

党委书记	罗少贵（8月免）
	钟　胜(10月任）
党委副书记、镇长	钟　胜（8月免）
	赖征宇（8月任）
人大主席	罗少贵（8月免）
	刘江华（8月任）
主任科员	蒋启玲
	李永明(11月免）
	刘晓龙（8月任）
党委委员、副镇长	刘晓龙（8月免）
	张　军（8月任）
党委委员、纪检书记	
	董太兴（8月任）
党委委员、人武部长	
	蔡云忠（8月免）
	谢铭龙（8月任）
党委组织委员	
	钟颂华（8月免）
	高金华（8月任）
党委委员、宣传统战委员	
	肖煌福（8月免）
	俞上敏（8月任）
党委委员	刘德福（8月免）
	刘铭贵（8月任）
副镇长	董太兴(8月免）
	俞上敏（8月免）
	张　军
	赖燕婷
	谢振寰（8月任）
人大副主席	郭　红（8月免）
	陈雨生（8月任）
副主任科员	周仁长
	雷晓萍
综治办副主任	谢铭龙（8月免）
	赖秀桢（8月任）

浮江乡

【概况】 浮江乡地处大余县西北部，余崇公路穿境而过。总人口8894余人（其中农业人口8001人），国土面积136.85平方公里，其中耕地面积349.94/公顷，山林面积13200/公顷，下设14个党支部，辖6个行政村、62个村民小组。乡政府内设党政办、经济发展办公室、社会事务办公室、村镇规划建设管理办公室4个党政机构，农业服务中心、人口与计划生育服务中心、民政与社会保障中心、综合文化站、林业工作站、财政所6个事业机构。

【基础建设】 2016年浮江乡借助苏区振兴发展的机遇积极向上争取项目资金，投入全乡基础设施建设，生产、生活基础设施得到较大改善。其中：投入441.2万元在浮江村、山南村两个“十三五”省级贫困村实施了49个扶贫项目；投入近40万元在浮江村坳背建设点和山南村上南组2个新农村建设点，实施了基础设施、公共环境和文体活动场所建设等工作；投入400多万元建设乡公办幼儿园；投入400多万元基本完成了交通综合服务站主体工程建设；全乡25户以上自然村道路基本硬化；投入50余万元实施了乡敬老院原住房维护改造工程和乡敬老院新养老楼附属设施建设，争取资金约92.5万元即将开工建设乡敬老院附属楼建设工程。启动了浮江卫生院建设、浮葛公路升级改造、西华山国家矿山公园道路改造、G220国道升级改造等重点工程项目。2009年因“7•3”特大洪灾冲毁的洪水寨桥已正式开工重建，浮江桥已拆除重建，浮江人行桥建设正在办理过程中。

【乡村旅游】 浮江乡依托生态优势，大力发展乡村旅游。以双田村社区建设为统领，“三规合一”，即抓好乡村旅游规划，打造双田品牌；抓好村庄规划，引导农民科学有序建房；抓好产业发展规划，使村民脱贫致富，整体推进双田村乡村旅游建设。完成了浮江生态农庄、双田村罗坑农庄两个农家旅馆及三月三景区省级AAA景区的星级申报工作。目前，三月三景区已打造养蜂产业示范基地、农业科技示范基地，被评为全市优秀科普示范基地，全年接待游客 7.2 万人次，旅游总收入达到 14.4 万元。

【精准脱贫】 2016 年，全乡 439 户 1259 人扶贫对象中，有 106 户 348 人脱贫，脱贫成效明显，在接受省、市、县督查及迎“国检”中受到各级领导的一致好评。，立足乡村旅游、养蜂、生猪、花卉苗木等特色产业建立了 11 个扶贫产业基地，辐射带动贫困户 167 户，建立扶贫车间 5 个，共发放产业补助资金 117.6 万元，有 29 户通过入股扶贫厂房获分红资金 10.4 万元，有 32 户扶贫户领取退耕还林资金 73.6 万元，73 户扶贫户领取公益林资金 62.5 万元，61 户扶贫户领取土地流转资金 2.6 万元，10 位贫困户家庭中考生申请了教育扶贫加分项目，150 人次申请了教育扶贫资金 20 万元，共发放兜底低保资金 98.3 万元、兜底五保资金 20 万元，有 82 人（次）获大病救助资金或商业保险资金 88.8 万元。建成了竹木娘娘庙扶贫移民集中安置建设点，安置了贫困户 41 户，有 4 户精准扶贫户已入住。2016 年 11 月 4 日，全县首批农村保障房交钥匙仪式在乡召开。全乡帮扶干部针对每个贫困户制定了帮扶计划和帮扶措施，大力宣传并落实扶贫政策，帮助贫困户申请补助资金和异地搬迁，积极发展产业带动贫困户就业，将乡村旅游和养蜂作为双田精准扶贫新的支点，将规模化果蔬种植作为浮江村精准脱贫示范典型，将发展石蛙养殖和竹制品加工作为竹木村精准脱贫的新型产业，改善了贫困村的面貌，提高了群众的生活水平。

【社会事业】 浮江乡不断扩大农村医保覆盖面，2016 年全乡新农合参合农民 7770 人，参合率达 97.9%，门诊统筹资金累计补偿 11142 人次，发放门诊统筹补偿金额 42 万元；共有 3463 人参加城乡居民社会养老保险，参保率为 89.3%，发放养老金 1187 人次，共计 81.6 万元。全年共为 45 户城市低保对象发放低保金 31.3 万元，为 236 户农村低保对象发放低保金 98.3 万元，为 21 户分散五保对象发放五保金 7.9 万元，为 116 户 308 人发放冬春救助金 6.1 万元，为 149 户 503 人发放灾害救助金 15.6 万元，为 163 人发放残疾人两项补贴 14.7 万元，对 77 人开展医疗救助，救助金达 22.5 万元。

全面推进中小学教师职称制度改革，积极推进了学校标准化建设，浮江公办幼儿园 2015 年 9 月已正式开园，改善了浮江乡九年制学校和下南、车里、生龙口教学点的办学条件，教学水平明显提高，教学质量稳步提升。持续稳定了低生育水平，2016 年共落实长效避孕措施 42 例，为 79 对夫妇提供免费孕前优生检查，查处 1 例“两非”对象；完善了利益导向机制，发放各类奖励扶助资金 51 万元。

【卫生整治】 为做好农村垃圾专项治理工作，浮江乡成立了由党委书记担任组长、政府乡长担任第一副组长、分管领导担任常务副组长的“浮江乡农村生活垃圾集中处理工作领导小组”，完善了保洁员管理、门前“三包”等制度，建立了有人管事、有人做事的长效管理体系。全乡共配置保洁员 28 名，投资 85 万元购置了 2 辆垃圾清运车和 900 个垃圾桶，全年投入 50 多万元用于垃圾处理，开展了 11 次农村环境卫生集中整治行动，对辖区内路边、河边、塘边、圩镇边、村庄边、乡村旅游景区等重点区域及周边范围的环境卫生情况进行了全面排查，全面清理了存量垃圾 100 多处。

【生态建设】 2016 年，乡启动实施“河长制”，浮江河流域列入国家“十三五”重金属污染综合防治示范流域，启动了双田村生态修复项目和竹木村农村环境综合整治项目，协同环保、矿管、安监、水利等职能部门加强了对辖区内企业的日常监管，全面整治非法排污行为，加强了自来水厂油罗口取水口水源地的保护，城乡饮水安全、水生态环境得到全面改善。推进植树造林，启动了 73.34/ 公顷低效低质林改造。

【综治维稳】 乡启动了“综治中心、综治信息化、综治网格化”三项建设，对乡、村综治办、警务室等办公场所进行了提升改造。全乡以村为单位，把 6 个行政村、62 个村民小组按照 300—500 人的标准共划分网格 25 个，每个网格都配备了信息员和网格管理员，做到不漏户、不留死角、工作全覆盖。做好了全国“两会”、中共十八届六中全会、G20杭州峰会、全国综治南昌会议等重点敏感时期的信访维稳工作，加强了重点人员和特殊人群的管控，注重矛盾纠纷的排查调处，全年排查各类矛盾纠纷50余起，成功调处46起，调处率达90%以上。

【环境治理】 乡大力推进余崇线环境综合整治和村庄整治工作。铁心硬手清理违章建筑50余处，拆除各类广告牌、雨棚近百个，共拆除“两违”建筑面积5377平方米，对余崇线沿线房屋进行立面改造，安装围栏，铺设地板砖，沿线环境大为改观。完成了浮江村坳背建设点和山南村上南组建设点2个新农村建设点各项建设任务。推进农村空心房拆除工作，农村空心房拆除面积达3513.6平方米。

【特色农产品】 浮江乡以花卉苗木、毛竹、生猪、果业为农业支柱产业，2016年花卉苗木面积达1200亩，毛竹林面积达41000余亩，生猪出栏18381头。为了更好地集合资源、扩大种植规模，乡建立了果业合作社，截至2016年，全乡脐橙种植面积达1987.64亩，涉及农户136户，亩产量约1500余公斤，2016年，为本地农民创收100余万元。为适应新常态，浮江乡结合“党建+精准扶贫”“党建+乡村旅游”等工作，建立了石蛙养殖基地、竹产业帮扶基地、双田村蜜蜂养殖基地，创新了致富路。

【领导名单】

党委书记 黎庆美（6月免）
肖进林（7月任）

党委副书记、乡长
曾祥林（6月免）
黄　丽（女，7月任）

人大主席 郭　红（7月任）

党委委员、副乡长
黄　丽（女，6月免）
李　鑫（7月任）

党委委员、纪委书记
冯　敏（7月任）

党委委员、组织委员
杨桂寨（1月免）
李先昊（7月任）

党委宣传委员
赖小英（女，6月免）

党委人武部长
李　鑫（6月免）

副乡长 冯　敏（6月免）
肖春生（6月免）
赵东燕（6月免）
何　颖（7月任）
邱禄源（7月任）
肖小慧（7月任）

吉村镇

【概况】 吉村镇地理面积218.23平方公里，占全县的1/6，是全县面积最大的乡镇全镇共辖解放、游仙、民主、吉村、中村、上村、右源、沙村、满埠9个行政村，115个村民小组。全镇总人口18575人，其中非农户口5418人，人口自然增长率7.53‰。圩镇面积0.8平方千米，耕地面积740公顷，森林面积23.33平方千米，森林覆盖率70%。农业总产值0.45亿元，增长10%，粮食总产量5.2万吨，水稻5.0万吨，脐橙100万公斤，槟榔芋45万斤，番薯5万公斤，马铃薯2.5万公斤。城镇居民可支配收入23963元，增加1835元，农村居民人均可支配收入9664元，增加981元。2016年，城乡居民养老保险参保续保7387人，参保率95.56%；城乡居民基本养老保险参保566人，城镇新增就业426人，新增转移农村劳动力364人。2016年，已脱贫169户489人，县城购买回购房的有5户15人，保障房对象6户8人。

【环境整治】 吉村镇建有3个垃圾中转站，全镇累计放置垃圾桶488个，配备手推车25辆、小型挂桶清运车4辆，并聘请了8名清运人员、1名压缩式中转站工作人员和45名保洁人员，农村生活垃圾治理工作已全覆盖运行，全年清理存量垃圾30余吨。投资100余万元建设了民主村虎山下、沙村禾场里两个新农村建设点。

【精准扶贫】 2016年，吉村镇精准扶贫工作荣获全县三等奖，169户489贫困人口如期脱贫，全年发放产业补助资金三批共77.189万元；通过民主村养蜂合作社、沙村村贡柑种植基地、解放村鹰嘴桃种植基地、满埠村油茶种植基地、上村村槟榔芋种植基地和“产业扶贫信贷通”入股工业园分红等方式，让贫困户多渠道、多元化的增收脱贫。两个省级贫困村整村推进全年共完成基础设施项目70余个，涉及资金

869.4万元。其中，民主村顺利迎接了国务院扶贫交叉检查。

【镇村旅游】 重新调整和修编了《吉村镇土地利用总体规划》《吉村镇圩镇建设规划》，优化了圩镇空间布局，完善了圩镇功能性建设。开展圩镇环境整治活动，重新硬化圩镇街道2000余米，浇筑排水沟3000余米，安装路灯200余盏，通过开展圩镇环境整治和拆除“两违”，吉村圩的街道得到加宽、路灯更亮、环境更整洁。桃树下乡村旅游示范点2016年总投资50余万元，建设了桃源游客服务中心、景区农家乐、10余亩桃花园以及荷花池。完成了景区内道路的全面硬化，新建了四座观景亭，筹资30万元高标准打造了桃树下戏楼和仿古文化景观墙，入口处游客中心主体已经完工，正在建设河口码头、百卉园和渔趣园。

【特色产品】 吉村镇大力推广“公司+合作社+农户”模式，形成了槟榔芋、花卉苗木、脐橙、毛竹低改、养殖业、油茶等产业基地，全镇共有花卉苗木1500余亩，槟榔芋种植900余亩，受益农户达到800余户。共有农村合作社6家，家庭农场、种养大户20余家。

【领导名单】

党委书记、人大主席
　　刘文涛（6月免）
　　江志林（6月任）
党委副书记、镇长　廖　冰
党委副书记　曹　桢（2月免）
　　刘小琴（2月任）
党委组织委员　陈云勤（6月任）
　　刘小琴（6月兼任）
党委宣传统战委员
　　钟　辉（6月任）
　　朱奇萍（6月任）
党委委员、纪委书记
　　钟　辉（6月任）
党委委员、副镇长
　　林　珏（6月任）
党委委员、人武部长
　　朱奇萍（6月免）
　　刘存林（6月任）
人大副主席　廖建飞（7月任）
副镇长　陈水长（6月任）
　　李飞勇
　　刘世祥（6月任）
副主任科员　曹　桢

内良乡

【概况】 内良乡土地面积114.82平方公里，耕地面积436.8/公顷，人口7900余人，总户数1600余户，分布在全乡7个行政村（其中李洞畲族村属大余县四个少数民族村之一）的83个村民小组。乡内以竹木、小水电、石材资源最为丰富，有山林面积9200/公顷，其中毛竹林面积666.67/公顷，占山林总面积的72.5%。地形以低山为主，最高海拔（全县最高峰天华山）1383.83米，年平均温度14.6℃，年降雨量1500－1700毫米。全乡有毛竹加工厂4家、石材加工厂1家，小水电站13个。

全乡现有11个党支部，党员256人；有九年义务制学校1所，教学点7个，教职工53人，在校学生937人；新建了卫生院，村医疗所有8所；新建一座汽车站并将投入使用；7个行政村，78个村民小组已实现公路硬化；村村通有线电视，村村开通了电话，GMS移动通讯信号覆盖全乡；小城镇建设面积由原来的0.6平方公里达到现在的0.8平方公里，人口达到2400人，新增商住两用房35套；天华山旅游风景区已初步建成；新建农贸市场，农村民间流通协会3个，劳务输出人数发展迅速，全乡现有外出务工人员1400余人。机关内设党政办、计生办、纪检办、综治中心、扶贫办、司法所共6个专职办公室，设立农业服务中心、综合文化站、人口与计划生育服务中心、民政和社会保障服务中心、财政所共5个事业机构。现共有行政编制数18个，事业编制数23个，其中在编在岗公务员15人，在编在岗事业编11人。

【林下经济】 着力引导毛竹低改，提高毛竹林、竹笋等林下经济质量和产量，增加农民收入。引进竹炭加工等竹制品加工企业，鼓励企业新上旅游竹制品生产线，着力延长毛竹产业链，推动毛竹产业纵深发展。全乡竹制品加工企业共5家，年加工毛竹突破3000吨，年产值突破5000万元。2016年，依托精准扶贫，利用10万亩竹林空间，因地制宜在白井村打造药用草珊瑚种植基地，辐射带动全乡7个村种植了3000多亩，有望形成万亩基地，打造出又一个极具山区特色的支柱产业。

【特色产业】 天华山黄酒品牌效应，年产黄酒突破100吨，年产值突破150万元。同时，以罗汉松、红豆杉为主的花卉苗木种植面积不断增大，目前种植面积已达18.67/公顷，产品远销广东、湖南；食用菌种植户已达62户，种植面积14/公顷，2016年总产量达480万斤，年产值达2400万元。

【乡村旅游】 依托天华山的独特资源，继续走农旅互动、以旅促农之路，不断完善“吃住行游购娱”等旅游要素，纵深推进生态旅游产业。2016年，督促投资主体按合同履约，加快景区建设，先后完成了停车场硬化、旅游公厕、河道清理等基础设施建设。同时，进一步完善了农家乐建设。

【乡村建设】 坚持以改善农村人居环境为抓手，强力推进镇村环境综合整治，铁心硬手在县道沿线、中心村等重点区域开展了清理违章建筑专项整治，乡村环境面貌焕然一新。通过实施通村组公路浇筑、农田水利设施浇筑修复、安全饮水工程和圩镇路灯亮化工程，基本解决了行路难、灌溉难、饮水难问题。

【精准扶贫】 通过反复精准识别，按照“532”帮扶机制，实现了县乡村干部与贫困户“全覆盖”结对帮扶。着力引导贫困户解放思想，激发内生动力，通过规划毛竹林低改、扶贫车间、食用菌、草珊瑚种植和脐橙种植等产业产业示范基地，带动贫困户投身产业扶贫，实现永久脱贫。2016年，全乡有139户440人顺利脱贫。

【生态建设】 推行乡村两级“河长制”，深入开展章江流域（内良段）环境专项整治还章江“一江清水”活动。按照“户分类、村收集、乡运输、县处理”的运行机制，积极开展农村生活垃圾专项治理和集中整治工作。全年共清理河道50公里、清理农村垃圾102余吨，添置各类垃圾桶150个。全乡河道存量垃圾全部处理到位，农村面貌得到了明显改观，大气环境、出境断面地表水质均达到国家标准，守住了章江源头生态红线。

【社会事业】 着力完善社会保障和救助体系，城乡低保和五保对象以及“三无”人员保障标准进一步提高。敬老院设施建设进一步完善，积极推进新农合，新农保收缴，粮食补贴等惠农资金发放规范。投资160多万元的内良至石溪公路全面硬化通车，全乡形成了“8”字形道路架构网；占地面积6900平方米、投资380万元的新农贸市场，百日内即建成开业，结束了长期以来占路为市的沉疴旧疾，不仅方便了内良百姓采购货物，还带动了广东、崇义等周边乡镇农特产品流通；吉村—李洞道路改扩建工程顺利启动。积极挖掘、整理内良山歌、畲族风情文化、黄溪香火龙、东庄纸土法造纸工艺和天华山黄酒文化等非物质文化遗产。

【特色农产品】 竹制品：通过招商引资引进老板创办竹制品企业，生产的竹地板、竹窗帘、竹筷子和环保竹炭等竹工艺品远销港、澳地区及东南亚；笋制品：由于毛竹资源丰富，冬笋、春笋干的产量十分可观，同时还推动了竹笋罐头产业的发展；香菇、食用菌：由于其口感好，产量大，已成为远近闻名生产流通集散地；内良黄酒、红豆杉酒：由于其口感好，保持了原料的药用价值，深受人们喜爱，也给当地人民带来了可观的效益。

【领导名单】

党委书记	曾凡伟（7月免）
	周金平（7月任）
党委副书记、乡长	江志林（7月免）
	叶光辉（7月任）
人大主席	曾凡伟（7月免）
	陈文明（7月任）
党委副书记	陈文明（7月免）
	黄瑞发（7月任）
党委委员、纪委书记	
	陈文明（7月免）
	邱明烨（7月任）
党委委员、副乡长	黄湖生（7月任）
党委委员、组织委员	
	刘书凯（7月免）
	黄瑞发（7月任）
党委委员、人武部部长	
	何重芳（7月任）
人大副主席	朱东京（7月任）
副乡长	何　颖（7月免）
	张　怡（1月任）
	聂阳明（7月任）

河洞乡

【概况】 河洞乡地处大余县西南边境，国土面积92.34平方公里，耕地面积218.4/公顷，辖5个行政村，40个村民小组，60个自然村，人口4252人，总户数949户。有干部编制33个，目前，共有机关干部27人，其中党政班子成员11人。机关干部中有10人借调在县城或征地拆迁一线。全乡有12个党（总）支部，包括机关、文教卫生、离退休、非公企业、个私协会、毛竹协会和5个村党支部，以及“两新”组织党总支，共有党员176人。

河洞地处山区，共有林地11万亩，其中4万余亩由林盛木业公司下属的长潭里林场经营。毛竹2266.67/公顷，竹制品加工厂4家，主要生产竹筷、拉丝和竹炭。山高树多，植被蓄水能力强，水电资源富足，共建有水电站16座。昼夜温差大，气候湿润，香菇、黑木耳产业发展势头良好，每年可产袋装香菇300万袋。

【精准扶贫】 2016年，河洞乡共有建档立卡扶贫对象125户333人，其中扶贫开发户60户193人、扶贫低保户6户19人、纯低保户49户109人、五保户10户12人。2016年，全乡脱贫77人，2015年、2016年共脱贫142人，占贫困人口数的48.2%。在脱贫路径方面，突出“九个重点”。抓好产业扶贫。打造了河洞村毛竹低改产业示范基地154.32/公顷，共吸纳了73户贫困户，发放毛竹低产改造产业补助资金115738.5元。有12户贫困户从事香菇、木耳培育，种植面积14/公顷。积极引导长岭村、长炉村共39户贫困户发展养蜂产业，户均年增收3000－4000元。推进就业扶贫。吸纳11户贫困户在扶贫车间灵活就业。安排18户贫困户在政府公益性岗位中就业。鼓励本地7家竹制品企业与8户贫困户签订了用工合同。开展移民搬迁扶贫。对仍居住在危房的极端贫困户，实施交钥匙工程，完成保障住房3套。引导搬迁进城集中安置10户。抓好医疗健康扶贫。通过农医合补助、大病医疗补助、商业保险、民政补助“四道防线”，确保贫困户个人医疗费用控制在10%以内。实施政策兜底扶贫。对因灾、因病特殊情况造成致贫的按程序列入，实行兜底保障。做实教育扶贫。13名中高职贫困家庭子女享受“雨露计划”2000元助学金，3户贫困户驾照培训合格享受1000元资金补助。做好生态扶贫。积极探索“生态＋公益性岗位”扶贫模式，让有劳动能力的贫困人口就地转成护林员、山区公路养路员等生态保护人员。抓好金融扶贫。有29户贫困户在农商银行贷款122万发展山林抚育、生态养殖、香菇等产业；28户贫困户在农业银行贷款140万元入股江西南安板鸭有限公司；6户贫困户在农商银行贷款30万入股河洞乡竹制品工艺厂，每年可获得3100-3600元的稳定分红受益。实施整村推进。整合涉农部门项目资金298.4万元投入省级贫困村，着力改善道路、水渠、饮用水、闭路电视、宽带、电话、卫生室、文化活动室、体育活动场地等基础设施。

【乡村旅游】 2016年，河洞乡积极响应县委、县政府提出的“旅游活县”发展战略，充分发掘本地资源，打造了一批极具特色的乡村旅游项目。投入50余万元，对长岭会议旧址进行了修缮提升，新建了中心广场、游步道、宣传栏，设立了醒目标牌；投入30多万元，对热水温泉中心进行了环境整治、基础设施改造提升；对漂流河道进行了清理，对设施进行了完善，硬化停车场500平方米、硬化景区道路80米，安装了太阳能路灯，开办了农家旅馆、农家餐馆。

【环境整治】 2016年，河洞乡继续实施农村生活垃圾专项治理工程，购置了一辆垃圾清运车、60个新型垃圾桶，聘请了26名卫生保洁员，建立了“户分类、组集中、乡运输处理”的工作模式，存量垃圾基本得到有效清理，农村环境卫生面貌极大改观。开展“空心房”整治，2016年完成拆除“空心房”7695平方米，占三年总任务的51.44%。聘请专业公司，在河洞圩、热水组施划道路交通标线和摊位线，进一步规范了圩镇秩序，有效消除了安全隐患，受到广大群众一致好评。开展新农村建设，热水组新农村建设点改水、改厕率达100%，拆除低矮破旧房200多平方米，改变了农村脏、乱、差面貌。

【社会事业】 2016年，完成农

村养老保险续保人员1822人，新增42人。新型农村合作医疗工作持续惠民，群众参保率达到98%，落实了大病救助政策，为贫困户购买了商业补充保险，缓解群众看病贵难题，减少了因病返贫。共审批农村低保49户，五保10户，基本做到了应保尽保，及时发放了高龄老人补贴、孤儿补贴、二女户补贴等惠民资金。

【基础建设】 2016年，投入100余万元，实施了合江组至广东南雄交界公路、西溪通组公路、内洞组公路、大屋桥等一大批道路硬化和桥梁建设工程，极大地改善了群众出行和生产生活条件。积极向上争资争项，完成了河洞坪乐、黄金寮瑶冲、东江大屋、长炉无头等小组的三面光水渠硬化工程，有力缓解了灌溉难题。以推进精准扶贫为契机，争取资金400余万元实施金坪村道路、水渠、桥梁等基础设施建设，极大提升了金坪村的基础设施条件。

【现代农业】 扎实推进农村集体土地确权登记颁证工作，启动实施耕地地力保护补贴。截至累计实测耕地面积246.36/公顷，发放证书905本。大力实施现代农民培训工程，先后开设毛竹、食用菌、生猪养殖等实用技术培训班，累计培训800人次。大力扶持食用菌产业发展，食用菌年总产值达到80余万元，食用菌种植户户均收入达到3万元以上。

【领导名单】

党委书记　　肖进林（6月免）
　　　　　　曾祥林（6月任）
党委副书记、乡长
　　　　　　黄照旺
人大主席　　邓精华（6月任）
党委副书记、组织委员
　　　　　　谢　添（6月任）
党委委员、纪委书记
　　　　　　陈永财（6月任）
党委委员、人武部长
　　　　　　何木生（6月任）
党委宣传统战委员
　　　　　　叶　志（6月任）
副乡长　　　杨占生（6月免）
　　　　　　黄　晶（6月免）
　　　　　　刘晓雯（2月任）
　　　　　　余佳保（6月任）
　　　　　　邓　明（6月任）
人大副主席　刘　麟（6月任）

荣誉

省部级以上表彰先进集体

1. 赣州海创钨业有限公司获得2016年度国家科学技术进步奖二等奖。
2. 江西下垄钨业公司被江西省人民政府评为江西省“十二五”期间安全生产先进单位。
3. 大余县地税局被江西省人民政府评为江西省文明单位。
4. 大余县审计局被江西省人民政府评为江西省文明单位。
5. 大余县供电公司被江西省人民政府评为江西省文明单位。

省部级以上表彰先进个人

1. 蓝恩桂被江西省人民政府评为江西省“十二五”安全生产工作先进个人。
2. 青龙镇二塘村寨下组邓国艳家庭荣获全国“最美家庭”荣誉称号。
3. 大余县政协原副主席胡仕芬被江西省评为“第三届感动江西优秀母亲”。

统计资料

国民经济主要指标（一）

指　标	单位	2016 年	2015 年	增比 ±%
1. 全县土地面积	平方公里	1343.67	1343.67	平
2. 年末总户数	户	115584	115373	0.2
3. 年末总人口（公安数）	人	313585	312666	0.3
#城镇人口	人	142393	134148	6.1
乡村人口	人	171192	178518	-4.1
4. 年末常住人口	人	295383	294126	0.4
#城镇人口	人	142874	137384	4.0
乡村人口	人	152509	156742	-2.7
人口城镇化率	%	48.37	46.71	1.66 点

说明：土地面积数据根据第二次土地普查数据进行调整

国民经济主要指标（二）

指　标	单位	2016 年	2015 年	增比 ±%
5. 人口出生率（卫计委数）	‰	12.24	13.4	-1.16 点
自然增长率	‰	7.44	7.39	0.05 点
计划生育率	%	86.65	70.48	16.17 点
6. 年末在岗职工人数	人	19267	19306	-0.2
在岗职工工资总额	万元	102976	93269	10.4
7. 全社会固定资产投资	万元	1085600	1025960	5.8
#500 万元以上固定资产投资	万元	1004733	863915	16.3
8. 农林牧渔业总产值	万元	200499	184256	4.4

说明：农林牧渔业总产值增长速度按可比价格计算。

国民经济主要指标（三）

指　标	单位	2016年	2015年	增比±%
9. 规模以上工业总产值	万元	1038161.1	877488.5	18.3
#地方规模以上工业总产值	万元	1004794	846357.1	18.7
10. 地区生产总值	万元	1001062	909769	9.2
#第一产业	万元	118863	109530	4.2
第二产业	万元	491074	458274	8.4
#工业	万元	427540	401069	8.1
第三产业	万元	391125	341965	11.8
三次产业结构	%	11.9：49：39.1	12：50.4：37.6	—
11. 规模以上工业增加值	万元	290382	252621	9.2
12. 粮食总产量	吨	91994	90817	1.3
粮食单产	公斤/亩	367	363	1.1

说明：地区生产总值、工业增加值增长速度按可比价格计算。

国民经济主要指标（四）

指　标	单位	2016年	2015年	增比±%
13. 财政总收入	万元	110261.3	106000	4.0
一般公共预算收入	万元	83305.1	79135.5	5.3
财政支出	万元	238999.2	216118.3	10.6
14. 社会消费品零售额	万元	276635.6	245027.1	12.9
15. 居民消费价格指数	%	102.3	101.9	0.4点
16. 城乡居民储蓄存款余额	万元	747766	651012	14.9
17. 金融机构存款余额	万元	980184	870049	12.7
金融机构贷款余额	万元	641899	530400	21.0
18. 客运周转量	万人公里	5651	17608	-67.9
货物周转量	万吨公里	53417	82220	-35.0

国民经济主要指标（五）

指　标	单位	2016年	2015年	增比±%

19. 邮政业务收入	万元	2215.8	1966	12.7
电信业务收入	万元	3882.36	3774	2.9
年末电话机数	部	35568	38710	-8.1
移动电话用户数	部	228140	220097	3.7
互联网宽带用户数	户	52587	48012	9.5
20. 全年用电量	万千瓦时	38392	—	12.4
#工业用电量	万千瓦时	17149	—	12.2
21. 有效灌溉面积	万亩	18.21	17.16	6.1

国民经济主要指标（六）

指　标	单位	2016 年	2015 年	增比 ±%
22. 实际利用外资金额	万美元	10001	9065	10.3
进出口总额	万美元	4423	2595	70.5
出口总额	万美元	4262	2355	81.0
实际引进内联资金	万元	291700	260000	12.2
23. 保费收入	万元	11070	10257	7.9
#财产保险	万元	4903	4269	14.9
人寿保险	万元	6167	5988	3.0
24. 接待旅游观光人数	万人次	300.47	222.68	34.9
旅游综合收入	万元	186895.9	141009.5	32.5

主要指标每人年平均水平

指　标	单位	2016 年	2015 年	增比 ±%
1. 人均地区生产总值	元 / 人	33963	30992	8.8
2. 人均财政总收入	元 / 人	3521	3391	3.8
3. 人均一般公共预算收入	元 / 人	2660	2531	5.1
4. 城镇居民人均可支配收入	元 / 人	23963	22123	8.3
5. 农村居民人均可支配收入	元 / 人	9664	8677	11.4
7. 人均粮食产量	公斤 / 人	294	291	1.0
8. 人均储蓄存款	元 / 人	23846	20821	14.5

说明：人均地区生产总值增长速度按可比价格计算

土地面积和人口

乡　镇	土地面积　(平方公里)	年末总人口(人)	#城镇人口(人)
全　县	1343.67	313585	142393
南安镇	130.36	86948	81247
新城镇	159.77	67261	20972
池江镇	119.21	47426	16285
青龙镇	110.55	31251	7547
樟斗镇	87.19	13286	2847
黄龙镇	94.30	19120	5789
吉村镇	205.31	18164	5418
左拔镇	97.85	9030	2288
浮江乡	143.57	8892	
河洞乡	85.75	4063	
内良乡	109.81	8144	

说明：人口数为公安统计年报数。

农村基本情况

指　标	单位	2016年	2015年	增比 ±%
1. 乡镇个数	个	11	11	平
村民委员会	个	105	105	平
村民小组	个	1386	1386	平
2. 乡村总户数	户	57828	57678	0.3
乡村总人口	人	222105	221584	0.2
3. 乡村劳动力	人	117756	117474	0.2
#男劳动力	人	59241	59103	0.0

说明：村民小组个数含池江居委会所辖7个村民小组

农林牧渔业总产值

单位：万元

指　标	2016年	2015年	增比 ±%
农林牧渔业总产值	200499	184256	4.4
1. 农业产值	103503	95727	3.9

指　　标	2016 年	2015 年	增比 ±%
2. 林业产值	8702	8035	10.6
3. 牧业产值	49447	44015	5.2
4. 渔业产值	21106	20138	3.1
5. 农林牧渔服务业产值	17741	16341	6.5

注：农林牧渔业总产值增长速度按可比价格计算。

农作物播种面积

单位：亩

指　　标	2016 年	2015 年	增比 ±%
农作物总播种面积	391958	392092	0.0
一、粮食作物	250496	250523	0.0
1. 稻谷	217610	217658	0.0
①早稻	84388	84370	0.0
②中稻	35268	35278	0.0
③晚稻	97954	98010	0.0
2. 红薯	8816	8723	1.1
3. 豆类	15035	15068	-0.2
二、经济作物及其他农作物	141462	141569	0.0
1. 花生	18063	18114	-0.3
2. 甘蔗	420	433	-3.0
3. 蔬菜	86587	82339	5.2

农作物单位面积产量

单位：公斤／亩

指　　标	2016 年	2015 年	增比 ±%
一、粮食作物	367	363	1.1
1、稻谷	392	387	1.3
①早稻	385	384	0.3
②中稻	420	418	0.5
③晚稻	388	378	2.6
2、红薯	423	422	0.2
3、豆类	71	71	平

指　标	2016 年	2015 年	增比 ±%
二、经济作物及其他农作物			
1. 花生	200	200	平
2. 甘蔗	2788	2506	11.3
3. 蔬菜	1744	1732	0.7

农作物总产量

单位：吨

指　标	2016 年	2015 年	增比 ±%
一、粮食作物	91994	90817	1.3
1. 稻谷	85284	84153	1.3
①早稻	32487	32368	0.4
②中稻	14801	14744	0.4
③晚稻	37996	37041	2.6
2. 红薯	3732	3684	1.3
3. 豆类	1067	1068	-0.1
二、经济作物及其他农作物			
1. 花生	3639	3623	0.4
2. 甘蔗	1171	1185	-1.2
3. 蔬菜	147600	142571	3.5

各乡镇粮食总产量

单位：吨

乡、镇	2016 年	2015 年	增比 ±%
总　计	91994	90817	1.3
南安镇	2902	2895	0.2
新城镇	29144	28776	1.3
樟斗镇	2031	2036	-0.2
池江镇	21528	21227	1.4
青龙镇	16511	16246	1.6
左拔镇	886	861	2.9
黄龙镇	8879	8761	1.3
吉村镇	3639	3549	2.5
浮江乡	2295	2301	-0.3
河洞乡	1467	1458	0.6
内良乡	2712	2707	0.2

茶叶、水果生产情况

指　　标	单位	2016 年	2015 年	增比 ±%
一、产　　量				
茶　叶	吨	11	13	-15.4
水　果	吨	31670	31638	0.1
#柑　桔	吨	28188	28251	-0.2
#脐　橙	吨	20982	21025	-0.2
二、面　　积				
年末茶园面积	亩	942	1115	-15.5
年末果园面积	亩	75505	69230	9.1
#柑　桔	亩	29365	29352	0.0
脐　橙	亩	31552	25150	25.5
#产果面积	亩	42230	42651	-1.0

林业生产情况

指　　标	单　位	2016 年	2015 年	增比 ±%
一、营造林面积	公顷	12118	—	—
二、零星植树	万株	139	120	15.8
三、竹木采伐量				
#木　　材	立方米	7.7	6.2	24.2
竹　　材	万根	286	160.1	78.6

牧、渔业生产情况

指　　标	单位	2016 年	2015 年	增比 ±%
一、年末耕牛存栏	头	9856	7677	28.4
二、年末生猪存栏	头	149511	127520	17.2
三、当年肉猪出栏	头	252730	235130	7.5
四、年末家禽存栏	百只	12856	24533	-47.6
五、家禽出笼	百只	85666	81505	5.1
六、肉类总产量	吨	33991	31915	6.5
七、水产总产量	吨	11499	11110	3.5

工业总产值

单位：千元

指　　标	2016 年	2015 年	增比 ±%
全部规模以上工业总产值	10381611	8774885	18.3
#省属工业	333671	311314	7.2
地方工业	10047940	8463571	18.7
#私营企业	9127323	7668451	19.0
港澳台和外资企业	920617	795120	15.8
#园区企业	7151655	5709569	25.3
#钨产业集群	8015120	7410633	8.2
新材料产业集群	127316	106575	19.5
电子信息产业集群	357671	271023	32.0
食品药品产业集群	956337	145115	559.0
其　　他	591496	530225	11.6

说明：规模以上工业指年主营业务收入 2000 万元及以上的法人企业

全部规模以上工业主要经济指标

指　　标	单位	2016 年	2015 年	增比 ±%
主营业务收入	千元	10603510	8463230	18.3
主营业务税金及附加	千元	53509	43040	24.32
应交增值税	千元	240132	244667	-1.9
主营业务成本	千元	9805600	8464779	15.84
利润总额	千元	331500	99221	234.1
利税总额	千元	625129	386928	61.6
亏损企业亏损额	千元	40070	140596	-71.5
产成品	千元	575950	532350	8.2
企业单位个数	个	53	43	23.3
#亏损企业数	个	14	24	-41.7

主要工业产品产量（一）

产 品 名 称	单 位	2016 年	2015 年	增比 ±%
稀有稀土金属矿	吨	23886	20192	18.29

产 品 名 称	单 位	2016 年	2015 年	增比 ±%
#钨精矿折合量（折三氧化钨 65%）	吨	23784	20028	18.76
钼精矿折合量（折纯钼 45%）	吨	102	164	-38.08
锡金属含量	吨	353	435	-18.99
萤　石	吨	21047	26473	-20.50
光电子器件	万只	158837	149229	6.44

主要工业产品产量（二）

产 品 名 称	单 位	2016 年	2015 年	增比 ±%
其中：发光二极管（LED 管）	万只	158837	149229	6.44
铅金属含量	吨	939	541.42	73.47
水　泥	吨	144075	123100	17.04
铜金属含量	吨	4939	512	865.38
锌金属含量	吨	444	450	-1.21
铁合金	吨	2466	2064	19.49
服　装	万件	23.39	32.55	-28.14

各级各类学校基本情况

指　　标	单位	2016 年	2015 年	增比 ±%
一、普通中学	所	15	15	平
专任教师	人	1095	1041	5.2
在校学生	人	16270	15775	3.1
二、中等职业中学	所	2	2	0.0
专任教师	人	120	114	5.3
在校学生	人	2251	2312	-2.6
三、小　学	所	91	101	5.0
专任教师	人	1248	1185	5.3
在校学生	人	28808	29034	-0.8
四、幼儿园	所	141	127	11.0
专任教师	人	687	783	-12.3
在园人数	人	12170	13718	-11.3

财 政 收 入

单位：万元

项　　目	单位	2016 年	2015 年	增比 ±%
财政总收入	万元	110261.3	106000	4.0
#税收收入	万元	75079.5	66505.2	12.9
占财政总收入比重	%	68.1	62.7	5.4 点
财政总收入占 GDP 的比重	%	11.0	11.6	-0.6 点
人均财政总收入	元	3521	3391	3.8
一般公共预算收入	万元	83305.1	79135.5	5.3
#税收收入	万元	48123.2	39640.6	21.4
占一般公共预算收入比重	%	57.8	50.1	7.7 点
一般公共预算收入占 GDP 的比重	%	8.3	8.6	-0.3 点
人均一般公共预算收入	元	2660	2531	5.1

财 政 支 出

单位：万元

项　　目	2016 年	2015 年	增比 ±%
财政支出合计	238999.2	216118.3	10.6
#一般公共服务	17808.6	19126.4	-6.9
公共安全	10075.5	9084.1	10.9
教　　育	45835.2	39822.1	15.1
科学技术	5396.1	1538.2	250.8
社会保障和就业	47676.1	44635.6	6.8
医疗卫生	30766.2	23027.5	33.6
节能环保	13166.5	9269.0	42.0
城乡社区事务	15558.9	7310.7	112.8
农林水事务	32071.0	30061.8	6.7

城 乡 个 体 私 营 经 济

项　　目	单位	2016 年	2015 年	增比 ±%
城乡个体私营企业户数	户	13012	12483	4.2
#本年新增	户	2270	1838	23.5

项　　目	单位	2016 年	2015 年	增比 ±%
城乡个体私营企业注册资金	万元	920252	642199	43.3
#本年新增	万元	285666	148341	92.6
城乡个体私营企业从业人员	人	56901	49195	15.7
#本年新增	人	12012	8886	35.2
城乡个体私营企业上交税金	万元	37363	33053	13.0

金融机构信贷收支

单位：万元

指　　标	2016 年	2015 年	增比 ±%
金融机构存款余额	980184	870049	12.7
#住户存款	747766	651012	14.9
金融机构贷款余额	641899	530400	21.0
#住户贷款	367076	318027	15.4
#短期贷款	222998	197817	12.7
#消费贷款	43625	34588	26.1
#中长期贷款	144078	120210	19.9
#消费贷款	113535	98199	15.6
城乡居民储蓄存款余额	747766	651012	14.9

社会消费品零售总额

单位：万元

指　　标	2016 年	2015 年	增比 ±%
社会消费品零售总额	276635.6	245027.1	12.9
#城　　镇	227968	202927.1	12.3
乡　　村	48667.6	42100	15.6
#批 发 业	56679	50081.6	13.2
零 售 业	175260	155219.9	12.9
住 宿 业	3354.8	2514.3	33.4
餐 饮 业	41341.8	37211.3	11.1

全部在岗职工人数和工资（一）

指　　标	2016 年	指　　标	2016 年
一、年末全部在岗职工人数（人）	19267	二、年平均人数（人）	19096
（一）国　有	8882	（一）国　有	8785
中　央	209	中　央	209
省　属	418	省　属	409
地　属	59	地　属	59
县　属	8196	县　属	8108
（二）集　体	154	（二）集　体	154
县　属	154	县　属	154
（三）其　他	10231	（三）其　他	10157

全部在岗职工人数和工资（二）

指　　标	2016 年	指　　标	2016 年
三、全部在岗职工工资总额（千元）	1029759	四、全部在岗职工年平均工资(元)	53925
（一）国　有	583424	（一）国　有	66411
中　央	14205	中　央	– 67967
省　属	28818	省　属	70460
地　属	3996	地　属	67729
县　属	536405	县　属	66157
（二）集　体	6505	（二）集　体	42240
县　属	6505	县　属	42240
（三）其　他	439830	（三）其　他	43303

固定资产投资

单位：万元

指　　标	2016 年	2015 年	增比 ±%
全社会固定资产投资	1085600	1025960	5.8
#500 万元以上投资	1004733	863915	16.3
# 工业投资	522858	365207	43.2
房地产开发	12347	15099	-18.2

规模以上工业企业能源消费与库存

指　　标	单位	消费量	年末库存
原　煤	吨	10440.79	149.23
焦　碳	吨	1023.59	39.45
汽　油	吨	109.97	6.40
柴　油	吨	882.19	3.88
电　力	万千瓦时	14923.96	—

注：统计范围为辖区内规模以上工业企业。

城镇住户经济调查主要指标（一）

单位：元

指　　标	2016 年	2015 年	增比 ±%
一、城镇居民人均可支配收入	23963.00	22122.61	8.32
1. 工资性收入	18872.22	17194.70	9.76
2. 经营净收入	1180.58	1088.57	8.45
3. 财产净收入	1881.68	1975.34	-4.74
4. 转移净收入	2028.52	1864.00	8.83
二、城镇居民人均消费支出	15066.04	13950.00	8.00
1. 食品烟酒	5130.71	4761.86	7.75

城镇住户经济调查主要指标（二）

单位：元

指　　标	2016 年	2015 年	增比 ±%
2. 衣　着	1507.56	1227.95	22.77
3. 居　住	4483.67	4266.43	5.09
4. 生活用品及服务	726.66	615.38	18.08
5. 交通通信	1054.64	1089.92	-3.24
6. 教育文化娱乐	1556.21	1507.67	3.22
7. 医疗保健	343.05	350.77	-2.20
8. 其他用品和服务	263.55	130.01	102.71

农村住户经济调查主要指标（一）

单位：元

指　　标	2016年	2015年	增比±%
一、农村居民人均可支配收入	9664.00	8677.41	11.4
1. 工资性收入	4909.52	4642.32	5.8
2. 经营净收入	3561.86	3081.17	15.6
3. 财产净收入	139.50	126.01	10.7
4. 转移净收入	1053.12	827.91	27.2
二、农村居民人均消费支出	7956.60	7286.24	9.2
1. 食品烟酒	2968.65	2738.48	8.4

农村住户经济调查主要指标（二）

单位：元

指　　标	2016年	2015年	增比±%
2. 衣　着	261.42	254.60	2.7
3. 居　住	1986.61	2024.45	-1.9
4. 生活用品及服务	405.88	395.57	2.6
5. 交通通信	832.10	638.75	30.3
6. 教育文化娱乐	788.17	671.43	17.4
7. 医疗保健	682.38	505.53	35.0
8. 其他用品和服务	31.39	57.43	-45.3

大余县与其他各县（市、区）主要经济指标对比

县市区	生产总值（亿元）				规模以上工业增加值（亿元）			
	指标值	排名	增长(%)	排名	指标值	排名	增长(%)	排名
全　市	2194.34		9.5		847.90		9.2	
章贡区	328.37	1	10.3	1	80.84	2	9.7	5
赣　县	145.60	5	9.2	10	77.30	4	9.4	8
信丰县	170.69	4	10.0	4	57.01	7	9.8	4
大余县	100.11	10	9.2	10	29.04	11	9.2	10
上犹县	57.11	17	9.6	5	15.04	16	9.0	13
崇义县	71.16	12	9.3	8	23.80	13	8.9	14
安远县	58.54	15	9.0	16	8.28	18	8.1	17
定南县	66.47	13	7.1	18	19.79	15	7.9	19
全南县	58.15	16	8.5	17	22.55	14	9.6	7

经济指标(一)

县市区	生产总值（亿元）				规模以上工业增加值（亿元）			
	指标值	排名	增长(%)	排名	指标值	排名	增长(%)	排名
寻乌县	62.23	14	9.4	7	12.02	17	10.0	2
石城县	46.25	18	9.1	13	8.19	19	8.1	17
龙南县	134.85	8	9.2	10	65.10	5	9.7	5
宁都县	142.38	6	9.1	13	29.01	12	8.5	16
于都县	183.24	3	9.5	6	64.26	6	9.2	10
兴国县	141.56	7	9.3	8	49.00	8	9.9	3
会昌县	90.04	11	10.1	3	35.34	9	8.9	14
瑞金市	134.47	9	9.1	13	32.53	10	9.2	10
南康区	188.24	2	10.2	2	77.61	3	10.1	1
经开区	—	—	—	—	141.19	1	9.3	9

各县（市、区）主要

县市区	固定资产投资（亿元）				社会消费品零售总额（亿元）			
	指标值	排名	增长(%)	排名	指标值	排名	增长(%)	排名
全　市	2205.51		16.6		790.24		11.5	
章贡区	362.97	1	17.5	6	255.53	1	9.9	17
赣　县	165.00	5	18.2	3	32.73	9	13.5	3
信丰县	162.09	6	15.5	18	44.44	4	9.7	19
大余县	100.47	9	16.3	14	27.66	12	12.9	7
上犹县	53.34	13	16.2	15	16.22	16	13.3	4
崇义县	45.38	15	16.5	12	15.32	18	12.5	12
安远县	36.54	18	18.0	4	18.12	14	12.6	11
定南县	62.70	12	4.4	19	15.32	17	11.6	16
全南县	40.57	17	15.6	17	16.38	15	12.2	13

经济指标(二)

县市区	固定资产投资(亿元)				社会消费品零售总额(亿元)			
	指标值	排名	增长(%)	排名	指标值	排名	增长(%)	排名
寻乌县	42.63	16	17.0	9	19.47	13	11.8	14
石城县	30.68	19	18.3	2	12.08	19	13.1	5
龙南县	150.10	7	16.5	12	31.18	10	11.7	15
宁都县	79.41	11	16.8	10	41.19	6	12.7	8
于都县	168.73	4	16.6	11	49.18	2	12.7	8
兴国县	115.30	8	17.2	8	38.50	7	13.7	2
会昌县	52.91	14	17.3	7	28.65	11	12.7	8
瑞金市	80.15	10	17.8	5	38.29	8	13.0	6
南康区	171.65	3	18.4	1	42.15	5	13.8	1
经开区	284.88	2	16.0	16	47.81	3	9.9	17

各县(市、区)主要

县市区	#限额以上消费品零售额(亿元)				财政总收入(亿元)			
	指标值	排名	增长(%)	排名	指标值	排名	增长(%)	排名
全　市	276.78		11.7		366.32		3.7	
章贡区	133.28	1	4.5	19	35.18	2	4.6	4
赣　县	17.57	3	22.6	10	21.19	4	3.0	11
信丰县	4.90	9	13.0	17	16.38	8	2.4	13
大余县	2.08	19	24.7	5	11.03	12	4.0	8
上犹县	3.73	10	27.4	1	8.35	16	4.0	8
崇义县	2.21	18	22.5	11	10.70	13	4.1	7
安远县	2.27	17	20.8	13	7.23	17	3.2	10
定南县	3.05	12	21.6	12	11.11	11	1.0	18
全南县	2.59	15	20.6	14	9.00	15	2.0	15

经济指标(三)

县市区	#限额以上消费品零售额(亿元)				财政总收入(亿元)			
	指标值	排名	增长(%)	排名	指标值	排名	增长(%)	排名
寻乌县	2.86	14	23.3	9	6.86	18	4.5	5
石城县	2.30	16	23.8	8	6.80	19	4.9	3
龙南县	3.31	11	20.5	15	16.75	7	1.0	18

县市区	#限额以上消费品零售额（亿元）				财政总收入（亿元）			
	指标值	排名	增长(%)	排名	指标值	排名	增长(%)	排名
宁都县	2.96	13	24.8	4	10.42	14	3.0	11
于都县	5.37	8	23.9	7	16.90	6	2.0	15
兴国县	14.93	4	27.1	2	15.04	9	5.0	2
会昌县	5.43	7	19.8	16	12.12	10	2.4	13
瑞金市	7.57	6	24.5	6	17.51	5	10.1	1
南康区	13.25	5	26.1	3	25.82	3	4.5	5
经开区	47.14	2	11.9	18	36.36	1	2.0	15

各县（市、区）主要经济指标（四）

县市区	一般公共预算收入（亿元）				实际利用外资（万美元）			
	指标值	排名	增长(%)	排名	指标值	排名	增长(%)	排名
全　市	243.18		-0.9		151543		10.60	
章贡区	21.83	1	-0.1	10	11801	3	11.40	2
赣　县	16.94	4	-2.5	14	9883	6	10.29	9
信丰县	11.43	8	0.3	9	9843	7	10.36	6
大余县	8.33	12	5.3	3	10001	5	10.33	8
上犹县	6.02	16	-4.0	17	6820	11	10.25	10
崇义县	8.36	11	16.9	1	1680	19	10.00	18
安远县	5.13	17	-3.9	16	2821	16	10.20	13
定南县	9.25	9	2.6	6	7277	10	10.21	12
全南县	6.81	15	-3.1	15	6576	13	10.17	17

县市区	一般公共预算收入（亿元）				实际利用外资（万美元）			
	指标值	排名	增长(%)	排名	指标值	排名	增长(%)	排名
寻乌县	4.83	19	-2.2	13	2209	18	10.18	15
石城县	4.98	18	3.9	4	2365	17	10.00	18
龙南县	12.45	6	-1.0	11	10314	4	11.04	3
宁都县	7.68	13	2.6	6	6418	14	10.54	5

县市区	一般公共预算收入（亿元）				实际利用外资（万美元）			
	指标值	排名	增长（%）	排名	指标值	排名	增长（%）	排名
于都县	12.29	7	-4.9	18	9409	8	10.34	7
兴国县	7.60	14	-5.1	19	8607	9	10.18	14
会昌县	8.92	10	2.9	5	5761	15	10.24	11
瑞金市	12.45	5	6.4	2	6748	12	10.57	4
南康区	18.83	3	2.2	8	15433	2	10.17	16
经开区	20.91	2	-1.3	12	17577	1	11.93	1

各县（市、区）主要经济指标（五）

县市区	进出口总额（万美元）				出口总额（万美元）			
	指标值	排名	增长（%）	排名	指标值	排名	增长（%）	排名
全　市	411239		-0.9		339080		0.1	
章贡区	62407	3	-22.0	18	51737	3	-20.9	2
赣　县	36672	4	3.9	13	27568	4	4.0	14
信丰县	12687	9	11.7	8	11876	9	10.7	8
大余县	4423	15	70.5	2	4262	15	81.0	2
上犹县	10631	10	-31.4	19	7299	12	-39.0	19
崇义县	9546	11	3.7	14	9408	10	2.8	15
安远县	3972	16	126.3	1	3825	16	122.1	1
定南县	5948	13	5.8	11	5631	13	5.0	13
全南县	13767	7	7.9	10	13322	7	9.2	9

县市区	进出口总额（万美元）				出口总额（万美元）			
	指标值	排名	增长（%）	排名	指标值	排名	增长（%）	排名
寻乌县	4580	14	24.0	5	4580	14	24.0	4
石城县	3313	19	13.2	6	3313	18	13.3	7
龙南县	65963	2	8.5	9	57420	2	8.9	10
宁都县	3500	18	46.7	3	3495	17	46.5	3
于都县	13594	8	5.4	12	12036	8	7.8	11

县市区	进出口总额（万美元）				出口总额（万美元）			
	指标值	排名	增长（%）	排名	指标值	排名	增长（%）	排名
兴国县	3503	17	3.2	15	3239	19	6.9	12
会昌县	7856	12	12.2	7	7450	11	14.0	6
瑞金市	26888	5	0.5	16	26500	5	0.3	16
南康区	19685	6	30.9	4	16506	6	23.3	5
经开区	102166	1	-3.7	17	69477	1	-2.2	17

各县（市、区）主要经济指标（六）

县市区	城镇居民人均可支配收入（元）				农村居民人均可支配收入（元）			
	指标值	排名	增长（%）	排名	指标值	排名	增长（%）	排名
全　市	27086		8.30		8729		12.10	
章贡区	31881	1	9.05	1	12768	1	11.63	7
赣　县	24432	7	8.50	6	8588	11	10.85	18
信丰县	25664	3	8.61	3	10803	2	11.37	10
大余县	23963	9	8.32	9	9664	3	11.37	10
上犹县	22338	14	8.21	13	8494	13	11.27	13
崇义县	22938	12	8.06	14	8515	12	11.56	9
安远县	21251	16	8.01	16	8371	15	11.06	15
定南县	24489	6	7.95	17	7722	16	13.60	2
全南县	22631	13	7.90	18	6839	18	13.96	1

县市区	城镇居民人均可支配收入（元）				农村居民人均可支配收入（元）			
	指标值	排名	增长（%）	排名	指标值	排名	增长（%）	排名
寻乌县	22024	15	8.47	7	8444	14	11.16	14
石城县	21081	17	8.03	15	7398	17	11.04	16
龙南县	25160	5	8.51	5	9506	4	10.90	17
宁都县	20785	18	8.32	9	8609	10	11.87	6
于都县	24266	8	8.26	11	8799	7	11.92	5
兴国县	23872	10	8.39	8	8794	8	12.04	4

县市区	城镇居民人均可支配收入（元）				农村居民人均可支配收入（元）			
	指标值	排名	增长（%）	排名	指标值	排名	增长（%）	排名
会昌县	23117	11	8.24	12	8715	9	12.25	3
瑞金市	25304	4	8.56	4	9211	5	11.63	7
南康区	25720	2	8.63	2	9166	6	11.28	12
经开区	_	_	_	_	_	_	_	_

图书在版编目（CIP）数据

大余年鉴．2017/ 大余县地方志办公室编．—北京：方志出版社，2017.11

ISBN 978-7-5144-2758-5

Ⅰ．①大…Ⅱ．①大…Ⅲ．①大余县—2017—年鉴
Ⅳ．①Z525.64

中国版本图书馆 CIP 数据核字（2017）第 296837 号

大余年鉴（2017）

编　　者： 大余县地方志办公室
责任编辑： 刘方圆
出 版 人： 冀祥德
出 版 者： 方志出版社
地址　北京市朝阳区潘家园东里 9 号（国家方志馆 4 层）
邮编　100021
网址　http：//www.fzph.org
发　　行： 方志出版社图书经销中心
电话 (010)67110500
经　　销： 各地新华书店
印　　刷： 赣州市康达印刷有限公司
开　　本： 889×1194　1/16
印　　张： 27.5
字　　数： 806 千字
版　　次： 2017 年 11 月第 1 版　2017 年 11 月第 1 次印刷
印　　数： 001 ～ 500 册
ISBN 978-7-5144-2758-5　定价：166.00 元